LA GUÍA
MICHELIN
RESTAURANTES

ESPAÑA
PORTUGAL
SELECCIÓN
2022

MICHELIN

SUMARIO

Consulte la Guía MICHELIN en :
www.guide.michelin.com
y escríbanos a :
laguiamichelin-esport@michelin.com

ESTIMADO LECTOR,

Es un auténtico placer presentarle la Guía MICHELIN España & Portugal 2022.

● *Bajo las enseñas del ingenio y la calidad, la gastronomía de España y Portugal siempre está dispuesta a renovarse con ideas originales, grandes nombres y, en ocasiones, hasta una pizca de locura, algo que en momentos como estos, tras meses de «ruptura forzada», nos aporta muchísimo valor.*

● *No es fácil mantenerse al día en estos países, pues ambos persiguen la excelencia, nos sorprenden por su dinamismo y se reinventan sin descanso desde un punto de vista gastronómico; de hecho, el elevado número de aperturas refleja su lucha diaria, sin ceder al desánimo, ante las trabas derivadas de la contingencia sociosanitaria. Gracias a ello los Inspectores de la Guía MICHELIN han encontrado, también este año, unas excelentes direcciones.*

● *Hojeando la publicación, página tras página, la vista se centra en los restaurantes gastronómicamente más interesantes, con independencia de la categoría del establecimiento o de su estilo de cocina, siendo esto un fiel reflejo del criterio con el que se hace la selección, que también tiene la calidad y el servicio como valores de referencia.*

● *Fijándonos en la variedad de recursos, queremos subrayar el vínculo que suele establecerse entre el restaurante y su entorno. Si la Guía refleja la variedad de paisajes, es porque los negocios dan testimonio de todas las diversidades existentes, tanto en la península ibérica como en las bellas islas de ambos países.*

● *Yves Saint Laurent sostenía que los viajes más bonitos eran los que se realizaban leyendo un libro en el sofá de casa; lógicamente, nosotros estamos más a favor de la movilidad, acompañada siempre por una parada gastronómica.*

Buena lectura y... ¡buen provecho!

Gwendal Poullennec,
Director Internacional de las Guías MICHELIN,
y de todos los equipos de la Guía MICHELIN.

Tras las huellas de la sostenibilidad

● La ola ecológica que iniciamos en 2021 con la aparición de la Estrella Verde MICHELIN sigue arrasando, por eso cada vez son más los establecimientos que subrayan la importancia del tema ambiental y no cejamos en nuestro empeño por resaltar a todos aquellos chefs que muestran una especial sensibilidad o atención hacia el tema de la sostenibilidad.

● La Guía MICHELIN cree firmemente en este proyecto y quiere participar, no solo como un acelerador del cambio, sino también como un vehículo importante en la difusión de buenas prácticas para proteger nuestro planeta.

● La producción de alimentos de manera sostenible y la reducción de desechos son desafíos globales que pueden ayudar a abordar la creciente demanda de alimentos suficientes para todos, contrarrestando la explotación extrema de los recursos naturales.

● Ser sostenible significa revisar hábitos y elecciones diarias para encontrar una relación armoniosa con el entorno en el que vivimos.

● ¡Y la Guía MICHELIN lo rubrica!

App y sitio web de la Guía MICHELIN

● La Guía MICHELIN no está exclusivamente impresa. Sus restaurantes, los seleccionados por nuestros Inspectores en todo el mundo, también se pueden encontrar en la app Guía MICHELIN – Mejores restaurantes y hoteles. Descargable gratuitamente por iOS y Android, la aplicación no solo permite consultar toda la selección, así como las direcciones de hoteles sugeridas por Tablet, sino que también permite realizar reservas con un clic. Tras establecer su cuenta personal también le será posible crear, guardar y compartir las listas de sus favoritos.

● Igualmente rico en información es el sitio www.guide.michelin. com/es/es, un motor de búsqueda de la Guía MICHELIN que permite elegir un restaurante según sus gustos, ocasiones, presupuestos... A cada establecimiento le corresponde una descripción detallada. El sitio contiene también una sección editorial (revista) donde encontrará artículos sobre restaurantes, las incorporaciones más recientes, entrevistas, recetas, sugerentes itinerarios...

¡La Guía MICHELIN siempre está a su lado!

LOS COMPROMISOS
DE LA GUÍA MICHELIN . . . .

Ya sea Japón, Estados Unidos, China o Europa, el inspector de la Guía MICHELIN respeta exactamente los mismos criterios para evaluar la calidad de una mesa y aplica las mismas reglas en sus visitas. Porque si la Guía goza hoy de un reconocimiento mundial, se debe a la constancia de su compromiso con respecto a sus lectores. Un compromiso del que queremos reafirmar aquí los principios fundamentales:

Atstork Productions/Getty Images Plus

La experiencia al servicio de la calidad

La visita anónima

Primera regla de oro. Los inspectores testan de manera anónima y habitual las mesas, para apreciar plenamente el nivel de prestaciones ofrecidas a todos los clientes. Pagan la cuenta y, después, pueden revelar su identidad si quieren obtener algún tipo de información complementaria. El correo de los lectores nos proporciona, por otra parte, valiosos testimonios y toda una serie de información que se tendrá en cuenta para la elaboración de nuestros itinerarios de visitas.

La independencia

Para poder mantener un punto de vista totalmente objetivo – siempre buscando el interés del lector – la selección de establecimientos se realiza con total independencia, y la inscripción de los establecimientos en la Guía es totalmente gratuita. Los inspectores y el redactor jefe adoptan las decisiones de manera colegiada y las distinciones más altas se debaten a escala europea.

La elección de lo mejor

La Guía, lejos de ser un listín de direcciones, se concentra en una selección de los mejores restaurantes, en todas las categorías de confort y precio. Una elección que es el resultado de la aplicación rigurosa de un mismo método por parte de todos los inspectores, independientemente del país en el que actúen.

La actualización anual

Cada año se revisa y actualiza toda la información práctica, todas las clasificaciones y distinciones para poder ofrecer la información más fiable.

La homogeneidad de la selección

Los criterios de clasificación son idénticos para todos los países que cubre la Guía MICHELIN. A cada cultura, su cocina, pero la calidad tiene que seguir siendo un principio universal...

"La ayuda a la movilidad":
es la misión que se ha propuesto Michelin.

LA SELECCIÓN
DE LA GUÍA MICHELIN

De Tokio a San Francisco, de París a Moscú, la vocación de la Guía MICHELIN es siempre la misma: encontrar los mejores restaurantes del mundo.

Diversidad de cocina y saber hacer, creatividad desenfrenada o gran tradición, sea cual sea el lugar o el estilo, los Inspectores de la Guía tienen una única misión: la calidad.

… Y la emoción. Porque una comida en uno de estos restaurantes es, ante todo, un momento de placer: es el arte de los grandes chefs, que transforman un bocado fugaz en un recuerdo inolvidable.

Además, entre todas las mesas seleccionadas en la Guía, las más destacables reciben alguna distinción: aquí están las Estrellas (hasta tres para las mesas que nos transportan a la cima de la gastronomía), y también el Bib Gourmand, que combina hábilmente precio y calidad.

Por último, otra Estrella, no roja sino Verde, destaca los establecimientos que apuestan por la cocina respetuosa con el medio ambiente.

¡Existen tantas experiencias de sabor para probar! La selección de la Guía MICHELIN es todo esto… ¡y mucho más!

Las distinciones :
la calidad de la cocina

✿ Estrellas

Nuestras Estrellas, una ✿, dos ✿✿ y tres ✿✿✿, distinguen las cocinas más notables, cualquiera que sea su estilo. Calidad de los productos, control de cocciones y texturas, equilibrio y armonía de sabores, personalidad de la cocina y regularidad, son los criterios que, más allá de los diferentes tipos de cocina, definen las mejores mesas.

✿✿✿ TRES ESTRELLAS MICHELIN
Una cocina única. ¡Justifica el viaje!

¡La firma de un gran chef! Productos de excepción, sabores puros y marcados, equilibrio en las composiciones: aquí la cocina está al nivel de una obra de arte. Los platos, perfectamente acabados, se transforman a menudo en clásicos.

✿✿ DOS ESTRELLAS MICHELIN
Una cocina excepcional. ¡Merece la pena desviarse!

Los mejores productos, se realzan gracias a la experiencia y la inspiración de un chef con talento, que firma con su equipo platos sutiles, impactantes y, en ocasiones, muy originales.

✿ UNA ESTRELLA MICHELIN
Una cocina de gran nivel. ¡Compensa pararse!

Productos de primera calidad, cuidadas elaboraciones, sabores marcados y una notable regularidad en la confección de los platos.

Bib Gourmand
Nuestra mejor relación calidad/precio

Un momento de placer gastronómico por menos de 35 €: productos de calidad, precios contenidos y una cocina con una excelente relación calidad/precio.

La Estrella Verde MICHELIN

Gastronomía y sostenibilidad

En nuestra selección de restaurantes, busque la Estrella Verde MICHELIN: el símbolo que destaca los locales particularmente comprometidos con la gastronomía sostenible. Una cita del chef ilustra la filosofía de estos establecimientos, auténticos pioneros.

ESPAÑOL

LOS SÍMBOLOS
DE LA GUÍA MICHELIN

Ⓝ   Nuevo establecimiento recomendado

Instalaciones y servicios

🍸   Carta de vinos atractiva
🍹   Carta de cocktails atractiva
📵   Reserva imposible
⪉   Bonita vista
🚲   Parque o jardín
♿   Instalaciones adaptadas para personas con movilidad reducida
🅰   Aire acondicionado
🛗   Ascensor
�   Comidas servidas en el jardín o en la terraza
⇔   Salones privados
🅿 🚗   Parking • Garaje
🚫   No se aceptan tarjetas de crédito

Palabras-clave

Dos palabras-clave para identificar de un vistazo el tipo de cocina y el estilo del establecimiento.

CREATIVA · DE DISEÑO

Standing

Dentro de cada categoría de calidad de cocina, los restaurantes están clasificados según su standing *(de XxXxX a X)* y se citan por orden alfabético.

En rojo: Nuestros restaurantes más agradables.

Tablet® Hoteles

LOS EXPERTOS EN HOTELES DE LA GUÍA MICHELIN

Hace tiempo que la Guía MICHELIN es la referencia en gastronomía. Hoy, con Tablet, lleva sus estándares de calidad a la hostelería.

Tablet y Michelin se han unido para proponer una nueva y estimulante selección de hoteles cuidadosamente escogidos. Tablet, pionero en la selección y reserva online y parte integrante del Grupo MICHELIN desde 2018, es la plataforma que le permitirá reservar los hoteles más singulares y extraordinarios del mundo, lugares en los que hallará mucho más que una habitación para pasar la noche y en los que podrá vivir una experiencia realmente inolvidable.

Tablet pone a su disposición miles de hoteles en más de 100 países y un equipo de expertos listos para ayudarle en cada paso de su viaje.

Reserve su próxima estancia en hotel en **TabletHotels.com**.

Hotel Viura | Villabuena de Alava, España

LEYENDA
DE LOS PLANOS

Restaurantes • Bares de tapas •

Curiosidades

Edificio interesante

Edificio religioso interesante

Vías de circulación

Autopista • autovía

Número del acceso : completo-parcial

Vía importante de circulación

Calle impracticable, de uso restringido

Calle peatonal

Aparcamiento

Túnel

Estación y línea férrea

Funicular • Tren de cremallera

Teleférico, telecabina

Signos diversos

Oficina de Información de Turismo

Edificio religioso

Torre • Ruinas • Molino de viento

Jardín, parque, bosque • Cementerio

Estadio • Golf • Hipódromo

Piscina al aire libre, cubierta

Vista • Panorama

Monumento • Fuente

Puerto deportivo

Faro

Aeropuerto

Boca de metro

Estación de autobuses

Tranvía

Transporte por barco :
Pasajeros y vehículos • pasajeros solamente

Oficina central de lista de Correos

Ayuntamiento • Universidad, Escuela superior

SUMÁRIO

Consulte o Guia MICHELIN:
www.guide.michelin.com
e escreva para:
laguiamichelin-esport@michelin.com

CARO LEITOR,

É *um verdadeiro prazer apresentar o Guia MICHELIN Espanha & Portugal 2022.*

● *Sob o estandarte do engenho e da qualidade, a gastronomia de Espanha e Portugal está sempre disposta a renovar-se com ideias originais, grandes nomes e, por vezes, uma pitada de loucura, algo que nos tempos que correm, após meses de «pausa forçada», é muitíssimo valioso.*

● *Não é fácil acompanhar estes países, já que ambos perseguem a excelência, nos surpreendem pelo seu dinamismo e se reinventam sem descanso de um ponto de vista gastronómico. Na realidade, o elevado número de aberturas reflete a sua luta diária, sem ceder ao desânimo, perante os entraves da contingência socio-sanitária. Graças a isso, os Inspetores do guia MICHELIN encontraram, também este ano, excelentes endereços.*

● *Folheando a publicação, página após página, os olhos recaem sobre os restaurantes gastronomicamente mais interessantes, independentemente da categoria do estabelecimento ou do seu estilo de cozinha, sendo este um fiel reflexo do critério usado para a seleção, que também inclui a qualidade e o serviço como valores de referência.*

● *Fixando-nos na variedade de recursos, queremos sublinhar o vínculo que se costuma estabelecer entre o restaurante e o meio onde se encontra inserido. Se o Guia reflete a variedade de paisagens é porque os negócios testemunham todas as diversidades existentes, tanto na Península Ibérica como nas belas ilhas de ambos os países.*

● *Yves Saint Laurent defendia que as viagens mais bonitas eram as que se realizavam através da leitura de um livro no sofá de casa. Logicamente, nós preferimos a mobilidade, sempre acompanhada por uma paragem gastronómica.*

Boa leitura e ... bom proveito!

Gwendal Poullennec,
Diretor Internacional dos Guias MICHELIN,
e de todas as equipas do Guia MICHELIN.

Trilhando as pegadas da sustentabilidade

- A vaga ecológica que iniciámos em 2021 com o lançamento da Estrela Verde MICHELIN continua a arrasar. São cada vez mais os estabelecimentos que sublinham a importância do tema ambiental e, por isso, não recuamos no nosso empenho por destacar todos os chefs que mostram uma especial sensibilidade ou atenção para a sustentabilidade.

- O Guia MICHELIN acredita firmemente neste projeto e quer participar, não só como acelerador da mudança, mas também como um destacado veículo de divulgação das boas práticas para proteger o nosso planeta.

- A produção alimentar sustentável e a redução dos desperdícios são desafios globais que podem ajudar a abordar a crescente procura de alimentos suficientes para todos, combatendo a exploração extrema dos recursos naturais.

- Ser sustentável significa rever os hábitos e as escolhas diárias para encontrar uma relação harmoniosa com o ambiente em que vivemos.

- E o Guia MICHELIN subscreve!

App e website
do Guia MICHELIN

● O Guia MICHELIN não está exclusivamente impresso em papel. Os seus restaurantes, os selecionados pelos nossos Inspetores em todo o mundo, também podem ser encontrados na app Guia Michelin - Melhores restaurantes e hotéis. Podendo ser descarregada de forma gratuita para iOS e Android, a aplicação permite não só consultar toda a seleção, como todos os endereços de hotéis sugeridos pela Tablet, assim como realizar reservas com um clique. Depois de criar a sua conta pessoal, também lhe será possível criar, guardar e partilhar as listas dos seus favoritos.

● Igualmente rico em informação o website www.guide.michelin. com/pt/pt_PT é um motor de busca do Guia MICHELIN, que permite escolher um restaurante de acordo com os seus gostos, ocasiões, orçamentos... Cada estabelecimento tem uma descrição detalhada. O website contém também uma secção editorial (revista) onde encontrará artigos sobre restaurantes, as adições mais recentes, entrevistas, receitas, sugestões de itinerários...

O Guia MICHELIN sempre a seu lado!

OS COMPROMISSOS
DO GUIA MICHELIN ·············

Quer seja no Japão, nos Estados Unidos, na China ou na Europa, o inspector do Guia MICHELIN respeita exactamente os mesmos critérios para avaliar a qualidade de uma mesa e aplica as mesmas regras durante as suas visitas. Se o Guia goza hoje de reconhecimento mundial, é graças à constância do seu compromisso para com os seus leitores. Um compromisso cujos princípios ratificamos a seguir:

Hiraman/Getty Images Plus

A experiência ao serviço da qualidade

A visita anónima

Primeira regra de ouro. Os inspectores testam de forma anónima e regular as mesas, com o intuito de apreciar plenamente o nível dos serviços oferecidos aos clientes. Também pagam as suas contas, podendo depois revelar a sua identidade para obterem informações adicionais. O correio dos leitores fornece-nos, por outra parte, preciosos testemunhos e muitas informações que são tidas em conta no momento da elaboração dos nossos itinerários de visitas.

A independência

Para manter um ponto de vista perfeitamente objectivo, para interesse exclusivo do leitor, a selecção dos estabelecimentos realiza-se com total independência e a inscrição dos estabelecimentos no Guia é totalmente gratuita. As decisões são discutidas de forma colegial pelos inspectores e o redactor-chefe, e as distinções mais altas são objecto de um debate a nível europeu.

A escolha do melhor

Longe de ser uma lista de endereços, o Guia concentra-se numa selecção dos melhores restaurantes, em todas as categorias de conforto e preços. Uma escolha que resulta da aplicação rigorosa de um mesmo método por parte de todos os inspectores, seja qual for o país onde actuam.

A actualização anual

Todas as informações práticas, todas as classificações e distinções são revistas e actualizadas anualmente, com o objectivo de oferecermos uma informação confiável.

A homogeneidade da selecção

Os critérios de classificação são idênticos para todos os países cobertos pelo Guia MICHELIN. A cada cultura, sua cozinha, mas a qualidade deve permanecer como um princípio universal...

"A ajuda a mobilidade":
é a missão à qual se dedica a Michelin.

A SELECÇÃO
DO GUIA MICHELIN...............

De Tóquio a São Francisco, de Paris a Moscovo, a vocação do Guia MICHELIN é sempre a mesma: encontrar os melhores restaurantes do mundo.

Diversidade gastronómica e do saber fazer, criatividade desenfreada ou grande tradição, seja qual for o local ou o estilo, os Inspetores do Guia têm uma única missão: a qualidade.

... E a emoção. Porque uma refeição num destes restaurantes é, acima de tudo, um momento de prazer: é a arte dos grandes chefs, que transformam uma dentada fugaz numa recordação inesquecível.

Além disso, entre todas as mesas selecionadas no Guia, as mais destacadas recebem uma distinção: aqui incluem-se as Estrelas (até três para as mesas que nos transportam até ao cume da gastronomia), e também o Bib Gourmand, que combina habilmente preço e qualidade.

Por último, outra Estrela, não vermelha, mas Verde, que destaca os estabelecimentos que apostam pela cozinha respeitadora do meio ambiente.

Existem tantas experiências de sabor para provar! A seleção do Guia MICHELIN é tudo isso... e muito mais!

CharlieAJA/Getty Images Plus

As distinções:
a qualidade da cozinha

✿ Estrelas

As nossas Estrelas, uma ✿ duas ✿✿ e três ✿✿✿, distinguem
as cozinhas mais notáveis, qualquer que seja o seu estilo.
Qualidade dos produtos, controle das elaborações e texturas,
equilíbrio e harmonia de sabores, personalidade da cozinha
e regularidade, são os critérios que, para além das diferentes
cozinhas, definem as melhores mesas.

✿✿✿ TRÊS ESTRELAS MICHELIN

Uma cozinha única. Justifica a viagem!

A assinatura de um grande chef! Produtos excepcionais,
sabores puros e marcados, composições equilibradas: aqui
a cozinha está ao nível de uma obra de arte. Os pratos,
perfeitamente acabados muitas vezes se tornam clássicos.

✿✿ DUAS ESTRELAS MICHELIN

Uma cozinha excecional. Vale um desvio!

Os melhores produtos, realçados pela experiência e pela
inspiração de um chefe com talento, que assina com a sua equipa
pratos sutis, impactantes e em certas ocasiões muito originais.

✿ UMA ESTRELA MICHELIN

Uma cozinha de grande nivel. Merece a pena parar!

Produtos de primeira qualidade, cuidada execução dos pratos,
sabores acentuados, e constância na realização dos pratos.

Bib Gourmand

A nossa melhor relação qualidade/preço

Un momento de prazer gastronómico por menos de 35 €:
produtos de qualidade, uma conta moderada, e uma cozinha
com uma excelente relação qualidade/preço.

✿ A Estrela Verde MICHELIN

Gastronomia e sustentabilidade

Na nossa seleção de restaurantes procure a Estrela Verde MICHELIN:
o símbolo que destaca os estabelecimentos particularmente
comprometidos com a gastronomia sustentável. Uma citação
do chefe ilustra a filosofia destes estabelecimentos, autênticos
e pioneiros.

OS SÍMBOLOS
DO GUIA MICHELIN

Ⓝ   Novo estabelecimento recomendado

Instalações e serviços

🍇   Carta de vinhos atractiva
🍸   Carta de cocktails atractiva
🈲   Reserva impossível
≤   Bela vista
🎋   Parque ou jardim
♿   Instalações adaptadas para
     pessoas com mobilidade reduzida
🆎   Ar condicionado
🛗   Elevador
🍽   Refeições servidas no jardim
     ou na esplanada
🔄   Salões privados
🅿 🚗 Parque de estacionamento • Garagem
🚫   Não são aceites cartões de crédito

Palavras chave

Duas palavras-chave para identificar rapidamente o tipo de cozinha e o
estilo do estabelecimento.

CRIATIVA · DESIGN

Standing

Dentro de cada categoria de qualidade de cozinha, os restaurantes estão
classificados de acordo com o seu conforto *(de XxXxX a X)* e apresentam-se
por ordem alfabética.

A cor Vermelha: Os nossos restaurantes mais agradáveis.

Tablet®Hotéis

OS ESPECIALISTAS EM HOTÉIS DO GUIA MICHELIN

O Guia MICHELIN é uma referência gastronómica.
Com a Tablet, vai estar também no mundo dos hotéis.

A Tablet e a Michelin juntam-se para lançar uma nova e
excitante seleção de hotéis únicos. A Tablet, empresa
pioneira online que pertence ao Grupo MICHELIN desde
2018, é a melhor ferramenta para reservar os hotéis mais
exclusivos e extraordinários do mundo, lugares onde
o cliente não passa apenas uma noite, mas vive uma
experiência memorável.

A Tablet trabalha com milhares de hotéis em mais
de 100 países e uma equipa de especialistas que o
acompanham em cada etapa da sua viagem.

Reserve a sua próxima estadia em **TabletHotels.com**.

Hotel Viura | Villabuena de Alava, Espanha

LEGENDA DAS PLANTAS

Restaurantes • Bares de tapas •

Curiosidades

Edifício interessante

Edifício religioso interessante

Vias de circulação

Auto-estrada • estrada com faixas de rodagem separadas

Número do nó de acesso: completo-parcial

Grande via de circulação

Rua impraticável, regulamentada

Via reservada aos peões

Parque de estacionamento

Túnel

Estação e via férrea

Funicular • Trem de cremalheira

Teleférico, telecabine

Signos diversos

Posto de Turismo

Edifício religioso

Torre • Ruínas • Moinho de vento

Jardim, parque, bosque • Cemitério

Estádio • Golfe • Hipódromo

Piscina ao ar livre, coberta

Vista • Panorama

Monumento • Fonte

Porto desportivo

Farol

Aeroporto

Estação de metro

Estação de autocarros

Eléctrico

Transporte por barco :
Passageiros e automóveis • só de passageiros

Correio principal com posta-restante

Câmara municipal • Universidade, Grande Escola

CONTENTS

Introduction

SPAIN   44

Regional maps   54

Restaurants   84

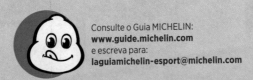

Consulte o Guia MICHELIN:
www.guide.michelin.com
e escreva para:
laguiamichelin-esport@michelin.com

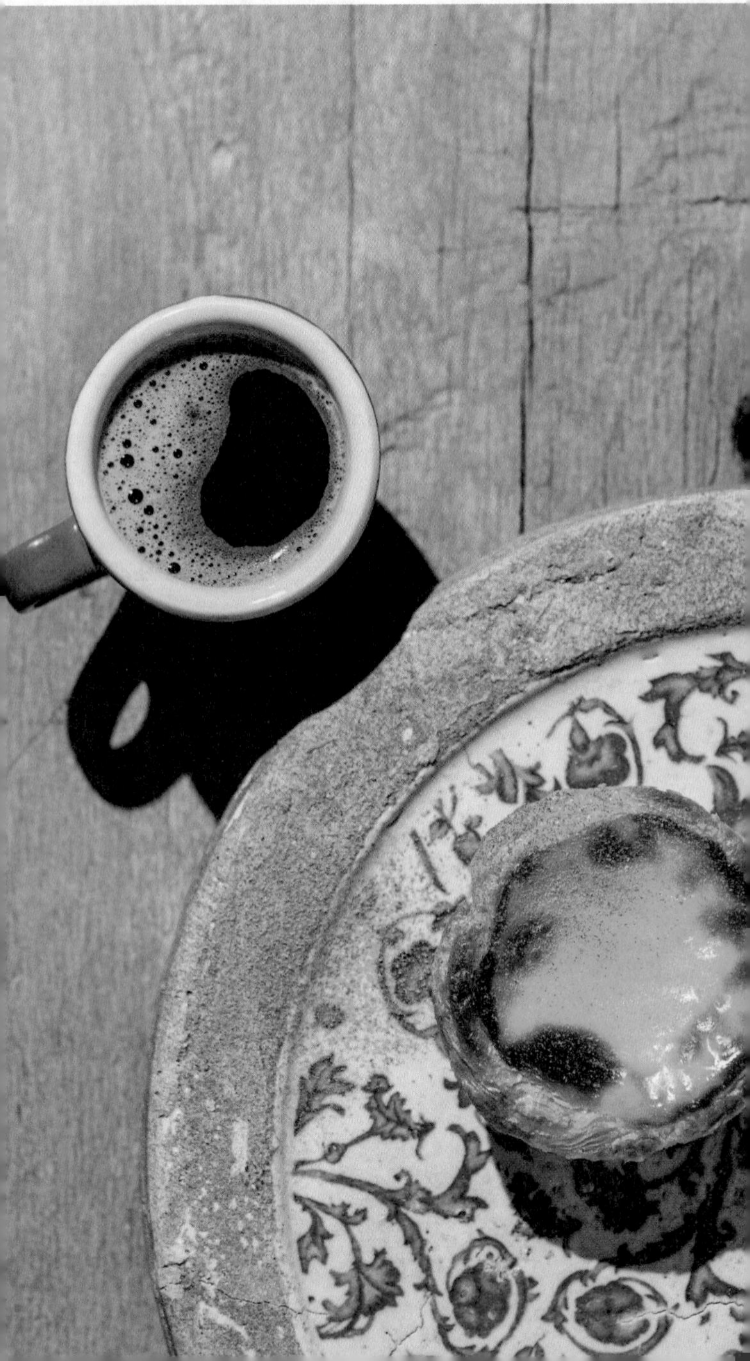

DEAR READER

It is a great pleasure to present to you the MICHELIN Guide Spain & Portugal 2022.

● In the spirit of ingenuity and quality, the gastronomy of Spain and Portugal is always willing to renew itself with original ideas, big names, and sometimes even a pinch of madness—something that, at times like these and after months of 'forced interruption', brings lots of value to the table.

● It's not easy to keep up with these countries, as both pursue excellence, surprise us with their dynamism and relentlessly reinvent themselves from a gastronomic point of view. In fact, their high number of openings reflects their daily battle to overcome the obstacles derived from the health crisis without giving in to discouragement. As a result, the MICHELIN Guide Inspectors found some excellent addresses this year as well.

● Leafing through the publication, page after page, one is drawn to the most gastronomically interesting restaurants, regardless of the establishment's category or cuisine style. This is a true reflection of the criteria used to make our selection, which also has quality and service as benchmarks.

● Focusing on diverse resources, we wish to highlight the link that is usually formed between a restaurant and its surroundings. The Guide portrays a variety of scenery, because its establishments bear witness to the full range of diversity on both the Iberian Peninsula and the beautiful islands of both countries.

● Yves Saint Laurent once said the most beautiful journeys were the ones taken on your sofa at home, reading a book. Logically, we are more in favour of mobility, as long as it includes a gastronomic stop.

Happy reading... and bon appétit!

Gwendal Poullennec,
International Director of MICHELIN Guides,
and all the MICHELIN Guide teams.

On the trail of sustainability

● The ecological wave that we started in 2021, when we launched the MICHELIN Green Star, rolls on, and it's the reason why a growing number of establishments are highlighting the environmental issue. We remain committed to shining a spotlight on all chefs who show special sensitivity or pay attention to the issue of sustainability.

● The MICHELIN Guide firmly believes in this project and seeks to participate not only as an accelerator of change, but also as a leading voice to disseminate best environmental practices to protect our planet.

● A sustainable food production system and reducing waste are global challenges that can help address the growing demand for enough food for all, combating extreme exploitation of natural resources

● Being sustainable means revisiting our daily habits and choices to encounter a relationship that is in tune with the environment in which we live.

● And the MICHELIN Guide endorses it!

The MICHELIN Guide app and website

● The MICHELIN Guide is not only available in print. Its restaurants, those selected by our Inspectors around the world, can also be found in the MICHELIN Guide - The Best Restaurants and Hotels app. Downloadable for free for iOS and Android, the app can be used to view the entire selection, as well as the hotel addresses suggested by Tablet, and even to make reservations with just one click. After creating your personal account, you will also be able to create, save and share your lists of favourites.

● A wealth of information can also be found on the website www. guide.michelin.com, a MICHELIN Guide search engine that helps you choose a restaurant according to your tastes, occasions, budget... A detailed description is provided for each establishment. In addition, the website contains an editorial section (magazine), where you'll find articles on restaurants, the most recent additions, interviews, recipes, interesting itineraries...

The MICHELIN Guide, always by your side!

THE MICHELIN GUIDE'S
COMMITMENTS

Whether they are in Japan, the USA, China or Europe, our inspectors apply the same criteria to judge the quality of each and every restaurant that they visit. The Michelin Guide commands a worldwide reputation thanks to the commitments we make to our readers – and we reiterate these below:

ShotShare/Getty Images Plus

Experienced in quality!

Anonymous inspections

Our inspectors visit restaurants regularly and anonymously in order to fully assess the level of service offered to any customer – and they always pay their own bills. Comments from our readers also provide us with valuable feedback and information, and these too are taken into consideration when making our recommendations.

Independence

To remain totally objective for our readers, the selection is made with complete independence. Entry into the guide is free. All decisions are discussed with the Editor and our highest awards are considered at a European level.

Selection and choice

The guide offers a selection of the best restaurants in every category of comfort and price. This is only possible because all the inspectors rigorously apply the same methods.

Annual updates

All the practical information, classifications and awards are revised and updated every year to give the most reliable information possible.

Consistency

The criteria for the classifications are the same in every country covered by the MICHELIN Guide.

The sole intention of Michelin is to make your travels safe and enjoyable.

THE MICHELIN GUIDE'S
SELECTION

From Tokyo to San Francisco, Paris to Copenhagen, the mission of the MICHELIN Guide has always been the same: to uncover the best restaurants in the world.

Cuisine of every type; prepared using grand traditions or unbridled creativity; whatever the place, whatever the style... the MICHELIN Guide Inspectors have a quest to discover great quality, know-how and flavours.

And let's not forget emotion... because a meal in one of these restaurants is, first and foremost, a moment of pleasure: it is experiencing the artistry of great chefs, who can transform a fleeting bite into an unforgettable memory.

From all of the restaurants selected for the Guide, the most remarkable are awarded a distinction: first there are the Stars, with up to Three awarded for those which transport you to the top of the gastronomic world. Then there is the Bib Gourmand, which cleverly combines quality with price.

And finally, another Star, not red but green, which shines the spotlight on establishments that are committed to producing sustainable cuisine.

There are so many culinary experiences to enjoy: the MICHELIN Guide brings you all these and more!

The distinctions:
the quality of the cuisine

Stars

Our famous one ✾, two ✾✾ and three ✾✾✾ Stars identify establishments serving the highest quality cuisine – taking into account the quality of ingredients, the mastery of techniques and flavours, the levels of creativity and, of course, consistency.

✾✾✾ THREE MICHELIN STARS

Exceptional cuisine, worth a special journey!

Our highest award is given for the superlative cooking of chefs at the peak of their profession. The ingredients are exemplary, the cooking is elevated to an art form and their dishes are often destined to become classics.

✾✾ TWO MICHELIN STARS

Excellent cooking, worth a detour!

The personality and talent of the chef and their team is evident in the expertly crafted dishes, which are refined, inspired and sometimes original.

✾ ONE MICHELIN STAR

High quality cooking, worth a stop!

Using top quality ingredients, dishes with distinct flavours are carefully prepared to a consistently high standard.

😊 Bib Gourmand

Good quality, good value cooking.

'Bibs' are awarded for simple yet skilful cooking for under €35.

The MICHELIN Green Star

Gastronomy and sustainability

Look out for the MICHELIN Green Star in our restaurants selection: the green star highlights role-model establishments actively committed to sustainable gastronomy. A quote by the chef outlines the vision of these trail-blazing establishments.

THE MICHELIN GUIDE'S
SYMBOLS

🅝 New establishment in the guide

Facilities & services

🍷	Particularly interesting wine list
🍽	Impossible reservation
⪡	Great view
🌿	Garden or park
♿	Wheelchair access
❄	Air conditioning
⬆	Lift (elevator)
🌳	Outside dining available
⟷	Private dining room
🚗	Valet parking
🅿 🚗	Car park • Garage
📵	Credit cards not accepted

Key words

Each entry now comes with two keywords, making it quick and easy to identify the type of establishment and/or the food that it serves.

CUISINE CRÉATIVE · DESIGN

Standing

Within each cuisine category, restaurantsare listed by comfort, from XxXxX to X.

Red: Our most delightful places.

Tablet®Hotels

THE HOTEL EXPERTS AT THE MICHELIN GUIDE

The MICHELIN Guide is a benchmark in gastronomy. With Tablet, it's setting the same standard for hotels.

Tablet and Michelin have combined to launch an exciting new selection of hand-picked hotels. A pioneer in online curation, and part of the MICHELIN Group since 2018, Tablet is your source for booking the world's most unique and extraordinary hotels — places where you'll find a memorable experience, not just a room for the night.

Tablet features thousands of hotels in over 100 countries — and a team of experts ready to assist with every step of your journey.

Book your next hotel stay at TabletHotels.com.

Hotel Viura | Villabuena de Alava, Spain

TOWN PLAN KEY

● Restaurants. Tapas Bar

Sights

▪	Place of interest
✛ ⌂ Ⓚ ✡	Interesting place of worship

Road

═══ ═══	Motorway, dual carriageway
❶ ❶	Junction: complete, limited
═══	Main traffic artery
▪▪▪▪▪	Unsuitable for traffic; street subject to restrictions
═══	Pedestrian street
Ⓟ	Car park
▫▫▫	Tunnel
⊶	Station and railway
o───┼┼┼───o	Funicular
o─■─■─o	Cable car, cable way

Various signs

ⓘ	Tourist Information Centre
✛ ⌂ Ⓚ ✡	Place of worship
● ∴ ⚒	Tower or mast • Ruins • Windmill
▪ ✝	Garden, park, wood • Cemetery
◯ ⚑ 🐎	Stadium • Golf course • Racecourse
≋ ▦	Outdoor or indoor swimming pool
⬤ ※	View • Panorama
▪ ◎	Monument • Fountain
⚓	Pleasure boat harbour
🗼	Lighthouse
✈	Airport
⌂	Underground station
🚌	Coach station
o	Tramway
⛴	Ferry services:
⛴ ⛴	passengers and cars, passengers only
✉	Main post office with poste restante
🏛 ⌂	Town Hall • University, College

ESPAÑA

EL PALMARÉS 2022

EL PALMARÉS 2022
O PALMARÉS

LAS NUEVAS ESTRELLAS
AS NOVAS ESTRELAS

✿✿

Donostia / San Sebastián *(País Vasco)*	**Amelia by Paulo Airaudo**
Madrid *(Comunidad de Madrid)*	**Smoked Room**
Mallorca/Canyamel *(Islas Baleares)*	**Voro**
Toledo *(Castilla-La Mancha)*	**Iván Cerdeño**

✿

Alcossebre *(Comunidad Valenciana)*	**Atalaya**
Barcelona (Cataluña)	**Atempo**
Castroverde de Campos *(Castilla y León)*	**Lera**
Dénia *(Comunidad Valenciana)*	**Peix & Brases**
Dima *(País Vasco)*	**Garena**
Gran Canaria/Las Palmas de Gran Canaria *(Canarias)*	**Poemas by Hermanos Padrón**
Haro *(La Rioja)*	**Nublo**
Ibiza/Eivissa *(Islas Baleares)*	**La Gaia**
Madrid *(Comunidad de Madrid)*	**Deessa**
Madrid *(Comunidad de Madrid)*	**Quimbaya**
Mallorca/Palma *(Islas Baleares)*	**Zaranda**
Marbella *(Andalucía)*	**Nintai**
Miranda de Ebro *(Castilla y León)*	**Alejandro Serrano**
Ribadesella *(Principado de Asturias)*	**Ayalga**
Sagunt *(Comunidad Valenciana)*	**Arrels**
Salamanca *(Castilla y León)*	**Ment by Óscar Calleja**
Santander *(Cantabria)*	**Casona del Judío**
Santander *(Cantabria)*	**El Serbal**
Santiago de Compostela *(Galicia)*	**Auga e Sal**
Sevilla *(Andalucía)*	**Cañabota**

Ment by Óscar Calleja, Salamanca © David Rey

LOS NUEVOS BIB GOURMAND 😋
OS NOVOS BIB GOURMAND

Alfaro *(La Rioja)*	Morro Tango
Alicante *(Comunidad Valenciana)*	Steki
Alicante *(Comunidad Valenciana)*	Tabula Rasa
Aljaraque *(Andalucía)*	Finca Alfoliz
Barcelona *(Cataluña)*	Avenir
Benicarló *(Comunidad Valenciana)*	Pau
Cádiz *(Andalucía)*	Almanaque
Castilleja de la Cuesta *(Andalucía)*	12 Tapas
Cheste *(Comunidad Valenciana)*	Huerto Martínez
Ciudad Real *(Castilla-La Mancha)*	Mesón Octavio
Córdoba *(Andalucía)*	Terra Olea
L'Escala *(Cataluña)*	La Gruta
Granada *(Andalucía)*	Atelier Casa de Comidas
Jerez de la Frontera *(Andalucía)*	Avanico
Lanzarote/Mácher *(Canarias)*	Mácher 60
Madrid *(Comunidad de Madrid)*	Casa Mortero
Madrid *(Comunidad de Madrid)*	Garelos
Madrid *(Comunidad de Madrid)*	Noi
Madrid *(Comunidad de Madrid)*	Sagrario Tradición
Madrid *(Comunidad de Madrid)*	Taberna Recreo
Madrid *(Comunidad de Madrid)*	Taberna Úbeda
Madrid *(Comunidad de Madrid)*	Treze
Madrid *(Comunidad de Madrid)*	Vinoteca Moratín
Madrigal de la Vera *(Extremadura)*	El Molino
Mallorca/Sóller *(Islas Baleares)*	Ca´n Boqueta
Murcia *(Región de Murcia)*	Perro Limón
Ourense *(Galicia)*	Ceibe
Peruyes *(Principado de Asturias)*	El Molín de Mingo

**Además podrá encontrar todas las Estrellas
y todos los Bib Gourmand, en la página 480.**
Você também pode encontrar todas as
Estrelas e os Bib Gourmand na página 480.

fcafotodigital/Getty Images Plus

49

VILLAVERDE DE PONTONES

Malpica de Bergantiños
Salinas • Prendes
• A Coruña
• Gijón Ribadesella
Santa Comba • Santiago de
Compostela Arriondas • Llanes
Puente Arce
O Grove Cambados Santander
Raxo • Pontevedra Ponferrada León Hoznayo
• O Pereiro de Aguiar Ampuero
Vigo Ourense Miranda de Ebro
Haro
Ezcaray
Benavente
Castroverde
de Campos Navaleno
Quintanilla de Onésimo • Peñafiel
Porto Valladolid •
Matapozuelos • Sardón de Duero
Salamanca

Coimbra

MADRID •

Zarza de
Granadilla Illescas • • Valdemor
PORTUGAL Talavera de Toledo •
la Reina •

Cáceres

LISBOA

Torrenueva
Torre de
Juan Abad

Faro Sevilla Córdoba
• Jaén
Jerez de la Frontera Ronda
EL PUERTO DE Málaga El Ejido
SANTA MARÍA Marbella
Chiclana de la Frontera Fuengirola

° Ceuta

 Las estrellas de
buena mesa 2022

Melilla
°

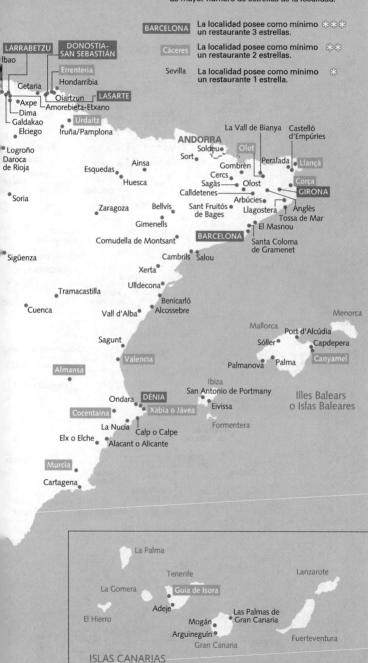

El color está de acuerdo con el establecimiento de mayor número de estrellas de la localidad.

BARCELONA La localidad posee como mínimo un restaurante 3 estrellas. ✱✱✱

Cáceres La localidad posee como mínimo un restaurante 2 estrellas. ✱✱

Sevilla La localidad posee como mínimo un restaurante 1 estrella. ✱

LARRABETZU
DONOSTIA-SAN SEBASTIÁN
Bilbao
Errenteria
Getaria
Hondarribia
Axpe
Oiartzun LASARTE
Dima
Amorebieta-Etxano
Galdakao
Urdaitz
Elciego
Iruña/Pamplona
Logroño
Daroca de Rioja
Soria
Esquedas
Ainsa
Huesca
Zaragoza
Bellvís
Gimenells
Sigüenza
Cornudella de Montsant
Tramacastilla
Xerta
Cuenca
Ulldecona
Vall d'Alba
Benicarló
Alcossebre
Sagunt
Valencia
Almansa
Ondara DÉNIA
Cocentaina
Xàbia o Jávea
La Nucía
Calp o Calpe
Elx o Elche
Alacant o Alicante
Murcia
Cartagena

ANDORRA
Sort
Soldeu
Olot
La Vall de Bianya
Castelló d'Empúries
Gombrèn
Peralada
Llançà
Cercs
Sagàs
Olost
Corçà
Calldetenes
Arbúcies
GIRONA
Sant Fruitós de Bages
Llagostera
Anglès
Tossa de Mar
El Masnou
BARCELONA
Santa Coloma de Gramenet
Cambrils Salou

Menorca
Mallorca
Port d'Alcúdia
Sóller
Capdepera
Palmanova Palma Canyamel
Ibiza
San Antonio de Portmany
Illes Balears o Islas Baleares
Eivissa
Formentera

La Palma
Tenerife
Lanzarote
La Gomera Guía de Isora
Adeje
Las Palmas de Gran Canaria
El Hierro
Mogán
Arguineguín
Gran Canaria
Fuerteventura
ISLAS CANARIAS

Localidades que poseen como mínimo un establecimiento Bib Gourmand.

Los Bib Gourmand 2022

Mapas Regionales

Mapas regionais

Localidad que posee como mínimo...

- ● un restaurante seleccionado en la Guía
- ❀ una de las mejores mesas del año
- ⓐ un restaurante « Bib Gourmand »

Localidade que possui como mínimo...

- ● um restaurante selecionado no Guia
- ❀ uma das melhores mesas do ano
- ⓐ um restaurante « Bib Gourmand »

MAR CANTÁBRICO

A Coruña

Gijón

Oviedo

Cantabria
6

Lugo

Galicia
13

Asturias
3

Pontevedra

León

Burgos

Ourense

Valladolid

Porto

Salamanca

Castilla
y León
8

PORTUGAL

Coimbra

Madrid
15

LISBOA

Badajoz

Extremadura
12

Faro

Córdoba

Sevilla

Andalucía
1

Cádiz

Granada

Málaga

Gibraltar

Tanger

Ceuta

MAROC

Melilla

España

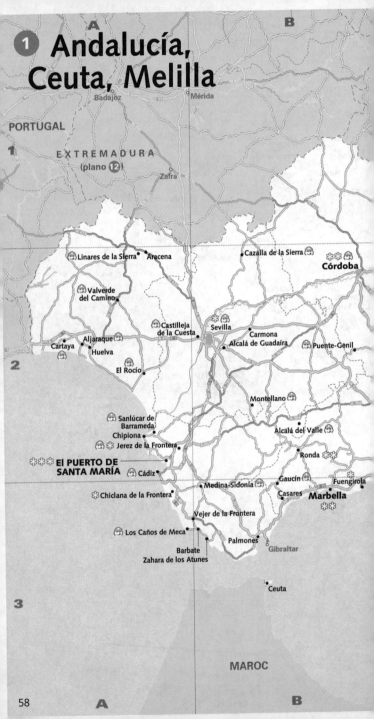

Andalucía, Ceuta, Melilla

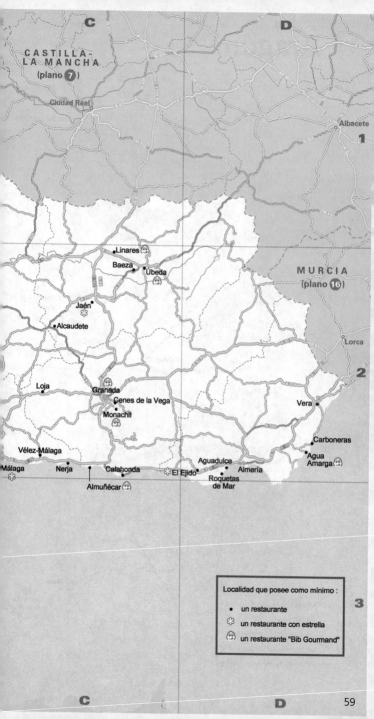

C

D

CASTILLA-
LA MANCHA
(plano **7**)

Ciudad Real

Albacete

1

Linares ⊕
Baeza
●Úbeda
⊕

MURCIA
(plano **16**)

Jaén ●
❄
●Alcaudete

Lorca

2

Loja ●
Granada ⊕
Cenes de la Vega
Monachil ●
⊕

Vera ●

Carboneras

Agua
Amarga ⊕

Vélez-Málaga
Málaga
❄
Nerja
Calahonda
❄ El Ejido ● Almería
Almuñécar ⊕
Aguadulce
Roquetas
de Mar

Localidad que posee como mínimo :

● un restaurante

❄ un restaurante con estrella

⊕ un restaurante "Bib Gourmand"

3

C

D

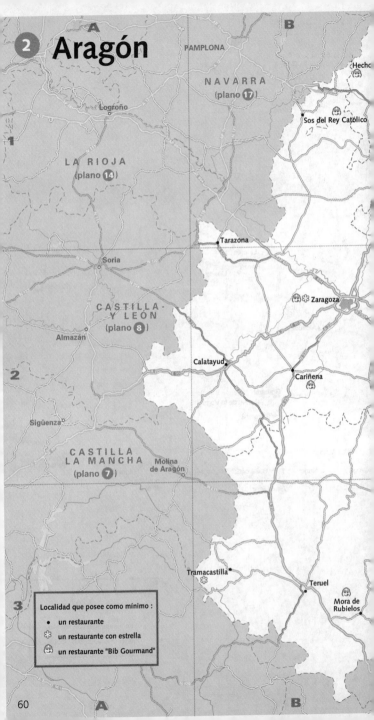

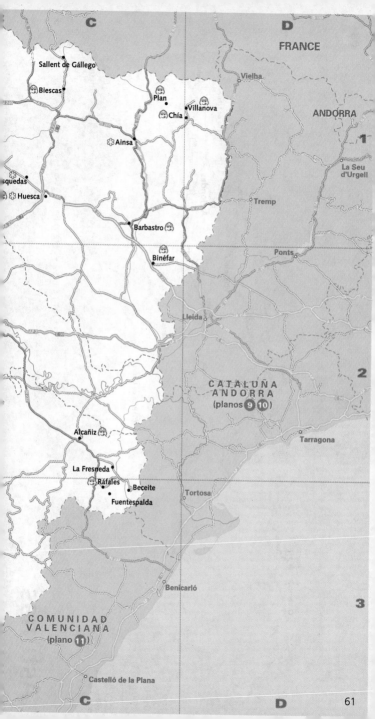

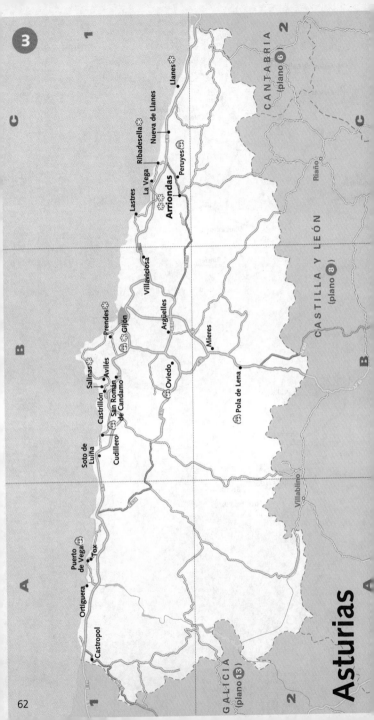

Asturias

Baleares

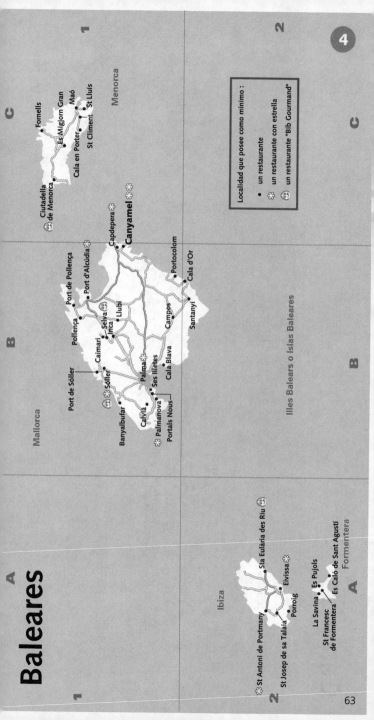

Mallorca

Menorca

Illes Balears o Islas Baleares

Ibiza

Formentera

Localidad que posee como mínimo :
- • un restaurante
- ✱ un restaurante con estrella
- ⊛ un restaurante "Bib Gourmand"

Fornells
Es Migjorn Gran
Ciutadella de Menorca
Maó
Cala en Porter
St Climent
St Lluís

Port de Pollença
Pollença
Port d'Alcúdia
Capdepera ✱
Canyamel ✱✱
Caimari
Selva
Inca
Llubí
Port de Sóller
Sóller
Palma ✱
Ses Illetes
Cala Blava
Campos
Portocolom
Cala d'Or
Santanyí
Banyalbufar
Calvià
Palmanova
Portals Nous

St Antoni de Portmany
Sta Eulària des Riu
Eivissa ✱
Porroig
St Josep de sa Talaia
Es Pujols
La Savina
St Francesc de Formentera
Es Caló de Sant Agustí

4

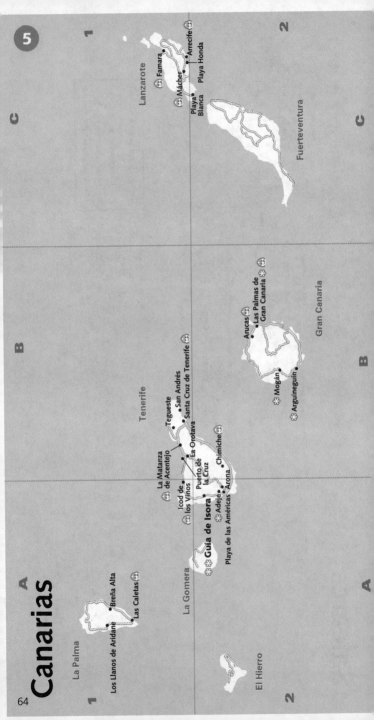

Canarias

64

La Palma

Los Llanos de Aridane

Breña Alta

Las Caletas

El Hierro

La Gomera

Tenerife

Icod de los Vinos

La Matanza de Acentejo

Puerto de la Cruz

La Orotava

Tegueste

San Andrés

Santa Cruz de Tenerife

Guía de Isora

Adeje

Playa de las Américas

Arona

Chimiche

Lanzarote

Famara

Mácher

Arrecife

Playa Honda

Playa Blanca

Fuerteventura

Gran Canaria

Mogán

Arguineguín

Arucas

Las Palmas de Gran Canaria

5

A   B   C

1

2

Cantabria

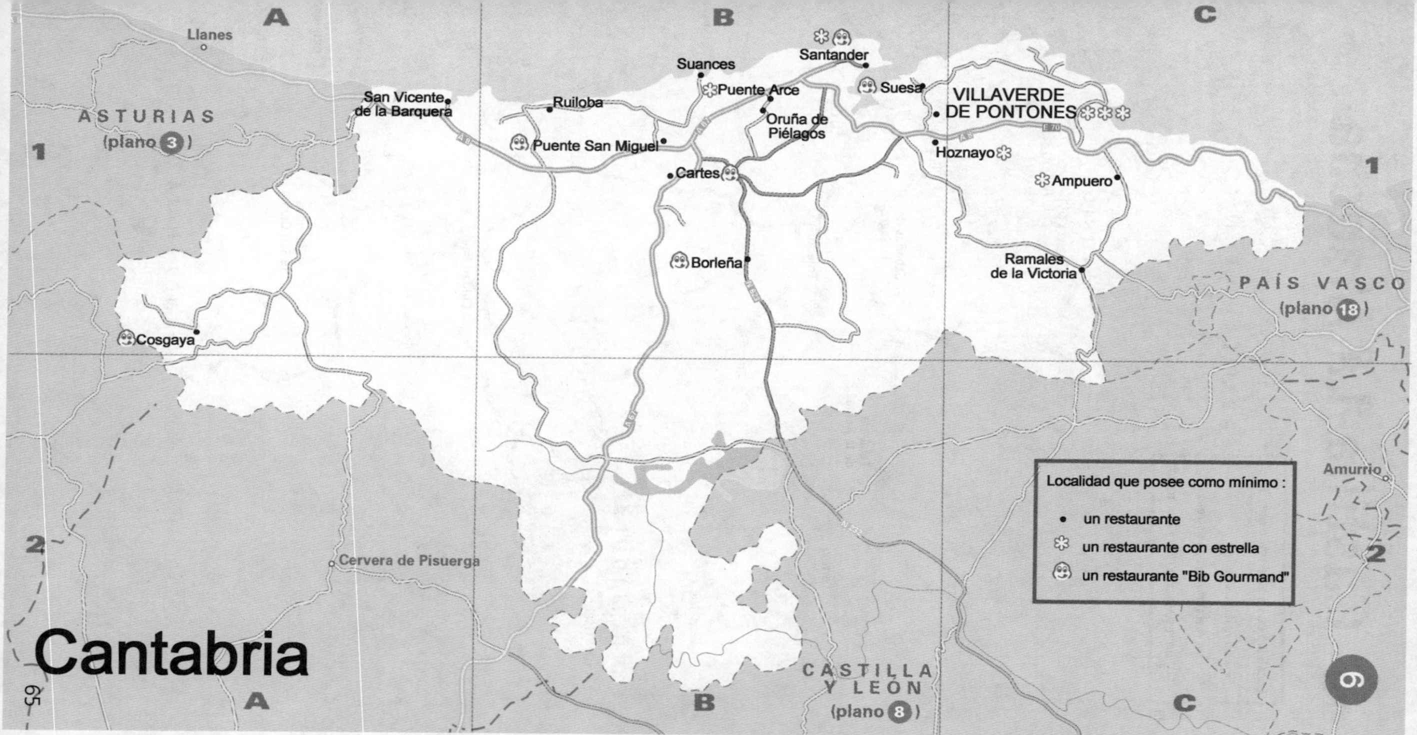

A
B
C
1
2
Llanes
ASTURIAS
(plano 3)
PAÍS VASCO
(plano 18)
CASTILLA Y LEÓN
(plano 8)
Santander
Suances
Puente Arce
Suesa
VILLAVERDE DE PONTONES
San Vicente de la Barquera
Ruiloba
Oruña de Piélagos
Puente San Miguel
Hoznayo
Cartes
Ampuero
Borleña
Ramales de la Victoria
Cosgaya
Cervera de Pisuerga
Amurrio
Localidad que posee como mínimo :
• un restaurante
un restaurante con estrella
un restaurante "Bib Gourmand"
6

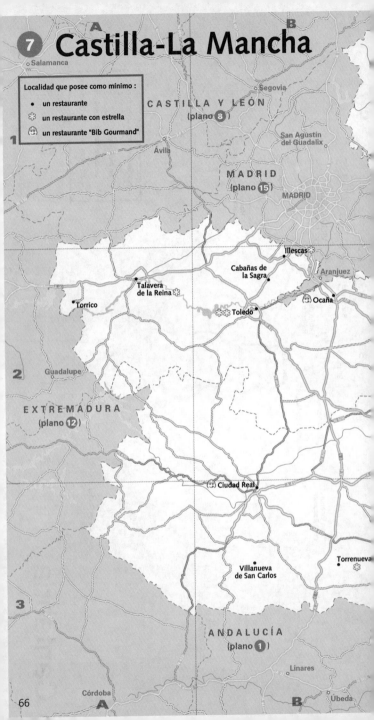

7 Castilla-La Mancha

Localidad que posee como mínimo :
- • un restaurante
- ✿ un restaurante con estrella
- 😊 un restaurante "Bib Gourmand"

CASTILLA Y LEÓN
(plano 8)

Salamanca

Segovia

San Agustín
del Guadalix

Ávila

MADRID
(plano 15)

MADRID

Illescas ✿

Cabañas de
la Sagra

Aranjuez

Talavera
de la Reina ✿

Torrico

😊 Ocaña

✿✿✿ Toledo

Guadalupe

EXTREMADURA
(plano 12)

😊 Ciudad Real

Torrenueva
✿

Villanueva
de San Carlos

ANDALUCÍA
(plano 1)

Linares

Córdoba

Úbeda

66

Castilla y León

8

A

B

ASTURIAS
(plano 3)

GALICIA
(plano 13)

1

Cacabelos
Carracedelo
Ponferrada
Castrillo de
los Polvazares
Astorga
Val de
San Lorenzo
Jiménez de Jamúz

León

Valencia de
Don Juan

Villalcázar de Sirg
Villoldo

Morales de Rey

Benavente

Castroverde
de Campos

Palenci

Tariego de Cerra

Valladolid

PORTUGAL

2

Zamora

Sard
de Du

Matapozuelos

Vega de Tirados

Salamanca

Vecinos

Alba de Tormes

San Miguel
de Valero

Ávila

Mogarraz
Montemayor
del Río

3

Hoyos
del Espino

EXTREMADURA
(plano 12)

Plasencia

68

A

B

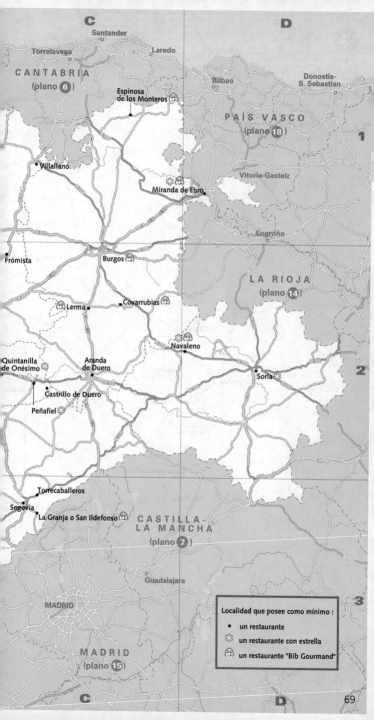

Localidad que posee como mínimo :
- • un restaurante
- ✺ un restaurante con estrella
- 🙂 un restaurante "Bib Gourmand"

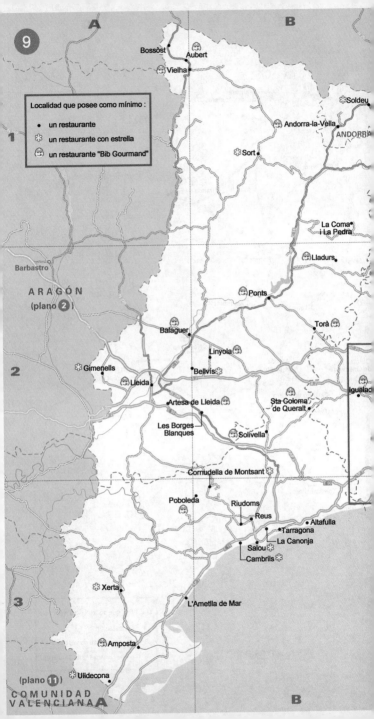

Cataluña, Andorra

FRANCE

Perpignan

Llívia
Bolvir de Cerdanya
Alp
Setcases
Bagà
Gombrèn
La Vall de Bianya
Peralada
Llançà
Ripoll
Olot
Castelló
d'Empúries
Cercs
Berga
Banyoles
Sagàs
Orís
Rupit
Sant Julià de Ramis
Corçà
g-Reig
Olost
Tavertet
Calldetenes
GIRONA
Vic
St Julià de Vilatorta
Anglès
Llafranc
Sallent
Tona
Arbúcies
Llagostera
Calders
Sant Fruitós de Bages
Tossa de Mar
resa

El Masnou
Santa Coloma
de Gramenet
BARCELONA

Maçanet de Cabrenys
Portbou
Llançà
Peralada
Pau
Figueres
Roses
Cadaqués
Besalú
Castelló
d'Empúries
Orfes
Vilamarí
L'Escala
Banyoles

10 Cataluña, Andorra

A   **B**

L'Estartit

St Gregori   Palau-Sator

Corçà

GIRONA

Pals

Anglès   Vilablareix

Llofriu

Palafrugell

Llafranc

Calella de Palafrugell

Romanyà de la Selva   Palamós

Arbúcies

Llagostera

Sta Cristina d'Aro

S'Agaró

St Feliu de Guíxols

Hostalric

Lloret de Mar   Tossa de Mar

Calella

Canet de Mar

B

2

St Fruitós de Bages

Manresa

La Garriga

Caldes de Montbui

Castellar del Vallès

Granollers

Terrassa

Mataró

Igualada

Viladecavalls

Sabadell

Cabrils

St Quirze del Vallès

Vallromanes

Castellbisbal

Bellaterra

Cerdanyola del Vallès

El Masnou

St Sadurní d'Anoia

Sta Coloma de Gramenet

Badalona

Molins de Rei

BARCELONA

St Pau d'Ordal

Sant Climent de Llobregat

3

Castelldefels

Sitges

C

DOMINA
LO IMPREVISIBLE

NUEVO | **MICHELIN CROSSCLIMATE ²**

SEGURIDAD TODO EL AÑO, HAGA EL TIEMPO QUE HAGA.*

Aceite de oliva virgen extra de Jaén

www.dipujaen.es

DIPUTACIÓN
DE JAÉN

Comunidad Valenciana ⑪

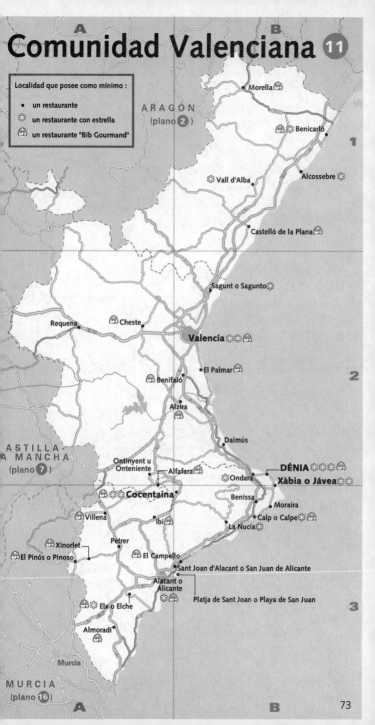

Localidad que posee como mínimo :

- • un restaurante
- ❀ un restaurante con estrella
- 😊 un restaurante "Bib Gourmand"

ARAGÓN
(plano ②)

• Morella 😊

❀😊 Benicarló 1

❀ Vall d'Alba

Alcossebre ❀

Castelló de la Plana 😊

Sagunt o Sagunto ❀

Requena   😊 Cheste

Valencia ❀❀😊 2

• El Palmar 😊

😊 Benifaió

Alzira

Daimús

CASTILLA-
LA MANCHA
(plano ⑦)

Ontinyent u
Onteniente   Alfafara 😊
❀ Ondara   DÉNIA ❀❀❀😊
Xàbia o Jávea ❀❀

Benissa

😊❀❀ Cocentaina

• Moraira
Calp o Calpe ❀ 😊
La Nucia ❀

😊 Villena

Ibi 😊

😊 Xinorlet
Petrer
😊 El Campello
😊 El Pinós o Pinoso

Sant Joan d'Alacant o San Juan de Alicante

Alacant o
Alicante
❀❀😊

Platja de Sant Joan o Playa de San Juan 3

😊❀ Elx o Elche

Almoradí
😊

Murcia

MURCIA
(plano ⑯)

A

B

1

PORTUGAL

Castelo
Branco

Pedroso de Acim

Cáceres

Portalegre

2

Estremoz

Badajoz

PORTUGAL

Zafra

3

A

B

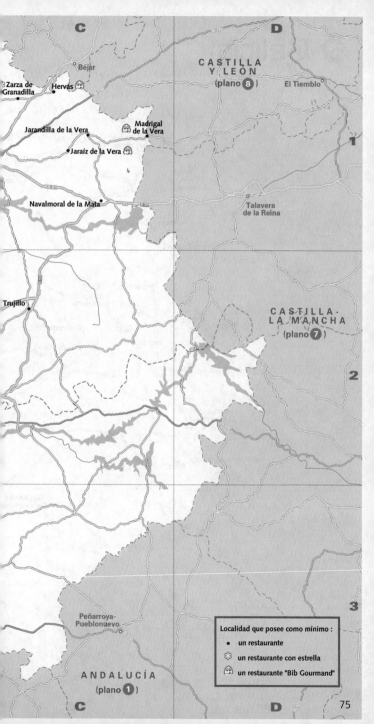

C

D

CASTILLA
Y LEÓN
(plano 8)

Béjar

El Tiemblo

Zarza de
Granadilla

Hervás

Madrigal
de la Vera

Jarandilla de la Vera

Jaraíz de la Vera

1

Navalmoral de la Mata

Talavera
de la Reina

CASTILLA-
LA MANCHA
(plano 7)

Trujillo

2

Peñarroya-
Pueblonuevo

3

Localidad que posee como mínimo :
• un restaurante
✳ un restaurante con estrella
😊 un restaurante "Bib Gourmand"

ANDALUCÍA
(plano 1)

C

D

75

A

B

1

Ferrol

❄ Malpica de
Bergantiños

❄😊 A Coruña

Oleiros

Cánduas

Betan

Carballo

Ponte do Porto

2

❄ Santa Comba

Corcubión

😊 Fisterra o
Finisterre

Negreira 😊

❄😊 Santiago de
Compostela

😊 Esteiro · Freixo

Boqueixón 😊

Padrón

Ponte Ulla o
Puente Ulla 😊

Lalí

😊❄ Cambados
❄❄ O Grove

Sanxenxo o Sangenjo · Raxo 😊

❄ Pontevedra ❄

Bueu · Vilaboa

San Andrés
de Camporredon

😊❄ Vigo ·

Ponteareas

3

😊 A Guarda ·

PORTUGAL

Viana do
Castelo

A

B

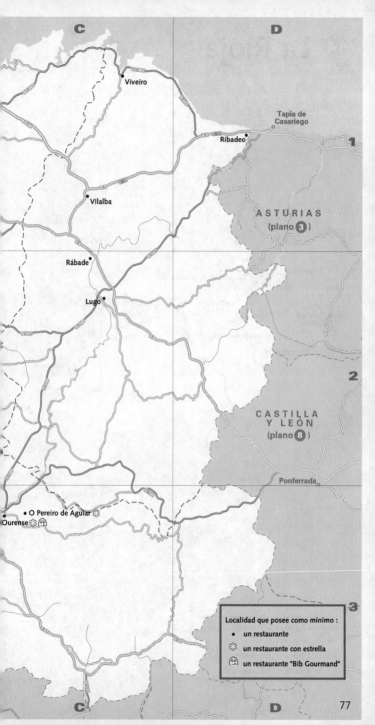

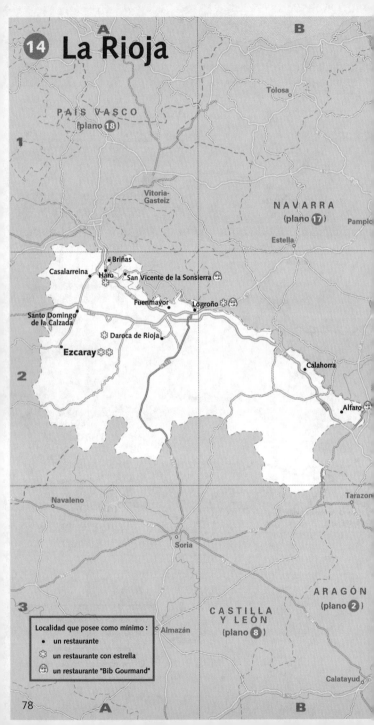

14 La Rioja

B

Tolosa

PAÍS VASCO
(plano 18)

1

Vitoria-Gasteiz

NAVARRA
(plano 17)

Pamplo

Estella

Briñas
Casalarreina
Haro
San Vicente de la Sonsierra 😊
Fuenmayor
Logroño 😊 😊

Santo Domingo
de la Calzada
Daroca de Rioja 😊

Ezcaray 😊😊

Calahorra

2

Alfaro 😊

Navaleno

Tarazon

Soria

ARAGÓN
(plano 2)

3

Localidad que posee como mínimo :
- un restaurante
- 😊 un restaurante con estrella
- 😊 un restaurante "Bib Gourmand"

Almazán

CASTILLA
Y LEÓN
(plano 8)

Calatayud

A

B

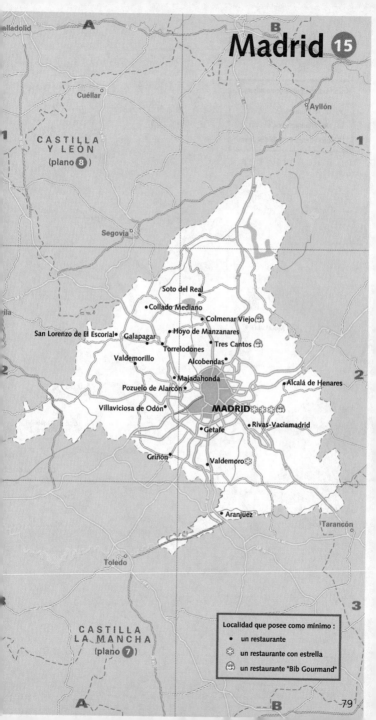

Madrid 15

Cuéllar

Ayllón

CASTILLA
Y LEÓN
(plano 8)

Segovia

Soto del Real
• Collado Mediano
• Colmenar Viejo 🙂
• Hoyo de Manzanares
San Lorenzo de El Escorial • Galapagar
• Tres Cantos 🙂
Torrelodones
Valdemorillo
Alcobendas •
• Majadahonda
Pozuelo de Alarcón •
• Alcalá de Henares
Villaviciosa de Odón •
MADRID ❀❀❀ 🙂
• Rivas-Vaciamadrid
• Getafe
Griñón •
Valdemoro ❀

• Aranjuez

Tarancón

Toledo

CASTILLA
LA MANCHA
(plano 7)

Localidad que posee como mínimo :
• un restaurante
❀ un restaurante con estrella
🙂 un restaurante "Bib Gourmand"

79

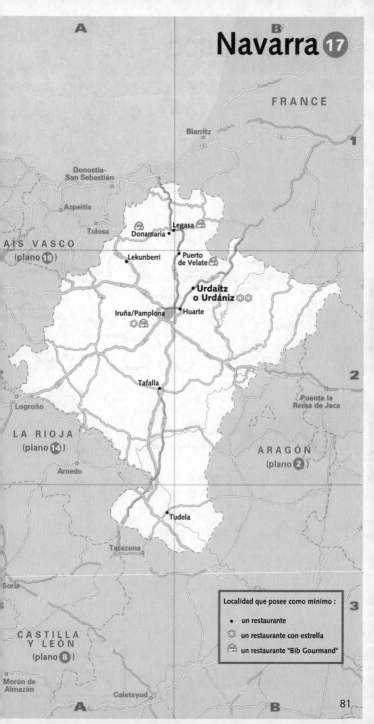

Navarra 17

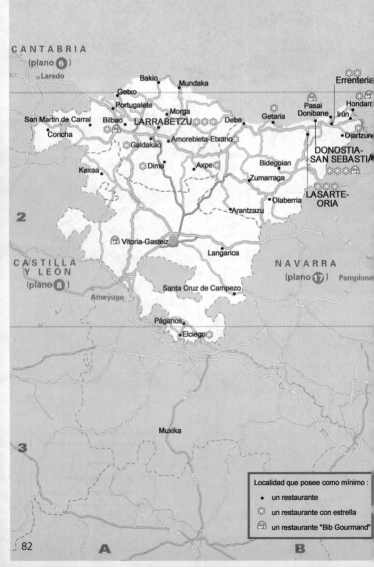

18 País Vasco

A **B**

1

CANTABRIA
(plano 6)
o Laredo

Bakio
Mundaka
Getxo
Portugalete
Morga
San Martín de Carral
Bilbao
LARRABETZU
Deba
Getaria
Concha
Amorebieta-Etxano
Galdakao
Kexaa
Dima
Axpe
Bidegoian
Zumarraga
Olaberria
Arantzazu
Vitoria-Gasteiz
Langarica
NAVARRA
(plano 17)
Pamplona
CASTILLA
Y LEÓN
(plano 8)
Ameyugo
Santa Cruz de Campezo
Páganos
Elciego

Errenteria
Pasai
Donibane
Hondarr
Irún
Ojartzun
DONOSTIA-
SAN SEBASTIA
LASARTE-
ORIA

2

3

Muxika

Localidad que posee como mínimo :
• un restaurante
✿ un restaurante con estrella
☺ un restaurante "Bib Gourmand"

82

A **B**

La selección de la Guía MICHELIN

A selecção do Guia MICHELIN

Localidades de A a Z

Localidades de A a Z

AGUA AMARGA

Almería – Mapa regional **1**–D2 – Mapa de carreteras Michelin n° 578-V24

ASADOR LA CHUMBERA

TRADICIONAL · AMBIENTE TRADICIONAL Lo mejor de esta casa es su emplazamiento, pues saliendo de Agua Amarga por la carretera de Carboneras lo encontrará, aislado, en una construcción encalada con indudable tipismo; además, por si quiere visitar algo curioso, se halla cerca del antiguo Cargadero de Mineral de Agua Amarga (en funcionamiento hasta 1942). Ofrece dos salas de ambiente rústico-actual, ambas dominadas por los tonos blancos, así como una agradable terraza adornada con cactus y chumberas. Cocina tradicional con guiños locales e influencias tanto árabes como orientales. ¡Pruebe los pescados del día o su sabroso Entrecot!

🌳 🅿 – Carta 30/45€

Paraje Los Ventorrillos (Carretera de Carboneras, Noreste 1,2 km) ✉ *04149 –*
☎ 634 67 62 98 – www.asadorlachumbera.com – Cerrado miércoles

AGUADULCE

Almería – Mapa regional **1**–D2 – Mapa de carreteras Michelin n° 578-V22

BACUS

CREATIVA · BAR DE TAPAS Ubicado en una nueva zona residencial. Este gastrobar de estética moderna se presenta con una barra a la entrada, una zona de mesas al fondo y un reservado. Tapas creativas.

🌳 ♿ 🅰🅲 ✿ – Tapa 5€ – Ración 14€ – Carta 25/75€

Camino de los Parrales 330 ✉ *04720 – ☎ 950 34 13 54 – www.bacus.eu –*
Cerrado domingo

AÍNSA

Huesca – Mapa regional **2**–C1 – Mapa de carreteras Michelin n° 574-E30

CALLIZO

Chef: Josetxo Souto y Ramón Aso

CREATIVA · MARCO CONTEMPORÁNEO Si busca una experiencia gastronómica vaya reservando, pues Callizo embriaga los sentidos e incita a descubrir los maravillosos paisajes y sabores de la comarca de Sobrarbe.

El restaurante, ubicado en una céntrica casona de piedra que sorprende por su moderna estética interior, participa activamente de la propuesta, pues esta se traduce en un recorrido por el edificio descubriendo, por etapas, la esencia de esta tierra; eso sí, sin cerrarse las puertas a guiños culinarios de otras partes del mundo. Platos bien resueltos, texturas delicadas, contrastes acertados... todo a través de dos menús degustación (Tierra y Piedras) que enarbolan la bandera de lo que aquí llaman "cocina tecno-emocional de montaña". ¡Procuran dar protagonismo a los pequeños productores de la zona que les abastecen!

⬦ 🅰🅲 – Menú 80/95€

Plaza Mayor ✉ *22330 – ☎ 974 50 03 85 – www.restaurantecallizo.es – Cerrado lunes,*
martes

Alicante
Mapa regional **11**–A3
Mapa de carreteras Michelin
n° 577-Q28

ALACANT • ALICANTE

Subir al castillo de Santa Bárbara para contemplar la ciudad desde las alturas, pasear por la fantástica Marina Deportiva del Puerto de Alicante, coger un barco para ir de excursión a la isla de Tabarca... Las posibilidades turísticas de esta localidad, que no suele defraudar a nadie, se ven apoyadas por una interesantísima oferta gastronómica que tiene en los arroces su producto fetiche; no en vano, se la conoce como "La ciudad del arroz" y hay dos platos que no debe dejar de probar: el Arroz a banda y el Arroz a la alicantina. Otras especialidades son la Borreta y la Pericana, dos recetas surgidas en los pueblos del interior. Mención especial merece el emblemático Turrón de Alicante (conocido popularmente como Turrón duro), una exquisitez elaborada de manera artesanal con almendras enteras y miel. ¡Acérquese a Xixona (Jijona) a visitar alguna de sus fábricas o el Museo del Turrón!

✿ BAEZA & RUFETE

Chef: Joaquín Baeza

MODERNA • SENCILLA ⅹ Una casa que emana pasión, oficio y las inconfundibles virtudes de quienes se han formado con Martín Berasategui; no en vano, lo primero que el chef Joaquín Baeza te cuenta, de una manera informal, es que al igual que su maestro él está aquí... ¡para aportar felicidad a sus clientes!

El pequeño y sencillo local está llevado con dedicación por un amable matrimonio, con él al frente de los fogones mientras su mujer, Esther Castillo, se ocupa de la sala y ejerce como sumiller. ¿La propuesta? Una cocina mediterránea moderna que explora la diversidad y los productos alicantinos de temporada en base a dos hilos conductores, las hierbas aromáticas recolectadas por el propio chef y los aceites de oliva con más personalidad. Ofrecen una escueta carta y dos menús, el ejecutivo y el gastronómico.

🅰🅲 – Menú 50 € (almuerzo)/85 € – Carta 50/70 €

Fuera de plano – *Avenida de Ansaldo 31 (por la avenida de Dénia, 6 km)* ✉ 03540 – ☎ 965 16 22 47 – www.baezarufete.com – *Cerrado cena: lunes-sábado, domingo*

A   B

Av. de Alcoy
C. del Maestro Caballero
C. del Alférez Díaz Sanchís
Av. de Jijona
C. del General Shelly
C. de Valencia
C. de Sevilla
C. del Pelayo
S. Carlos
C. de Adolfo Blanch
C. del Alcalde Suárez Llanos
C. de Torres Quevedo
C. de Agost
C. de Bernardo López García
General Elizaicín
C. de Martínez de Velasco
C. del Doctor Sapena
C. del Carlos

MARQ

Plaza de España
C. del Pintor Murillo
C. del Padre Mariana
Pl. de los Olivaretes
C. de García Morato
C. del Capitán
Plaza Sta Teresa
Plaza Sta Teresa
Plaza del Mercado
C. Moreu
Díaz
S. Vicente
C. de Trafalgar
C. Nueva Baja
C. Nueva Alta
C. de la Huerta
Av. de Jaime II
Av. de Jaime II

PARQUE DE ERETA

Castillo de Sta Bárbara
MUSA

ASCENSOR

C. del Poeta Quintana
C. de la Constitución
Av. de Méndez
Rambla
C. Álvarez
C. de los Castaños
C. del Médico Pascual Pérez
C. del Teatro
C. de las Navas
C. de Bazán
C. de Colón
Barón de Finestrat
C. de Gerona
C. de S. Isidro
C. de S. Francisco
Numz

Pl. del Carmen

S. Nicolás de Bari

Ayuntamiento
Pl. del Ayuntamiento

Casa de la Asegurada
C. de la Balseta
Sta María
MUBAG

Av. de Juan Bautista Lafora
C. de Gómiz
Paseo

Platja del Postiguet

Pl. de la Montañeta
Pl. Calvo Sotelo
C. del Barón de Petrés
Pl. de G. Miró
C. de Labradores
C. de la Lonja

Explanada de España

Pl. Puerta del Mar
Muelle

Pl. del Puerto

Av. del Doctor Gadea
Paseo del Almirante Julio Guillén Tato
Loring

PARQUE DE CANALEJAS

PUERTO DEPORTIVO

Muelle de Levante

Muelle de Poniente

ALACANT/ ALICANTE

0   240 m

1

2

3

3 4 7 5 8 9 10 11

😊 TABULA RASA Ⓝ

TRADICIONAL · AMBIENTE CLÁSICO XX En el histórico barrio de Benalúa, donde se presenta con una cuidada fachada y un interior de tranquilo ambiente clásico. Los dos socios al frente, Rafa tras los fogones y Juan Pablo en la sala, quieren reflejar su honestidad a la hora de exaltar la tradición culinaria alicantina, actualizando los platos en lo que se refiere a las técnicas y tomando siempre como base al producto fresco de temporada (no usan congeladores ni cámaras de vacío). La oferta, que cambia casi a diario, se centra en un sugerente menú degustación donde los arroces, o las fideuás, suelen ser los grandes protagonistas.

🔲 – Menú 33€

Fuera de plano – *Alberola 57 B* ✉ *03001* – 𝒸 *966 04 46 58* – *Cerrado lunes, cena: martes-jueves, cena: domingo*

😊 STEKI Ⓝ

FUSIÓN · SENCILLA X La vida da muchas vueltas... si no, que se lo pregunten a Fernando y Olivia, una encantadora pareja que supo ver en sus propias diferencias (él mexicano y ella griega) la piedra angular de su proyecto culinario. El sencillo local, ubicado en una calle peatonal del casco antiguo, defiende esa filosofía con su propio nombre, pues Steki significa precisamente eso: "punto de encuentro". ¿Qué encontrará? Los platos propios de una cocina mediterránea con notas mexicanas y helenas, pensados para compartir y con una mezcla de sabores muy sorprendentes. ¡Déjese llevar por las sugerencias del día!

🔲 – Carta 35/45€

Plano: A2-7 – *Argensola 8* ✉ *03002* – 𝒸 *966 39 81 54* – *www.stekirestaurante.es* – *Cerrado almuerzo: lunes-martes, miércoles, almuerzo: jueves-viernes*

MONASTRELL

MODERNA · DE DISEÑO XXX A través de sus menús, con opciones vegetarianas, nos plantean una cocina sumamente natural, próxima a los pescados y mariscos de la lonja pero también con muy buenos arroces.

≼ 🌴 🔲 ⇄ 🅿 – Menú 75/115€

Plano: A3-1 – *Avenida del Almirante Julio Guillén Tato 1* ✉ *03002* – 𝒸 *965 12 66 40* – *www.monastrell.com* – *Cerrado lunes, martes, almuerzo: miércoles-jueves, cena: domingo*

MAESTRAL

TRADICIONAL · AMBIENTE CLÁSICO XXX Ubicado en una bonita villa, rodeada de jardines y con una terraza para cenas estivales. En su elegante interior proponen una completa carta de cocina tradicional actualizada.

🌴 🔲 ⇄ 🅿 – Menú 35/60€ – Carta 35/50€

Fuera de plano – *Andalucía 18 (Vistahermosa, por la avenida de Dénia, 4 km)* ✉ *03016* – 𝒸 *965 26 25 85* – *www.maestral.es* – *Cerrado cena: lunes-miércoles, cena: domingo*

PÓPULI BISTRÓ

COCINA MEDITERRÁNEA · RÚSTICA XX Presenta una estética rústica-actual y sorprenden por su emplazamiento, en una finca de L'Albufereta. Cocina mediterránea de producto, con los arroces como sello de identidad.

🌴 🔲 ⇄ 🅿 – Menú 45€ (almuerzo), 55/100€ – Carta 35/55€

Fuera de plano – *Vial Flora de España 36 (por la avenida de Dénia, 5 km)* ✉ *03016* – 𝒸 *965 61 64 25* – *www.grupogastronou.com* – *Cerrado cena: domingo*

CELESTE Y DON CARLOS

MODERNA · AMBIENTE CLÁSICO XX Para ir al espacio gastronómico... ¡debe atravesar el "healthy restaurant" Don Carlos! Su cocina, con influencias galas e internacionales, hace guiños a la tradición local.

🔲 – Menú 35/200€ – Carta 35/70€

Plano: A2-3 – *General Primo de Rivera 12* ✉ *03002* – 𝒸 *622 16 36 59* – *Cerrado lunes, domingo*

LA ERETA

COCINA MEDITERRÁNEA · DE DISEÑO XX Moderna construcción ubicada en la subida al castillo de Santa Bárbara, por lo que disfruta de unas magníficas vistas. Ofrecen dos menús, de base mediterránea y tinte actual.

⇜ 🏠 & 🅰️ 🅿️ – Menú 49/69€

Plano: B2-4 – *Parque de la Ereta* ✉ *03001* – *℘ 965 14 32 50* – *www.laereta.es* – *Cerrado lunes, martes, cena: miércoles, cena: domingo*

NOU MANOLÍN

REGIONAL · ACOGEDORA XX Restaurante de larga trayectoria y prestigio en la ciudad. Posee varios privados y un gran comedor rústico-actual que sorprende por su precioso techo de diseño en madera. Completa carta tradicional con arroces, pescados, mariscos...

& 🅰️ 🔄 ⇔ – Menú 45€ (almuerzo), 55/100€ – Carta 35/55€

Plano: A2-5 – *Villegas 3* ✉ *03001* – *℘ 965 26 52 59* – *www.grupogastronou.com* – *Cerrado cena: domingo*

PIRIPI

ARROCES · AMBIENTE TRADICIONAL XX Se halla en una zona comercial, con un bar de tapas en la planta baja y las salas en el piso superior. Proponen una completa carta con mariscos, pescados y carnes, aunque la especialidad de la casa, con hasta 15 variantes, son los arroces.

& 🅰️ ⇔ – Menú 45€ (almuerzo), 55/100€ – Carta 40/60€

Fuera de plano – *Oscar Esplá 30* ✉ *03003* – *℘ 965 26 52 59* – *www.grupogastronou.com* – *Cerrado cena: domingo*

MANERO ⓞ

TRADICIONAL · BAR DE TAPAS X Un local singular, pues... ¡recrea una antigua tienda de ultramarinos! Ofrecen delicadas tapas, ibéricos, salazones, conservas y hasta mariscos, muchos empaquetados para llevar.

🅰️ – Tapa 4€ – Ración 18€

Plano: A2-8 – *Médico Manero Mollá 7* ✉ *03001* – *℘ 965 14 44 44* – *www.barmanero.es*

OPEN ⓞ

MODERNA · INDUSTRIAL X Presenta una línea ecléctica y, fiel a su nombre, defiende una filosofía abierta de cocina y carta, elaborando platos con tintes actuales en base a los productos de mercado.

🅰️ – Carta 35/50€

Plano: A1-11 – *Manuel Antón 12* ✉ *03001* – *℘ 966 35 95 91* – *www.openalicante.com* – *Cerrado lunes, domingo*

EL PORTAL

MODERNA · BAR DE TAPAS X Un gastrobar muy "cool", con una buena barra y varias mesas. Ofrece tapas, ibéricos, mariscos, quesos, arroces, un apartado de platos a la brasa... ¡Cocktails y afterworks!

& 🅰️ – Tapa 8€ – Ración 18€ – Carta 30/70€

Plano: A2-9 – *Bilbao 2* ✉ *03001* – *℘ 965 14 32 69* – *www.elportaltaberna.com*

LA TABERNA DEL GOURMET

REGIONAL · BAR DE TAPAS X Se podría definir como... ¡un delicatessen del tapeo! Presenta una amplísima variedad de tapas, raciones, mariscos, pescados, carnes y arroces, todo con productos de excelente calidad y apoyado por una gran selección de vinos.

🏠 & 🅰️ ⇔ – Tapa 4€ – Ración 20€ – Menú 18/65€ – Carta 40/55€

Plano: B2-10 – *San Fernando 10* ✉ *03002* – *℘ 965 20 42 33* – *www.latabernadelgourmet.com*

ALBA DE TORMES

Salamanca – Mapa regional **8**–B3 – Mapa de carreteras Michelin n° 575-J13

DON FADRIQUE

TRADICIONAL · **RÚSTICA** ✕✕ Ofrece dos interesantes espacios/propuestas: "Sabor de la memoria", donde exaltan la cocina tradicional (con carnes a la brasa), e "Instinto", con un moderno menú degustación.

🍴 ᬭ 🅰 🅿 – Menú 30/75€ – Carta 45/65€

Carretera de Salamanca (Noroeste 2 km) ✉ 37800 – 𝒞 923 37 00 76 – www.donfadrique.com – Cerrado lunes, martes

ALBACETE

Albacete – Mapa regional **7**–D3 – Mapa de carreteras Michelin n° 576-P24

🏵 DON GIL

TRADICIONAL · **AMBIENTE CLÁSICO** ✕✕ Una casa de referencia en Albacete, pues toma su nombre del apellido familiar y lleva gestionando comandas... ¡desde 1982! El negocio, ubicado junto a un céntrico mercado, cuenta con unas luminosas salas de línea clásica, un moderno espacio reservado para eventos y una informal terraza bajo soportales, esta última animada en ocasiones por un DJ. ¿Su propuesta? Una completa carta de base tradicional con toques actuales, defendiendo siempre la esencia de la cocina manchega (canelones, lomo de orza, arroces, guisos, ceviches...). ¡La variada bodega ensalza, especialmente, los vinos de la zona!

🍴 🅰 ✿ – Menú 35/55€ – Carta 35/45€

Baños 2 ✉ 02004 – 𝒞 967 23 97 85 – www.restaurantedongil.com – Cerrado cena: lunes, cena: domingo

ASADOR CONCEPCIÓN

TRADICIONAL · **MARCO CONTEMPORÁNEO** ✕ Una casa que ha pasado de padres a hijos. Su completa carta, que exalta el recetario manchego, contempla tapas, minis, selectas carnes... ¡y unos apetecibles platos de cuchara!

ᬭ 🅰 – Menú 20€ – Carta 28/55€

Concepción 5 ✉ 02002 – 𝒞 967 52 43 50 – www.asadorconcepcion.com – Cerrado lunes, cena: domingo

ALCALÁ DE GUADAIRA

Sevilla – Mapa regional **1**–B2 – Mapa de carreteras Michelin n° 578-T12

LA PERDIDA

CARNES A LA PARRILLA · **CASA DE CAMPO** ✕✕ Aquí la especialidad son las carnes de bovino a la brasa, maduradas y de su propia ganadería (vacas Charolesas) o de otras razas (Black Angus, Simmental, Buey gallego...).

🍴 ᬭ 🅰 ✿ 🅿 – Menú 50€ – Carta 40/65€

Carretera A 8031 (Suroeste 8 km) ✉ 41500 – 𝒞 954 73 93 42 – www.asadorlaperdida.com – Cerrado cena: lunes-jueves, cena: domingo

ALCALÁ DE HENARES

Madrid – Mapa regional **15**–B2 – Mapa de carreteras Michelin n° 576-K19

KI-JOTE

JAPONESA · **INFORMAL** ✕ Junto al céntrico convento de las Clarisas de San Diego. El chef, formado en Kabuki, ofrece una cocina japonesa de nivel, siempre con el mejor producto de mercado y temporada.

Menú 15€ (almuerzo)/35€ – Carta 35/70€

San Diego de Alcalá 3 ✉ 28800 – 𝒞 911 37 81 37 – www.ki-jote.com – Cerrado cena: lunes-martes, cena: domingo

ALCALÁ DEL VALLE

Cádiz – Mapa regional **1**–B2 – Mapa de carreteras Michelin n° 578-V14

MESÓN SABOR ANDALUZ

TRADICIONAL · SENCILLA X Tomates, trigueros, cerezas, higos, alcachofas, berenjenas... aquí siempre trabajan con productos de temporada, tanto del campo como de la huerta local. Esta modestísima casa de ambiente rústico, llevada con amabilidad por José y Antonia, un matrimonio realmente encantador, apuesta por una cocina tradicional de corte casero, humilde en las formas y de platos sencillos pero... ¡sabrosos a más no poder! La propuesta destila autenticidad por los cuatro costados, con especialidades como las Croquetas de gambas con alioli de ajillo o su ya mítico Rabo de toro guisado de forma tradicional.

🕮 🎟 – Carta 25/35€

La Huerta 3 ✉ 11693 – ☎ 956 13 55 10 – Cerrado lunes, martes, miércoles, cena: jueves

ALCAÑIZ

Teruel – Mapa regional **2**–C2 – Mapa de carreteras Michelin n° 574-I29

MESEGUER 🔟

TRADICIONAL · MARCO CONTEMPORÁNEO XX Un negocio de cuarta generación llevado entre hermanos e instalado en un edificio que conserva una atractiva fachada en piedra. Aquí se apuesta por una cocina tradicional actualizada que ensalza tanto las elaboraciones como el producto del Bajo Aragón, enriqueciendo siempre la carta con un interesante apartado de sugerencias. Presenta unas confortables instalaciones de línea clásica-actual, trabaja mucho con menús (uno diario y dos de degustación) y, como complemento, oferta varios apartamentos de línea moderna, todos bien equipados. ¡Su menú del día contempla muchos platos para elegir!

🕭 🎟 🖪 ✿ 🚗 – Menú 16€ (almuerzo)/25€ – Carta 28/50€

Avenida del Maestrazgo 9 (Hotel Meseguer) ✉ 44600 – ☎ 978 83 10 02 – www.aparthotelmeseguer.es – Cerrado cena: lunes-viernes, domingo

ALCAUDETE

Jaén – Mapa regional **1**–C2 – Mapa de carreteras Michelin n° 578-T17

ALMOCADÉN 🔟

ACTUAL · MARCO CONTEMPORÁNEO X Toma el nombre del antiguo cortijo familiar, presenta una línea actual y destaca por su terraza. Buena carta de gusto contemporáneo, con algo de fusión y productos de la zona.

🕮 🎟 – Menú 12€ (almuerzo)/38€ – Carta 35/50€

Fuensanta 38 ✉ 23660 – ☎ 953 56 05 55 – www.almocaden.com – Cerrado cena: martes, miércoles

ALCOBENDAS

Madrid – Mapa regional **15**–B2 – Mapa de carreteras Michelin n° 576-K19

99 SUSHI BAR

JAPONESA · DE DISEÑO XX Este moderno restaurante japonés llamará su atención tanto por la barra, donde se ve trabajar al sushiman, como por la cortina-cascada de agua que hay tras él. Cocina nipona.

🕮 🎟 ✿ – Menú 95€ – Carta 45/70€

Estafeta 2 (La Moraleja, Sur 4 km) ✉ 28109 – ☎ 916 50 31 59 – www.99sushibar.com – Cerrado cena: domingo

A'KANGAS BY URRECHU

CARNES A LA PARRILLA · MARCO CONTEMPORÁNEO XX Presenta una diáfana terraza y un cuidado interior, donde destaca el expositor. Cocina tradicional elaborada y fantásticas carnes rojas a la brasa, algunas maduradas con mimo.

🕮 🎟 – Carta 50/80€

Estafeta 4 (La Moraleja, Sur 4 km) ✉ 28109 – ☎ 915 55 56 00 – www.akangas.com – Cerrado cena: domingo

EL BARRIL DE LA MORALEJA

PESCADOS Y MARISCOS · ACOGEDORA ※※ Sorprende con una cuidadísima terraza y un interior actual-marinero. La carta, especializada en productos del mar, se completa con un buen apartado de arroces y carnes rojas.

☕ 🏠 🅰🅲 ⇔ – Carta 50/70 €

Estafeta 4 (La Moraleja, Sur 4 km) ✉ 28109 – ☎ 916 50 95 86 – www.grupo-oter.com

ALCOCÉBER - Castellón → Ver Alcossebre

ALCOSSEBRE • ALCOCÉBER

Castellón – Mapa regional 11–B1 – Mapa de carreteras Michelin nº 577-L30

🕸 ATALAYA

Chef: Alejandra Herrador y Emanuel Carlucci

MODERNA · MINIMALISTA ※※ En los bajos de un edificio de apartamentos próximo al puerto deportivo, donde sorprenden tanto por su ambiente minimalista como por su terraza.

La joven pareja de chefs al frente, Alejandra y Emanuel, se conoció tras los fogones del laureado Martín Berasategui (tres Estrellas MICHELIN, Lasarte-Oria), uno de los restaurantes que les enseñó a perfeccionar las técnicas actuales y a identificar los valores de la alta gastronomía, aquellos que querían implementar cuando se lanzaron a compartir sus sueños. ¿Qué encontrará? Una cocina moderna-creativa que sabe cómo hacer las cosas, mimando las presentaciones, trabajando las texturas y combinando de manera acertada todos los productos. Podrá descubrirlo a través de cuatro interesantes menús: Arroz (solo al mediodía), Clásicos, Bergantín y Goleta.

🏠 🅰🅲 – Menú 35 € (almuerzo), 50/65 €

Camí l'Atall 1A (Zona las Fuentes) ✉ 12579 – ☎ 964 41 49 30 –
www.atalayarestaurante.com –
Cerrado lunes, martes, cena: miércoles-jueves, cena: domingo

EL PINAR

ARROCES · AMBIENTE TRADICIONAL ※ Dentro de una urbanización ubicada en alto de una montaña, rodeado de vegetación y... ¡con maravillosas vistas al mar! Cocina tradicional con un sugerente apartado de arroces.

🔽 🏠 🅿 – Menú 20/65 € – Carta 25/40 €

Islas Mancolibre 4-A (Urbanización El Pinar, Norte 4 km) ✉ 12579 –
☎ 964 41 22 66 – Cerrado lunes

ALFAFARA

Alicante – Mapa regional 11–A2 – Mapa de carreteras Michelin nº 577-P28

🕸 CASA EL TIO DAVID

REGIONAL · RÚSTICA ※ Uno de esos restaurantes de los que todo el mundo da buenas referencias... no en vano, está llevado directamente por el propietario y su esposa. Ocupa una casa familiar de principios del s. XX y presenta un comedor de ambiente rústico-regional, con multitud de detalles decorativos, la viguería vista y una chimenea que suele estar encendida. Carta regional y local complementado por dos menús, uno denominado Tradición y el otro Degustación. ¿Las especialidades? Pruebe su Popurrí de croquetas variadas, la popular Pericana de la Serra Mariola o la Paletilla de cordero horneada Al-Ándalus.

🍴 🅰🅲 ⇔ – Menú 35 € (almuerzo)/47 € – Carta 35/47 €

Bancal del Clot 2 ✉ 03838 – ☎ 965 51 01 42 –
www.casaeltiodavid.com –
Cerrado cena: lunes, martes, cena: miércoles-domingo

ALFARO

La Rioja - Mapa regional **14**-B2 - Mapa de carreteras Michelin n° 573-F24

MORRO TANGO ⓘ

ACTUAL · MARCO CONTEMPORÁNEO XX Se encuentra en una céntrica calle peatonal, presenta una estética moderna y, tras su curioso nombre, esconde un guiño a una antigua expresión local que usaban los abuelos de la zona para referirse a... ¡aquellos un poco más sibaritas que no comían cualquier cosa! El chef, que trabajó muchos años junto al laureado Francis Paniego, afronta su primer proyecto en solitario con el firme propósito de dignificar la huerta riojana desde una propuesta actual, siempre en base a producto fresco de mercado. La carta se completa con dos menús: Todos los morros (diario) y Morro Tango (degustación).

&. 🕅 - Menú 20/45€ - Carta 35/48€

Las Pozas 18 ⊠ *26540* - 𝒞 *941 18 15 33* - *www.morrotango.com* - *Cerrado lunes, cena: domingo*

ALICANTE - Alicante → Ver Alacant

ALJARAQUE

Huelva - Mapa regional **1**-A2 - Mapa de carreteras Michelin n° 578-U8

FINCA ALFOLIZ ⓘ

Chef: Xanty Elías

TRADICIONAL · MARCO REGIONAL X El sueño tangible del chef Xanty Elías, todo un alegato a favor de la sostenibilidad. El restaurante, ubicado en una finca familiar rodeada de huertos y espacios protegidos, sorprende al intentar que el cliente viva, in situ, la hermosa naturaleza circundante. Ofrece una cocina tradicional actualizada y, sobre todo, una irrenunciable apuesta por el producto ecológico de temporada, aunque también encontrará sabrosos arroces al barro, carnes a la brasa (algunas maduradas), pescados de estero... ¿Curiosidades? Hay una barbacoa solar y... ¡una zona de hamacas por si le apetece echarse la siesta!

🌿 *El compromiso del Chef:* "*Tenemos un permacultor que se ocupa tanto de la siembra como del estudio de los insectos polinizadores que evitan las plagas. Integramos la naturaleza y nos alineamos con los 17 ODS (Objetivos de Desarrollo Sostenible) de la Agenda 2030 implementada por la ONU.*"

🛋 &. 🕅 ⇄ 🅿 - Carta 30/45€

Carretera A-492 (km 6,5, Noroeste 5 km) ⊠ *21110* - 𝒞 *959 24 51 35* - *www.fincaalfoliz.com* - *Cerrado lunes, cena: martes-miércoles, cena: domingo*

ALMANSA

Albacete - Mapa regional **7**-D3 - Mapa de carreteras Michelin n° 576-P26

✿✿ MARALBA

Chef: Fran Martínez

CREATIVA · MARCO CONTEMPORÁNEO XXX Un negocio familiar que resume su propuesta en una frase llena de sabor: "cocina manchega con balcones al Mediterráneo".

En su elegante comedor, con la bodega acristalada, el chef albaceteño Fran Martínez sabe poner en valor la gastronomía regional y sus productos, aportando a las elaboraciones esos toques de modernidad que las hacen diferentes, todo con el añadido de una relación calidad/precio difícilmente mejorable cuando hablamos de platos de autor. Llama la atención la inserción en sus menús de todo tipo de pescados frescos, incluso de descarte (se abastece diariamente de la lonja de La Vila Joiosa), y cómo dan la posibilidad de añadir un maridaje que juega con los vinos de La Mancha o de la costa levantina. El pan, por supuesto, también es singular, pues... ¡lo hacen ellos mismos!

🕸 &. 🕅 ⇄ - Menú 65/99€

Violeta Parra 5 ⊠ *02640* - 𝒞 *967 31 23 26* - *www.maralbarestaurante.es* - *Cerrado cena: lunes, martes, cena: miércoles-jueves, cena: domingo*

MESÓN DE PINCELÍN

TRADICIONAL · MARCO REGIONAL XX Todo un clásico, pues está en manos de la misma familia... idesde 1952! Amplia carta de tinte tradicional, con varias opciones de medias raciones y un menú tipo degustación.

&. 🅐🅒 ✿ – Menú 38/60€ – Carta 35/60€

Las Norias 10 ⊠ 02640 – 🕽 967 34 00 07 – www.pincelin.com –
Cerrado lunes, cena: martes-jueves, cena: domingo

ALMERÍA

Almería – Mapa regional 1–D2 – Mapa de carreteras Michelin n° 578-V22

TONY GARCÍA ESPACIO GASTRONÓMICO

ACTUAL · TENDENCIA XX Presenta un gastrobar de carácter informal y un buen comedor, donde ofrecen una cocina de fusión entre lo tradicional y lo actual. iMiran siempre por el producto de Almería!

🛐 &. 🅐🅒 ✿ – Menú 25/55€ – Carta 35/65€

Avenida del Mediterráneo 201 ⊠ 04009 – 🕽 673 38 02 70 –
www.tonygarciaespaciogastronomico.com – Cerrado cena: domingo

JOSEBA AÑORGA

VASCA · BISTRÓ X Está en pleno centro, posee un aire casual-actual y apuesta por una carta que combina los pinchos con especialidades norteñas y un menú clásico de sidrería. iPlatos con sabor!

&. 🅐🅒 – Menú 40€ (almuerzo), 35/80€ – Carta 35/40€

La Unión 9 (Plaza Urrutia) ⊠ 04001 – 🕽 950 26 86 23 –
www.tabernavascaenalmeria.com –
Cerrado lunes, cena: martes-miércoles, cena: domingo

SALMANTICE

TRADICIONAL · MARCO CONTEMPORÁNEO X Este negocio familiar presenta una carta bastante completa, con platos tradicionales, actuales y de fusión. iGran selección de carnes (Avileña, Rubia gallega, de Finlandia...)!

🛐 &. 🅐🅒 – Menú 25/80€ – Carta 40/80€

Costa Balear 16 ⊠ 04009 – 🕽 950 62 55 00 –
www.restaurantesalmantice.es –
Cerrado cena: lunes, domingo

ALMORADÍ

Alicante – Mapa regional 11–A3 – Mapa de carreteras Michelin n° 577-R27

 ### EL BUEY

TRADICIONAL · AMBIENTE CLÁSICO X Un negocio familiar definido por su honestidad. Posee un pequeño bar que funciona casi como un privado y un coqueto comedor, de línea clásica-actual pero con algún que otro detalle rústico. Su chef-propietario propone una cocina de tinte tradicional e internacional; aunque en su origen trabajó mucho el vacuno mayor, de ahí el nombre de la casa, hoy se muestra más atento a las materias primas de la huerta y de temporada, siendo su producto estrella las Alcachofas de la Vega Baja del Segura. iTodos los domingos ofrecen un plato típico de la zona, el Cocido con pelotas de la Vega Baja!

🅐🅒 – Menú 38€ – Carta 29/40€

La Reina 94 ⊠ 03160 – 🕽 966 78 15 93 –
Cerrado lunes, martes, cena: miércoles-jueves, cena: domingo

ALMUÑÉCAR

Granada – Mapa regional **1**–C2 – Mapa de carreteras Michelin n° 578-V18

🏵 EL CHALECO

FRANCESA · **AMBIENTE CLÁSICO** X Un restaurante de renombre que ahora, llevado por la hija de los anteriores propietarios, está sabiendo mantener la esencia de la casa, siempre con un trato exquisito y desde una perspectiva más actual. En su coqueto comedor, repartido en dos espacios, podrá degustar una cocina de inspiración francesa que resulta atípica en la zona. Aquí trabajan básicamente sobre un menú/carta a precio fijo, aunque añaden algunas sugerencias y platos especiales con suplemento. Esté atento, pues con frecuencia... ¡también proponen menús temáticos (Bogavante, Especial Marisco, Aniversario, Menú Belga...)!

🄰🄲 – Menú 30/42 € – Carta 30/42 €

Avenida Costa del Sol 37 ✉ *18690* – 𝒞 *958 63 24 02* – *www.elchaleco.com* – *Cerrado lunes, cena: domingo*

ALP

Girona – Mapa regional **9**–C1 – Mapa de carreteras Michelin n° 574-E35

CASA PATXI

REGIONAL · **RÚSTICA** X Antigua casa de payés construida en piedra. Presenta un buen comedor rústico, donde ofrecen guisos regionales y carnes de caza, así como l'Era Casa Patxi, un espacio más informal para tomar raciones y tostas fieles a la filosofía "Km 0".

🍴 – Menú 22 € (almuerzo) – Carta 28/48 €

Orient 23 ✉ *17538* – 𝒞 *972 89 01 82* – *www.casapatxi.com* – *Cerrado cena: lunes-martes, miércoles, cena: jueves, cena: domingo*

ALTAFULLA

Tarragona – Mapa regional **9**–B3 – Mapa de carreteras Michelin n° 574-I34

BRUIXES DE BURRIAC

TRADICIONAL · **DE DISEÑO** XX Cautiva por su combinación de diseño y modernidad, con una atractiva bodega acristalada y la cocina vista. Propuesta tradicional en base a varios menús, uno de ellos vegano.

🅰 🄰🄲 ✿ – Menú 33/65 € – Carta 45/60 €

Cup 2 (Hotel Gran Claustre) ✉ *43893* – 𝒞 *977 65 15 57* – *www.bruixesdeburriac.com*

ALZIRA

Valencia – Mapa regional **11**–B2 – Mapa de carreteras Michelin n° 577-O28

🏵 CAMI-VELL

TRADICIONAL · **AMBIENTE TRADICIONAL** XX Uno de esos casos en los que el relevo generacional otorga nuevos bríos a un negocio, algo que no quita para que podamos ver al fundador, Antonio López, pululando de vez en cuando por allí. Toni y su hermano Iván, pendientes respectivamente de la sala y los fogones... ¡ya vuelan solos! En el comedor, repartido en varios espacios de ambiente rústico-actual, con azulejos cerámicos y la cocina vista, le propondrán una reducida carta de cocina tradicional actualizada, siempre con guiños al producto local, así como dos menús degustación (Xúquer, que rememora los clásicos de la casa, y Casella).

🄰🄲 ✿ – Menú 35/90 € – Carta 35/90 €

Colón 51 ✉ *46600* – 𝒞 *962 41 25 21* – *www.camivell.com* – *Cerrado cena: lunes-jueves, domingo*

L'AMETLLA DE MAR

Tarragona – Mapa regional **9**–A3 – Mapa de carreteras Michelin n° 574-J32

LA LLOTJA

TRADICIONAL · **RÚSTICA** X Un restaurante con personalidad donde intentan que el producto y el sabor sean los protagonistas. Ofrecen auténtica cocina de mercado, fiel a la temporada y con base marinera.

🛋 🅰🅲 – Menú 60 € – Carta 50/70 €

Sant Roc 23 ✉ 43860 – ✆ 977 45 73 61 – www.restaurantlallotja.com – Cerrado lunes, martes, cena: miércoles-domingo

AMOREBIETA - ETXANO

Vizcaya – Mapa regional **18**–A3 – Mapa de carreteras Michelin nº 573-C21

❀ BOROA

TRADICIONAL · RÚSTICA ⅩⅩ Ir a este encantador restaurante es como viajar al pasado y absorber, de una sola tacada, la esencia de ese Euskadi verde y atemporal que todos tenemos en la mente... no en vano, ocupa un caserío del s. XV abierto, desde la agradable terraza, a los valles y las montañas del entorno.

En su elegante interior, de ambiente rústico por la conservación de la estructura original en madera, le propondrán una carta tradicional, de corte actual, que ensalza las raíces de la gastronomía vasca y dos menús degustación, uno mensual que denominan Bizkargi y otro de temporada llamado Txindoki; siempre con el mejor producto, sabores reconocibles y unas texturas perfectas. ¿Rasgos de su filosofía? Defienden ciegamente el trabajo en equipo afirmando que "la cocina es muy importante, pero... no lo es todo".

🅰 🅰🅲 ♻ 🅿 – Menú 50 € (almuerzo)/125 € – Carta 80/110 €

Caserío Garai 11 (Boroa, Noroeste 3,6 km) ✉ 48340 – ✆ 946 73 47 47 – www.boroa.com – Cerrado cena: lunes-domingo

JAUREGIBARRIA JATETXEA

ACTUAL · MARCO REGIONAL ⅩⅩ Ocupa un caserío ya bicentenario, rodeado de campo y con un buen interiorismo. Oferta de base tradicional muy contemporánea, con algún plato vasco y detalles de alta cocina.

Menú 40/80 € – Carta 45/80 €

Bideaur Auzoa 4 ✉ 48340 – ✆ 946 30 16 32 – www.jauregibarria.com – Cerrado lunes, cena: martes-viernes, cena: domingo

AMPOSTA

Tarragona – Mapa regional **9**–A3 – Mapa de carreteras Michelin nº 574-J31

❀ L'ALGADIR DEL DELTA

TRADICIONAL · MARCO CONTEMPORÁNEO ⅩⅩ Puede sorprender el hecho de que se encuentre en un hotel, el primero certificado con la Etiqueta Ecológica Europea (Ecolabel) en Cataluña... sin embargo, demuestra suficiente peso y calidad para ser el indiscutible protagonista del negocio, ubicado en pleno Delta del Ebro y con los famosos arrozales a escasos metros. El alma de la casa es Joan Capilla, el chef-propietario, que apuesta por los productos "Km 0" y las técnicas más modernas en pro de una cocina tradicional actualizada y una amplia variedad de arroces, la gran especialidad de la casa. ¡La relación calidad/precio es fantástica!

≼ 🛋 🅰 🅰🅲 – Menú 40 € – Carta 30/45 €

Ronda dels Pins 27 (El Poblenou del Delta, Sureste 17 km) ✉ 43549 – ✆ 977 74 45 59 – www.hotelalgadirdelta.com – Cerrado lunes, almuerzo: martes, domingo

AMPUERO

Cantabria – Mapa regional **6**–C1 – Mapa de carreteras Michelin nº 572-B19

❀ SOLANA

Chef: Ignacio Solana

MODERNA · MARCO CONTEMPORÁNEO ⅩⅩ Sorprende por su ubicación a pocos metros del Santuario de La Bien Aparecida, la venerada patrona de Cantabria. Si buscáramos una postal de la montaña cántabra no encontraríamos una mejor, pues desde su comedor nos vemos transportados a un mundo de verdes prados donde es posible ver, mientras comemos, hasta vacas pastando.

El chef Ignacio Solana, junto a su hermana Inma (sumiller y jefa de sala), defiende una cocina contemporánea de fuertes raíces tradicionales, fiel al mar y montaña pero con guiños a la tradición y en un constante idilio con las verduras de temporada, llegadas de las huertas del Bajo Asón. El chef comparte la carta con su madre, Begoña, que firma las elaboraciones más tradicionales (Bocartes, Buñuelos de bacalao, guisos...), así que muchos clientes piden platos de ambos.

🛏 ⪦ ⪦ 🄰🄺 ⟷ 🅿 – Menú 65/90 € – Carta 65/90 €

La Bien Aparecida 11 (La Bien Aparecida, Suroeste 5 km) ✉ 39849 – ☏ *942 67 67 18 – www.restaurantesolana.com – Cerrado lunes, cena: domingo*

ANGLÈS
Girona – Mapa regional **10**–A1 – Mapa de carreteras Michelin n° 574-G37

❀ L'ALIANÇA 1919 D'ANGLÈS
Chef: Álex Carrera

MODERNA • SIMPÁTICA XX Más que un restaurante es un retazo de auténtica historia, pues ocupa un edificio de 1919 que en origen perteneció a una alianza de agricultores y funcionó como casino o club social.

El negocio, en manos de la familia Feliu desde los años 50, demuestra nuevos bríos bajo la dirección de Cristina Feliu y su pareja, el chef Àlex Carrera, que llegó a esta casa para volar en solitario tras varios años trabajando en El Celler de Can Roca (Girona). En este local, que enamora por su aire decimonónico con detalles vintage, encontrará una cocina creativa de gran nivel técnico, con guiños al recetario catalán y algún que otro plato de referencia de esos que encandilan a los clientes y no se pueden quitar de la carta, como las Cocochas de merluza, pilpil de sus cabezas, salsa de cava y alga códium.

🛏 🄰🄺 ⟷ 🅿 – Menú 75/110 € – Carta 65/85 €

Jacint Verdaguer 3 ✉ 17160 – ☏ *972 42 01 56 – www.alianca1919.com – Cerrado lunes, cena: martes-jueves, cena: domingo*

ARACENA
Huelva – Mapa regional **1**–A2 – Mapa de carreteras Michelin n° 578-S10

MONTECRUZ
TRADICIONAL • RÚSTICA X ¡Una referencia en la zona! Su carta, tradicional, serrana y basada en los productos ibéricos, se enriquece con un apartado de setas, varios arroces, jornadas cinegéticas...

🛏 🄰🄺 – Carta 25/40 €

Plaza San Pedro 36 ✉ 21200 – ☏ *959 12 60 13 – www.restaurantemontecruz.metro.rest – Cerrado lunes, cena: martes-jueves, cena: domingo*

ARANDA DE DUERO
Burgos – Mapa regional **8**–C2 – Mapa de carreteras Michelin n° 575-G18

AITANA
TRADICIONAL • MARCO CONTEMPORÁNEO X En su comedor, con el horno de leña a la vista, le ofrecerán una cocina tradicional rica en carnes rojas y verduras de temporada. ¡Pruebe el Lechazo asado y la Morcilla local!

🄰🄺 – Menú 38 € – Carta 35/45 €

San Gregorio 17 ✉ 09400 – ☏ *947 51 44 45 – www.aitanarestaurante.es – Cerrado cena: lunes-jueves, cena: domingo*

CASA FLORENCIO
REGIONAL • RÚSTICA X Céntrico, con historia y... un sugerente horno de leña a la vista. Propone varios menús y auténticos clásicos, como la Morcilla, los Pimientos asados o su sabrosísimo Lechazo.

🄰🄺 ⟷ – Menú 38/58 € – Carta 30/50 €

Isilla 14 ✉ 09400 – ☏ *947 50 02 30 – www.casaflorencio.com – Cerrado cena: lunes-jueves, cena: domingo*

ARANJUEZ

Madrid – Mapa regional **15**–B3 – Mapa de carreteras Michelin nº 576-L19

CASA JOSÉ

ACTUAL · ACOGEDORA XX Esta casa familiar, muy centrada en el mundo vegetal, disfruta de un curioso "Atelier" y un bello comedor en el piso superior. ¡Verduras y hortalizas de la huerta de Aranjuez!

🏠 🎢 ⇔ – Menú 55/75€ – Carta 50/65€

Andalucía 17 (esquina Abastos 32) ✉ 28300 – ☎ 918 91 14 88 – www.casajose.es – Cerrado lunes, cena: domingo

AGUATINTA

TRADICIONAL · ACOGEDORA X Un restaurante de línea actual en el que se trabaja tanto con carnes como con pescados y mariscos, todo de calidad. ¡Su agradable patio-terraza cuenta con un jardín vertical!

🏠 ⅛ 🎢 – Carta 40/50€

Almíbar 5-7 ✉ 28300 – ☎ 910 18 26 61 – www.restauranteaguatinta.com – Cerrado lunes, cena: domingo

ARANTZAZU

Guipúzcoa – Mapa regional **18**–B2 – Mapa de carreteras Michelin nº 573-D22

ZELAI ZABAL

VASCA · RÚSTICA XX Un restaurante de tradición familiar con solera y prestigio, no en vano abrió sus puertas en 1898 como hostal y casa de comidas. Cocina clásica vasca con detalles actuales.

🎢 🅿 – Menú 40€ (almuerzo) – Carta 45/60€

Carretera Oñate-Arantzazu (Noroeste 1 km, Barrio Arantzazu 38) ✉ 20567 – ☎ 943 78 13 06 – www.zelaizabal.com – Cerrado lunes, martes, miércoles, jueves, cena: viernes-domingo

ARBÚCIES

Girona – Mapa regional **10**–A1 – Mapa de carreteras Michelin nº 574-G37

✿ LES MAGNÒLIES

MODERNA · ELEGANTE XxX Una casa de gestión familiar que está de enhorabuena, pues conmemora sus bodas de plata (abrió en 1996) siendo una de las referencias gastronómicas en la comarca gerundense de La Selva.

El cuidado restaurante, que debe su nombre a los tres magnolios centenarios que rodean el edificio (s. XIX), se completa con una agradable terraza para las sobremesas, uno de los puntos fuertes del negocio si hace buen tiempo. El chef al frente, Víctor Torres, defiende una cocina moderna y técnica que procura no perder de vista los valores tradicionales, por lo que trabaja mucho con productos locales y de origen ecológico. ¿Una frase que les guía? La toman prestada del gran Joan Miró: "Un cocinero se convierte en artista cuando tiene cosas que decir a través de sus platos, como un pintor en un cuadro".

🍴 🎢 – Menú 34€ (almuerzo), 68/92€ – Carta 60/75€

Paseo del Mossèn Antoni Serres 3 ✉ 17401 – ☎ 972 86 08 79 – www.lesmagnolies.com – Cerrado lunes, martes, cena: miércoles-jueves, cena: domingo

ARGÜELLES

Asturias – Mapa regional **3**–B1 – Mapa de carreteras Michelin nº 572-B12

EL ASADOR DE ABEL

TRADICIONAL · MARCO REGIONAL XX ¡Con el propietario al frente! Dispone de un amplio bar que utilizan cada vez más como comedor, una sala para la carta de línea actual y un gran salón de banquetes. Cocina tradicional con platos de cuchara, carnes y pescados a la parrilla.

🏠 🎢 🅿 – Menú 25/50€ – Carta 45/70€

La Revuelta del Coche ✉ 33188 – ☎ 985 74 09 13 – www.elasadordeabel.com – Cerrado cena: lunes-miércoles, cena: domingo

ARGUINEGUÍN – Las Palmas → Ver Canarias (Gran Canaria)

ARONA – Santa Cruz de Tenerife → Ver Canarias (Tenerife)

ARRECIFE – Las Palmas → Ver Canarias (Lanzarote)

ARRIONDAS
Asturias – Mapa regional **3**–C1 – Mapa de carreteras Michelin nº 572-B14

✿✿ CASA MARCIAL
Chef: Nacho Manzano

CREATIVA · FAMILIAR XXX Nacho Manzano, bien secundado por dos de sus hermanas (Esther le ayuda muchas veces tras los fogones y Sandra está en la sala), propone un viaje a los orígenes, a las raíces, a la tierra que le vio nacer... ¡Una mágica travesía por los sabores asturianos desde la creatividad!

Casa Marcial, aislada en un maravilloso paraje entre montañas, es mucho más que un restaurante, pues fue testigo del estrecho vínculo que el chef estableció con el entorno durante su niñez. Pasión, respeto, amor, hospitalidad... un sinfín de sensaciones dejan su impronta tanto en la carta (con clásicos de la casa) como en los menús degustación (Pienzu y Vega), ambos volcados en los exquisitos productos del Cantábrico y en los llamados km 0, que buscan apoyar el desarrollo rural. ¡El punto de los pescados es perfecto!

&& 🅰🅲 🅿 – Menú 125/180 € – Carta 70/120 €

La Salgar (Carretera AS 342, Norte 4 km) ✉ 33549 – ☎ 985 84 09 91 – www.casamarcial.com – Cerrado lunes, cena: martes-jueves, cena: domingo

✿ EL CORRAL DEL INDIANU
Chef: José A. Campoviejo

CREATIVA · ACOGEDORA XX Recupera el edificio más antiguo de Arriondas y con su nombre recuerda a todos aquellos asturianos que, a finales del s. XIX, buscaron fortuna en las "Américas" para regresar ya ricos y con un nuevo estatus social.

Si el sitio es especial, pues cuenta con una sala interior rústica-actual y un comedor acristalado que sorprende por sus vistas a un precioso jardín trasero, lo mejor aquí es la experiencia culinaria, ya que el chef José Antonio Campoviejo busca la emoción a través del detalle, el sabor y la creatividad, partiendo del recetario tradicional y de la espléndida despensa asturiana (las ostras del Eo, los pollos Pitu de caleya, los increíbles quesos de la región...). El restaurante cuenta además con dos plazas de parking reservadas, en la misma puerta, para sus clientes.

🏠 🅰🅲 – Menú 85/99 € – Carta 50/70 €

Avenida de Europa 14 ✉ 33540 – ☎ 985 84 10 72 – www.elcorraldelindianu.com – Cerrado cena: miércoles, jueves, cena: domingo

ARTESA DE LLEIDA
Lleida – Mapa regional **9**–A2 – Mapa de carreteras Michelin nº 574-H32

✿ ANTONI RUBIES
ARROCES · FAMILIAR X ¿Le vuelven loco los arroces? Pues no pierda de vista esta casa, una de las más interesantes para degustarlos en la comarca leridana de Segrià. El chef, que compensa la sencillez del montaje con grandes dosis de amabilidad, apuesta por una cocina tradicional-regional fiel a los productos de proximidad. Aunque ofrecen una cuidada carta, con sugerentes entrantes, carnes y pescados, aquí lo más destacado son los arroces (elaborados en base a las distintas variedades de Molí de Pals), normalmente con opciones especiales para descubrirlos desde sus menús. ¡Sorprendente colección de ginebras!

🅰🅲 – Menú 15 € (almuerzo)/27 € – Carta 25/40 €

Lleida 6 ✉ 25150 – ☎ 973 16 75 53 – www.antonirubies.com – Cerrado lunes, martes, cena: miércoles-jueves, cena: domingo

ARUCAS – Las Palmas → Ver Canarias (Gran Canaria)

ASTORGA

León – Mapa regional **8**–A1 – Mapa de carreteras Michelin nº 575-E11

 LAS TERMAS

REGIONAL · AMBIENTE CLÁSICO Este céntrico restaurante debe su nombre al hecho de que en su día estuvieron aquí las termas romanas de la ciudad. Disfruta de un diáfano comedor definido por las tonalidades ocres y el mobiliario en madera, todo dispuesto de tal manera que resulta muy acogedor. El propietario, Santiago, está al frente del negocio y siempre se muestra pendiente del servicio, con un trato atento y familiar para que nadie se marche descontento de su casa. Ofrece elaboraciones y productos regionales, como la Cecina o el Congrio al ajoarriero, aunque sin duda el omnipresente Cocido maragato es su plato estrella.

AC – Menú 24€ (almuerzo) – Carta 27/35€

Santiago 1 ⊠ 24700 – 𝒸 987 60 22 12 – www.restaurantelastermas.com – Cerrado lunes, cena: martes-domingo

AUBÈRT

Lleida – Mapa regional **9**–A1 – Mapa de carreteras Michelin nº 574-D32

 ROC´N´CRIS

FUSIÓN · AMBIENTE EXÓTICO A pie de carretera, en un pueblecito apartado del bullicio turístico habitual en todo el Val d'Aran. En este local, desenfadado y con vistas a las montañas circundantes desde varias mesas, podrá degustar una cocina diferente y, en cierto modo, inesperada, fruto en gran medida de las experiencias vividas por la pareja al frente (Cris en la sala y Roc en la cocina). Proponen una singular fusión entre los platos/productos de Corea, China o Japón y los típicos de esta tierra, como la popular Olla aranesa, dando como resultado una combinación sorprendente. ¡Elaboran su propia cerveza artesanal!

Menú 40/50€ – Carta 23/70€

Carretera de Francia 9 ⊠ 25537 – 𝒸 973 64 17 23 – www.rocandcris.wordpress.com – Cerrado cena: martes, miércoles, almuerzo: jueves

ÁVILA

Ávila – Mapa regional **8**–B3 – Mapa de carreteras Michelin nº 575-K15

EL ALMACÉN

TRADICIONAL · ACOGEDORA Ubicado en un antiguo almacén de trigo, extramuros de la ciudad, que destaca por sus vistas a las imponentes murallas medievales. Platos a la carta y recomendaciones diarias.

⅋ ⪕ 🏠 AC 🖥 – Menú 30/100€ – Carta 30/100€

Carretera de Salamanca 6 ⊠ 05002 – 𝒸 920 25 44 55 – www.restauranteelalmacen.com – Cerrado lunes, cena: domingo

AVILÉS

Asturias – Mapa regional **3**–B1 – Mapa de carreteras Michelin nº 572-B12

EL CAFÉ DE PANDORA

TRADICIONAL · FAMILIAR Una casa de ambiente familiar que le enamorará, pues es un gran y fiel exponente de la cocina tradicional sin estar exenta de detalles actuales. ¡Coqueta terraza escalonada!

🏠 AC – Menú 25€ (almuerzo)/80€ – Carta 30/90€

San Bernardo 6 ⊠ 33402 – 𝒸 985 56 94 60 – Cerrado lunes, cena: martes-jueves, cena: domingo

AXPE

Vizcaya – Mapa regional **18**–A2 – Mapa de carreteras Michelin nº 573-C22

 ETXEBARRI

Chef: Bittor Arginzoniz

TRADICIONAL · RÚSTICA Los gastrónomos viajan hasta este templo culinario como quien va a un centro de peregrinación, pues aquí han desvelado los secretos del fuego… ¡hasta domarlo!

Bittor Arginzoniz, el chef, propietario y alma de la casa, lo apostó todo por un sueño, por una manera de ser y trabajar, lo que le llevó a reformar un caserío del s. XVIII ubicado en su pueblo, Axpe - Atxondo, a los pies del Anboto. Su propuesta es única por ofrecer alta cocina a la parrilla, para lo que juega con distintos tipos de leña (encina, cepas de vid, el roble de las cubas usadas...), utensilios inventados por él mismo y un curioso sistema de poleas que le permite variar la altura de las parrillas para controlar los puntos de cocción. ¿Consejos? Reserve con tiempo, mínimo dos meses, pues hay una enorme lista de espera.

🌣 🎟 ⇄ 🅿 – Menú 220€ (almuerzo) – Carta 100/150€

Plaza San Juan 1 ✉ 48291 – ☎ 946 58 30 42 –
www.asadoretxebarri.com –
Cerrado lunes, cena: martes-domingo

BADAJOZ

Badajoz – Mapa regional **12**–A2 – Mapa de carreteras Michelin nº 576-P9

😊 DRÓMO

MODERNA · SENCILLA 🕱 Un restaurante al que da gusto ir, sobre todo en pareja o con amigos. El local, ubicado en una zona residencial, sorprenden con una barra de espera en la planta baja y la sala principal en un altillo, esta última con una decoración de línea actual. El joven chef, JuanMa Salgado, enarbola la bandera de la "alta cocina informal" y, para defenderla, plantea dos opciones: por un lado la carta, de cocina actual pensada para compartir, y por otro un interesante menú degustación, este con detalles de vanguardia y... ¡una enigmática llave! (Al final de la comida descubrirá lo que esta abre).

🎟 – Menú 84€ – Carta 35/60€

Plaza La Molineta 8 ✉ 06011 – ☎ 924 04 14 50 –
www.dromobadajoz.es –
Cerrado lunes, martes, cena: domingo

GALAXIA COCINA PEPEHILLO 🆕

TRADICIONAL · VINTAGE 🕱 Asombra por el interiorismo y por su carta tradicional, sugerente en pescados y mariscos pero sin ignorar las carnes y los embutidos extremeños. ¡Pruebe el Revuelto Pepehillo!

🎟 – Carta 40/60€

Avenida Villanueva 4 ✉ 06005 – ☎ 924 25 82 11 –
Cerrado domingo

BADALONA

Barcelona – Mapa regional **10**–B3 – Mapa de carreteras Michelin nº 574-H36

AL MARGE 🆕

COCINA DE MERCADO · SENCILLA 🕱 Céntrico, informal, ubicado en un local de dos plantas y llevado por una pareja profesional. La propuesta, tradicional con toques actuales, tiene varios platos para compartir.

♿ 🎟 – Carta 30/40€

Lleó 79 ✉ 08911 – ☎ 937 07 46 88 –
www.almargerestaurant.com –
Cerrado lunes, cena: domingo

BAEZA

Jaén – Mapa regional **1**–C2 – Mapa de carreteras Michelin nº 578-S19

TABERNA CANELA EN RAMA

TRADICIONAL · BAR DE TAPAS 🕱 Se halla en el casco histórico, destaca por su terraza y sigue la línea, orientada al tapeo, de la casa madre en Linares. Cocina tradicional-regional pensada para compartir.

🌣 🎟 – Tapa 4€ – Ración 14€ – Carta 8/19€

Comendadores 6 ✉ 23440 – ☎ 671 71 47 35 –
www.canelaenramalinares.es –
Cerrado lunes, martes

BAGÀ

Barcelona – Mapa regional **9**–C1 – Mapa de carreteras Michelin nº 574-F35

CA L'AMAGAT

TRADICIONAL · AMBIENTE CLÁSICO ⅹ Algo escondido en una estrecha calle del centro de la localidad, en una casa de piedra que dio sus primeros pasos como taberna para luego, en los años 50, convertirse en una fonda que daba servicio a los trabajadores de las minas de Fígols. Hoy, ya puesto al día y llevado por una amable pareja, se autodenominan Rustic GastroHotel, con un comedor de corte clásico y otro más íntimo para las veladas. ¿Su propuesta? Ofrecen buenos menús y platos tradicionales en base a los productos de la comarca del Berguedà, como los guisantes "negros" o la trufa. ¡Sencillas habitaciones como complemento!

🔲 – Menú 20 € – Carta 33/45 €

Clota 4 ✉ *08695* – ✆ *938 24 40 32* – *www.hotelcalamagat.com* – *Cerrado lunes, cena: domingo*

BAKIO

Vizcaya – Mapa regional **18**–A1 – Mapa de carreteras Michelin nº 573-B21

ZINTZIRI ERROTA

MODERNA · RÚSTICA ⅹ Instalado en un bucólico caserío de 1650 que primero funcionó como ferrería y después como molino harinero. Sorprende con un interior de hermosa rusticidad y una carta actual.

🔲 ⟳ 🅿 – Menú 35/54 € – Carta 45/60 €

Barrio Arzalde 3 ✉ *48130* – ✆ *946 19 32 23* – *www.zintzirierrota.com* – *Cerrado lunes*

GOTZON JATETXEA

REGIONAL · AMBIENTE CLÁSICO ⅹ Frente a la playa, llevado en familia y avalado por una larga trayectoria. Cocina vasca elaborada con productos de temporada, buenos pescados y carnes de confianza.

🍴 🔲 – Menú 50/70 € – Carta 50/70 €

Luzarragako Bidea 2 ✉ *48130* – ✆ *946 19 40 43* – *www.gotzonjatetxea.com* – *Cerrado miércoles*

BALAGUER

Lleida – Mapa regional **9**–A2 – Mapa de carreteras Michelin nº 574-G32

CAL XIRRICLÓ

CREATIVA · ACOGEDORA ⅹⅹ Un negocio familiar de 3ª generación que sorprende por su carisma e historia, pues dio sus primeros pasos como bodega (en otra ubicación) y tras más de 60 años sirviendo comandas ha sabido convertirse en la referencia gastronómica de Balaguer. Presenta un cálido interior de ambiente rústico-contemporáneo, con detalles en piedra vista y madera, así como una cocina actualizada-creativa, de base tradicional, que cuida tanto los sabores locales como las texturas, acertando plenamente a la hora de combinar los productos. La carta se complementa con dos menús y dan la opción de compartir.

🔲 – Menú 19 € (almuerzo)/65 € – Carta 35/65 €

Doctor Fleming 53 ✉ *25600* – ✆ *973 44 50 11* – *www.calxirriclo.com* – *Cerrado cena: lunes-jueves, domingo*

ILLES BALEARS/
ISLAS BALEARES

Las islas Baleares, un destino de referencia para el turista nacional e internacional, combinan su excelente oferta de sol y playa con unas espléndidas opciones culturales, de ocio, de naturaleza... así como con una gastronomía singular, construida en base a los pescados y mariscos del Mediterráneo pero sin dejar de lado ni los cultivos autóctonos ni sus selectos productos ganaderos.

El recetario balear muestra platos comunes a todo el archipiélago (las Coques, el Arroz brut, el Rostit de cerdo relleno...) y otros que, por derecho propio, se han convertido en un emblema de cada isla: la famosa Sobrasada y el Tumbet mallorquín, la maravillosa Caldereta de langosta menorquina, la Borrida de ratjada de Ibiza y, ya en Formentera, la Ensalada payesa con "peix sec". En lo que se refiere a los postres, hay uno que copa casi todo el protagonismo: la deliciosa Ensaimada mallorquina, que puede presentarse sin nada (lisa) o con diferentes rellenos (cabello de ángel, nata, crema...).

- Mapa regional nº 4-B1
- Mapa de carreteras Michelin nº 579

ÍNDICE DE LAS LOCALIDADES

Mallorca

BANYALBUFAR

Balears – Mapa regional **4**–B1 – Mapa de carreteras Michelin n° 579-I5

SON TOMÁS

TRADICIONAL · FAMILIAR ⅹ Este negocio familiar posee un comedor y una agradable terraza, asomada tanto al mar como a los bancales del pueblo. Cocina tradicional, buenos arroces y platos mallorquines.

⩤ 🏠 – Menú 20/45€ – Carta 33/45€

Baronía 17 ⊠ 07191 – ℰ 971 61 81 49 – Cerrado cena: lunes, martes

CAIMARI

Balears – Mapa regional **4**–B1 – Mapa de carreteras Michelin n° 579-L5

CA NA TONETA

REGIONAL · RURAL ⅹ En esta casa, llevada entre hermanas y dotada con una pequeña tienda, encontrará honestidad, tradición y una cocina mallorquina estacional realmente excelente, pues recupera los sabores primigenios de la isla. ¡Su nombre rinde un homenaje a la abuela Toneta!

🏠 – Menú 60€ – Carta 60/70€

Horitzó 21 ⊠ 07314 – ℰ 971 51 52 26 – www.canatoneta.com – Cerrado miércoles

CALA BLAVA

Balears – Mapa regional **4**–B1 – Mapa de carreteras Michelin n° 579-K7

LA FORTALEZA

CREATIVA · MARCO CONTEMPORÁNEO ⅹⅹⅹ Elegante, singular, especial... de hecho, en verano se trasladan a la azotea para enamorarnos con sus vistas. Dos menús de tinte creativo: El Producto y Un paseo por Mallorca.

🏠 🎿 🅿 – Menú 115€ – Carta 50/75€

Hotel Cap Rocat, Carretera d'Enderrocat ⊠ 07609 – ℰ 971 74 78 78 – www.caprocat.com – Cerrado lunes, almuerzo: martes-sábado, domingo

CALA D'OR

Balears – Mapa regional **4**–B2 – Mapa de carreteras Michelin n° 579-N7

PORT PETIT

FRANCESA · ROMÁNTICA ⅹⅹ En este coqueto local, que destaca por su agradable terraza y sus hermosas vistas a la marina, apuestan por una cocina mediterránea e internacional de influencia francesa.

⩤ 🏠 🎿 – Menú 26€ (almuerzo), 38/50€ – Carta 50/65€

Avenida Cala Llonga ⊠ 07660 – ℰ 971 64 30 39 – www.portpetit.com – Cerrado martes

CALVIÀ

Balears – Mapa regional **4**–B1 – Mapa de carreteras Michelin n° 579-J6

SA CLASTRA 🆕

CREATIVA · HISTÓRICA ⅹⅹⅹ En el Castell Son Claret, dotado con recios muros, excelentes jardines y un interior de enorme belleza. Cocina creativa con guiños a la tradición gastronómica mallorquina.

🕸 🎔 🏠 🎿 🅿 – Menú 130/150€ – Carta 60/120€

Hotel Castell Son Claret, Carretera Ma 1032 (km 1,7) ⊠ 07196 – ℰ 971 13 86 27 – www.castellsonclaret.com – Cerrado lunes, martes, almuerzo: miércoles-domingo

CAMPOS

Balears – Mapa regional **4**–B1 – Mapa de carreteras Michelin n° 579-M7

TESS DE MAR

MODERNA · MARCO CONTEMPORÁNEO ✗✗ Restaurante de ambiente contemporáneo ubicado... ¡en unas antiguas cocheras! Destaca por la zona que se asoma al coqueto jardín y ofrece una cocina actual de producto "Km. 0".

🌿 & 🏧 – Carta 50/70€

Hotel Sa Creu Nova Art H., Nou 10 ☒ 07630 – ☎ 871 51 53 45 – www.tessdemar.com – Cerrado almuerzo: lunes, martes, almuerzo: miércoles-domingo

KAIRIKU

JAPONESA · RÚSTICA ✗ Singular e íntimo, pues solo tiene una gran mesa para 10 comensales. El chef reproduce el concepto nipón "Omakase", no sujeto a un menú fijo y respetuoso con las tradiciones.

🏧 – Menú 85/120€ – Carta 85/120€

Hotel Sa Creu Nova Art H., Nou 10 ☒ 07630 – ☎ 871 51 53 45 – www.kairiku.es – Cerrado lunes, almuerzo: martes-domingo

CANYAMEL

Balears – Mapa regional **4**–B1 – Mapa de carreteras Michelin nº 579-O6

✿✿ VORO

MODERNA · MARCO CONTEMPORÁNEO ✗✗✗ Se halla en un edificio independiente del Cap Vermell Grand Hotel y demuestra unas inequívocas ganas de comerse el mundo; no en vano, toma su nombre de un término latino que significa "devorar".

En sus bellos comedores, con altísimos techos, descubrirá la filosofía culinaria del chef Álvaro Salazar, un hombre que asienta sus esfuerzos en una única idea: crear una "gastronomía sin ataduras, comprometida con el entorno y con las raíces mediterráneas". ¿Qué encontrará? Dos menús degustación de tinte moderno-creativo (Voro y Devoro) que sorprenden tanto por el detalle y la minuciosidad en las presentaciones como por el hecho de intentar narrar una historia en cada plato, con guiños a los logros profesionales del chef, a su Linares natal (Jaén), a la isla de Mallorca, al mar Mediterráneo...

🌿 & 🏧 🅿 – Menú 110/140€

Urbanización Atalaya de Canyamel (Vial A 12 Hotel Cap Vermell Grand Hotel) ☒ 07589 – ☎ 646 89 68 26 – www.vororestaurant.com – Cerrado lunes, almuerzo: martes-sábado, domingo

CAN SIMONETA

FUSIÓN · CASA DE CAMPO ✗✗✗ Disfruta de un emplazamiento espectacular, sobre un acantilado y con magníficas vistas. Sorprendente cocina que mezcla los sabores mexicanos y mallorquines. ¡Pruebe sus menús!

< 🏧 🅿 – Menú 80/120€ – Carta 65/70€

Hotel Can Simoneta, Carretera Artà-Canyamel (km 8) ☒ 07580 – ☎ 971 81 61 10 – www.cansimonetarestaurante.com – Cerrado almuerzo: lunes-domingo

CAPDEPERA

Balears – Mapa regional **4**–B1 – Mapa de carreteras Michelin nº 579-O5

✿ ANDREU GENESTRA

CREATIVA · RURAL ✗✗ Si desea un recetario mallorquín fresco e inspirador no encontrará uno mejor, pues esta casa tiene al frente a uno de los chefs más revolucionarios de la isla.

Tras un arduo proceso de formación el chef Andreu Genestra decidió regresar a sus orígenes y explotar la esencia de su isla natal, trasladando al comensal los sabores del entorno desde un concepto gastronómico actual, creativo y ecológico. Su personal "cuina de la terra" ve la luz a través de diferentes menús degustación, todos con opción de maridaje. ¿Curiosidades? La finca donde se hallan cuenta con un huerto donde cultivan verduras y hortalizas autóctonas, como el maravilloso pimentón dulce Tap de Cortí, así como extensos olivares y viñedos que también les permiten tener aceites y vinos propios. ¡Buen carro de quesos nacionales!

❀ *El compromiso del Chef: "Exalto el concepto de la sostenibilidad elaborando platos de la tierra, normalmente en base a productos "Km 0" que encierran los auténticos sabores de Mallorca. En la finca, además, contamos con un huerto de 12.000 m² en el que cultivamos diversas especies autóctonas."*

🖴 🏠 ⅙ 🅰 🅿 – Menú 90/130€ – Carta 90/120€

Hotel Predi Son Jaumell, Carretera de Cala Mesquida (Camí de Son Moltó, Norte 1,5 km y desvío a la derecha 1,5 km) ✉ 07580 – ☎ 971 56 59 10 – www.andreugenestra.com – *Cerrado almuerzo: lunes, martes, almuerzo: miércoles-viernes*

SA PLETA BY MARC FOSH ❶

MODERNA · DE DISEÑO 𝕏𝕏𝕏 Aquí podrá degustar la cocina del chef Marc Fosh, que... ¡no deja indiferente! Oferta informal al mediodía y más gastronómica por la noche, cuando también hay menú degustación.

← 🏠 ⅙ 🅰 🅿 – Menú 85€ – Carta 45/80€

Via de les Cales ✉ 07589 – ☎ 871 51 53 40 – www.pletademar.com

SES ILLETES • ILLETAS
Balears – Mapa regional **4**–B1 – Mapa de carreteras Michelin n° 579-J6

ARRELS BY MARGA COLL

REGIONAL · AMBIENTE MEDITERRÁNEO 𝕏𝕏 ¡Sinceridad y pasión! En su sala, con amplios ventanales asomados al mar, le propondrán una cocina mallorquina muy personal, siempre elaborada en base al producto de mercado.

← 🏠 ⅙ 🅰 ▦ ↻ 🅿 – Menú 56€

Hotel Gran Meliá de Mar, Paseo Illetes 7 ✉ 07184 – ☎ 971 40 25 11 – www.restaurantearrels.com – *Cerrado lunes, martes, almuerzo: miércoles-domingo*

INCA
Balears – Mapa regional **4**–B1 – Mapa de carreteras Michelin n° 579-L5

JOAN MARC

MODERNA · DE DISEÑO 𝕏 Presenta un ambiente de diseño contemporáneo-natural que encuentra en el árbol su icono de referencia. Carta evolutiva de temporada, con tapas y platos de base tradicional.

🅰 ↻ – Menú 25/72€ – Carta 25/72€

Plaza del Blanquer 17 ✉ 07300 – ☎ 971 50 08 04 – www.joanmarcrestaurant.com – *Cerrado lunes, cena: domingo*

LLUBÍ
Balears – Mapa regional **4**–B1 – Mapa de carreteras Michelin n° 579-M5

DAICA

TRADICIONAL · RÚSTICA 𝕏𝕏 Una casa de pueblo dotada con dos salas de línea rústica-actual y un agradable patio. Cocina actual apreciable en tres menús degustación, siempre en base a las materias primas de temporada y proximidad. ¡Los recuerdos de infancia se saborean en algunos platos!

🏠 🅰 ↻ – Menú 45/75€

Nou 8 ✉ 07430 – ☎ 971 52 25 67 – www.daica.es – *Cerrado cena: lunes-sábado, domingo*

PALMA
Balears – Mapa regional **4**–B1 – Mapa de carreteras Michelin n° 579-J6

❀ MARC FOSH

MODERNA · MINIMALISTA 𝕏𝕏 Está algo escondido en una callejuela del centro histórico pero resulta realmente sorprendente, pues sus modernas instalaciones forman parte del hotel Convent de la Missió, que ha recuperado con acierto un seminario del s. XVII.

En su cuidado interior, con luminosos espacios de ambiente minimalista y un agradable patio-terraza, descubrirá la cocina del chef Marc Fosh, el primer británico que se hizo con una Estrella MICHELIN en suelo español. Su propuesta culinaria concilia sabor, técnica y creatividad, ensalzando esos productos mediterráneos de temporada que le enamoraron cuando conoció la isla. Plantean una buena oferta de menús degustación, resultando estos algo más elaborados en las cenas. ¡El chef se involucra muchísimo en el servicio de sala y conversa con los clientes!

🀫 ও 🕅 ✿ – Menú 46€ (almuerzo), 89/120€

Hotel Convent de la Missió, De la Missió 7 ✉ 07003 – ℰ 971 72 01 14 – www.marcfosh.com – Cerrado lunes, domingo

❀ ZARANDA ⓝ

Chef: Fernando Pérez Arellano

CREATIVA · **MARCO CONTEMPORÁNEO** 🕅🕅 El mítico Zaranda del chef Fernando Pérez Arellano inicia una nueva etapa en el casco viejo de Palma, en esta ocasión de la mano del hotel Es Princep y contando con un acceso independiente.

El local, que se levanta sobre los vestigios de una antigua curtiduría de pieles, juega con los orígenes del emplazamiento y las palabras para, dentro de sus menús degustación (Dermis, con clásicos de la casa, y Epidermis, más completo y actual), ofrecer curiosos encurtidos como aperitivos, todos ellos con guiños al mundo árabe y a la historia de los depósitos donde se adobaban y teñían las pieles, que quedan parcialmente a la vista del comensal gracias a un suelo de cristal. Cuidada puesta en escena, delicadas texturas, los mejores productos de la isla, logrados maridajes... ¡no le defraudará!

🍽 🕅 – Menú 115/165€

Bala Roja 1 ✉ 07001 – ℰ 680 60 25 80 – www.zaranda.es – Cerrado lunes, martes, almuerzo: miércoles-sábado, domingo

❀ DINS SANTI TAURA

MODERNA · **ACOGEDORA** 🕅🕅 Se encuentra en el bello entorno de la Catedral, en los bajos de un hotel boutique (El Llorenç Parc de la Mar) que sorprende por la maravillosa terraza panorámica de su azotea, donde suelen invitar a subir para que disfrutemos de las vistas y tomemos una copa de cava antes de comer o cenar.

Ya en el elegante comedor, de ambiente actual, descubrirá la madurez del chef Santi Taura, un hombre apasionado por la cocina tradicional mallorquina que despliega técnica y entusiasmo para llevar esas recetas isleñas de siempre a la modernidad, en base al mejor producto autóctono y con la premisa de salvaguardar los sabores por encima de otros artificios. ¿La propuesta? Dos interesantes menús degustación (Es Raiguer y Sa Calatrava), que puede tomar en la barra, frente a la cocina, o en las mesas.

ও 🕅 – Menú 85/130€

Hotel El Llorenç Parc de la Mar, Plaza de Llorenç Villalonga 4 ✉ 07001 – ℰ 656 73 82 14 – www.dinssantitaura.com – Cerrado lunes, martes, almuerzo: miércoles-jueves, domingo

❀ ADRIÁN QUETGLAS

MODERNA · **SIMPÁTICA** 🕅 Un restaurante al que no se le puede pedir mucho más, salvo... ¡que estuviera al lado de nuestra casa!

Se halla en pleno centro de la ciudad, asomado al cauce del Torrent de Sa Riera, y destaca tanto por su acogedor e íntimo ambiente de bistró, con atractivos detalles como el jardín vertical, como por el atentísimo servicio de todo el personal. El chef-propietario, que intenta democratizar la alta cocina, promulga un mundo culinario lleno de matices y variantes, con detalles propios de su Buenos Aires natal, una fuerte base de sabores mediterráneos e inequívocas influencias de sus vivencias profesionales en Londres, París o Moscú (llegó a ser reconocido como uno de los mejores chefs de Rusia). Presenta un económico menú al mediodía y otro, algo más amplio y gastronómico, por las noches.

🀫 🕅 – Menú 40€ (almuerzo)/65€

Paseo de Mallorca 20 ✉ 07012 – ℰ 971 78 11 19 – www.adrianquetglas.es – Cerrado lunes, domingo

AROMATA

MODERNA · ACOGEDORA %% La apuesta del chef Andreu Genestra en la capital mallorquina, que sorprende con la sala... ¡en el bello patio de un edificio señorial! Cocina actual de hondas raíces isleñas.

🍴 🆈 – Menú 18€ (almuerzo), 50/65€

Concepción 12 (Centro Cultural Sa Nostra) ✉ 07012 – ☎ 971 49 58 33 – www.aromatarestaurant.com – Cerrado lunes, domingo

QUADRAT

COCINA MEDITERRÁNEA · MARCO CONTEMPORÁNEO %% Cocina mediterránea, con toques actuales, en las antiguas caballerizas de... ¡una casa-palacio! Para almorzar solo sirven un menú ejecutivo y, los domingos, otro de arroces.

🍴 ♿ 🆈 – Menú 25€ (almuerzo) – Carta 42/68€

Hotel Sant Francesc, Plaza de Sant Francesc 5 ✉ 07001 – ☎ 971 49 50 00 – www.hotelsantfrancesc.com – Cerrado lunes, martes, miércoles, almuerzo: jueves-sábado

SUMAQ

PERUANA · MARCO CONTEMPORÁNEO %% Atesora una clientela habitual y apuesta por la cocina de fusión, con fuertes raíces peruanas. Pruebe su Secuencia de Ceviches, tres elaboraciones distintas en un mismo plato.

♿ 🆈 ⇔ – Menú 60€ – Carta 50/65€

Cotoner 44 ✉ 07013 – ☎ 696 52 67 58 – www.restaurantesumaq.com

EL TXOKO DE MARTÍN 🄝

VASCA · SIMPÁTICA %% Un espacio de línea informal donde, a través de tapas y algún plato más elaborado, nos acercan a Palma la esencia de Martín Berasategui. ¡Reserve con tiempo si desea una mesa!

🍴 🆈 – Carta 30/55€

Plaza del Pont ✉ 07014 – ☎ 871 00 40 80 – www.eltxokodemartin.com

LA BODEGUILLA

TRADICIONAL · ACOGEDORA % Céntrico, de línea actual y abierto todo el día. Posee una sala-tienda de vinos donde se puede tapear y varios comedores de cuidado montaje. Cocina tradicional actualizada.

🆈 ⇔ – Carta 35/55€

Sant Jaume 3 ✉ 07012 – ☎ 971 71 82 74 – www.la-bodeguilla.com

SCHWAIGER XINO'S

COCINA MEDITERRÁNEA · DE DISEÑO % Ubicado en el ático de un centro comercial, donde sorprende con detalles de diseño y plantas. Ofrece una bella terraza y una cocina mediterránea con guiños internacionales.

🍴 🆈 🔲 ⇔ 🅿 – Menú 25€ (almuerzo), 44/50€ – Carta 25/90€

Camino de la Vileta 39 (Sa Vileta, al oeste de la bahía) ✉ 07011 – ☎ 971 66 68 19 – www.schwaiger.es – Cerrado lunes, domingo

STAGIER BAR

MODERNA · BAR DE TAPAS % Un gastrobar de ambiente joven que apuesta por la alta cocina en formato "mini", con tapas de vanguardia que combinan técnica y sabor. ¡Hay tapas homenaje a grandes casas!

🍴 🆈 – Tapa 3€ – Ración 15€

D'Espartero 11 ✉ 07014 – ☎ 871 04 19 70 – www.stagierbar.com – Cerrado lunes, domingo

LA VIEJA 🄝

EUROPEA TRADICIONAL · INFORMAL % Un local de aire urbano que sorprende por sus genuinos grafitis y sus guiños a Canarias, la tierra del chef. Cocina canaria actual, con producto local y toques mallorquines.

🍷 🍴 – Menú 16€ (almuerzo) – Carta 35/50€

Plaza Raimundo Clar 11 ✉ 07002 – ☎ 871 53 17 31 – www.lavieja.net – Cerrado almuerzo: lunes, domingo

PALMANOVA
Balears – Mapa regional **4**–B1 – Mapa de carreteras Michelin n° 579-J6

🕸 **ES FUM**

CREATIVA · **ELEGANTE** XxX Si aceptamos que Mallorca es un pequeño paraíso sobre la tierra debemos ver este restaurante como una joya más de ese tesoro, la oferta gastronómica que más brilla dentro del lujoso hotel St. Regis Mardavall.

La armoniosa propuesta, a cargo del chef canario Miguel Navarro, destila gusto, técnica, creatividad... y un saber hacer que desvela, a las claras, su sólida formación como pupilo del maestro Martín Berasategui. Los platos, que únicamente llegan al comensal a traves de dos menús (Petit Menú y Menú Degustación), nos hablan de una cocina creativa con un marcado tinte mediterráneo, aunque la propuesta se enriquece con algún que otro guiño asiático y latinoamericano. ¡La romántica terraza, con el Mediterráneo como telón de fondo, ofrece unas maravillosas vistas sobre el entorno del hotel!

🕸 ≼ 🏠 ⅙ 🅰 🅿 🚗 – Menú 135/150 €

Hotel St. Regis Mardavall, Carretera Palma-Andratx 19 ⊠ 07181 – 𝓔 971 62 96 29 – www.restaurant-esfum.com – Cerrado lunes, martes, almuerzo: miércoles-domingo

POLLENÇA
Balears – Mapa regional **4**–B1 – Mapa de carreteras Michelin n° 579-M4

365

CREATIVA · **ROMÁNTICA** XxX Una propuesta sumamente interesante, tanto por el entorno como por el nivel gastronómico y el cuidado servicio de mesa. Encontrará una carta de carácter creativo, elaborada con materias primas de calidad y en un ambiente vanguardista.

≼ 🏠 🅰 🖃 🅿 – Menú 70/90 € – Carta 60/85 €

Hotel Son Brull, Carretera Palma-Pollença (km 49,8 - PM 220) ⊠ 07460 – 𝓔 971 53 53 53 – www.sonbrull.com – Cerrado almuerzo: lunes-domingo

PORT D'ALCÚDIA • PUERTO DE ALCUDIA
Balears – Mapa regional **4**–B1 – Mapa de carreteras Michelin n° 579-M5

🕸 **MACA DE CASTRO**

CREATIVA · **DE DISEÑO** XxX Una casa en auge gracias a la chef Macarena de Castro (Maca), que cada vez está más concienciada con la sostenibilidad y apoya la reforestación. El restaurante, en la 1ª planta de un edificio tipo villa, presenta una sala de ambiente moderno-vanguardista que comparte espacio con Jardín Bístró (línea de negocio ubicada en la planta baja, con una fórmula más accesible).

¿Qué encontrará? Un menú degustación creativo, de tinte mediterráneo, adecuado a los mejores productos de temporada aportados por la despensa mallorquina; de hecho, la gran mayoría vienen de las lonjas cercanas, de los pequeños productores de la isla o del huerto que ellos mismos poseen en Sa Pobla. Al entrar, agasajan con un librito de corte poético que exalta su amor por esta tierra y... ¡detalla la recolección del día!

🕸 *El compromiso del Chef:* "Nos abastecemos al 90% de nuestra propia finca, en Sa Pobla, donde estamos recuperando variedades locales casi desaparecidas en la isla. Intentamos cerrar el círculo que va de la semilla al plato bajo una filosofía: comer lo que tenemos cerca para llegar más lejos."

🕸 ⅙ 🅰 🖃 – Menú 132 €

Dels Tritons ⊠ 07410 – 𝓔 971 89 23 91 – www.macadecastro.com – Cerrado lunes, martes, almuerzo: miércoles-domingo

FUSION19

FUSIÓN · **CHIC** X Hace honor a su nombre, pues ofrecen una propuesta mediterránea, de corte creativo, que se fusiona con platos de la cocina asiática. ¡Su menú degustación cambia cada 15 días!

🏠 🅰 – Menú 58 € – Carta 40/60 €

Avenida s'Albufera 23 (Playa de Muro, Sur 6 km) ⊠ 07458 – 𝓔 971 89 42 59 – www.fusion19.com

PORT DE POLLENÇA • PUERTO DE POLLENSA

Balears – Mapa regional **4**–B1 – Mapa de carreteras Michelin n° 579-M4

TERRAE ⓝ

CREATIVA · SIMPÁTICA 🍴 Una casa de filosofía sostenible donde la carta cambia casi a diario, en función de lo que ofrecen los pequeños productores de la isla. ¡Trabajan sin químicos ni aditivos!

🌿 – Carta 35/55€

Verge del Carme 19 ✉ *07470 – ℰ 620 70 72 52 – www.terraerestaurant.com –*
Cerrado lunes, almuerzo: martes-viernes

PORT DE SÓLLER • PUERTO DE SÓLLER

Balears – Mapa regional **4**–B1 – Mapa de carreteras Michelin n° 579-K5

ES CANYIS

TRADICIONAL · AMBIENTE CLÁSICO 🍴 Negocio de arraigada tradición familiar que destaca por su emplazamiento en el paseo marítimo, con una terraza y vistas al mar. Ofrece un luminoso comedor clásico y una carta tradicional, con varios platos actualizados y algunos arroces.

🌿 🅰🅲 🅿 – Carta 45/65€

Passeig Platja d'en Repic 21 ✉ *07108 – ℰ 971 63 14 06 – www.escanyis.es –*
Cerrado lunes

PORTALS NOUS

Balears – Mapa regional **4**–B1 – Mapa de carreteras Michelin n° 579-J6

BAIBEN

FUSIÓN · MARCO CONTEMPORÁNEO 🍴 ¡Frente a los lujosos yates de Puerto Portals! Ofrece una cocina de fusión que mira mucho a América y Asia, con interesantes menús entre los que destaca el que llaman Arroz.

🌿 ♿ 🅰🅲 – Menú 22€ (almuerzo)/45€ – Carta 35/60€

Puerto Portals (local 1) ✉ *07181 – ℰ 971 67 55 47 – www.baibenrestaurants.com*

PORTOCOLOM

Balears – Mapa regional **4**–B1 – Mapa de carreteras Michelin n° 579-N7

SA LLOTJA

COCINA DE MERCADO · SIMPÁTICA 🍴 ¡Asomado a la cala y a los amarres del puerto! Ocupa el primer piso del edificio portuario, con la sala acristalada y una espectacular terraza. Su carta de cocina actual contempla algún plato asturiano y pescados frescos de gran calidad.

≤ 🌿 ♿ 🅰🅲 🖥 – Menú 45€ – Carta 50/80€

Cristobal Colón 2 (Edificio Portuario) ✉ *07670 – ℰ 971 82 51 65 –*
www.restaurantsallotjaportocolom.com – Cerrado lunes

SANTANYÍ

Balears – Mapa regional **4**–B2 – Mapa de carreteras Michelin n° 579-M7

LAUDAT

COCINA MEDITERRÁNEA · RÚSTICA 🍴🍴 Resulta céntrico, ocupa una antigua casa mallorquina restaurada y destaca por su patio-terraza, muy acogedor. Cocina mediterránea de temporada con cuidadas presentaciones.

🌿 ♿ 🅰🅲 ✿ – Menú 35/60€ – Carta 40/60€

Sant Andreu 18 ✉ *07650 – ℰ 871 90 60 34 – www.restaurantlaudat.com –*
Cerrado almuerzo: lunes-martes, domingo

SELVA

Balears – Mapa regional **4**–B1 – Mapa de carreteras Michelin n° 579-L5

⊛ **MICELI**

TRADICIONAL · ACOGEDORA XX Un restaurante de carácter familiar de esos que enamoran, pues tiene personalidad y ocupa la encantadora casa de piedra... ¡donde nació la propia chef! El negocio, que debe su nombre a los filamentos que usan los hongos para tomar los nutrientes de la tierra, sorprende por sus preciosas instalaciones y, sobre todo, por su idílica terraza, ubicada en un porche parcialmente acristalado y con magníficas vistas. ¿La propuesta? Cocina tradicional-mallorquina bien actualizada y elaborada en base a los productos de mercado, con dos menús degustación que permiten extraer platos como en una carta.

🍴 🕭 🆓 ✿ - Menú 42/55€ - Carta 34€

Àngels 11 ✉ 07313 - 𝒞 971 87 37 84 - www.miceli.es - Cerrado martes, miércoles, cena: domingo

SÓLLER

Balears - Mapa regional **4**-B1 - Mapa de carreteras Michelin nº 579-K5

🛱 **BÉNS D'AVALL**

Chef: Benet y Jaume Vicens

REGIONAL · ELEGANTE XX Buen ambiente, materias primas escogidas, unas mágicas vistas tanto al Mediterráneo como al litoral... No es tarea fácil encontrar una casa familiar en la que todo sume y, muchísimo menos, que pueda presumir de haber cumplido sus bodas de oro. ¿El secreto? Ellos mismos dan la clave: "Hacer las cosas bien".

El negocio, que sorprende por su singular emplazamiento sobre un acantilado, ha sabido aglutinar los conocimientos de dos generaciones tras los fogones, pues el tándem formado por Benet y Jaume Vicens (padre e hijo) busca exaltar las virtudes de la cocina mallorquina trayéndola a nuestros días, tanto en técnicas como en delicadeza y originalidad, alcanzando la máxima expresión en su menú degustación. Si puede reserve en la terraza, un lujo próximo al espectáculo con cada puesta de sol.

⬱ 🍴 🆓 🅿 - Menú 87€ - Carta 68/80€

Urbanización Costa de Deià (por la carretera de Deià, Noroeste 5 km y desvío a la derecha 2,3 km) ✉ 07100 - 𝒞 971 63 23 81 - www.bensdavall.com - Cerrado lunes, martes, cena: miércoles-jueves

⊛ **CA´N BOQUETA**

REGIONAL · RÚSTICA X Se halla en el centro de Sóller, uno de los pueblos más pintorescos de toda la isla y al que se puede ir desde Palma... ¡hasta en un histórico tren con los vagones de madera! El restaurante, instalado en una casa mallorquina de cuidado ambiente rústico, destaca por su agradable patio trasero, con bonitas vistas al valle y a sus famosos huertos de naranjos. El chef-propietario, Xisco Martorell, nos propone una cocina mallorquina puesta al día, y con detalles de autor, que ve la luz a través de dos menús degustación, uno sencillo al mediodía y otro un poco más elaborado por las noches.

🆓 - Menú 19€ (almuerzo), 35/49€

Avenida de la Gran Via 43 ✉ 07100 - 𝒞 971 63 83 98 - www.canboqueta.com - Cerrado lunes, cena: domingo

Menorca

CALA EN PORTER

Balears - Mapa regional **4**-C1 - Mapa de carreteras Michelin nº 579-S4

TORRALBENC

MODERNA · ÍNTIMA XX En una finca, rodeada de viñedos y con una apacible terraza. Cocina moderna, con guiños de fusión (vascos, centroamericanos, mediterráneos...), que exalta el producto menorquín.

🏖 ⬱ 🍴 🕭 🆓 🅿 - Menú 90€ - Carta 50/79€

Hotel Torralbenc, Carretera Maó-Cala en Porter (km 10, Noreste 2 km) ✉ 07730 - 𝒞 971 37 72 11 - www.torralbenc.com

CIUTADELLA DE MENORCA • CIUDADELA

Balears – Mapa regional **4**–C1 – Mapa de carreteras Michelin nº 579-R3

SMOIX

TRADICIONAL • **MARCO CONTEMPORÁNEO** ✗ Se encuentra en la avenida principal que cruza Ciutadella y desprende esa sensación propia de los establecimientos con personalidad... no en vano, la estética contemporánea-industrial que emana su interior pretende rendir su particular homenaje a la antigua fábrica-taller de artículos para joyería que aquí existió. Miquel Sánchez, el chef-propietario, construye su propuesta desde la más absoluta pasión por los productos ecológicos y de temporada, lo que se traduce en una cocina llena de matices y, sobre todo, plena de sabor. ¿Un plato que no debe perderse? Su riquísimo Ravioli de cigalas.

🏠 ⚐ 🅰🅲 – Menú 39€ – Carta 30/48€

Avenida Jaume el Conqueridor 38 ✉ 07760 – ℰ 971 38 28 08 – www.smoix.com – Cerrado lunes, almuerzo: martes

GODAI 🅝

JAPONESA CONTEMPORÁNEA • **MARCO CONTEMPORÁNEO** ✗✗ En el hotel Casas del Lago (Lago Resort Menorca), donde el laureado chef Julián Mármol propone una exquisita cocina nipona-menorquina. ¡Terraza y vistas al puerto deportivo!

🏠 – Menú 80/135€ – Carta 75/120€

Vía de Circunvalación (Hotel Suites del Lago, Cala'n Bosch, Sur 11 km) ✉ 07769 – ℰ 971 38 41 88 – www.godaimenorca.com – Cerrado almuerzo: lunes-domingo

MON RESTAURANT

MODERNA • **MARCO REGIONAL** ✗✗ Encontrará una zona de espera, una sala muy luminosa y un patio cubierto en el que también montan mesas. Cocina actual que busca sacar el máximo partido al producto autóctono. Como complemento al negocio también ofrece unas agradables habitaciones.

🏠 ⚐ 🅰🅲 – Menú 28€ (almuerzo)/60€ – Carta 40/50€

Paseo de San Nicolás 4 ✉ 07760 – ℰ 971 38 17 18 – www.monrestaurantfonda.com – Cerrado lunes, domingo

RELS

MODERNA • **BISTRÓ** ✗ Bien llevado por un chef que solo ansía agradar, siempre en base a una cocina actual que exalte el sabor de los productos autóctonos. ¡Coqueta terraza en un patio ajardinado!

🏠 ⚐ 🅰🅲 – Carta 38/52€

Sant Isidre 33 ✉ 07760 – ℰ 971 48 05 16 – www.relsrestaurant.me – Cerrado lunes

S'AMARADOR 🅝

PESCADOS Y MARISCOS • **AMBIENTE MEDITERRÁNEO** ✗ Un restaurante de línea rústica-mediterránea que destaca por sus terrazas, con vistas al puerto. Carta de producto especializada en pescados y mariscos, siempre de calidad.

🏠 ⚐ ♻ – Menú 25€ (almuerzo) – Carta 35/80€

Pere Capllonc 42 ✉ 07760 – ℰ 971 38 35 24 – www.samarador.com

FORNELLS

Balears – Mapa regional **4**–C1 – Mapa de carreteras Michelin nº 579-S3

ES CRANC

PESCADOS Y MARISCOS • **RÚSTICA** ✗ Una casa de sencillo aire rústico ubicada en un edificio no exento de tipismo, con las paredes encaladas. ¿Una especialidad? Tiene merecida fama por su Caldereta de langosta.

🏠 🅰🅲 – Carta 40/80€

Escoles 31 ✉ 07748 – ℰ 971 37 64 42 – www.escranc.com

MAÓ

Balears – Mapa regional **4**–C1 – Mapa de carreteras Michelin nº 579-T4

EL RAIS ⑩

MODERNA · RÚSTICA X Enamora por su emplazamiento y sus terrazas, asomadas a los amarres del Club Marítimo. Cocina actual, tomando como base el recetario menorquín, y seductora oferta de arroces.

🍴 – Carta 32/51€

Moll de Llevant 314 (puerto) ✉ 07701 – ☎ 971 36 23 45 – www.elrais.es – Cerrado lunes, martes, domingo

ES MIGJORN GRAN

Balears – Mapa regional **4**–C1 – Mapa de carreteras Michelin n° 579-S4

CA NA PILAR

ACTUAL · MARCO REGIONAL X Ocupa una casa típica, de cuidado ambiente rustico-actual, dotada con un patio-terraza que suelen reservar para las cenas. Cocina tradicional y regional con toques actuales.

🍴 🔟 – Carta 45/55€

Avenida de la Mar 1 ✉ 07749 – ☎ 971 37 02 12 – www.canapilar.com – Cerrado lunes, martes

SANT CLIMENT

Balears – Mapa regional **4**–C1 – Mapa de carreteras Michelin n° 579-T4

ES MOLÍ DE FOC

TRADICIONAL · RÚSTICA XX Muy conocido, pues ocupa un molino de fuego del s. XIX y tiene contigua una fábrica de cerveza artesanal. En su comedor, de aire rústico, le ofrecerán una carta de cocina actual y otra de arroces, uno de los puntos fuertes de esta casa.

🐝 🍴 🔟 ✧ – Carta 45/72€

Sant Llorenç 65 ✉ 07712 – ☎ 971 15 32 22 – www.esmolidefoc.es – Cerrado lunes

SANT LLUÍS

Balears – Mapa regional **4**–C1 – Mapa de carreteras Michelin n° 579-T4

SA PEDRERA D'ES PUJOL

CREATIVA · ELEGANTE XX Interesante, pues su chef-propietario recupera viejas recetas de antaño para ponerlas al día en técnica y presentación. Ofrece varias salas de ambiente rústico, otra acristalada y una bodega-cueva en la que el cliente puede escoger su vino.

🐝 🍴 & 🔟 🅿 – Carta 50/75€

Camino d'es Pujol 14 (Torret, Sur 1,5 km) ✉ 07710 – ☎ 971 15 07 17 – www.sapedreradespujol.com – Cerrado miércoles

Eivissa o Ibiza

EIVISSA • IBIZA

Balears – Mapa regional **4**–A2 – Mapa de carreteras Michelin n° 579-C10

☸ LA GAIA

FUSIÓN · MARCO CONTEMPORÁNEO XXX ¿Quiere viajar a otros mundos con el paladar? Aquí, en el restaurante gourmet del lujoso Ibiza Gran Hotel, podrá hacerlo dentro de un formato exclusivo donde se trasciende lo culinario en una acertada simbiosis de diseño, elegancia y sabor.

El chef Óscar Molina defiende lo que él llama "cocina mediterránea-kaiseki", aquella que desde la creatividad utiliza el mejor producto ibicenco e incorpora detalles de fusión para hablarnos tanto de Perú (guiños nikkei) como, sobre todo, de Japón. La propuesta, con recibimiento del chef trabajando tras la barra de aperitivos, se centra en dos menús degustación: Tanit (8 pasos), con cuyo nombre se homenajea a la diosa más venerada en la mitología cartaginesa e ibicenca, y Posidonia (12 pasos), que ensalza la planta acuática endémica del Mediterráneo.

ISLAS BALEARES · ESPAÑA

🏠 ♿ 🅰 🚗 – Menú 80/100 €

Paseo Juan Carlos I 17 (Hotel Ibiza G.H.) ✉ 07800 – ☎ 971 80 68 06 –
www.lagaiaibiza.com – Cerrado lunes, almuerzo: martes-sábado, domingo

IT

ITALIANA · **MARCO CONTEMPORÁNEO** 🅇🅇 Destaca tanto por su elegante
línea actual como por su emplazamiento, frente a los amarres de un puerto
deportivo. Elaboraciones italianas actualizadas e interesantes menús.
🏠 🅰 – Carta 65/105 €

Puerto Deportivo Marina Botafoch 110 ✉ 07800 – ☎ 971 31 11 07 –
www.it-ibiza.com – Cerrado almuerzo: lunes-domingo

MIRADOR DE DALT VILA

MODERNA · **ÍNTIMA** 🅇🅇 Disfruta de un acceso independiente respecto al hotel y
cuenta con un bar de estilo clásico-actual. La sala es pequeña pero agradable,
con el techo pintado al fresco y varios óleos decorando sus paredes. Cocina
actual muy bien elaborada.
🏠 🅰 – Menú 80/145 € – Carta 75/95 €

Hotel Mirador de Dalt Vila, Plaza de España 4 ✉ 07800 – ☎ 971 30 30 45 –
www.hotelmiradoribiza.com

CA N'ALFREDO

TRADICIONAL · **FAMILIAR** 🅇 Céntrico, familiar y de larga trayectoria en la ciudad. Viste sus paredes con curiosas fotografías de clientes famosos y ofrece una
cocina tradicional de abundantes raciones, enriquecida con algunos platos ibicencos y catalanes.
🏠 🅰 – Menú 25/40 € – Carta 45/70 €

Vara de Rey 16 ✉ 07800 – ☎ 971 31 12 74 – www.canalfredo.com – Cerrado lunes,
cena: domingo

PORROIG

Balears – Mapa regional **4**–A2 – Mapa de carreteras Michelin nº 579-B10

JONDAL

PESCADOS Y MARISCOS · **RÚSTICA** 🅇 Se halla en la cala homónima, ocupa un
bucólico edificio ibicenco y está bajo la tutela culinaria del chef Rafa Zafra, un
enamorado del mar. ¡Fantásticos pescados y mariscos!
≤ 🏠 🅿 – Carta 100/150 €

Cala des Jondal ✉ 07830 – ☎ 971 80 27 66 – www.casajondal.es –
Cerrado cena: lunes-domingo

ES XARCU

PESCADOS Y MARISCOS · **RURAL** 🅇 Un negocio familiar que mantiene la esencia del primitivo chiringuito, con una encantadora terraza e idílicas vistas a una
cala. Pescados, mariscos y arroces de gran calidad.
≤ 🏠 🅿 – Carta 60/100 €

Cala des Jondal ✉ 07829 – ☎ 971 18 78 67 – www.esxarcurestaurante.com

SANT ANTONI DE PORTMANY

Balears – Mapa regional **4**–A2 – Mapa de carreteras Michelin nº 579-B10

❀ ES TRAGÓN

Chef: Álvaro Sanz

CREATIVA · **AMBIENTE MEDITERRÁNEO** 🅇🅇 Un espacio de inequívoco relax y
tranquilidad en esta bulliciosa isla, pues se encuentra en una villa rodeada por
una agradable terraza arbolada.

El chef Álvaro Sanz, que presume junto a su equipo de dar un toque canalla a sus
elaboraciones, apuesta por una cocina mediterránea creativa que, en algunos
casos, sorprende por retomar viejas recetas a las que le dan una vuelta y en las
que demuestran que se atreven con casi todo, hasta el punto de hacer... ¡su propio Garum romano! Seguramente lo más original es la puesta en escena de los

aperitivos en la barra, desde donde contemplará las labores en la cocina, pues se inspiran en distintas partes de la geografía española y en México, donde el chef también trabajó. Su propuesta se centra en tres menús degustación: Payés, Erizo y Tragón.

🍴 🅰🅒 🄿 – Menú 140€

Carretera Cap Negret ✉ 07820 – 𝒞 971 34 64 54 – www.estragonibiza.com – Cerrado lunes, almuerzo: martes-sábado, domingo

ES VENTALL

ACTUAL · **MARCO REGIONAL** 🍴 Ha crecido con el salto generacional y atesora personalidad, pues mantiene su cocina de leña. Platos actuales de marcado acento ibicenco, con productos de la huerta familiar.

🍴 🅰🅒 – Menú 35/90€ – Carta 30/99€

Cervantes 22 ✉ 07820 – 𝒞 871 23 12 00 – www.restaurantesventall.com – Cerrado almuerzo: lunes-martes, miércoles, almuerzo: jueves-viernes

SANT JOSEP DE SA TALAIA • SAN JOSÉ

Balears – Mapa regional **4**–A2 – Mapa de carreteras Michelin n° 579-B10

ES BOLDADO

PESCADOS Y MARISCOS · **RÚSTICA** 🍴 Se halla al final de un camino de tierra y destaca por sus fantásticas vistas, tanto al mar como a los islotes de Es Vedrà y Es Vedranell. ¡Su pescado no puede ser más fresco!

≤ 🍴 🅰🅒 🄿 – Carta 50/70€

Carretera de Cala d'Hort (Suroeste 7 km) ✉ 07800 – 𝒞 626 49 45 37 – www.restauranteboldado.net

CA'S MILÀ

COCINA MEDITERRÁNEA · **AMBIENTE CLÁSICO** 🍴 Destaca por su carácter familiar y su ubicación a pie de playa, con encantadoras terrazas y románticas vistas. Cocina tradicional ibicenca especializada en pescados y arroces.

≤ 🍴 ♿ 🅰🅒 🄿 – Carta 45/65€

Playa de Cala Tarida (Noroeste 7 km) ✉ 07830 – 𝒞 971 80 61 93 – www.restaurantecasmila.com

S'ESPARTAR

PESCADOS Y MARISCOS · **RÚSTICA** 🍴 Un restaurante familiar que emana honestidad y respeto por el producto. Encontrará unos pescados realmente magníficos, pues... ¡el hermano del chef posee dos barcos de pesca!

🍴 🅰🅒 🄿 – Carta 45/55€

Carretera San Josep-Cala Tarida (km 4, Oeste 4 km) ✉ 07830 – 𝒞 971 80 02 93 – www.restaurantsespartar.com – Cerrado lunes

SANTA EULÀRIA DES RIU

Balears – Mapa regional **4**–A2 – Mapa de carreteras Michelin n° 579-D10

🉐 ES TERRAL

FRANCESA · **FAMILIAR** 🍴 Tiene su encanto, se encuentra en una concurrida calle peatonal y está llevado por una agradable pareja, con el chef francés Matthieu Michel Savariaud al frente de los fogones. La propuesta se construye en torno a una cocina internacional de producto, fundamentalmente bio y de temporada, con guiños a sus raíces galas y algún que otro plato con referencias árabes. Aquí conocen bien los productos autóctonos y procuran exaltarlos, en todo momento, al combinarlos con los de otros orígenes. ¿Curiosidades? Este chef trabajó con instituciones gastronómicas como Alain Ducasse o Hélène Darroze.

🍴 🅰🅒 – Menú 16€ (almuerzo)/29€ – Carta 29/45€

Sant Vicent 47 ✉ 07840 – 𝒞 628 58 13 14 – www.esterral.com – Cerrado lunes

119

ETXEKO IBIZA

CREATIVA · MARCO CONTEMPORÁNEO XxX La propuesta de Martín Berasategui en Ibiza, dentro del hotel Bless y con una sosegada estética clásica-contemporánea. Cocina creativa que ensalza los sabores y el producto.

🏠 🅰 – Menú 80/110 € – Carta 58/88 €

Avenida de Cala Nova (Hotel Bless Ibiza) ✉ *07840 –* 📞 *871 57 55 58 – www.blesscollectionhotels.com – Cerrado almuerzo: lunes-domingo*

CAN CURREU

ACTUAL · RÚSTICA XX ¡Uno de los mejores restaurantes de la isla! Disfruta de un acogedor comedor de estilo mediterráneo-ibicenco y una atractiva terraza techada junto a un olivo milenario. Carta de corte tradicional con toques actuales.

🛏 🏠 🅰 🅿 – Menú 43/57 € – Carta 40/65 €

Hotel Can Curreu, Carretera de Sant Carles (Noreste 5 km y desvío a la izquierda 0,5 km) ✉ *07840 –* 📞 *971 33 52 80 – www.cancurreu.com*

LA'ERA

ACTUAL · MARCO REGIONAL XX Ocupa una antigua casa ibicenca restaurada y sorprende por su agradable terraza, con magníficas vistas. Cocina actualizada de base tradicional, sabrosa y elaborada con mimo.

🍃 🏠 🅿 – Menú 50 € (almuerzo), 60/88 € – Carta 45/65 €

Carretera de Cala Llonga (km 7, Hotel Can Toni Xumeu, Suroeste 5,5 km y desvío a la derecha 1 km) ✉ *07849 –* 📞 *871 00 39 67 – www.methodokitchen.es – Cerrado lunes, cena: domingo*

PECADOR

ACTUAL · INFORMAL X Una terraza de ambiente desenfadado, con acceso directo a la playa y el sello del chef Nandu Jubany. Cocina marinera actualizada, con buen picoteo y un apartado de arroces.

🏠 – Menú 69/78 € – Carta 50/90 €

Carrer Des Riu 54 (acceso principal por la playa) ✉ *07840 –* 📞 *971 41 72 72 – www.pecadoribiza.com*

Formentera

ES CALÓ DE SANT AGUSTÍ

Balears – Mapa regional **4**–A2 – Mapa de carreteras Michelin n° 579-D11

ES CALÓ

TRADICIONAL · AMBIENTE TRADICIONAL X Agradable y asomado a un mar de... ¡increíbles aguas turquesas! Aquí podrá degustar una cocina española elaborada con mimo, siempre con buenos pescados y sabrosísimos arroces.

🛏 – Carta 60/75 €

Vicari Joan Marí 14 ✉ *07860 –* 📞 *971 32 73 11 – www.restauranteescalo.com – Cerrado cena: martes*

ES PUJOLS

Balears – Mapa regional **4**–A2 – Mapa de carreteras Michelin n° 579-C11

CASANITA

ITALIANA CONTEMPORÁNEA · MARCO CONTEMPORÁNEO X En un edificio tipo chalé, donde se presenta con un ambiente clásico. Ofrece una carta de raíces italianas y, en una pizarra, los pescados del día, frescos y bien trabajados.

🏠 🅰 – Menú 45 € – Carta 40/70 €

Fonoll Marí 101 ✉ *07311 –* 📞 *971 32 19 68 – www.casanita.net – Cerrado almuerzo: lunes-domingo*

SANT FRANCESC DE FORMENTERA

Balears – Mapa regional **4**–A2 – Mapa de carreteras Michelin n° 579-C11

CA NA JOANA

COCINA MEDITERRÁNEA · ÍNTIMA XX Singular, romántico e intimista, pues...
¡han recuperado una casa típica del s. XVII! La propuesta, de fresco tinte mediter-
rráneo, se enriquece con guiños nipones y peruanos.

🍴 ఉ – Menú 45/70€ – Carta 55€

*Berenguer Renart 2 ✉ 07860 – ℰ 971 32 31 60 – www.canajoanaformentera.com –
Cerrado almuerzo: lunes, martes, almuerzo: miércoles-domingo*

LA SAVINA

Balears – Mapa regional **4**–A2 – Mapa de carreteras Michelin n° 579-C11

MOLO 47

FUSIÓN · MARCO CONTEMPORÁNEO XX Tranquilo, elegante y asomado,
desde la terraza, a los grandes yates de recreo. Sabrosísima y exótica cocina de
base asiática, muy bien combinada con platos más mediterráneos.

🍴 ᴀᴄ – Menú 60/90€ – Carta 55/70€

*Lugar Dársena Deportiva Mar (locales 2 y 3) ✉ 07870 – ℰ 971 32 15 85 –
www.molo47restaurant.com – Cerrado almuerzo: lunes-domingo*

CAN CARLITOS

TRADICIONAL · AMBIENTE MEDITERRÁNEO X En una casa antigua, tipo
terraza abierta, ubicada a pie de playa y... ¡con el agua casi en los pies! Cocina
tradicional puesta al día y supervisada por el chef Nandu Jubany.

🍴 ఉ – Menú 56€ – Carta 45/70€

Almadrava ✉ 07870 – ℰ 971 32 25 70 – www.cancarlitosformentera.com

BANYALBUFAR – Balears → Ver Balears (Mallorca)

BANYOLES

Girona – Mapa regional **9**–C3 – Mapa de carreteras Michelin n° 574-F38

☺ QUATRE ESTACIONS

TRADICIONAL · **AMBIENTE CLÁSICO** XX Está llevado entre dos amables matrimonios y se encuentra en una avenida industrial, con un pequeño hall, un comedor clásico-actual en el que se recrean diferentes espacios y un semi-privado de planta circular. Por las mañanas ofrecen contundentes desayunos de "cuchillo y tenedor", dando opción a descubrir más tarde, ya en el almuerzo, unas elaboraciones de tinte tradicional. Aquí son famosos los Erizos de mar rellenos y gratinados... sin embargo, dentro de su carta también debemos destacar los Huevos con foie, las Alcachofas con almejas o mejillones, las Tentaciones de chocolate...

🅰🅒 – Menú 18€ (almuerzo)/30€ – Carta 27/45€

Avenida de La Farga 5 ⊠ *17820 –* ℰ *972 57 33 00 –*
www.restaurantquatreestacions.com –
Cerrado lunes, cena: martes-domingo

BARBASTRO

Huesca – Mapa regional **2**–C1 – Mapa de carreteras Michelin n° 574-F30

☺ TRASIEGO

CREATIVA · **MARCO CONTEMPORÁNEO** XX El Complejo de San Julián y Santa Lucía, que está formado por un antiguo hospital y una iglesia renacentista bajo esta advocación, sorprende en lo gastronómico y en lo estético, pues aquí todo ensalza tanto la cultura del vino como el turismo de carácter enológico; no en vano, aquí se halla también la sede del Consejo Regulador de la D.O. Somontano. El chef Javier Matinero, importante impulsor de la renovación culinaria en esta comarca, propone una carta actual e interesantes menús. ¿Algún plato destacado? Pruebe su delicioso Tartar de tomate rosa de Barbastro con helado de mejillones.

🅰🅒 ⇄ – Menú 20€ (almuerzo)/35€ – Carta 30/45€

Avenida de La Merced 64 (Conjunto de San Julián y Santa Lucía) ⊠ *22300 –*
ℰ *974 31 27 00 –*
www.eltrasiego.com –
Cerrado lunes, cena: domingo

BARBATE

Cádiz – Mapa regional **1**–B3 – Mapa de carreteras Michelin n° 578-X12

EL CAMPERO

PESCADOS Y MARISCOS · **TENDENCIA** XX Una referencia indiscutible para cualquier gastrónomo. Aquí el producto estrella es el emblemático atún rojo de almadraba, del que ofrecen... ¡hasta 25 cortes diferentes!

🍽 🅰🅒 ⇄ – Menú 75/85€ – Carta 45/60€

Avenida de la Constitución 5 ⊠ *11160 –* ℰ *956 43 23 00 –*
www.restauranteelcampero.es –
Cerrado lunes

YOKO BARBATE

JAPONESA · **ACOGEDORA** XX Moderno local que sorprende por su propuesta, pues en ella se fusionan las gastronomías nipona y mediterránea con el mejor producto gaditano. ¡Cocina vista y sugerentes menús!

🍽 🅰🅒 – Menú 60/75€ – Carta 45/60€

Avenida Virgen del Carmen 2 ⊠ *11160 –* ℰ *956 25 73 39 –*
www.yoko.es – Cerrado lunes

ESPAÑA

EL CAMPERO

TRADICIONAL · **BAR DE TAPAS** Un grastrobar de diseño que resulta ideal para tapear o comer de raciones. Su carta destaca por el apartado "Atuneando", aunque también ofrece pescados, mariscos, arroces...

🍸 🆎 – Tapa 5 € – Ración 18 €

Avenida de la Constitución 5 ✉ 11160 – ☎ 956 43 23 00 –
www.restauranteelcampero.es –
Cerrado lunes

BARCELONA

La capital catalana, uno de los destinos turísticos más importantes del mundo, suele enamorar al viajero por su carácter y su propuesta, pues combina a la perfección sus posibilidades culturales y de ocio, todo con la guinda de un clima mediterráneo realmente excepcional.

Debe visitar las joyas modernistas diseñadas por Gaudí, por supuesto, aunque también impregnarse de la esencia cosmopolita de la calle y dar una vuelta por sus mercados, sus plazas, sus concurridas terrazas...

La gastronomía de esta tierra, fiel a los sabores de sus raíces pero también singular e innovadora, atesora especialidades tradicionales como el Pantumaca (pa amb tomàquet), la popular Escalivada, la Esqueixada, el Xató, los famosos Cargols a la llauna, el Suquet de pescado... y, en lo que respecta a los postres, la universal Crema catalana.

¿Bebidas con personalidad? Sin duda alguna el Cava, un vino espumoso de enorme prestigio y tradición que tiene su principal zona de producción en las tierras del Penedés.

- Mapa regional nº 10-B3
- Mapa de carreteras Michelin nº 574-H36

LAS MESAS QUE NO DEBEN FALTAR

LAS ESTRELLAS: LAS MEJORES MESAS

❀❀❀

Tres Estrellas: una cocina única. ¡Justifica el viaje!

❀❀

Dos Estrellas: una cocina excepcional. ¡Merece la pena desviarse!

❀

Una cocina de gran nivel. ¡Compensa pararse!

BIB GOURMAND 😋

Nuestras mejores relaciones calidad-precio

NUESTRA SELECCIÓN

BARCELONA

DE LA A A LA Z

Cocina Hermanos Torres © Jordi Play

R. Valls López/age fotostock

Juan Guillermo Gavina/Getty Images Plus

POR TIPO DE COCINA

129

ABIERTOS SÁBADO Y DOMINGO

Ciutat Vella y La Barceloneta

✿ CAELIS

Chef: Romain Fornell

CREATIVA · ELEGANTE ✗✗✗ El restaurante gastronómico del hotel Ohla Barcelona, inconfundible por los ojos (globos oculares) con los que el artista Frederic Amat ha decorado sus fachadas neoclásicas, busca una nueva visión de la cocina reinterpretando conceptos y propuestas.

Romain Fornell, el chef francés al frente, plantea una cocina catalana de raíces galas que, en base a productos de temporada, sabores reconocibles y acertados maridajes, quiere involucrar más al comensal. ¿Cómo? Aparte de las habituales mesas de la sala, de diferentes tamaños, encontrará una cocina abierta rodeada por una "mesa del chef", en forma de "U", con capacidad para 14 personas que pueden así asistir al proceso creativo. Sus interesantes menús, uno de ellos vegetariano, dan la posibilidad de extraer platos sueltos como en una carta.

 🕭 🖩 📋 – Menú 45€ (almuerzo), 92/135€ – Carta 45/135€

Plano: E2-57 – Hotel Ohla Barcelona, Via Laietana 49 ⊠ 08003 – Ⓜ Urquinaona – ☏ 935 10 12 05 – www.caelis.com – Cerrado lunes, almuerzo: martes, domingo

✿ KOY SHUNKA

Chef: Hideki Matsuhisa

JAPONESA · MARCO CONTEMPORÁNEO ✗✗ Su nombre se traduce como "Intenso aroma de temporada" y trae a colación algo más que una filosofía de trabajo; no en vano, estamos ante un restaurante japonés que, adaptado a los gustos estéticos actuales, muestra su fidelidad a la cultura gastronómica de aquel país y ve el oficio de cocinero como un arte.

El local, que sorprende con una imponente barra de madera desde la que se ve todo el servicio de cocina, se adecúa a las características de un marco contemporáneo, ofreciendo también mesas convencionales por si desea tener una comida más íntima. La propuesta del chef Hideki Matsuhisa concilia las técnicas niponas con el producto mediterráneo, siempre en base a maridajes sumamente meditados y algún que otro guiño a la creatividad. ¡Las sensaciones según come pueden llegar a emocionar!

 🕭 🖩 – Menú 98/147€

Plano: E2-58 – De Copons 7 ⊠ 08002 – Ⓜ Urquinaona – ☏ 934 12 79 39 – www.koyshunka.com – Cerrado lunes, martes, domingo

✿ DOS PALILLOS

Chef: Albert Raurich

FUSIÓN · BAR DE TAPAS ✗ En este dinámico local, que por lo apretado de los espacios ya nos traslada un poco el mundo asiático, descubrirá como el popular concepto de tapa es elevado a otro nivel, por eso dicen: "tapear no es solo una forma de comer, sino una filosofía de vida".

Ubicado a pocos pasos del Museu d'Art Contemporani de Barcelona, Dos Palillos se presenta con una sencilla barra a la entrada, donde se puede pedir sin reserva, y una segunda barra más gastronómica a continuación, esta segunda en forma de "U" en torno a una cocina abierta que permite al cliente ver todo el proceso de elaboración. Es en esta última, mucho más cuidada y atractiva, donde le propondrán sus interesantísimos menús degustación, fruto de una divertida fusión entre la cocina oriental, sobre todo nipona, y los productos ibéricos.

 🍴 🖩 ✿ – Menú 100/120€ – Carta 45/60€

Plano: E3-59 – Elisabets 9 ⊠ 08001 – Ⓜ Catalunya – ☏ 933 04 05 13 – www.dospalillos.com – Cerrado lunes, almuerzo: martes-miércoles, domingo

TORRE D'ALTA MAR

MODERNA · MARCO CONTEMPORÁNEO ✗✗✗ Destaca por su original emplazamiento en lo alto de una torre metálica, a 75 metros de altura. Sala circular, actual y totalmente acristalada, con magníficas vistas al mar, al puerto y a la ciudad. Carta tradicional con detalles actuales.

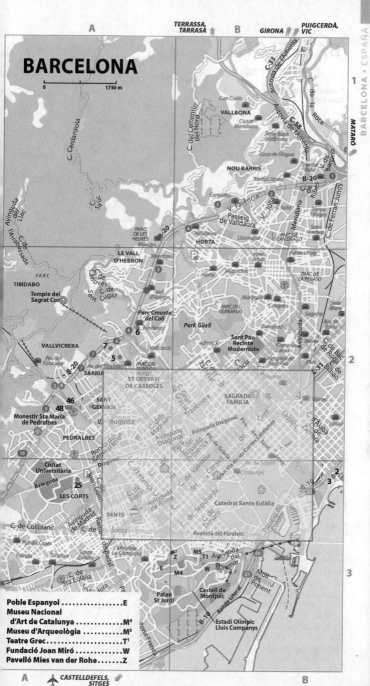

BARCELONA

0   1750 m

TERRASSA, TARRASÁ

GIRONA

PUIGCERDÀ, VIC

MATARÓ

C-33

Autovia de l'Ametlla

C-58

B-20

VALLBONA

Ciutat Meridiana

Torre Baró-Vallbona

Casa de l'Aigua

NOU BARRIS

Montbau Nicesa

C. de Ribes

Meridiana

C. de Ferran Junoy

V. Favència

Passeig de Valldaura

PARC DE CAN DRAGÓ

HORTA

PARC DE LES HEURES

B-20

PARC DE LA PEGASO

LE VALL D'HEBRON

Vall d'Hebron

C. de Cànoves

C. de Sant Cugat

PARC

TIBIDABO

Temple del Sagrat Cor

Parc Creueta del Coll

Park Güell

PARC DEL GUINARDÓ

Sant Pau Recinte Modernista

Hospital de Sant Pau

C-31

Bilbao

C. de Bac de Roda

VALLVICRERA

Peu del Funicular

B-20

PARC DEL PUTGET

SARRIA

ST GERVASI DE CASSOLES

SAGRADA FAMILIA

Av. del Tibidabo

Monestir Sta Maria de Pedralbes

SANT GERVASI

V. Augusta

C. dels Madrazo

Avinguda Diagonal

Provença

Avinguda Diagonal

Gran Via de les Corts Catalanes

PEDRALBES

Ciutat Universitària

Avinguda

LES CORTS

Ronda del General Mitre

Diagonal

C. d'Entença

C. de Berlín

Avinguda de Roma

C. de València

C. del Consell de Cent

C. de Sepúlveda

Catedral Santa Eulàlia

Passeig de Colom

C. de Collblanc

Avinguda de Madrid

C. de

Rambla de Badal

Travessera

SANTS

Sants

C. de Tarragona

Avinguda del Paral·lelo

Pujolà Casas

Florida

Torrassa

Santa Eulàlia

C. de Sta Eulàlia

Mercat La Campana

Z

M5   T1   Avinguda del Miramar

M4

E

W

Palau St Jordi

Castell de Montjuïc

Moll de Ponent

Zona Franca

Ronda litoral

Estadi Olímpic Lluís Companys

Poble Espanyol .... E
Museu Nacional
   d'Art de Catalunya .... M⁴
Museu d'Arqueologia .... M⁵
Teatre Grec .... T¹
Fundació Joan Miró .... W
Pavelló Mies van der Rohe .... Z

CASTELLDEFELS, SITGES

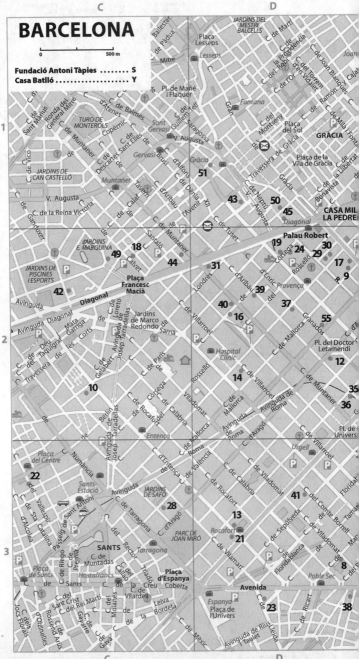

BARCELONA

0   500 m

Fundació Antoni Tàpies .... S
Casa Batlló .... Y

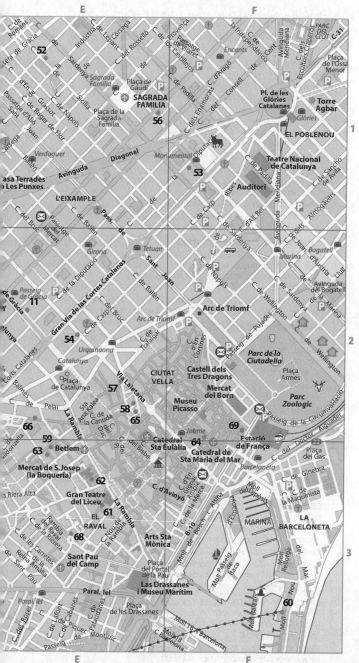

E

F

PARC DEL CLOT C-31

C. de Romans

C. de Còrsega

Sardenya de Gràcia

52

C. d'En Grassot

Industria de Lepant

C. del Rosselló

Passatge de Vilaret

de Provença

de los Castillejos

Encants

Avinguda Meridiana

C. dels Escultors Claperós

Plaça de l'Ossa Menor

C. de Sicilia

C. de Nàpols

Plaça de Gaudí

SAGRADA FAMILIA

C. dels Enamorats

C. d'Aragó

C. del Consell

Pl. de les Glòries Catalanes

Torre Agbar

Passatge de Grassot

C. de Roger de Flor

Plaça de la Sagrada Familia

56

C. dels Enamorats

C. del

Còrsega

Sant Joan

Verdaguer

Diagonal

Monumental Diputació

la

Glòries

EL POBLENOU

C. de Sancho de Ávila

Batlló

Avinguda

53

Teatre Nacional de Catalunya

asa Terrades o Les Punxes

L'EIXAMPLE

C. del Bruc

Passatge Mercat

C. de Bailèn

Pas

de

Girona

Tetuan

Sant Joan

C. de Casp

Ribes

C. d'Alí Bei

Auditori

C. de Nàpols

C. de Sardenya

Marina

Avinguda Meridiana

C. de Sancho de Ávila

Almogàvers

Llull

Bogatell

d'Àustria

Avinguda del Bogatell

Passeig de Gràcia

11

C. de la Diputació

Gran Via de las Cortes Catalanas

C. del

C. de Casp

Bruc

C. de Bailèn

Arc de Triomf

C. de Wellington

C. de Sardenya

de Marina

Marina

P

2

Corts Catalanes

lunya

54

Urquinaona

Catalunya

Plaça de Catalunya

57

Via Laietana

CIUTAT VELLA

Arc de Triomf

C. d'en Cortines

C. de Trafalgar

Passeig de Pujades

Castell dels Tres Dragons

Parc de la Ciutadella

Plaça Armes

Parc Zoologic

Passeig de la Circumval·lació

C. de Wellington

66

Balmes

C. de

Pelai

Sta Ana Kales

C. de la Canuda

58

65

La Rambla

C. del Pi

Museu Picasso

69

Mercat del Born

Estació de França

Plaça del Gas

59

63

Betlem

Catedral Sta Eulàlia

64

C. del Bisbe

Jaume

Catedral de Sta Maria del Mar

Barceloneta

C. de Ginebra

Mercat de S.Josep (la Boquería)

62

C. d'Avinyó

C. den Gignàs

C. de la Maquinista

Riera Alta

Gran Teatre del Liceu

61

La Rambla

EL RAVAL

Nou de la Rambla

C. de Boria

C. d'Atsina

Moll del Dipòsit

MARINA

LA BARCELONETA

68

Arts Sta Mònica

C. de les Carreres

Sant Pau del Camp

Rambla del Raval

C. de la Riereta

Reina Amàlia

C. de Sant Pau

Plaça del Portal de la Pau

Moll d'Espanya

Moll de la Barceloneta

Moll Rellotge

Moll del Mar

3

Paral·lel

Paral·lel

C. del Roser

C. de Lleó

C. de Cabanes

C. de Piquer

Palaudàries

Las Drassanes i Museu Marítim

Plaça de les Drassanes

Moll de Barcelona

60

Moll Balears

Passeig de Montjuïc

Moll 18 Barceloneta

E

F

135

⇐ 🏧 🎍 – Menú 60€ (almuerzo), 80/100€ – Carta 70/100€

Plano: F3-60 – *Paseo Joan de Borbó 88* ✉ *08039* – ⓜ *Barceloneta* –
☏ *932 21 00 07* – *www.torredealtamar.com* – *Cerrado almuerzo: lunes,*
almuerzo: domingo

FONDA ESPAÑA

MODERNA · ELEGANTE 🍴🍴 Está tutelado por el chef Martín Berasategui (oferta
tres menús) y se reparte entre la icónica sala modernista y la sala Arnau, donde
hay... ¡una imponente chimenea alegórica!

& 🏧 🎍 – Menú 35€ (almuerzo), 55/67€

Plano: E3-61 – *Hotel España, Sant Pau 9* ✉ *08001* – ⓜ *Liceu* – ☏ *935 50 00 10* –
www.hotelespanya.com – *Cerrado lunes, martes, cena: miércoles-jueves,*
cena: domingo

AJÍ

FUSIÓN · BISTRÓ 🍴 Su nombre, que significa "chile" en peruano y "gusto" en
japonés, ya da una buena pista sobre la orientación de esta casa. Cocina nikkei
con sabor y texturas muy definidas.

🍷 🍽 & 🏧 – Menú 21€ (almuerzo), 35/58€ – Carta 35/50€

Plano: B3-2 – *Marina 19* ✉ *08005* – ⓜ *Ciutadella-Vila Olímpica* – ☏ *935 11 97 67* –
www.restaurantaji.com – *Cerrado lunes, domingo*

BODEGA SANT ANTONI GLORIÓS

TRADICIONAL · BAR DE TAPAS 🍴 Informal y con una carta concebida para
picar. Combinan la cocina tradicional y la actual, sin olvidarse del "laterío" gourmet y selectos embutidos. ¡Pida sus míticas Bravas!

🍽 & 🏧 – Tapa 9€ – Ración 12€ – Menú 10/16€ – Carta 20/35€

Plano: D3-8 – *Manso 42* ✉ *08015* – ⓜ *Poble Sec* – ☏ *934 24 06 28* –
www.sant-antoni-glorios.negocio.site – *Cerrado lunes, cena: domingo*

DIREKTE BOQUERIA

FUSIÓN · TABERNA 🍴 Singular, minúsculo y ubicado en los pórticos del famoso
Mercado de La Boquería. Fusionan las raíces catalanas y los productos mediterráneos con las cocinas de China y Japón.

🍽 🏧 – Menú 54/68€

Plano: E3-62 – *Les Cabres 13* ✉ *08001* – ⓜ *Liceu* – ☏ *931 14 69 39* –
www.direkte.cat – *Cerrado lunes, almuerzo: martes-jueves, cena: sábado, domingo*

DOS PEBROTS

COCINA MEDITERRÁNEA · POPULAR 🍴 Combina su carácter informal con un
concepto muy singular, pues aquí plantean una cocina de estudio e investigación
que narra la evolución de la gastronomía mediterránea.

& 🏧 – Menú 60/70€ – Carta 40/80€

Plano: E3-63 – *Doctor Dou 19* ✉ *08001* – ⓜ *Catalunya* – ☏ *938 53 95 98* –
www.dospebrots.com – *Cerrado lunes, martes, almuerzo: miércoles-jueves,*
cena: domingo

ESTIMAR

PESCADOS Y MARISCOS · AMBIENTE MEDITERRÁNEO 🍴 Un restaurante
íntimo y algo escondido que acumula parabienes, pues hace notoria la pasión por
el mar de la familia Gotanegra y el chef Rafa Zafra. Cocina de brasa y producto.

🏧 ♻ – Carta 80/200€

Plano: F2-64 – *Sant Antoni dels Sombrerers 3* ✉ *08003* – ⓜ *Jaume I* –
☏ *932 68 91 97* – *www.restaurantestimar.com* – *Cerrado almuerzo: lunes, domingo*

KAK KOY

JAPONESA · BAR DE TAPAS 🍴 La gastronomía nipona, con influencias mediterráneas, llevada al concepto de tapas y raciones. El trabajo en la Robata, la singular parrilla japonesa, toma gran protagonismo.

🏧 – Carta 40/80€

Plano: E2-65 – *Ripoll 16* ✉ *08002* – ⓜ *Urquinaona* – ☏ *933 02 84 14* –
www.kakkoy.com – *Cerrado lunes, domingo*

MAJIDE

JAPONESA · SENCILLA 🕸 Un japonés que sigue la senda del laureado Koy Shunka; eso sí, con carácter propio y en una línea de "low cost". Si desea disfrutar aún más de la experiencia coma en la barra.

&. 🕸 – Menú 68 € – Carta 35/55 €

Plano: E2-66 – *Tallers 48* ✉ *08001* – Ⓜ *Universitat* – 𝒞 *930 16 37 81 –*
www.majide.es – Cerrado lunes, martes, miércoles

SUCULENT

ACTUAL · ACOGEDORA 🕸 Una joya culinaria, en pleno Raval, donde apuestan por varios menús de cocina actual, siempre con los sabores muy bien maridados. ¡La nevera da paso a una mesa clandestina!

🕸 ⇆ – Menú 50/70 € – Carta 30/60 €

Plano: E3-68 – *Rambla del Raval 45* ✉ *08001* – Ⓜ *Liceu* – 𝒞 *934 43 65 79 –*
www.suculent.com – Cerrado lunes, domingo

TEN'S

MODERNA · TENDENCIA 🕸 Un gastrobar de estética minimalista bajo la tutela del chef Jordi Cruz. Ofrece tapas muy actuales, raciones, un apartado de ostras... y la opción de un gran menú degustación.

🕸 &. 🕸 ⇆ – Menú 54 € – Carta 25/40 €

Plano: F2-69 – *Avenida Marqués de l'Argentera 11* ✉ *08003* – Ⓜ *Barceloneta –*
𝒞 *933 19 22 22 –*
www.tensbarcelona.com

Sur Diagonal

✿✿✿ LASARTE

CREATIVA · DE DISEÑO 🕸🕸🕸 ¿Aún no conoce la gastronomía de Martín Berasategui? Encontrar segundas marcas que semejen al nivel de las casas madre no es habitual; sin embargo, eso es lo que sucede en este increíble restaurante, con cuyo nombre se hace un guiño a la localidad desde donde el chef ha levantado su imperio culinario.

Paolo Casagrande, alter ego del maestro donostiarra, interpreta los exquisitos platos de su mentor bajo su propio prisma, luciendo estos aún más por el vanguardista interiorismo del local (techos ondulados que simulan las olas del mar, etéreas lámparas que parecen medusas, tonos dorados...). La experiencia, con opción de carta y varios menús degustación, se sublima si la vive en la "Mesa del chef", un espacio exclusivo que permite ver el trabajo en los fogones a través de un gran ventanal.

🕸 &. 🕸 ⇆ 🅿 – Menú 150 € (almuerzo), 230/260 € – Carta 150/200 €

Plano: D2-9 – *Hotel Monument H., Mallorca 259* ✉ *08008* – Ⓜ *Passeig de Gràcia –*
𝒞 *934 45 32 42 –*
www.restaurantlasarte.com –
Cerrado lunes, martes, domingo

✿✿ COCINA HERMANOS TORRES

Chef: Sergio y Javier Torres

CREATIVA · DE DISEÑO 🕸🕸🕸 ¡Un gran espectáculo! El magnífico restaurante de los gemelos Torres, Sergio y Javier, integra el microcosmos de los fogones en la sala, haciendo que la experiencia sea única y encierre, en sí misma, todo lo que desean: "Recibir, acoger, compartir".

El local sorprende tanto por la fachada, un bosque con juegos lumínicos que cambia con cada estación, como por su interior, con tres módulos de cocina alineados en el epicentro y varias zonas (producción, obrador, I+D...) arropando el trabajo/servicio del espacio central; todo bajo las mágicas "nubes" de luz del diseñador Pete Sans. Desde la creatividad, hacen un homenaje a la gastronomía con guiños a sus viajes, a los recuerdos de infancia, a las regiones de España... siempre en base a la tradición y a los mejores productos de temporada.

❀ *El compromiso del Chef:* *"Nuestros productos tienen nombre y apellidos; de hecho, contamos con una pequeña dehesa en Extremadura. Apostamos por la economía circular, por el mundo digital y por comprar directamente a los productores, sin intermediarios, para así conseguir un comercio más justo."*

🕸 🍷 🕭 ⇄ – Menú 195 € – Carta 42/96 €

Plano: C2-10 – *Taquígraf Serra 20* ⊠ *08029* – Ⓜ *Entença* – ☎ *934 10 00 20* – *www.cocinahermanostorres.com* – *Cerrado lunes, domingo*

✿✿ MOMENTS

CREATIVA · **ELEGANTE** XxX El restaurante gastronómico del hotel Mandarin Oriental Barcelona está llevado por Raül Balam, hijo de la famosa chef Carme Ruscalleda, por lo que identificará numerosos detalles culinarios heredados de ella.

El moderno local está dominado por los tonos ámbar y dorado, con los laterales acristalados y una mesa especial que permite ver el trabajo en cocina. ¿Su propuesta? La creatividad oculta tras la tradición catalana, el carácter saludable de los productos mediterráneos, la nitidez intrínseca a cada sabor... todo bajo el paraguas del menú Felicitat (opción corta y larga), un guiño del meticuloso chef a la cara de los clientes cuando prueban sus platos y, por supuesto, a su madre, que publicó un libro con este mismo título para conmemorar el 30 aniversario del mítico restaurante Sant Pau.

🕸 🕭 🕭 – Menú 150/189 € – Carta 130/170 €

Plano: E2-11 – *Hotel Mandarin Oriental Barcelona, Passeig de Gràcia 38-40* ⊠ *08007* – Ⓜ *Passeig de Gràcia* – ☎ *931 51 87 81* – *www.mandarinoriental.es* – *Cerrado lunes, martes, miércoles, almuerzo: jueves-viernes, cena: domingo*

✿ ENOTECA PACO PÉREZ

MODERNA · **AMBIENTE MEDITERRÁNEO** XxX Si buscásemos una idea o premisa que nos ayudara a definir este restaurante tendríamos que fijarnos en su luminosidad, en el cuidado interiorismo dominado por los tonos blancos, en su obsesión por los productos de proximidad para narrar historias... todo en un claro esfuerzo por transmitir la auténtica atmósfera mediterránea.

Este restaurante, ubicado en el lujoso hotel Arts y tutelado por el laureado chef Paco Pérez, propone una cocina mediterránea repleta de matices, pues la enriquece con toques internacionales y algún guiño de fusión asiática. El planteamiento prioritario, de todas formas, se construye siempre desde el máximo respeto al producto de temporada y una clara puesta en valor de conceptos gastronómicos como el "mar y montaña". ¡Su atento personal te hace sentir muy cómodo!

🕸 🕭 🕭 🖨 🍴 – Menú 175 €

Plano: B3-3 – *Hotel Arts, Marina 19* ⊠ *08005* – Ⓜ *Ciutadella-Vila Olímpica* – ☎ *934 83 81 08* – *www.enotecapacoperez.com* – *Cerrado lunes, martes, almuerzo: miércoles-sábado, cena: domingo*

✿✿ ANGLE

MODERNA · **MARCO CONTEMPORÁNEO** XxX ¡Asesorado por el mediático chef Jordi Cruz! El restaurante, que disfruta de un acceso independiente respecto al hotel Cram, presenta un espacio de espera donde tomamos los primeros aperitivos y, ya subiendo a la primera planta, una sala contemporánea que trasmite gran elegancia y sosiego, con llamativas lámparas de pie, detalles en madera y unos enormes cortinajes.

Desde los fogones se sigue la línea moderna-creativa marcada por el laureado cocinero; eso sí, sin estridencias, con mimo y cierta libertad. La propuesta, construida en torno a productos de mercado, ve la luz a través de un menú degustación en el que encontraremos tanto platos del triestrellado ABaC como otros de creación propia, siempre bajo la filosofía que marca la pauta en esta casa: "alta gastronomía de consumo cotidiano".

🕭 🕭 🖨 ⇄ – Menú 145/160 €

Plano: D2-12 – *Hotel Cram, Aragó 214* ⊠ *08011* – Ⓜ *Universitat* – ☎ *932 16 77 77* – *www.anglebarcelona.com*

✿✿ CINC SENTITS

Chef: Jordi Artal

CREATIVA · **MINIMALISTA** ✕✕✕ ¡Le cautivará! El local busca, en sí mismo, enriquecer la experiencia mediante la consecución de espacios, pues con ellos narran tanto las raíces como las influencias culinarias del chef Jordi Artal: los paisajes de La Torre de l'Espanyol (Tarragona) donde su familia elaboraba vino y aceite, esa Barcelona que se vislumbra en el diseño minimalista del comedor, el reservado con una única "mesa del chef" asomada a la cocina, la sala para el show cooking...

La propuesta, siempre bajo su personal prisma sobre la moderna cocina catalana, es la propia de un chef autodidacta que solo trabaja con pequeños productores de confianza. Ofrece dos menús degustación donde encontrará platitos llenos de buen gusto y delicadeza, con texturas de acertados contrastes y una constante exaltación del sabor.

🖢 🅰🅲 ✿ – Menú 119 € (almuerzo), 129/139 €

Plano: D3-13 – *Entença 60* ✉ 08015 – Ⓜ *Rocafort* – ☎ 933 23 94 90 –
www.cincsentits.com –
Cerrado lunes, almuerzo: miércoles, domingo

✿✿ DISFRUTAR

Chef: Oriol Castro, Mateu Casañas y Eduard Xatruch

CREATIVA · **DE DISEÑO** ✕✕✕ Comprender esta casa supone descubrirse ante la "creatividad" de los tres chefs al frente (Eduard Xatruch, Oriol Castro y Mateu Casañas), que encuentran en esa palabra su seña de identidad. Parece claro que su pasado bulliniano les marcó, pues los conceptos y técnicas que aprendieron junto a Ferran Adrià definieron su forma de entender la gastronomía, con extrema originalidad y en base a un constante proceso de investigación.

¿Qué tiene de especial? La propuesta en sí misma, pues sus menús degustación son tan innovadores que, jugando con formas, texturas y sabores, demuestran una inequívoca maestría; además, su laboratorio no para de crear novedades, como las "burbujas sólidas" o, lo último de lo último, una "mesa viva" capaz de jugar con el comensal y su experiencia (solo bajo reserva).

❀ 🖢 🅰🅲 – Menú 165/210 €

Plano: D2-14 – *Villarroel 163* ✉ 08036 – Ⓜ *Hospital Clínic* – ☎ 933 48 68 96 –
www.disfrutarbarcelona.com –
Cerrado sábado, domingo

✿ ATEMPO Ⓝ

MODERNA · **ELEGANTE** ✕✕✕ Moderno y amplio local, de ambiente contemporáneo, que regresa a Barcelona tras su paso por la singular Fortalesa de Sant Julià de Ramis (Girona). Sorprende desde el acceso, pues te reciben con una copa de cava en un pequeño hall, te acompañan a una zona de cuarto frío para tomar el primer aperitivo y, a continuación, se pasa por delante de la cocina para acceder a la elegante sala, con profusión de plantas y distribuida en dos alturas. La propuesta, basada en un único menú degustación diseñado por el mediático chef Jordi Cruz, refleja una gastronomía actual y técnica que tiene como meta la profundidad en el sabor, algo que consiguen gracias a unos excelentes productos y a unas combinaciones sumamente coherentes. ¡La numerosa brigada demuestra enorme interacción con el cliente en la sala!

🖢 🅰🅲 ✿ – Menú 120 €

Plano: D2-16 – *Córcega 200* ✉ 08036 – Ⓜ *Hospital Clínic* – ☎ 937 34 19 19 –
www.atemporestaurant.com – *Cerrado lunes, martes*

✿ ALKIMIA

Chef: Jordi Vilà

MODERNA · **DE DISEÑO** ✕✕ Sorprende por su ubicación dentro de la histórica fábrica de cervezas Moritz, rehabilitada como complejo gastronómico por el laureado arquitecto francés Jean Nouvel. Aquí, en el primer piso, encontrará dos espacios bien diferenciados, uno tipo bistró y otro de mejor montaje con carácter más culinario, poseyendo ambos atractivos detalles de diseño, vanguardistas guiños al mundo marino y una acertada conservación de los elementos clásicos que nos trasladan a las antiguas casas señoriales de Barcelona.

Jordi Vilà, el chef al frente, propone una cocina fresca y actual pero de hondas raíces catalanas, apreciable tanto en el comedor gastronómico (aquí solo ofrecen un menú degustación) como en el espacio "Al Kostat", donde la oferta es más sencilla e informal (tapas, arroces y platos a la brasa).

🕸 🕭 🆔 🔁 – Menú 168 €

Plano: D3-70 – *Ronda San Antoni 41 - 1º ✉ 08011 –* 🚇 *Universitat –* 📞 *932 07 61 15 – www.alkimia.cat – Cerrado sábado, domingo*

❀ ORIA

MODERNA · DE DISEÑO XX Los hoteles gastronómicos siguen en auge, pues la clientela internacional que reclama estos servicios continúa en franco desarrollo. La decidida apuesta del hotel Monument H. por la cocina de calidad (aquí se encuentra también el laureado Lasarte) es un magnífico ejemplo de ello.

El elegante restaurante Oria, amplio, singular e integrado en el lobby del hotel, está tutelado por el chef Martín Berasategui, lo que asegura los altos estándares de su sello a la hora de proponernos una cocina tradicional actualizada de raíces mediterráneas. La carta, que denota ineludibles toques vascos en no pocas elaboraciones, se completa con un sugerente "Menú ejecutivo" a 50 euros y lo que llaman los menús "A medida", creados en base a diferentes platos de la carta y con la opción de medias raciones.

🆔 – Menú 50 € (almuerzo), 75/115 € – Carta 70/90 €

Plano: D2-17 – *Hotel Monument H., Passeig de Gràcia 75 ✉ 08008 –* 🚇 *Passeig de Gràcia –* 📞 *935 48 20 33 – www.monumenthotel.com – Cerrado lunes, martes, cena: domingo*

❀ XERTA

CREATIVA · DE DISEÑO XX Debe visitarlo si anhela amabilidad y busca la esencia culinaria de cada región, pues no hay mejor forma de conocer la cocina de las Terres de l'Ebre (Tarragona) en la Ciudad Condal.

El restaurante, al que se accede por el lobby del hotel Ohla Eixample, presenta una sala de aspecto actual con vistas tanto al jardín vertical como a la cocina, lo que le permitirá contemplar la actividad de los cocineros si pide una de las mesas más próximas a ella. El chef Fran López, criado entre fogones y formado tres años en casa del maestro francés Alain Ducasse, exalta los sabores y productos de su tierra, el Delta del Ebro, acercando al comensal la posibilidad de conocer esa genuina gastronomía (angulas, ostras, arroces...) desde un punto de vista más creativo. ¡Numerosos y sorprendentes aperitivos!

🕭 🆔 🚙 – Menú 42 € (almuerzo), 55/135 € – Carta 60/120 €

Plano: D2-19 – *Hotel Ohla Eixample, Còrsega 289 ✉ 08008 –* 🚇 *Diagonal –* 📞 *937 37 90 80 – www.xertarestaurant.com – Cerrado lunes, domingo*

❀ AÜRT

Chef: Artur Martínez

MODERNA · TENDENCIA X No solemos ver alta cocina en los lobbies de los hoteles, una zona habitualmente de paso, por eso la propuesta del Hilton Diagonal Mar Barcelona... ¡nos ha sorprendido enormemente!

El chef Artur Martínez, que ya ostentó una Estrella MICHELIN en el desaparecido Capritx (Terrassa), está rompiendo moldes en Barcelona, pues ha concebido un espacio moderno e informal, con dos barras y algunas mesas, para poder comer mientras terminan los platos ante sus ojos. ¿La filosofía? Busca, normalmente en base a un binomio de productos de temporada, reinterpretar conceptos tradicionales con técnicas actuales. La propuesta, además, se completa con MA'l ("l'am" al revés), una zona dedicada al mundo de las bebidas (fermentados, destilados e infusiones) con la que también hace un guiño a su familia.

🆔 🅿 – Menú 99 €

Fuera de plano – *Paseo del Taulat 262-264 ✉ 08019 –* 🚇 *El Maresme Fòrum –* 📞 *935 07 08 60 – www.aurtrestaurant.com – Cerrado lunes, martes, almuerzo: miércoles, domingo*

CRUIX

ACTUAL · BRASSERIE X Un modesto local, próximo al Parc de Joan Miró, que hoy disfruta de una línea informal-actual, con las paredes en ladrillo visto y unas sencillas lámparas de diseño. Los dos amigos al frente, Miquel y Carlos, tenían claro tras su estudios de hostelería que algún día unirían sus caminos en un proyecto común; fruto de aquel sueño, han emprendido esta aventura con simpatía, ilusión y muchísima profesionalidad. Ofrecen una buena carta con tapas y platillos de cocina actual, aunque lo que mejor les funciona son los arroces y el menú degustación Cruix (10 pases). ¡No perdone los Churros de bacalao!

AC – Menú 28€ (almuerzo), 35/39€ – Carta 28/39€

Plano: D3-21 – *Entença 57* ✉ *08015* – ⓜ *Rocafort* – ☎ *935 25 23 18* – *www.cruixrestaurant.com* – *Cerrado lunes, martes, cena: miércoles, cena: domingo*

LA MUNDANA

FUSIÓN · A LA MODA X Se halla en una zona residencial de Sants, presenta la estética de una vermutería reconvertida en gastrobar y... ¡casi siempre está lleno! Su nombre nos da una buena pista sobre la propuesta, pues aquí los chefs al frente, Alain Guiard y Marc Martin, juegan con los sabores del mundo a la hora de construir su personalidad culinaria, creativa y con notorios guiños a los sabores mediterráneos, franceses y hasta de Japón. Ambiente desenfadado, mesas próximas, cocina vista, bullicio... y una carta bastante variada (mochis, burrata, ostras...) pensada para compartir. ¡Un local perfecto para foodies!

AC – Carta 32/35€

Plano: C3-22 – *Vallespir 93* ✉ *08014* – ⓜ *Plaça del Centre* – ☎ *934 08 80 23* – *www.lamundana.cat*

RÍAS DE GALICIA

PESCADOS Y MARISCOS · AMBIENTE CLÁSICO XxX La fusión de dos espacios (incluye el antiguo Espai Kru) y dos orientaciones culinarias en una única carta: cocina clásica gallega y la de inspiración nipona basada en crudos.

🕸 🏠 AC ⇔ – Carta 60/80€

Plano: D3-23 – *Lleida 7* ✉ *08002* – ⓜ *Espanya* – ☎ *934 24 81 52* – *www.riasdegalicia.com* – *Cerrado lunes, martes, cena: domingo*

WINDSOR

MODERNA · AMBIENTE CLÁSICO XxX Este restaurante, de ambiente clásico actualizado, se ve apoyado por una exquisita terraza interior y unos espacios que admiten varias configuraciones. Cocina catalana-actual.

🕸 🏠 ᦕ AC ⇔ 🚗 – Menú 33/77€ – Carta 55/75€

Plano: D2-24 – *Còrsega 286* ✉ *08008* – ⓜ *Diagonal* – ☎ *932 37 75 88* – *www.restaurantwindsor.com* – *Cerrado domingo*

JARDÍN DEL ALMA

TRADICIONAL · MARCO CONTEMPORÁNEO Xx Destaca por su terraza arbolada, pues nos hacen pensar que estamos en el campo. El chef, que apuesta por una cocina tradicional de temporada, sale a saludar a todas las mesas.

🏠 AC – Carta 55/80€

Plano: D2-27 – *Hotel Alma Barcelona, Mallorca 271* ✉ *08008* – ⓜ *Diagonal* – ☎ *932 16 44 78* – *www.almahotels.com*

MANAIRÓ

CREATIVA · MARCO CONTEMPORÁNEO Xx Resulta singular, tanto por la decoración de estética moderna como por el carácter intimista de su iluminación. Cocina actual de bases catalanas y cuidadas presentaciones.

ᦕ AC – Carta 60/80€

Plano: F1-53 – *Diputació 424* ✉ *08013* – ⓜ *Monumental* – ☎ *932 31 00 57* – *www.manairo.com* – *Cerrado domingo*

NECTARI

MODERNA · AMBIENTE CLÁSICO XX Demuestra personalidad, pues el chef Jordi Esteve ha sabido vestir su cocina de autor con los enriquecedores matices que aportan los productos de proximidad y las propuestas respetuosas con el medio ambiente. La oferta, que evoluciona con la temporada, se completa con varios platos para celíacos.

AC ✿ – Menú 38 € (almuerzo), 82/110 € – Carta 60/80 €

Plano: C3-28 - *València 28* ⊠ 08015 - **Ⓜ** *Tarragona* - ℰ *932 26 87 18* - *www.nectari.es* -
Cerrado cena: martes, domingo

PETIT COMITÈ

REGIONAL · MARCO CONTEMPORÁNEO XX Se presenta con una estética actual y, tras coger los fogones el renombrado chef Carles Gaig, apuesta por una cocina tradicional de muchísimo sabor, fiel al recetario catalán.

& AC ✿ – Menú 65 € – Carta 45/80 €

Plano: D2-29 - *Passatge de la Concepció 13* ⊠ 08007 - **Ⓜ** *Diagonal* - ℰ *936 33 76 27* - *www.petitcomite.cat* -
Cerrado lunes, cena: domingo

PUR

COCINA DE MERCADO · DE DISEÑO XX Tiene el sello del chef Nandu Jubany, que aquí apuesta por una cocina de producto "en estado puro", sin salsas ni artificios. Elaboraciones a la plancha, a la brasa, a la sal...

& AC – Menú 100 € – Carta 65/95 €

Plano: D2-30 - *Passatge de la Concepció 11* ⊠ 08008 - **Ⓜ** *Diagonal* - ℰ *931 70 17 70* - *www.purbarcelona.com* -
Cerrado domingo

TUNATECA BALFEGÓ

FUSIÓN · MARCO CONTEMPORÁNEO XX Si le interesan los distintos cortes y cocinados del atún no puede perdérselo. Sorprende por su estética, en tonos azules y con bellos detalles alusivos a este majestuoso pez.

& AC ✿ – Menú 85/109 € – Carta 80/100 €

Plano: D2-31 - *Avenida Diagonal 439* ⊠ 08036 - ℰ *937 97 64 60* - *www.tunatecabalfego.com* -
Cerrado domingo

UMA

CREATIVA · MARCO CONTEMPORÁNEO XX Toma su nombre de la palabra "tenedor" en swahili y propone una gran experiencia gastronómica. Sea puntual, pues... ¡todos los comensales inician el menú sorpresa a la vez!

& AC ✿ – Menú 110 €

Plano: D2-32 - *Mallorca 275* ⊠ 08008 - **Ⓜ** *Diagonal* - ℰ *656 99 09 30* - *www.espaciouma.com* -
Cerrado martes, miércoles

XAVIER PELLICER

VEGETARIANA · MARCO CONTEMPORÁNEO XX Defiende una cocina "healthy" basada en el mundo vegetal. Hay un espacio informal y otro más gastronómico llamado El Menjador, este bajo reserva y solo con menús degustación.

& AC – Menú 50 € (almuerzo), 64/90 € – Carta 50/90 €

Plano: E2-33 - *Provença 310* ⊠ 08037 - **Ⓜ** *Diagonal* - ℰ *935 25 90 02* - *www.xavierpellicer.com* -
Cerrado lunes, martes

MEDIAMANGA

MODERNA · BAR DE TAPAS ⅄ Gastrobar de ambiente ecléctico en el que conviven elementos modernistas y art decó. Su propuesta mima todos los detalles,
ofreciendo platos actuales pensados para compartir.

& 🅐🅒 – Tapa 12€ – Ración 20€ – Carta 45/60€

Plano: D2-35 – *Aribau 13* ✉ *08011* – ⓜ *Universitat* – ☏ *938 32 56 94* –
www.mediamanga.es –
Cerrado lunes

MONT BAR

TRADICIONAL · BAR DE TAPAS ⅄ Un gastrobar, con encanto, que huye de
tipismos. Tratan con amabilidad, ofrecen un servicio profesional y proponen una
cocina tradicional basada en la excelencia del producto.

🍴 & 🅐🅒 ⇄ – Tapa 5€ – Ración 23€ – Carta 60/90€

Plano: D2-36 – *Diputació 220* ✉ *08001* – ⓜ *Universitat* – ☏ *933 23 95 90* –
www.montbar.com –
Cerrado martes

BISTROT BILOU

COCINA MEDITERRÁNEA · BISTRÓ ⅄ Un espacio con personalidad en el que
no faltan los guiños a Francia y a su cultura gourmet. Cocina mediterránea ideada
para compartir, con muchos matices galos en los platos.

🍷 & 🅐🅒 – Menú 48€ – Carta 15/50€

Plano: E2-54 – *Pau Claris 85* ✉ *08001* – ⓜ *Urquinaona* – ☏ *932 77 97 73* –
Cerrado lunes, martes, domingo

GRESCA

MODERNA · MINIMALISTA ⅄ Apuesta por unas elaboraciones actuales basadas
en la temporalidad del producto. Su gran cocina se comunica con el local anexo
(Gresca Bar), más centrado en el mundo del vino.

& 🅐🅒 – Menú 25€ (almuerzo), 45/70€

Plano: D2-37 – *Provença 230* ✉ *08036* – ⓜ *Diagonal* – ☏ *934 51 61 93*

MANO ROTA

MODERNA · POPULAR ⅄ Tiene un aspecto industrial y defiende un concepto: el
restaurante con barra. Su interesante carta muestra platos tradicionales, actuales
e internacionales de Perú y Japón.

🅐🅒 ⇄ – Menú 50€ – Carta 50€

Plano: D3-38 – *Creus dels Molers 4* ✉ *08004* – ⓜ *Poble Sec* – ☏ *931 64 80 41* –
www.manorota.com –
Cerrado almuerzo: lunes-miércoles

NAIROD

TRADICIONAL · MARCO CONTEMPORÁNEO ⅄ Emana personalidad, la misma
que posee David Rustarazo (Rusti), el chef al frente. Cocina tradicional actualizada de cuidadas presentaciones. ¡Buen pichón y postres caseros!

🅐🅒 – Menú 35/60€ – Carta 35/45€

Plano: D2-39 – *Aribau 141* ✉ *08001* – ☏ *938 08 92 60* –
Cerrado domingo

PACO MERALGO

TRADICIONAL · BAR DE TAPAS ⅄ Ofrece dos barras y dos accesos independientes, pero sobre todo unos sugerentes expositores de marisco, con productos
de calidad frescos y variados. También posee un privado.

🅐🅒 ⇄ – Tapa 4€ – Ración 15€

Plano: D2-40 – *Muntaner 171* ✉ *08036* – ⓜ *Hospital Clínic* – ☏ *934 30 90 27* –
www.restaurantpacomeralgo.com

SLOW & LOW

FUSIÓN · TENDENCIA X Ilusión, juventud, ganas de agradar... Aquí proponen una cocina viajera y moderna, con toques creativos de fusión, claras influencias mexicanas e interesantes menús sorpresa.

よ AC – Menú 68 €

Plano: D3-41 – *Comte Borrell 119* ⊠ *08015* – Ⓜ *Urgell* – 𝒞 *936 25 45 12* – *www.slowandlowbcn.com* – *Cerrado lunes, martes, domingo*

YAKUMANKA BY GASTÓN ACURIO

PERUANA · SIMPÁTICA X Una cebichería peruana con el sello del famoso chef Gastón Acurio. Ofrece sabrosos cebiches, tiraditos, piqueos, anticuchos, arroces al wok, pescados salvajes... ¡idéjese llevar!

🏠 – Carta 35/50 €

Plano: D2-55 – *València 207* ⊠ *08001* – Ⓜ *Provença* – 𝒞 *935 66 15 48* – *www.yakumanka.com*

Norte Diagonal

✿✿✿ ABAC

Chef: Jordi Cruz

CREATIVA · DE DISEÑO XxxX Tradición, modernidad, sabor, producto, actitud, pasión... todos estos términos se combinan con coherencia y definen la cocina de Jordi Cruz, un chef que imagina los sabores desde el "paladar mental" y se ha hecho tremendamente mediático por su labor, como jurado, en el programa MasterChef.

En su elegante restaurante, con vistas a un apacible jardín, nos plantea una experiencia culinaria singular y en constante renovación, pues no es fácil narrar una historia lógica en la que el hilo conductor sean los productos de temporada; siempre desde la excelencia técnica, con una atractiva revisión de los platos mediterráneos, recetas muy estudiadas y constantes guiños a los distintos sabores del mundo. ¡Consigue unas armonías que encandilan el paladar!

🕸 🏠 AC 🗉 ↔ 🚗 – Menú 225 €

Plano: A2-5 – *Hotel ABaC, Avenida del Tibidabo 1* ⊠ *08022* – Ⓜ *Av. Tibidabo* – 𝒞 *933 19 66 00* – *www.abacrestaurant.com*

✿ VIA VENETO

CLÁSICA · AMBIENTE CLÁSICO XxxX Quien más, quien menos, todos en Barcelona reconocen este restaurante como... ¡el templo del clasicismo culinario! Tras medio siglo de servicios y vicisitudes, la familia Monje ha conservado los valores de una casa que parece anclada en el tiempo, pues ha sabido actualizarse sin perder un ápice de su personalidad.

En este elegante marco, de genuino ambiente Belle Époque, el joven chef David Andrés defiende una cocina continuista con el espíritu clásico que les avala, técnicamente bien actualizada, con un producto escogido y suculentos platos de caza en temporada. La bodega, visitable y a seis metros bajo tierra, destaca por su colección de vinos nacionales y franceses. ¿Un plato destacado? Pruebe el Pato asado en su propio jugo "a la presse", un icono inamovible en su carta... ¡desde 1967!

🕸 AC ↔ – Menú 80/150 € – Carta 65/100 €

Plano: C2-42 – *Ganduxer 10* ⊠ *08021* – Ⓜ *Hospital Clínic* – 𝒞 *932 00 72 44* – *www.viavenetorestaurant.com* – *Cerrado almuerzo: sábado, domingo*

✿ HISOP

Chef: Oriol Ivern

CREATIVA · MINIMALISTA XX Debe su nombre a una planta aromática propia de la cultura mediterránea y bebe las mieles del éxito desde hace tiempo, sobre todo por lo ajustado de sus precios luciendo una Estrella MICHELIN.

En su comedor, actual-minimalista, el chef Oriol Ivern plantea unas elaboraciones frescas y creativas que revisan la tradición culinaria catalana, siempre en base a productos autóctonos de temporada y a unas acertadas combinaciones. La meta, fiel a la personalidad del chef, estriba en ofrecer una cocina realmente singular, con notas lúdicas y sorprendentes detalles. La carta, no muy amplia pero apetecible, se completa con un interesante menú degustación, teniendo este último la opción de maridaje. ¿Un plato imprescindible? Pruebe su famoso, y mil veces plagiado, Salmonete con mayonesa de moluscos.

🅐🅒 – Menú 75€ – Carta 60/68€

Plano: C2-44 – *Passatge de Marimon 9* ✉ 08021 – Ⓜ *Hospital Clínic* –
✆ *932 41 32 33* – *www.hisop.com* –
Cerrado domingo

❀ HOFMANN

MODERNA · AMBIENTE CLÁSICO XX Esta institución solo se puede explicar desde el amor más absoluto por la gastronomía, ejercido sin restricciones por la chef-fundadora, Mey Hofmann, que supo traspasar su legado tanto a su hija Silvia, hoy al frente del proyecto, como a los chefs-formadores, firmes defensores de la humildad y del trabajo en equipo.

El local presenta dos espacios bien diferenciados: uno de carácter informal a modo de bar de tapas y el restaurante como tal, de cuidado ambiente clásico, con mucho personal de la propia escuela y una gran cristalera para ver la actividad en los fogones. Su línea de trabajo apuesta por una cocina moderna de fusión y firmes bases tradicionales, puesta constantemente al día en combinaciones, técnicas y presentaciones. ¡Deje sitio para el postre, pues suele merecer la pena!

⅁ 🅐🅒 ✿ – Menú 49€ (almuerzo), 68/82€ – Carta 60/80€

Plano: D1-43 – *La Granada del Penedès 14-16* ✉ 08006 – Ⓜ *Diagonal* –
✆ *932 18 71 65* – *www.hofmann-bcn.com* –
Cerrado sábado, domingo

❀ SAÓ

TRADICIONAL · AMBIENTE CLÁSICO XX Se encuentra en la zona alta de Barcelona y no luce un nombre baladí, pues traducido al castellano (sazón) pone de relieve el "punto o madurez de las cosas". Juanen Benavent, el chef de origen valenciano al frente de la casa, juega sus cartas apostando por los productos estacionales de proximidad para ofrecer una cocina de corte tradicional con marcadas influencias francesas, un detalle que se entiende mucho mejor tras saber que estuvo cuatro años trabajando en el restaurante Goust de París. ¿Qué encontrará? Tres menús (Llavor, Guerminat y Arrels) que varían en función del número de platos.

🍴 ⅁ 🅐🅒 – Menú 23€ (almuerzo), 35/60€

Plano: A2-6 – *Cesare Cantù 2* ✉ 08023 – Ⓜ *Penitents* – ✆ *935 66 39 68* –
www.saobcn.com –
Cerrado lunes, cena: martes-miércoles, cena: domingo

❀ AVENIR Ⓝ

ACTUAL · BISTRÓ X Este sencillo local, tipo bistró, está llevado por dos socios (Roger y Chesco) que, cosas del destino, hicieron amistad en el colegio de sus hijos y decidieron emprender juntos este proyecto, trabajando uno tras los fogones y el otro en la sala. Sorprende por el planteamiento, pues apuestan por un horario continuo para ofrecer servicios desde las 10 de la mañana (desayuno, comida y cena). Encontrará platillos de cocina actual, con guiños al mar y montaña, donde se aprecian técnicas, texturas y un dominio de los caldos. La carta, que tiene opciones para compartir, se completa con varios menús.

🅐🅒 – Menú 28€ (almuerzo), 50/70€ – Carta 25/45€

Plano: C2-18 – *Carrer de l'Avenir 72* ✉ 08021 – ✆ *691 90 71 38* –
www.avenir.restaurant –
Cerrado cena: sábado, domingo

BERBENA

CREATIVA · TENDENCIA ⚒ Una casa diminuta, sencilla e informal en la que se disfruta sin restricciones, de ahí el guiño a la fiesta implícito en el nombre. El alma de todo es Carles Pérez de Rozas Canut, que apuesta por unas elaboraciones simples pero estudiadas y realmente cautivadoras, pues toman como base los productos mediterráneos de temporada pero tocando muchos palos; no en vano, verá en sus platos tanto elementos asiáticos como sudamericanos. Personalidad en estado puro, con la cocina vista y un sugerente recetario que nos habla del chef, de sus viajes, de sus trabajos en otros países... ¡Magníficos postres!

Carta 35/50€

Plano: D1-45 – *Minerva 6* ✉ 08006 – Ⓜ *Diagonal* – 𝒞 691 95 77 97 –
www.berbenabcn.com –
Cerrado almuerzo: lunes-sábado, domingo

VIVANDA

TRADICIONAL · ACOGEDORA ⚒ Se halla en una casa remodelada del barrio de Sarriá y trabaja habitualmente con clientes de la zona. Encontrará un interior de estética actual, donde conviven las mesas altas para tapeo con las bajas propias del restaurante, y un patio-terraza arbolado (con un techo retráctil) que funciona muy bien durante la época estival. Elaboran una cocina tradicional catalana que, usando productos de mercado y técnicas actuales, rememora los sabores de antaño a través de "Platillos" (poco más de medias raciones) y lo que denominan "Platos del mes". ¡No se pierda sus famosas Croquetas de jamón!

🌤 ⅙ 🆔 ✿ – Carta 28/35€

Plano: A2-46 – *Major de Sarrià 134* ✉ 08017 – Ⓜ *Reina Elisenda* – 𝒞 932 03 19 18 –
www.vivanda.cat –
Cerrado lunes, cena: domingo

TRAM-TRAM

ACTUAL · AMBIENTE CLÁSICO ⚒⚒ Casa de línea clásica con cuyo nombre se rinde un pequeño homenaje al tranvía. Ofrece una cocina tradicional actualizada, con detalles internacionales, y la opción de menús.

🌤 🆔 ✿ – Menú 40€ (almuerzo), 60/80€ – Carta 60/80€

Plano: A2-48 – *Major de Sarrià 121* ✉ 08017 – Ⓜ *Reina Elisenda* – 𝒞 932 04 85 18 –
www.tram-tram.com –
Cerrado lunes, cena: martes, cena: domingo

LA BALSA

COCINA MEDITERRÁNEA · ACOGEDORA ⚒⚒ Un clásico renovado que le sorprenderá, pues transforma una pequeña joya arquitectónica en un remanso de paz. Buena cocina mediterránea de producto y... ¡singulares terrazas!

🌤 ⅙ 🆔 – Menú 22€ (almuerzo)/27€ – Carta 35/60€

Plano: A2-7 – *Infanta Isabel 4* ✉ 08022 – 𝒞 932 11 50 48 –
www.labalsarestaurant.com –
Cerrado cena: domingo

99 SUSHI BAR

JAPONESA · DE DISEÑO ⚒⚒ Cocina nipona de calidad en sintonía con la de los restaurantes homónimos. Si hay sitio coma en la barra, pues... ¡esta gastronomía es más atractiva en las distancias cortas!

🆔 ✿ – Menú 99€ – Carta 55/80€

Plano: C2-49 – *Tenor Viñas 4* ✉ 08021 – Ⓜ *Muntaner* – 𝒞 936 39 62 17 –
www.99sushibar.com –
Cerrado cena: domingo

ROIG ROBÍ

REGIONAL · AMBIENTE CLÁSICO ⚒⚒ Resulta agradable, presenta un ambiente clásico y está dotado con una sala tipo invernadero, alrededor de un patio-jardín. Cocina catalana con opción a diferentes menús.

🏡 🅰🅲 ✥ – Menú 40/66€ – Carta 40/65€

Plano: D1-50 – *Sèneca 20* ✉ *08006* – Ⓜ *Diagonal* – ℰ *932 18 92 22* –
www.roigrobi.com –
Cerrado almuerzo: sábado, domingo

BARDENI-CALDENI

CARNES A LA PARRILLA · BAR DE TAPAS 🍴 Estamos en un "meat bar" y aquí
las carnes son las protagonistas. Sorprende por su estética de carnicería antigua
y cuenta con una barra, al fondo, donde se puede comer.

🅰🅲 – Tapa 8€ – Ración 15€

Plano: E1-56 – *Valencia 454* ✉ *08013* – Ⓜ *Sagrada Familia* – ℰ *932 32 58 11* –
www.bardeni.es –
Cerrado lunes, domingo

BARRA ALTA

MODERNA · BAR DE TAPAS 🍴 En este coqueto local, de estética contemporánea, ofrecen raciones que cuidan los productos y los sabores, con algún que
otro guiño internacional. ¡Vinos a precios de bodega!

🅰🅲 – Ración 15€ – Menú 43/71€ – Carta 40/60€

Plano: D1-51 – *Laforja 11* ✉ *08006* – Ⓜ *Fontana* – ℰ *936 39 31 34* –
www.barraalta.rest –
Cerrado lunes, domingo

TAVERNA ONIRIC

ACTUAL · INFORMAL 🍴 Un local singular, con espacios de privacidad, donde se
cocina al gusto del día tomando como referencia la mejor tradición. Platos agradables, con sabores muy identificables.

🅰🅲 – Menú 30/42€ – Carta 30/42€

Plano: E1-52 – *Indústria 79* ✉ *08025* – Ⓜ *Sagrada Familia* – ℰ *935 25 23 33* –
www.tavernaoniric.com –
Cerrado lunes, almuerzo: martes, cena: domingo

BECEITE

Teruel – Mapa regional **2**–C3 – Mapa de carreteras Michelin n° 574-J30

LA FÁBRICA DE SOLFA

CREATIVA · MARCO CONTEMPORÁNEO ✗ Ubicado en una histórica fábrica de papel, hoy hotel, a orillas del Matarraña. Cocina tradicional actualizada, en base al producto de la zona y a dos sabrosos menús. Asocia su filosofía al concepto "Slow Travel" y ofrece cálidas habitaciones como complemento.

🏡 ⅗ 🎟 – Menú 38/50€ – Carta 35/50€

Arrabal del Puente 16 (Hotel La Fábrica de Solfa) ✉ 44588 – ☎ 978 85 07 56 – *www.fabricadesolfa.com*

BELATE (PUERTO DE) • VELATE

Navarra – Mapa regional **17**–B2 – Mapa de carreteras Michelin n° 573-C25

🌐 VENTA DE ULZAMA

TRADICIONAL · AMBIENTE CLÁSICO ✗✗ Una de las mejores opciones para comer, o alojarse, en el valle de Ulzama. Este negocio familiar, con más de un siglo de historia, seguro que le agradará, pues ocupa un típico caserón de montaña y disfruta de un precioso entorno natural, llegando a sorprender por su ubicación junto a... ¡una granja de ciervos! Ofrece un coqueto bar, un elegante comedor de línea clásica y una carta de tinte tradicional, esta última con un buen apartado de sugerencias que van evolucionando según los productos de temporada (verduras, hongos, caza...). ¡Las vistas desde el comedor y la terraza son magníficas!

✓ ⅗ 🎟 🅿 🚗 – Menú 40/50€ – Carta 35/50€

Carretera NA 1210 (Sur 2 km) ✉ 31797 – ☎ 948 30 51 38 – *www.ventadeulzama.com* – *Cerrado lunes*

BELLATERRA

Barcelona – Mapa regional **10**–B3 – Mapa de carreteras Michelin n° 574-H36

ÉBANO

MODERNA · DE DISEÑO ✗✗ Instalado en una casa señorial de una zona bastante tranquila. Ofrece varios espacios de línea actual y una cocina de mercado bien elaborada, con distintos detalles de fusión.

🏡 ⅗ 🎟 ⇔ 🅿 – Carta 35/55€

Avenida Josep María Marcet i Coll 24 ✉ 08290 – ☎ 935 80 33 40 – *www.ebanorestaurant.com* – *Cerrado lunes, cena: martes-miércoles, cena: domingo*

BELLVÍS

Lleida – Mapa regional **9**–B2 – Mapa de carreteras Michelin n° 574-G32

🌼 LA BOSCANA

Chef: Joël Castanyé

CREATIVA · DE DISEÑO ✗✗✗ ¿Busca un restaurante especial? Este lo es, sin duda, pues se halla en una finca que sorprende por su integración en la naturaleza; no en vano, ofrece varios pabellones acristalados que se asoman a cuidados jardines, frondosas arboledas, un idílico estanque... ¡por algo lo consideran uno de los más románticos de España!

En su elegante comedor, con mucha luz natural y detalles de diseño, descubrirá un discurso culinario de autor, pues el chef Joël Castanyé plantea una cocina que mima los detalles, tanto desde el punto de vista técnico como en lo que se refiere a la puesta en escena. Además, el chef demuestra que sabe mirar a su entorno, reformulando con acierto los sabores leridanos. La experiencia culinaria se va disfrutando, poco a poco, en un atractivo recorrido por sus instalaciones.

✿ ⇐ 🛏 ♿ 🅰 🅿 – Menú 70/155 € – Carta 74/82 €

Carretera Bell-lloc d'Urgell (Suroeste 1 km) ✉ 25142 – ☎ 973 56 55 75 –
www.laboscana.net –
Cerrado lunes, martes, cena: miércoles-jueves, cena: domingo

BENAVENTE

Zamora – Mapa regional **8**–B2 – Mapa de carreteras Michelin nº 575-F12

❀ EL ERMITAÑO

Chef: Óscar Pérez

TRADICIONAL · ACOGEDORA XX Se accede por una carretera secundaria flan-
queada por huertas y maizales, lo que reafirma el legado gastronómico, cultural
y familiar de esta antigua casa de campo señorial, muy vinculada al entorno y
con una ermita adosada que data de 1775.

Los hermanos Pérez (Pedro Mario y Óscar Manuel), que buscan la felicidad en
las cosas pequeñas y afirman "cocinar lo que son", se muestran fieles a una
historia, a una herencia y, por supuesto, a sus respectivas personalidades,
diferentes pero complementarias. Ofrecen una carta con grandes clásicos de
la casa (no se pierda los Canutillos de cocina o su delicioso Lechazo asado) y
platos creativos de temporada, cuatro menús dedicados a sus hijos (Raúl,
Félix, Lara y Marta) e interesantísimos maridajes, por las noches dentro del
concepto "A Ciegas".

✿ ♿ 🅰 🔁 ⇄ 🅿 – Menú 50/80 € – Carta 45/75 €

*Arrabal Huerta de los Salados (por la carretera de León, Noreste 2,5 km y desvío a
la derecha 0,5 km)* ✉ 49600 – ☎ 980 63 67 95 –
www.elermitano.com –
Cerrado lunes, cena: martes-jueves, cena: domingo

BENICARLÓ

Castellón – Mapa regional **11**–B1 – Mapa de carreteras Michelin nº 577-K31

❀ RAÚL RESINO

CREATIVA · MARCO CONTEMPORÁNEO XX Raúl Resino, conocido como el
chef-pescador, refleja su filosofía en una insólita frase: "Cocinamos como pensamos, no pensamos cómo vamos a cocinar".

Apuesta por una cocina creativa en constante evolución; eso sí, con guiños nipones y una clara vinculación a los pescados, mariscos, arroces y productos de la
huerta, pues es un enamorado de las materias primas de proximidad y él mismo
sale a faenar, ligando siempre su propuesta (un menú degustación de 15 platos
que se llama "Viaje por nuestra costa") a la biodiversidad de las aguas que
bañan Castellón. ¿Su sueño? Que las especies más humildes y desconocidas
(juliola, peluda, trompeta, caixeta...), aquellas que no siempre llegan a la lonja y
forman parte del rancho marinero, sean redescubiertas por el gran público y
adquieran notoriedad.

🅰 – Menú 80/120 € – Carta 80/120 €

Alacant 2 ✉ 12580 – ☎ 964 86 55 05 –
www.restauranteraulresino.com –
Cerrado lunes, cena: martes-miércoles, domingo

🏵 PAU

ARROCES · AMBIENTE MEDITERRÁNEO XX Un restaurante moderno, desenfadado y de marcados aires mediterráneos en el que prima la humildad, pues no es
extraño ver al chef-propietario atendiendo la sala y explicando los platos a los
comensales. Puede que haya oído hablar de sus sabrosos arroces... sin embargo,
lo cierto es que aquí todo está bueno y se demuestra el gusto por una cocina,
con notas creativas, que suele exaltar el producto local. ¿Qué encontrará? Tres
cuidados menús al mediodía, uno de ellos tipo ejecutivo, y dos por las noches,
estos últimos acompañados ya por la opción de platos a la carta. ¡Agradable
música ambiente!

&. 🅰️ – Menú 15€ (almuerzo), 25/38€ – Carta 25/38€

Avenida Marqués de Benicarló 11 ⊠ 12580 – 𝒞 964 47 05 46 –
www.paurestaurant.com –
Cerrado lunes, cena: martes-miércoles, cena: domingo

BENIFAIÓ

Valencia – Mapa regional **11**–B2 – Mapa de carreteras Michelin nº 577-O28

🔵 JUAN VEINTITRÉS

TRADICIONAL · SIMPÁTICA 🍴 He aquí un negocio bien llevado entre tres hermanos, con uno al frente de los fogones mientras los otros están pendientes de la sala. La casa, que inició su andadura como un simple bar, posee dos sobrios comedores de línea actual y tiene la particularidad de que no dispone de carta, pues quieren recitar los platos de palabra para tener un trato más directo con los clientes. Cocina tradicional con detalles actuales y de mercado, destacando tanto los pescados frescos (Rape con tallarines de pasta, Merluza al pil-pil...) como sus arroces: a banda, con bogavante, de alcachofas con puntillas...

&. 🅰️ ✿ – Carta 35/50€

Papa Juan XXIII 8 ⊠ 46450 – 𝒞 961 78 45 75 –
Cerrado lunes, cena: domingo

BENISSA

Alicante – Mapa regional **11**–B3 – Mapa de carreteras Michelin nº 577-P30

CASA CANTÓ 🆕

REGIONAL · AMBIENTE CLÁSICO 🍴🍴 Presenta varias salas, la principal con una bodega acristalada y vistas al peñón de Ifach. Su carta tradicional se enriquece con un apartado de arroces, pescados y mariscos.

≤ &. ✿ – Menú 18/38€ – Carta 35/55€

Avenida País Valencià 223 ⊠ 03720 – 𝒞 965 73 06 29 – www.casacanto.com –
Cerrado lunes, cena: martes, cena: domingo

CASA DEL MACO

INTERNACIONAL · ELEGANTE 🍴🍴 En una casa de campo del s. XVIII que combina con elegancia la rusticidad y el estilo clásico. Cocina de gusto mediterráneo adaptada al paladar centroeuropeo. También ofrece habitaciones de aire contemporáneo y... ¡una agradable terraza en la zona de la piscina!

🍽️ 🅿️ – Menú 25€ (almuerzo), 45/59€ – Carta 58/78€

Pou Roig 15 (por N-332, Sur 8 km) ⊠ 03720 – 𝒞 965 73 28 42 –
www.casadelmaco.com –
Cerrado almuerzo: lunes, martes, almuerzo: miércoles

BERGA

Barcelona – Mapa regional **9**–C2 – Mapa de carreteras Michelin nº 574-F35

TERRA

TRADICIONAL · AMBIENTE CLÁSICO 🍴🍴 Un restaurante que, más allá de una buena experiencia, busca transmitir un sentimiento. Su chef propone una cocina tradicional catalana y de temporada, con interesantes menús.

🅰️ ✿ – Menú 23€ (almuerzo), 28/67€ – Carta 45/67€

Paseo de la Pau 27 ⊠ 08600 – 𝒞 938 21 11 85 – www.elterrarestaurant.com –
Cerrado cena: lunes, martes, miércoles, cena: domingo

BESALÚ

Girona – Mapa regional **9**–C3 – Mapa de carreteras Michelin nº 574-F38

PONT VELL

TRADICIONAL · RÚSTICA 🍴 ¡En pleno casco antiguo! Ofrece dos salas de aire rústico y una idílica terraza a la sombra de un níspero, todo con magníficas vistas al río. Cocina tradicional y regional, con especialidades como el Conejo agridulce o el Rabo de buey.

≪ 🏠 – Menú 38/50€ – Carta 40/60€

Pont Vell 24 ✉ 17850 – ☏ 972 59 10 27 – www.restaurantpontvell.com –
Cerrado lunes, martes, cena: miércoles-jueves, cena: domingo

BETANZOS
A Coruña – Mapa regional **13**–B1 – Mapa de carreteras Michelin n° 571-C5

MESÓN O POTE
TRADICIONAL · RÚSTICA ✗ Una casa ideal para degustar la famosa Tortilla de
Betanzos, aunque aquí la cocina gallega tradicional ofrece mucho más. Modestas
pero coquetas instalaciones de aire rústico.

🅰 – Menú 30€ – Carta 32/43€

Travesía do Progreso 9 ✉ 15300 – ☏ 981 77 48 22 – www.mesonopote.com –
Cerrado lunes, cena: domingo

BIDEGOIAN
Guipúzcoa – Mapa regional **18**–B2 – Mapa de carreteras Michelin n° 573-C23

BAILARA
MODERNA · ELEGANTE ✗✗ Cocina bien actualizada. Su carta tiene la singularidad de que, salvo suplementos, muestra los grupos de alimentos (entrantes, pescados, carnes y postres) a un precio fijo.

≪ 🛏 & 🅰 🅿 – Menú 75€

Hotel Iriarte Jauregia, Eliz Bailara 8 ✉ 20496 – ☏ 943 68 12 34 – www.bailara.com –
Cerrado lunes, martes, miércoles

BIESCAS
Huesca – Mapa regional **2**–C1 – Mapa de carreteras Michelin n° 574-E29

😊 EL MONTAÑÉS
CREATIVA · AMBIENTE TRADICIONAL ✗✗ Una apuesta segura en el Valle de
Tena. Este restaurante ha escogido un nombre que le va como anillo al dedo,
pues la fachada en piedra da paso a un interior de ambiente montañés donde
imperan la piedra vista y, sobre todo, la madera. El chef, que trabaja desde la
humildad y apuesta por unas raciones generosas, logra que los clientes disfruten
de su cocina ofreciendo platos de la zona y de temporada, con elaboraciones
actuales y detalles internacionales. ¿Especialidades? No deje de probar el espon-
joso Risotto de boletus al aroma de trufa o el Lechazo en dos cocciones con
emulsión de salvia.

🅰 ↻ – Menú 25€ – Carta 30/40€

Escudial 1 ✉ 22630 – ☏ 974 48 52 16 –
Cerrado lunes, martes, cena: miércoles-jueves, cena: domingo

Vizcaya
Mapa regional **18**–A3
Mapa de carreteras Michelin
n° 573-C20

BILBAO

Cuando pensamos en Bilbao, es inevitable asociar su imagen al vanguardista museo Guggenheim y al proceso de transformación urbanística que llegó con su construcción; sin embargo, esta maravillosa ciudad no deja de sorprender, pues jugando con los contrastes ha sabido preservar su esencia y ese carácter "botxero" (de Bilbao de toda la vida) que aún conservan muchos locales. Salir de pintxos y zuritos (vaso pequeño de cerveza) por el casco viejo es toda una experiencia, pero si algo define la gastronomía bilbaína es su personalidad, pues cuentan con fantásticos asadores, establecimientos fieles a la rica tradición culinaria y numerosos restaurantes con Estrellas MICHELIN. ¿Especialidades imprescindibles? El Marmitako, las Kokotxas de merluza en salsa verde, el sabroso Bacalao al pil-pil, las populares Carolinas... y un vino impreso a fuego en el ADN de toda Bizkaia, el afrutado Txakoli.

❀ **NERUA GUGGENHEIM BILBAO**

Chef: Josean Alija

CREATIVA · MINIMALISTA XXX Comer en un museo siempre es algo especial, pero si hablamos del Guggenheim Bilbao ya son palabras mayores, pues la singularidad del espacio repercute sobre toda la experiencia.

Nerua, que toma su nombre del término latino con el que se conocía a la ría del Nervión, donde confluyen el agua dulce y el agua salada, reproduce esa fusión de fluidos en su propia filosofía, pues el chef Josean Alija busca rescatar los sabores de la cocina vasca desde la innovación, enriqueciendo la propuesta con matices vegetales y toques exóticos. Aquí trabajan en base a varios menús, todos con opción de maridaje, permitiendo a través de ellos descubrir cómo sacan partido a la temporalidad y cómo plasman una máxima de la casa: el análisis, la reflexión y su replanteamiento constante del proceso creativo.

&. 🅰🅲 🔁 🅿 – Menú 80 € – Carta 45/70 €

Plano: B1-1 – *Avenida de Abandoibarra 2* ✉ *48009* – Ⓜ *Moyúa* – ☎ *944 00 04 30* – *www.neruaguggenheimbilbao.com* – *Cerrado lunes, cena: martes-jueves, cena: domingo*

❀ **ZORTZIKO**

Chef: Daniel García

ACTUAL · ELEGANTE XXX Si tiene ganas de un "clásico" reserve mesa, pues Zortziko lleva abierto desde 1989 y... ¡ha sabido convertirse en todo un icono del mundo culinario bilbaíno!

Presenta varias dependencias o salas con personalidad propia (una muy íntima en la bodega, otra actual orientada a impartir cursos y demostraciones...), aunque sobre todas ellas destaca su elegante comedor Versalles, que hace honor a su nombre al mostrarse vestido con una estética clásica propia de otros tiempos. Este espacio recrea el marco perfecto para degustar la cocina del chef Daniel García, un hombre de dilatada trayectoria que plantea su cocina como "un viaje" iniciático a las raíces de la gastronomía vizcaína... eso sí, con una constante evolución hacia la modernidad para poner en valor la estacionalidad de cada producto.

🅰🅒 ✿ – Menú 75/99€ – Carta 75/99€

Plano: C2-2 – *Alameda de Mazarredo 17* ✉ *48001* – Ⓜ *Abando* – ☏ *944 23 97 43* – *www.zortziko.es* – *Cerrado lunes, cena: martes-miércoles, almuerzo: domingo*

🍃 ## ETXANOBE ATELIER

Chef: Fernando Canales

CREATIVA · MARCO CONTEMPORÁNEO 🕱🕱 Un restaurante singular, sin duda, pues ocupa una antigua fábrica de vidrieras, en pleno centro de Bilbao, que aún conserva alguna reliquia de su curioso pasado.

Fernando Canales, el chef bilbaíno al frente del proyecto, puede presumir tanto de espacio como de planteamiento. En su elegante e íntimo comedor gastronómico ansía, ante todo, impresionar a sus clientes, por lo que presenta una oferta de tintes creativos basada en menús sorpresa. La propuesta, construida en base al mejor producto, llega a la mesa con unas presentaciones muy elaboradas, suele dar un protagonismo especial a los pescados y, en ese constante esfuerzo por hacer que "las experiencias efímeras se conviertan en recuerdos inolvidables", no escatima esfuerzos a la hora de utilizar las últimas tecnologías.

🅰🅒 – Menú 125/150€

Plano: B2-3 – *Juan de Ajuriaguerra 8* ✉ *48009* – Ⓜ *Abando* – ☏ *944 42 10 71* – *www.etxanobe.com* – *Cerrado martes, domingo*

🍃 ## MINA

Chef: Álvaro Garrido

CREATIVA · DE DISEÑO 🕱🕱 Bilbao no es una plaza fácil para destacar en el mundo gastronómico; sin embargo, aquí es donde el chef Álvaro Garrido decidió templar sus armas, en un discreto local ubicado frente al mercado de La Ribera y a orillas de la ría. La casa, que debe su nombre al antiguo acceso minero que existió bajo el edificio, sorprende por su estética, con una delicada labor de interiorismo donde la cocina vista, la piedra y la madera (la barra es una única pieza de roble) conviven con los detalles de vanguardia.

El chef, bien apoyado en la sala por su esposa, propone una cocina de autor con elementos de fusión y un único menú degustación (existe una opción reducida), no faltando en él algún que otro plato histórico de la casa. ¡Puede comer en la barra, viendo trabajar en directo a los cocineros!

🅰🅒 – Menú 100/130€

Plano: C3-4 – *Muelle Marzana* ✉ *48003* – ☏ *944 79 59 38* – *www.restaurantemina.es* – *Cerrado lunes, martes*

🍃 ## OLA MARTÍN BERASATEGUI

ACTUAL · MARCO CONTEMPORÁNEO 🕱🕱 Se encuentra junto a la ría, en la 1ª planta del hotel Tayko, y resulta sorprende tanto en lo gastronómico como en lo estético, pues muestra con orgullo las paredes en ladrillo visto y las áridas vigas de hormigón armado para poner en valor el hecho de que... ¡fue el primer edificio construido con esos materiales en el Casco Viejo!

El restaurante, que emana fuerza, ansía sumergirnos en un viaje sensorial por la historia del chef Martín Berasategui, para que así descubramos su visión y su particular sentido de la excelencia culinaria de la mano de su discípulo, Raúl Cabrera (conocido por todos como Pintxo), que reproduce con fidelidad y pasión los platos del maestro donostiarra, siempre poniendo hincapié en plantear una cocina que no disfrace ni los productos ni sus sabores.

🅖 🅰🅒 🅓 – Menú 85/125€ – Carta 66/89€

Plano: C3-5 – *Hotel Tayko, De la Ribera 13* ✉ *48005* – Ⓜ *Casco Viejo* – ☏ *944 65 20 66* – *www.taykohotels.com* – *Cerrado lunes, martes, cena: domingo*

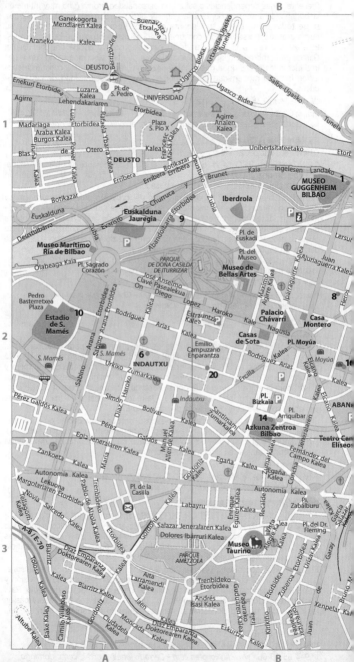

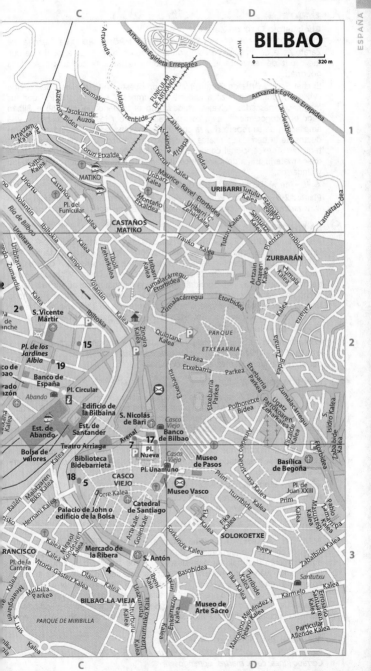

BILBAO

0   320 m

C   **D**

1

2

3

Artxanda-Egirleta Errepidea
Artxanda-Egirleta Errepidea
Landetabidea
FUNICULAR DE ARANDA
Lezamako
Aldapa Trenbide
Zahatra
Bidea
Etxeul Kalea
Maurice Ravel Etorbidea
Uribarri Kalea
URIBARRI Tutulu Lezajako
Kalea
Santuzi Kalea
Landetabidea
Artxanda
Alzerrota Bidea
Jasokunde
Auzoa
Loruri Etxalde
Artzazam Ira Kalea
Salbe Kalea
Uriortu
Castaños
Volantin
Río de Bilbao
Ibilikoka
MATIKO
Pl. del Funicular
Kalea
Montaño Etxaldea
Uribarri C. Zeharkalea
CASTAÑOS MATIKO
Trauko Kalea
Tutulu Kalea
ZURBARÁN
Artzan Onaren Kalea
Zimala Kalea
Urgoitiarte
Unibartu
Zumadia
Uribitarte
Zumarraga
Kalea
2 S. Vicente Mártir
S. Vicente de anche
Tiboli Zeharkalea
Volantin
Ibillokia
Campo
Zingira Kalea
Zumalacárregui Etorbidea
Zumalacárregui Etorbidea
Quintana Kalea
PARQUE ETXEBARRIA
Ebelbarria parkea
Zumalacárregui
15
Pl. de los Jardines Albia
19
co de bao
Banco de España
rado azón
Parkea
Etxebarria
Parkea
Polboretxe Bidea
Patrikoaren Zeharkalea
Zumalacárregui
Urate Parrkoaren Zeharkalea
Elizalde Kalea
Abando
Pl. Circular
Edificio de la Bilbaína
S. Nicolás de Bari
Casco Viejo
Banco de Bilbao
Antonio Devin Las Kalea
Isidro Kalea
Elorbidea
Zabalbide Kalea
Est. de Abando
Est. de Santander
Arenal
17
7 Pl. Nueva
Casco Viejo
Basílica de Begoña
Pablo Alonso
Larri Kalea
Masustegi Kalea
Bolsa de valores
Teatro Arriaga
Biblioteca Bidebarrieta
18 **5**
CASCO VIEJO
Torre Kalea
Pl. Unamuno
Museo de Pasos
Prim
Iturribide Kalea
Pl. de Juan XXIII
Prim
Zabalbide Kalea
Ballén
Malatzaten biko Kalea
Hernani Kalea
Museo Vasco
Fika Kalea
Fika Kalea
Palacio de John o edificio de la Bolsa
Catedral de Santiago
Artekale
Goienkale
Sorkunde Kalea
SOLOKOETXE
Kalea
RANCISCO
Kalea
Miasol Kondeaen Kalea
Vitoria-Gasteiz Kalea
alsko
Mercado de la Ribera
4
S. Antón
Basobidea
Fika Kalea
Turibide Kalea
Santutxu
Karmelo Kalea
Errosario Santua Kalea
Pl. de la Cantera
Olano Kalea
Miribilla Parkea
BILBAO-LA-VIEJA
Ibeni Kala
Atxuri Kalea
Enkarnazio Kalea
Iturburu Kalea
Iturburu Kalea
Museo de Arte Sacro
Maxcelino Menéndez y Pelayo Kalea
Particular Allende Kalea
S. Luis
Mateparkea
nika
PARQUE DE MIRIBILLA

C   **D**

❀ ZARATE

Chef: Sergio Ortiz de Zarate

PESCADOS Y MARISCOS · **MARCO CONTEMPORÁNEO** XX La historia de Zarate es la de un hombre comprometido con el mar, hasta el punto de que fue capaz de reinventarse y... ¡completó su restaurante con una pescadería gourmet!

El chef Sergio Ortiz de Zarate inició su propuesta en la localidad de Lekeitio (Vizcaya), donde empezó a hacerse un nombre y a ser reconocido por sus magníficos pescados salvajes asados. Con el traslado del negocio a Bilbao llegó el reconocimiento a su cocina, tradicional por los cuatro costados, y la ampliación de su repertorio, ya con platos más modernos y guiños a los productos de la tierra. Los pilares de esta casa son firmes, sin duda, y se basan tanto en su excepcional conocimiento de los pescados como en el uso de la mejor materia prima del Cantábrico, llegada a diario de los puertos de Lekeitio y Ondarroa.

&. 🖾 – Menú 103 € – Carta 60/80 €

Plano: A2-6 – *Licenciado Poza 65* ✉ *48013* – 🚇 *San Mamés* – 𝒞 *944 41 65 21* – *www.zarate.restaurant* – *Cerrado lunes, cena: martes-miércoles, cena: domingo*

❀ LA ESCUELA

ACTUAL · **AMBIENTE CLÁSICO** XX ¿Busca nuevos talentos culinarios? En la ladera del monte Artxanda puede que encuentre alguno, pues el restaurante de la Escuela Superior de Hostelería de Bilbao recrea una maravillosa oportunidad para ello. En su sala, de elegante ambiente clásico y con buenas vistas a la ciudad desde algunas mesas, le propondrán una cocina de tinte actual que lleva a gala el hecho de estar en constante evolución, para que los alumnos trabajen con todo tipo de recetas, técnicas e ideas... eso sí, siempre con un admirable nivel de ejecución y precios comedidos. ¡Apuestan fuerte por los productos del entorno!

&. 🖾 ⇔ 🅿 – Menú 18/35 €

Fuera de plano – *Carretera Enekuri-Artxanda (km 3, Artxanda, Norte 6 km)* ✉ *48015* – 𝒞 *944 74 52 00* – *www.restaurantelaescuela.com* – *Cerrado cena: lunes-viernes, sábado, domingo*

❀ LOS FUEROS

VASCA · **BISTRÓ** X A los grandes clásicos de Bilbao se les denomina "botxeros" y, sin duda, este es uno de ellos, pues abrió sus puertas en 1878 bajo el nombre de Bar Colón. Hoy, tras una magnífica rehabilitación que lejos de proponer grandes cambios ha respetado sus señas de identidad, se presenta como uno de los restaurantes más interesantes del Casco Viejo, con un bellísimo interior tipo bistró y una buena carta que viaja por los platos más típicos y representativos de la ciudad... eso sí, presentados de forma actual. ¡No deje de probar sus míticas Gambas a la plancha!

🍴 🖾 ⇔ – Menú 32/60 € – Carta 30/50 €

Plano: C2-7 – *De los Fueros 6* ✉ *48005* – 🚇 *Casco Viejo* – 𝒞 *944 15 30 47* – *www.losfueros.com* – *Cerrado martes*

❀ KIMTXU

ASIÁTICA · **ACOGEDORA** X ¿Una taberna asiática en Bilbao? Efectivamente; además, con ese toque informal que te hace sentir a gusto, predispuesto a abrir la mente o el paladar para descubrir otros sabores del mundo. El chef-propietario, Iván Abril, replantea la cocina oriental en base a las técnicas aprendidas en Londres y Hong Kong, utilizando siempre el maravilloso producto vasco y variando la propuesta en función de las materias primas de temporada. La cuidada decoración, a modo de taberna actual, no se olvida de los guiños a la cultura asiática. Platos sencillos, pero... ¡sabrosos, divertidos y equilibrados!

🖾 – Menú 25 € (almuerzo)/40 € – Carta 27/41 €

Plano: B2-8 – *Henao 17* ✉ *48009* – 🚇 *Moyúa* – 𝒞 *946 52 78 92* – *www.kimtxu.com* – *Cerrado lunes, cena: martes, domingo*

AIZIAN

TRADICIONAL · **AMBIENTE CLÁSICO** XxX Con su nombre, que en euskera significa "en el aire", rememora una obra del maestro Chillida. Buena cocina vasca puesta al día, siempre en base a producto local de calidad.

🏤 ⛄ 🅰 ⇔ 🛋 – Menú 51/85 € – Carta 49/90 €

Plano: A1-9 – *Hotel Meliá Bilbao, Lehendakari Leizaola 29* ✉ *48001* –
Ⓜ *San Mamés* – ℰ *944 28 00 39* – *www.restaurante-aizian.com* – *Cerrado domingo*

SAN MAMÉS JATEXEA

TRADICIONAL · **TENDENCIA** XxX Resulta singular por su ubicación, en el mismísimo estadio de "Los Leones" y asomado al terreno de juego. Carta tradicional y menús degustación. ¡No abre durante los partidos!

⛄ 🅰 🔁 ⇔ 🛋 – Menú 38 € (almuerzo), 65/80 € – Carta 50/70 €

Plano: A2-10 – *Raimundo Pérez Lezama (Estadio de Fútbol San Mamés, puerta 14 - 1º)* ✉ *48007* – Ⓜ *San Mamés* – ℰ *944 39 51 38* – *www.sanmamesjatetxea.com* –
Cerrado lunes, cena: martes-miércoles, cena: domingo

AITOR RAULEAGA Ⓝ

VASCA · **MARCO CONTEMPORÁNEO** XX Restaurante de línea clásica-actual ubicado junto al Palacio de Justicia. El chef propone una cocina vasca de producto que destaca por sus sabrosos platos de cuchara.

⛄ 🅰 ⇔ – Carta 60/80 €

Plano: C2-19 – *Colón de Larreátegui 9* ✉ *48001* – Ⓜ *Abando* – ℰ *944 25 63 45* –
www.restauranterauleaga.com – *Cerrado cena: lunes-jueves, domingo*

LA DESPENSA DEL ETXANOBE

TRADICIONAL · **DE DISEÑO** XX Un espacio más informal anexo al Etxanobe Atelier, con el que comparte las instalaciones de cocina. Buenos expositores y elaboraciones tradicionales, con platos actualizados.

⛄ 🅰 – Menú 68/105 € – Carta 55/70 €

Plano: B2-11 – *Juan de Ajuriaguerra 8* ✉ *48009* – Ⓜ *Abando* – ℰ *944 42 10 23* –
www.etxanobe.com – *Cerrado domingo*

KUMA

JAPONESA · **A LA MODA** XX Brinda una estética bastante cuidada, con una barra de sushi para la elaboración de los platos fríos. Cocina nipona y de fusión, siempre con el máximo respeto por el producto.

⛄ 🅰 – Carta 60/90 €

Plano: C2-12 – *Ercilla 8* ✉ *48009* – Ⓜ *Moyúa* – ℰ *677 48 33 48* –
www.restaurantekuma.com – *Cerrado lunes, domingo*

YANDIOLA

TRADICIONAL · **DE DISEÑO** XX Se halla en el centro cívico-cultural Azkuna Zentroa y sorprende tanto por su interiorismo como por su cuidadísima iluminación. Cocina tradicional actualizada de temporada.

⛄ 🅰 🔁 – Carta 50/65 €

Plano: B2-14 – *Plaza Arriquibar 4* ✉ *48010* – Ⓜ *Indautxu* – ℰ *944 13 36 36* –
www.yandiola.com

BASCOOK

MODERNA · **DE DISEÑO** X Moderno y singular, pues ocupa un antiguo almacén de sal en el que la piedra vista tiene enorme relevancia. Cocina actual, con gran protagonismo para el producto ecológico.

⛄ 🅰 – Menú 35 € (almuerzo)/52 € – Carta 45/65 €

Plano: C2-15 – *Barroeta Aldamar 8* ✉ *48001* – Ⓜ *Abando* – ℰ *944 00 99 77* –
www.bascook.com – *Cerrado cena: lunes-jueves, cena: domingo*

DE SANTA ROSALÍA

CARNES A LA PARRILLA · **MARCO CONTEMPORÁNEO** ⅹ Ineludible para los amantes de la carne, pues ofrece las reses Wagyu criadas en la finca homónima. Distintos cortes, embutidos, carpaccios... y menús "Chuletón" para compartir.

🅰🅲 – Menú 50 € – Carta 35/65 €

Plano: B2-16 – *Diputación 8 (entrada por Arbieto)* ✉ 48008 – Ⓜ *Moyúa* –
☏ 946 79 28 97 – www.restaurantedesantarosalia.com – *Cerrado cena: lunes, domingo*

GURE-TOKI

VASCA · **BAR DE TAPAS** ⅹ Una casa familiar, en pleno casco viejo, que sabe mirar al futuro sin olvidar sus raíces. Sus elaborados "pintxos" y raciones apuestan por la cocina tradicional actualizada.

🦽 🅰🅲 – Tapa 3 € – Ración 9 €

Plano: C2-17 – *Plaza Nueva 12* ✉ 48005 – Ⓜ *Casco Viejo* – ☏ 944 15 80 37 –
www.guretoki.com – *Cerrado miércoles*

PATRI MARTIN BERASATEGUI

TRADICIONAL · **A LA MODA** ⅹ Desenfadado, rústico y... ien el sello de Martín Berasategui! ¿La idea? Una cocina seria en el plato e informal en la presentación, con guiños a los sabores del Casco Viejo.

🦽 🅰🅲 – Menú 48 € – Carta 40/63 €

Plano: C3-18 – *Hotel Tayko, De la Ribera 13* ✉ 48005 – Ⓜ *Casco Viejo* –
☏ 944 65 20 70 – www.taykohotels.com – *Cerrado lunes, martes, cena: domingo*

TXIRENE ⓝ

TRADICIONAL · **BURGUESA** ⅹ Su nombre hace referencia a un término, propio de Bilbao, para referirse a alguien bromista. Concurrida barra de pintxos, comedor actual y amplia oferta de gusto tradicional.

🅰🅲 ⇄ – Carta 40/55 €

Plano: B2-20 – *Poza Lizentziatuaren 26* ✉ 48009 – Ⓜ *San Mamés* –
☏ 944 55 46 88 – www.txirene.com

BINÉFAR

Huesca – Mapa regional **2**–C2 – Mapa de carreteras Michelin n° 574-G30

☺ CARMEN

COCINA DE TEMPORADA · **SIMPÁTICA** ⅹ Se encuentra en el mismo edificio donde se halla la Lonja Agropecuaria más importante de España; no en vano, el valor de la carne de vacuno en el resto de lonjas depende, en gran medida, de su cotización aquí. Con estos mimbres se entiende, perfectamente, la existencia de un restaurante como este, nacido en Tamarite de Litera y trasladado aquí para explotar aún más las selectas carnes de estos lares. El chef Iván Vilanova ofrece, desde la humildad, una carta basada en productos de temporada y un buen menú, siempre buscando una cocina sabrosa donde las materias primas sean las protagonistas.

🅰🅲 ⇄ – Menú 13 € (almuerzo), 30/50 € – Carta 33/45 €

Avenida de Nuestra Señora del Pilar 3 ✉ 22500 – ☏ 974 42 05 31 –
www.carmenrestaurante.com – *Cerrado lunes, cena: martes-jueves, cena: domingo*

BOLVIR DE CERDANYA

Girona – Mapa regional **9**–C1 – Mapa de carreteras Michelin n° 574-E35

GAIG

CLÁSICA · **ELEGANTE** ⅹⅹⅹ La elegancia y coherencia del chef Carles Gaig... ien un palacete modernista! Su cuidado menú degustación se completa con una carta de cocina clásica y tradicional catalana.

🕸 🍴 🏠 🦽 🅰🅲 ⇄ 🅿 – Menú 90/135 € – Carta 90/135 €

Hotel Torre del Remei, Camí del Remei 3 ✉ 17539 – ☏ 972 88 37 40 –
www.mercerhoteltorredelremei.com – *Cerrado lunes, martes, cena: domingo*

BOQUEIXÓN

A Coruña - Mapa regional **13**–B2 - Mapa de carreteras Michelin n° 571-D4

⊛ O BALADO

Chef: Roberto Filgueira Alonso

TRADICIONAL · ACOGEDORA X Aquí se viene a escuchar el silencio, a oxigenar el cerebro y, por supuesto, a disfrutar de una gastronomía "Km 0" que no deja indiferente. Al encontrarse en una aldea puede resultar algo difícil de localizar; sin embargo, merece la pena flanquear la discreta fachada de la casa para descubrir una sala donde veremos detalles rústicos, modernos, hogareños... y hasta una típica "lareira", utilizada tanto para cocinar como para ahumar productos. Ofrecen calidad, precios económicos y platos tradicionales elaborados con mucho cariño, como el Jurel ahumado o el Rabo de vaca de Bandeira estofado.

🐟 *El compromiso del Chef:* *"Vivimos en pleno entorno rural, así que promovemos la economía local comprando a los productores cercanos. Por otra parte, usamos las sobras orgánicas para alimentar a nuestros animales (ovejas, burro, gallinas, perros...) y recurrimos al agua "Km 0" para el servicio."*

  🅿 – Menú 35/45€ – Carta 30/40€

Ardesende 3 (Codeso, Sureste 3 km) ✉ *15881* – ☎ *639 89 37 49* – *www.obalado.com* – *Cerrado cena: lunes-jueves, cena: domingo*

LES BORGES BLANQUES

Lleida - Mapa regional **9**–B2 - Mapa de carreteras Michelin n° 574-H32

HOSTAL BENET

CATALANA · AMBIENTE TRADICIONAL X Ocupa un edificio con siglos de historia, pues sirvió como molino y ayuntamiento. Carta actual de base tradicional, con guiños al aceite de "Les Garrigues" y opción de menús.

  ᴀᴄ – Carta 30/52€

Plaza del 1 de Octubre 21-23 ✉ *25400* – ☎ *973 14 23 18* – *www.restauranthostalbenet.com* – *Cerrado cena: lunes, martes, miércoles, cena: jueves-domingo*

BORLEÑA

Cantabria - Mapa regional **6**–B1 - Mapa de carreteras Michelin n° 572-C18

⊛ MESÓN DE BORLEÑA

TRADICIONAL · AMBIENTE CLÁSICO X Un negocio con muchísima historia, sin duda, pues su licencia de apertura... ¡data de 1834! Gran parte del éxito se debe al esfuerzo de sus actuales propietarios, una familia que tomó las riendas de la casa hace ya más de medio siglo. El restaurante se presenta hoy con un bar público, donde ofrecen el menú, y un luminoso comedor de línea clásica. Proponen una cocina de gusto tradicional que convence tanto por sus sabrosos guisos como por la calidad de las materias primas que utilizan, destacando entre estas últimas las magníficas carnes de ternera que les suministra un ganadero de la zona.

  🍴 ᴀᴄ – Menú 25€ – Carta 30/40€

Carretera N 623 ✉ *39699* – ☎ *942 59 76 43* – *www.hoteldeborlena.com* – *Cerrado lunes, cena: martes-jueves, cena: domingo*

BOSSÒST

Lleida - Mapa regional **9**–A1 - Mapa de carreteras Michelin n° 574-D32

ER OCCITAN

MODERNA · MARCO CONTEMPORÁNEO XX ¡Se ha ganado un nombre en el Valle de Arán! Aquí la propuesta, de tinte moderno, sorprende al combinar los productos de temporada de la zona con sabores asiáticos e indianos.

  ⅌ ᴀᴄ – Menú 42/62€

Major 66 ✉ *25550* – ☎ *973 64 73 66* – *www.eroccitan.com* – *Cerrado lunes, cena: martes-jueves, cena: domingo*

EL PORTALET

MODERNA · **MARCO CONTEMPORÁNEO** ⅩⅩ Sorprende tanto por la estética como por su oferta gastronómica, basada en dos menús con platos a elegir. El chef, que demuestra buenas ideas, atesora técnica y creatividad.

🅰🅲 🅿 – Menú 43/58 €

Sant Jaume 32 ⊠ 25550 – ℰ 973 64 82 00 –
www.restaurantportalet.com –
Cerrado lunes, cena: martes-jueves, cena: domingo

BREÑA ALTA – Santa Cruz de Tenerife → Ver Canarias (La Palma)

BRIÑAS

La Rioja – Mapa regional **14**–A2 – Mapa de carreteras Michelin nº 573-E21

TONDÓN

ACTUAL · **MARCO CONTEMPORÁNEO** ⅩⅩ Se accede por el hall del hotel, presenta un montaje actual y destaca por su terraza con vistas al Ebro. Carta de cocina actual con platos actualizados y menús degustación.

🕭 🅰🅲 🔲 – Menú 18 € (almuerzo), 40/100 € – Carta 40/55 €

Hotel Palacio Tondón, Del Campo 2 ⊠ 26290 – ℰ 941 69 01 00 –
www.palaciotondon.com

BUEU

Pontevedra – Mapa regional **13**–A3 – Mapa de carreteras Michelin nº 571-F3

LOUREIRO

PESCADOS Y MARISCOS · **FAMILIAR** Ⅹ Bien situado frente a la playa homónima. En los comedores, que sorprenden por sus fantásticas vistas a la ría de Pontevedra, le propondrán una sabrosa cocina marinera.

≤ 🕭 🅰🅲 🅿 – Carta 30/45 €

Playa de Loureiro 13 (Noreste 1 km) ⊠ 36930 – ℰ 986 32 07 19 –
www.restauranteloureiro.com –
Cerrado cena: domingo

BURGOS

Burgos – Mapa regional **8**–C2 – Mapa de carreteras Michelin nº 575-E18

🏵 LA FÁBRICA

ACTUAL · **MINIMALISTA** ⅩⅩ Llevado con talento e ilusión por Ricardo Temiño, su chef-propietario, un cocinero burgalés habituado a compaginar su trabajo entre fogones con la participación en diferentes campeonatos y eventos culinarios. Se presenta con un diáfano comedor de estética actual-minimalista, estando este presidido por una chimenea en forja que aporta un punto de calidez a la estancia. ¿La propuesta? Cocina de mercado actualizada y de gusto contemporáneo, siempre en base a los productos de temporada y con opción tanto de menús como de medias raciones. ¡El mimo y la coherencia dejan huella en cada plato!

🖼 🅰🅲 – Menú 22 € (almuerzo), 40/70 € – Carta 35/50 €

Briviesca 4 ⊠ 09004 – ℰ 947 04 04 20 –
www.fabricarestaurante.com –
Cerrado lunes, cena: domingo

COBO ESTRATOS

TRADICIONAL · **MINIMALISTA** ⅩⅩⅩ Resulta singular en cuanto que forma parte de un proyecto gastronómico mayor. Aquí encontrará los platos clásicos del chef, basados en pucheros, guisos, salazones y conservas...

🕭 🅰🅲 🔲 ✥ – Carta 40/55 €

Plaza de la Libertad 9 ⊠ 09004 – ℰ 947 02 75 81 –
www.coboestratos.com –
Cerrado lunes, cena: domingo

BLUE GALLERY

CREATIVA • A LA MODA XX Instalado en un cubo de cristal, donde se presenta con una pequeña barra y las mesas en la zona acristalada. Cocina de fusión con bases asiáticas y buen producto de mercado.

♿ AC – Menú 21/45€

Comuneros de Castilla 19 ✉ 09006 – ✆ 947 00 93 46 – www.bluegalleryrestaurante.es – Cerrado domingo

ALMA

COCINA DE TEMPORADA • MARCO CONTEMPORÁNEO X Amplio, luminoso, actual, agradable... Ofrecen una cocina contemporánea fresca y de buen nivel, con producto llegado de las lonjas del Cantábrico para el servicio a la carta.

♿ AC – Menú 18/40€ – Carta 30/45€

General Sanz Pastor 7 ✉ 09003 – ✆ 947 65 65 49 – www.almarestaurante.com – Cerrado cena: lunes-jueves, cena: domingo

LA FAVORITA

TRADICIONAL • BAR DE TAPAS X Buen bar-restaurante de aire rústico-actual que aún conserva las paredes originales en ladrillo visto y piedra. Destaca por la calidad de sus pinchos y sus carnes a la brasa.

🏖 ♿ AC – Tapa 3€ – Ración 18€ – Carta 30/47€

Avellanos 8 ✉ 09003 – ✆ 947 20 59 49 – www.lafavoritaburgos.com

CABAÑAS DE LA SAGRA

Toledo – Mapa regional **7**-B2 – Mapa de carreteras Michelin nº 576-L18

CASA ELENA

MODERNA • MARCO REGIONAL XX ¡En una casona rural que emana autenticidad! Encontrará una cocina regional manchega, bastante moderna en la ejecución, que está muy concienciada con el uso de productos Km 0.

🏖 ♿ AC ⊕ – Menú 23€ (almuerzo), 45/105€

Nueva 15 ✉ 45592 – ✆ 925 35 54 07 – www.restaurantecasaelena.com – Cerrado lunes, cena: martes-jueves, cena: domingo

CABRILS

Barcelona – Mapa regional **10**-B3 – Mapa de carreteras Michelin nº 574-H37

CA L'ESTRANY

TRADICIONAL • AMBIENTE CLÁSICO XX Una casa, tipo masía, muy vinculada a La Cofradía de Pescadores de Arenys de Mar. Pruebe el pulpo, los arroces, las sugerencias... y, por supuesto, sus pescados y mariscos.

🏖 ♿ AC ⊕ P – Menú 22€ (almuerzo) – Carta 36/52€

Camí Coll de Port 19 ✉ 08348 – ✆ 937 50 70 66 – www.calestrany.com – Cerrado lunes, cena: martes-miércoles, cena: domingo

CACABELOS

León – Mapa regional **8**–A1 – Mapa de carreteras Michelin n° 575-E9

PALACIO DE CANEDO

REGIONAL · **RÚSTICA** ✗✗ Un palacete rural donde la piedra y la madera toman casi todo el protagonismo, no en vano... ¡está rodeado de viñedos! La sede de Prada a Tope, que sorprende con espacios de mágica rusticidad, propone una cocina tradicional muy centrada en sus propios productos.

🏡 ⅋ Ⓜ ⊡ ⇄ 🅿 – Menú 33/37 € – Carta 35/50 €

La Iglesia (Canedo, Noreste 6,5 km) ✉ 24546 – ☎ 987 56 33 66 –
www.pradaatope.es –
Cerrado cena: domingo

CÁCERES

Cáceres – Mapa regional **12**–B2 – Mapa de carreteras Michelin n° 576-N10

✿✿ ATRIO

Chef: Toño Pérez

CREATIVA · **DE DISEÑO** ✗✗✗✗ Un templo culinario que emana pasión y mima cada detalle, pues en él las armonías van más allá de lo gastronómico para que sintamos la quintaesencia de un sueño hecho realidad.

El chef cacereño Toño Pérez plantea una cocina moderna, creativa y tremendamente refinada, de firmes bases tradicionales pero evolucionada para que la técnica se ponga al servicio de la emoción, ensalzando siempre las materias primas de la región y sobre todo su famoso "cochinito feliz", un emblema de la dehesa extremeña que aquí adquiere la categoría de producto fetiche. La maravillosa bodega, una de las mejores del mundo (por continente y contenido) gracias a la incansable labor de José Polo (copropietario, jefe de sala y sumiller), atesora una colección de Château d'Yquem con... ¡hasta 80 añadas diferentes!

⃝ 🏡 ⅋ Ⓜ ⊡ – Menú 185 €

Hotel Atrio, Plaza San Mateo 1 ✉ 10003 – ☎ 927 24 29 28 –
www.restauranteatrio.com

TORRE DE SANDE 🔘

TRADICIONAL · **ACOGEDORA** ✗✗ Oferta una cocina tradicional con toques actuales, destacando por sus verduras y sus carnes de cerdo ibérico. ¡Las tartas son las mismas de Atrio (dos Estrellas MICHELIN)!

🏡 ⅋ Ⓜ ⇄ – Menú 48 € – Carta 39/65 €

Condes 3 ✉ 10003 – ☎ 927 16 49 94 –
www.torredesande.es

ALBALAT

TRADICIONAL · **MARCO CONTEMPORÁNEO** ✗✗ ¡Una casa llevada en familia! Presenta una zona de tapeo y un comedor actual, donde le propondrán una carta tradicional bien apoyada por un menú del día y otro de degustación.

⅋ Ⓜ – Menú 15/30 € – Carta 35/50 €

Avenida Ruta de la Plata 4 ✉ 10001 – ☎ 927 03 83 03 –
www.restaurantealbalat.com –
Cerrado cena: domingo

LA CASA DEL SOL 🔘

ACTUAL · **MARCO CONTEMPORÁNEO** ✗✗ Un gran complejo gastronómico (restaurante, tapería, bodega, tienda, terraza...) dentro de un edificio histórico. Cocina contemporánea que ensalza la materia prima extremeña.

🏡 Ⓜ ⇄ – Carta 37/55 €

Cuesta de la Compañía ✉ 10003 – ☎ 682 08 09 03 –
www.restaurantelacasadelsol.com –
Cerrado lunes, martes

JAVIER MARTÍN

ACTUAL · MARCO CONTEMPORÁNEO XX En este moderno local, muy bien llevado por una pareja en la barriada de Nuevo Cáceres, encontrará una completa carta tradicional con pinceladas actuales y varios menús.

& 🅰 ⇔ – Menú 30/65€ – Carta 30/65€

Juan Solano Pedrero 15 ✉ *10005 –* ☎ *927 23 59 06 –*
www.restaurantejaviermartin.com –
Cerrado cena: domingo

MADRUELO

TRADICIONAL · AMBIENTE TRADICIONAL X Instalado en un edificio del s. XIX que se halla a pocos metros de la Plaza Mayor. Platos de base tradicional elaborados, fundamentalmente, en torno a productos extremeños.

🅰 – Menú 30/40€ – Carta 30/50€

Camberos 2 ✉ *10003 –* ☎ *927 24 36 76 –*
www.madruelo.com –
Cerrado cena: lunes-jueves, cena: domingo

CADAQUÉS

Girona – Mapa regional **9**–D3 – Mapa de carreteras Michelin nº 574-F39

COMPARTIR

MODERNA · RÚSTICA X Posee un amplio patio-terraza y un agradable interior de ambiente rústico-mediterráneo, con fuerte presencia de la piedra y la madera. Su propuesta culinaria apunta hacia el plato completo, de gran calidad, pero todo ideado para compartir.

🏠 🅰 ⇔ – Menú 70€ – Carta 40/60€

Riera Sant Vicenç ✉ *17488 –* ☎ *972 25 84 82 –*
www.compartircadaques.com –
Cerrado lunes

CÁDIZ

Cádiz – Mapa regional **1**–A2 – Mapa de carreteras Michelin nº 578-W11

😊 ALMANAQUE ⓝ

ACTUAL · ACOGEDORA X Pequeño, sencillo y encantador restaurante ubicado en un edificio histórico de la parte vieja de Cádiz, junto al parque (Plaza de España) donde se encuentra el monumento a la Constitución de 1812. Juan Carlos Borrell, pupilo durante varios años del laureado chef valenciano Ricard Camarena, de quien dicen que aprendió a coger el punto a los arroces, defiende una cocina que evita los artificios para concentrar los esfuerzos en salvaguardar el recetario tradicional gaditano y potenciar el sabor. La carta, no muy amplia, evoluciona constantemente al regirse por la estacionalidad de los productos.

🏠 & 🅰 – Carta 29/55€

Plaza de España 5 duplicado ✉ *11006 –* ☎ *956 80 86 63 –*
Cerrado lunes, martes

😊 CONTRASEÑA

MODERNA · ACOGEDORA X Se halla en la céntrica plaza de la Candelaria y está bien llevado por Léon Griffioen, un chef de raíces holandesas y espíritu errante que, tras conocer en Londres a Paqui Márquez (su mujer, jefa de sala y sumiller), decidió deshacer definitivamente la maleta en "la tacita de plata". En la sala, de ambiente minimalista y con los fogones a la vista, encontrará una cocina moderna de bases tradicionales y sabores gaditanos bastante marcados, pensada tanto para sorprender a la pareja como a los amigos. ¿Su objetivo? Que comamos con los ojos, descubramos con el olfato y saboreemos con el paladar.

🏠 🅰 – Menú 35€ – Carta 28/42€

Plaza Candelaria 12 ✉ *11005 –* ☎ *655 18 89 17 –*
www.restaurantecontrasenacadiz.es –
Cerrado lunes, cena: domingo

CÓDIGO DE BARRA ⓝ

MODERNA · MARCO CONTEMPORÁNEO %%% Combina amabilidad, servicio, elegancia... y una buena ubicación en una calle peatonal. ¿Su propuesta? Dos modernos menús degustación, ambos inspirados en la cocina gaditana.

& 🎛 – Menú 50/60€

San Francisco 7 ✉ 11004 – 𝒸 635 53 33 03 –
www.restaurantecodigodebarracadiz.com –
Cerrado martes

CICLO ⓝ

CREATIVA · MARCO CONTEMPORÁNEO % En pleno corazón gaditano, donde defiende una cocina actual-creativa que procura enarbolar la bandera del producto local. ¡Su chef trabajó con Martín Berasategui y Ángel León!

& 🎛 – Menú 29€ – Carta 42/48€

Amaya 1 ✉ 11005 – 𝒸 956 25 67 04 –
www.ciclorestaurante.com –
Cerrado lunes, cena: domingo

LA CURIOSIDAD DE MAURO BARREIRO

MODERNA · MARCO CONTEMPORÁNEO % Su oferta culinaria fusiona la cocina de otros países, sobre todo de Sudamérica y Asia, con platos más locales. ¡En el bar también muestran su carta con un apartado de tapas!

& 🎛 – Menú 35/50€ – Carta 20/50€

Veedor 10 ✉ 11003 – 𝒸 956 99 22 88 –
www.lacuriosidaddemaurobarreiro.com –
Cerrado lunes, cena: domingo

SONÁMBULO

FUSIÓN · ACOGEDORA % Enamora dentro de su sencillez, tanto por el montaje como por sus coquetos detalles (retro, rústico, plantas...). Cocina moderna de fusión, con platos tradicionales y exóticos.

🍴 & 🎛 – Menú 15/40€ – Carta 20/35€

Plaza Candelaria 12 ✉ 11005 – 𝒸 661 77 07 90

CAIMARI – Balears → Ver Balears (Mallorca)

CALA BLAVA – Balears → Ver Balears (Mallorca)

CALA D'OR – Balears → Ver Balears (Mallorca)

CALA EN PORTER – Balears → Ver Balears (Menorca)

CALAHONDA
Granada – Mapa regional 1-C2 – Mapa de carreteras Michelin nº 578-V19

EL CONJURO ⓝ

MODERNA · MARCO CONTEMPORÁNEO %% De aire minimalista y bien llevado entre hermanos. Cocina contemporánea sin ataduras, en base a los mejores productos de la costa, carnes selectas y... ¡condimentos asiáticos!

🍴 🎛 – Menú 70€ – Carta 37/64€

Avenida de los Geranios 6 ✉ 18730 – 𝒸 958 62 31 04 –
www.elconjurorestaurante.com –
Cerrado almuerzo: lunes-martes, miércoles, almuerzo: jueves

CALATAYUD
Zaragoza – Mapa regional 2-B2 – Mapa de carreteras Michelin nº 574-H25

CASA ESCARTÍN

TRADICIONAL · RÚSTICA % Una casa familiar que cuida muchísimo tanto los productos como los sabores. El chef, hijo del propietario, va actualizando poco a poco el recetario tradicional de su padre.

Menú 17/25 € – Carta 35/45 €

Paseo San Nicolás de Francia 19 ⊠ 50300 – ℰ 976 89 17 38 –
www.restaurantecasaescartin.com – Cerrado lunes, cena: domingo

CALDERS
Barcelona – Mapa regional **9**–C2 – Mapa de carreteras Michelin n° 574-G35

URBISOL
TRADICIONAL · **ACOGEDORA** XX Atesora gran personalidad, pues fue el origen del negocio. Amabilidad, confort, una completa carta de cocina tradicional actualizada... y cuidadas habitaciones como complemento.

& AC ⊞ P – Menú 50 € – Carta 31/61 €

Hotel Urbisol, Carretera N 141 C (Noreste 2,5 km) ⊠ 08279 – ℰ 938 30 91 53 –
www.hotelurbisol.com – Cerrado lunes, martes, cena: domingo

CALDES DE MONTBUI
Barcelona – Mapa regional **10**–B2 – Mapa de carreteras Michelin n° 574-H36

🏵 MIRKO CARTURAN CUINER
MODERNA · **A LA MODA** XX Un restaurante que se plantea como una extensión del propio chef, de origen piamontés, por eso presenta la cocina acristalada nada más entrar, un comedor actual decorado a base de libros gastronómicos, un patio-terraza y un privado. ¿Su propuesta? Cocina actual no exenta de personalidad, ensalzando siempre los productos de temporada, cuidando las texturas y mimando las presentaciones. Organizan varias jornadas gastronómicas a lo largo del año (trufas, setas, caza...) y de lunes a viernes, solo los días laborales, ofrecen un interesantísimo menú llamado "Bib Gourmand Guía MICHELIN".

🍴 AC ⇔ – Menú 30 € (almuerzo), 40/55 € – Carta 33/48 €

Avenida Pi i Margall 75 ⊠ 08140 – ℰ 938 65 41 60 –
www.mirkocarturan.com – Cerrado cena: lunes-jueves, almuerzo: sábado, domingo

CALELLA
Barcelona – Mapa regional **10**–A2 – Mapa de carreteras Michelin n° 574-H37

EL HOGAR GALLEGO
PESCADOS Y MARISCOS · **AMBIENTE CLÁSICO** XX Un gran clásico, céntrico y con muchos años de vida. Tiene una carta bastante completa, aunque lo más vendido siempre son los fantásticos pescados y mariscos de su expositor.

AC ⊞ ⇔ P – Carta 50/80 €

Ànimes 73 ⊠ 08370 – ℰ 937 66 20 27 –
www.elhogargallego.cat – Cerrado lunes, cena: domingo

EL DRAC
CREATIVA · **TENDENCIA** X La personalidad del chef Raül Balam Ruscalleda llevada a su tierra, El Maresme, para aprovechar los productos de temporada del entorno desde su creatividad. ¡Sabores marcados!

AC P – Menú 58/78 € – Carta 45/75 €

Hotel Sant Jordi, Turisme 80-88 ⊠ 08370 – ℰ 937 66 19 19 –
www.hotelsantjordi.com – Cerrado lunes, martes, miércoles,
almuerzo: jueves-viernes, cena: domingo

CALELLA DE PALAFRUGELL
Girona – Mapa regional **10**–B1 – Mapa de carreteras Michelin n° 574-G39

SA JAMBINA
TRADICIONAL · **AMBIENTE MEDITERRÁNEO** XX Una casa de ambiente actual-informal que, con la incorporación de los hijos, ha inyectado ilusiones renovadas en la propuesta. Cocina marinera de base tradicional y local.

🍴 AC ⇔ – Carta 50/80 €

Boffil i Codina 21 ⊠ 17210 – ℰ 972 61 46 13 – Cerrado lunes, martes

ESPAÑA

LAS CALETAS – Santa Cruz de Tenerife → Ver Canarias (La Palma)

CALLDETENES
Barcelona – Mapa regional **9**–C2 – Mapa de carreteras Michelin nº 574-G36

✿ CAN JUBANY
Chef: Nandu Jubany

MODERNA · RÚSTICA XxxX Una casa de referencia en Cataluña, tanto por su emplazamiento en una preciosa masía como por el talento del chef Nandu Jubany, un hombre que no para, que siente pasión por las motos y... ¡que ha llegado a correr el Dakar!

El acceso nos permite contemplar la huerta anexa, de la que sacan muchos productos, y la propia cocina, donde se constata el equilibrio entre tradición y vanguardia. El acogedor interior sorprende con varias salas de ambiente rústico-actual, diferentes espacios para la sobremesa y una mesa del chef al pie de los fogones. Encontrará una cocina actual de raíces tradicionales, con platos construidos en base a los mejores productos catalanes, y sorprendentes menús, como "El Gran Festín de Can Jubany", con hasta seis postres para compartir en su increíble apartado dulce.

𝄞 ᕀ 🅜 🉐 🅿 – Menú 98/145€ – Carta 70/120€

Carretera C 25 (salida 187, Este 1,5 km) ✉ 08506 – ☎ 938 89 10 23 – www.canjubany.com – Cerrado lunes, domingo

ES CALÓ DE SANT AGUSTÍ – Balears → Ver Balears (Formentera)

CALP • CALPE
Alicante – Mapa regional **11**–B3 – Mapa de carreteras Michelin nº 577-Q30

✿ AUDREY'S
CREATIVA · MARCO CONTEMPORÁNEO XX Audrey Hepburn, la mítica protagonista de "Desayuno con diamantes", no ha tenido que acudir a Tiffany & Co. para hallar otra joya exclusiva.

Aquí, en un espacio luminoso y de fresca elegancia, el chef Rafa Soler plantea una cocina valenciana evolucionada, muy creativa en las formas y las técnicas pero también apegada al terreno, a la memoria y a los productos de proximidad; no en vano, muchos la califican como "enogastronómica". Sus platos denotan personalidad y alma mediterránea, transformando siempre las materias primas desde el respeto a sus raíces y a la temporalidad, con la menor manipulación posible. ¿Curiosidades? Los menús degustación están dedicados a sus hijos, Aitana y Joël, llevando este último el nombre del emblemático chef francés Joël Robuchon, uno de sus grandes maestros.

ᕀ 🅜 🉐 – Menú 85/125€

Avenida Juan Carlos I 48 (Hotel AR Diamante Beach) ✉ 03710 – ☎ 608 66 76 37 – www.audreys.es – Cerrado lunes, martes, almuerzo: miércoles-jueves

✿ BEAT
COCINA MEDITERRÁNEA · AMBIENTE MEDITERRÁNEO XX Beat refleja el "latido gastronómico" del hotel The Cook Book, pues aquí son capaces de alterarnos el pulso desde que empezamos a tomar los primeros aperitivos.

El luminoso local, dominado por los tonos blancos, refleja la esencia del Mediterráneo y sirve como escenario a lo que va a ser una gran experiencia culinaria, marcada por un producto intachable y una coherencia tal que los sabores se potencian entre sí. El chef valenciano José Manuel Miguel, único cocinero que ha ganado una Estrella MICHELIN en Francia y España, busca la excelencia, por eso orienta su propuesta hacia sus menús sin olvidarse de un buen servicio a la carta, con platos nítidos y actuales que fusionen la vitalidad mediterránea con la finura propia de la cocina francesa. ¡Si anhela exclusividad reserve la Mesa Cero!

𝄞 🍴 ᕀ 🅜 ✜ 🅿 – Menú 85/125€ – Carta 50/85€

Urbanización Marisol Park 1A (Norte 0,5 km, Hotel The Cookbook) ✉ 03710 – ☎ 628 27 78 58 – www.thecookbookhotel.com – Cerrado lunes, martes, miércoles

KOMFORT

ACTUAL · A LA MODA 🗶 Interesante pese a estar a las afueras de Calpe, pues se halla en la urbanización Marisol Park. Sus instalaciones forman parte del hotel gastronómico The Cook Book, donde presenta una moderna sala tipo bistró con grandes cristaleras, mesas desnudas de distintas alturas y un sinfín de lámparas diferentes definiendo la personalidad del local. Aquí encontrará una cocina tradicional e internacional bien elaborada, en base a productos de calidad y con presentaciones que denotan su gusto por los detalles. ¿Alguna curiosidad? Sí; su nombre recuerda la corriente culinaria conocida como "comfort food".

🛎 & 🏧 🅿 – Carta 28/45€

Urbanización Marisol Park 1A (Norte 0,5 km, Hotel The Cookbook) ✉ *03710 – ☎ 636 57 22 41 –*
www.thecookbookhotel.com – Cerrado miércoles

OROBIANCO

ITALIANA CONTEMPORÁNEA · MARCO CONTEMPORÁNEO 🗶🗶🗶 ¿Cocina italiana de altos vuelos? Aquí la encontrará, en base a unos menús degustación repletos de técnica y buen producto. ¡Fantásticas vistas panorámicas desde la terraza!

≼ 🛎 & 🏧 🖵 🅿 – Menú 85/120€

Partida Colina del Sol 49 A (Norte 3 km) ✉ *03710 – ☎ 965 83 79 33 –*
www.orobianco.es – Cerrado martes, miércoles, cena: domingo

CALVIÀ – Balears → Ver Balears (Mallorca)

CAMBADOS

Pontevedra – Mapa regional **13**-A2 – Mapa de carreteras Michelin nº 571-E3

🕸 YAYO DAPORTA

CREATIVA · AMBIENTE CLÁSICO 🗶🗶 Si busca la autenticidad del Atlántico es difícil encontrar un sitio mejor, pues Yayo Daporta evoluciona su propuesta cerrando, cada vez más, el perímetro de las materias primas que utiliza, tremendamente cercanas y en muchos casos de origen familiar.

En su restaurante, que en el s. XVIII funcionó como Hospital Real, el cocinero aprendió a cultivar el amor por los productos marinos. Hoy, nos ofrece precisamente eso, lealtad y pasión, respetando en lo posible los sabores de los excelentes mariscos (sobre todo bivalvos), pescados y algas de la costa de Cambados. Encontrará varios menús y elaboraciones que versionan los platos típicos gallegos, añadiéndoles en ocasiones algún toque peruano. También hay una pequeña bodega, especializa en la D.O. Rías Baixas, a cargo de la hermana del chef.

🏧 – Menú 75/100€

Hospital 7 ✉ *36630 – ☎ 986 52 60 62 –*
www.yayodaporta.com – Cerrado lunes, cena: domingo

🕸 A TABERNA DO TRASNO

TRADICIONAL · TENDENCIA 🗶 Resulta céntrico e inesperado, pues ha devuelto la vida a una preciosa casa en piedra, con más de dos siglos, que hoy sorprende por su moderno interior. El chef-propietario nos ofrece una carta variada en la que conviven los platos tradicionales con otros más modernos, algunos mariscos, bastantes productos a la brasa (posee un horno de leña) e incluso un apartado de cocina de fusión al que llaman "Un paseo por el mundo". ¿Alguna sugerencia o recomendación? Pruebe el Pulpo a la brasa sobre crema de cachelos o su maravillosa Merluza de Burela a la brasa, con almejas y reducción de albariño.

🛎 🏧 – Menú 40€ – Carta 30/45€

Príncipe 12 ✉ *36630 – ☎ 986 52 49 88 –*
www.atabernadotrasno.com – Cerrado lunes

POSTA DO SOL

PESCADOS Y MARISCOS · **ACOGEDORA** X Un restaurante-marisquería con carácter y detalles regionales. Su especialidad son los pescados y mariscos, pero también las empanadas, destacando entre ellas la de vieiras.

🏠 – Menú 25/50 € – Carta 30/52 €

Ribeira de Fefiñans 22 ✉ 36630 – ✆ 986 54 22 85 –
www.postadosol.es – Cerrado cena: domingo

CAMBRINS

Tarragona – Mapa regional **9**–B3 – Mapa de carreteras Michelin nº 574-I33

✿ **CAN BOSCH**

Chef: Joan y Arnau Bosch

TRADICIONAL · **ACOGEDORA** XXX Ofrece los valores de un negocio familiar fiel a sí mismo, con la honestidad por bandera y una línea guía que no se quiebra desde que abrió en 1969: usar exclusivamente materias primas de temporada y aprovechar la calidad de los cercanos frutos del mar; de hecho, los pescados y mariscos vienen de la lonja de Cambrils y sus famosos arroces, siempre de la variedad Carnaroli del "Molí de Rafelet", del Delta del Ebro.

Joan y Arnau Bosch (padre e hijo) fusionan sus respectivas personalidades culinarias en un sutil equilibrio, acudiendo a la complicidad para que tradición e innovación vayan de la mano en una cocina respetuosa con el producto. No hay mayor prueba de éxito que el favor del público, pero es justo recordar que este restaurante luce su Estrella MICHELIN... ¡desde la edición de 1985!

☸ ♿ 🅰🅲 ▣ ✿ – Menú 50/110 € – Carta 75/90 €

Rambla Jaume I 19 ✉ 43850 – ✆ 977 36 00 19 –
www.canbosch.com – Cerrado lunes, martes

✿ **RINCÓN DE DIEGO**

Chef: Diego Campos

TRADICIONAL · **MARCO CONTEMPORÁNEO** XXX Si busca un restaurante de calidad próximo a la playa o al puerto deportivo no hay excusas, pues este se halla cerca de la Platja del Regueral y a solo unos pasos del Club Nàutic de Cambrils.

La casa, con dos plantas de ambiente actual-contemporáneo, presume de tener un tándem de lujo tras los fogones: el chef Diego Campos, uno de los bastiones en la revitalización de la gastronomía local, y su hijo Rubén. ¿La propuesta? Una cocina tradicional actualizada que ensalza los pescados y mariscos de Cambrils, dejando siempre constancia de ese toque personal que aquí le saben dar a los arroces, su fideuás, su romesco o el suquet. Interesantes menús, raciones contundentes, numerosos aperitivos antes de los platos principales... ¡e interesantísimas jornadas gastronómicas!

☸ 🅰🅲 – Menú 55 € – Carta 60/105 €

Drassanes 19 ✉ 43850 – ✆ 977 36 13 07 – www.rincondediego.com – Cerrado lunes,
cena: domingo

BRESCA

TRADICIONAL · **A LA MODA** XX Una casa de línea actual-funcional que mima cada detalle. Su oferta, tradicional actualizada, se enriquece en los postres con una carta más de infusiones, tés y vinos dulces.

♿ 🅰🅲 – Menú 25 € (almuerzo) – Carta 45/55 €

Doctor Fleming 4 ✉ 43850 – ✆ 977 36 95 12 – www.brescarestaurant.com –
Cerrado lunes, cena: martes, cena: domingo

MIRAMAR

PESCADOS Y MARISCOS · **MARCO CONTEMPORÁNEO** XX Negocio familiar de 3ª generación ubicado junto a la Torre del Port (s. XVII). Proponen una cocina marinera actualizada que cuida mucho los detalles. ¡Gran carro de postres!

🏠 🅰🅲 – Menú 39/120 € – Carta 55/80 €

Paseo Miramar 30 ✉ 43850 – ✆ 977 36 00 63 – www.miramar-cambrils.com –
Cerrado cena: martes, miércoles

EL CAMPELLO

Alicante – Mapa regional 11–B3 – Mapa de carreteras Michelin n° 577-Q28

BREL

INTERNACIONAL · DE DISEÑO % Un negocio familiar que, como un pequeño guiño a sus orígenes, toma su nombre del famoso cantante belga Jacques Brel, conocido internacionalmente por su tema "Ne me quitte pas". El restaurante, que inicialmente funcionó como pizzería, destaca tanto por su emplazamiento frente a la playa como por su atractivo interior: amplio, luminoso, de diseño actual y con una barra-mesa especial junto a la cocina acristalada. ¿Qué encontrará? Una carta mediterránea-actual siempre atenta a los detalles, con apartados específicos para la pasta fresca, las pizzas de autor y los platos de inspiración asiática.

🍽 & ᴀᴄ – Menú 30/45€ – Carta 33/44€

San Vicente 91 ✉ 03560 – ℰ 965 63 07 01 – www.restaurantebrel.com –
Cerrado martes, miércoles

CAMPO DE CRIPTANA

Ciudad Real – Mapa regional 7–C2 – Mapa de carreteras Michelin n° 576-N20

LAS MUSAS

REGIONAL · MARCO CONTEMPORÁNEO %% Tiene que ir, pues a la buena propuesta gastronómica hay que unir su cuidado ambiente rústico-actual y el hecho, indiscutible, de hallarse en un emplazamiento privilegiado, en un alto y... ¡junto a los legendarios molinos-gigantes de El Quijote! El local, que ocupa una antigua discoteca y toma de ella su nombre, está en una localidad con mucho turismo, por eso desde los fogones apuestan por una cocina con un marcado sabor manchego; eso sí, sin cerrar las puertas a los detalles actuales. ¿Platos destacados? Las clásicas Migas, sus Croquetas de cocido, el Queso frito de Valdivieso con bizcocho...

ᴀᴄ ⇔ – Menú 15€ (almuerzo)/60€ – Carta 30/60€

Barbero 3 ✉ 13610 – ℰ 926 58 91 91 – www.restaurantelasmusas.com

CAMPOS – Balears → Ver Balears (Mallorca)

ISLAS
CANARIAS

Clima, naturaleza, folclore, arte... La diversidad de las Islas Canarias cautiva cada año a millones de turistas de todo el mundo, que caen rendidos ante el contraste de sus paisajes volcánicos, la belleza de sus cielos estrellados (los más limpios de Europa) y el peculiar mestizaje de su gastronomía, pues esta combina los productos autóctonos con los llegados de la península y de Latinoamérica.

El recetario canario, ecléctico y con una evolución distinta en cada isla, posee especialidades como las Papas arrugadas, unas patatas de diminuto tamaño que son hervidas con piel y presentadas, tal cual, con dos salsas (Mojo rojo y Mojo verde). También son típicos el Potaje de berros, el Conejo en salmorejo o la Vieja sancocha (pescado autóctono guisado).

Muchos platos van acompañados del tradicional Gofio, una elaboración en base a cereales tostados que ya conocían los guanches; y en lo que respecta a los postres, los más populares son el Bienmesabe y el emblemático Plátano de Canarias.

- Mapa regional nº 5-B2
- Mapa de carreteras Michelin nº 125

ÍNDICE DE LAS LOCALIDADES

Gran Canaria

ARGUINEGUÍN

Las Palmas – Mapa regional **5**–B2 – Mapa de carreteras Michelin nº 125-C4

✿ LA AQUARELA

CREATIVA · ELEGANTE XxX Un restaurante que sorprende por su ubicación en un complejo de apartamentos, junto a la playa de Patalavaca y al sur de la isla de Gran Canaria. Se ha convertido en un referente culinario y ofrece mesas especialmente agradables, como las ubicadas al pie de la piscina, que resultan perfectas para disfrutar de las puestas de sol.

En este establecimiento, de acogedor ambiente clásico, encontrará unas elaboraciones muy técnicas y delicadas, arraigadas a los sabores del entorno pero con personalidad propia al dejar ver algún que otro matiz nórdico (el chef, Germán Ortega, trabajó en Estocolmo varios años). Defienden la cocina canaria moderna a través de tres menús degustación (Fish Lovers, Aquarela y Experiencia), todos con unos fondos muy trabajados y potenciando el mejor producto local.

❀ 🛧 ᬓ 🌃 🅿 – Menú 79/98€

Barranco de la Verga (Edificio Aquamarina, Carretera GC-500, Playa de Patalavaca, Noroeste 2 km) ✉ 35129 – ☏ 928 73 58 91 – *www.restaurantelaaquarela.com – Cerrado lunes, martes, almuerzo: miércoles-domingo*

ARUCAS

Las Palmas – Mapa regional **5**–B2 – Mapa de carreteras Michelin nº 125-E2

☺ CASA BRITO

TRADICIONAL · RÚSTICA Xx Casa Brito tiene fama en la isla gracias tanto a su cocina, bien presentada y de gusto tradicional, como al buen nivel de su organización, amable y acostumbrada a trabajar con clientela local. Encontrará un bar privado y dos salas de ambiente rústico, la principal con la parrilla vista y los techos en madera. La gran especialidad de este restaurante son las carnes a la parrilla, dando siempre el punto adecuado al vacuno de Alemania, Uruguay, Castilla, Galicia, Asturias... ¿Qué puede pedir? Pruebe el Chorizo parrillero o las sabrosas Chuletitas de Baifo (el cabrito autóctono) a la parrilla.

ᬓ ✢ 🅿 – Carta 30/50€

Pasaje Ter 17 (Visvique, Sur 1,5 km) ✉ 35412 – ☏ 928 62 23 23 – *www.casabrito.com – Cerrado lunes, martes, cena: domingo*

MOGÁN

Las Palmas – Mapa regional **5**–B2 – Mapa de carreteras Michelin nº 125-C3

✿ LOS GUAYRES

MODERNA · AMBIENTE CLÁSICO XxX Una experiencia no exenta de magia, pues tras recorrer los áridos paisajes del valle de Mogán supone un oasis de elegancia y exotismo.

En este restaurante, dentro del hotel Cordial Mogán Playa, resalta la figura de Alexis Álvarez, formado en algunas de las mejores casas de la península. Este chef grancanario se reafirma en su convicción de buscar una fusión entre la cocina canaria tradicional y la más actual, mostrando siempre a través de sus menús interesantes detalles de autor, de la culinaria internacional y, por supuesto, tanto de los productos isleños (gofio, cabra, tuno rojo...) como los de la rica despensa atlántica (cherne, atún rojo, sama...). ¿Recomendaciones? Si es posible reserve en la terraza, pues esta reproduce un balcón típico canario que se asoma a los jardines del hotel.

🛧 ᬓ 🚗 – Menú 100/120€

Avenida de los Marrero 2 (en el puerto, Suroeste 8 km) ✉ 35138 – ☏ 928 72 41 00 – *www.losguayres.com – Cerrado lunes, almuerzo: martes-sábado, domingo*

LAS PALMAS DE GRAN CANARIA

Las Palmas – Mapa regional **5**–B2 – Mapa de carreteras Michelin nº 125-G2

⭐ POEMAS BY HERMANOS PADRÓN ⓝ

CREATIVA · ELEGANTE XXX Resulta deslumbrante, tanto por sus elegantes instalaciones como por la oferta gastronómica que desarrolla en el exclusivo e histórico hotel Santa Catalina, en pleno corazón de Las Palmas de Gran Canaria.

Al frente de los fogones está la joven chef Icíar Pérez, natural de la isla de El Hierro, que tutelada por los hermanos Padrón (Juan Carlos y Jonathan) reproduce la propuesta de los laureados chefs exaltando los sabores, su delicadeza y su creatividad. El espacio, dotado de un acceso independiente junto al piano-bar del hotel, sorprende por su refinado interiorismo, de espíritu clásico y con profusión de maderas. ¿Qué encontrará? Una carta y un menú degustación que comparten platos entre sí, desplegando en cualquier caso un interesante recorrido por diferentes países y continentes.

🅰🅒 ⇔ 🚗 – Menú 110/120 € – Carta 90/120 €

Santa Catalina, León y Castillo 227 (Hotel Santa Catalina) ✉ *35005 –*
☏ *928 24 30 41 – www.royalhideaway.com – Cerrado lunes, almuerzo: martes-jueves, domingo*

☺ EL EQUILIBRISTA 33

MODERNA · SENCILLA X Está cerca de la playa de Las Alcaravaneras, refleja un poco la personalidad del chef-propietario y cuenta con un montón de adeptos, pues sin duda saben tratar las materias primas y combinar, en su justa medida, la tradición con la innovación, haciendo siempre lo imposible por exaltar los diferentes productos de la región. Si viene por esta casa, de ambiente moderno-actual, no debe perderse los Huevos moles con el típico gofio canario al natural, uno de los postres más apreciados entre sus clientes y que suele cautivar por su extraordinario e intenso sabor. ¡Tradición en estado puro!

🅰🅒 – Menú 60/80 € – Carta 35/50 €

Ingeniero Salinas 23 ✉ *35006 –* ☏ *928 23 43 26 –*
www.restauranteelequilibrista33.es – Cerrado lunes, martes, miércoles, cena: domingo

☺ PÍCARO

FUSIÓN · SENCILLA X Descubra el ambiente alegre y desenfadado de este local, singular tanto en la forma como en el concepto; no en vano, una de sus premisas busca trabajar sin presión para así disfrutar de cada momento. El joven chef, que viene de una familia hostelera, propone una cocina viajera con toques asiáticos, tomando siempre como punto de partida el producto local. Aquí defienden su carácter informal apostando por los platos al centro, para compartir, todo dentro de una oferta no muy amplia pero sabrosa, técnica y detallista. ¡Algunas elaboraciones las sirve el propio chef para así poder explicarlas!

🍴 🅰🅒 – Carta 25/35 €

Avenida José Mesa y López 1 ✉ *35006 –* ☏ *928 01 57 11 –*
www.restaurantepicaro.com – Cerrado lunes, martes, almuerzo: domingo

☺ QUÉ LECHE

MODERNA · SIMPÁTICA X Si además de comer bien busca una experiencia gastronómica no dude en visitarlo, pues seguramente... ¡le enamorará! El local, no muy amplio pero coqueto e informal, está llevado de forma entusiasta por Jennise y Mario, una agradable pareja (ella venezolana y él canario) que defiende la cocina de fusión fresca y detallista, basada en la calidad de los productos locales, con detalles viajeros (mexicanos, asiáticos, nikkeis...) y muchos platos para compartir. ¿Qué pedir? Pruebe su Aguachile verde de lubina o el Chipirón sahariano con jugo de cebolla rustida, jengibre, tinta y curado de oveja.

🅰🅒🍴 🅰🅒 – Carta 30/40 €

Torres 22 ✉ *35002 –* ☏ *607 91 78 03 – www.restaurantequeleche.com –*
Cerrado lunes, domingo

EL SANTO

MODERNA · MARCO CONTEMPORÁNEO ✗ Bien ubicado en el barrio de Triana, una zona del casco histórico con un carácter y una belleza especial al estar, sobre todo en su origen, habitado por vecinos que procedían mayoritariamente de Andalucía. El local, que sorprende positivamente por su estética interior al combinar las paredes en piedra del edificio rehabilitado con sugerentes toques tropicales y unos retratos muy coloristas, está llevado con acierto por el chef Alejandro Laureiro, un joven cocinero que lucha por dar continuidad a la cocina creativa de esta casa en base a las mejores materias primas de la isla.

🅰🅲 – Carta 33/45€

Escritor Benito Pérez Galdós 23 ✉ *35002 –* ✆ *928 28 33 66 –*
www.elsantorestaurante.com –
Cerrado lunes, domingo

BEVIR

MODERNA · MARCO CONTEMPORÁNEO ✗✗ Disfruta de un cuidado aire contemporáneo y apuesta por la cocina actual, demostrando detalles y ganas de agradar en cada plato. ¡Aquí suelen mimar la puesta en escena!

🅰🅲 ✿ – Carta 35/55€

Pérez Galdós 43 ✉ *35002 –* ✆ *928 35 85 48 –*
www.restaurantebevir.com –
Cerrado lunes, cena: martes, domingo

DELICIOSAMARTA

CREATIVA · ACOGEDORA ✗✗ Se encuentra en una atractiva calle peatonal del barrio de Triana y destila personalidad, tanto por su estética como por su propuesta. Cocina de mercado con toques modernos.

🍴 🅰🅲 – Carta 30/45€

Pérez Galdós 33 ✉ *35002 –* ✆ *676 37 70 32 –*
Cerrado sábado, domingo

TABAIBA ⓝ

CREATIVA · ACOGEDORA ✗✗ Sorprende, como dicen ellos, con una "cocina canaria evolutiva". Logran que la gastronomía autóctona alcance elevadas cotas en base a técnica, sabor y productos de proximidad.

🅰🅲 – Menú 50/65€ – Carta 40/50€

Portugal 79 ✉ *35010 –* ✆ *928 02 70 55 –*
www.tabaibarestaurante.com –
Cerrado lunes, martes, almuerzo: miércoles, cena: domingo

DE CONTRABANDO ⓝ

FUSIÓN · INFORMAL ✗ Íntimo, de estilo Gatsby actualizado y con una interesante fusionan de platos de aquí y de allá (Sudamérica, Asia...), siempre en base al producto local. ¡Ideal para compartir!

🍴 🅰🅲 – Carta 35/45€

Fernando Guanarteme 16 (Local 1) ✉ *35007 –* ✆ *928 22 84 16 –*
www.decontrabandorestaurante.com –
Cerrado lunes, domingo

EMBARCADERO ⓝ

MODERNA · AMBIENTE MEDITERRÁNEO ✗ En pleno puerto deportivo, donde sorprende con una maravillosa terraza asomada al embarcadero y una cocina actual que tiene en los platos a la brasa una de sus mejores bazas.

🍴 🅰🅲 – Carta 35/50€

Joaquín Blanco Torrent (Club Marítimo Varadero, Muelle Deportivo) ✉ *35005 –*
✆ *928 23 30 67 –*
www.restauranteembarcadero.com

Lanzarote

ARRECIFE

Las Palmas – Mapa regional **5**–C1 – Mapa de carreteras Michelin nº 125-E4

LILIUM

REGIONAL · SENCILLA X La opción ideal para descubrir... ¡la cocina canaria actualizada! Este restaurante, ubicado en la animada zona de La Marina, se presenta con la fachada acristalada, un sencillo comedor de línea actual y una agradable terraza asomada a las embarcaciones de recreo del embarcadero. De sus fogones, completamente a la vista en el interior del local, surge una propuesta que retoma los platos canarios para replantearlos y ponerlos al día. La carta, que ensalza los productos autóctonos, se completa con un menú degustación llamado Bib Gourmand como guiño a la distinción que lucen en la Guía MICHELIN.

⪡ 🍴 🅰 – Menú 38€ – Carta 24/44€

Avenida Olof Palme (Marina Lanzarote) ⊠ *35500 – ℰ 928 52 49 78 – www.restaurantelilium.com – Cerrado lunes, domingo*

FAMARA

Las Palmas – Mapa regional **5**–C1 – Mapa de carreteras Michelin nº 125-E3

EL RISCO

PESCADOS Y MARISCOS · SENCILLA X ¿Quiere comer en un espacio de película? No busque más, pues este restaurante ocupa la casa que el emblemático artista César Manrique diseñó para su propio hermano. El conjunto, que presenta un sencillo montaje de ambiente marinero, sorprende por sus impresionantes vistas sobre la playa de Famara, las montañas del entorno y, perfilada sobre las aguas del océano, la bucólica isla de La Graciosa. La carta destaca tanto por los pescados y mariscos locales como por los arroces; sin embargo, aquí aconsejamos que se deje llevar por las deliciosas sugerencias diarias. ¡Reserve, que suele llenarse!

⪡ 🍴 🅰 – Carta 30/50€

Montaña Clara 30 ⊠ *35530 – ℰ 928 52 85 50 – www.restauranteelrisco.com – Cerrado lunes, cena: domingo*

MÁCHER

Las Palmas – Mapa regional **5**–C1 – Mapa de carreteras Michelin nº 125-E4

MÁCHER 60 🆕

TRADICIONAL · ACOGEDORA XX Una casa singular, y no exenta de historia, que afronta nuevos retos bajo la dirección de Soraya Hernández (su padre fue el artífice de La Tegala, el proyecto primigenio). El luminoso local, que sorprende por su vanguardismo en un entorno volcánico, defiende una vuelta gastronómica a los orígenes, a ese sueño que reivindicaba el producto autóctono y las tradiciones gastronómicas isleñas... eso sí, hoy con toques actuales capaces de cautivar al comensal. ¿La propuesta? Una correcta carta, con opción de platos para compartir, y dos atractivos menús (uno ejecutivo y otro tipo degustación).

🅰 🅰 ⇆ 🅿 – Menú 39/55€ – Carta 32/45€

Carretera Tías-Mácher 60 ⊠ *35571 – ℰ 928 52 45 24 – www.macher60.com – Cerrado almuerzo: lunes-martes, miércoles, almuerzo: jueves, almuerzo: sábado*

PLAYA BLANCA

Las Palmas – Mapa regional **5**–C2 – Mapa de carreteras Michelin nº 125-B5

LA COCINA DE COLACHO 🆕

TRADICIONAL · AMBIENTE EXÓTICO XX Este singular local, con la cocina vista y detalles de diseño, está llevado por un amable matrimonio. Cocina casera actualizada y... ¡exposición con cuadros de la propietaria!

🅰 – Carta 45/55€

Velázquez 15 ⊠ *35580 – ℰ 928 51 96 91 – www.lacocinadecolacho.com – Cerrado almuerzo: lunes-jueves, viernes, sábado, domingo*

KAMEZÍ ⓝ

CREATIVA · **AMBIENTE EXÓTICO** 𝕏𝕏 Se halla en el bello complejo Kamezí Boutique Villas y destila personalidad, pues... ¡tiene hasta un minimercado! Cocina creativa de sabor local, en base a productos autóctonos.

🖩 ⇄ – Menú 70/80€

Mónaco 2 ⊠ 35570 – 𝒞 626 87 36 95 – www.kamezidelibistro.com – Cerrado lunes, almuerzo: martes-jueves, domingo

PLAYA HONDA

Las Palmas – Mapa regional **5**-C1 – Mapa de carreteras Michelin nº 125-D4

AGUAVIVA

ACTUAL · **ACOGEDORA** 𝕏𝕏 Agradable restaurante instalado en un chalet de una zona residencial. En sus salas, decoradas con numerosos detalles, podrá degustar una cocina actual de base tradicional.

🍴 🖩 ⇄ – Carta 50/65€

Mástil 31 ⊠ 35509 – 𝒞 928 82 15 05 – www.restauranteaguaviva.com – Cerrado lunes, martes, miércoles, domingo

Tenerife

ADEJE

Santa Cruz de Tenerife – Mapa regional **5**-A2 – Mapa de carreteras Michelin nº 125-D5

✿✿ NUB ⓝ

Chef: Fernanda Fuentes y Andrea Bernardi

CREATIVA · **MARCO CONTEMPORÁNEO** 𝕏𝕏 Uno de los traslados más esperados y comentados del año, pues el maravilloso resort Bahía del Duque ha podido enriquecer su ya amplia oferta culinaria con una cocina creativa al más alto nivel.

Andrea (Italia) y Fernanda (Chile) continúan fieles a su estilo, pues buscan tender un puente culinario entre la Europa mediterránea y Latinoamérica; eso sí, con matices canarios y guiños a la sostenibilidad. Los menús degustación, uno vegetariano, conllevan un recorrido por tres espacios del restaurante: unos primeros aperitivos en la barra (Estación Estratos), los platos principales en la mesa (Estación Cúmulos) y por último los postres en su original pastelería (Estación Cirroestratos), donde también escogemos los petits fours antes de volver a la mesa a degustarlos mientras tomamos el café.

🕉 🍴 🍴 🖩 🅿 – Menú 135/155€

G.H. Bahía del Duque, Avenida de Bruselas ⊠ 38679 – 𝒞 922 07 76 06 – www.nubrestaurante.com – Cerrado lunes, martes, almuerzo: miércoles-jueves, cena: domingo

✿ EL RINCÓN DE JUAN CARLOS ⓝ

CREATIVA · **DE DISEÑO** 𝕏𝕏 Un gran paso adelante de los hermanos Padrón (Juan Carlos como chef y Jonathan desde el apartado dulce), pues en el hotel Royal Hideaway Corales Resort, todo un símbolo de lujo y diseño, han mejorado notablemente la experiencia final de los comensales, que ahora... ¡disfrutan de unas espectaculares vistas al océano!

En el apartado gastronómico siguen apostando por la actualización del recetario canario, desde un punto de vista creativo y en base a un producto intachable, con unos puntos de cocción perfectos, combinaciones equilibradas y preciosas presentaciones. Solo ofrecen un menú degustación, con posibilidad de varios maridajes, que se ajusta como un guante a unas de las máximas del chef: "el cocinero debe ser artista, ser perfeccionista y exigirse todo para llegar a donde quiere".

≼ 🖩 🖩 🚗 – Menú 130€

Royal Hideaway Corales Resort, Avenida Virgen de Guadalupe 21 ⊠ 38679 – 𝒞 922 86 80 40 – www.elrincondejuancarlos.com – Cerrado lunes, almuerzo: martes-viernes, domingo

KENSEI 🔘

JAPONESA · **AMBIENTE EXÓTICO** XX ¿Un japonés diferente? Aquí lo tiene, con una cocina nipona-contemporánea no exenta de creatividad y alguna sorpresa en las presentaciones. Completa carta y menús omakase.

😋 🅰️🅲 – Menú 75/150 € – Carta 40/55 €

G.H. Bahía del Duque, Plaza Playas del Duque ✉ 38679 – ☎ 822 62 11 33 – *www.kenseijapanesetenerife.com*

ARONA

Santa Cruz de Tenerife – Mapa regional **5**-A2 – Mapa de carreteras Michelin n° 125-D5

QAPAQ 🔘

PERUANA · **SENCILLA** X Sencillo restaurante de cocina peruana, con toques mediterráneos, que construye su oferta en base al producto de mercado local. ¡La carta se completa con un menú degustación!

🌿 🅰️🅲 – Menú 33/42 € – Carta 30/40 €

Avenida de la Habana 14 ✉ 38626 – ☎ 922 52 81 44 – *www.qapaqtenerife.com* – *Cerrado lunes, cena: domingo*

CHIMICHE

Santa Cruz de Tenerife – Mapa regional **5**-B2 – Mapa de carreteras Michelin n° 125-F5

🏵️ EL SECRETO DE CHIMICHE

TRADICIONAL · **RÚSTICA** X Hay quien califica a esta casa, alejada de las rutas turísticas, como una joya escondida y... ¡el nombre parece que les da la razón! Se encuentra a pie de carretera, oculta tras una anodina fachada que da paso a un coqueto interior de ambiente rústico renovado, con un agradable bar, la sala en varios niveles, acogedores rincones y bonitas terrazas. El chef apuesta por una gastronomía tradicional donde manda el sabor, tomando como base la esencia de la cocina canaria y con numerosas elaboraciones a la brasa de leña. ¡Ofrecen fantásticas carnes maduradas!

≼ 🌿 🅰️🅲 ⇆ 🅿️ – Menú 43 € – Carta 30/60 €

Carretera General del Sur 4 ✉ 38594 – ☎ 922 77 72 79 – *www.elsecretodechimiche.com* – *Cerrado cena: lunes-martes, miércoles, cena: jueves, cena: domingo*

GUÍA DE ISORA

Santa Cruz de Tenerife – Mapa regional **5**-A2 – Mapa de carreteras Michelin n° 125-C4

🏵️🏵️ M.B

CREATIVA · **AMBIENTE CLÁSICO** XXXX ¡En uno de los mejores resorts del mundo! Si el hotel The Ritz-Carlton Abama ya merece todo tipo de parabienes, pues se trata de un espectacular complejo repleto de jardines, palmeras y opciones de ocio, el restaurante emana esa esencia de lujo clásico, relax y exclusividad que solo está al alcance de los elegidos.

En lo gastronómico, debemos resaltar la figura del chef al frente, Erlantz Gorostiza, que sabe trasmitir con fidelidad la apasionante cocina del maestro Martín Berasategui; no debemos olvidar que este restaurante pertenece a su grupo y que todo aquí esta tutelado por él desde su casa matriz en Lasarte-Oria (Guipúzcoa). Creatividad a raudales, finísimas texturas, sabores nítidos, productos escogidos... Según se van degustando los platos solo anhelas... ¡que nunca se acaben!

🏵️ 🌿 🅰️🅲 📶 ⇆ 🅿️ – Menú 135/165 € – Carta 105/135 €

Hotel The Ritz-Carlton, Abama, Carretera TF 47 (km 9, Suroeste 12,5 km) ✉ 38687 – ☎ 922 12 60 00 – *www.ritzcarlton.com* – *Cerrado lunes, martes, almuerzo: miércoles-sábado, domingo*

🏵️ ABAMA KABUKI

JAPONESA · **MARCO CONTEMPORÁNEO** XXX En el hotel The Ritz-Carlton Abama podrá acercarse a la cocina japonesa desde un punto de vista diferente, pues solo aquí se fusionan los sabores del país nipón, las técnicas de occidente y esos maravillosos productos que dan las Islas Canarias.

El restaurante, ubicado en la Casa Club del campo de golf, sorprende tanto desde el punto de vista gustativo, tutelado por el chef Ricardo Sanz, como desde el estético, pues la acertada labor de interiorismo sabe transmitir ese carácter ceremonial inherente al resto de restaurantes del grupo Kabuki, enriqueciendo aquí la experiencia con una fantástica terraza-jardín panorámica. Las especialidades de la casa son el sushi y el sashimi, aunque aconsejamos que también pruebe algún plato elaborado a la robata (parrilla japonesa de carbón) o al wok.

🛋 🕭 🎬 🖃 ⇄ 🅿 – Menú 135/165 € – Carta 120/160 €

Hotel The Ritz-Carlton, Abama, Carretera TF 47 (km 9, Suroeste 12,5 km) ✉ *38680 –* 🕿 *922 12 60 00 – www.ritzcarlton.com – Cerrado almuerzo: lunes, martes, miércoles, almuerzo: jueves-domingo*

TXOKO

TRADICIONAL · BISTRÓ 🅇 Refleja un moderno txoko vasco y quiere, con una cocina muy "casual", recordar los orígenes del chef Martín Berasategui. ¡Su terraza acristalada se abre totalmente en verano!

⇇ 🛋 🎬 🅿 – Menú 55 € – Carta 45/90 €

Hotel The Ritz-Carlton, Abama, Carretera TF 47 (km 9, Suroeste 12,5 km) ✉ *38687 –* 🕿 *922 12 60 00 – www.ritzcarlton.com – Cerrado lunes, martes, almuerzo: miércoles-jueves, viernes, sábado, domingo*

ICOD DE LOS VINOS

Santa Cruz de Tenerife – Mapa regional **5**-A1 – Mapa de carreteras Michelin nº 125-D3

🕸 FURANCHO LA ZAPATERÍA 🔘

GALLEGA · RÚSTICA 🅇 ¿Un restaurante gallego en Tenerife? Pues sí, modesto en el montaje pero también... ¡tremendamente original! Tras su vistosa fachada, que recrea con pinturas las cristaleras de una antigua zapatería, el amable matrimonio al frente (Emma tras los fogones y Alberto en la sala) apuesta por una curiosa combinación de productos gallegos y canarios, los primeros traídos frescos desde Fisterra (A Coruña), cada dos días, por el hermano del propietario. ¿Qué encontrará? Empanada de pulpo, Entrecot de novillo gallego, Zamburiñas a la brasa... ¡y unos Mejillones con mojo que no debe dejar de probar!

🛋 ⇄ 🍽 – Menú 25/35 € – Carta 22/30 €

Paseo Canarina ✉ *38430 –* 🕿 *672 69 22 26 – Cerrado lunes, martes, cena: domingo*

LA MATANZA DE ACENTEJO

Santa Cruz de Tenerife – Mapa regional **5**-B1 – Mapa de carreteras Michelin nº 125-G2

🕸 LA BOLA DE JORGE BOSCH

ACTUAL · RÚSTICA 🅇 He aquí un negocio singular, pues empezó siendo un sencillo guachinche (modesto establecimiento familiar donde servían cocina casera y vino cosechero de producción propia) para evolucionar hacia lo que el chef-propietario, Jorge Bosch, ha calificado como "gastroguachinche". Ofrece una sala de ambiente rústico, una agradable terraza y un cuidado jardín, con zona chill out, donde también organizan eventos. ¿Qué plantean? Una cocina actual muy personal y desenfadada, siempre con producto canario y una sana intención de reinventar el recetario isleño para descubrirnos los sabores autóctonos.

🛋 🕭 🎬 ⇄ 🅿 – Menú 35/55 € – Carta 24/35 €

Del Sol 7 ✉ *38379 –* 🕿 *922 57 86 15 – www.chefjorgebosch.com – Cerrado lunes, martes, cena: domingo*

LA OROTAVA

Santa Cruz de Tenerife – Mapa regional **5**-B1 – Mapa de carreteras Michelin nº 125-F3

HAYDÉE 🔘

CREATIVA · ELEGANTE 🅇🅇🅇 En un caserón señorial, donde se presenta con elegantes espacios de gusto contemporáneo. El chef, que sabe combinar los sabores, ofrece una carta creativa y sugerentes menús.

🛋 ♿ 🅰 ↔ 🅿 – Menú 70/85€ – Carta 50/65€

Barranco la Arena 53 ✉ 38300 – 𝒞 822 90 25 39 – www.restaurantehaydee.rest –
Cerrado cena: jueves-viernes, sábado, almuerzo: domingo

PLAYA DE LAS AMÉRICAS

Santa Cruz de Tenerife – Mapa regional **5**-A2 – Mapa de carreteras Michelin nº 125-D5

LA CÚPULA

CREATIVA · **MARCO CONTEMPORÁNEO** ✗✗✗ Restaurante de carácter panorámico que sorprende por su colorista cúpula, pues refleja... ¡la explosión de una supernova! Cocina internacional y canaria, con platos actuales.

⇇ ♿ 🅰 🖃 – Menú 67/83€ – Carta 45/65€

París (Playa de Fañabé, Hotel Jardines de Nivaria) ✉ 38660 – 𝒞 922 71 33 33 –
www.restaurantelacupula.com –
Cerrado lunes, almuerzo: martes-sábado, domingo

GOXOA ⓝ

A LA PARRILLA · **MARCO CONTEMPORÁNEO** ✗✗ Un asador, con la cocina y la parrilla a la vista, que sorprende por su estética contemporánea. Gastronomía tradicional, no exenta de detalles actuales y productos canarios.

🛋 🅰 – Menú 45/58€ – Carta 39/53€

Avenida Antonio Domínguez (Residencial El Camisón, locales 35 y 36) ✉ 38660 –
𝒞 922 88 39 95 – www.asadorgoxoa.com –
Cerrado lunes, domingo

SUCÁS

INTERNACIONAL · **DE DISEÑO** ✗✗ Atesora una estética actual, con la cocina vista desde la sala y una sugerente "mesa del chef" que funciona como privado. Carta de tinte moderno-creativo con opción de menús.

🅰 ↔ – Menú 45/60€ – Carta 30/60€

Roques del Salmor 5 ✉ 38660 – 𝒞 822 07 00 35 – www.sucas.rest –
Cerrado lunes, almuerzo: martes-sábado, domingo

PUERTO DE LA CRUZ

Santa Cruz de Tenerife – Mapa regional **5**-B1 – Mapa de carreteras Michelin nº 125-F2

BRUNELLI'S

CARNES A LA PARRILLA · **MARCO CONTEMPORÁNEO** ✗✗ ¡Un gran "Steak House" a las puertas del Loro Parque! Ofrece carnes de excelente calidad, algunas maduradas allí mismo, y un imponente ventanal panorámico asomado al océano.

⇇ ♿ 🅰 – Menú 30/50€ – Carta 30/50€

Bencomo 42 (Punta Brava) ✉ 38400 – 𝒞 922 06 26 00 – www.brunellis.com –
Cerrado martes, miércoles

SAN ANDRÉS

Santa Cruz de Tenerife – Mapa regional **5**-B1 – Mapa de carreteras Michelin nº 125-J2

LA POSADA DEL PEZ

PESCADOS Y MARISCOS · **SIMPÁTICA** ✗ Agradable restaurante de aire marinero que basa su oferta en la calidad de sus pescados y mariscos. Utilizan un horno japonés (Kamado) que aporta... ¡sabor a brasa y ahumado!

🛋 🅰 ↔ – Carta 30/50€

Carretera Taganana 2 ✉ 38120 – 𝒞 922 59 19 48 –
www.restaurantelaposadadelpez.com –
Cerrado lunes, cena: martes, cena: domingo

SANTA CRUZ DE TENERIFE

Santa Cruz de Tenerife – Mapa regional **5**–B1 – Mapa de carreteras Michelin n° 125-J2

NOI ⑩

INTERNACIONAL · **SENCILLA** ✗ Pablo Amigó ve su restaurante como un "laboratorio gastronómico", el lugar que le permite expresarse y donde nos invita a vivir una auténtica experiencia: "Mi cocina soy yo mismo, lo que sale en cada momento". Noi, que en italiano significa "nosotros", es un espacio íntimo, con la cocina vista y permanentemente abierto a la promoción del arte local. ¿Qué encontrará? Una propuesta culinaria muy personal, pues toca las raíces autóctonas haciéndonos también viajar a los sabores latinoamericanos y asiáticos, todo bajo el icono conceptual, emblema de la casa, del tradicional cuchillo canario.

🆎 – Menú 60€ – Carta 30/49€

Santa Teresita 3 ✉ *38001 –* 𝄞 *822 25 75 40 – www.noirestaurante.com –*
Cerrado lunes, martes, domingo

SOLANA

TRADICIONAL · **A LA MODA** ✗✗ Un restaurante renovado, pues han aprovechado el cambio de local para dar un paso al frente en sus propuestas. Cocina canaria actual, con un interesante apartado de arroces.

🏠 ♿ 🆎 ⇄ – Menú 38€ – Carta 30/40€

Puerta Canseco 37 ✉ *38003 –* 𝄞 *922 24 37 80 – www.solanarestaurante.es –*
Cerrado lunes, domingo

KIKI ⑩

JAPONESA · **AMBIENTE ORIENTAL** ✗ Murales de gusto nipón, bellos neones, barra de sushi... Ofrecen una cocina de base japonesa con notas de fusión, en base al mejor producto local y con delicadas presentaciones.

🆎 – Menú 35/70€ – Carta 45/65€

Imeldo Serís 19 (Hotel Urban Ananga) ✉ *38003 –* 𝄞 *922 09 64 27 –*
www.kikirestaurante.com – Cerrado domingo

MAGURO ⑩

JAPONESA · **SENCILLA** ✗ Sencillo restaurante japonés, con la barra de sushi como gran protagonista, en el que apuestan por la cocina cruda. ¡Buenos cortes, nigiris finos y gyozas de gran delicadeza!

🆎 – Carta 40/60€

Cineasta Miguel Brito 4 ✉ *38007 –* 𝄞 *922 20 23 80 – www.restaurantemaguro.com –*
Cerrado cena: domingo

SAGRARIO

TRADICIONAL · **AMBIENTE TRADICIONAL** ✗ ¡Una casa muy personal! Sagrario Pablos, la chef-propietaria, ha sabido fidelizar a sus clientes con honestidad, cercanía y buen hacer. Cocina tradicional con guiños locales.

🆎 – Menú 35/50€ – Carta 38/50€

Doctor Guigou 37 ✉ *38001 –* 𝄞 *922 10 27 88 – Cerrado domingo*

SAN SEBASTIÁN 57

COCINA DE TEMPORADA · **SENCILLA** ✗ Íntimo, actual y con gran aceptación, por lo que suele estar lleno. Su chef propone una cocina tradicional actualizada con aderezos de otros países, sobre todo sudamericanos.

♿ 🆎 ⇄ – Menú 23/50€ – Carta 30/55€

Avenida de San Sebastián 57 ✉ *38005 –* 𝄞 *822 10 43 25 – Cerrado domingo*

TEGUESTE

Santa Cruz de Tenerife – Mapa regional **5**–B1 – Mapa de carreteras Michelin n° 125-H2

LA SANDUNGA

INTERNACIONAL · ACOGEDORA ⅄ Se halla en una casa de campo y sorprende por su interior, con la cocina vista y la sala principal abierta al paisaje. Carta de gusto internacional, con buen apartado de carnes, en la que encontrará tanto platos canarios como franceses, japoneses o peruanos.

🏡 ⇔ 🅿 – Menú 27/60 € – Carta 27/54 €

San Ignacio 17 ✉ 38280 – ☎ 922 63 72 09 –
www.lasandunga.es –
Cerrado lunes, martes, cena: miércoles, cena: domingo

La Palma

BREÑA ALTA

Santa Cruz de Tenerife – Mapa regional **5**–A1 – Mapa de carreteras Michelin nº 125-D5

CASA OSMUNDA

TRADICIONAL · RÚSTICA ⅄ Una atractiva casa de indianos ubicada en un cruce de carreteras. Aquí ofrecen una cocina canaria de base tradicional, con guiños actuales y platos de mercado fuera de carta.

🏡 ⇔ – Carta 30/45 €

Subida la Concepción 2 ✉ 38710 – ☎ 922 41 26 35 –
Cerrado lunes, cena: domingo

LAS CALETAS

Santa Cruz de Tenerife – Mapa regional **5**–A1 – Mapa de carreteras Michelin nº 125-D7

🏵 EL JARDÍN DE LA SAL

REGIONAL · ACOGEDORA ⅄ Un restaurante sorprendente tanto por la propuesta gastronómica como por su aislado emplazamiento junto al antiguo faro de Fuencaliente, que hoy funciona como Centro de Interpretación de la Reserva Marina de La Palma. Aquí encontrará una cocina tradicional actualizada que exalta los productos autóctonos, sobre todo los pescados, y un espacio temático singular, con una cafetería en el piso superior, que destaca por sus magníficas vistas. ¿Lo mejor? El juego cromático entre el azul del océano, las tierras negras propias de una isla volcánica y el radiante blanco de las salinas del entorno.

⪅ 🏡 �ᵉ 🎦 🅿 – Menú 45 € (almuerzo)/50 € – Carta 28/39 €

Carretera La Costa-El Faro 5 ✉ 38740 – ☎ 922 97 98 00 –
www.salinasdefuencaliente.es –
Cerrado cena: lunes, martes, cena: miércoles-domingo

LOS LLANOS DE ARIDANE

Santa Cruz de Tenerife – Mapa regional **5**–A1 – Mapa de carreteras Michelin nº 125-C5

EL RINCÓN DE MORAGA

TRADICIONAL · RÚSTICA ⅄ Alojado en una antigua casa canaria de ambiente rústico-regional. Apuestan por una cocina tradicional actualizada que fusiona los platos locales con los de otras latitudes.

🏡 ⅆ 🎦 ⇔ – Menú 60/90 € – Carta 30/44 €

San Antonio 4 (Argual) ✉ 38760 – ☎ 922 46 45 64 –
www.elrincondemoraga.com –
Cerrado lunes, martes, domingo

CÁNDUAS

A Coruña – Mapa regional **13**–A1 – Mapa de carreteras Michelin n° 571-C3

MAR DE ARDORA

TRADICIONAL · **ACOGEDORA** XX Un restaurante con encanto en la famosa Costa da Morte. Ofrece un comedor con dos ambientes, destacando el espacio acristalado con vistas al mar. Cocina gallega actualizada.

⇐ – Menú 15 € (almuerzo) – Carta 30/45 €

As Revoltas (Carretera AC 430, Este 2 km) ⊠ *15116 – ℰ 981 75 43 11 – www.mardeardora.com – Cerrado lunes, cena: domingo*

CANET DE MAR

Barcelona – Mapa regional **10**–A2 – Mapa de carreteras Michelin n° 574-H37

🕸 LA FONT

MODERNA · **A LA MODA** X Una opción sumamente interesante en la comarca del Maresme. Este agradable restaurante, ubicado en la parte alta de la localidad, destaca tanto por su modernidad como por su organización familiar, no en vano cuenta con tres hermanos implicados totalmente en el negocio. Ofrecen una cocina actual y de mercado, sin grandes sofisticaciones pero muy correcta en su nivel, con el complemento de un menú económico para los días laborables y otro un poco más elaborado para los fines de semana. Uno de sus mejores platos es la Paletilla de cordero deshuesada y cocinada a baja temperatura.

🏡 🅰️ – Menú 21 € (almuerzo), 31/41 € – Carta 35/55 €

Rafael Masó 1-3 (acceso por vía Figuerola) ⊠ *08360 – ℰ 937 94 36 73 – www.restaurantlafont.es – Cerrado cena: lunes, martes, cena: miércoles-jueves, cena: domingo*

LA CANONJA

Tarragona – Mapa regional **9**–B3 – Mapa de carreteras Michelin n° 574-I33

LA BOELLA

TRADICIONAL · **ELEGANTE** XXX El salón-biblioteca, un molino de aceite, comedores de elegante rusticidad... En este restaurante, realmente singular, elaboran una cocina tradicional con platos actualizados.

🏡 🅰️ ⇔ 🅿️ – Menú 35 € (almuerzo)/45 € – Carta 16/28 €

Hotel Mas La Boella, Autovía Reus-Tarragona T11 (km 12, Noroeste 2 km) ⊠ *43110 – ℰ 977 77 15 15 – www.laboella.com*

CANYAMEL – Balears → Ver Balears (Mallorca)

LOS CAÑOS DE MECA

Cádiz – Mapa regional **1**–A3 – Mapa de carreteras Michelin n° 578-X11

🕸 AROHAZ

MODERNA · **SIMPÁTICA** X Un negocio moderno-minimalista que inició su andadura como gastrobar y ya debe ser considerado un restaurante con todas las de la ley, pues ha sabido hacer de la inicial y aparente modestia una auténtica virtud. Apuesta por una cocina actual, de bases tradicionales, que ensalce los mejores productos gaditanos... eso sí, con acertados toques de fusión gracias a sus constantes incursiones en los recetarios y gustos de otras latitudes. También disfruta de unas magníficas habitaciones, todas confortables, amplias y bien equipadas. ¡Agradables terrazas, una tipo porche y otra al aire libre!

🏡 ♿ 🅰️ 🅿️ – Carta 33/45 €

Carril del Pozo 25 (Zahora, Noroeste 5 km) ⊠ *11159 – ℰ 956 43 70 05 – www.hotelarohaz.com – Cerrado martes*

CAPDEPERA – Balears → Ver Balears (Mallorca)

CARBALLO

A Coruña – Mapa regional **13**–B1 – Mapa de carreteras Michelin n° 571-C3

RIO SIL

TRADICIONAL · **SENCILLA** X Casa familiar que sorprende por la calidad de sus productos y por la atractiva bodega acristalada del comedor. Carnes gallegas selectas y sugerentes jornadas gastronómicas.

🍴 – Menú 12€ (almuerzo) – Carta 30/60€

Rio Sil 43 ✉ 15100 – ☏ 981 70 04 78 – www.riosil.gal – Cerrado sábado, cena: domingo

CARBONERAS

Almería – Mapa regional **1**–D2 – Mapa de carreteras Michelin n° 578-V24

EL CABO 🔟

FUSIÓN · **AMBIENTE MEDITERRÁNEO** X ¿Quiere comer contemplando el mar? En este negocio familiar, con la terraza frente a la playa, proponen platos actuales con algo de fusión, siempre en base a producto fresco.

< 🍴 🍴 – Carta 35/50€

Paseo Marítimo 67 ✉ 04140 – ☏ 950 13 69 49 – www.elcabocarboneras.com

CARIÑENA

Zaragoza – Mapa regional **2**–B2 – Mapa de carreteras Michelin n° 574-H26

🔟 LA REBOTICA

REGIONAL · **RÚSTICA** X Una parada obligada para cualquiera que busque los sabores de antaño. Este coqueto restaurante se halla en la parte antigua de la ciudad, junto a la hermosa iglesia de Nª Sra. de la Asunción e instalado en la que un día fue la casa del farmacéutico... ¡de ahí su nombre! Presenta un ambiente rústico y acogedor, con mobiliario provenzal, coquetos detalles y un correcto servicio de mesa. En sus fogones se elabora una cocina de marcadas raíces aragonesas, basada en la calidad de los productos de la región pero con algún toque actual. ¡Eche un ojo a su carta de vinos, volcada con la D.O. Cariñena!

🍴 – Menú 16€ (almuerzo)/20€ – Carta 30/40€

San José 3 ✉ 50400 – ☏ 976 62 05 56 – Cerrado lunes, cena: martes-domingo

CARMONA

Sevilla – Mapa regional **1**–B2 – Mapa de carreteras Michelin n° 578-T13

LA YEDRA

TRADICIONAL · **ACOGEDORA** XX Se halla a escasos metros del Parador, en una coqueta casa encalada que le sorprenderá por la preciosa terraza montada en su patio de acceso. Cocina tradicional actualizada.

🍴 🍴 ✿ – Carta 30/43€

General Freire 6 ✉ 41410 – ☏ 954 14 45 25 – www.restaurantelayedra.es – Cerrado lunes, cena: domingo

MOLINO DE LA ROMERA

TRADICIONAL · **RÚSTICA** X Instalado en un molino de aceite del s. XV que también se usó de granero. Encontrará una carta tradicional, con especialidades como las carnes a la brasa sobre carbón vegetal.

🍴 & 🍴 – Carta 20/40€

Puerta de Marchena ✉ 41410 – ☏ 954 14 20 00 – www.molinodelaromera.es – Cerrado lunes, cena: domingo

CARRACEDELO

León – Mapa regional **8**–A1 – Mapa de carreteras Michelin n° 575-E9

LA TRONERA

MODERNA · **ACOGEDORA** XX Un restaurante de organización familiar que sorprende por su luminosidad. Apuesta por un único menú degustación, con cocina tradicional-actualizada y delicadas presentaciones.

🅰🅒 **P** – Menú 50 €

Hotel La Tronera, El Caño 1 (Suroeste 1,5 km) ✉ *24565* – *☏ 616 18 26 19* –
www.hotelrurallatronera.com – *Cerrado lunes*

CARTAGENA

Murcia – Mapa regional **16**–B3 – Mapa de carreteras Michelin n° 577-T27

🕸 MAGOGA

Chef: María Gómez

REGIONAL · **MARCO CONTEMPORÁNEO** XX ¿Qué nos gusta de Magoga? Que tiene gente joven, humilde, profesional... con las ideas claras y ganas de comerse el mundo.

Podríamos hablar del tándem formado por la chef María Gómez y su marido Adrián (sumiller y jefe de sala); sin embargo, lo que más llama la atención es la sensación de equilibrio y coherencia. ¿La propuesta? Una cocina tradicional actualizada, con toques modernos, que busca las raíces cartageneras e intenta potenciar el producto local de temporada: pescados y mariscos tanto del Mediterráneo como del Mar Menor, frutas y hortalizas del Campo de Cartagena, los arroces con la D. O. P. Calasparra... y detalles como su excelente tabla de quesos o los guiños a la historia de la ciudad a través de la vajilla (recuerdan el famoso submarino inventado por Isaac Peral).

❀❀ ♿ 🅰🅒 ⇄ – Menú 95 € – Carta 55/80 €

Plaza Doctor Vicente García Marcos 5 ✉ *30201* – *☏ 629 98 02 57* –
www.restaurantemagoga.com – *Cerrado lunes, martes, cena: domingo*

EL BARRIO DE SAN ROQUE

TRADICIONAL · **AMBIENTE CLÁSICO** XX Ocupa un antiguo almacén que ha cuidado mucho su decoración original y hoy se presenta con un montaje clásico-actual. Dentro de su carta tradicional merecen ser destacados los pescados de la zona, los arroces y sus sabrosos guisos del día.

🍴 ♿ 🅰🅒 ⇄ – Menú 25 € – Carta 35/53 €

Jabonerías 30 ✉ *30201* – *☏ 968 50 06 00* – *www.elbarriodesanroque.com* –
Cerrado cena: sábado, domingo

CARTAYA

Huelva – Mapa regional **1**–A2 – Mapa de carreteras Michelin n° 578-U8

🕸 CONSOLACIÓN

TRADICIONAL · **FAMILIAR** X Uno de esos sitios a los que da gusto ir, pues son jóvenes, honestos, profesionales... y, por encima, te tratan con suma amabilidad. Estamos en un negocio familiar de 3ª generación llevado entre hermanos, con una agradable terraza acristalada, un buen bar para tapear y un luminoso comedor de línea actual-funcional. ¿Qué encontrará? Una carta bastante extensa, con deliciosos pescados frescos (plancha, brasa, rellenos...), varios arroces, buenas carnes y unos mariscos al peso que conquistan al más incrédulo. ¡Pida las Gambas de Huelva o los Langostinos cocidos, el producto fetiche de la casa!

🍴 🅰🅒 **P** – Menú 35 € – Carta 28/45 €

Avenida Consolación 2 ✉ *21450* – *☏ 959 39 02 98* – *www.restauranteconsolacion.es* –
Cerrado cena: lunes, cena: domingo

CARTES

Cantabria – Mapa regional **6**–B1 – Mapa de carreteras Michelin n° 572-C17

LA CARTERÍA

TRADICIONAL · **MARCO CONTEMPORÁNEO** XX Cartes es un pueblecito singular por encontrarse en el histórico Camino Real que conectaba Castilla con el puerto de Santander. Aquí, en una casona del s. XVII que sirvió como oficina de correos y telégrafos, es donde el chef Enrique Pérez nos propone una cocina tradicional actualizada repleta de mimo y delicadeza, con platos cuidados y sabrosos que dejan huella en el paladar. La acogedora sala, de aire rústico, se complementa con unas mesitas a la entrada, bajo un balcón, donde podrá tomar algo mientras contempla el ir y venir de la gente por... ¡una de las calles con más encanto de España!

Menú 22€ (almuerzo)/55€ – Carta 33/55€

Camino Real 49 ⊠ 39311 – ☏ 942 55 03 63 – www.restaurantelacarteria.com – Cerrado cena: lunes-martes, miércoles, cena: jueves, cena: domingo

CASALARREINA

La Rioja – Mapa regional **14**-A2 – Mapa de carreteras Michelin n° 573-E21

LUMBRE ⓝ

ACTUAL · **MARCO CONTEMPORÁNEO** XXX ¡En una bodega del s. XVII! Presenta agradables comedores, una atractiva cava subterránea, un salón abuhardillado para la sobremesa... y una carta actual, con opción de menús.

& ⅋ 🖥 ⇔ 🅿 – Menú 52/82€ – Carta 44/68€

Travesía de los Jardines 15 ⊠ 26230 – ☏ 941 32 41 22 – www.lumbrerestaurante.com – Cerrado lunes, cena: martes-viernes, cena: domingo

LA VIEJA BODEGA

TRADICIONAL · **RÚSTICA** XX De estilo rústico e instalado en una bodega del s. XVII. El chef, que ve la gastronomía como un placer para compartir, propone una cocina tradicional con detalles actuales.

⅋ ⅋ ⇔ 🅿 – Carta 35/50€

Avenida de La Rioja 17 ⊠ 26230 – ☏ 941 32 42 54 – www.laviejabodega.es – Cerrado cena: lunes, martes, cena: miércoles-jueves, cena: domingo

CASARES

Málaga – Mapa regional **1**-B3 – Mapa de carreteras Michelin n° 578-W14

KABUKI RAW

JAPONESA · **ELEGANTE** XXX Elegancia, distinción, la cocina abierta al comedor... ¡el concepto Kabuki en una hacienda andaluza! Propuesta nipona fusionada con platos mediterráneos y productos ibéricos.

⅋ 🍴 & ⅋ 🅿 – Menú 100/140€ – Carta 80/140€

Hotel Finca Cortesin, Carretera MA 8300 (km 2, Sureste 11 km) ⊠ 29690 – ☏ 952 93 78 00 – www.fincacortesin.com – Cerrado lunes, almuerzo: martes-sábado, domingo

CASAS-IBÁÑEZ

Albacete – Mapa regional **7**-D2 – Mapa de carreteras Michelin n° 576-O25

CAÑITAS MAITE GASTRO ⓝ

ACTUAL · **MARCO CONTEMPORÁNEO** X ¡Llevado por dos cocineros locales! Hay dos tipos de carta: "De Barra", a base de tapas contemporáneas, y "De Producto", con platos actuales que ensalzan la tierra manchega.

& ⅋ 🖥 – Menú 68€ (almuerzo) – Carta 35/50€

Tomás Pérez Úbeda 6 ⊠ 02200 – ☏ 967 46 10 54 – www.hotelcanitas.com – Cerrado lunes, martes, cena: miércoles-domingo

ESPAÑA

CASTELLAR DEL VALLÈS
Barcelona – Mapa regional **10**–B2 – Mapa de carreteras Michelin nº 574-H36

🞉 GARBÍ

CATALANA · **AMBIENTE CLÁSICO** ⅹ Un restaurante de gestión familiar que toma su nombre de un viento térmico, típico de todo el levante, que sopla desde el suroeste. El chef-propietario, que ha tomado las riendas del negocio al jubilarse sus padres y está estrechamente comprometido con el colectivo de cocineros "Cuina Vallès", apuesta sin complejos por la cocina catalana tradicional, por lo que su carta se enriquece con grandes clásicos como las Mongetes (judías) del ganxet de Can Casamada, los Callos con garbanzos pequeños, los Sesos rebozados o el sabroso Rabo de buey estofado. ¡Trabaja mucho con su menú del día!

🆗 – Menú 19 € (almuerzo) – Carta 28/35 €

Barcelona 52 ✉ 08211 – 𝒞 937 14 65 57 – www.restaurantgarbi.com – Cerrado cena: lunes-martes, domingo

CASTELLBISBAL
Barcelona – Mapa regional **10**–A3 – Mapa de carreteras Michelin nº 574-H35

CA L'ESTEVE

CATALANA · **AMBIENTE CLÁSICO** ⅩⅩ Negocio de 4ª generación instalado en una gran casa de piedra. Su carta, clásica catalana, se enriquece con sugerencias diarias. ¡Buen apartado de arroces y platos a la brasa!

🍴 ⅋ 🆗 ⇔ 🅿 – Carta 30/50 €

Carretera Martorell-Terrassa C 243c (Oeste 9 km) ✉ 08755 – 𝒞 937 75 56 90 – www.restaurantcalesteve.com – Cerrado lunes, cena: martes-jueves, cena: domingo

CASTELLDEFELS
Barcelona – Mapa regional **10**–A3 – Mapa de carreteras Michelin nº 574-I35

BERRI

COCINA DE MERCADO · **VINOTECA** ⅹ Céntrico y llevado entre dos socios, de cuyos apellidos sale el nombre del local. Cocina de mercado, reflejada en una pizarra que cambian a diario. ¡De postre pida su Torrija!

🆗 – Carta 30/45 €

Pintor Serra Santa 9 (en el barrio de la playa) ✉ 08860 – 𝒞 936 36 71 25 – Cerrado cena: lunes, domingo

CASTELLÓ D'EMPÚRIES
Girona – Mapa regional **9**–D3 – Mapa de carreteras Michelin nº 574-F39

✿ EMPORIUM

Chef: Màrius y Joan Jordà

MODERNA · **FAMILIAR** ⅩⅩ Debe su nombre a las ruinas de Empúries y confiesa un compromiso con la gastronomía del Alt Empordà, pues aquí hacen superlativo ese "mar y montaña" que les define.

El negocio, dentro del hotel homónimo, lleva en manos de la misma familia desde 1965; de hecho, hoy los gemelos Màrius y Joan Jordà (4ª generación) se turnan al frente de los fogones. En su cuidado comedor le propondrán una cocina tradicional actualizada, no exenta de toques creativos, que ensalza los sabores empordaneses en base a los productos de proximidad (frutas y verduras de Torroella de Montgrí, pescados de Port de la Selva o Roses...). ¿Recomendaciones? Pida un clásico, como los Canelones de asado de pularda, o pruebe la "Vedella dels Aiguamolls", cuya carne ecológica refleja su firme defensa de la sostenibilidad.

🞉 ⅋ 🆗 ⇔ 🅿 – Menú 80/110 € – Carta 78/109 €

Santa Clara 31 ✉ 17486 – 𝒞 972 25 05 93 – www.emporiumhotel.com – Cerrado lunes, cena: domingo

CASTELLÓ DE LA PLANA • CASTELLÓN DE LA PLANA
Castellón – Mapa regional **11**–B1 – Mapa de carreteras Michelin nº 577-M29

188

🍽 LE BISTROT GASTRONÓMICO

FUSIÓN · ACOGEDORA 🍴 Un establecimiento sencillo, simpático e informal donde se busca que la gente disfrute al máximo. Los chef-propietarios, que alternan su labor en los fogones con el trabajo en la misma sala para explicar todos los platos, apuestan por una cocina actual que fusione sabores y productos de diferentes partes del mundo, siempre con coherencia, delicadas texturas y unas cuidadas presentaciones. Ofrecen gran variedad de fórmulas o menús para que la propuesta, en lo posible, sea compartida y comentada por toda la mesa. ¿Su máximo anhelo? Qué el cliente sienta una gran explosión de sabor en su boca.

🅰🅒 – Menú 30/40 € – Carta 28/38 €

Temprado 12 ✉ 12002 – ☎ 964 72 44 60 – Cerrado lunes, martes, miércoles, cena: domingo

FUSHION ⓝ

JAPONESA · ACOGEDORA 🍴 Presenta un elegante interior, de línea moderna-minimalista, y defiende la cocina japonesa adaptada al paladar local. ¿Consejos? Descubra su "Kara ague" de soft shell crab.

&. 🅰🅒 ↔ – Carta 40/60 €

Fola 11 ✉ 12001 – ☎ 964 91 20 00 – www.restaurantefushion.com – Cerrado lunes, cena: domingo

TASCA DEL PUERTO

PESCADOS Y MARISCOS · AMBIENTE CLÁSICO 🍴 Una casa de gestión familiar donde se palpa el amor por la gastronomía. Ofrecen una cocina de producto con sabor a mar, muy centrada en arroces, pescados de lonja y mariscos.

🅰🅒 ↔ – Menú 35/57 € – Carta 35/80 €

Avenida del Puerto 13 (Este 5 km, Grau) ✉ 12100 – ☎ 964 28 44 81 – www.tascadelpuerto.com – Cerrado lunes, cena: domingo

CASTILLEJA DE LA CUESTA

Sevilla – Mapa regional 1–B2 – Mapa de carreteras Michelin n° 578-T11

🍽 12 TAPAS ⓝ

ACTUAL · SENCILLA 🍴 ¿Ávido de auténticas sorpresas? Pues acérquese a este local, con el aspecto de un gastrobar y el alma de un restaurante en toda regla. El negocio, llevado por una pareja que emana entusiasmo, puede engañar un poco por su nombre, un velado homenaje del chef-propietario a su madre y a los 12 nietos que esta tenía en el momento de la inauguración (lo aprendió todo de ella y de su abuela, ambas cocineras profesionales). La propuesta, de gusto actual y bases tradicionales, ve la luz a través de una pequeña carta y un menú degustación, siendo esta última opción la mejor forma de descubrir su cocina.

&. 🅰🅒 – Menú 35 € – Carta 28/35 €

Párroco Antonio Pastor Portillo 2 ✉ 41950 – ☎ 629 98 17 07 – www.restaurante12tapas.makro.rest – Cerrado lunes, cena: domingo

CASTRILLO DE DUERO

Valladolid – Mapa regional 8–C2 – Mapa de carreteras Michelin n° 575-H17

CEPA 21

MODERNA · MARCO CONTEMPORÁNEO 🍴🍴 Luminoso, actual y ubicado en la misma bodega, con fantásticas vistas a los viñedos. Cocina tradicional de cuidadas presentaciones, actualizada y en evolución según temporada.

≼ &. 🅰🅒 🖵 ↔ 🅿 – Menú 65 € (almuerzo)/75 €

Carretera N 122 (km 297) ✉ 47318 – ☎ 983 48 40 84 – www.cepa21restaurante.com – Cerrado lunes, cena: martes-domingo

CASTRILLO DE LOS POLVAZARES

León – Mapa regional **8**–A1 – Mapa de carreteras Michelin nº 575-E11

COSCOLO

TRADICIONAL · RÚSTICA Instalado en una bella casona de piedra, donde ofrecen un atractivo interior de ambiente rústico y una carta tradicional centrada en el famoso Cocido Maragato. Este legendario plato, que desde la época de los arrieros se sirve al revés de lo normal (primero las carnes y al final la sopa), aquí tiene la particularidad de que elaboran los productos en la propia casa, con materias primas de proximidad que embuten, ahúman, adoban y curan ellos mismos. Deje el coche en el parking a la entrada del pueblo, pues solo pueden acceder los residentes y... ¡merece la pena pasear por sus calles empedradas!

AC – Menú 22 € (almuerzo)

La Magdalena 1 ⊠ 24718 – ℰ 987 69 19 84 – www.restaurantecoscolo.com – Cerrado cena: lunes-domingo

CASTRILLÓN

Asturias – Mapa regional **3**–B1 – Mapa de carreteras Michelin nº 572-B12

GUNEA

ASTURIANA · MARCO CONTEMPORÁNEO Una casona en piedra, con detalles marineros, bien llevada por una pareja de cocineros que busca un retorno a sus orígenes. Cocina de cercanía y paladar donde prima el sabor.

AC P – Menú 40 € (almuerzo)/60 € – Carta 40/60 €

Avenida de Grado 2 (Cruz de Illas) ⊠ 33410 – ℰ 985 54 65 27 – www.gunea.es – Cerrado cena: lunes-sábado, domingo

CASTROPOL

Asturias – Mapa regional **3**–A1 – Mapa de carreteras Michelin nº 572-B8

CASA VICENTE

TRADICIONAL · AMBIENTE CLÁSICO Son conocidos por sus pescados (hasta 10 tipos) y sus mariscos, aunque también tienen buenas carnes y otros platos de tinte regional. ¡Amplias cristaleras con vistas a la ría!

AC P – Carta 40/65 €

Avenida de Galicia (Carretera N 640) ⊠ 33760 – ℰ 985 63 50 51 – Cerrado lunes, martes, cena: miércoles-jueves, cena: domingo

CASTROVERDE DE CAMPOS

Zamora – Mapa regional **8**–B2 – Mapa de carreteras Michelin nº 575-G14

LERA

Chef: Luis Alberto Lera

REGIONAL · AMBIENTE CLÁSICO ¡Los paisajes definen los territorios y, sin duda, sus despensas! En plena meseta castellana se halla uno de los templos cinegéticos de España, fruto de la evolución del primitivo mesón (El Labrador) que Minica y Cecilio, padres del actual chef, fundaron en 1973.

Bajo la batuta de Luis Alberto Lera la casa, que también ofrece unas cuidadas habitaciones, tomó nuevos bríos, incorporó las técnicas actuales al recetario tradicional y adquirió conciencia de sí misma, asumiendo su papel como referente en la cocina de caza y montería para narrar la esencia gastronómica de esta comarca. Ofrece una reducida carta y un menú degustación en el que hay legumbres, guisos, escabeches... siempre con la carne silvestre como leitmotiv. ¿Un producto fetiche? El suculento Pichón Bravío de Tierra de Campos.

✿ *El compromiso del Chef: "Hemos adquirido una finca de regadío para hacer un huerto propio, tenemos placas solares que nos abastecen de electricidad y formamos parte de una cooperativa dedicada a la crianza y comercialización del Pichón de Tierra de Campos, exclusivo de esta comarca."*

&. 🄰 🄿 – Menú 78/110 € – Carta 48/58 €

*Conquistadores Zamoranos 6 ⊠ 49110 – ☎ 980 66 46 53 – www.restaurantelera.es –
Cerrado cena: martes, miércoles, almuerzo: jueves*

CAZALLA DE LA SIERRA

Sevilla – Mapa regional **1**–B2 – Mapa de carreteras Michelin nº 578-S12

☺ AGUSTINA

MODERNA · **FAMILIAR** X Una de las mejores opciones para almorzar o cenar si está visitando la Sierra Norte de Sevilla. El negocio, que se esconde tras una resplandeciente fachada encalada y está llevado por una agradable pareja, se presenta con un bar de tapas y un correcto comedor, este último de línea actual y sencillo montaje. ¿Quiere saber algo curioso? Muchos de los pinchos que puede probar en la barra son una pequeña degustación de la amplia carta que le ofrecerán en la sala del piso superior. Cocina actual de base tradicional, elaborada con cariño, buena mano y pequeñas dosis de imaginación.

🍽 &. 🄰 – Carta 26/35 €

*Plaza del Concejo ⊠ 41370 – ☎ 954 88 32 55 –
Cerrado martes*

CENES DE LA VEGA

Granada – Mapa regional **1**–C2 – Mapa de carreteras Michelin nº 578-U19

RUTA DEL VELETA

TRADICIONAL · **ELEGANTE** XxX Llevado con gran profesionalidad. Su interesante carta, la decoración típica y la ubicación en un lujoso edificio le otorgan el reconocimiento unánime. ¡Bodega visitable!

❀ 🍽 &. 🄰 🄳 ⇔ 🄿 – Menú 72/110 € – Carta 45/70 €

*Avenida de Sierra Nevada 146 ⊠ 18190 – ☎ 958 48 61 34 – www.rutadelveleta.com –
Cerrado lunes, cena: martes-miércoles, cena: domingo*

CERCS

Barcelona – Mapa regional **9**–C1 – Mapa de carreteras Michelin nº 574-F35

✿ ESTANY CLAR

Chef: Josep Xandri

MODERNA · **RÚSTICA** XX Un restaurante que trasciende los sentidos, pues permite disfrutar del bello prepirineo catalán de la comarca del Berguedà y del mejor producto de proximidad en una preciosa masía, construida en piedra, que remonta sus orígenes al s. XIV.

Lo más destacable aquí es que el chef-propietario, Josep Xandri, ha sabido imprimir carácter y personalidad a sus fogones, fusionando el gusto por las técnicas actuales con su particular visión de la cocina, siempre fiel al producto de la zona pero también concienciada con la necesidad de una continua investigación y un minucioso control en los procesos de elaboración. Por otro lado, destaca la espléndida labor en sala de su mujer, Anna Arisó, y la existencia de un coqueto privado con chimenea, algo poco habitual. ¡No se pierda alguno de sus Canelones!

🍽 &. 🄰 ⇔ 🄿 – Menú 77 € – Carta 50/80 €

*Carretera C 16 (km 99,4, Sur 4 km) ⊠ 08698 – ☎ 628 20 67 80 –
www.estanyclar.com –
Cerrado lunes, cena: martes-domingo*

CERDANYOLA DEL VALLÈS

Barcelona – Mapa regional **10**–B3 – Mapa de carreteras Michelin n° 574-H36

TAST & GUST

TRADICIONAL · **ACOGEDORA** XX Un templo del Steak tartar, con una fantástica versión clásica y hasta cuatro variantes que siempre preparan ante el cliente. El trato es personal y... ¡aconsejamos reservar!

🕸 🅰🅲 ⇔ – Menú 35/50€ – Carta 35/55€

Sant Martí 92 ⊠ 08290 – 𝒞 935 91 00 00 –
www.tastandgust.com –
Cerrado lunes, cena: martes-miércoles, cena: domingo

CEUTA

Ceuta – Mapa regional **1**–B3 – Mapa de carreteras Michelin n° 734-F15

BUGAO

COCINA DE MERCADO · **MARCO CONTEMPORÁNEO** XX ¡Frente a la playa de La Ribera! Proponen una cocina tradicional actualizada con algunos platos de fusión, trabajando con pescados de la zona, carnes gallegas, cordero lechal...

🅰🅲 ⇔ – Carta 35/50€

Independencia 15 ⊠ 51001 – 𝒞 956 51 50 47 –
www.restaurantebugao.com –
Cerrado lunes, cena: domingo

CEUTÍ

Murcia – Mapa regional **16**–B2 – Mapa de carreteras Michelin n° 577-R26

EL ALBERO

INTERNACIONAL · **MARCO CONTEMPORÁNEO** XX Sorprende al ofrecer muchos platos en formato de tapa, un apartado de cocina nipona y lo que llaman El Catarrás, un proyecto que recupera culinariamente la gallina murciana.

🅰 🅰🅲 – Menú 22€ (almuerzo) – Carta 30/50€

Mallorca 10 ⊠ 30562 – 𝒞 868 92 34 00 –
www.restauranteelalbero.net –
Cerrado lunes, martes, cena: miércoles, cena: domingo

CHESTE

Valencia – Mapa regional **11**–A2 – Mapa de carreteras Michelin n° 577-N27

🐸 **HUERTO MARTÍNEZ** 🔟

TRADICIONAL · **SENCILLA** X Un restaurante de contrastes, pues compensa su sencillez con una oferta culinaria muy sugerente. El local, instalado en una casa de campo a pocos metros del Pabellón Municipal de Cheste, sorprende con una cocina de gusto tradicional-casero en la que no faltan los detalles modernos y de fusión. Su especialidad son los arroces (más de 10 variantes), destacando entre ellos el Arroz meloso de conejo y caracoles o la Paella de verduras. Permita que Toni le aconseje en materia de vinos y, sobre todo... ¡no deje de probar su maravillosa Terrina de foie con galleta de canela y mermelada de violetas!

🍴 🅰🅲 🅿 – Carta 25/35€

Carretera Cheste-Chiva ⊠ 46380 – 𝒞 962 51 21 25 –
Cerrado lunes, cena: martes-jueves, cena: domingo

CHÍA

Huesca – Mapa regional **2**–D1 – Mapa de carreteras Michelin n° 574-E31
192

CASA CHONGASTÁN

REGIONAL · ACOGEDORA XX ¡Si busca carne de calidad no dude en venir! El restaurante ocupa un bonito edificio de estética alpina, sin embargo, lo realmente significativo es el hecho de que la misma familia se dedica a la restauración y a la cría natural de ganado vacuno autóctono. En su carta encontrará deliciosos guisos caseros, algunas setas de temporada y sus sabrosísimas carnes a la brasa, provenientes tanto de la caza como de sus propias reses. La carne de sus terneras es famosa por tener un perfecto nivel de infiltración de la grasa entre las fibras musculares.

≼ 🅰🄲 🄿 - Carta 26/43€

Fondevila 8 ✉ 22465 - 𝒞 974 55 32 00 - www.chongastan.com - Cerrado lunes, cena: domingo

CHICLANA DE LA FRONTERA

Cádiz - Mapa regional **1**-A3 - Mapa de carreteras Michelin nº 578-W11

ALEVANTE

CREATIVA · ELEGANTE XXX Descubra la propuesta gourmet del lujoso hotel Melia Sancti Petri, en plena costa gaditana. Diáfano, elegante, minimalista... los únicos elementos que visten las paredes del comedor son las siluetas de unos pescados que nadan juntos, en un gran banco de peces, y es que adentrarnos en las aguas de Alevante... ¡supone acabar oliendo a sal!

Esta es la filial del increíble restaurante Aponiente en El Puerto de Santa María (tres Estrellas MICHELIN), por lo que aquí tendrá acceso, a través de sus menús degustación, a muchas de esas sofisticadas elaboraciones que han llevado al portentoso chef Ángel León a ser conocido, mundialmente, como "El Chef del Mar". ¿Aún no ha probado el plancton? Aquí podrá degustarlo, junto a su delicada y exquisita Tortillita de camarones o a su famosa Matanza marina.

🅱 🅰🄲 🄿 - Menú 125/145€

Hotel Gran Meliá Sancti Petri, Amílcar Barca (Playa de La Barrosa, Urbanización Novo Sancti Petri, Suroeste 11,5 km) ✉ 11139 - 𝒞 956 49 12 00 - www.alevanteangelleon.com - Cerrado lunes, almuerzo: martes-sábado, domingo

CATARIA

PESCADOS Y MARISCOS · MARCO CONTEMPORÁNEO XX Esta casa tiene por piedra angular los productos de la lonja, por estandarte los pescados a la brasa y como gran referencia... ¡el emblemático restaurante Elkano de Getaria!

🍴 🅱 🅰🄲 🄿 🚗 - Menú 95€ - Carta 60/90€

Hotel Iberostar Andalucía Playa, Amílcar Barca (Playa de La Barrosa, Urbanización Novo Sancti Petri, Suroeste 11,5 km) ✉ 11130 - 𝒞 664 15 07 52 - www.restaurantecataria.com - Cerrado miércoles

CHIMICHE - Santa Cruz de Tenerife ➔ Ver Canarias (Tenerife)

CHINORLET - Alicante ➔ Ver Xinorlet

CHIPIONA

Cádiz - Mapa regional **1**-A2 - Mapa de carreteras Michelin nº 578-V10

CASA PACO

PESCADOS Y MARISCOS · AMBIENTE TRADICIONAL X Presenta una barra, una sala de ambiente marinero y una gran terraza frente a las embarcaciones de recreo del Puerto Deportivo. ¡Pruebe los famosísimos Langostinos del alba!

🍴 🅰🄲 🄿 - Carta 33/50€

Puerto Deportivo de Chipiona ✉ 11550 - 𝒞 956 37 46 64 - www.casapacochipiona.com - Cerrado cena: lunes-jueves, cena: domingo

CIUDAD REAL

Ciudad Real – Mapa regional **7**–B3 – Mapa de carreteras Michelin nº 576-P18

🏵 MESÓN OCTAVIO

TRADICIONAL · FAMILIAR ✗ A veces, solo a veces, encontramos un restaurante como este, donde tras cada bocado... ¡recordamos la cocina que elaboraban nuestras madres y abuelas! Está bien llevado entre hermanos (Aurora, Belén y José) y apuesta por unos platos de tradición manchega rebosantes de sabor, siempre con gran protagonismo para la caza (venao, perdiz roja, jabalí...) y para las carnes de vacuno de la Sierra de San Vicente. No se pierda las Migas del pastor, el Pisto manchego o su increíble Arroz "guisao" caldoso, un plato que nos lleva, en las volandas del paladar, a los mejores recuerdos de nuestra infancia.

🖭 – Carta 33/45€

Severo Ochoa 6 ⊠ 13005 – ℰ 926 25 60 50 – www.mesonoctavio.com –
Cerrado cena: lunes-sábado, domingo

SAN HUBERTO

TRADICIONAL · MARCO CONTEMPORÁNEO ✗✗ Restaurante-asador dotado con una buena terraza de verano y un horno de leña. Su carta, especializada en asados, también contempla pescados salvajes y mariscos del día.

🍸 ⅍ 🖭 ⇆ – Menú 35/85€ – Carta 40/55€

Montiel ⊠ 13004 – ℰ 926 92 35 35 – www.asadorsanhuberto.es – Cerrado lunes,
domingo

CIUTADELLA DE MENORCA – Balears → Ver Balears (Menorca)

COCENTAINA

Alicante – Mapa regional **11**–A3 – Mapa de carreteras Michelin nº 577-P28

✿ ✿ L'ESCALETA

Chef: Kiko Moya

CREATIVA · ELEGANTE ✗✗✗ En este coqueto chalé, en las laderas del Montcabrer (la "montaña mágica"), comprobará la evolución de una casa familiar con más de 40 años de vida, algo que aquí reflejan acudiendo a la memoria gastronómica para narrar conceptos, emociones e historias a través de sus platos.

El chef Kiko Moya huye de los excesos para ensalzar el terruño y hallar su esencia en la tradición... eso sí, sin descartar la creatividad y tomando como base el producto de temporada de la zona. La cuidada propuesta, famosa por sus "arroces al cuadrado", una variante de arroz presentado en una bandeja de hierro rectangular y terminado al horno, siempre se ve resaltada por una selecta bodega; no obstante, esta así llevada por Alberto Redrado, que es primo del cocinero y... ¡uno de los mejores sumilleres de España!

✿ 🍸 ⅍ 🖭 ⇆ 🅿 – Menú 98/135€ – Carta 60/85€

Pujada Estació del Nord 205 (por la carretera N 340, km 803, Norte 1,5 km y
desvío a la izquierda 0,5 km) ⊠ 03824 – ℰ 965 59 21 00 – www.lescaleta.com –
Cerrado lunes, cena: martes-jueves, cena: domingo

🏵 NATXO SELLÉS

TRADICIONAL · RÚSTICA ✗✗ Una casa del s. XVIII reformada con acierto, pues hoy presenta un agradable porche acristalado y dos coquetos comedores, ambos de línea actual pero con detalles rústicos como la piedra vista o la madera. El joven chef-propietario, Natxo Sellés, defiende una cocina tradicional actualizada que no duda en exaltar los productos de temporada y enriquece su variada carta con dos menús, el llamado "Picaeta" y "El Laurel". Los grandes protagonistas de la casa son los arroces, tanto secos como de cuchara, y el tradicional Rabo de vaca guisado. ¡Suelen cambiar la carta cinco veces al año!

🍸 ⅍ 🖭 ⇆ – Menú 22/26€ – Carta 28/39€

Juan María Carbonell 3 ⊠ 03820 – ℰ 965 59 17 38 – www.restaurantenatxoselles.es –
Cerrado cena: lunes-jueves, cena: domingo

COLLADO MEDIANO

Madrid – Mapa regional **15**–A2 – Mapa de carreteras Michelin n° 576-J17

KOMA ⓘ

MODERNA · ACOGEDORA XX Forma parte del hotel La Torre Box Art, ocupa un pabellón acristalado y tiene el acceso por un jardín. La carta, tradicional actualizada, se completa con un menú degustación.

🏠 🅰 – Menú 53€ – Carta 35/70€

Paseo de los Rosales 48 (La Torre Box Art Hotel) ✉ *28450 –* ☎ *918 55 85 58 – www.latorreboxarthotel.es – Cerrado lunes, martes, cena: domingo*

COLMENAR VIEJO

Madrid – Mapa regional **15**–B2 – Mapa de carreteras Michelin n° 576-K18

🙂 LAMADRID

TRADICIONAL · SIMPÁTICA X El chef Enrique Zubillaga ha llevado el alma cántabra a la comarca de la Cuenca Alta del Manzanares; no en vano, el nombre del local hace un guiño a la localidad homónima del municipio de Valdáliga (Cantabria). El restaurante, próximo a la estación de Cercanías de Colmenar Viejo, está algo aislado en un área residencial y sorprende por su luminosidad. Aquí encontrará una cocina de sabores bien definidos que mezcla lo mejor de ambas tierras, en base a la temporalidad, a los productos de máxima calidad llegados de las costas del norte y a esas materias primas del entorno con ADN serrano.

🅰 – Menú 14€ (almuerzo)/35€ – Carta 30/43€

Avenida de Juan Pablo II 5 (local 4) ✉ *28770 –* ☎ *918 48 49 11 – www.restaurantelamadrid.es – Cerrado lunes, martes, cena: miércoles, cena: domingo*

LA COMA I LA PEDRA

Lleida – Mapa regional **9**–B1 – Mapa de carreteras Michelin n° 574-F34

FONTS DEL CARDENER

REGIONAL · FAMILIAR X Forma parte del hotel homónimo y destaca por su organización, con varias generaciones de la misma familia volcados en el negocio. Buena cocina catalana, con deliciosos guisos, platos a la brasa y productos singulares, como los Guisantes negros de alta montaña.

🅰 🅿 – Menú 15€ (almuerzo)/24€ – Carta 25/45€

Hotel Fonts del Cardener, Carretera de Tuixén (Norte 1 km) ✉ *25284 –* ☎ *973 49 23 77 – www.hotelfontsdelcardener.com – Cerrado cena: lunes-martes, miércoles, jueves, cena: domingo*

CONCHA

Vizcaya – Mapa regional **18**–A2 – Mapa de carreteras Michelin n° 573-C19

CASA GARRAS

TRADICIONAL · AMBIENTE CLÁSICO X Casa familiar de 3ª generación donde ofrecen una cocina tradicional actualizada con toques gourmet. ¡Carne de Karrantza, pescados del Cantábrico y txakoli de su propia bodega!

♿ 🅰 🍴 – Menú 13€ (almuerzo), 80/85€ – Carta 50/70€

Barrio Concha 6 ✉ *48891 –* ☎ *946 80 62 80 – www.casagarras.com – Cerrado cena: lunes-jueves*

CORÇÀ

Girona – Mapa regional **10**–B1 – Mapa de carreteras Michelin n° 574-G39

🏵🏵 BO.TIC

Chef: Albert Sastregener

CREATIVA · MINIMALISTA XxX Resulta sorprendente, tanto por su ubicación en una antigua fábrica de carruajes como por su constante deseo de emocionarnos, siempre desde el sabor y la pasión.

Tras su agradable jardín presenta dos salas de diseño minimalista, una asomada a la cocina mientras la otra, más acogedora, se halla entre los muros en piedra de lo que fue la carpintería. El chef Albert Sastregener propone, a través de tres menús y una pequeña carta con platos extraídos de los mismos, unas elaboraciones creativas de gran nivel técnico, respetuosas con la tradición catalana pero sin cerrar las puertas a sabores foráneos; no en vano, uno de sus productores Km 0 (Hidenori Futami) le proporciona verduras y brotes originarios de Japón. ¡Ofrece una "mesa del chef" para cuatro comensales (todos con el Menú del Chef)!

🕸 ♿ 🅼 – Menú 120/180€ – Carta 95/132€

*Avenida Costa Brava 6 ✉ 17121 – ☎ 972 63 08 69 – www.bo-tic.com –
Cerrado martes*

CORCUBIÓN

A Coruña – Mapa regional **13**–A2 – Mapa de carreteras Michelin n° 571-D2

MAR VIVA

PESCADOS Y MARISCOS · RÚSTICA 🗴 ¡En una casita de piedra! Lubinas, rodaballos, cigalas, nécoras... pida lo que quiera en su fantástico expositor, tipo pescadería, donde pesan el producto e invitan a disfrutar.

🅼 – Carta 50/75€

*Plaza Castelao 16 ✉ 15130 – ☎ 981 70 64 53 – www.peixeriamarviva.com –
Cerrado lunes, cena: martes-jueves, cena: domingo*

Córdoba
Mapa regional **1**–B2
Mapa de carreteras Michelin
n° 578-S15

CÓRDOBA

Córdoba se descubre a pie de calle, paseando sin prisa, pues cada paso nos empapa de su alma, de su esencia, del encanto inherente a "perderse" por las estrechas callejuelas de la judería o del casco histórico, redescubriendo rincones escondidos y con etapas imprescindibles como la icónica Mezquita-Catedral, la Plaza de La Corredera o el histórico Alcázar de los Reyes Cristianos. La gastronomía local (Salmorejo, Rabo de toro, Olla cordobesa, Flamenquines...), fiel reflejo de las influencias culturales y con reminiscencias en el legado andalusí, se puede saborear durante ese mágico recorrido, comiendo en sus restaurantes o tomando tapas por sus tabernas mientras disfrutamos de los vinos de la zona, los de la D.O. Montilla-Moriles. ¿Quiere un consejo? No se pierda los maravillosos patios dispersos por toda la ciudad, declarados Patrimonio Inmaterial de la Humanidad por la UNESCO.

✿✿ NOOR

Chef: Paco Morales
CREATIVA · DE DISEÑO XX Noor, que en árabe significa "luz", es muchísimo más que un restaurante gastronómico, pues tras cada detalle hay un equipo (documentalistas, historiadores, arqueólogos...) que aporta sus conocimientos para sacar de las tinieblas la esencia de esa Córdoba, culta y avanzada, que deslumbró durante el Califato de Abderramán III.

En su luminoso interior, con la cocina a la vista y una mágica labor de interiorismo, el chef Paco Morales recupera la esencia de la cocina andalusí desde los conceptos y las técnicas actuales, siempre con delicadas texturas, elegantes maridajes y una premisa cincelada a fuego, como un mandamiento: no usar nunca los productos del Nuevo Mundo, los posteriores a 1492. ¿La propuesta? Tres sugerentes menús que recuerdan las diferentes épocas árabes de la ciudad (s. X-XIV).

🕃 ⅁ ⯐ – Menú 95/190€

Fuera de plano – *Pablo Ruiz Picasso 6 (por Avenida de Libia)* ✉ *14014* – ☎ *957 96 40 55* – *www.noorrestaurant.es* –
Cerrado lunes, martes, domingo

✿ CHOCO

Chef: Kisko García
CREATIVA · MINIMALISTA XX Una casa que enamora por su arraigo, pues presentando un espacio de elegante minimalismo no ha perdido esa autenticidad inherente a los negocios de toda la vida.

197

SEVILLA, HUELVA ► MEDINA AZAHARA

A

B

1

C. de Francisco de Toledo

C. Tartessos

Av.

Augusta

Vía

Av. de América

Antonio Gaudí

C. de América

C. Arfe

C. Villa de Rota

Av. del Gran Capitán

Av.

de

la

Libertad

Av. del Gran Capitán

C. de Alhakén II

Palacio de la Diputación

2

8

9

JARDÍN DE LA AGRICULTURA

P

Torre de la Malmuerta

Av. de Adarve

Pl. de Colón

JARDINES DE LA MERCED

Cristo de los Faroles

Pl. de los Capuchinos

Osario

C. del Caño

3

C. del Conde de Robledo

José

Cruz Conde

C. Obispo Fitero

5

San Miguel

Paseo del Gran Capitán

Paseo de la Victoria

Mausoleo Romano

Av. de Medina Azahara

C. del Alcalde Sanz Noguer

C. Diego Serrano

Albéniz

Antonio Maura

C. de Miguel Benzo

Cam. de los Sastres

C. Maestro Priego López

C. de Don Lope de Sosa

C. de José María Valdenebro

de

la Previsión

C. Damasco

Av. de la República Argentina

Paseo de la Victoria

JARDINES DE LA VICTORIA

C. de Concepción

C. Ubeda

C. Eduardo Dato

C. Dean

San Nicolás de la Villa

La Trinidad

C. Valladares

C. de la Morería

Sevilla

C. de Jesús y María

C. de Juan de Mena

Pl. de las Tendillas

Claudio Mar

i

Templo Roma

Sta Victoria

Museo Arqueoló Provinc

C. Pl. J. Páez

C. Rey

Osio

Heredia

LA JUDERÍA

2

Puerta de Almodóvar

7

Sinagoga

Museo Taurino

10

6

P

Calleja de las Flores

Palacio de Congresos

MEZQUITA-CATEDRAL

Ronda

P

Puerta del Puente

M

C. del Doctor Ruiz Maya

C. de Tomás de Aquino

C. del Escritor Azorín

Av. de los Custodios

P

Av.

del

Conde

de

Vallellano

C. del

Vallellano

C. del Doctor Fleming

C. de San Juan de Chinales

Av. del Corregidor

Pidal

Puerta de Sevilla

Av. Menéndez

S. BASILIO

C. de S.

Basilio

Postrera

Isasa

Alcázar

JARDINES DEL ALCÁZAR

Ronda de Isasa

Ronda de Isasa

Puente Romano

Torre de Calahorra

Albino

C. de Burgos

Fray

Luis de

Braille

C. del Baile

C. de Écija

PARQUE CRUZ CONDE

Av. de Linneo

Ronda

Puente de S. Rafael

3

Museo Diocesano de Bellas Artes .... M

A

B

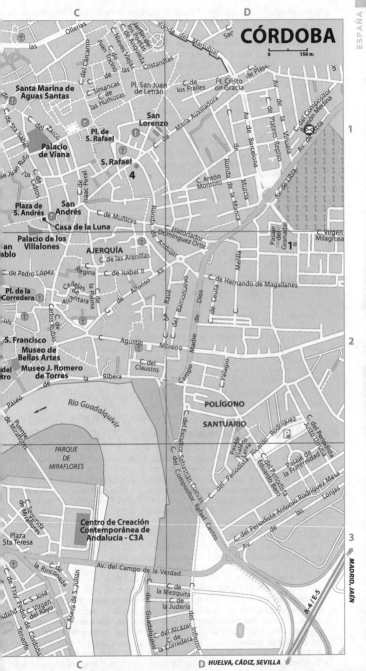

ESPAÑA

CÓRDOBA

0 _____ 150 m

Santa Marina de
Aguas Santas

Palacio
de Viana

Pl. de
S. Rafael

San
Lorenzo

S. Rafael

4

Plaza de
S. Andrés

San
Andrés

Casa de la Luna

Palacio de los
Villalones

AJERQUÍA

Pl. de la
Corredera

S. Francisco

Museo de
Bellas Artes

Museo J. Romero
de Torres

Río Guadalquivir

PARQUE
DE
MIRAFLORES

POLÍGONO

SANTUARIO

Puente
de Miraflores

Plaza
Sta Teresa

Centro de Creación
Contemporánea de
Andalucía - C3A

Av. del Campo de la Verdad

C. de
la Mezquita

C. de
la Judería

C. del Alcázar
de la Corredera

MADRID, JAÉN

HUELVA, CÁDIZ, SEVILLA

Kisko García, el chef, decidió vincular el restaurante familiar al barrio que le vio crecer; así, desde ese punto de partida, apuesta por una cocina creativa que, a través de los menús degustación (Barrio antiguo y Kisko García), saque a la luz los sabores, olores y risas del Valle de Los Pedroches y de Villanueva de Córdoba, la Andalucía que marcó para bien su niñez. Materias primas locales y de temporada (a ser posible ecológicas), trabajo en equipo, sabor, actitud... La experiencia, con opción de maridaje, empieza en el hall, continua con un aperitivo en la cocina y termina, a lo grande, en la mesa del comedor. ¡Le encantará!

&. 🅰️ – Menú 95/125€

Plano: D2-1 – *Compositor Serrano Lucena 5* ✉ *14010* – ☎ *957 26 48 63* – *www.restaurantechoco.com* – *Cerrado lunes, cena: domingo*

😊 LA CUCHARA DE SAN LORENZO

TRADICIONAL · MARCO CONTEMPORÁNEO 🟈🟈 Bien llevado entre dos hermanos, Narciso en la sala y Paco tras los fogones, que se decidieron por este nombre como homenaje a su particular amor, desde niños, por los platos de cuchara. El restaurante, en dos plantas y aparentemente más amplio tras su renovación en un estilo actual, apuesta por una cocina de base tradicional y local con toques modernos, cuidando los detalles y defendiendo las sugerencias vinculadas a los productos de mercado. No deje de probar el Salmorejo, las Croquetas de ternera, sus Mini bravas muy bravas, el Flamenquín... o un gran clásico como el Rabo de toro.

🏠 &. 🅰️ 🔼 – Menú 40€ (almuerzo), 50/80€ – Carta 35/50€

Plano: C1-4 – *Arroyo de San Lorenzo 2* ✉ *14002* – ☎ *957 47 78 50* – *www.lacucharadesanlorenzo.es* – *Cerrado cena: lunes-martes, cena: domingo*

😊 EL ENVERO

MODERNA · MARCO CONTEMPORÁNEO 🟈🟈 Está algo alejado de la zona turística, sin embargo... se ha labrado rápidamente un nombre y ya atesora una fiel clientela. En conjunto disfruta de una decoración moderna, con un buen bar de tapas, un comedor y un privado. Desde los fogones defienden una cocina actual de temporada (con sugerencias del día y opción de medias raciones en algunos platos), apostando tanto por los productos ecológicos de las huertas cercanas como por los procedentes de la almadraba. ¿Una curiosidad? Con su nombre, El Envero, recuerdan ese mágico momento en que las uvas cambian de color para iniciar su maduración.

🏠 &. 🅰️ ↔ – Carta 30/45€

Fuera de plano – *Teruel 21 (por Avenida del Gran Capitán)* ✉ *14011* – ☎ *957 20 31 74* – *www.elenvero.com* – *Cerrado lunes, cena: domingo*

😊 LA TABERNA DE ALMODÓVAR

TRADICIONAL · AMBIENTE CLÁSICO 🟈🟈 Hablar de La Taberna de Almodóvar nos obliga a utilizar palabras con tradición y pasión, recordando siempre aquel ultramarinos familiar donde empezaron a servir comandas en Almodóvar del Río. El local, de cuidado ambiente clásico, mantiene la esencia del negocio primigenio, reproduciendo el recetario regional y velando por la conservación de los auténticos sabores locales. ¿Qué pedir? Pruebe las famosas Croquetas de "Almodóvar", el Revuelto del cortijo o la milenaria Mazamorra, una sopa fría similar al ajoblanco, pero más densa, que es reconocida como la precursora del Salmorejo cordobés.

🅰️ ↔ – Carta 30/60€

Plano: B1-2 – *Benito Pérez Galdós 1* ✉ *14001* – ☎ *957 94 03 33* – *www.latabernadealmodovar.com* – *Cerrado cena: domingo*

😊 TERRA OLEA 🆕

ACTUAL · MARCO CONTEMPORÁNEO 🟈🟈 Está en el barrio de la Arruzafilla, cerca del antiguo local, y se presenta con un luminoso comedor desde el que se tiene la cocina parcialmente a la vista. El chef, que sirve personalmente algunos platos, propone una gastronomía de tinte actual que defiende todo lo autóctono sin complejos, ensalzado siempre las materias primas cordobesas y el trabajo de los pequeños productores. ¿La oferta? Una correcta carta y dos interesantes menús degustación, Flos y Cibarium, ambos con nombres que hacen referencia a los olivos y su legado. ¡Las originales lámparas sobre las mesas parecen avisperos!

- Menú 32/49€ - Carta 30/50€

Fuera de plano - *Rigoberta Menchú 2 ✉ 14011 - ✆ 957 91 73 55 - www.terraolearestaurante.com - Cerrado cena: lunes-miércoles, domingo*

LA CASA DE MANOLETE BISTRÓ

ACTUAL • HISTÓRICA XXX Instalado en el bello palacete donde vivió el torero y, anteriormente, hasta Ortega y Gasset. El chef, especializado en Salmorejos, propone una cocina actual de base regional.

- Menú 69/89€ - Carta 40/60€

Plano: A1-9 - *Avenida de Cervantes 10 ✉ 14008 - ✆ 661 31 60 44 - www.lacasademanoletebistro.com - Cerrado cena: domingo*

ARBEQUINA

MODERNA • HISTÓRICA XX En el elegante hotel Palacio del Bailío, donde encontrará un patio que... ¡permite cenar sobre vestigios romanos! Atrevida carta de fusión, con un apartado de taberna local.

- Menú 29/75€ - Carta 40/75€

Plano: B1-3 - *Hotel Palacio del Bailío, Ramírez de las Casas Deza 10-12 ✉ 14001 - ✆ 957 49 89 93 - www.hospes.com*

LOS BERENGUELES

TRADICIONAL • MARCO REGIONAL XX Instalado en la antigua casa de la Marquesa de Valdeloro, un edificio de raíces andaluzas que conserva su patio, los zócalos de azulejos y una belleza atemporal. Cocina tradicional rica en pescados, muchos procedentes del puerto de Motril.

♿ - Carta 30/50€

Plano: B1-5 - *Conde de Torres Cabrera 7 ✉ 14001 - ✆ 957 47 28 28 - www.losberengueles.com - Cerrado lunes, cena: domingo*

CASA PEPE DE LA JUDERÍA

REGIONAL • MARCO REGIONAL XX Está en plena judería y sorprende por su interior, con un patio andaluz, agradables comedores y una encantadora terraza en la azotea. Cocina regional con detalles actuales.

- Menú 38/70€ - Carta 45/75€

Plano: B2-6 - *Romero 1 ✉ 14003 - ✆ 957 20 07 44 - www.restaurantecasapepedelajuderia.com*

CASA RUBIO

REGIONAL • MARCO REGIONAL XX Posee un bar de tapas, dos confortables comedores de estilo clásico-actual y una agradable terraza en la azotea, esta última dotada de vistas a las murallas. Cocina tradicional con especialidades, como el Rabo o las Berenjenas con miel.

- Menú 30/60€ - Carta 40/65€

Plano: B2-7 - *Puerta Almodóvar 5 ✉ 14003 - ✆ 957 42 08 53 - www.restaurantecasarubiocordoba.com - Cerrado lunes, cena: domingo*

CELIA JIMÉNEZ

MODERNA • TENDENCIA XX ¡En el complejo deportivo más grande de Andalucía! La chef, con buen nombre en el mundo gastronómico, propone una cocina andaluza puesta al día en técnicas y presentaciones.

♿ - Menú 65/75€

Fuera de plano - *Escritora María Goyri (Complejo Deportivo Open Arena, por Avenida de América) ✉ 14005 - ✆ 957 04 98 55 - www.celiajimenez.com - Cerrado lunes, martes, cena: miércoles-jueves, domingo*

RECOMIENDO

CREATIVA • A LA MODA XX Diversión, técnica, sabor, recuerdos... y la filosofía del chef Periko Ortega, que pone "power" en cada plato. Encontrará tres menús degustación, todos con opción de maridaje.

- Menú 42/75€

Fuera de plano - *Mirto 7 ✉ 14012 - ✆ 957 10 73 51 - www.recomiendopower.com - Cerrado lunes, domingo*

TELLUS

TRADICIONAL · MARCO CONTEMPORÁNEO XX El nombre, tomado de la diosa que simboliza "la tierra" en la mitología romana, lo utilizan como una alegoría sobre la estacionalidad. Cocina actual con detalles de temporada.

🏠 ও 🆎 ⇄ – Menú 35 € – Carta 35/50 €

Fuera de plano – *María La Judía (esquina Conchita Cintrón)* ✉ *14011* – ℰ *957 24 49 23* – *www.tellus.es* – *Cerrado lunes, cena: domingo*

EL BAR DE PACO MORALES

MODERNA · SIMPÁTICA X Céntrico, divertido y dentro de un ambiente un tanto canalla. Aquí podrá degustar platillos populares con toques contemporáneos, todos con el sello del chef Paco Morales.

🏠 ও 🆎 – Menú 19/33 € – Carta 25/40 €

Plano: B1-8 – *Ronda de los Tejares 16 (Pasaje de Rumasa)* ✉ *14001* – ℰ *957 97 74 21* – *www.elbardepacomorales.com* – *Cerrado cena: lunes, martes, domingo*

TABERNA EL Nº 10

TRADICIONAL · BAR DE TAPAS X Se halla en plena judería y... ¡está dedicada al vino con la D.O. Montilla-Moriles! Sus tapas y raciones son un buen método para descubrir la cocina tradicional y regional.

🏠 🆎 – Tapa 6 € – Ración 12 € – Menú 25/35 €

Plano: B2-10 – *Romero 10* ✉ *14002* – ℰ *957 42 14 83* – *www.tabernaelnumero10cordoba.com* – *Cerrado lunes, martes, almuerzo: sábado*

CORNUDELLA DE MONTSANT

Tarragona – Mapa regional **9**–B3 – Mapa de carreteras Michelin nº 574-I32

⁂ QUATRE MOLINS

Chef: Rafel Muria

CREATIVA · MARCO CONTEMPORÁNEO X ¿Aún no ha oído hablar del Chef de la Miel? Con independencia del apelativo lo cierto es que ese manjar, para él, supone muchísimo más que un producto fetiche, pues su familia trabaja entre colmenas desde 1810 (artMuria).

Rafel Muria, formado en emblemáticas casas de España, Francia e Italia, defiende en este sencillo restaurante una cocina creativa de gran nivel, siempre en base a platos elaborados en los que la miel se usa discretamente, como una especia más, para aportar equilibrio y estabilizar el sabor. Ofrecen tres menús (Degustación, Espectáculo y Menú de la Trufa) así como un plato suelto (Royal de sangacho de atún con compota de pera), con suplemento, que puede pedirse fuera de los mismos y también resulta interesante, pues con él... ¡ganó el "Concurso Atún Rojo Balfegó" en 2018!

🆎 – Menú 55/75 €

Comte de Rius 8 ✉ *43360* – ℰ *977 82 10 04* – *www.quatremolins.com* – *Cerrado cena: lunes, martes, miércoles, cena: domingo*

A Coruña
Mapa regional **13**–B1
Mapa de carreteras Michelin
n° 571-B4

A CORUÑA

A Coruña es una ciudad milenaria y volcada al océano, dos detalles que encuentran el símbolo perfecto en la erguida Torre de Hércules, el único faro de la época romana que continúa en funcionamiento. Paseando por sus calles, con visitas obligadas a la bellísima plaza de María Pita, a las galerías acristaladas de La Marina (de ahí el sobrenombre "La Ciudad de Cristal") o al magnífico mirador del monte de San Pedro, descubrirá una ciudad de marcada vocación atlántica, lo que gastronómicamente se traduce en unas contundentes mariscadas o en la habitual opción de tapear tomando raciones de pulpo, percebes, almejas, navajas, mejillones... siempre con un Albariño o un Ribeiro bien fresquito. ¿Busca un turismo más gastronómico? No se pierda el mercado de la plaza de Lugo, renovado con acierto y perfecto para contemplar, e incluso comprar, los excepcionales pescados y mariscos de esta tierra.

✿ ÁRBORE DA VEIRA

Chef: Luis Veira

CREATIVA · **MARCO CONTEMPORÁNEO** XxX Se halla junto a las emblemáticas baterías de artillería que protegían la ría, en lo alto del monte de San Pedro, y suele sorprender por su carácter panorámico, pues las mesas del comedor invitan a contemplar la ciudad desde las alturas y a perder la vista en el océano.

Ofrece varios salones para eventos, muchísima luz, vajilla de autor, sorprendentes combinaciones, cremas de nítido sabor... La cocina del chef Luis Veira, un orgulloso coruñés, refleja a través de su carta y sus menús un constante juego de sabores y productos, siempre con el Atlántico como protagonista y la opción de apetecibles maridajes (uno de ellos acompaña una degustación de quesos). ¿Curiosidades? La cascada de agua que cae sobre el vanguardista estanque exterior oculta, tras de sí, el ventanal que ilumina la cocina.

ॐ ⇐ & Ⓜ ✿ 🅿 – Menú 65€ (almuerzo), 55/80€ – Carta 50/75€

Fuera de plano – *Parque Monte San Pedro (por Avenida de Pedro Barrié de la Maza)* ✉ 15011 – 𝒞 981 07 89 14 –
www.arboredaveira.com –
Cerrado cena: lunes, martes, cena: miércoles, cena: domingo

EL DE ALBERTO

MODERNA · MARCO CONTEMPORÁNEO XX Un negocio con solera e innumerables fieles, sobre todo locales, que afronta una nueva etapa con el cambio de
local, ahora mucho más grande, céntrico, confortable... y a escasos metros de
las playas, tanto la del Orzán como la de Riazor. Tras la cuidada fachada, con
una gran cristalera que baña de luz el moderno comedor, la omnipresente
figura de Alberto, el propietario, sigue al frente de todo con la clara premisa
de mimar a sus clientes. ¿La oferta? Una cocina tradicional actualizada con platos cada vez más modernos; eso sí, siempre con raciones generosas y en base a
productos de calidad.

AC – Menú 30/50€ – Carta 30/45€

Plano: A2-1 - *Comandante Fontanes 1* ✉ *15003* - ✆ *981 90 74 11* -
Cerrado lunes, cena: domingo

ARTABRIA

INTERNACIONAL · AMBIENTE CLÁSICO XX Se halla cerca de la playa de Riazor y tiene un nombre con historia, pues los "ártabros" eran una tribu de origen
celta asentada en la zona. Presenta un comedor de buen montaje, con cuadros
abstractos de autores gallegos vistiendo sus paredes, y tiene la cocina parcialmente vista al fondo de la sala, proponiéndonos desde ella una carta de tinte
clásico y bases tradicionales. ¿Especialidades? Pruebe las Cestillas crujientes
de zamburiñas con crema de nécoras, los Rollitos de salmón ahumado con tár-
tara de langostinos, su Arroz caldoso de carabineros... y, por supuesto, la Lamprea en temporada.

AC – Menú 34€ – Carta 35/45€

Fuera de plano – *Fernando Macías 28* ✉ *15004* - ✆ *981 26 96 46* -
www.restauranteartabria.com - *Cerrado cena: lunes, cena: domingo*

TERREO

ACTUAL · MARCO CONTEMPORÁNEO XX Un local de línea moderna del que
todo el mundo habla, pues en él intentan ofrecer una cocina elaborada aunque
algo más informal, en base a platos ligeros pero... ¡tremendamente sabrosos! La
pareja al frente, con el chef Quique Vázquez tras los fogones y Ana Señarís pendiente de todo en la sala, apuesta por una propuesta que denominan "Casual"
para que los clientes se sientan como en su casa, sorprendiendo esta por la delicadeza de las salsas, un interesante juego con los crudos (marinados y ahumados) así como un completo apartado de arroces. ¡Existe la posibilidad de tomar
medias raciones!

AC – Menú 32/40€ – Carta 31/45€

Plano: A2-2 - *San Andrés 109* ✉ *15003* - ✆ *881 91 71 82* -
www.terreocinacasual.net - *Cerrado cena: lunes-miércoles, domingo*

HÚNICO 🔘

TRADICIONAL · ELEGANTE XXX Se halla en el hotel DoubleTree y sorprende por
su línea art déco. El chef, Adrián Felípez, defiende una cocina tradicional de producto, detallista y no exenta de modernidad.

🛋 ঝ AC ⇔ 🅿 🚗 – Menú 80€ – Carta 48/72€

Plano: A1-11 - *Zalaeta 12 (Hotel DoubleTree by Hilton A Coruña)* ✉ *15002* -
✆ *981 65 70 18* - *www.restaurantehunico.com*

ASADOR CORUÑA

TRADICIONAL · AMBIENTE CLÁSICO XX Una casa en la que se respeta muchísimo el producto. Presenta una sala de corte clásico-tradicional con profusión de
madera, detalles en piedra y la cocina a la vista. ¡Excelentes carnes gallegas en
parrilla de leña... y buenos pescados!

AC ⇔ – Carta 35/45€

Fuera de plano – *Alcalde José Crespo López Mora 4 (por Avenida de Linares
Rivas)* ✉ *15008* - ✆ *981 24 01 57* - *Cerrado cena: lunes-jueves, cena: domingo*

A CORUÑA

0 — 190 m

BIDO

MODERNA · **MARCO CONTEMPORÁNEO** XX Platos bien resueltos, productos de calidad, elaboraciones delicadas... He aquí un restaurante que sorprende en fondo y forma, con cocina actual en un ambiente de diseño.

& AC – Menú 65/70 € – Carta 40/55 €

Plano: A2-3 – *Marcial del Adalid 2* ⊠ *15003* – 𝒞 *881 92 28 47* –
www.bidorestaurante.es –
Cerrado lunes, cena: martes, cena: domingo

ECLECTIC

CREATIVA · **COLORIDA** XX Un espacio diferente, pues por su interiorismo parece una casa particular. La oferta se centra en unos menús de tinte creativo, habitualmente con guiños a la historia gallega.

& AC – Menú 65/75 €

Plano: B2-7 – *Oliva 3* ⊠ *15001* – 𝒞 *617 62 14 23* –
www.eclecticrestaurante.com –
Cerrado lunes, cena: domingo

EL MIRADOR DEL MADRILEÑO

PESCADOS Y MARISCOS · **ACOGEDORA** XX Coqueto negocio familiar, aso-mado a la bahía, en el que apuestan por la cocina tradicional y las sugerencias diarias, pues siempre ofrecen producto salvaje de río o de mar.

🛋 ර ᴀᴋ – Carta 30/55€

Fuera de plano – *Avenida Ernesto Che Guevara 73 (Perillo, Sureste 7,5 km)* ✉ 15172 – ☎ 981 63 85 17 – *Cerrado cena: domingo*

A MUNDIÑA

GALLEGA · **MARCO CONTEMPORÁNEO** XX Mantiene su propuesta de gusto tradicional y presenta una estética renovada. Los pescados de las lonjas cercanas (Laxe, Malpica, A Coruña...) son los grandes protagonistas.

🕸 🛋 ර ᴀᴋ ▣ ⇄ – Menú 45/85€ – Carta 40/60€

Plano: A2-4 – *Real 77* ✉ 15003 – ☎ 881 89 93 27 – *www.amundina.com*

SALITRE

GALLEGA · **MARCO CONTEMPORÁNEO** XX Construye su propuesta en base al producto gallego, apostando por los sabores tradicionales y los platos a la carta. ¡Pídase la sabrosa caldeirada de pescado o algún arroz!

ර ᴀᴋ ⇄ – Carta 45/70€

Plano: B1-5 – *Paseo Marítimo Alcalde Francisco Vázquez 25* ✉ 15002 – ☎ 981 92 32 53 – *www.salitrecoruna.com* – *Cerrado lunes, cena: martes, cena: domingo*

COMAREA

TRADICIONAL · **BAR DE TAPAS** X Un local de tapas que funciona como vinoteca y arrocería. ¿Desea unas raciones o prefiere comer a la carta? En cualquier caso, pruebe sus mariscos, los ibéricos, el pulpo...

🛋 ᴀᴋ – Tapa 5€ – Ración 15€

Fuera de plano – *Carlos Martínez Barbeito y Morás 4* ✉ 15009 – ☎ 981 13 26 58 – *www.grupocomarea.com* – *Cerrado domingo*

CULUCA

MODERNA · **BAR DE TAPAS** X Un gastrobar céntrico, amplio y actual, pero también de ambiente joven e informal. Aquí ofrecen tapas y raciones que mezclan las recetas clásicas con otras más creativas.

🛋 ර ᴀᴋ ⇄ – Tapa 5€ – Ración 15€

Plano: A2-6 – *Avenida Arteixo 10* ✉ 15004 – ☎ 981 97 88 98 – *www.culuca.com* – *Cerrado cena: domingo*

NADO

CREATIVA · **DE DISEÑO** X De estética moderna, con la cocina abierta a la sala y solo dos largas mesas que se modulan según el número de clientes. Cocina creativa de base tradicional y alma marinera.

ර ᴀᴋ – Menú 55/65€ – Carta 40/60€

Plano: A2-9 – *Callejón de la Estacada 9* ✉ 15001 – ☎ 981 97 94 33 – *www.nado.es* – *Cerrado lunes, martes, cena: domingo*

LA PICOTERÍA

MODERNA · **MARCO CONTEMPORÁNEO** X Atractivo local de aire contemporáneo en el que apuestan por una cocina actualizada de base tradicional, con buenos detalles técnicos y unas cuidadas presentaciones.

ර ᴀᴋ ⇄ – Carta 27/40€

Fuera de plano – *Ferrocarril 1 (Culleredo, Sur 8 km)* ✉ 15670 – ☎ 881 96 50 78 – *www.lapicoteria.es* – *Cerrado lunes, cena: domingo*

TABERNA A MUNDIÑA

TRADICIONAL · **BAR DE TAPAS** X Taberna de ambiente elegante decorada con gusto en un estilo actual, con profusión de maderas y una vinoteca acristalada. Cocina tradicional de producto y sugerencias diarias.

🛋 ᴀᴋ – Tapa 5€ – Ración 15€

Plano: A2-10 – *Estrella 10* ✉ 15003 – ☎ 981 20 92 78 – *www.amundina.com* – *Cerrado lunes, domingo*

LA TABERNA DE MIGA

TRADICIONAL · TENDENCIA X Coqueto local, tipo bistró, dotado con una terraza, una barra donde se puede comer y dos salas con las paredes en piedra. Cocina tradicional actualizada, ideal para compartir.

🏠 ⟁ 🎬 – Menú 18/35 € – Carta 18/35 €

Plano: B1-8 – *Plaza de España 7 ✉ 15001 – 𝒞 881 92 48 82 – www.migacoruna.com –*
Cerrado lunes, cena: domingo

COSGAYA

Cantabria – Mapa regional **6**–A1 – Mapa de carreteras Michelin n° 572-C15

🐵 DEL OSO

COCINA CASERA · RÚSTICA XX ¿Tiene ganas de probar un buen Cocido lebaniego? En pocos sitios encontrará uno tan rico como aquí. Nos encontramos a los pies de los Picos de Europa, en pleno Valle de Liébana, un entorno natural siempre verde y cautivador que invita a degustar platos contundentes, típicos de montaña. El restaurante, bien llevado en familia y ubicado dentro del precioso hotel Del Oso, se presenta con un comedor de entrañable rusticidad, donde podrá degustar platos sencillos pero con mucho sabor, de esos que nos recuerdan a nuestras abuelas. Los postres también merecen una mención, pues todos son caseros.

⊡ 🅿 – Carta 30/40 €

Barrio Areños 2 (Hotel Del Oso) ✉ 39539 – 𝒞 942 73 30 18 – www.hoteldeloso.com

COVARRUBIAS

Burgos – Mapa regional **8**–C2 – Mapa de carreteras Michelin n° 575-F19

🐵 DE GALO

TRADICIONAL · RÚSTICA X Recupera una antigua posada y debe su nombre, que es el del chef-propietario y su hijo, a una tradición familiar. El comedor ocupa lo que fueron las cuadras, por lo que el entorno presenta un ambiente rústico realmente cálido y acogedor, con las paredes en adobe y piedra, viejas vigas de madera, aperos de labranza... y un buen número de objetos que nos transportan a un mundo rural rescatado del pasado. Presenta una carta tradicional castellana en la que destacan las carnes a la brasa, las legumbres y algunas especialidades, como la Olla podrida o el clásico Cordero asado (previa reserva).

🏠 🎬 – Menú 13 € (almuerzo)/20 € – Carta 25/40 €

Monseñor Vargas 10 ✉ 09346 – 𝒞 947 40 63 93 – www.degalo.com –
Cerrado cena: lunes-martes, miércoles, cena: jueves, cena: domingo

CUDILLERO

Asturias – Mapa regional **3**–B1 – Mapa de carreteras Michelin n° 572-B11

EL PESCADOR

PESCADOS Y MARISCOS · FAMILIAR X Restaurante de gestión familiar que ofrece una carta muy amplia, con diversos platos asturianos y, sobre todo, los pescados y mariscos locales (merluza, pixín, virrey...).

🏠 🅿 – Menú 30 € (almuerzo)/50 € – Carta 35/70 €

El Pito (Tolombreo de Arriba, Sureste 1,5 km) ✉ 33150 – 𝒞 985 59 09 37 –
www.hotelrestauranteelpescador.com

CUENCA

Cuenca – Mapa regional **7**–C2 – Mapa de carreteras Michelin n° 576-L23

🏵 TRIVIO

Chef: Jesús Segura García

MODERNA · A LA MODA XX Resulta realmente interesante, pues aquí se obsesionan con proporcionar la máxima visibilidad a los productos de la zona y, siempre desde la innovación, apuestan por "darle una vuelta a su entorno".

El chef Jesús Segura, embajador de la marca "Raíz Culinaria" y referente en la "cocina de secano", aprovecha los cereales de Castilla-La Mancha para trabajar con ellos desde todos los puntos de vista (semillas, granos, leguminosas...), en base a una constante investigación y asumiendo su "compleja sencillez" para que sean la piedra angular de la propuesta, interpretable a través de varios menús. No deje de probar sus curiosos vinagres y fermentados, los originales "quesos" sin leche o las famosas croquetas de jamón, que llegaron a ser reconocidas, en 2016, como... ¡las mejores del mundo!

&. 🅰️ ⇔ – Menú 50/70€

Colón 25 ⊠ 16002 – ℰ 969 03 05 93 – www.restaurantetrivio.com – Cerrado lunes, cena: domingo

🎙️ OLEA COMEDOR

MODERNA · SIMPÁTICA 𝕏 La sinceridad llevada a otro nivel, pues aquí interpretan el hecho de tener la cocina a la vista como una demostración de que... ¡no tienen nada que ocultar! El chef Eduardo Albiol, que plantea una cocina bastante personal y diferente, trabaja sobre el recetario tradicional para actualizarlo con detalles y productos de otras tendencias, por lo que encontraremos en sus platos tanto rasgos mediterráneos como asiáticos. Su único referente son los clientes, por eso están muy atentos a sus reacciones y se atreven con casi todo esperando, finalmente, su beneplácito. ¡Respetan muchísimo el sabor!

&. 🅰️ – Carta 28/35€

Avenida Castilla-La Mancha 3 ⊠ 16002 – ℰ 628 85 97 42 – www.oleacomedor.es – Cerrado lunes, martes, cena: domingo

RAFF SAN PEDRO

TRADICIONAL · HISTÓRICA 𝕏𝕏 Forma parte del hotel Leonor de Aquitania, donde ocupa las antiguas caballerizas de una casa palaciega en piedra. Cocina tradicional actualizada e interesantes menús.

🅰️ 🔼 – Menú 45€ – Carta 35/50€

San Pedro 58 (Hotel Leonor de Aquitania) ⊠ 16001 – ℰ 969 69 08 55 – www.raffsanpedro.es

DAIMÚS

Valencia – Mapa regional **11**-B2 – Mapa de carreteras Michelin nº 577-P29

CASA MANOLO

TRADICIONAL · MARCO CONTEMPORÁNEO 𝕏𝕏 La casa madre del negocio, un antiguo chiringuito, que hoy también cuenta con un gastrobar y un espacio gourmet (Manuel Alonso Restaurante). Cocina tradicional actualizada.

🐝 ≼ &. 🅰️ – Menú 39/48€ – Carta 36/59€

Paseo Marítimo 5 (en la playa, Noreste 1,5 km) ⊠ 46710 – ℰ 962 81 85 68 – www.restaurantemanolo.com – Cerrado miércoles

DAROCA DE RIOJA

La Rioja – Mapa regional **14**-A2 – Mapa de carreteras Michelin nº 573-E22

🌻 VENTA MONCALVILLO

Chef: Ignacio Echapresto

MODERNA · RÚSTICA 𝕏𝕏𝕏 ¿Un herrero en la cocina? La historia del chef Ignacio Echapresto demuestra que todo es posible, pues un día decidió cambiar de profesión y, sin experiencia previa, dejó el yunque por los fogones.

Junto a su hermano Carlos, que se ocupa de la sala y la espléndida bodega, el cocinero autodefine su propuesta como una gastronomía de eses: "sencilla, sorprendente y sabrosa", con los menús vinculados a los ciclos lunares (Luna Creciente y Luna Nueva). Lo cierto, confirmando una clara base tradicional, es que ofrece una cocina actualizada y elaborada, fiel a la despensa riojana y con devoción por los hongos, las hierbas silvestres, la caza... Sus platos muestran, además, una enorme preocupación por la conservación del planeta, pues acuden a productos ecológicos que abogan por la sostenibilidad.

🕸 ᠔ 🎢 ✪ 🅿 – Menú 100/120 €

Carretera de Medrano 6 ⊠ 26373 – 𝒞 941 44 48 32 – www.ventamoncalvillo.com –
Cerrado lunes, cena: martes-jueves, domingo

DEBA

Guipúzcoa – Mapa regional **18**–B2 – Mapa de carreteras Michelin n° 573-C22

URGAIN

PESCADOS Y MARISCOS · **MARCO CONTEMPORÁNEO** XX Agradable restaurante donde el chef, que sale al comedor a explicar el origen de los productos, apuesta por una cocina de temporada rica en pescados y mariscos de la zona.

🕸 ᠔ 🎢 – Menú 20 € (almuerzo), 45/70 € – Carta 55/77 €

Hondartza 5 ⊠ 20820 – 𝒞 943 19 11 01 – www.urgain.net – Cerrado martes

DÉNIA

Alicante – Mapa regional **11**–B2 – Mapa de carreteras Michelin n° 577-P30

✿✿✿ QUIQUE DACOSTA

CREATIVA · **DE DISEÑO** XXX Refleja la personalidad del chef homónimo, que ha sido distinguido con la Medalla de Oro al Mérito en las Bellas Artes 2020.

¿Puede un sabor ser bello? Esta cuestión, que hilaba un debate entre artistas en el documental "Cocinar Belleza", ha tomado el protagonismo de la propuesta culinaria para llegar, bajo ese mismo epígrafe, a un menú degustación que enamora por su marcado carácter estético, en base a productos icónicos de la casa pero sin cerrar las puertas a otros menos conocidos, esos mismos que bajo la batuta del chef logran aportar armonías y detalles inesperados. Su filosofía defiende la naturaleza e intenta llevar a la mesa el entorno mediterráneo, siempre con una clara apuesta por la economía circular y, en ocasiones, hasta con platos-protesta que solo buscan nuestra reflexión.

🕸 🎢 ✪ – Menú 210 €

Rascassa 1 (Urbanización El Poblet, en la carretera de Las Marinas, Noroeste 3 km) ⊠ 03700 – 𝒞 965 78 41 79 – www.quiquedacosta.es – Cerrado lunes, martes

✿ PEIX & BRASES

COCINA MEDITERRÁNEA · **A LA MODA** XX Son muchos los que opinan que sin tradición no hay vanguardia; aquí, partiendo de esa base, prefieren construir su filosofía desde la enriquecedora suma de ambas y, sobre todo, desde el producto.

El local, prácticamente frente al puerto y con el sonido de las gaviotas de fondo, se presenta con dos ambientes bien diferenciados: el gastrobar de la planta baja (tienen una oferta de fusión, más informal, denominada Mediterrasian) y el comedor gastronómico del piso superior, este con acceso a una atractiva terraza en la azotea. ¿Qué encontrará? Una carta bastante completa de cocina tradicional mediterránea, muy basada en las elaboraciones a la brasa, en los arroces y en el producto fresco de temporada (tanto de las lonjas cercanas como de los huertos del entorno). ¡Miman las presentaciones!

🕸 🍃 🎢 ᠔ 🎢 🖭 – Menú 55/74 € – Carta 52/72 €

Plaza de Benidorm 16 ⊠ 03700 – 𝒞 965 78 50 83 – www.peixibrases.com –
Cerrado lunes

☺ EL BARET DE MIQUEL

COCINA MEDITERRÁNEA · **SENCILLA** X Pequeño, humilde y singular en todos los sentidos, pues refleja el proyecto más particular del chef Miquel Ruiz, un hombre que busca la felicidad desde la honestidad y lucha por popularizar la alta cocina. Sorprende con una decoración tremendamente desenfadada (juegos de mesas y sillas descabalados, suelos antiguos en gres, una curiosa colección de sifones...) y una propuesta culinaria muy personal, con gran habilidad en las ejecuciones, que toma como base los sabores mediterráneos y de mercado, creando siempre los platos en función de los ingredientes que encuentra al hacer su compra diaria.

🔲 – Carta 30/40 €

Historiador Palau 1 ✉ *03700 – 𝒞 673 74 05 95 – www.miquelruizcuiner.com –*
Cerrado lunes, domingo

EL RASET

TRADICIONAL · **AMBIENTE CLÁSICO** XX Encontrará una terraza y dos salas,
ambas con una decoración clásica-elegante marcada por los tonos blancos.
Cocina tradicional actualizada, varios arroces y un completo menú.

🏠 ් 🔲 – Menú 30 € (almuerzo), 37/39 € – Carta 30/49 €

Bellavista 7 ✉ *03700 – 𝒞 965 78 50 40 – www.grupoelraset.com*

ATICCOOK

CREATIVA · **DE DISEÑO** X Se encuentra en un ático y... ¡sorprende por su interiorismo! Cocina creativa, personal y de sabores muy bien definidos, que ve la
luz a través de un único menú de temporada.

් 🔲 🔄 – Menú 55 €

Camí de la Bota 13 ✉ *03700 – 𝒞 678 30 43 87 – www.aticcookbrunoruiz.com –*
Cerrado lunes, domingo

DIMA

Vizcaya – Mapa regional **18**–A2 – Mapa de carreteras Michelin n° 573-C21

🏵 **GARENA** 🆕

Chef: Julen Baz

ACTUAL · **MARCO REGIONAL** XX ¿Busca una experiencia diferente? Pues acérquese hasta este precioso "Baserri", el caserío típico vasco, ubicado en una zona
elevada que se asoma al valle y está rodeada de viñedos (elaboran su propio
txakoli).

Encontrará una zona de bar y terraza en la planta baja, el comedor principal en la
1ª planta y otro más secundario en el piso superior. ¿Su oferta? El chef Julen Baz
defiende una carta vasca tradicional donde no faltan los platos a la brasa, un
buen menú del día y un interesantísimo menú degustación denominado Geroa,
con 12 pases en los que explican la intrahistoria de las recetas y los productos vinculados a los caseríos, todo desde la perspectiva de una gastronomía muy actual.
¡Este singular menú se sirve solo a mesa completa y exige la reserva previa, con
un mínimo de 48 horas!

🎖 🛏 🔄 🅿 – Menú 35 € (almuerzo)/80 € – Carta 45/65 €

Barrio Iturriotz 11 (Lamindao, Sureste 7 km) ✉ *48141 – 𝒞 946 31 72 15 –*
www.garena.restaurant – Cerrado cena: lunes-martes, miércoles,
cena: jueves-viernes, cena: domingo

DONAMARIA

Navarra – Mapa regional **17**–A1 – Mapa de carreteras Michelin n° 573-C24

😊 **DONAMARIA'KO BENTA**

TRADICIONAL · **RÚSTICA** X Ocupa una venta del s. XIX y tiene a toda la familia
implicada en el negocio. Su comedor presenta un acogedor ambiente rústico, con
las paredes en piedra, la viguería vista y mobiliario antiguo de gran calidad. Aquí
encontrará unos interesantes menús de cocina tradicional actualizada y varias jornadas gastronómicas a lo largo del año dedicadas a los hongos, la caza y los productos de temporada. Si desea pasar unos días en la zona puede hacerlo, pues
también ofrece unas correctas habitaciones. ¡Pruebe los Hongos, con pan de pueblo y yema de huevo!

🅿 – Menú 25/30 € – Carta 25/30 €

Barrio de la Venta 4 (Oeste 1 km) ✉ *31750 – 𝒞 948 45 07 08 –*
www.donamariako.com – Cerrado lunes, cena: martes-jueves, cena: domingo

Guipúzcoa
Mapa regional **18**–B2
Mapa de carreteras Michelin
nº 573-C24

DONOSTIA / SAN SEBASTIÁN

Estamos en uno de los enclaves culinarios más importantes del mundo, pues San Sebastián aglutina un montón de establecimientos en los que la calidad manda y la cocina se entiende como un arte; de hecho, pocos destinos turísticos pueden presumir de estar entre las ciudades con una mayor concentración de Estrellas MICHELIN por habitante. La gastronomía forma parte del día a día y toma el protagonismo en cada rincón, con unas coloristas barras que nos invitan a degustar sus pintxos, maravillosos mercados y esas sociedades gastronómicas (solo se puede acudir siendo socio o invitado por uno) que se alzan como el mejor exponente de lo que supone comer en esta localidad. ¿Curiosidades? Aquí se halla el famoso Basque Culinary Center, donde imparten estudios universitarios de grado en Artes Culinarias, y cuentan también con un evento de relevancia internacional: San Sebastián Gastronomika.

al Este

✿✿✿ ARZAK

Chef: Elena y Juan Mari Arzak

CREATIVA · **MARCO CONTEMPORÁNEO** XxX Estamos ante una auténtica institución, pues este templo donostiarra forma parte del firmamento MICHELIN... ¡desde 1974!

La centenaria casona familiar del Alto de Miracruz es un foco de atracción culinaria donde convergen la historia y la modernidad, pues el tándem formado por Juan Mari Arzak y su hija Elena, que van de mesa en mesa conversando con cada comensal, ha sabido plantear el maridaje perfecto entre la vanguardia más sorprendente y el buen hacer de la tradición. La creatividad, la puesta en escena y los sabores pueden parecernos mágicos; sin embargo, son fruto de la experimentación en el Laboratorio Arzak, en el mismo edificio, donde juegan con un "Banco de sabores" de más de 1.000 productos. ¿Una experiencia aún más especial? Reserve la exclusiva y solicitada mesa de la cocina.

🥐 ♿ 🅰 ♻ 🅿 – Menú 260 € – Carta 195/230 €

Fuera de plano – *Avenida Alcalde José Elosegi 273 (Alto de Miracruz)*
✉ 20015 – ☎ 943 27 84 65 – www.arzak.es –
Cerrado lunes, domingo

DONOSTIA-
SAN SEBASTIÁN

0 —— 200 m

OCÉANO ATLÁNTICO

Monte Ur
Urgull Me

Berna
Pasealekua

Castillo de
Sta Cruz de
la Mota

Sta M

Aquarium S.
Sebastián   DARS

Isla Santa
Clara

**MONTE IGUELDO/
IGELDO MENDIA**

BAHIA DE LA CONCHA

Playa de Ondarreta

La Perla

Satrustegi

Hiribidea

**Palacio
de Miramar**

Igeldo Pasealekua

Iruñea Kalea

S. Sebastián

Kontxa   Pasealekua

Mirakon
Pasealé

ZUBIMUSU
PARKEA

7

Matia

Erretzalengo

Hernt Kalea

**Parque de
Miramar**

Baenako

Fedearen
Pasealekua

Aldan

Tolpmpoko Kalea

Tolosa Hiribidea

Resurreccion Maria

Azkue Kalea

Xalbador

Zenautbaren Kalea

Aztguru

Kalea

Pasealeltua

Jauregi

Kalea

Pío Baroja

Pasealekua

Intserreka

Izaburu

Portuene

Isturin

Kalea

Pío Baroja Pasealekua

Iriete

Pasealekua

Lazkano

Pasealekua

Andrestegi

Antola

Pasealekuaren

Alea

UNAMUNO
MIGUEL
PARKEA

Maria de
Maeztu Kalea

Miranda de

Tolosa Kalea

Zarautz

Zarautz Hiribidea

Manuel Vázquez
Montalbán Kalea

Gantxegi

Bidea

Doktor

Marañon Pasealekua

OXTANDA
PARKEA

GUARNIZO PARKEA

Alkiza
Plaza

Lugaritz
Pasealekua

**Parque
de Alete**

Manuel

Lardizabal Pasealekua

Berio Pasealekua

Portuetxe
Kalea

Xabier Lizardi Kalea

Hiribidea

Kalea

IBAETA
PARKEA

Indalecio
Prieto Kalea

Pinu

Pinu
Bidea

Bidea

Zuhaisken Pasealekua

Berabera

Bérabera

Mendibil Kalea

Pasealekua

Ariete

Pasealekua

Bo

Igara

Portuetxe
Kalea

6

Bidea

Bidea

Hipitosa

Tolosa

Tolosa

Lugaritz Pasealekua

Tomás
Garbizuren
Kalea

Hegaztien

Endoain

Kalea

Mantulen

Lami

5

Errotaburu

Pasealekua

ORIO
PARKEA

Tolosa

Hiribidea

Pagola

Donostia-

Aingeru

24

Donostia-San

Zubiberri Bidea

Sebastián

Hiribidea

Zubiberri
Kalea

Zubiberri
Bidea

Kalea

A   1   2   3

BILBAO   **TOLOSA, PAMPLONA,**   **MUSEO CHILLIDA - LEKU**   **B**
                    MADRID

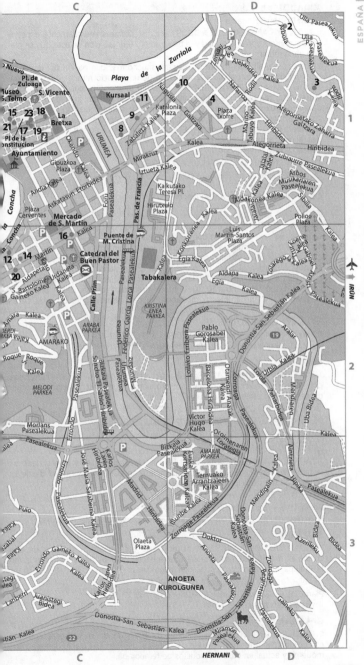

C   D

Ulia Pasealekua

Arbola

Ulia Pasealekua

2

3

Alejandria

Kalea

Navarra

Plaza de la Zurriola

Playa de la Zurriola

Kursaal

Naftak

10

11

Katalonia Plaza

Galtzara

Plaza Txofre

4

Ategorrietako Galtzara Zaharra

Marino Jauregui Kalea

Himbaez

1

Pl. de Zuloaga

Nuevo

Museo S. Telmo

S. Vicente

La Bretxa

15 23 18

21 17 19

Pl. de la Constitución

Ayuntamiento

9

8

Zabaleta Kalea

Mirakruz

Iztueta Kalea

Ategorrieta

Hiribidea

Zubiaurre pasealekua

Jalan

Jalan

Arbos Musikariaren Pasealekua

Sibilia

Kalea

Oquendo

URUMEA

Andia Kalea

Askatasun Etorbidea

Gipuzkoa Plaza

Foru Pasealekua

Kalutako Teresa Pl.

Hirutxulo Plaza

Aldakonea Kalea

Polloe Plaza

Kalea

la Concha

Plaza Cervantes

Mercado de S. Martín

Kalea

16

Puente de M. Cristina

Pas. de Francia

Luis Martin-Santos Plaza

Koene Kalea Gabriel Kalea

12 14

Martin

20

Adapetag

Urdaneta Kalea

S. Bartolome Gaineko Kalea

Catedral del Buen Pastor

Calle Prim

Federico García Lorca Pasealekua

Konkorrena Kalea

Egia Kalea

Tabakalera

Aldapa Kalea

Egia

Kalea

Yoteregio Kalea

Aresti Pasealekua

IRÚN

Amara Kalea

ARABA PARKEA

IBERDI IKEA eajey

Roque

Roque Kalea

AMARAKO

Urumea Pasealekua

Bizkaia Pasealekua

Sancho El Sabio Hiribide

Mundaiz

KRISTINA ENEA PARKEA

Pablo Gorosábel Kalea

Otamendi Añaiak Kalea

Donostia-San Sebastián Kalea

Aralar

19

Loiola

Urbia Kalea

Zehatbiden

Mendiaren

2

MELODI PARKEA

Morlans Pasealekua

Errondo Pasealekua

José María Salaberria Kalea

Loiolako Erribera Pasealekua

Barcelona Kalea

Zorroaga Hiribidea

Victor Hugo Kalea

Oroimenaren Loategia

Uba Bidea

Kalea

Aintzieta Pilpila Pasealekua

Puio

Errondo Pasealekua

Karlos Hiribidea

Madrid Hiribidea

Ilunbe Kalea

Birkaia Pasealekua

Euskal Kortsarioen Kalea

AMAIUR PARKEA

Ternuako Arrantzaleen Kalea

Zorroaga Pasealekua

Donostia-San Sebastián Kalea

Mendigain

Pasealekua

Azerileku Bidea

Gaineko Kalea

Juanistegi Bidea

Lanberri

Errondo Gaineko Kalea

Kalea

Olaeta Plaza

Doktor Anoeta

Anoeta

Bidea

Donostia-San Sebastián Pasealekua

Zorroaga Pasealekua Beghristain

Gaineko Kalea

Bidea

3

ANOETA KIROLGUNEA

22

stián Kalea

Donostia-San Sebastián Kalea

Donostia-San Sebastián Kalea

✿ MIRADOR DE ULÍA

Chef: Rubén Trincado

CREATIVA · AMBIENTE CLÁSICO XX Un restaurante tremendamente especial, pues sus vistas sobre la ciudad y la playa de la Zurriola... ¡son de esas que se graban en la retina!

La casa, en lo alto del monte Ulía, emana mucho más que pasión por la cocina, pues refleja todo el trabajo y la evolución de un negocio familiar de 3ª generación. El chef Rubén Trincado defiende un estilo propio y un legado enraizado en la tradición, con platos de claras connotaciones creativas que juegan con los productos guipuzcoanos, como la merluza, pero que también fijan su interés en las "zonas azules" del planeta, aquellas donde el ser humano es más longevo debido a su dieta habitual. ¿Curiosidades? El chef está pendiente de todas las sensibilidades alimentarias, por eso enriquece su propuesta con un menú degustación vegano y otro vegetariano.

≤ 🎟 🄿 – Menú 110/120€ – Carta 70/90€

Plano: D1-2 – *Paseo de Ulía 193* ✉ *20013* – *☎ 943 27 27 07* – *www.miradordeulia.es* –
Cerrado lunes, martes, cena: domingo

☺ TOPA

FUSIÓN · TENDENCIA X ¿Desconoce el significado de "Topa"? Pues es la clave de todo, ya que se traduce como "encontrar" y mantiene ese mismo sentido en euskera, castellano y... ¡hasta guaraní! Esta original propuesta, tutelada por el chef Andoni Luis Aduriz, se presenta bajo una estética urbana y suele sorprender al comensal, pues desgrana en un único planteamiento la rica fusión gastrocultural que existe entre los vascos y los distintos pueblos latinoamericanos. ¿Qué encontrará? Ceviches, tiraditos, quesadillas, txangurro, begihaundi... y guacamoles para elaborar usted mismo siguiendo unas claras instrucciones.

🍸 ⚘ 🎟 – Carta 28/40€

Plano: C1-8 – *Aguirre Miramón 7* ✉ *20012* – *☎ 943 56 91 43* – *www.topasukalderia.com* – *Cerrado lunes, martes, almuerzo: miércoles*

IKAITZ

TRADICIONAL · RÚSTICA XX Restaurante familiar que apuesta, sin complejos, por la cocina tradicional-regional, con productos de calidad y raciones contundentes. ¡Suelen ofrecer platos fuera de carta!

⚘ 🎟 🄳 – Menú 25€ (almuerzo), 36/55€ – Carta 55/65€

Plano: C1-9 – *paseo Colón 21* ✉ *20002* – *☎ 943 29 01 24* – *www.restauranteikaitz.com* – *Cerrado lunes, martes*

ZELAI TXIKI

TRADICIONAL · RÚSTICA XX Agradable, de carácter familiar y bien situado en la falda del monte Ulía, por lo que domina gran parte de la ciudad desde su terraza. Cocina tradicional y regional elaborada.

≤ 🍽 ⚘ 🎟 ⇔ 🄿 – Menú 65€ – Carta 65€

Plano: D1-3 – *Travesía del Rodil 79* ✉ *20013* – *☎ 943 27 46 22* – *www.restaurantezelaitxiki.com* – *Cerrado cena: lunes, martes, cena: miércoles*

BERGARA

VASCA · BAR DE TAPAS X Un negocio que atesora varios premios de alta cocina en miniatura. En su excelente barra encontraremos tapas y pinchos como la Txalupa, un gratinado de setas con langostinos.

🍽 🎟 – Tapa 3€ – Ración 15€ – Menú 25€

Plano: D1-4 – *General Artetxe 8* ✉ *20002* – *☎ 943 27 50 26* – *www.pinchosbergara.es*

GALERNA

CREATIVA · SIMPÁTICA X En el barrio de Gros, donde se presenta con una estética actual que incluye curiosos detalles marineros. Cocina desenfadada, moderna y actual en base a productos de temporada.

ac – Menú 82 € – Carta 40/82 €

Plano: D1-10 – *Paseo Colón 46 (Gros)* ✉ *20002 – ℰ 943 27 88 39 –*
www.galernajanedan.com – Cerrado martes, miércoles

al Oeste

❁❁❁ AKELAŘE

Chef: Pedro Subijana

CREATIVA · AMBIENTE CLÁSICO ✕✕✕ Acercarse al chef Pedro Subijana, un
icono dentro de la restauración por su bagaje culinario y su vistoso mostacho,
debe hacerse desde el máximo respeto, pues siendo uno de los padres de la
Nueva Cocina Vasca también refleja una constante renovación, apostando siempre
por la creatividad y la técnica sin que las raíces tradicionales caigan en el olvido.

El restaurante Akelaře, dentro del hotel homónimo en el monte Igueldo, sorprende por su diseño, sus vistas al Cantábrico y su esmerada propuesta. Los
menús degustación permiten elegir entre una mágica perspectiva gastronómica
que descubre los grandes clásicos de la casa (como el mítico Gin-Tonic en
Plato) o sus menús Aranori y Bekarki, que muestran las recetas más atrevidas y
novedosas. ¡Visitar el Aula de Cocina enriquece la experiencia!

🕸 ⬳ ᴟ ac ⬧ 🅿 – Menú 240 €

Fuera de plano – *Hotel Akelaře, Paseo del Padre Orcolaga 56 (Barrio de Igueldo,*
7,5 km) ✉ *20008 – ℰ 943 31 12 09 – www.akelarre.net – Cerrado lunes, martes,*
cena: domingo

❁ EME BE GARROTE

ACTUAL · RÚSTICA ✕✕ Refleja los orígenes de Martín Berasategui, cuando se
formó en el mítico "Bodegón Alejandro", y su simple emplazamiento en Donostia
/ San Sebastián está lleno de significado, pues el chef quería tener presencia en
su amada ciudad siendo fiel a uno de sus lemas: "Martín Berasategui no soy yo,
es nosotros".

El negocio sorprende por su ubicación en una antigua sidrería, hoy totalmente
transformada, del barrio de Ibaeta. En su cuidado e informal interior de estilismo
"euskandinavo", con originales lámparas que utilizan cestos de mimbre, grandes
barricas y hasta bicicletas colgadas de las paredes, plantean una cocina de raíces
tradicionales y regionales puesta al día, con aperitivos en constante evolución,
grandes clásicos del chef y ese sello de calidad común a todos sus restaurantes.

ac ⬧ 🅿 – Menú 90/150 € – Carta 78/100 €

Plano: A3-5 – *Camino de Igara 33* ✉ *20018 – ℰ 943 22 79 71 –*
www.emeberestaurante.com – Cerrado lunes, domingo

⊛ AGORREGI

REGIONAL · FAMILIAR ✕✕ Se encuentra en un parque industrial de Igara, dentro
del barrio de Ibaeta, y está llevado por un atento matrimonio, con el chef Gorka
Arzelus en la cocina y su mujer, Beatriz Bengoetxea, al frente de la sala. Presenta
un bar con algunas mesas para servir el menú del día y un comedor de línea más
actual, donde ofrecen una carta de base regional con platos actuales y la opción
de dos menús degustación. ¿Especialidades? Pruebe su Txangurro de crema de
cigalas y panceta ibérica, el Carpaccio de cigalas o la Tarta de queso caramelizada. ¡Pan artesano de la histórica panadería Galparsoro!

ac – Menú 27 € (almuerzo), 45/59 € – Carta 35/55 €

Plano: A3-6 – *Portuetxe 14* ✉ *20008 – ℰ 943 22 43 28 – www.agorregi.com –*
Cerrado lunes, cena: martes-miércoles, domingo

OTEIZA

CLÁSICA · MARCO CONTEMPORÁNEO ✕✕ Rinde un homenaje al genial escul-
tor guipuzcoano y apuesta por el servicio a la carta, recuperando los grandes clásicos que un día triunfaron con Pedro Subijana en Akelaře.

⬳ ᴟ ac 🖃 ⬧ 🅿 – Menú 90/130 €

Fuera de plano – *Hotel Akelaře, Paseo del Padre Orcolaga 56 (Barrio de Igueldo,*
7,5 km) ✉ *20008 – ℰ 943 31 12 08 – www.akelarre.net*

REKONDO

VASCA · **AMBIENTE CLÁSICO** XX Un caserío en la subida al monte Igueldo que sorprende por su interior, clásico-actual. Cocina vasca de excelsos productos y excelente bodega, pues... iposee auténticas joyas!

⚜ 🍽 ⅗ 🄰🄲 ⇌ 🅿 – Carta 70/90 €

Plano: A2-7 – *Paseo de Igueldo 57* ⊠ *20008* – 🞉 *943 21 29 07* – *www.rekondo.com* – *Cerrado cena: martes, miércoles*

XARMA COOK & CULTURE

MODERNA · **TENDENCIA** X Un local diferente e informal, con la cocina abierta en un atractivo espacio de ambiente rústico-industrial. Su propuesta, muy "canalla", se basa en el producto de temporada.

🄰🄲 🖵 – Menú 60 € – Carta 31/55 €

Plano: C1-11 – *Miguel Imaz 1* ⊠ *20002* – 🞉 *943 14 22 67* – *www.xarmacook.com* – *Cerrado martes, almuerzo: miércoles*

Centro

✿✿ AMELIA BY PAULO AIRAUDO

CREATIVA · **TENDENCIA** XXX Un restaurante que, desde la excelencia técnica y la personalidad, muestra un constante ánimo por resultar "diferente", conquistando el paladar y aspirando a ser... ila referencia de La Concha!

Liderado por el chef cordobés (Argentina) Paulo Airaudo, en el hotel Villa Favorita, ofrece una cocina creativa que destaca por sus excelentes pescados y mariscos, combinando la esencia de la gastronomía vasca con sutiles toques argentinos, italianos, nipones... El local, que equilibra la balanza estética entre el clasicismo y la modernidad, presenta tres grandes mesas y una barra diseñada para comer mientras ve trabajar a los cocineros, que sirven los platos en persona. ¿La propuesta? Un único menú degustación, con opción de maridajes y vinos por copas, en base a los mejores productos de temporada.

🛏 ⅗ 🄰🄲 🖵 – Menú 170 €

Plano: C2-12 – *Hotel Villa Favorita, Zubieta 26* ⊠ *20007* – 🞉 *943 84 56 47* – *www.ameliarestaurant.com* – *Cerrado lunes, martes, almuerzo: miércoles, domingo*

✿ KOKOTXA

Chef: Daniel López

MODERNA · **AMBIENTE CLÁSICO** XX Se halla en pleno casco viejo y, solo con su nombre, rememora uno de los mejores platos de la gastronomía vasca, elaborado con la espectacular "barbilla" de la merluza o el bacalao.

En este agradable restaurante, con el tándem de Daniel López en los fogones y Estela Velasco en la sala, encontrará una cocina actual de fuertes raíces vascas en la que prima la honestidad de usar el mejor producto de mercado posible, tratado con mimo y elaborado con maestría. Al chef le gusta introducir matices de otras culturas (Japón, India, Turquía...), pero siempre con sutileza para que aporten personalidad y sumen en el paladar. Centran su propuesta en dos menús, ambos a mesa completa, que varían en función del número de platos. iEl pescado del día suele dejar la puerta abierta a la creatividad del chef!

⅗ 🄰🄲 – Menú 88/125 €

Plano: C1-13 – *Kanpandegi 11* ⊠ *20003* – 🞉 *943 42 19 04* – *www.restaurantekokotxa.com* – *Cerrado lunes, domingo*

BERNARDO ETXEA

PESCADOS Y MARISCOS · **AMBIENTE CLÁSICO** XX Se halla cerca de La Concha y es un referente en la ciudad, pues hablar aquí de Bernardo Beltrán siempre es sinónimo de calidad. iSugerente expositor de pescados y mariscos!

⅗ 🄰🄲 ⇌ – Carta 50/65 €

Plano: C2-14 – *Triunfo 3* ⊠ *20007* – 🞉 *943 42 20 55* – *www.bernardoetxea.com* – *Cerrado cena: domingo*

ADN LOCAL

POR NUESTRAS VENAS CORRE KM.0

TE LLEVAMOS TODO EL SABOR Y FRESCURA A TU COCINA

5 0 AÑOS EN TUS FOGONES

COLECCIÓN

Fifty Fathoms

BLANCPAIN Y LA GUÍA MICHELIN
LA MISMA BÚSQUEDA DE LA EXCELENCIA

RAISE AWARENESS,
TRANSMIT OUR PASSION,
HELP PROTECT THE OCEAN
www.blancpain-ocean-commitment.com

JB
1735

BLANCPAIN
MANUFACTURE DE HAUTE HORLOGERIE

EL CORTE INGLÉS CASTELLANA · C/ RAIMUNDO FDEZ
VILLAVERDE, 79 · 28003 MADRID · TEL: +34 91 770 54 72 05

JUANITO KOJUA

VASCA · AMBIENTE CLÁSICO XX ¡El más antiguo de la parte vieja! En sus salas, de marcado aire marinero, podrá degustar una cocina de fuertes raíces vascas centrada en los pescados y mariscos de la zona.

AC ⇄ – Menú 58€ – Carta 47/90€

Plano: C1-15 – *Puerto 14* ⊠ *20003* – ✆ *943 42 01 80* – *www.juanitokojua.com* – *Cerrado cena: domingo*

NARRU

TRADICIONAL · MARCO CONTEMPORÁNEO XX ¡Ubicado frente a la Catedral del Buen Pastor! En su sala, de línea moderna, ofrecen una cocina tradicional de mercado que cuida muchísimo los productos y las presentaciones.

&. AC ⇄ – Menú 50/90€ – Carta 55/70€

Plano: C2-16 – *San Martín 22* ⊠ *20005* – ✆ *843 93 14 05* – *www.narru.es*

SUKALDEAN AITOR SANTAMARIA ⊕

ACTUAL · TENDENCIA XX ¡La interesante propuesta culinaria del hotel Zenit Convento de San Martín! Cocina contemporánea que conjuga el recetario vasco con el asiático (hay hasta una barra de sushi).

&. AC ⊞ ⇄ – Menú 55/70€ – Carta 40/60€

Plano: C2-20 – *San Martín 45* ⊠ *20007* – ✆ *943 56 39 02* – *www.sukaldeanaitorsantamaria.com* – *Cerrado lunes, cena: domingo*

BETI-JAI BERRIA

MODERNA · BAR DE TAPAS X Un local de línea actual que sorprende tanto por su forma de trabajar como por su propuesta, pues ofrece los pintxos vascos de siempre y platos de alta cocina en versión tapa.

&. AC ⊞ – Tapa 3€ – Ración 14€

Plano: C1-17 – *Fermín Calbetón 22* ⊠ *20003* – ✆ *943 44 19 44* – *www.betijaiberria.es* – *Cerrado miércoles*

BODEGÓN ALEJANDRO

TRADICIONAL · RÚSTICA X ¿Busca un lugar que ensalce los valores vascos y recupere el recetario tradicional? Pues no indague más. Aquí, en pleno casco viejo, encontrará calidad, gran dedicación y una carta vasca con menú degustación.

AC ⇄ – Menú 52€ – Carta 40/53€

Plano: C1-18 – *Fermín Calbetón 4* ⊠ *20003* – ✆ *943 42 71 58* – *www.bodegonalejandro.com* – *Cerrado lunes, martes, almuerzo: miércoles*

CASA UROLA

ACTUAL · AMBIENTE CLÁSICO X Un negocio familiar ubicado en la parte vieja. Su reputado chef propone una cocina tradicional actualizada que toma como base la calidad del producto, sobre todo de temporada.

AC – Menú 55/75€ – Carta 55/75€

Plano: C1-19 – *Fermín Calbetón 20* ⊠ *20003* – ✆ *943 44 13 71* – *www.casaurolajatetxea.es* – *Cerrado martes*

GANBARA

TRADICIONAL · BAR DE TAPAS X Con el devenir de los años se ha convertido en una referencia del casco viejo. Carta de asador, con productos de temporada, magníficos pinchos y una especialidad: las setas.

AC – Tapa 3€ – Ración 20€

Plano: C1-21 – *San Jerónimo 21* ⊠ *20001* – ✆ *943 42 25 75* – *www.ganbarajatetxea.com* – *Cerrado lunes, cena: domingo*

TAMBORIL

TRADICIONAL · BAR DE TAPAS X En pleno centro histórico y llevado por la familia propietaria del mítico Ganbara. Su barra está repleta de pinchos tradicionales, destacando entre ellos el del champiñones.

🖼️ 🆎 – Tapa 3€ – Ración 10€ – Carta 20/40€
Plano: C1-23 – *Pescadería 2* ✉ *20001* – ☎ *943 42 35 07* – *www.tambo.eus* –
Cerrado lunes, cena: domingo

EIVISSA – Balears → Ver Balears

EL EJIDO
Almería – Mapa regional **1**–D2 – Mapa de carreteras Michelin n° 578-V21

❀ ### LA COSTA
Chef: José Álvarez
MODERNA · **MARCO CONTEMPORÁNEO** 🟡🟡🟡 El Poniente Almeriense es
famoso por sus inmensos invernaderos, de ahí el apelativo de "mar de plástico";
sin embargo, aquí prefieren ser positivos, por eso se quedan con la excelencia de
sus productos hortofrutícolas y redefinen este singular entorno sostenible como
el "Verde Mar".
El chef José Álvarez ha sabido transformar el restaurante familiar conjugando tradición y actualidad, siempre en base a sabores muy marcados y a unas constantes ganas de sorprender. Los protagonistas en su mesa son los pescados y mariscos del mar de Alborán, así como las verduras y hortalizas del entorno,
normalmente de pequeños proveedores locales que apuestan por el cultivo ecológico. ¿Su propuesta? Un único menú degustación que incluye un aperitivo en la
cocina, con varias tapas elaboradas allí al momento.
🛇 🆎 ♻ – Menú 98€ – Carta 60/80€
Bulevar 48 ✉ *04700* – ☎ *950 48 17 77* – *Cerrado cena: lunes-miércoles, domingo*

BARRA DE JOSÉ ÁLVAREZ
TRADICIONAL · **BAR DE TAPAS** 🟡 Un gastrobar, de ambiente actual-cosmopo-
lita, en el que apuestan mucho por terminar las elaboraciones en la sala. Platos
para compartir, selección de vinos y coctelería.
🛇 🆎 – Ración 18€ – Menú 25/60€ – Carta 25/60€
Bulevar 46 ✉ *04700* – ☎ *950 48 14 40* – *Cerrado domingo*

ELCHE – Alicante → Ver Elx

ELCIEGO
Álava – Mapa regional **18**–A3 – Mapa de carreteras Michelin n° 573-E22

❀ ### MARQUÉS DE RISCAL
CREATIVA · **DE DISEÑO** 🟡🟡🟡 Se encuentra en un hotel-bodega que desborda
diseño, imaginación y creatividad; no en vano... ies obra de Frank O. Gehry, el
famoso arquitecto que diseñó el Guggenheim de Bilbao!
Bajo las espectaculares cubiertas curvas de titanio coloreado (rosa, oro y plata)
que recuerdan el rojo del vino, el dorado de la malla y el plateado de las cápsulas
que cierran las botellas de Marqués de Riscal, descubrirá una cocina de autor que
hace constantes guiños a la tradición. La propuesta, con opción de carta y dos
menús degustación que varían en función del número de platos (6 o 9), denota
los gustos culinarios del laureado chef Francis Paniego, asesor de todo lo que
aquí acontece. Ambos menús ensalzan los productos locales de temporada y,
para los aperitivos, buscan la inspiración en la sierra riojana.
🛇 🆎 🔲 ♻ 🅿 – Menú 120/145€ – Carta 120/145€
Hotel Marqués de Riscal, Torrea 1 (Bodegas Marqués de Riscal) ✉ *01340* –
☎ *945 18 08 88* – *www.hotel-marquesderiscal.com* – *Cerrado lunes, almuerzo: martes,
almuerzo: domingo*

ELX • ELCHE
Alicante – Mapa regional **11**–A3 – Mapa de carreteras Michelin n° 577-R27

✿ LA FINCA

Chef: Susi Díaz

CREATIVA • **RÚSTICA** XXX La popular chef Susi Díaz continúa reinventándose, pues el constante apoyo tanto de su marido (José Mª) como de sus hijos (Irene y Chema) la empujan a potenciar esa cocina doméstica, con personalidad y elegancia, que nos encandila.

En La Finca, el recetario alicantino tradicional vive una constante evolución, pues la chef reproduce los sabores y los arroces de esta tierra con delicados toques de autor. Aquí descubrirá una cocina de raíces y recuerdos que sabe aprovechar el producto local, sobre todo los pescados y mariscos, buscando siempre la sorpresa visual y no dudando a la hora de incorporar hierbas aromáticas o flores ecológicas de su huerto-jardín. Puede pedir a la carta, confeccionar su propio menú o degustar la espectacular propuesta "Femme", un guiño a la mujer y a su diversidad.

- Menú 85/119 € - Carta 73 €

Partida de Perleta 1-7 (por la avenida de Santa Pola, Sureste 4,5 km y desvío a la derecha 1 km) ✉ 03295 - ✆ 965 45 60 07 - www.lafinca.es - Cerrado lunes, cena: martes-miércoles, cena: domingo

FRISONE

TRADICIONAL • **A LA MODA** XX Ha mejorado notablemente con el cambio de local, a pocos metros del anterior, pues ahora se presenta con espacios más diáfanos, grandes ventanales que aportan muchísima luz, altos techos, elegantes lámparas de araña... y una estética actual-minimalista dominada por los tonos blancos. En lo gastronómico, ya conocedores de su fiel clientela, los hermanos Rivas siguen apostando por una cocina tradicional actualizada, contemporánea en las formas y mediterránea en el sabor, que explota al máximo los productos del entorno. ¡Los arroces y los mariscos de Santa Pola siguen brillando en su oferta!

- Menú 32 € (almuerzo)/45 € - Carta 33/45 €

Borreguet 4 ✉ 03203 - ✆ 965 45 11 97 - www.restaurantefrisone.com - Cerrado lunes, cena: martes-miércoles, cena: domingo

LA MASÍA DE CHENCHO

TRADICIONAL • **RÚSTICA** XXX En una hermosa casa de campo, con amplios espacios para eventos. Cocina tradicional con detalles de fusión, sabrosos arroces y un fantástico Steak tartar. ¡Cuidadísima bodega!

- Carta 40/60 €

Partida de Jubalcoy 1-9 (en la carretera N 340, Este 5 km) ✉ 03295 - ✆ 965 42 17 84 - www.lamasiadechencho.com - Cerrado cena: domingo

ERRENTERIA

Guipúzcoa - Mapa regional **18**-B2 - Mapa de carreteras Michelin n° 573-C24

✿✿ MUGARITZ

Chef: Andoni Luis Aduriz

CREATIVA • **MINIMALISTA** XXXX Mugaritz, una fusión de las palabras "roble" y "frontera" en euskera, ofrece muchísimo más que una experiencia, pues traspasa los límites gastronómicos para ejercer como un laboratorio de ideas y reflexiones: ¿podemos beber los alimentos?, ¿el aire es comida?, ¿es posible parar el tiempo?... Aquí todo responde a un único precepto: "Abrir la mente, no solo la boca".

La vinculación del chef Andoni Luis Aduriz con la tierra se refleja en el restaurante, un aislado caserío que posee un enorme búho protector, lo que nos lleva a la mitología vasca y a su pasión por unir las vanguardias con la tradición. El chef, que sirve en persona algún plato, defiende su propuesta a través de un menú degustación que juega con los sentidos y busca despertar sensaciones bajo el leitmotiv "Las primeras veces".

- Menú 231 €

Aldura Aldea 20 - Otzazulueta Baserria (en el cruce de la carretera de Astigarraga a Oiartzun, Sur 4 km y desvío 1,5 km) ✉ 20100 - ✆ 943 52 24 55 - www.mugaritz.com - Cerrado lunes, almuerzo: martes, cena: domingo

L'ESCALA

Girona - Mapa regional **9**–D3 - Mapa de carreteras Michelin n° 574-F39

🏵 **LA GRUTA** 🐌

INTERNACIONAL · **AMBIENTE CLÁSICO** ✕✕ Todo el mundo sabe que aquí se come de maravilla y eso no ha cambiado con el cambio de local, pues ahora se encuentran en una antigua casa de piedra dotada con varios salones y... ¡un coqueto patio-terraza asomado a la cocina! La pareja al frente, con el chef galo Fabrice Cesar tras los fogones y Montse pendiente de atender a los clientes, defiende una cocina actual de base francesa e internacional que tiene como hilo conductor los productos de proximidad y de raíces mediterráneas. ¿La oferta? Una pequeña carta y tres interesantes menús (Momento, Bistronómico y Descubrimiento).

🏤 🅰️ – Menú 25€ (almuerzo), 36/55€ - Carta 45/60€

Pintor Enric Serra 44 ✉ 17130 - ☎ 972 77 62 11 - www.restaurantlagruta.com -
Cerrado lunes, domingo

🏵 **MAS CONCAS**

COCINA MEDITERRÁNEA · **RÚSTICA** ✕✕ Uno de esos casos en los que la experiencia culinaria tiene un plus, pues nos encontramos ante una masía hermosa y con historia. El edificio, de finales del s. XVII y construido en piedra, fue la residencia de verano de la escritora Caterina Albert y Paradís, mucho más conocida bajo el seudónimo de Víctor Català. En sus comedores, todos de ambiente rústico (aunque con detalles modernos y altísimos techos), le propondrá una cocina de base mediterránea e influencias francesas, siempre bien presentada y con las materias primas de la zona como pilares básicos de su inspiración. ¡Sugerentes menús!

🅰️ 🅿️ – Menú 19€ (almuerzo), 25/37€ - Carta 35/45€

Camí de Cinc Claus (Noroeste 3 km) ✉ 17130 - ☎ 972 77 51 58 -
www.masconcas.com - Cerrado cena: lunes, martes

EL ROSER 2

COCINA MEDITERRÁNEA · **AMBIENTE CLÁSICO** ✕✕ Llevado entre hermanos y dotado con sorprendentes vistas al mar. Carta amplia, variada, atrevida... de carácter marinero, con un apartado de mariscos y sugerentes menús.

< 🏤 & 🅰️ – Menú 25/93€ - Carta 45/120€

Passeig Lluís Albert 1 ✉ 17130 - ☎ 972 77 11 02 - www.elroser2.com -
Cerrado cena: martes, miércoles, cena: domingo

ESPINOSA DE LOS MONTEROS

Burgos - Mapa regional **8**–C1 - Mapa de carreteras Michelin n° 575-C19

🏵 **POSADA TORRE BERRUEZA**

TRADICIONAL · **RÚSTICA** ✕✕ Una de las mejores opciones para comer si está visitando esta hermosa localidad, el Monumento Natural de Ojo Guareña o sus famosas cuevas. Se halla en un atractivo edificio junto al hotel homónimo, en una poderosa torre del s. XII, y se presenta con dos plantas, destacando la del piso superior por presentar un montaje rústico-actual y una bonita chimenea. El chef-propietario propone una cocina tradicional muy personal, sorprendiendo en el apartado de postres al ofrecer unos helados artesanos de sabores muy originales (Sobao pasiego con orujo, Queso Gazta Zaharra con nueces y membrillo...).

✿ – Carta 32/45€

Hotel Posada Real Torre Berrueza, Nuño de Rasura 5 ✉ 09560 - ☎ 947 14 38 22 -
www.torreberrueza.es

ESQUEDAS

Huesca - Mapa regional **2**–C1 - Mapa de carreteras Michelin n° 574-F28

✿ ESPACIO N

CREATIVA · DE DISEÑO XX Resulta tremendamente singular, pues se presenta como un espacio vanguardista independiente dentro de uno de esos restaurantes aragoneses de toda la vida (La Venta del Sotón). El Espacio N se localiza en la planta superior del edificio, en una sala moderna-minimalista donde el diseñador Julio Luzán, responsable de los decorados del parque "Ferrariland" o de la exitosa serie "Juego de tronos", ha dado rienda suelta a su imaginación con el único propósito de transmitir sensaciones a los comensales. Aquí, el chef Eduardo Salanova nos conquista con una cocina creativa y técnica que sabe mirar hacia atrás, actualizando y en ocasiones reinventando el rico legado culinario aragonés a través de un menú degustación sorpresa. Solo cuenta con tres amplias mesas, así que... ¡no olvide reservar!

⇔ 🅿 – Menú 85 €

Carretera de Tarragona a San Sebastián (km 14) ✉ 22810 – 𝒞 974 27 02 41 – www.espacion.es – Cerrado lunes, martes, almuerzo: sábado, domingo

L'ESTARTIT

Girona – Mapa regional **10**–B1 – Mapa de carreteras Michelin n° 574-F39

LES CORONES

A LA PARRILLA · MARCO CONTEMPORÁNEO XX Este restaurante, de estilo contemporáneo, presume de estrechos vínculos con Getaria y de confiar al producto todo el protagonismo. Carta especializada en pescados a la brasa.

🛋 & Ⓜ – Carta 40/65 €

Avenida Roma 50 ✉ 17258 – 𝒞 972 75 00 99 – www.lescorones.com – Cerrado martes

ESTEIRO

A Coruña – Mapa regional **13**–A2 – Mapa de carreteras Michelin n° 571-D3

⊛ MUIÑO

PESCADOS Y MARISCOS · SENCILLA X Está en el casco urbano, al borde de la carretera que pasa por esta pequeña localidad. Tras su discreta fachada tiene un espacioso bar público, que suele llenarse con clientela local, un sencillo comedor donde sirven el menú del día y las dos salas a la carta del piso superior, ambas de corte clásico. Ofrece una cocina tradicional gallega en la que se aprecia que trabajan con productos frescos de indudable calidad, con muy buenos mariscos y unas sabrosísimas carnes a la piedra... sin embargo, la gran especialidad que les ha hecho famosos en la zona es su exquisito Bogavante con arroz.

Ⓜ – Menú 12 € (almuerzo) – Carta 33/50 €

Ribeira de Mayo (Carretera AC 550) ✉ 15240 – 𝒞 981 76 38 85 – Cerrado lunes, cena: domingo

EZCARAY

La Rioja – Mapa regional **14**–A2 – Mapa de carreteras Michelin n° 573-F20

✿✿ EL PORTAL DE ECHAURREN

Chef: Francis Paniego

CREATIVA · DE DISEÑO XXX Francis Paniego transmite honestidad, sinceridad, pasión... ese amor por la profesión y la familia (su hermano Chefe se ocupa de la sala y la bodega) de quién se siente orgulloso del legado heredado; no en vano su madre, la añorada Marisa Sánchez, fue Premio Nacional de Gastronomía en 1987.

El Portal, la piedra angular de los distintos proyectos del chef, ofrece una reinterpretación de sus raíces culinarias; eso sí, desde un punto de vista creativo, con un nivel técnico excepcional y algunos productos, como los de casquería, que nos hacen acariciar el cielo con el paladar. La propuesta, bajo el formato de menús degustación, se presenta con una selección de entrantes que, degustados en la terraza o junto a la chimenea del hotel, buscan desvelarnos los sabores de esta bellísima localidad.

🕸 ♿ 🅰🅲 🔼 🚗 – Menú 150/165€

Hotel Echaurren, Padre José García 19 ✉ 26280 – 𝒸 941 35 40 47 –
www.echaurren.com – Cerrado lunes, martes, almuerzo: miércoles-viernes,
cena: domingo

ECHAURREN TRADICIÓN

TRADICIONAL · **AMBIENTE CLÁSICO** 🟫🟫 ¡Ha ganado en espacio y luminosidad! Siguen fieles a la cocina tradicional, completando la carta (grandes clásicos de Francis Paniego y de su madre) con un menú degustación.

🕸 ♿ 🅰🅲 🔼 🚗 – Menú 95€ – Carta 50/75€

Hotel Echaurren, Padre José García 19 ✉ 26280 – 𝒸 941 35 40 47 –
www.echaurren.com – Cerrado lunes, martes, cena: domingo

CASA ZALDIERNA

ESPAÑOLA CONTEMPORÁNEA · **RÚSTICA** 🟫 Ubicado en un pueblecito, lleno de rusticidad, de las montañas de Ezcaray. Cocina de base tradicional con dosis de modernidad y toques personales del chef, que combina acertadamente los productos del entorno. Agradable terraza y habitaciones como complemento.

🍴 – Menú 45/55€ – Carta 32/45€

Del Puente (Zaldierna, por LR-415, Sur 6 km) ✉ 26289 – 𝒸 941 42 71 53 –
www.casaruralzaldierna.com – Cerrado lunes, cena: martes-jueves, cena: domingo

FAMARA – Las Palmas → Ver Canarias (Lanzarote)

FERROL

A Coruña – Mapa regional **13**–B1 – Mapa de carreteras Michelin nº 571-B5

A GABEIRA

TRADICIONAL · **MARCO CONTEMPORÁNEO** 🟫🟫 Un elegante restaurante, de 4ª generación, que debe su nombre a un islote cercano. Presenta un privado, dos salas y la cocina vista, donde el experimentado chef-propietario apuesta por una gastronomía tradicional no exenta de toques creativos, con un buen apartado de mariscos y clásicos de la casa. ¡Acogedora terraza!

🍴 🅰🅲 🔄 🅿 – Menú 65€ – Carta 45/65€

Valon Nucleo (por estrada de praias Doniños, Noroeste 4 km) ✉ 15593 –
𝒸 981 31 68 81 – www.agabeira.com –
Cerrado lunes, cena: martes, cena: domingo

MODESTO

PESCADOS Y MARISCOS · **MARCO CONTEMPORÁNEO** 🟫🟫 Una casa de ambiente clásico-actual ubicada a pie de carretera. Plantean una cocina tradicional que ensalza los productos de la zona, con un destacable apartado de mariscos.

🅰🅲 🅿 – Menú 40€ – Carta 40/65€

Carretera Ferrol-Cobas 89 (Serantes) ✉ 15405 – 𝒸 981 32 32 75 –
www.rmodesto.com –
Cerrado cena: martes-miércoles, domingo

O CAMIÑO DO INGLÉS

MODERNA · **TENDENCIA** 🟫 Este coqueto local, con la cocina abierta y una pequeña barra de inspiración nipona, basa su oferta en dos menús degustación en los que encontrará platos modernos y de fusión.

🕸 ♿ 🅰🅲 – Menú 56/71€

Espartero 77-79 ✉ 15401 – 𝒸 981 35 20 90 – www.ocaminodoingles.com –
Cerrado lunes, cena: martes-miércoles, cena: domingo

FRANK

ACTUAL · **MINIMALISTA** 🟫 En este pequeño pero simpático restaurante, llevado por un amable matrimonio, plantean una cocina actual, ligera y desenfadada. ¡Raciones para compartir a precios asequibles!

♿ 🅰🅲 – Carta 25/35€

San Francisco 42-44 ✉ 15401 – 𝒸 981 35 50 71 –
Cerrado lunes, domingo

FIGUERES

Girona – Mapa regional **9**–D3 – Mapa de carreteras Michelin nº 574-F38

EL MOTEL

REGIONAL · **AMBIENTE CLÁSICO** XXX Un negocio familiar con historia; de hecho, tanto el clasicismo decorativo como el servicio parecen de otra época. ¡Una gran referencia nacional en cuanto a cocina clásica!

இ 🛱 🍴 ⇔ 🅿 🚗 – Menú 52€ – Carta 45/70€

Avenida Salvador Dalí 170 (en la antigua carretera N II) ✉ 17600 –
℘ 972 50 05 62 – www.hotelemporda.com –
Cerrado cena: lunes-domingo

FINISTERRE – A Coruña ➜ Ver Fisterra

FISTERRA • FINISTERRE

A Coruña – Mapa regional **13**–A2 – Mapa de carreteras Michelin nº 571-D2

ⓐ Ó FRAGÓN

GALLEGA · **MINIMALISTA** XX Una casa tremendamente singular por su estética de líneas minimalistas, por su idílico emplazamiento en la ladera de un monte, lo que les otorga unas espectaculares vistas tanto al puerto de Fisterra como a la Ría, y especialmente por su atractiva concepción culinaria; no en vano, aquí se definen como... "hijos de marineros y campesinos". En sus salas, amplias y luminosas, le propondrán una reducida carta de cocina tradicional actualizada, con clarísimas raíces gallegas, y la opción de dos menús degustación. ¡Interesantes maridajes con vinos gallegos de pequeños productores cercanos!

< ᜒ 🍴 – Menú 39/55€ – Carta 39/55€

San Martiño de Arriba 22 (Norte 2 km) ✉ 15154 – ℘ 981 74 04 29 –
www.ofragon.es – *Cerrado cena: lunes, martes, cena: miércoles-jueves,
cena: domingo*

O SEMÁFORO

TRADICIONAL · **ACOGEDORA** XX Resulta único, pues ocupa un singular edificio del s. XIX dotado con... ¡las mejores vistas al fin del mundo! Cocina tradicional marinera con buenos guisos, pescados y mariscos.

< 🛱 ᜒ 🅿 – Carta 40/65€

Lugar do faro Finisterre ✉ 15155 – ℘ 981 11 02 10 – www.hotelsemaforodefisterra.com

TIRA DO CORDEL

PESCADOS Y MARISCOS · **RÚSTICA** X Destaca por su emplazamiento a pie de playa, en un edificio centenario que funcionó como fábrica de salazones. Excelente producto gallego elaborado, sobre todo, a la parrilla.

🛱 ᜒ – Carta 40/75€

Paseo Marítimo 1 (antiguo San Roque 2) ✉ 15155 – ℘ 981 74 06 97 –
www.tiradocordel.com – *Cerrado lunes, cena: domingo*

FORMENTERA – Balears ➜ Ver Balears

FORNELLS – Balears ➜ Ver Balears (Menorca)

FREIXO

A Coruña – Mapa regional **13**–A2 – Mapa de carreteras Michelin nº 571-B6

RIOS

TRADICIONAL · **MARCO CONTEMPORÁNEO** XX Un tributo al producto, con especial atención a los bivalvos (ostras, almejas, berberechos...) pero también buenos pescados y arroces. ¡Compromiso con la sostenibilidad del mar!

< 🍴 – Carta 35/65€

Paseo Ribeira 56 ✉ 15288 – ℘ 981 76 51 20 – www.riosfreixo.com –
Cerrado cena: lunes-jueves, cena: domingo

LA FRESNEDA

Teruel – Mapa regional **2**–C2 – Mapa de carreteras Michelin nº 574-J30

EL CONVENT 1613

TRADICIONAL · RÚSTICA XX Se distribuye en torno al patio acristalado del hotel y suele tener clientes alojados, pues se halla en un marco que merece la pena disfrutar. Cocina tradicional actualizada.

&. 🅰 🅿 – Menú 35/65€ – Carta 40/50€

Hotel El Convent 1613, El Convento 1 ✉ 44596 – ℰ 978 85 48 50 –
www.hotelelconvent.com – Cerrado lunes, cena: domingo

FRÓMISTA

Palencia – Mapa regional **8**–C2 – Mapa de carreteras Michelin nº 575-F16

HOSTERÍA DE LOS PALMEROS

TRADICIONAL · AMBIENTE CLÁSICO XX Su completa carta de base regional y local destaca por los platos de caza (becada, torcaz, cerceta...) y los vegetales de la zona (alubias de Saldaña, menestra palentina...).

🕸 🏠 🅰 – Carta 45/60€

Plaza San Telmo 4 ✉ 34440 – ℰ 979 81 00 67 – www.hosteriadelospalmeros.com –
Cerrado martes

FUENGIROLA

Málaga – Mapa regional **1**–B3 – Mapa de carreteras Michelin nº 578-W16

🕸 SOLLO

Chef: Diego Gallegos

CREATIVA · DE DISEÑO XX Ir a Sollo, que toma su nombre del esturión andaluz, es mucho más que una experiencia gastronómica; supone posicionarse a favor de la sostenibilidad y de las posibilidades que la producción acuapónica puede tener para nuestro futuro, combinando la cría de los peces de río con el cultivo de vegetales en ambientes simbióticos (el 90 % de las materias primas que usan vienen de sus propios recursos).

Su menú degustación emana equilibrio, delicadeza, guiños latinos... y una máxima: no usar más de tres ingredientes por plato. ¿Curiosidades? El chef Diego Gallegos, conocido como "El chef del caviar" o "Han Sollo" por su afición al mundo gamer, suele recibir en el taller de I+D para explicar su proyecto con detalle. ¡Descubra el Caviar de Riofrío, el primero del mundo con certificación ecológica!

🕸 *El compromiso del Chef: "La sostenibilidad ya no es una moda, es una necesidad. Aquí buscamos una cocina circular y apostamos por la producción acuapónica, tanto para evitar la contaminación de los ríos como para conseguir autoabastecernos. ¡El 90% de lo que usamos lo producimos nosotros!"*

🏠 &. 🅰 – Menú 130€

Avenida del Higuerón 48 (en la urbanización Reserva del Higuerón, AP-7 salida 217) ✉ 29640 – ℰ 951 38 56 22 – www.sollo.es – Cerrado lunes,
almuerzo: martes-sábado, domingo

CHAROLAIS

TRADICIONAL · RÚSTICA XX Dos locales anexos y comunicados (Charolais y Charolais tapas) que apuestan por una carta tradicional de tintes vascos. Destaca su amplia oferta de vinos y su coqueta terraza.

🕸 🏠 &. 🅰 – Carta 40/60€

Larga 14 ✉ 29640 – ℰ 952 47 54 41 – www.bodegacharolais.com

LOS MARINOS JOSÉ

PESCADOS Y MARISCOS · FAMILIAR XX ¡Un icono de la cocina marinera en la Costa del Sol! Ofrecen pescados y mariscos de la zona, siempre frescos al provenir de la lonja o de las capturas en sus propios barcos.

🕸 🏠 &. 🅰 ⇔ 🅿 – Menú 85/150€ – Carta 55/85€

Paseo Marítimo Rey de España 161 (2,5 km) ✉ 29640 – ℰ 952 66 10 12 –
www.losmarinosjose.com – Cerrado lunes, domingo

FUENMAYOR

La Rioja – Mapa regional **14**–A2 – Mapa de carreteras Michelin n° 573-E22

ALAMEDA

REGIONAL · **AMBIENTE CLÁSICO** XX Una casa familiar con prestigio entre la profesión gracias a la calidad de sus materias primas. ¿Busca protagonistas? Aquí, sin duda, son la parrilla y el carbón de encina.

🔟 – Carta 45/70€

Plaza Félix Azpilicueta 1 ⊠ 26360 – ℰ 941 45 00 44 –
www.restaurantealameda.com –
Cerrado lunes, cena: domingo

FUENTERRABÍA – Guipúzcoa → Ver Hondarribia

FUENTESPALDA

Teruel – Mapa regional **2**–C3 – Mapa de carreteras Michelin n° 574-J30

EL VISCO ⓝ

COCINA DE TEMPORADA · **CASA DE CAMPO** XX En el hotel La Torre del Visco, que está rodeado por sus propias huertas. Ofrecen dos menús que abogan por el entorno y la temporalidad, uno vegetariano y el otro tradicional.

🛏 🏠 🔟 ♿ 🅿 – Menú 60€

La Torre del Visco, Carretera A-1414 (km 19, Noreste 6.3 km y desvío a la izquierda
5.3 km) ⊠ 44875 – ℰ 978 76 90 15 - www.torredelvisco.com –
Cerrado lunes, martes, almuerzo: miércoles-jueves, cena: domingo

GALAPAGAR

Madrid – Mapa regional **15**–A2 – Mapa de carreteras Michelin n° 576-K17

GARNACHA

TRADICIONAL · **RÚSTICA** XX Encontrará un comedor algo reducido pero de buen montaje, en piedra vista y con vigas de madera, así como un reservado y una coqueta bodega. Cocina tradicional.

🏠 🔟 ♿ 🅿 – Menú 45/55€ – Carta 42/55€

Carretera Las Rozas-El Escorial 12 (km 16) ⊠ 28260 – ℰ 918 58 33 24 –
www.restaurantegarnacha.com – Cerrado lunes, cena: domingo

GALDAKAO • GALDÁCANO

Vizcaya – Mapa regional **18**–A3 – Mapa de carreteras Michelin n° 573-C21

✿ ANDRA MARI

TRADICIONAL · **RÚSTICA** XX Construido por la familia Asúa en su viejo caserío, la idea inicial de este restaurante era dar descanso y sustento a los fieles que visitaban la cercana iglesia de Andra Mari (s. XIII), de la que toma su nombre. El bellísimo edificio, que disfruta de unas fantásticas vistas al valle del río Ibaizábal, atesora una bodega visitable en el sótano, un bar que sirve como zona de espera y dos salas de ambiente rústico-regional, ambas con un marcado carácter panorámico. Por otra parte, si hace bueno... ¡la terraza es una gozada!

La chef al frente, Zuriñe García, plantea una cocina de firmes raíces vizcaínas que sabe traer a la actualidad los sabores vascos de toda la vida. Sus platos tienen un don: transmiten la cocina rural y marinera del País Vasco, siempre con gran coherencia y sensibilidad.

≼ 🏠 🔟 ♿ – Menú 45€ (almuerzo)/80€ – Carta 50/80€

Barrio Elexalde 22 ⊠ 48960 – ℰ 944 56 00 05 - www.andra-mari.com –
Cerrado cena: lunes, martes, cena: miércoles-domingo

LA GARRIGA

Barcelona – Mapa regional **10**–B2 – Mapa de carreteras Michelin n° 574-G36

 ## VINÒMIC

TRADICIONAL · SENCILLA X En el centro de La Garriga, una localidad de referencia entre los amantes del turismo termal. El local, llevado por dos jóvenes socios, dicen que toma su nombre de la fusión de tres palabras: vino, amic (amigo) y gastronòmic (gastronómico). Encontrará un bar a la entrada, donde puede descubrir su propuesta de tapas, dos salas y un pequeño privado. Desde los fogones apuestan por una cocina catalana coherente con el entorno, actualizada en las formas y construida en base a una firme apuesta por los productos de proximidad. ¡Cuidan el menú del día y los detalles, como el pan o los aperitivos!

⃞ ⇦ – Menú 18 € (almuerzo), 35/50 € – Carta 35/50 €

Banys 60 ✉ *08530 –* ☎ *931 29 82 70 – www.vinomic.cat – Cerrado lunes, martes, cena: miércoles-jueves, cena: domingo*

GAUCÍN

Málaga – Mapa regional **1**–B3 – Mapa de carreteras Michelin n° 578-W14

 ## PLATERO & CO

ACTUAL · RÚSTICA X Podríamos definir esta localidad, en plena Serranía de Ronda, como un pueblo blanco típico de postal, pues se muestra encajado entre montañas y con las casas encaladas como principal seña de identidad. El restaurante, llevado por una pareja de origen holandés, se mimetiza a la perfección con este entorno rústico y partiendo de una cocina internacional hoy apuesta por unas elaboraciones más contemporáneas, siempre en base al mejor producto local de temporada (castañas, cerezas, setas, queso de cabra, higos...). ¡La terraza ofrece unas fantásticas vistas al valle y a la Sierra de Grazalema!

⃞ – Carta 26/37 €

Los Bancos 9 ✉ *29480 –* ☎ *667 49 38 87 – www.platero-gaucin.com – Cerrado lunes, martes*

GERONA – Girona → Ver Girona

GETAFE

Madrid – Mapa regional **15**–B2 – Mapa de carreteras Michelin n° 576-L18

CASA DE PÍAS

MODERNA · MARCO CONTEMPORÁNEO XX Céntrico, de ambiente clásico-contemporáneo y dominado por los tonos blancos, tanto en las salas como en los privados. Cocina de mercado y tradicional, con guiños actuales.

⃞ ⃞ ⇦ – Menú 50 € – Carta 42/60 €

Plaza Escuelas Pías 4 ✉ *28901 –* ☎ *916 96 47 57 – www.casadepias.com – Cerrado cena: lunes-martes, cena: domingo*

GETARIA

Guipúzcoa – Mapa regional **18**–B2 – Mapa de carreteras Michelin n° 573-C23

✿ ## ELKANO

PESCADOS Y MARISCOS · AMBIENTE CLÁSICO XX Hay quien habla de la cocina a la brasa con referencias al paleolítico. En Getaria no se remontan tan atrás, aunque sí han encontrado documentos históricos que sitúan a las parrillas como parte de su legado.

Para entender esta casa debemos hablar de Aitor Arregi, del primer Elkano abierto por su padre y, por supuesto, de lo que aquí llaman el "paisaje culinario". El local da continuidad a los valores de una casa estrechamente vinculada a la mar y a los marineros, con los que trabajan a diario para comprarles sus mejores capturas. Sin duda, estamos en uno de los templos de la cocina a la parrilla, una cocción que según señalan "no manipula texturas ni sabores". Su control de las brasas es total, tanto como la elección del producto y su manera de tratarlo. ¡No se pierda el mítico Rodaballo!

⅗ 🅺 – Menú 150 € – Carta 110/130 €

Herrerieta 2 ✉ 20808 – 𝄞 943 14 00 24 – www.restauranteelkano.com –
Cerrado cena: lunes, martes, cena: miércoles-jueves, cena: domingo

KAIA KAIPE

PESCADOS Y MARISCOS · **AMBIENTE CLÁSICO** 🟆🟆 Se halla en el casco antiguo y cuenta con unos cuidados comedores, uno tipo terraza. Excelente bodega,
vivero propio, vistas al puerto y la parrilla como gran protagonista.

⅗ ⟨ 🛋 🅺 – Carta 70/100 €

General Arnao 4 ✉ 20808 – 𝄞 943 14 05 00 – www.kaia-kaipe.com –
Cerrado cena: lunes-jueves, cena: domingo

GETXO

Vizcaya – Mapa regional **18**–A2 – Mapa de carreteras Michelin n° 573-B21

BRASSERIE

TRADICIONAL · **MARCO CONTEMPORÁNEO** 🟆🟆 Presenta una sala luminosa y
actual, así como una terraza frente al mar. Cocina tradicional especializada en
pescados salvajes, que suelen elaborar con maestría a la brasa.

🛋 ⟨ 🅺 🅿 – Menú 45/60 € – Carta 45 €

Hotel Igeretxe, Muelle de Ereaga 3 (Playa de Ereaga) ✉ 48992 – 𝄞 944 91 00 09 –
www.hotel-igeretxe.com – Cerrado cena: domingo

GIJÓN

Asturias – Mapa regional **3**–B1 – Mapa de carreteras Michelin n° 572-B12

✿ AUGA

Chef: Gonzalo Pañeda

MODERNA · **ELEGANTE** 🟆🟆🟆 Nos encontramos en pleno puerto deportivo de
Gijón, en un restaurante que enamora por su singular emplazamiento sobre uno
de los espigones, prácticamente encima del agua. Suele sorprender al comensal
tanto por su elegancia como por su luminosidad, con un comedor clásico-actual
en el que predomina la madera y una de esas terrazas, asomadas al mar, en las
que desearíamos que el tiempo se detuviera.

Aquí la propuesta varía en función del mercado y nace de la creatividad de Gonzalo Pañeda, un chef con inequívoco oficio, muchísimo gusto en todas sus elaboraciones y un profundo respeto tanto por la tradición asturiana, que actualiza con
acierto, como por el producto. ¿La guinda del pastel? La buena labor de Antonio
Pérez, que aparte de ser su socio ejerce como sumiller y jefe de sala.

⟨ ⟨ 🅺 ✿ – Menú 90 € – Carta 55/75 €

Claudio Alvargonzález ✉ 33201 – 𝄞 985 16 81 86 – www.restauranteauga.com –
Cerrado lunes, cena: jueves, cena: domingo

✿ FARRAGUA

MODERNA · **BISTRÓ** 🟆 Si está dando una vuelta por el paseo marítimo o por el
puerto deportivo de Gijón dele una oportunidad, pues no le defraudará. Presenta una estética bistró muy singular, con guiños al Nueva York de los años
20, la cocina parcialmente vista y algunos detalles retro. Ofrecen un sugerente
menú degustación y una pequeña carta aparentemente tradicional; sin
embargo, cuando los platos llegan a la mesa vemos que son actuales, con
finas texturas, sabores delicados y detalles tanto de vanguardia como de
fusión. El ambiente se vuelve mucho más íntimo por la noche, pues... ¡ponen
velas en las mesas!

Menú 34/55 € – Carta 34/44 €

Contracay 3 ✉ 33201 – 𝄞 984 19 79 04 – www.farraguarestaurante.es –
Cerrado martes, miércoles

🏵️ EL RECETARIO

TRADICIONAL · **MARCO CONTEMPORÁNEO** ⅹ Se halla a la entrada del histórico barrio de Cimadevilla y se define a sí mismo como un "restaurante urbano de mercado". Lo cierto, es que la propuesta del chef Álex Sampedro se desvincula de los tópicos en esta tierra y apuesta, sin complejos, por una cocina tradicional actualizada de buen nivel técnico, con guisos largos, finas texturas y productos frescos de temporada. Presenta un bar a la entrada donde ofrecen varios platos para compartir y un comedor de sencilla línea contemporánea en el sótano. ¿Una recomendación? No se pierda la Empanada de ceviche, un gran clásico del chef.

🅰️ – Carta 30/40 €

Trinidad 1 ✉ 33201 – ☏ 984 08 28 94 – www.elrecetariodealex.com – Cerrado martes, miércoles

V. CRESPO

TRADICIONAL · **AMBIENTE TRADICIONAL** ⅹⅹ ¡Un clásico de ambiente marinero! Su cocina tradicional y asturiana se enriquece con varias jornadas gastronómicas, como las del Cocido maragato o las del Bacalao en Cuaresma.

🅰️ ⇄ – Carta 40/60 €

Periodista Adeflor 3 ✉ 33205 – ☏ 985 34 75 34 – www.restaurantevcrespo.com – Cerrado lunes, cena: domingo

CAMELIA

ASTURIANA · **BISTRÓ** ⅹ En lo que fue el Banco Urquijo, un edificio emblemático y ya centenario. Su chef plantea una cocina tradicional-regional no exenta de guiños modernos. ¡Carácter desenfadado!

🏠 🅰️ ⇄ – Carta 30/45 €

Marqués de San Esteban 2 ✉ 33260 – ☏ 984 18 49 62 – www.cameliagijon.com – Cerrado lunes

EL CENCERRO

TRADICIONAL · **SIMPÁTICA** ⅹ Ofrecen una cocina de bases tradicionales y elaboraciones actuales, siendo su especialidad el bacalao y las carnes rojas (ternera Casina, Frisona holandesa, buey de Kobe...).

🅰️ – Menú 19 € (almuerzo) – Carta 30/60 €

Decano Prendes Pando 24 ✉ 33208 – ☏ 984 39 15 67 – www.elcencerro.es – Cerrado lunes, cena: domingo

GLORIA

TRADICIONAL · **BAR DE TAPAS** ⅹ Este excelente gastrobar, con instalaciones de diseño, nos trae la propuesta más informal de los hermanos Manzano (Nacho y Esther). Platos tradicionales, modernos y de fusión.

🏠 🅰️ – Tapa 5 € – Ración 18 € – Menú 25/50 € – Carta 25/50 €

Plaza Florencio Rodríguez 3 ✉ 33206 – ☏ 984 29 94 90 – www.estasengloria.com – Cerrado lunes, cena: martes, cena: domingo

GIMENELLS

Lleida – Mapa regional **9**–A2 – Mapa de carreteras Michelin n° 574-H31

🏵️ MALENA

Chef: Josep María Castaño

MODERNA · **ACOGEDORA** ⅹⅹ Está a las afueras de Gimenells, en una antigua explotación agraria que colabora con el IRTA (Instituto de Investigación y Tecnología Agroalimentaria) para promover los productos de la zona. Allí, se presenta con una bonita bodega acristalada, la cocina vista, un comedor actual... y un coqueto privado con chimenea.

El chef, conocido como Xixo Castaño, ofrece una gastronomía de base tradicional que defiende la creatividad y la innovación, superando algunas elaboraciones los límites de lo habitual. Suele iniciar su propuesta con una cata de aceites sobre panes artesanos y tiene en su magistral uso de las brasas uno de sus puntos fuertes, pues ha diseñado una tecnología que, gracias al vapor, permite a los alimentos absorber los aromas desprendidos por las ascuas. ¡Precios muy interesantes!

🛱 🅰️ ⇧ 🅿️ – Menú 55/85€ – Carta 60/85€

Carretera de Sucs (La Vaquería) ✉ 25112 – ☎ 973 74 85 23 –
www.malenagastronomia.com – Cerrado lunes, cena: martes-jueves

GIRONA • GERONA

Girona – Mapa regional **10**–A1 – Mapa de carreteras Michelin n° 574-G38

❀❀❀ EL CELLER DE CAN ROCA

Chef: Joan y Jordi Roca

CREATIVA · DE DISEÑO XxX A los hermanos Roca les gusta decir que su éxito radica en un metafórico "juego a tres bandas", el que surge de equilibrar el mundo salado de Joan, el líquido de Josep como sumiller y ese mágico universo dulce que defiende Jordi.

Con independencia del planteamiento que aborden para seducirnos, la esencia de su cocina busca que disfrutemos con los ojos, con el paladar y con el resto de nuestros sentidos, inmersos en una espiral de sensaciones. El nivel de la propuesta es excepcional, pues se acompaña de contrastes, recuerdos, viajes... y grandes dosis de sostenibilidad, trabajando con productos de proximidad para posicionarse ante los desafíos del cambio climático y "crear conciencia". ¡Los espectaculares aperitivos son un homenaje a la trayectoria de la casa y a sus platos emblemáticos!

❀ *El compromiso del Chef:* "Cultivamos nuestro huerto, trabajamos con productores cercanos y amparamos un proyecto botánico (Tierra Animada) que explora las opciones culinarias de los vegetales silvestres. Transformamos los residuos a través de Roca Recicla (vidrio, plástico, poliestireno...)."

❀ & 🅰️ ⇧ 🅿️ – Menú 190/350€

Can Sunyer 48 (al Noroeste por Pont de França, desvío a la izquierda dirección Sant Gregori y cruce desvío a Taialà 2 km) ✉ 17007 – ☎ 972 22 21 57 –
www.cellercanroca.com – Cerrado lunes, almuerzo: martes, domingo

❀ MASSANA

Chef: Pere Massana

MODERNA · AMBIENTE CLÁSICO XxX Un negocio familiar con historia, presente e inequívoco futuro, pues tras más de 30 años sirviendo comandas, el chef Pere Massana y su mujer, Ana Roger, ya cuentan en el proyecto con sus hijos, uno pendiente de la sala y otro renovando las propuestas tras los fogones.

¿Qué encontrará? Grandes dosis de elegancia, por supuesto, pero también una combinación entre tradición e innovación, mostrando un constante compromiso con las materias primas del entorno y potenciando sus sabores con las técnicas actuales. Cuidan mucho los detalles, las presentaciones, el equilibrio... aportando algún que otro guiño viajero, sorprendiendo con sus trampantojos y revisando grandes clásicos de la casa, como su soberbio Homenaje al Magret de pato Massana, un plato a la brasa que no sale de la carta desde 1986.

🅰️ ⇧ – Menú 125€ – Carta 80/100€

Bonastruc de Porta 10-12 ✉ 17001 – ☎ 972 21 38 20 – www.restaurantmassana.com –
Cerrado lunes, domingo

DIVINUM

MODERNA · MARCO CONTEMPORÁNEO XxX Actualizado tanto en la oferta como en sus instalaciones, hoy de línea actual-moderna y con unas hermosas bóvedas catalanas. Carta reducida y menús que no dejan indiferente.

🅰️ ⇧ – Menú 48€ (almuerzo), 75/90€ – Carta 60/82€

Albereda 7 ✉ 17004 – ☎ 872 08 02 18 – www.divinum.cat – Cerrado miércoles,
domingo

❀❀❀, ❀❀, ❀ & 🙂

NORMAL ⓝ

TRADICIONAL · **MARCO CONTEMPORÁNEO** ✕✕ ¡La propuesta más humana de los hermanos Roca! Cocina artesanal ligada tanto a la tierra como al producto, en base a recetas catalanas tradicionales y guisos para saborear.

⅋ 🄰🄲 ♿ – Carta 40/60€

Plaça de l'Oli 1 ✉ 17004 – ℰ 972 43 63 83 – www.restaurantnormal.com –
Cerrado lunes, martes

NU

FUSIÓN · **TENDENCIA** ✕✕ El local, que hace esquina en una zona peatonal del casco antiguo, se presenta con un interior minimalista y una barra al estilo nipón frente a la cocina. Su propuesta actual de fusión le sorprenderá, pues muchos platos se terminan ante los ojos del cliente.

🄰🄲 – Menú 60€ – Carta 42/52€

Abeuradors 4 ✉ 17001 – ℰ 972 22 52 30 – www.nurestaurant.cat –
Cerrado almuerzo: lunes, domingo

CAL ROS

CREATIVA · **ACOGEDORA** ✕ Está en el casco viejo, bien llevado por un chef que apuesta por el equilibrio entre la creatividad y la esencia de la cocina tradicional catalana ¡Cuidada puesta en escena!

🍴 🄰🄲 ♿ – Menú 38/65€ – Carta 40/60€

Cort Reial 9 ✉ 17004 – ℰ 972 21 91 76 – www.calros-restaurant.com – Cerrado lunes,
martes, cena: domingo

PLAÇA DEL VI 7

TRADICIONAL · **BAR DE TAPAS** ✕ Destaca por la belleza de su emplazamiento, con la terraza montada bajo unos soportales en piedra. Carta tradicional y de producto, muy basada en platos del recetario catalán.

⅋ 🍴 🄰🄲 – Tapa 4€ – Ración 15€

Plaza del Vi 7 ✉ 17004 – ℰ 972 21 56 04 – Cerrado lunes, domingo

POCAVERGONYA

FUSIÓN · **BISTRÓ** ✕ Un negocio de línea actual que busca hacer al comensal partícipe del proceso creativo. La propuesta, a veces sorprendente, combina la tradición local con los guiños asiáticos.

🄰🄲 – Carta 27/37€

Plaza Poeta Marquina 2 ✉ 17002 – ℰ 972 20 64 22 –
www.pocavergonyabistro.negocio.site – Cerrado cena: lunes, domingo

GOMBRÈN

Girona – Mapa regional **9**–C1 – Mapa de carreteras Michelin n° 574-F36

❄ **LA FONDA XESC**

Chef: Francesc Rovira

MODERNA · **MARCO REGIONAL** ✕✕ Se halla en un pueblecito de la comarca gerundense del Ripollés, donde empieza el Pirineo Catalán, y sorprende por su ubicación en la histórica fonda de la localidad, una casona de 1730 que hoy se presenta con dos zonas bien diferenciadas: la antigua, bajo unos arcos de piedra de formidable robustez, y la nueva, que resulta más luminosa y se abre al paisaje de montaña circundante a través de enormes cristaleras.

El chef Francesc Rovira, discípulo del desaparecido Santi Santamaria, vela por una cocina actual-creativa identificada con el territorio, modesta a nivel técnico pero tremendamente sabrosa, aromática, sugerente... con detalles delicados y una filosofía que siguen a rajatabla: trabajar siempre con el mejor producto autóctono de temporada (carnes, patatas, setas, embutidos...).

♿ 🄰🄲 🄴 ♿ 🚗 – Menú 50/100€ – Carta 65/85€

Plaza Roser 1 ✉ 17531 – ℰ 972 73 04 04 – www.fondaxesc.com – Cerrado lunes,
martes, miércoles, jueves, cena: domingo

GRAN CANARIA – Las Palmas → Ver Canarias

Granada
Mapa regional **1**–C2
Mapa de carreteras Michelin
n° 578-U19

GRANADA

La antigua capital del Reino Nazarí, a los pies de Sierra Nevada, es una de esas ciudades que enamora y siempre está entre los destinos soñados por el turista internacional, con la incomparable Alhambra como monumento estrella y una singular orografía que facilita la existencia de espectaculares miradores en el barrio del Albayzín (San Nicolás, San Cristobal, Santa Isabel la Real...). En lo que a gastronomía se refiere aquí cuidan muchísimo el mundo de las tapas (con cada vino, cerveza o refresco te ponen una gratis), ofreciendo en este formato las típicas frituras andaluzas o cualquiera de los símbolos culinarios "granaínos": la Tortilla del Sacromonte, las Habas con saladillas y jamón, las Berenjenas con miel de caña, los famosos Piononos... ¿Un consejo? No lo dude y entre en alguna de las muchas teterías que encontrará por sus calles, pues... ¡la pastelería árabe cautiva el paladar!

ATELIER CASA DE COMIDAS 🔟

ESPAÑOLA CONTEMPORÁNEA · MARCO CONTEMPORÁNEO XX Se halla a pocos metros del antiguo local y ahora, con más espacio, transmiten sobre todo cercanía, frescura y luminosidad, todo dentro de una funcionalidad ecléctica que presume de dejar la cocina totalmente vista tras la barra de servicio. Raúl Sierra, el apasionado chef al frente, apuesta por una gastronomía contemporánea que sigue exaltando los sabores andaluces desde las técnicas actuales, con algún guiño a otros países y unas presentaciones sumamente cuidadas. La carta, que atesora los clásicos de la casa, se completa con un menú degustación siempre atento a los productos de temporada.

🅰🅲 – Menú 40/80 € – Carta 25/50 €

Sos del Rey Católico 7 ⊠ 18006 – 𝒞 858 70 80 57 –
www.ateliercasadecomidas.com –
Cerrado lunes, domingo

ARRIAGA

TRADICIONAL · MINIMALISTA XX En lo alto del Centro Cultural Memoria de Andalucía, un edificio con casi 60 metros de altura y... ¡espectaculares vistas sobre la ciudad! Cocina tradicional actualizada.

≼ 🕭 🅰🅲 ❖ – Menú 65/80 €

Avenida de la Ciencia 2 (Centro Cultural Memoria de Andalucía, por Camino de Ronda) ⊠ 18006 – 𝒞 958 13 26 19 –
www.restaurantearriaga.com –
Cerrado lunes, almuerzo: martes, cena: domingo

MARÍA DE LA O

TRADICIONAL · ELEGANTE XX ¡En un palacete del siglo XIX! Tiene un carácter polivalente (gastrobar, eventos...) y apuesta por una cocina de buenas bases técnicas, jugando con las texturas y los sabores.

🏠 🅼 🚗 – Menú 35/60€ – Carta 45/65€

Carretera de la Sierra (por Paseo de la Bomba) ✉ *18008* – 📞 *958 21 60 69* – *www.mariadelaogranada.com* – *Cerrado lunes*

LE BISTRÓ BY EL CONJURO 🔟

ACTUAL · INDUSTRIAL X Un restaurante de carácter canalla e informal que apuesta, sin complejos, por ofrecernos unos platos no encorsetados. Huyen de los tipismos y... ¡buscan jugar con los sabores!

🏠 🅼 – Carta 30/62€

Martínez Campos 8 ✉ *18005* – 📞 *958 53 60 29* – *www.elconjurorestaurante.com* – *Cerrado cena: lunes-martes, miércoles, cena: jueves-domingo*

CALA

MODERNA · SENCILLA X ¡Sorprendente! Se halla fuera del centro histórico pero merece la pena acercarse hasta él, pues su joven chef propone una carta creativa que ensalza el producto tradicional.

🅼 – Menú 55/65€ – Carta 35/55€

José Luís Pérez Pujadas 7 (por Neptuno) ✉ *18006* – 📞 *858 98 90 58* – *www.restaurantecalagranada.es* – *Cerrado lunes, martes*

FARALÁ

ACTUAL · AMBIENTE CLÁSICO X Coqueto, céntrico y no exento de personalidad, pues aquí saben vestir de actualidad la esencia del recetario tradicional granadino. ¡En la planta baja hay un tablao flamenco!

🅼 – Menú 52/88€ – Carta 42/59€

Cuesta de Gomérez 11 ✉ *18001* – 📞 *664 08 53 13* – *www.restaurantefarala.com* – *Cerrado lunes, martes*

FM

COCINA DE MERCADO · BAR DE TAPAS X Sencillo local que toma su nombre del propietario, Francisco Martín, y sorprende tanto por las finas elaboraciones como por la calidad de sus productos, siempre de lonja.

🅼 – Tapa 3€ – Ración 15€

Avenida Juan Pablo II 54 (por Avenida de la Constitución) ✉ *18013* – 📞 *958 15 70 04* – *Cerrado lunes, domingo*

PUESTO 43

PESCADOS Y MARISCOS · AMBIENTE MEDITERRÁNEO X ¡Un homenaje a la tradición pescadera! Este restaurante destaca por sus expositores... no en vano compran diariamente todos los pescados y mariscos en la lonja de Motril.

🏠 🅼 ❄ – Carta 25/40€

Plaza de Gracia 3 ✉ *18002* – 📞 *958 08 29 48* – *www.puesto43.com* – *Cerrado lunes, cena: domingo*

LA GRANJA • SAN ILDEFONSO

Segovia – Mapa regional **8**-C3 – Mapa de carreteras Michelin n° 575-J17

🏵 LA FUNDICIÓN 🔟

ACTUAL · ACOGEDORA X En el centro de La Granja, frente a la oficina de Correos y a escasos minutos andando tanto del Palacio Real como de sus bellísimos jardines. El nombre no es un detalle baladí, pues ocupa un edificio con solera que dio cobijo tanto a la plomería del Real Sitio como al antiguo hospital. Hoy, tras una gran labor de interiorismo, se presenta con varios espacios de singular rusticidad: el bar Álamo Negro, el comedor principal donde estaba la fragua, la terraza-patio de la enfermería... ¿Su propuesta? Carta y menú de cocina tradicional actualizada, con guiños asiáticos y presentaciones de nivel.

🛜 ⅙ 🅰 ⇔ – Menú 45€ – Carta 32/46€

Plazuela de la Calandria 1 (Real Sitio de San Idelfonso) ⊠ 40100 –
☏ 921 47 24 06 – www.lafundicionrestaurante.com – Cerrado lunes, cena: miércoles,
cena: domingo

REINA XIV

TRADICIONAL · **AMBIENTE CLÁSICO** ⅹ Fácil de localizar, pues se encuentra
junto al parador. Posee una bonita bodega vista y dos comedores, el principal
de ambiente clásico. Su cocina de tinte tradicional se enriquece con platos típicos, como los famosos Judiones de La Granja.

🅰 – Menú 30/45€ – Carta 30/45€

Reina 14 ⊠ 40100 – ☏ 921 47 05 48 – www.reina14.com – Cerrado lunes, martes,
cena: miércoles-viernes, cena: domingo

GRANOLLERS

Barcelona – Mapa regional **10**–B2 – Mapa de carreteras Michelin n° 574-H36

EL TRABUC

CATALANA · **RÚSTICA** ⅹⅹ Instalado en una antigua masía, con varias salas de
aire rústico y una agradable terraza. Completa carta catalana y quincenas gastronómicas (caracoles, alcachofas, bacalao...).

🛜 ⅙ 🅰 ⇔ 🅿 – Menú 37€ – Carta 45/55€

Cami de Can Bassa 2 ⊠ 08401 – ☏ 938 70 86 57 – www.eltrabuc.com –
Cerrado cena: domingo

MINT

ACTUAL · **MARCO CONTEMPORÁNEO** ⅹ Local de estilo actual y agradable
decoración. Con su nombre, menta, buscan algo fresco para referirse a una cocina
mediterránea actualizada de base catalana. ¡Buenos menús!

⅙ 🅰 – Menú 18/38€ – Carta 35/45€

Sant Josep 10 ⊠ 08401 – ☏ 936 25 41 98 – www.mintgranollers.com –
Cerrado cena: lunes-miércoles, cena: domingo

GRIÑÓN

Madrid – Mapa regional **15**–A2 – Mapa de carreteras Michelin n° 576-L18

EL BISTRÓ

TRADICIONAL · **AMBIENTE CLÁSICO** ⅹⅹ ¡En un elegante chalé! Ofrece una
carta estacional, con un menú degustación y platos míticos del chef Mario Sandoval (Cochinillo lechón asado a la leña con su piel crujiente).

⅙ 🅰 🅿 – Menú 65€ – Carta 36/55€

Avenida Humanes 52 ⊠ 28971 – ☏ 918 14 99 27 – www.laromanee.com –
Cerrado lunes, cena: martes-jueves, cena: domingo

O GROVE

Pontevedra – Mapa regional **13**–A2 – Mapa de carreteras Michelin n° 571-E3

✿✿ CULLER DE PAU

Chef: Javier Olleros

CREATIVA · **MINIMALISTA** ⅹⅹⅹ O Grove es una península con fantásticas calas
de arena blanca y fina. Allí se sitúa Culler de Pau, un restaurante separado del
mar por un valle cuajado de maizales y pequeños huertos, así como la casa de la
familia del chef Javier Olleros, que comparte proyecto con su mujer, Amaranta
Rodríguez, y con el cocinero japonés Takahide Tamaka, al que conoció trabajando
en Martín Berasategui.

Preocupado por la obesidad, por el cambio climático, por las prisas del "fast-
food"... en su comedor de aire minimalista, con grandes cristaleras y maravillosas
vistas a la ría, descubrirá una cocina "Km 0" pensada con sentido medioambiental
y vocación atlántica. Cuenta también con su propio huerto y construye su filosofía desde el trabajo diario, demostrando que aquí todo se hace con el alma.

El compromiso del Chef: "No solo hablamos de cocinar un entorno, sino de recuperarlo a través de un diálogo fluido con los productores. Defendemos la economía circular, por eso cada mañana recogemos productos de nuestro huerto ecológico, lo usamos y depositamos el excedente en el compostero."

&. &. 🅼 ✛ 🅿 – Menú 95/150 € – Carta 98/108 €

Reboredo 73 (Suroeste 3 km) ✉ 36980 – ☏ 986 73 22 75 – www.cullerdepau.com – Cerrado cena: lunes, martes, cena: miércoles-viernes

D'BERTO

PESCADOS Y MARISCOS · **AMBIENTE TRADICIONAL** XX ¡Los productos de la ría en su máxima expresión! Si es de los que piensa que el tamaño sí importa no dude en comer aquí pues, aparte de unos pescados y mariscos realmente sorprendentes, encontrará un buen servicio e inigualable calidad.

🕸 🅼 ✛ 🅿 – Carta 50/80 €

Teniente Domínguez 84 ✉ 36980 – ☏ 986 73 34 47 – www.dberto.com

BEIRAMAR

PESCADOS Y MARISCOS · **FAMILIAR** X Íntimo, coqueto y de gestión familiar. El excelente expositor de mariscos vivos a la entrada ya da una pista sobre su oferta: magníficos mariscos, pescados y algunos arroces.

🅼 – Carta 35/60 €

Avenida Beiramar 30 ✉ 36980 – ☏ 986 73 10 81 – www.restaurantebeiramar.com – Cerrado lunes

BRASERÍA SANSIBAR

A LA PARRILLA · **FAMILIAR** X Un restaurante familiar en el que todo gira en torno a la brasa y el producto, con carnes de vaca gallega, pescados de lonjas locales y algunos mariscos. ¡Excelente calidad!

🍴 &. 🅿 – Carta 45/80 €

Balea 20-B (Balea, Suroeste 5 km) ✉ 36988 – ☏ 986 73 85 13 – www.braseriasansibar.com – Cerrado cena: lunes-martes, miércoles, cena: jueves-domingo

MELOXEIRA

ACTUAL · **ACOGEDORA** X Una casa coqueta dentro de su funcionalidad, con una oferta cuidada y sorprendente. Cocina tradicional actualizada con interesantes detalles de fusión, asiáticos y peruanos.

&. 🅼 – Menú 55 € – Carta 40/55 €

Porto Meloxo 100 ✉ 36980 – ☏ 886 16 13 89 – www.tabernameloxeira.con – Cerrado lunes, martes

A GUARDA • LA GUARDIA

Pontevedra – Mapa regional **13**–A3 – Mapa de carreteras Michelin nº 571-G3

TRASMALLO

PESCADOS Y MARISCOS · **FAMILIAR** X A Guarda es conocida como "La capital de la Langosta", por eso aquí no debe extrañarnos que todo tenga una estrecha relación con el mar. Al acercarnos a este sencillo restaurante familiar descubriremos, a través de su nombre, una parte fundamental en la historia de la villa, pues el término Trasmallo identifica el arte de pesca artesanal más común entre los marineros de la zona. Su carta contempla algunos arroces y carnes; sin embargo, los grandes protagonistas son los pescados y mariscos. ¿Datos destacables? Posee su propio vivero y la lonja, donde compran a diario, está... ¡justo enfrente!

🍴 &. 🅼 – Menú 15 € (almuerzo) – Carta 28/50 €

Porto 59 ✉ 36780 – ☏ 986 61 04 73 – www.trasmallo.es – Cerrado miércoles

LA GUARDIA – Pontevedra → Ver A Guarda

GUETARIA – Guipúzcoa → Ver Getaria

GUÍA DE ISORA – Santa Cruz de Tenerife → Ver Canarias (Tenerife)

HARO

La Rioja – Mapa regional **14**–A2 – Mapa de carreteras Michelin n° 573-E21

✿ NUBLO ⑩

MODERNA · RÚSTICA XX Nublo, ubicado en una casa palaciega del s. XVI, es mucho más que un restaurante; de hecho, gastronómicamente, ha traído nuevamente la luz a esta localidad, famosa por contar con... ¡el barrio de bodegas centenarias más importante del mundo!

El establecimiento, que tras una ardua labor de interiorismo optó por no disimular sus cicatrices, atesora espacios y salas con enorme personalidad. Los cocineros al frente (Miguel Caño, Llorenç Sagarra, Caio Barcellos y Dani Lasa), antiguos compañeros en Mugaritz (dos Estrellas MICHELIN, Errenteria), plantean dos menús degustación que parten de una máxima: conseguir sabores puros, exaltar la cocina con fuego y crear un viaje culinario por La Rioja, con guiños a su cultura, sus productos, sus paisajes... ¡Aquí alcanzan la vanguardia desde la tradición!

🅰🄲 – Menú 49/79€

Plaza de San Martín 5 ✉ 26200 – ☎ 636 72 58 50 – www.nublorestaurant.com –
Cerrado lunes, almuerzo: martes, cena: domingo

HECHO

Huesca – Mapa regional **2**–B1 – Mapa de carreteras Michelin n° 574-D27

☺ CANTERÉ

TRADICIONAL · ACOGEDORA X Merece la pena acercarse hasta este pueblo de montaña para visitar el restaurante, instalado en una casa "chesa" típica que sorprende por la vieja viña que adorna su fachada. Posee un bar público y un comedor de ambiente rústico en el piso superior, este último con atractivas paredes en piedra y una cuidada iluminación para realzar su decoración. Aquí encontrará una carta de base tradicional con diversos toques actuales, aunque también están teniendo mucho éxito sus jornadas gastronómicas, unas dedicadas a las setas y otras a la matanza. ¡Descubra sus Boliches (habitas) con papada de cerdo!

🈁 🄰🄲 – Menú 25/40€ – Carta 28/45€

Aire 1 ✉ 22720 – ☎ 974 37 52 14 – www.cantere.es – Cerrado cena: lunes, martes,
cena: miércoles, cena: domingo

HERVÁS

Cáceres – Mapa regional **12**–C1 – Mapa de carreteras Michelin n° 576-L12

☺ NARDI

TRADICIONAL · MARCO CONTEMPORÁNEO XX En una localidad tan turística como Hervás se agradece encontrar establecimientos como este, con una opción culinaria actual que sabe dar una vuelta de tuerca a la cocina tradicional. El local, en una céntrica calle peatonal, se presenta con una terraza de verano, una barra de bar y una sala repartida en dos alturas. Aquí apuestan por una cocina tradicional actualizada, presentada con mimo y que siempre ensalce los productos del Valle del Ambroz. ¿Qué ofrecen? Un buen menú degustación y una carta interesante, con platos tan sabrosos como el Ravioli de manitas de cerdo a la extremeña.

🈁 🄰🄲 – Menú 30/40€ – Carta 33/44€

Braulio Navas 19 ✉ 10700 – ☎ 927 48 13 23 – www.restaurantenardi.com –
Cerrado lunes, martes

☺ EL ALMIREZ

TRADICIONAL · FAMILIAR X Bien situado en el casco histórico y a escasos minutos de la sorprendente judería. Este restaurante de ambiente familiar disfruta de una agradable terraza cruzando la calle y un pequeño comedor en dos niveles, con mobiliario clásico y elegantes tonos grises tanto en las paredes como en las tapicerías. Su chef-propietaria apuesta por una cocina tradicional y de temporada, en ambos casos de cuidadas presentaciones y la última revolución volcada con las setas durante el otoño. Si quiere darse un homenaje no lo dude, pida las Migas extremeñas con huevos rotos y el Cabrito al modo de Hervás.

AK – Menú 20 € (almuerzo)/23 € – Carta 30/40 €

Collado 19 ⊠ 10700 – ☏ 927 47 34 59 – www.restauranteelalmirez.com –
Cerrado lunes, cena: domingo

HONDARRIBIA • FUENTERRABÍA

Guipúzcoa – Mapa regional **18**-B2 – Mapa de carreteras Michelin nº 573-B24

✿ ALAMEDA

Chef: Gorka y Kepa Txapartegi

MODERNA · **AMBIENTE CLÁSICO** XX ¿Busca un restaurante con alma? Aquí tiene uno no exento de historia y romanticismo, pues los hermanos Txapartegi han sabido hacer de este negocio un enclave de parada obligada donde se siguen, a pies juntillas, las sabias palabras de Julia, su abuela: "Cuanto más corta sea la distancia entre la tierra y el fogón... mejor".

El local, muy próximo al aeropuerto y con una alameda en frente donde puede dejar el coche, cuenta con dos espacios bien diferenciados: la taberna, que ya abrió al público en 1942, y el restaurante gastronómico como tal, con Gorka y Kepa al frente de la cocina mientras Mikel hace labores de sumiller y controla la sala. Proponen una cocina moderna de fuertes raíces vascas, mimada en los detalles y elaborada en base a los múltiples "tesoros" de temporada del entorno.

🏠 ᦔ AK ✿ – Menú 84/122 € – Carta 70/90 €

Minasoroeta 1 ⊠ 20280 – ☏ 943 64 27 89 – www.restaurantealameda.net –
Cerrado lunes, martes, cena: miércoles-jueves, cena: domingo

✿ ZERIA

PESCADOS Y MARISCOS · **ACOGEDORA** X Tiene su encanto, una estrecha relación con el mar y la dosis justa de historia, pues ocupa una encantadora casa de pescadores que remonta su construcción al año 1575; de hecho, durante las labores de restauración del edificio se descubrió que este se había levantado sobre... ¡el esqueleto de una ballena! En su comedor, en la 1ª planta y de acogedor ambiente rústico, le propondrán una cocina tradicional de producto, basada tanto en el recetario vasco como en el planteamiento de unas elaboraciones sencillas para no disfrutar ni desvirtuar sus sabores. ¡El trabajar con producto fresco se nota!

🏠 – Menú 45/75 € – Carta 45/75 €

San Pedro 23 ⊠ 20280 – ☏ 943 64 09 33 – www.restaurantezeria.com –
Cerrado jueves, cena: domingo

LAIA

A LA PARRILLA · **RÚSTICA** XX Instalado en lo que fueron las cuadras de un antiguo caserío. ¿Qué encontrará? Diferentes cortes de carne de maduración larga y pescados frescos, todo al calor de las brasas.

❀ ᐸ 🏠 ᦔ AK ✿ P – Menú 30 € (almuerzo), 50/80 € – Carta 50/80 €

Arkolla Auzoa 33 (Suroeste 2 km) ⊠ 20280 – ☏ 943 64 63 09 –
www.laiaerretegia.com – Cerrado cena: lunes-jueves, cena: domingo

SUTAN

TRADICIONAL · **MARCO CONTEMPORÁNEO** XX Refleja la unión entre los hermanos Txapartegi y una bodega de txakoli (Hiruzta). Cocina tradicional, con toques actuales, especializada en pescados y carnes a la parrilla.

🏠 ᦔ AK P – Carta 55/95 €

Jaitzubia Auzoa 266 (Suroeste 4 km) ⊠ 20280 – ☏ 943 11 60 00 – www.sutan.eus –
Cerrado lunes, cena: martes-jueves, cena: domingo

GRAN SOL

TRADICIONAL · **BAR DE TAPAS** X Su nombre recuerda el legendario caladero del Atlántico Norte, lo que enlaza con la tradición pesquera local. Descubra sus pintxos: Jaizkibel, Hondarribia, Huevo Mollete...

🏠 AK – Tapa 5 € – Ración 15 €

San Pedro 65 ⊠ 20280 – ☏ 943 64 27 01 – www.bargransol.com – Cerrado lunes

HOSTALRIC

Girona – Mapa regional **10**–A1 – Mapa de carreteras Michelin n° 574-G37

QUATRE VENTS 3.0

MODERNA · **BISTRÓ** 🏵 Esta casa familiar, fundada en 1964 por el abuelo de los propietarios, mantiene el nombre original como un homenaje a sus orígenes pero añadiendo el 3.0, un símbolo de esa 3ª generación que está ahora al frente. El local, moderno-funcional y con vistas a las montañas del Montseny, defiende una cocina actual que evoluciona con los productos de temporada y se concreta, sobre todo, en tres menús: Festival (solo días laborables), Gastronòmic y el llamado De Tapes. ¿Curiosidades? En un concurso de TV3, llamado Joc de Cartes, se proclamó como... ¡el mejor restaurante de setas del Baix Montseny!

🏠 & Ⓜ – Menú 25€ (almuerzo), 33/60€ – Carta 31/50€

Avenida del Coronel Estrada 122 ✉ 17450 – ☎ 972 86 56 90 –
www.restaurantquatrevents.com – Cerrado lunes, martes, miércoles, cena: jueves,
cena: domingo

HOYO DE MANZANARES

Madrid – Mapa regional **15**–A2 – Mapa de carreteras Michelin n° 576-K18

EL VAGÓN DE BENI

MODERNA · **ROMÁNTICA** 🏵🏵 Evocador conjunto, a modo de pequeña estación, dotado con dos antiguos vagones de tren restaurados. Ofrece una coqueta terraza sobre el andén y una cocina actual elaborada.

🏠 Ⓜ ✿ 🅿 – Menú 27€ (almuerzo), 35/55€ – Carta 45/55€

San Macario 6 ✉ 28240 – ☎ 918 56 68 12 – www.elvagondebeni.es – Cerrado lunes,
cena: martes-miércoles, cena: domingo

HOYOS DEL ESPINO

Ávila – Mapa regional **8**–B3 – Mapa de carreteras Michelin n° 575-K14

LA MIRA DE GREDOS

TRADICIONAL · **FAMILIAR** 🏵🏵 Dotado con una gran sala acristalada para contemplar la sierra de Gredos. Proponen una cocina tradicional-actualizada y varios menús. ¡Tiene que probar sus Patatas revolconas!

≤ Ⓜ 🅿 – Menú 16€ (almuerzo), 37/65€ – Carta 35/50€

Carretera de El Barco (AV 941) ✉ 05634 – ☎ 920 34 90 23 –
www.lamiradegredos.com – Cerrado lunes, martes, cena: miércoles-viernes,
cena: domingo

HOZNAYO

Cantabria – Mapa regional **6**–B1 – Mapa de carreteras Michelin n° 572-B18

LA BICICLETA

Chef: Eduardo Quintana

MODERNA · **ACOGEDORA** 🏵🏵🏵 El nombre de este restaurante, ubicado en una casona del s. XVIII, está cargado de intención, pues refleja la relación profesional que el chef Eduardo Quintana mantuvo con el ciclismo; no en vano, la frase de Albert Einstein que luce a la entrada (La vida es como andar en bicicleta. Para mantener el equilibrio hay que estar en movimiento) marca su conducta ante la vida.

En su simpático interior de ambiente rústico-retro, con la cocina abierta para que tome allí mismo los aperitivos del menú degustación, podrá degustar unos platos modernos y actuales que reinterpretan la tradición cántabra y vasca, aportando importantes dosis de creatividad, un honesto trabajo con productos escogidos, en lo posible ecológicos y muchos de la propia huerta familiar, así como un personalísimo toque viajero.

HOZNAYO

⅜ *El compromiso del Chef:* *"Nuestro objetivo parte de poner en valor el pro-ducto de temporada y trabajar siempre, o en la medida de lo posible, con produc-tos y productores tanto locales como ecológicos. Reciclamos, separamos residuos, elaboramos compost... y contamos con nuestro propio huerto."*

🎩 ⇄ – Menú 95/120 €

La Plaza 12 (Carretera N 634) ⊠ *39716 –* ☎ *636 29 69 70 –*
www.labicicletahoznayo.com –
Cerrado lunes, martes

HUARTE

Navarra – Mapa regional **17**–B2 – Mapa de carreteras Michelin nº 573-D25

ASADOR ZUBIONDO

TRADICIONAL · RÚSTICA XX En este atractivo caserón, construido en piedra y emplazado en la ribera del Arga, podrá degustar una cocina tradicional que ensalza el producto, sobre todo las verduras.

& 🎩 🗄 ⇄ 🅿 – Carta 55/60 €

Avenida Roncesvalles 1 ⊠ *31620 –* ☎ *948 33 08 07 –*
www.asadorzubiondo.com –
Cerrado lunes, cena: domingo

HUELVA

Huelva – Mapa regional **1**–A2 – Mapa de carreteras Michelin nº 578-U9

TABERNA EL CONDADO

TRADICIONAL · **BAR DE TAPAS** X Este local, de aire rústico-actual, es famoso por la calidad de sus jamones ibéricos. También ofrecen tapas y raciones, tanto de salazones como de carnes serranas a la brasa.

🏠 & 🎩 – Tapa 4 € – Ración 15 €

Santa Ángela de la Cruz 3 ⊠ *21003 –* ☎ *959 26 11 23 –*
Cerrado lunes, cena: domingo

HUESCA

Huesca – Mapa regional **2**–C1 – Mapa de carreteras Michelin nº 574-F28

⅜ LILLAS PASTIA

Chef: Carmelo Bosque

MODERNA · **AMBIENTE CLÁSICO** XXX No tiene pérdida, pues la hoy autode-nominada "Casa de la Trufa" se encuentra en la planta baja del histórico Círculo Oscense, un maravilloso ejemplo del modernismo arquitectónico local.

Este elegante restaurante, con cuyo nombre recuerdan a uno de los personajes de la famosa ópera Carmen (Georges Bizet), se ha convertido en una de las referencias nacionales cuando hablamos del hongo "tuber melanosporum", pues la Trufa Negra de Huesca está viviendo años de incesante popularidad. El chef Carmelo Bosque, muy vinculado también a distintos proyectos de inclusión en el mundo de la cocina de personas con discapacidad intelectual (como el Club Inclucina), propone aquí una gastronomía de tinte moderno, basada tanto en la estacionalidad como en la utilización de los mejores pro-ductos autóctonos.

🏠 & 🎩 – Menú 55/75 € – Carta 50/65 €

Plaza de Navarra 4 ⊠ *22002 –* ☎ *974 21 16 91 –*
www.lillaspastia.es –
Cerrado lunes, cena: martes, cena: domingo

❄ **TATAU**

Chef: Tonino Valiente

CREATIVA · **BAR DE TAPAS** ⚅ Este sorprendente gastrobar en el corazón de Huesca refleja el proyecto, ya maduro, de una pareja (el chef Tonino Valiente y su mujer, Arantxa Sáinz) que ha apostado siempre por la personalidad, diferenciándose de los establecimientos del entorno con un toque más transgresor.

El nombre de Tatau enlaza con el propio carisma del chef y sus tatuajes, pues este defiende que los pasos que ha dado en la vida han dejado una "marca" y una historia descifrable a través de sus creaciones. Encontrará una llamativa barra y mesas altas, todo pensado para que el cliente disfrute de sus tapas y raciones mientras ve el proceso de elaboración; aunque también es inevitable dejar volar la imaginación observando los divertidos detalles decorativos del local. ¡El menú degustación precisa reserva anticipada!

చ 🅰 – Menú 80/120 € – Carta 60/80 €

Azara ⊠ 22002 – ℰ 974 04 20 78 – www.tatau.es – Cerrado cena: sábado, domingo

🛆 **EL ORIGEN**

TRADICIONAL · **AMBIENTE CLÁSICO** ⚅ Le sorprenderá, pues la sala principal está presidida por un curioso mural que recuerda la historia de la plaza, conocida popularmente como de "los tocinos" en base a la feria de ganado que aquí se celebraba y en la que vendían muchos cerdos. Beatriz Allué, la chef-propietaria, propone una cocina tradicional no exenta de toques actuales, tanto en las presentaciones como en las elaboraciones, apostando claramente por los productos ecológicos de Aragón; además su padre, que es agricultor, la abastece de muchos de ellos, siempre fresquísimos al no pasar por intermediarios. ¡Interesantes menús!

🛒 🅰 ♻ – Menú 19/50 € – Carta 30/45 €

Plaza Justicia 4 ⊠ 22001 – ℰ 974 22 97 45 – www.elorigenhuesca.com – Cerrado cena: lunes-martes, miércoles, cena: jueves, cena: domingo

LAS TORRES

MODERNA · **ELEGANTE** ⚅⚅ Casa de línea clásica-actual que debe su nombre a la zona donde se ubica, conocida como "Las tres torres". Cocina tradicional, con toques actuales, en base a un buen producto.

🅰 – Menú 40/55 € – Carta 45/60 €

María Auxiliadora 3 ⊠ 22003 – ℰ 974 22 82 13 – www.lastorres-restaurante.com – Cerrado cena: lunes-miércoles, cena: domingo

IBI

Alicante – Mapa regional **11**–A3 – Mapa de carreteras Michelin n° 577-Q28

🛆 **ERRE QUE ERRE**

COCINA DE TEMPORADA · **BISTRÓ** ⚅ Pulpo de roca con parmentier de patata, Tuétano de ternera con boletus y trufa, Tartar de atún rojo con crujientes de trigo... Si algo llama la atención es que aquí utilizan las mejores materias primas de origen local, creando platillos de estilo actual con base en la comarca de Foia de Castalla. El local, próximo al centro y de estética informal-contemporánea, combina su atractiva propuesta de producto y sabor con una notoria contención en los precios, dando la opción de platos pequeños, a modo de media ración, para compartir. ¡La tradición heladera de Ibi se deja notar en los postres!

చ 🅰 – Menú 15 € (almuerzo)/42 € – Carta 30/43 €

Juan Brotóns 11 ⊠ 03440 – ℰ 966 33 60 46 – www.rqrgastrobar.com – Cerrado lunes, cena: martes-miércoles, cena: domingo

IBIZA – Balears → Ver Balears (Eivissa)

ICOD DE LOS VINOS – Santa Cruz de Tenerife → Ver Canarias (Tenerife)

IGUALADA

Barcelona – Mapa regional **10**–A2-3 – Mapa de carreteras Michelin nº 574-H34

SOMIATRUITES

Chef: David Andrés Morera

ACTUAL · DE DISEÑO ⊠ El nombre de este original restaurante, que podríamos traducir como "Soñadores", descubre la personalidad del joven chef David Andrés y su hermano Xavier, volcados en la transformación de una antigua fábrica de curtidos ubicada junto al Museu de la Pell de Igualada. Encontrará un interior de estética industrial, con las paredes en piedra y ladrillo visto, muebles de diseño y llamativos recortes de cuero en los techos como un guiño a la historia del edificio. Ofrecen una cocina actual y divertida, de base tradicional pero con sabores muy marcados. ¡Gran menú del día y cuidados postres caseros!

⁂ *El compromiso del Chef: "Defendemos una arquitectura sostenible y de auto-abastecimiento, por eso la cubierta del hotel Somiatruites es un huerto de 400 m² que, abonado con compost y regado con pozos propios, sirve como aislante térmico y provee al restaurante de productos de total proximidad."*

🌿 🏧 – Menú 15 € (almuerzo) – Carta 25/35 €

Del Sol 19 ✉ 08700 – ☏ 938 03 66 26 – www.somiatruites.eu – Cerrado cena: lunes, cena: domingo

ILLESCAS

Toledo – Mapa regional **7**–B2 – Mapa de carreteras Michelin nº 576-L18

⦿ EL BOHÍO

Chef: Pepe Rodríguez

MODERNA · AMBIENTE TRADICIONAL ⊠⊠ Un restaurante que ha sabido adaptarse a nuestros tiempos y está enamorando a sus comensales; no en vano, aunque hoy se nos presenta alegre, renovado y entregado a las exigencias culinarias más actuales, aún conserva el carácter familiar de aquel primitivo mesón de carretera con cuyo nombre recordaban sus raíces cubanas.

Es imposible hablar de El Bohío sin resaltar a su paladín tras los fogones, el televisivo chef Pepe Rodríguez, que defiende el ADN de esta tierra rescatando el legado culinario de La Mancha para adaptar sus sabores y productos a nuestros días, siempre con fidelidad a una frase del propio chef: "La cocina de siempre, vista con los ojos de hoy". ¿Platos de referencia? Las Lentejas con butifarra, su versión de las Sopas de ajo, actualizaciones como La pringá del cocido...

🕸 🏧 ⇔ – Menú 75 € (almuerzo), 95/180 € – Carta 80/180 €

Avenida Castilla-La Mancha 81 ✉ 45200 – ☏ 925 51 11 26 – www.elbohio.net – Cerrado cena: lunes-miércoles, cena: domingo

SES ILLETES – Balears → Ver Balears (Mallorca)

INCA – Balears → Ver Balears (Mallorca)

IRUN

Guipúzcoa – Mapa regional **18**–B2 – Mapa de carreteras Michelin nº 573-C24

ANA MARI

A LA PARRILLA · RÚSTICA ⊠⊠ Un buen asador vasco, llevado por la familia Bereciartua y ubicado en un caserío del s. XVI. La parrilla, base de su propuesta, está completamente a la vista desde la sala.

🌿 & 🏧 ⇔ 🅿 – Carta 40/80 €

Olaberria Auzoa 49 ✉ 20303 – ☏ 943 12 47 99 – www.asadoranamari.com – Cerrado cena: lunes-martes, miércoles, cena: jueves, cena: domingo

SINGULAR IÑIGO LAVADO

CREATIVA · MARCO CONTEMPORÁNEO ⊠ Se halla en el atractivo recinto ferial e intenta ofrecer una experiencia "singular" tanto en lo estético como en lo gastronómico. ¡Puede pedir platos sueltos de sus menús!

🏧 ⇔ 🅿 – Menú 42/60 € – Carta 40/60 €

Avenida Iparralde 43 (Ficoba) ✉ 20304 – ☏ 943 63 96 39 – www.inigolavado.com – Cerrado lunes, cena: martes-miércoles, cena: domingo

grandriver/Getty Images Plus

Navarra
Mapa regional **17**–A2
Mapa de carreteras Michelin
nº 573-D25

IRUÑA • PAMPLONA

Esta es una ciudad universal, una etapa clave en el Camino de Santiago, y algo se le enciende en el alma a todo aquel que la descubre; de hecho, su impacto sobre el visitante es tal que el legendario escritor y periodista Ernest Hemingway viajó a ella... ¡hasta en nueve ocasiones! No hay nada mejor para sentirla que pasear por el clásico recorrido de los encierros de San Fermín, haciendo un alto, eso sí, en la plaza del Ayuntamiento (donde se escucha el famoso "Chupi-nazo" que inaugura las fiestas), en la animada plaza del Castillo, en el mercado de Santo Domingo o en los concurridos bares de tapas de la famosa calle Estafeta. Su gastronomía, que siempre exalta los productos de la Comunidad Foral de Navarra, tiene como platos emblemáticos las Pochas con txistorra, los Pimientos del piquillo rellenos, el Bacalao al ajoarriero, los exquisitos Espárragos blancos con salsa vinagreta...

✿ EUROPA

Chef: Pilar Idoate

ACTUAL · AMBIENTE CLÁSICO 𝕏𝕏𝕏 Estamos en pleno corazón de Pamplona, a unos pasos de la plaza del Castillo y de la mítica calle Estafeta, mundialmente conocida por su vinculación con los encierros de San Fermín.

Tan conocida como el restaurante Europa es la familia que hay detrás, los Idoate Vidaurre, un clan de hermanos que ha sabido hacer de la hostelería algo más que una profesión. Desde los fogones, la chef Pilar Idoate defiende una cocina tradicional actualizada de fuertes raíces vascas, con un producto navarro que tiene la calidad por bandera, unos fondos de contundente sabor y esas texturas, finas y delicadas, solo al alcance de la alta gastronomía. Encontrará una buena carta y menús con maridaje, lo que permite apreciar en su total esplendor los valores de una casa que... ¡luce la Estrella MICHELIN desde 1993!

🆎 ✿ – Menú 65/80 € – Carta 65/89 €

Plano: B1-1 – *Espoz y Mina 11-1º* ✉ *31002* – ✆ *948 22 18 00* –
www.hreuropa.com –
Cerrado cena: lunes-martes, domingo

✿ RODERO

Chef: Koldo Rodero

MODERNA · AMBIENTE CLÁSICO 𝕏𝕏𝕏 No hay nada mejor que una frase del chef para entender este restaurante: "Rodero es una familia. Tratamos de hacer feliz a la gente con nuestro trabajo, intentando hacer las cosas bien y con cariño".

Criado entre fogones, la vocación de Koldo Rodero se dejó notar desde bien pronto, cuando soñaba con que el sabor fuera la piedra angular de su propuesta. Hoy, este chef nos da una magnífica visión de la cocina navarra actual, más creativa, inteligente, técnica... y demuestra tener un don para mostrárnosla tremendamente sugerente. Junto a sus hermanas, ambas pendientes de todo en las salas, ha sabido trasformar el negocio familiar, a escasos pasos de la turística Plaza de Toros, para que se adapte a los tiempos, siempre reivindicando las virtudes y el sabor del espectacular producto navarro.

& AC ✿ – Menú 75/95€ – Carta 65/78€

Plano: B1-2 – *Arrieta 3* ⊠ *31002* – 𝒞 *948 22 80 35* – *www.restauranterodero.com* – *Cerrado cena: lunes-martes, domingo*

🏵 LA BIBLIOTECA

CREATIVA · MINIMALISTA XX Se halla en el hotel Alma Pamplona y es uno de esos restaurantes que sorprenden para bien; de hecho, cuando reservas, guardan una plaza para tu coche cerca de la recepción y... ¡te esperan para acompañarte!

El joven chef Leandro Gil, formado en grandes casas como Akelaře, Arzak o El Molino de Urdániz, apuesta por una cocina de temporada tremendamente elegante y personal, pues elimina lo superfluo para cargar las tintas en utilizar, todo lo posible, tanto los vegetales de su huerto-jardín como las hierbas silvestres que

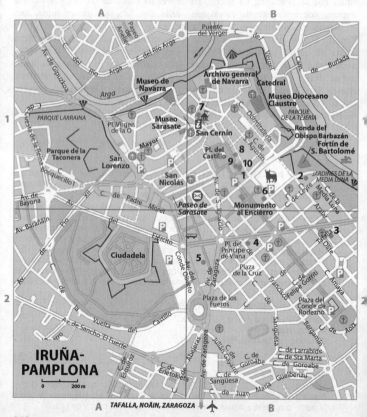

IRUÑA-PAMPLONA

0   200 m

A   TAFALLA, NOÁIN, ZARAGOZA

recolecta allí mismo o en los alrededores, siempre con técnicas actuales, pocos productos bien combinados y unas elaboraciones aparentemente sencillas que nos hablan de su sinceridad a la hora de crear. ¡Cocina vanguardista de carácter sostenible, divertida y con emoción!

🦽 ⌖ 🅰🅲 🅵 🅿 – Menú 150 €

Fuera de plano – *Hotel Alma, Beloso Bajo 11* ✉ *31016* – ☎ *948 29 33 80* – *www.almahotels.com* – *Cerrado lunes, martes, cena: miércoles-domingo*

😊 EL MERCÁO

TRADICIONAL · BISTRÓ ✗ Un negocio más de la familia Idoate, que ha dado una vuelta de tuerca a la hostelería pamplonica al instalar esta divertida propuesta en la esquina de un céntrico mercado. El local, que disfruta de un acceso independiente y sorprende por su vanguardismo estético, presenta dos ambientes bien diferenciados: la moderna barra, donde ofrecen pinchos muy elaborados que intentan evolucionar la tradición vasca, y un comedor de mesas bajas destinado a degustar, ya sentado, una cocina tradicional con toques asiáticos. La luz que entra de la calle... ¡está tamizada por innumerables botellas de vino!

🅰🅲 🅵 – Menú 26 € (almuerzo), 28/50 € – Carta 35/50 €

Plano: B2-3 – *Tafalla 5-7* ✉ *31004* – ☎ *948 29 25 88* – *www.elmercao.com* – *Cerrado cena: domingo*

ALHAMBRA

TRADICIONAL · AMBIENTE CLÁSICO ✗✗✗ Todo un clásico de la hostelería local, puesto al día y con el sello de calidad que aportan los hermanos Idoate. Cocina tradicional elaborada y una variada oferta de menús.

⌖ 🅰🅲 ⌖ – Menú 61/75 € – Carta 50/70 €

Plano: B2-4 – *Francisco Bergamín 7* ✉ *31003* – ☎ *948 24 50 07* – *www.restaurantealhambra.es* – *Cerrado cena: martes-miércoles, domingo*

ENEKORRI

MODERNA · DE DISEÑO ✗✗✗ Una casa definida por dos conceptos: la fidelidad a los productos de temporada y su pasión por los vinos, lo que hace que su estupenda bodega esté en constante evolución.

🐝 ⌖ 🅰🅲 ⌖ – Carta 45/70 €

Plano: B2-5 – *Tudela 14* ✉ *31002* – ☎ *948 23 07 98* – *www.enekorri.com* – *Cerrado lunes, domingo*

ÁBACO

COCINA DE MERCADO · MARCO CONTEMPORÁNEO ✗✗ ¡A escasos metros de la Plaza de Toros! Sus atractivas propuestas equilibran una combinación de producto, técnica y sabor. Cocina actual en formato de tapas y medias raciones.

🅰🅲 ⌖ – Menú 55 € – Carta 39/66 €

Plano: B1-6 – *Juan de Labrit 19* ✉ *31001* – ☎ *948 85 58 25* – *www.abacorestaurante.com* – *Cerrado lunes, cena: martes-jueves, cena: domingo*

BODEGÓN SARRÍA

TRADICIONAL · BAR DE TAPAS ✗ Se presenta con unos sugerentes jamones colgados de las vigas y curiosos vinilos en las paredes, estos últimos con los "encierros" como motivo principal. Pinchos tradicionales, fríos y calientes, buenas raciones y embutidos ibéricos.

🅰🅲 – Tapa 3 € – Ración 12 € – Menú 15/25 €

Plano: B1-8 – *Estafeta 50-52* ✉ *31001* – ☎ *948 22 77 13* – *www.bodegonsarria.com*

GAUCHO

TRADICIONAL · BAR DE TAPAS ✗ Una visita obligada si desea conocer el nivel de tapas de Pamplona, pues se encuentra en pleno centro y es un grandísimo clásico de su tapeo. Pintxos tradicionales y de autor.

🍴 🅰🅲 – Tapa 3 € – Ración 12 €

Plano: B1-9 – *Espoz y Mina 7* ✉ *31001* – ☎ *948 22 50 73* – *www.cafebargaucho.com*

GURÍA

MODERNA · **BAR DE TAPAS** ✗ Abre sus puertas junto a la animada Plaza del Castillo y es un clásico, eso sí... ¡totalmente actualizado! Pinchos cuidados y bien elaborados, con una base de cocina actual.

Tapa 3 € – Ración 14 €

Plano: B1-10 – *Travesía Espoz y Mina* ✉ *31001* – ✆ *636 35 06 99*

HAMABI ⓝ

MODERNA · **INDUSTRIAL** ✗ ¡Dentro del Mercado de Santo Domingo! Los chefs al frente proponen, en base a menús degustación, una cocina actual basada en la tradición, con muchísima profundidad y sabor.

🅰 🆎 🔲 – Menú 33/63 €

Plano: B1-7 – *Mercado (en el interior del Mercado de Santo Domingo)* ✉ *31001* – ✆ *621 23 27 55* – *www.hamabi.es* – *Cerrado lunes, martes, cena: miércoles-jueves, cena: domingo*

JAÉN

Jaén – Mapa regional **1**–C2 – Mapa de carreteras Michelin n° 578-S18

✿ DAMA JUANA

Chef: Juan Aceituno

MODERNA · **MARCO CONTEMPORÁNEO** ✗✗ Hay costumbres u oficios que se aprenden en casa, con la familia, y esta es sin duda la bonita vinculación del chef Juan Aceituno con su abuela Juana (La Chucha), la mujer que le transmitió su pasión por la gastronomía, quién le tuteló en sus primeros pasos como cocinero y aquella de la que aprendió a valorar tanto los sabores de antaño como los recuerdos, el amor al entorno y esa exaltación del aceite de oliva virgen extra que siempre está presente en sus platos. Podemos decir que... ¡de casta le viene al galgo!

En su comedor, de estética contemporánea, le propondrán una cocina tradicional actualizada que intenta hablar del paisaje jiennense y de la finca La Parrilla, por eso los menús degustación (Sierra Sur, Otiñar y Umbría) están vinculados de una u otra manera a ella.

🅰 🆎 – Menú 65/100 €

Melchor Cobo Medina 7 ✉ *23001* – ✆ *953 00 64 54* – *www.damajuanajaen.com* – *Cerrado lunes, cena: domingo*

✿ BAGÁ

Chef: Pedro Sánchez Jaén

MODERNA · **BISTRÓ** ✗ Tras el lema "Sentir Jaén", muy visible sobre la diminuta cocina, se construye diariamente el sueño de Bagá, una joya culinaria que se ha convertido en un punto de peregrinación obligado para los gastrónomos más avezados.

El reducido local, con cuyo nombre se hace un guiño a la flor del olivo, muestra sugerentes detalles de diseño y refleja la pasión de Pedro Sánchez por los productos autóctonos de temporada, exaltados en un único menú degustación que nos habla, a las claras, del enorme talento creativo del chef, siempre comprometido con la promoción de las materias primas de su tierra. ¿Platos emblemáticos? Los Buñuelos de carrueco (calabaza) y las exquisitas Quisquillas de Motril en escabeche de perdiz, un mar y montaña que guardará para siempre en su memoria. ¡Es conveniente reservar!

🆎 – Menú 85 €

Reja de la Capilla 3 ✉ *23001* – ✆ *953 04 74 50* – *www.bagagastronomico.com* – *Cerrado lunes, cena: domingo*

CASA ANTONIO

MODERNA · **MARCO CONTEMPORÁNEO** ✗✗ Se presenta con una terraza, un bar de tapeo y varias salas de aire contemporáneo. La carta contempla platos actualizados que toman como base la cocina tradicional y regional.

📶 ♿ 🅰🅲 ♻ – Menú 47/65€ – Carta 40/55€

Fermín Palma 3 ✉ 23008 – ℰ 953 27 02 62 – www.casantonio.es – Cerrado lunes,
cena: domingo

MANGASVERDES

MODERNA · **BAR DE TAPAS** 🅇 Una taberna gastronómica singular y próxima a
la Catedral. Su carta, con propuestas actuales y de fusión, se completa con un
menú degustación. ¡Gran oferta de vinos por copas!

📶 🅰🅲 – Tapa 5€ – Ración 15€ – Menú 34€

Bernabé Soriano 28 ✉ 23001 – ℰ 953 08 94 95 – www.mangasverdesjaen.com –
Cerrado lunes, cena: domingo

YUMA'S

TRADICIONAL · **AMBIENTE CLÁSICO** 🅇 Un negocio familiar no exento de
carácter, pues data de 1979. Su propuesta, de gusto tradicional con sugerencias
diarias, es idónea para conocer los platos típicos de Jaén.

🅰🅲 – Menú 32€ – Carta 30/50€

Avenida de Andalucía 74 ✉ 23006 – ℰ 953 22 82 73 – Cerrado cena: lunes-sábado,
domingo

JARAÍZ DE LA VERA

Cáceres – Mapa regional **12**-C1 – Mapa de carreteras Michelin n° 576-L12

🏵 LA FINCA - VILLA XARAHIZ

REGIONAL · **AMBIENTE TRADICIONAL** 🅇🅇 Una casa de organización familiar en
la que también existe la posibilidad de alojarse, por si quiere recorrer la bella
comarca de La Vera. Está llevada entre dos hermanos, Pilar y Víctor, que han
tomado las riendas del negocio con entusiasmo y dedicación. Ofrecen un buen
menú del día y otro de temporada, cambiando este último tres veces al año. En
su carta no faltan las carnes de ibérico, la lechona, el cabrito verato... y las famosas Migas de la abuela Fidela, conocidas en toda la comarca. ¿Curiosidades? Víctor es un apasionado del ron, por lo que tiene... ¡más de 100 variedades diferentes!

≼ 📶 ♿ 🅰🅲 🅿 🚗 – Menú 15€ (almuerzo) – Carta 33/45€

Carretera EX 203 (Norte 0,5 km, Hotel Villa Xarahiz) ✉ 10400 – ℰ 927 66 51 50 –
www.villaxarahiz.com – Cerrado lunes, cena: domingo

JARANDILLA DE LA VERA

Cáceres – Mapa regional **12**-C1 – Mapa de carreteras Michelin n° 576-L12

AL NORTE 🆕

ACTUAL · **TENDENCIA** 🅇 Modesto, colorista y con la cocina abierta a la sala. La
chef, que pasó por grandes casas, defiende una carta de base tradicional donde
encontrará platos actuales y de fusión.

📶 🅰🅲 – Carta 25/35€

Avenida Soledad Vega Ortiz 125 ✉ 10450 – ℰ 666 32 06 32 – Cerrado lunes,
martes, miércoles, almuerzo: jueves, cena: domingo

JÁVEA - Alicante → Ver Xàbia

JEREZ DE LA FRONTERA

Cádiz – Mapa regional **1**-A2 – Mapa de carreteras Michelin n° 578-V11

❀ LÚ COCINA Y ALMA

Chef: Juanlu Fernández

MODERNA · **MARCO CONTEMPORÁNEO** 🅇🅇🅇 El chef Juanlu Fernández, un
apasionado de la cocina a fuego lento, define su propuesta como una "vanguardia de retaguardia"; tras esta expresión se encierra un universo personal y un
poco loco, construido en torno a la culinaria clásica francesa pero dando siempre
protagonismo al mejor producto andaluz.

En su atractivo restaurante, diseñado por el arquitecto mexicano Jean Porsche y donde se busca globalizar la experiencia para que el comensal participe de los procesos de elaboración (la cocina está en el centro de la sala), encontrará varios menús que varían según el número de platos, todos con el común denominador de unos fondos maravillosos y la opción de maridaje. ¿Un consejo? Armonice la degustación, pues los vinos y vinagres de Jerez... ¡permiten acariciar el cielo con el paladar!

AC – Menú 95/155€

Zaragoza 2 ✉ 11402 - ☏ 695 40 84 81 -
www.lucocinayalma.com -
Cerrado lunes, cena: domingo

☸ MANTÚA

Chef: Israel Ramos

MODERNA · MARCO CONTEMPORÁNEO XX Tiene un nombre que juega con la historia vitivinícola local, posee una estética minimalista y destaca por su personalidad, pues aquí la prioridad es ofrecer a los clientes sensaciones únicas y diferentes.

El chef Israel Ramos defiende una gastronomía actual que nos hable de Andalucía y sobre todo de su Jerez, respetando los sabores con imaginación, finísimas texturas y delicadas presentaciones. No hay carta, pues prefiere expresarse a través de dos menús degustación (Arcilla y Caliza) en los que versiona, desde la modernidad, la esencia culinaria de su tierra. ¿Un plato que deja huella? El Buñuelo de ortiguillas con alioli de Manzanilla, que fusiona en la boca la mar, el vino y el alma de Cádiz. No lo dude y pida el maridaje, pues... ¡la brillante sumiller demuestra pasión por su trabajo!

⅋ ♿ AC – Menú 85/105€

Plaza Aladro 7 ✉ 11402 - ☏ 856 65 27 39 -
www.restaurantemantua.com -
Cerrado lunes, almuerzo: domingo

⊛ AVANICO Ⓝ

TRADICIONAL · SENCILLA X El chef Fran Oliva siempre quiso crear un espacio donde la gente, simple y llanamente, pudiera quedar con los amigos y divertirse. En su local, con un marcado carácter de gastrobar pero también un coqueto comedor, encontrará una amplia carta de cocina tradicional actualizada, con posibilidad de tapas, medias raciones y platos para compartir en base a productos de mercado (destacan los pescados y mariscos frescos, la oferta de arroces y las opciones con atún rojo salvaje de almadraba). ¿Le gusta hacer maridajes? También tienen vinos por copas del Marco de Jerez a unos precios muy razonables.

🌤 AC – Carta 25/38€

Paseo de la Rosaleda 4 ✉ 11405 - ☏ 856 06 05 19 -
Cerrado cena: lunes, martes

LA CARBONÁ

ACTUAL · RÚSTICA XX Instalado en una antigua bodega, de techos altos y gran amplitud. Aquí proponen una cocina actual, de bases tradicionales, donde los vinos de Jerez toman enorme protagonismo.

⅋ ♿ AC ⇳ – Menú 52/85€ – Carta 40/50€

San Francisco de Paula 2 ✉ 11401 - ☏ 956 34 74 75 -
www.lacarbona.com -
Cerrado martes

ALBALÁ

MODERNA · BAR DE TAPAS X ¡Próximo a la Real Escuela Andaluza del Arte Ecuestre! Resulta acogedor, ofreciendo una carta de tapas y raciones bastante interesante. ¡Pruebe las Croquetas de rabo de toro!

🌤 ♿ AC – Tapa 4€ – Ración 12€ – Carta 20/45€

Divina Pastora ✉ 11403 - ☏ 956 34 64 88 -
www.restaurantealbala.com -
Cerrado lunes, cena: domingo

A MAR

TRADICIONAL · TENDENCIA X ¡Ven el mar como una gran despensa! Su amplia carta tradicional se centra en los pescados y mariscos, pero también tiene arroces, carnes, ensaladas... Opción de medias raciones.

🍽 🗃 🕭 🎴 – Carta 35/50€

Latorre 8 ✉ 11403 – 𝒞 956 32 29 15 – www.a-marrestaurante.com – Cerrado lunes, cena: domingo

JIMÉNEZ DE JAMUZ

León – Mapa regional **8**-A1 – Mapa de carreteras Michelin nº 575-F12

EL CAPRICHO

CARNES A LA PARRILLA · RÚSTICA XX ¡Un paraíso para los amantes de la auténtica carne de buey! Atesora ganadería propia y está instalado en una antigua cueva-bodega. Cocina tradicional y carnes a la parrilla.

🕭 🗃 ⇆ 🅿 – Menú 180€ – Carta 70/90€

Carrobierzo 28 ✉ 24767 – 𝒞 987 66 42 27 – www.bodegaelcapricho.com

KEXAA

Álava – Mapa regional **18**-A2 – Mapa de carreteras Michelin nº 573-C20

ARCOS DE QUEJANA

TRADICIONAL · RÚSTICA XX ¡Se accede por el bar del hotel, en la 1ª planta! Ofrece una moderna bodega visitable, varias salas panelables y un salón para banquetes abuhardillado en el último piso, este con el acceso por un ascensor panorámico. Buena cocina tradicional contemporánea.

⇆ 🕭 🎴 🖭 🅿 – Menú 25€ – Carta 35/50€

Carretera Beotegi ✉ 01477 – 𝒞 945 39 93 20 – www.arcosdequejana.com – Cerrado lunes, martes, cena: miércoles-domingo

LALÍN

Pontevedra – Mapa regional **13**-B2 – Mapa de carreteras Michelin nº 571-E5

CABANAS

TRADICIONAL · ACOGEDORA XX Un gran ambiente familiar, entrega, pasión... y una cocina tradicional actualizada que se enriquece con platos de temporada y de caza. ¡Pruebe el famoso Cocido gallego de Lalín!

🕭 🎴 ⇆ – Carta 30/50€

Pintor Laxeiro 3 ✉ 36500 – 𝒞 986 78 23 17 – Cerrado lunes, cena: domingo

ASTURIANO

PESCADOS Y MARISCOS · FAMILIAR X Un negocio familiar que destaca por la bondad de sus pescados y mariscos, comprados en la lonja y cocinados de manera tradicional. ¡Pruebe la Caldeirada de pescado a la sidra!

🎴 – Carta 40/60€

Rosalía de Castro 24 ✉ 36500 – 𝒞 986 78 12 63 – Cerrado lunes, cena: domingo

LA MOLINERA

TRADICIONAL · FAMILIAR X En esta casa familiar proponen, con amabilidad y simpatía, una carta tradicional muy correcta que no se olvida de alguna especialidad internacional. ¡Nutrida y selecta bodega!

🕭 🕭 🎴 ⇆ – Menú 21€ (almuerzo), 35/48€ – Carta 30/45€

Rosalía de Castro 15 ✉ 36500 – 𝒞 986 78 20 55 – www.restaurantelamolinera.com – Cerrado cena: lunes-martes, miércoles, cena: jueves

ESPAÑA

LANGARIKA
Álava – Mapa regional **18**–B2 – Mapa de carreteras Michelin nº 573-D22

LAUA
CREATIVA · **MARCO REGIONAL** XX En esta casa, de medida rusticidad, los hermanos Ramírez le propondrán dos esmerados menús degustación sorpresa, uno corto y otro largo, ambos de marcado carácter creativo.

  🅫 ↔ – Menú 60/80 €

Langarika 4 ⊠ 01206 – ☎ 945 30 17 05 – www.lauajantokia.com – Cerrado lunes, martes, cena: miércoles-domingo

LANZAROTE – Las Palmas → Ver Canarias

LARRABETZU
Vizcaya – Mapa regional **18**–A3 – Mapa de carreteras Michelin nº 573-C21

✿✿✿ AZURMENDI
Chef: Eneko Atxa Azurmendi

CREATIVA · **DE DISEÑO** XxxX Azurmendi, buque insignia de la gastronomía vizcaína y uno de los máximos referentes en el ámbito de la sostenibilidad, es todo un ejemplo de adaptación al entorno, pues ha adecuado su arquitectura, los productos y las nuevas tecnologías a ese ejercicio de responsabilidad que solo busca cocinar un futuro mejor.

El chef Eneko Atxa, que materializa su defensa de la naturaleza autóctona y los valores de la cultura vasca mimando un retoño del Árbol de Gernika que crece a la entrada del restaurante, plantea una experiencia culinaria creativa que vela por la recuperación de las especies endémicas. ¿Curiosidades? El menú Adarrak conlleva un didáctico recorrido (picnic, mesa de la cocina, invernadero...) y culmina con un detalle, pues al terminar... ¡te regalan una pastilla de jabón reciclado!

🐝 *El compromiso del Chef: "Creemos en un mundo donde nuestra responsabilidad es la de trabajar como guardianes de lo recibido, de esa naturaleza que nos envuelve y que hemos de proteger. Utilizamos nuestro conocimiento en pro del bienestar social, adaptándonos a las necesidades de las personas."*

  🐝 ≤ & 🅫 🅿 – Menú 250 €

Legina Auzoa (junto a la autovía N 637, Oeste 2,8 km) ⊠ 48195 – ☎ 944 55 83 59 – www.azurmendi.biz – Cerrado lunes, cena: martes-jueves, domingo

✿ ENEKO
Chef: Iker Barrenetxea

CREATIVA · **ACOGEDORA** XX ¡Todo un homenaje del chef Eneko Atxa a los orígenes! Sorprende por su ubicación sobre la bodega de txacoli Gorka Izagirre, en las mismas instalaciones donde hace años vio la luz el restaurante Azurmendi (tres Estrellas MICHELIN), hoy a pocos metros.

En la sala, que suele romper los esquemas del comensal al presentarse con dos cocinas a la vista, apuestan por unos platos de autor fieles a la tradición vasca pero que reproduzcan la filosofía del chef: "Las manos del artesano esculpen emociones". Encontrará un único menú degustación de gusto actual llamado Sutan (en euskera significa "a fuego"), impecable en la técnica y rebosante de sabor. ¿Busca una experiencia más completa? Aquí, previa reserva, también se puede visitar la bodega y hacer unas catas antes de comer. ¡Un auténtico planazo!

🐝 *El compromiso del Chef: "Cuando la mayor inspiración procede de la naturaleza, nada puede dotar a un proyecto de un ingrediente tan imprescindible como el respeto hacia lo que nos rodea, a nuestro propio entorno."*

  ≤ & 🅫 ↔ 🅿 – Menú 77 €

Legina Auzoa (junto a la autovía N 637, Oeste 2,8 km) ⊠ 48195 – ☎ 944 55 88 66 – www.eneko.restaurant – Cerrado lunes, martes, miércoles, cena: jueves, cena: domingo

LASARTE - ORIA
Guipúzcoa – Mapa regional **18**–B2 – Mapa de carreteras Michelin nº 573-C23

✿✿✿ MARTÍN BERASATEGUI

CREATIVA · ELEGANTE XxxX Tras su firma manuscrita, un velado homenaje a su padre, se yergue un cocinero humilde y jovial que bien podría escribir su nombre con letras de oro; no en vano Martín Berasategui, maestro y mentor de grandes chefs con Estrellas MICHELIN, se considera solo un "transportista de felicidad" que le debe el éxito al "garrote" (pasión y esfuerzo) que siempre pone en su trabajo, al constante apoyo de su mujer (Oneka Arregui) y, como él mismo comenta, a... ¡sus increíbles equipazos!

Aquí descubrirá un concepto hedonista de la gastronomía, pues ofrecen productos escogidos, panes artesanales, fantásticas mantequillas... y una propuesta que combina los platos emblemáticos de la casa (como su Milhojas caramelizado de anguila ahumada, foie gras, cebolleta y manzana verde) con otros de nueva creación.

🏵🍽 ⟨ 🏠 🅰 ⟨⟩ 🅿 – Menú 290 € – Carta 191/220 €

Loidi 4 ✉ 20160 – ℰ 943 36 64 71 – www.martinberasategui.com – Cerrado lunes, martes, cena: domingo

TXITXARDIN

TRADICIONAL · MARCO CONTEMPORÁNEO XX Se encuentra en un bello parque y forma parte de un proyecto mayor, pues solo es uno de los restaurantes del chef en la llamada Casa Humada. ¡Cocina tradicional y de producto!

🅰 ⟨⟩ – Menú 22 € (almuerzo), 45/85 € – Carta 40/75 €

Oria Etorbidea 12 ✉ 20160 – ℰ 943 04 62 97 – www.casahumada.com

LASTRES

Asturias – Mapa regional **3**–C1 – Mapa de carreteras Michelin nº 572-B14

EUTIMIO

PESCADOS Y MARISCOS · FAMILIAR XX Casa de aire regional con cierto prestigio en la zona. En su mesa encontrará una cocina tradicional especializada en pescados, pero también una selecta carta de vinos a buen precio ¡Pregunte por sus mariscos y por los pescados del día!

⟨ – Menú 30 € – Carta 45/60 €

San Antonio (Hotel Eutimio) ✉ 33330 – ℰ 985 85 00 12 – www.casaeutimio.com – Cerrado lunes, cena: domingo

LEGASA

Navarra – Mapa regional **17**–A1 – Mapa de carreteras Michelin nº 573-C25

🏵 AROTXA

TRADICIONAL · FAMILIAR XX Una vez más estamos ante un negocio de marcado carácter familiar, pues los hermanos Lacar se reparten las tareas entre la sala y los fogones. En sus comedores, de cuidado montaje contemporáneo pero con detalles rústicos que aportan personalidad, el chef Luismi Lacar propone una cocina tradicional, con toques actuales, que siempre se muestra comprometida con los productos Km 0. Sin duda, uno de los grandes protagonistas de su carta es el Chuletón de vaca a la parrilla, elaborado sobre brasas de encina, en varillas inclinadas y con la contrastada calidad que siempre atesoran sus carnes.

🅰 🅰 ⟨⟩ 🅿 – Menú 35/70 € – Carta 35/45 €

Santa Catalina 34 ✉ 31792 – ℰ 948 45 61 00 – www.arotxa.com – Cerrado cena: lunes, martes, cena: miércoles-viernes, cena: domingo

LEKUNBERRI

Navarra – Mapa regional **17**–A2 – Mapa de carreteras Michelin nº 573-C24

EPELETA

CARNES A LA PARRILLA · RÚSTICA 🟉🟉 Uno de esos sitios que gusta recomendar, pues resulta muy acogedor y emana honestidad. Ocupa un atractivo caserío dotado con un bar y un comedor, ambos de cuidado ambiente rústico. Buenas carnes y pescados a la brasa.

🗚 ⇔ 🅿 – Menú 55 € – Carta 55/70 €

Aralar ⊠ 31870 – 𝒞 948 50 43 57 – www.asadorepeleta.com – Cerrado lunes, cena: martes-domingo

LEÓN

León – Mapa regional **8**–B1 – Mapa de carreteras Michelin nº 575-E13

🕸 COCINANDOS

Chef: Yolanda León y Juanjo Pérez

MODERNA · MARCO CONTEMPORÁNEO 🟉🟉 Con su nombre ya lo dice casi todo, pues Yolanda León y Juanjo Pérez se conocieron en unas cocinas y decidieron entrelazar sus destinos para así convertir sus sueños en realidad.

La histórica Casa del Peregrino (1750), ubicada junto al monumental Parador-Hostal de San Marcos, sorprende con un interior de estética moderna que busca en la transparencia una seña de identidad. Aquí la propuesta, de tinte creativo, se basa en dos menús degustación que toman como base los mejores productos de la zona, evolucionando semanalmente según la temporalidad de las materias primas y acompañándose con los mejores vinos de esta tierra. ¿Busca vivir aún más la experiencia? Pues tome el café en el jardín, asomado por un lado a la antigua iglesia de San Marcos y por el otro al moderno auditorio de la ciudad.

🕭 🗚 🔁 ⇔ – Menú 63/90 €

Plaza de San Marcos 5 ⊠ 24001 – 𝒞 987 07 13 78 – www.cocinandos.com – Cerrado lunes, domingo

🕸 PABLO

Chef: Juan José Losada

MODERNA · MINIMALISTA 🟉🟉 Una casa familiar que vive la gastronomía con pasión y ha sabido evolucionar sin perder los valores tradicionales.

El restaurante, a solo unos metros de la Pulchra Leonina, sorprende por su juego de contrastes, pues presenta una fachada de mampostería acorde a la antigüedad del entorno y un interior de... ¡sorprendentes líneas minimalistas! El chef Juanjo Losada plantea junto a su mujer, Yolanda Rojo (la hija del fundador), lo que podríamos definir como cocina leonesa de vanguardia, pues sus cuidadas creaciones se construyen siempre desde la exaltación del mejor producto leonés, natural y de temporada. Encontrará dos menús degustación, con opción de maridaje, que van evolucionando a lo largo del año e intentan hacer patria para dar visibilidad a los pequeños productores de la región.

🕭 🗚 – Menú 65/85 €

Avenida Los Cubos 8 ⊠ 24007 – 𝒞 987 21 65 62 – www.restaurantepablo.es – Cerrado lunes, martes, cena: domingo

🕸 BECOOK

FUSIÓN · SIMPÁTICA 🟉 Desde hace tiempo los gastrónomos se hacen eco de nuevos aires en León y, sin duda, creemos que no les falta razón. Tras su paso por grandes casas, como la estrellada Nerua de Bilbao, el chef David García decidió volver a su tierra para dar rienda suelta a su creatividad y crear un negocio con personalidad. El local, de ambiente informal y divertido, presenta un interior tipo bistró actual, con la cocina vista y una carta de gusto internacional en la que confluyen las técnicas actuales, los toques orientales y los matices más urbanos. ¿Recomendaciones? Las Vieiras Thai y el Sashimi de atún.

🗚 – Menú 35 € – Carta 25/37 €

Cantareros 2 ⊠ 24002 – 𝒞 987 01 68 08 – www.restaurantebecook.es – Cerrado lunes, martes

KAMÍN ⓞ

MODERNA · TENDENCIA XX Se halla en el animado barrio Húmedo, sorprende con la cocina integrada en el comedor y centra su propuesta en dos menús degustación. ¡Los propios cocineros sirven los platos!

& ⃞ℳ – Menú 55/70€ – Carta 30/40€

Regidores 4 ⊠ 24003 – ℰ 987 09 62 38 – www.restaurantekamin.com –
Cerrado lunes, martes

LAV

MODERNA · TENDENCIA XX En LAV, acrónimo de "Laboratorio Alfonso V", proponen una pequeña carta de cocina moderna-actual y un interesante menú degustación, este con opción de maridaje a buen precio.

⃞ℳ ⇄ – Menú 55€ – Carta 40/50€

Avenida Padre Isla 1 (Hotel Alfonso V) ⊠ 24002 – ℰ 987 79 81 90 –
www.restaurantelav.com – Cerrado martes, miércoles

LÉRIDA – Lleida → Ver Lleida

LERMA

Burgos – Mapa regional 8–C2 – Mapa de carreteras Michelin n° 575-F18

🏵 CASA BRIGANTE

REGIONAL · MARCO REGIONAL X Un restaurante con trasfondo histórico, pues ocupa una de las casas del s. XIX que miran al Palacio Ducal recordando, con su nombre, a los guerrilleros de Lerma (El escuadrón del Brigante) que lucharon en la guerra de la Independencia. Se accede por un soportal y está distribuido en dos plantas, con el comedor principal al nivel de la calle, presidido por un gran horno de leña y una parrilla. Encontrará una carta algo escueta pero fiel al recetario tradicional castellano, con buenas carnes rojas, morcilla local, mollejas un día a la semana... y, por supuesto, el emblemático Lechazo asado.

⇄ – Carta 28/40€

Plaza Mayor 5 ⊠ 09340 – ℰ 947 17 05 94 – www.casabrigante.com –
Cerrado cena: lunes-domingo

LINARES

Jaén – Mapa regional 1–C2 – Mapa de carreteras Michelin n° 578-R19

🏵 LOS SENTIDOS

MODERNA · MARCO CONTEMPORÁNEO XX Instalado en una céntrica casona rehabilitada, con la recia fachada en piedra, que busca un poco la sorpresa del comensal, pues en su interior nos presenta varias salas de estética actual. Juan Pablo Gámez, el chef-propietario, defiende una cocina contemporánea que recupere los recuerdos y los sabores de Jaén, revisando para ello el recetario regional desde las técnicas de hoy en día. La carta, en la que no faltan las sugerencias, se completa con dos menús degustación: "GastrÓleO", que exalta las bondades del AOVE, y "Un guiño a la TIERRA" (este último suele ser solo bajo reserva previa).

& ⃞ℳ ⇄ – Menú 42/49€ – Carta 33/45€

Doctor 13 ⊠ 23700 – ℰ 953 65 10 72 – www.restaurantelossentidos.com –
Cerrado lunes, cena: domingo

CANELA EN RAMA

ACTUAL · MARCO CONTEMPORÁNEO XX Una casa de tinte gastronómico en pleno centro de la ciudad. El chef apuesta por un único menú degustación de cocina actual y base local, exaltando los productos de la sierra.

& ⃞ℳ ⇄ – Menú 50/60€

Espronceda 22 ⊠ 23700 – ℰ 953 60 25 32 – www.canelaenramalinares.es –
Cerrado lunes, martes, cena: miércoles-domingo

TABERNA CANELA EN RAMA

REGIONAL · BAR DE TAPAS ⚡ Coqueta taberna en la que podrá degustar tapas actuales, con toques de fusión, y grandes clásicos (Bravas de Linares, Salmorejo...). ¡Con cada consumición dejan elegir una tapa!

🏠 🅰 – Tapa 2 € – Ración 9 € – Carta 8/21 €

República Argentina 12 ✉ 23700 – ☎ 953 60 25 32 – www.canelaenramalinares.es

LINARES DE LA SIERRA

Huelva – Mapa regional 1–A2 – Mapa de carreteras Michelin nº 578-S10

ARRIEROS

REGIONAL · RÚSTICA ⚡ Una gran opción si está visitando la sierra de Aracena, su Parque Natural o Linares de la Sierra, un bello pueblo de calles empedradas. El restaurante, llevado por el matrimonio propietario, ocupa una típica casa serrana de paredes encaladas. En su interior encontrará un ambiente rústico sumamente acogedor, con una sugerente chimenea, el techo en madera y un cuidado mobiliario rústico-actual que denota el gusto por los detalles. Su chef propone una cocina regional bien actualizada... eso sí, con el cerdo ibérico de bellota como epicentro de su recetario. ¡Pruebe su exquisita Sopa de tomate!

🏠 ♿ 🅰 – Menú 38/48 € – Carta 32/43 €

*Arrieros 2 ✉ 21207 – ☎ 959 46 37 17 – www.restaurantearrieros.com –
Cerrado cena: lunes-martes, miércoles, cena: jueves-domingo*

LINYOLA

Lleida – Mapa regional 9–B2 – Mapa de carreteras Michelin nº 574-G32

AMOCA

TRADICIONAL · FAMILIAR ⚡ Cuenta un dicho popular que "las apariencias engañan"; sin duda, aquí estamos ante un magnífico ejemplo de ello pero para bien, pues su anodina y modesta fachada da paso a un encantador negocio familiar, de 3ª generación, que inició su andadura en 1961. Presenta un cuidado bar, un largo pasillo con la cocina a la vista y, a continuación, el comedor, de montaje moderno-actual. Ofrecen una carta tradicional amplia y de buen nivel, con sabrosos platos típicos y unos productos del mar, de tal calidad, que realmente sorprenden en un pueblo del interior. ¡No se marche sin probar sus caracoles!

🅰 – Menú 16 € (almuerzo) – Carta 28/35 €

*Llibertat 32 ✉ 25240 – ☎ 973 57 51 10 – www.amocarestaurant.cat –
Cerrado lunes, cena: martes-jueves, cena: domingo*

LLADURS

Lleida – Mapa regional 9–B2 – Mapa de carreteras Michelin nº 574-G34

CASA ALBETS

Chef: Cristina Moncunill

VEGANA · SIMPÁTICA ⚡⚡ Se halla en el hotel Casa Albets, una antiquísima masía familiar (hablan del s. XI) aislada de todo y que se ha reconvertido para apostar, decididamente, por el mundo ecológico. El restaurante, que en línea con el resto del edificio presenta un ambiente rústico realmente encantador, con las paredes en piedra y el techo abovedado, sorprende con una cocina completamente vegana para aprovechar al máximo las verduras, los vegetales y todo aquello que no sea de origen animal. ¿Qué encontrará? Presentaciones cuidadas, sabores intensos, texturas logradas... e interesantes cervezas artesanales.

🍃 *El compromiso del Chef:* "Estamos totalmente comprometidos con la sostenibilidad, por eso atesoramos la máxima certificación de eficiencia energética. En la cocina, apostamos por los productos ecológicos y de proximidad, en general de nuestra huerta y con vistas a una propuesta 100% vegana."

🅰 🅿 – Menú 27/36 €

*Casa Albets (Este 5 km) ✉ 25283 – ☎ 973 05 90 24 – www.casaalbets.cat –
Cerrado lunes, martes, miércoles, almuerzo: jueves-viernes*

LLAFRANC

Girona – Mapa regional **10**–B1 – Mapa de carreteras Michelin nº 574-G39

CASAMAR

MODERNA · AMBIENTE CLÁSICO XX En una zona elevada, por lo que tienen buenas vistas sobre la bahía. Cocina moderna, no exenta de personalidad, que procura dar mucha visibilidad a los productos autóctonos.

🕸 ⇐ 🛱 ⅃ 🎴 – Menú 60/86 € – Carta 45/60 €

Nero 3 (Hotel Casamar) ✉ *17211 – 𝒞 972 30 01 04 – www.hotelcasamar.net –*
Cerrado lunes, cena: domingo

EL FAR DE SANT SEBASTIÀ

TRADICIONAL · AMBIENTE MEDITERRÁNEO XX Ubicado junto al faro, en una fonda del s. XVIII que destaca por sus vistas, con más de 80 km. de horizonte marítimo. Los productos del mar toman el protagonismo en sus menús (pescados de lonja, arroces de Pals...). ¡Coquetas habitaciones de ambiente marinero!

⇐ 🛱 🎴 ⇔ 🅿 – Menú 25 € (almuerzo)/36 € – Carta 35/58 €

Muntanya del Far de Sant Sebastià (Este 2 km) ✉ *17211 – 𝒞 972 30 16 39 –*
www.hotelelfar.com – Cerrado martes

LLAGOSTERA

Girona – Mapa regional **10**–A1 – Mapa de carreteras Michelin nº 574-G38

🕸 ELS TINARS

Chef: Marc Gascons

TRADICIONAL · ACOGEDORA XXX Este restaurante, que ha tenido un papel relevante en la historia turística de la Costa Brava, ocupa una antigua pero bien restaurada masía; en ella, se presenta con una frondosa terraza-jardín para la época estival, un espacio de investigación donde crean nuevos platos y un luminoso interior de ambiente mediterráneo, este dominado por los tonos blancos y con la viguería de madera a la vista.

El chef Marc Gascons, que tomó junto a su hermana Elena (jefa de sala) el testigo de todo lo que aquí acontece, propone una completa carta de cocina tradicional catalana, siempre actualizada en base a los mejores productos de proximidad, escogidos entre los pequeños productores cercanos o en la maravillosa lonja de Palamós. ¡Interesantes menús, con opción de maridaje en el de degustación!

🕸 🛱 ⅃ 🎴 ⇔ 🅿 – Menú 52/85 € – Carta 60/90 €

Carretera de Sant Feliu de Guíxols (Este 5 km) ✉ *17240 – 𝒞 972 83 06 26 –*
www.elstinars.com – Cerrado lunes, cena: domingo

CA LA MARÍA

TRADICIONAL · RÚSTICA X Atractiva masía del s. XVII dotada con tres salas, una en la antigua cocina. Su propuesta, tradicional actualizada y de proximidad, trabaja mucho con productos ecológicos.

🛱 ⇔ 🅿 – Menú 55 € – Carta 35/55 €

Carretera Llagostera-Santa Cristina (km 9, Este 4,5 km) ✉ *17240 –*
𝒞 972 83 13 34 – www.restaurantcalamaria.cat –
Cerrado lunes, martes, miércoles, cena: jueves, cena: domingo

LLANÇÀ

Girona – Mapa regional **9**–D3 – Mapa de carreteras Michelin n° 574-E39

❀❀ MIRAMAR

Chef: Paco Pérez

CREATIVA · **ELEGANTE** ✗✗✗ ¡Un sueño hecho realidad! Estamos en el epicentro profesional del chef Paco Pérez, que no ha visto límites para llevar su concepto culinario desde este pequeño pueblo de pescadores al exigente ámbito internacional. En ese recorrido vital encontramos a su mujer, Montse Serra, con quien recuperó la vieja fonda familiar frente a la playa para, tras una gran transformación, convertirla en un enclave gastronómico de referencia, idóneo para descubrir la cocina mediterránea del s. XXI pero donde también puede alojarse.

¿La piedra angular de su propuesta? Una mirada culinaria al paisaje circundante desde el uso de los mejores productos de la zona, ensalzando tanto el recetario marinero como los típicos "mar y montaña" de la cocina catalana, que aquí siempre se visten de vanguardia y creatividad.

🕸 ⬳ ⬥ 🆔 – Menú 168/195 € – Carta 125/150 €

Passeig Marítim 7 ✉ *17490 –* 𝒸 *972 38 01 32 – www.restaurantmiramar.com –*
Cerrado lunes, cena: martes, cena: domingo

EL VAIXELL

TRADICIONAL · **SIMPÁTICA** ✗ Un negocio familiar donde el propietario, omnipresente tras los fogones y en la sala, propone una gran cocina tradicional-marinera, con bastantes arroces, pescados y mariscos.

🆔 – Menú 34 € (almuerzo) – Carta 33/60 €

Castellar 62 (en el puerto, Noreste 1,5 km) ✉ *17490 –* 𝒸 *972 38 02 95 –*
www.elvaixell.com –
Cerrado lunes, cena: martes-jueves, cena: domingo

LLANES

Asturias – Mapa regional **3**–C1 – Mapa de carreteras Michelin n° 572-B15

❀ EL RETIRO

Chef: Ricardo González

MODERNA · **RÚSTICA** ✗✗ Nos hallamos en una pequeña aldea de Llanes, disfrutando de un negocio de tradición familiar que ha evolucionado mucho con los tiempos; no en vano, el antiguo "chingre" que un día fundaron los abuelos del chef, Ricardo González Sotres, sorprende hoy por sus contrastes estéticos al combinar la modernidad, la rusticidad y esa autenticidad derivada de dejar a la vista algunas paredes en roca natural.

En lo gastronómico su propuesta está clara: una cocina actual asturiana no exenta de técnica y creatividad, respetuosa con las materias primas del entorno y ávida de conquistar su paladar. Encontrará sabrosos platos a la carta y un apetecible menú degustación, con opción de algunas elaboraciones extras, denominado San Patricio.

🕸 🆔 ⇄ – Menú 95 € – Carta 60/90 €

Carretera Pancar (Pancar, Suroeste 1,5 km) ✉ *33500 –* 𝒸 *985 40 02 40 –*
www.elretirollanes.es –
Cerrado lunes, martes, cena: miércoles-jueves, cena: domingo

JULIA

TRADICIONAL · **ELEGANTE** ✗✗ Tiene un acceso independiente respecto al hotel Balcón de la Cuesta y sorprende por sus terrazas, idóneas para admirar las montañas de Andrín. Cocina actual y gran bodega.

🕸 ⬳ 🕬 🆔 🅿 – Carta 30/60 €

Hotel Balcón de la Cuesta, Camino de la Cuesta (Andrín, Sureste 5 km) ✉ *33596 –*
𝒸 *985 41 71 55 – www.balcondelacuesta.com –*
Cerrado lunes, cena: domingo

EL BÁLAMU

PESCADOS Y MARISCOS · SIMPÁTICA ⅹ Local de ambiente marinero ubicado en el primer piso de la lonja de Llanes, frente al puerto pesquero. Elaboraciones simples en base a un producto de extraordinaria calidad.

🕭 🕅 🖥 – Carta 32/75€

Paseo del Muelle (Edificio La Lonja) ✉ 33500 – 𝒫 985 41 36 06 –
Cerrado cena: martes, miércoles

LOS LLANOS DE ARIDANE – Santa Cruz de Tenerife → Ver Canarias (La Palma)

LLEIDA • LÉRIDA

Lleida – Mapa regional **9**–A2 – Mapa de carreteras Michelin n° 574-H31

🏵 **AIMIA**

MODERNA · MARCO CONTEMPORÁNEO ⅹ Un restaurante a tener en cuenta, pues nunca es fácil encontrar cocina moderna a precios moderados. El negocio, que toma su nombre (mujer querida) del catalán antiguo que cantaban los trovadores, presenta un interior de estética actual, con la cocina a la vista del cliente desde la sala y una barra adosada a la misma para que usted, si lo desea, pueda comer en ella mientras contempla la elaboración de los platos. Aquí encontrará una cocina actual y de fusión, con bastantes influencias asiáticas. ¿Una recomendación? Pruebe su Carpaccio de pulpo o el Calamar con salsa de fino y ajos negros.

🕭 🕭 🕅 – Menú 30/50€ – Carta 33/45€

Doctor Combelles 67 ✉ 25003 – 𝒫 973 26 16 18 –
www.aimia.cat – Cerrado lunes, cena: martes-miércoles, cena: domingo

CARBALLEIRA

COCINA DE MERCADO · AMBIENTE CLÁSICO ⅹⅹ Elegante, bien llevado en familia y con profusión de madera. El propietario es gallego, detalle que se nota en la gran calidad de sus pescados y mariscos. ¡Interesantes menús!

🕭 🕅 ⟺ 🅿 – Menú 45/100€ – Carta 60/85€

Carretera N II A (km 457,5, Carballeira, Suroeste 3,5 km) ✉ 25194 –
𝒫 973 27 27 28 – www.carballeira.net –
Cerrado lunes, cena: martes, cena: domingo

FERRERUELA

CATALANA · RÚSTICA ⅹⅹ De línea rústica-actual e instalado en un antiguo almacén. Cocina tradicional-catalana especializada en platos de temporada, muchos terminados a la brasa. ¡Conviene reservar!

🕭 🕅 – Carta 39/50€

Bobalà 8 ✉ 25004 – 𝒫 973 22 11 59 –
www.ferreruela.com – Cerrado cena: lunes-jueves, domingo

SHEYTON

CREATIVA · ELEGANTE ⅹⅹ En este elegante local, historia viva de la hostelería ilerdense, hay un joven chef que combina la cocina tradicional con la creativa, añadiendo algún que otro toque asiático.

🕅 ⟺ – Menú 25€ (almuerzo), 45/65€ – Carta 45/65€

Avenida Prat de la Riba 39 ✉ 25008 – 𝒫 973 80 42 38 –
www.sheytonlleida.com – Cerrado lunes, cena: martes-miércoles, cena: domingo

SAROA ⓝ

ESPAÑOLA CONTEMPORÁNEA · SIMPÁTICA ⅹ Ilusión, ganas, juventud... la pareja al frente (Salvador en la parte salada y Aroa en la dulce) defiende, en el centro de Lleida, una cocina contemporánea de base tradicional.

🕅 – Menú 35€ (almuerzo)/50€ – Carta 36/48€

Torres de Sanui 12 ✉ 25006 – 𝒫 973 09 17 01 –
saroarestaurant.com – Cerrado lunes, cena: martes, cena: domingo

LLÍVIA

Girona – Mapa regional **9**–C1 – Mapa de carreteras Michelin nº 574-E35

TRUMFES

MODERNA · **MARCO CONTEMPORÁNEO** X ¡El sueño realizado de dos grandes amigos! Ofrece una cocina tradicional-creativa de bases catalanas, con gran protagonismo para la patata (Trumfes) por dar nombre al local.

✿ – Menú 45/75€ – Carta 45/75€

Raval 28 ⊠ 17527 – ℰ 972 14 60 31 –
www.restaurantrumfes.com – Cerrado cena: lunes, martes, miércoles

LLOFRIU

Girona – Mapa regional **10**–B1 – Mapa de carreteras Michelin nº 574-G39

LA SALA DE L'ISAAC

A LA PARRILLA · **RÚSTICA** X Ocupa una bella casa de piedra de aire rústico-actual, donde apuestan por una cocina tradicional especializada en carnes y pescados a la brasa. ¡La parrilla está a la vista!

& 🎦 🅿 – Menú 18€ (almuerzo), 30/48€ – Carta 30/55€

Barceloneta 44 ⊠ 17124 – ℰ 972 30 16 38 –
www.salagran.com – Cerrado cena: lunes, martes, cena: domingo

LLORET DE MAR

Girona – Mapa regional **10**–A2 – Mapa de carreteras Michelin nº 574-G38

MAS ROMEU

TRADICIONAL · **RÚSTICA** X Algo alejado del centro pero con una agradable terraza arbolada. Este restaurante familiar propone varios menús y una completa carta tradicional, diferenciando entre carnes a la brasa, pescados, mariscos, guisos y especialidades de la casa.

🎠 & 🎦 ✿ 🅿 – Menú 20€ (almuerzo), 35/75€ – Carta 45/85€

Urbanización Mas Romeu (Oeste 1,5 km) ⊠ 17310 – ℰ 972 36 79 63 –
www.masromeu.com – Cerrado cena: martes, miércoles

LLUBÍ – Balears → Ver Balears (Mallorca)

LOGROÑO

La Rioja – Mapa regional **14**–A2 – Mapa de carreteras Michelin nº 573-E22

❀ IKARO

Chef: Carolina Sánchez e Iñaki Murua

CREATIVA · **DE DISEÑO** XX Tras las puertas de Ikaro encontrará trabajo, pasión, creatividad... y una bella historia de sueños conquistados, pues Carolina Sánchez (natural de Cuenca, Ecuador) e Iñaki Murua (Laguardia, España) son dos chefs que decidieron unir sus caminos profesionales y personales tras conocerse en el Basque Culinary Center. La atractiva propuesta del tándem consigue sorprender, desde la técnica y la humildad, fusionando sus respectivos mundos gastronómicos, pues a las excelentes materias primas de La Rioja se le suman las frutas y condimentos ecuatorianos, lo que da como resultado unos platos de increíble sabor.

¿Curiosidades? Carolina Sánchez, muy mediática tras ejercer como jurado del programa MasterChef en su país, ostenta el honor de ser... ¡la única chef de Ecuador con una Estrella MICHELIN!

& 🎦 – Menú 60/75€ – Carta 50/75€

Avenida de Portugal 3 ⊠ 26001 – ℰ 941 57 16 14 –
www.restauranteikaro.com – Cerrado lunes, martes, cena: miércoles, domingo

🏵️ KIRO SUSHI

Chef: Félix Jiménez

JAPONESA · MINIMALISTA ✗ ¡Viva una experiencia convertida en ritual! Kiro significa "Camino de regreso" y simboliza lo que este restaurante supone para Félix Jiménez, el sushiman riojano, que con su impoluto kimono blanco nos muestra todo lo aprendido en Japón. Allí, de la mano del maestro Yoshikawa Takamasa, descubrió la técnica "Edomae" para trabajar el sushi, la magia emanada de la tradición, el místico sentido de las pautas, los secretos del arroz koshihikari... pues para elaborar el nigiri perfecto debes trascender y ser fiel a esa filosofía "Shokunin" que te obliga a proceder como un artesano.

Vaya sin prisas, pues solo con esta predisposición podrá apreciar, desde la barra, la liturgia inherente a cada corte, el sentido de sus movimientos, la maravillosa suntuosidad del producto... y llegar a emocionarse.

&. 🅰 – Menú 110 €

María Teresa Gil de Gárate 24 ⊠ 26002 – ℰ 941 12 31 45 –
www.kirosushi.es – Cerrado lunes, almuerzo: martes-sábado, domingo

🏵️ LA COCINA DE RAMÓN

TRADICIONAL · MARCO CONTEMPORÁNEO ✗✗ Resulta agradable y tiene personalidad, sin duda, pues refleja el largo idilio del chef Ramón Piñeiro con sus fogones. Se halla en una de las principales calles del casco viejo, a escasos metros de la catedral, y tras una gran reforma hoy presenta unas paredes en piedra vista que transmiten mayor calidez. Aquí apuestan fuerte por los productos de mercado y los platos de cuchara, todo dentro de una cocina tradicional actualizada que busca, sin miedo, seguir la senda de una constante evolución. ¿Platos destacados? Los que aprovechan las excepcionales verduras de la huerta riojana.

🅰 – Carta 30/45 €

Portales 30 ⊠ 26001 – ℰ 941 28 98 08 –
www.lacocinaderamon.es – Cerrado lunes, cena: domingo

🏵️ TXEBIKO CACHETERO

TRADICIONAL · AMBIENTE CLÁSICO ✗✗ Se encuentra en la calle más emblemática del tapeo logroñés y es considerado un icono de la hostelería local, pues desde que abrió en 1910 ha servido a personajes como Ernest Hemingway, Anthony Quinn, Jacinto Benavente, Miguel Delibes... En su sala, de elegante montaje clásico, el chef José Luis Vicente "Txebiko" apuesta por una cocina tradicional de mercado que sabe mantener su esencia flirteando con la actualidad, pues para él lo más importante es ser fiel al producto y al sabor. ¿Un símbolo de su cocina? Las Patitas de cordero, un plato fijo en la carta desde hace más de un siglo.

🅰 – Menú 28/50 € – Carta 35/50 €

Laurel 3 ⊠ 26001 – ℰ 941 22 84 63 –
www.txebiko.com – Cerrado lunes, cena: domingo

JUAN CARLOS FERRANDO

ACTUAL · MARCO CONTEMPORÁNEO ✗✗ Una casa actual de atenta organización familiar. Propuesta elaborada que toma como base la cocina riojana, siempre con platos actualizados y los mejores productos de la zona.

&. 🅰 – Menú 65/170 € – Carta 65/120 €

María Teresa Gil de Gárate 7 ⊠ 26002 – ℰ 941 21 47 95 –
www.juancarlosferrando.com – Cerrado lunes, cena: martes-miércoles,
cena: domingo

AJONEGRO 🆕

FUSIÓN · MARCO CONTEMPORÁNEO ✗ Este local cautiva por la pareja al frente (Mariana mexicana y Gonzalo de Logroño), que se conoció trabajando en el emblemático ABaC de Jordi Cruz. ¡Cocina actual y de fusión!

🅰 – Menú 55 € – Carta 45/55 €

Hermanos Moroy 1 ⊠ 26001 – ℰ 941 54 51 41 –
www.restauranteajonegro.com – Cerrado lunes, martes, cena: domingo

TASTAVIN

TRADICIONAL · **BAR DE TAPAS** ※ Céntrico local dotado con un bar de tapas en la planta baja (hay vinos por copas) y un comedor, de montaje más formal, en el piso superior. ¡Opción de platos para compartir!

🅰🅲 – Tapa 4€ – Ración 10€ – Carta 30/45€

San Juan 25 ⊠ 26001 – 𝒞 941 26 21 45 –
www.tastavin.es – Cerrado lunes, almuerzo: martes-miércoles

TONDELUNA

MODERNA · **INDUSTRIAL** ※ Diáfano y sencillo local que sorprende por su diseño, con grandes mesas corridas para compartir. Cocina elaborada de base tradicional, con el sello del chef Francis Paniego.

🍴 🅰🅲 – Menú 30/50€ – Carta 30/45€

Muro de la Mata 9 ⊠ 26001 – 𝒞 941 23 64 25 –
www.tondeluna.com – Cerrado cena: lunes, martes, cena: domingo

UMM NO SOLO TAPAS

TRADICIONAL · **BAR DE TAPAS** ※ Se halla en pleno centro e intenta conquistarnos por los ojos, pues ofrece una enorme variedad de pinchos, raciones y bocadillitos, todo bien presentado y bastante elaborado.

🍴 🅰🅲 – Tapa 3€ – Ración 10€

San Juán 1 ⊠ 26001 – 𝒞 941 04 76 12 –
www.ummfoodanddrink.com

LOJA

Granada – Mapa regional **1**–C2 – Mapa de carreteras Michelin nº 578-U17

LA FINCA 🆕

ACTUAL · **ELEGANTE** ※※※ Se halla en un bello hotel tipo cortijo, donde ofrecen una cocina contemporánea llena de productos autóctonos y coherencia. ¡Casa tutelada por el laureado chef Pablo González!

🛏 🍴 � 🅰🅲 🅿 – Menú 95/120€ – Carta 75/85€

Royal Hideaway La Bobadilla, Carretera Salinas-Villanueva de Tapia (A-333) (km.
65,5, por la autovía A 92, Oeste 18 km y desvío 3 km) ⊠ 18300 – 𝒞 958 32 18 61 –
www.barcelo.com – Cerrado lunes, martes, miércoles, almuerzo: jueves,
cena: domingo

LUGO

Lugo – Mapa regional **13**–C2 – Mapa de carreteras Michelin nº 571-C7

OS CACHIVACHES

TRADICIONAL · **MARCO CONTEMPORÁNEO** ※※ Un negocio con mucho sabor, pues ofrece más de 20 arroces, pescados salvajes, mariscos, alguna carne... ¡Pida su Arroz meloso de jamón ibérico, con zamburiñas y crema de ajo!

🍴 ⅃ 🅰🅲 – Carta 35/55€

Campos Novos 26 ⊠ 27002 – 𝒞 982 22 00 99 –
www.oscachivaches.com – Cerrado cena: lunes-miércoles

PAPRICA

ACTUAL · **MARCO CONTEMPORÁNEO** ※※ Se halla en el casco viejo y sorprende por su coqueta terraza, al lado de la muralla romana. Cocina creativa de producto, con opción de medias raciones, carta y varios menús.

🍴 ⅃ 🅰🅲 – Menú 35€ (almuerzo)/55€ – Carta 48/64€

Nóreas 10 ⊠ 27001 – 𝒞 982 25 58 24 –
www.paprica.es – Cerrado lunes, domingo

MAÇANET DE CABRENYS

Girona – Mapa regional **9**–C3 – Mapa de carreteras Michelin nº 574-E38

ⓐ **ELS CAÇADORS**

TRADICIONAL · **RÚSTICA** ✗ Si está visitando la vertiente oriental de los Pirineos, por la comarca del Alto Ampurdán, debe apuntarlo en su hoja de ruta, pues supone una gran opción para reponer fuerzas durante su viaje. Se encuentra en los bajos del hotel homónimo y sorprende por su juego de contrastes, tanto en lo estético como en lo gastronómico, pues los recios techos abovedados y las paredes en piedra encuentran el contrapunto perfecto en las lámparas de diseño y el mobiliario, de un blanco impoluto. La propuesta, de gusto regional y tradicional, se completa con... ¡algunos platos propios del lejano oriente!

🛏 🏠 ૯ 🖭 🅿 – Menú 35 € – Carta 30/45 €

Urbanización Casanova ✉ *17720 –* ℰ *972 54 41 36 –*
www.hotelelscassadors.com – Cerrado lunes

MÁCHER – Las Palmas → Ver Canarias (Lanzarote)

MADRID

Déjese sorprender por una ciudad que irradia historia, cultura y diversidad, pues Madrid es un conglomerado de barrios (Malasaña, Chueca, Lavapiés, La Latina...) para descubrir andando, con atractivos mercados, agradables terrazas y muchos rincones con encanto.

En lo gastronómico da un juego infinito, pues cuenta con innumerables bares que animan a comer en la calle, tomando tapas, desde las más típicas a las más innovadoras, así como una extraordinaria oferta de restaurantes que dan cabida... ¡a todas las cocinas del mundo!

La especialidad culinaria es el Cocido madrileño, normalmente servido en tres vuelcos (primero la sopa, luego los garbanzos con las verduras y, finalmente, tanto las carnes como los embutidos), aunque hay otros platos típicos como los Callos a la madrileña, el Besugo al horno, el Bocadillo de calamares... y, en el apartado de postres, los Churros con chocolate, las Torrijas, la Corona de la Almudena o las tradicionales Rosquillas de San Isidro (Tontas y Listas).

- Mapa regional nº 15-B2
- Mapa de carreteras Michelin nº 575 y 576 - K18 y K19

LAS ESTRELLAS: LAS MEJORES MESAS

🏵️🏵️🏵️

Tres Estrellas: una cocina única. ¡Justifica el viaje!

🏵️🏵️

Dos Estrellas: una cocina excepcional.
¡Merece la pena desviarse!

🏵️

Una cocina de gran nivel. ¡Compensa pararse!

Smoked Room © Javier Peñas

BIB GOURMAND 🅑

Nuestras mejores relaciones calidad-precio

DE LA A A LA Z

POR TIPO DE COCINA

A la Parrilla

Actual

Andaluza

ABIERTOS SÁBADO Y DOMINGO

MADRID

0   300 m

N

PARQUE DEHESA DE LA VILLA

Jardines del Profesor Joaquín Garrigues

CIUDAD

UNIVERSITARIA

Ciudad Universitaria

Metropolitano

Museo de América

El Faro de la Moncloa

Guzmán El Bueno

Guzmán El Bueno

CHAMBERÍ

Islas Filipinas

Canal

Donoso   Cortés

51

'EL Católico'

Quevedo

Argüelles

San Bernardo

52

Bilbao

PARQUE DE LA BOMBILLA

LA ROSALEDA

S. Antonio de la Florida

M-30

Templo de Debod

Príncipe Pío

Glorieta Azul

Casa de Campo

Paseo del Embarcadero

Palacio Real

La Encarnación

Teatro Real

CENTRO

Real Academia de Bellas Artes de S. Fernando

Plaza de la Remonta

Tetuán

Cuatro Caminos

18

19

Cristóbal Bor

C. de Ríos Rosas

Ríos Rosas

103

22   24

28   20

José

Alonso Cano

47

Plaza de las Infantas

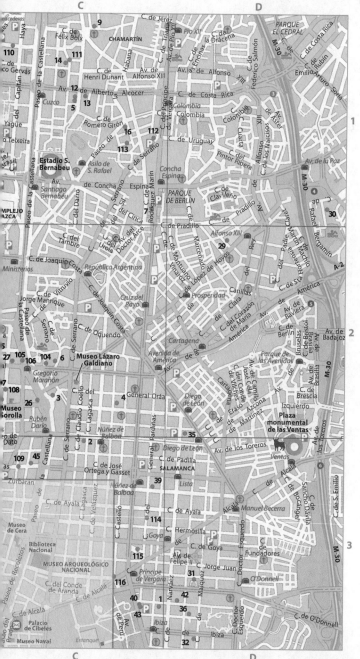

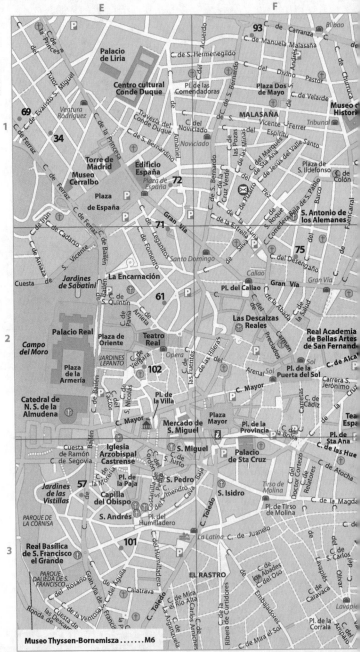

1

2

3

Palacio de Liria

Centro cultural Conde Duque

Pl. de las Comendadoras

Plaza Dos de Mayo

MALASAÑA

Museo de Histori

93

Torre de Madrid

Museo Cerralbo

Edificio España

Plaza de España

72

Plaza de España

S. Antonio de los Alemanes

Gran Vía

69

34

71

75

Gran Vía

Gran Vía

La Encarnación

Pl. del Callao

Callao

61

Las Descalzas Reales

Real Academia de Bellas Artes de San Fernand

Campo del Moro

Palacio Real

Plaza de Oriente

Teatro Real

Opera

Pl. de la Puerta del Sol

Sol

Plaza de la Armería

JARDINES LEPANTO

102

Catedral de N. S. de la Almudena

Pl. de la Villa

C. Mayor

Plaza Mayor

Tea Espa

Pl. de Sta Ana

C. Mayor

Mercado de S. Miguel

Pl. de la Provincia

Iglesia Arzobispal Castrense

S. Miguel

Palacio de Sta Cruz

Jardines de las Vistillas

57

Pl. de la Paja

S. Pedro

Capilla del Obispo

S. Andrés

Pl. del Humilladero

S. Isidro

Tirso de Molina

Pl. de Tirso de Molina

101

Real Basílica de S. Francisco el Grande

PARQUE DALIEDA DE S. FRANCISCO

La Latina

C. de Juanelo

EL RASTRO

Pl. de la Corrala

Lavapié

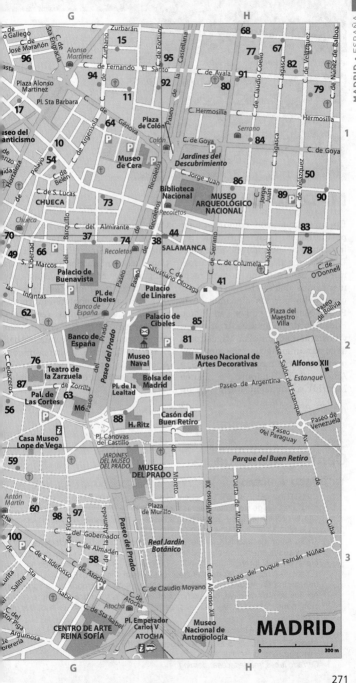

Madrid

MADRID CIUDAD

En una gran urbe como esta las posibilidades son infinitas y... ¡muchas se descubren paseando! Los placeres gastronómicos le esperan tras cada esquina, por eso recomendamos algo tan básico como dar una vuelta por los aledaños de la Plaza Mayor y comer un típico Bocadillo de calamares, ir al maravilloso mercado de San Miguel para degustar unas tapas (también sorprenden los mercados de San Antón, San Ildefonso o Platea Madrid) y, por supuesto, tomar un Chocolate con churros, como los que ofrecen en la emblemática Chocolatería San Ginés. Encontrará restaurantes centenarios y de rabiosa vanguardia, con propuestas que van del recetario más castizo y tradicional a una completísima representación de las cocinas regionales e internacionales (italiana, mexicana, japonesa, peruana, thai, hindú...). ¿Eventos gastronómicos? Anote en su agenda Madrid Fusión, una cita realmente imprescindible.

Centro, Moncloa

✿✿ PACO RONCERO

CREATIVA · ELEGANTE XxX El chef Paco Roncero, que fiel a su espíritu "running" no deja de perseguir nuevas metas y estar en movimiento, reinventa cada año la propuesta de su restaurante, un espacio de elegante vanguardia ubicado en la última planta de un edificio decimonónico.

En su salón podrá disfrutar de una experiencia culinaria completa, cada vez más visual e interactiva con la potenciación del trabajo en la sala y que se concreta en dos interesantes menús, uno con los platos "clásicos" de la casa (Esencia) y otro con las nuevas creaciones (Reivindicación). En suma, defiende una cocina de autor sumamente personal y creativa, siempre fiel a su pasión por los aceites de oliva, con guiños a otras culturas y en una constante evolución para conseguir las texturas perfectas. ¡No se pierda la espectacular terraza!

🕸 🏠 AC 🔲 🕸 – Menú 85€ (almuerzo)/148€

Plano: F2-53 – Alcalá 15 🖂 28014 – Ⓜ Sevilla – 𝒞 915 32 12 75 –
www.pacoroncerorestaurante.com –
Cerrado lunes, martes, cena: domingo

✿✿ DSTAGE

Chef: Diego Guerrero

CREATIVA · A LA MODA ✕✕ Lo que más llama la atención de este restaurante, en un loft industrial de Chueca, es lo que representa en sí mismo, pues refleja la apuesta del chef vitoriano Diego Guerrero por la libertad para poder crear, para sorprender y para superar las inevitables barreras asociadas a la personal zona de confort.

Encontrará un interior de techos altos y carácter informal, con las paredes en ladrillo visto, detalles retro, la cocina abierta... y un anexo (DSPOT Studio & Events) dedicado a pequeños eventos e investigación. El chef, que defiende el aprovechamiento y somete su culinaria a una constante evolución, propone a través de sus menús un divertido viaje culinario por el mundo, fusionando sin complejos todo tipo de culturas y productos. ¡Busca el quinto sabor (umami) en cada uno de sus platos!

🅐🅒 ⟷ – Menú 145/170 €

Plano: G1-54 – *Regueros 8 ✉ 28004 – Ⓜ Alonso Martínez – ✆ 917 02 15 86 – www.dstageconcept.com – Cerrado lunes, martes, domingo*

✿ CEBO

CREATIVA · DE DISEÑO ✕✕✕ ¿Ansía nuevas experiencias? No lo dude y entre en Cebo, pues descubrirá una cocina que... ¡siempre busca sorprender y emocionar!

El restaurante gastronómico del hotel Urban, en pleno corazón de la capital, cautiva por su estilismo y modernidad, con maravillosos detalles de diseño y una barra semicircular que enarbola la bandera del lujo. El chef alcalaíno Aurelio Morales, tras años en algunas de las mejores casas de Cataluña, decidió volver a su tierra y desarrollar aquí una versión catalano-madrileña del mítico mar y montaña. Su elaborada propuesta se centra en tres interesantes menús degustación (Nuestros clásicos, Somos y Somos Cebo); sin embargo, a lo largo del año estos se ven enriquecidos con otras ofertas, de carácter mucho más temático y temporal, a las que denominan "Cápsulas".

🅖 🅐🅒 ⟷ 🍷 – Menú 115/135 €

Plano: G2-56 – *Hotel Urban, Carrera de San Jerónimo 34 ✉ 28014 – Ⓜ Sevilla – ✆ 917 87 77 70 – www.cebomadrid.com – Cerrado lunes, domingo*

✿ YUGO

Chef: Julián Mármol

JAPONESA · AMBIENTE EXÓTICO ✕✕ ¿Conoce las tradicionales tabernas japonesas (Izakayas)? Aquí descubrirá la esencia de estas casas, el punto de encuentro habitual en el día a día de cualquier nipón.

Sorprende por su cuidada decoración, con dos ambientes bien diferenciados, una barra de sushi, profusión de maderas, máscaras, banderas... y una cocina mimada hasta el más ínfimo detalle, pues Julián Mármol ha sabido fusionar las cocinas japonesa y mediterránea respetando la sutileza oriental. Todo parte del producto y, a través de él, busca provocarnos... ¡una sucesión de sensaciones! ¿Hay sorpresas? Pues sí, ya que en el sótano esconden "The Bunker", un espacio de uso exclusivo para socios, ideado como un búnker de la II Guerra Mundial, que también se utiliza para clientes con reserva cuando la sala principal está llena.

🅐🅒 – Menú 135/182 €

Plano: G3-58 – *San Blas 4 ✉ 28014 – Ⓜ Atocha – ✆ 914 44 90 34 – www.yugothebunker.com – Cerrado cena: domingo*

✿ CORRAL DE LA MORERÍA GASTRONÓMICO

MODERNA · MARCO CONTEMPORÁNEO ✕✕ Pues sí, nos hallamos en "el mejor tablao flamenco del mundo", un establecimiento histórico que ha sabido evolucionar y hoy enriquece su propuesta con dos zonas bien diferenciadas: el restaurante Tablao, donde se puede comer algo mientras disfruta del flamenco en vivo, y el espacio gastronómico como tal, convenientemente separado, contemporáneo, mucho más tranquilo y... ¡con solo cuatro mesas!

La oferta de este último, en manos del chef David García, brilla tanto por la puesta en escena como por el servicio, con dos menús degustación de tinte actual donde no faltan los guiños a la cocina vasca, la tierra de origen del chef. ¿Curiosidades? La excelsa bodega destaca por su magnífica selección de vinos del Marco de Jerez, con una colección de botellas ya desaparecidas que es realmente única.

&& &C – Menú 59/75€

Plano: E3-57 – *Morería 17* ✉ *28005* – 🅜 *La Latina* – 🕾 *913 65 84 46* – *www.moreriagastro.com* – *Cerrado lunes, martes, miércoles, almuerzo: jueves-sábado, domingo*

✿ GOFIO

Chef: Safe Cruz

REGIONAL · **TENDENCIA** XX El sabor y la esencia de Canarias... ¡en pleno Barrio de las Letras!

En este pequeño local, tipo bistró y vestido con pinturas relativas a todo lo que representan las "islas afortunadas", podrá descubrir su calor, su vegetación, sus volcanes, sus paisajes desérticos... reinterpretando esta exuberante belleza desde un punto de vista gastronómico que nos hace sentir, a flor de piel, tanto su personalidad como su aislamiento. El chef al frente, Safe Cruz, defiende dos menús degustación de cocina canaria creativa en los que a través de pequeños bocados descubrirá recetas y productos de las distintas islas, siempre con intensidad y sabores bien compenetrados. Su bodega también es interesante, pues se centra en los vinos canarios de pequeños productores para sorprender, aún más, al comensal.

🅜 – Menú 65/125€

Plano: G3-59 – *Lope de Vega 9* ✉ *28014* – 🅜 *Antón Martín* – 🕾 *915 99 44 04* – *www.gofiorestaurant.com* – *Cerrado lunes, martes*

✿ CASA MORTERO 🔘

CREATIVA · **SENCILLA** X Se halla tras el Congreso de los Diputados y encierra su filosofía en una paradigmática frase: "En lo simple está la virtud". En este local, que fiel a esa misma línea de pensamiento ofrece una estética industrial-minimalista dominada por sencillos elementos cerámicos y de barro cocido, encontrará una cocina de alma tradicional no exenta de creatividad. La carta, escueta pero con opción de medias raciones y platos fuera de carta, presenta unos maravillosos entrantes (Croquetas cremosas, Torreznos...), sabrosos guisos y una selección de platos a la brasa. ¡Sugerente oferta de vinos ecológicos!

🅜 – Carta 25/42€

Plano: G2-87 – *Zorrilla 9* ✉ *28014* – 🅜 *Sevilla* – 🕾 *910 59 55 70* – *www.casamortero.com* – *Cerrado cena: domingo*

✿ TABERNA ÚBEDA 🔘

ANDALUZA · **MARCO CONTEMPORÁNEO** X Este pequeño restaurante, a tiro de piedra del famoso Templo de Debod, le brindará una magnífica oportunidad para conocer los productos y la gastronomía tanto de la zona de Úbeda como de toda la provincia de Jaén. El chef-propietario, que está pendiente de todo cual hombre orquesta y atiende personalmente siempre que puede, demuestra auténtica pasión por la cocina tradicional, esa de guisos a fuego lento que cautiva cualquier paladar. ¿Un plato que no defrauda? Pruebe el Atún rojo "marcado", las Habitas baby "huevo y trufa", sus deliciosas Alcachofas flor "plancha"... ¡todo está buenísimo!

🅜 – Menú 24/35€ – Carta 20/35€

Plano: E1-34 – *Luisa Fernanda 16* ✉ *28008* – 🅜 *Ventura Rodríguez* – 🕾 *622 71 26 99* – *www.tabernaubeda.eatbu.com* – *Cerrado domingo*

VINOTECA MORATÍN

TRADICIONAL · SENCILLA ¿Cómo definimos la cocina de la Vinoteca Moratín? Podemos decir que se identifica un poco con el espacio, pues siendo un tanto cándida resulta perfecta para dejarse llevar por sus recomendaciones. El local, que pasa algo inadvertido desde la calle, sorprende con una estética moderna-minimalista bastante cuidada y rincones realmente acogedores, como el de la pequeña biblioteca donde conviven los libros y las botellas de vino. La propuesta del chef se basa en una escueta carta de tinte tradicional, con producto fresco de mercado, opción de medias raciones y... ¡unos sabrosos platos de cuchara!

AC – Carta 35/45€

Plano: G3-97 – *Moratín 36* ⊠ *28014* – ⓜ *Antón Martín* – ☏ *911 27 60 85* – *www.vinotecamoratin.com* – *Cerrado lunes, cena: domingo*

DOS CIELOS MADRID

MODERNA · DE DISEÑO La apuesta madrileña de los famosos gemelos Torres, en las caballerizas de un lujoso palacio. Ofrecen un menú degustación y una carta actual en base a productos de temporada.

🍷 � AC ⊞ ⇄ – Menú 65/85€ – Carta 60/80€

Plano: E2-61 – *Hotel Gran Meliá Palacio de los Duques, Cuesta de Santo Domingo 5* ⊠ *28013* – ⓜ *Ópera* – ☏ *915 41 67 00* – *www.restaurantedoscielos.com* – *Cerrado lunes, martes, miércoles, almuerzo: jueves, cena: domingo*

BARRACUDA MX

MEXICANA · COLORIDA Local de carácter casual e informal que deslumbra con la cocina mexicana del Pacífico, más ligera al girar en torno a los pescados y mariscos. ¡Apetecible carta de cócteles!

🍷 ⅍ AC – Carta 45/65€

Plano: H2-85 – *Valenzuela 7* ⊠ *28014* – ⓜ *Retiro* – ☏ *911 08 89 99* – *www.barracudamx.es*

FERRETERÍA

ACTUAL · HISTÓRICA Una visita inexcusable, pues rescata una histórica ferretería y ubica sus salas en unas carbonerías del s. XVI. Cocina tradicional actualizada con productos de máxima calidad.

⅍ AC ⊞ – Menú 95€ – Carta 55/92€

Plano: G3-99 – *Atocha 57* ⊠ *28012* – ⓜ *Antón Martín* – ☏ *914 29 73 61* – *www.ferreteriarestaurante.com*

ÁTICO

MODERNA · ELEGANTE Demuestra personalidad respecto al hotel, está tutelado por el chef Ramón Freixa y destaca tanto por su estética clásica-actual como por sus vistas. Cocina actual desenfadada.

🍷 ⅍ AC ⊞ 🍴 – Menú 45€ (almuerzo)/70€ – Carta 40/50€

Plano: G2-62 – *Hotel The Principal Madrid, Marqués de Valdeiglesias 1 (6ª planta)* ⊠ *28004* – ⓜ *Banco de España* – ☏ *915 32 94 96* – *www.restauranteatico.es*

LE BISTROMAN ATELIER

FRANCESA · BISTRÓ Un coqueto bistró, con la cocina vista a la entrada, que enamora estéticamente por su combinación entre el clasicismo y la rusticidad. ¡Los sabores de Francia en cada plato!

⅍ AC – Carta 40/60€

Plano: E2-102 – *Amnistía 10* ⊠ *28013* – ⓜ *Antón Martín* – ☏ *914 47 27 13* – *www.lebistroman.es* – *Cerrado lunes, cena: domingo*

ESTIMAR MADRID

PESCADOS Y MARISCOS · MARCO CONTEMPORÁNEO ¡La esencia del mar en pleno corazón de la capital! Aquí la estrella es el producto, con unos pescados y mariscos excelentemente tratados y de calidad difícilmente superable.

⅍ AC ⇄ – Carta 70/90€

Plano: G2-63 – *Marqués de Cubas 18* ⊠ *28014* – ⓜ *Banco de España* – ☏ *914 29 20 52* – *www.restaurante-estimar.com* – *Cerrado lunes, cena: domingo*

MEDIA RACIÓN ⬤

ESPAÑOLA CONTEMPORÁNEA · MARCO CONTEMPORÁNEO XX Con un acceso independiente respecto al hotel Urso. Amplia barra y cuidado comedor, donde ofrecen una cocina tradicional actualizada. ¡Eche un ojo a su amplia carta de vinos!

🐜 & 🅰️ 🔲 ⬩ – Carta 36/100€

Plano: G1-17 – *Beneficencia 15 (Hotel Urso)* ✉ 28004 – ⓜ *Alonso Martínez –* ☏ *914 47 51 11 – www.mediaracion.es*

EL SEÑOR MARTÍN

A LA PARRILLA · TENDENCIA XX Casa de aire actual-industrial en la que todo gira en torno al mar, siempre con productos de gran tamaño y calidad. Optan por las brasas y la parrilla como forma de expresión.

🅰️ – Carta 50/80€

Plano: G1-64 – *General Castaños 13* ✉ 28004 – ⓜ *Alonso Martínez –* ☏ *917 95 71 70 – www.srmartin.es – Cerrado lunes, cena: domingo*

SUA ⬤

TRADICIONAL · ACOGEDORA X Pertenece al grupo Tricicle, recupera un curiosísimo local tipo invernadero y centra su oferta en los platos a la parrilla de carbón, siempre con carnes y pescados de calidad.

🅰️ – Carta 40/60€

Plano: G3-98 – *Moratín 22* ✉ 28014 – ⓜ *Antón Martín –* ☏ *915 27 71 65 – www.eltriciclo.es – Cerrado cena: domingo*

ARALLO TABERNA

FUSIÓN · BAR DE TAPAS X Un gastrobar urbano que rompe conceptos y apuesta por la fusión, combinando la cocina española con la oriental en un sutil juego de texturas y sabores. ¡Pruebe sus Dumplings!

& 🅰️ – Carta 40/65€

Plano: G2-65 – *Reina 31* ✉ 28004 – ⓜ *Chueca –* ☏ *690 67 37 96 – www.arallotaberna.com – Cerrado lunes, almuerzo: martes, cena: domingo*

ARCE

CLÁSICA · AMBIENTE CLÁSICO X Una casa de organización familiar que denota buen hacer, pues plantean una cocina clásica de producto y sabor. Amplia carta, menús y la posibilidad de tomar medias raciones.

🅰️ ⬩ – Menú 65/80€ – Carta 50/75€

Plano: G2-66 – *Augusto Figueroa 32* ✉ 28004 – ⓜ *Chueca –* ☏ *915 22 04 40 – www.restaurantearce.com – Cerrado lunes, martes, cena: domingo*

DOPPELGÄNGER BAR ⬤

FUSIÓN · BAR DE TAPAS X Un local gourmet, de carácter muy informal, dentro del mismo mercado de Antón Martín. Encontrará una sugerente cocina de fusión con guiños ibéricos, asiáticos, sudamericanos...

Ración 7€ – Carta 20/30€

Plano: G3-100 – *Santa Isabel 5 (Mercado de Antón Martín, puesto número 44-47)* ✉ 28001 – ⓜ *Antón Martín –* ☏ *915 30 54 99 – www.doppelgangerbar.com – Cerrado lunes, domingo*

DSPEAK ⬤

MODERNA · MARCO CONTEMPORÁNEO X ¡Mucho más que la sucursal de DSTAgE! El local, repartido en dos plantas, plantea una cocina moderna, divertida y casualizada, con platos elaborados en los que prima el sabor.

🅰️ – Carta 40/70€

Plano: G1-10 – *Fernando VI 6* ✉ 28004 – ⓜ *Alonso Martínez –* ☏ *913 19 54 35 – www.dstageconcept.com – Cerrado lunes, martes, almuerzo: miércoles, cena: domingo*

ENKLIMA

FUSIÓN · SENCILLA X Modesto, minimalista y de carácter informal. Sus menús defienden una cocina bastante personal, con guiños al mundo asiático y el uso habitual de las hierbas como condimento.

AC – Menú 64/92€

Plano: E1-69 – *Ferraz 36* ⊠ *28008* – ⓜ *Ventura Rodríguez* – ℰ *911 16 69 91* – *www.enklima.com* –
Cerrado lunes, almuerzo: martes-viernes, domingo

ÈTER ⓝ

ACTUAL · FAMILIAR X Original, íntimo, minimalista... y llevado por dos hermanos que solo buscan agradar. La cuidadísima propuesta, variable a gusto del cliente, se centra en dos menús degustación.

AC – Menú 40/70€

Fuera de plano – *Granito 20* ⊠ *28045* – ⓜ *Legazpi* – ℰ *918 78 07 87* – *www.eterrestaurant.com* –
Cerrado lunes, domingo

GIOIA

ITALIANA · ROMÁNTICA X Un italiano íntimo, acogedor y sorprendente en lo gastronómico, pues no es fácil encontrar una pasta casera como la suya, perfecta de punto "al dente" y potente en el sabor.

AC – Menú 50/80€ – Carta 46/72€

Plano: G2-70 – *San Bartolomé 23* ⊠ *28004* – ⓜ *Chueca* – ℰ *915 21 55 47* – *www.gioiamadrid.es* –
Cerrado lunes, martes

IKIGAI

JAPONESA · SENCILLA X Coherencia, técnica y calidad en un ambiente informal. Su chef ofrece una cocina japonesa que borda lo tradicional y sorprende al fusionarse con matices españoles y franceses.

AC – Menú 45/120€ – Carta 60/90€

Plano: E2-71 – *Flor Baja 5* ⊠ *28013* – ⓜ *Plaza de España* – ℰ *916 22 63 74* – *www.restauranteikigai.com* –
Cerrado lunes, cena: domingo

KUOCO ⓝ

FUSIÓN · ACOGEDORA X ¡Una casa desenfadada y de elegante informalidad! Rafa y Andrés, los jóvenes venezolanos al frente, apuestan por una cocina creativa que fusione todos los sabores del mundo.

AC – Menú 56/100€ – Carta 45/75€

Plano: G2-49 – *San Bartolomé 14* ⊠ *28001* – ⓜ *Chueca* – ℰ *911 99 53 77* – *www.kuoco.es* –
Cerrado lunes, martes

LAMIAN BY SOY KITCHEN

FUSIÓN · SENCILLA X Apuesta por la fusión entre la cocina española y la oriental, con una original carta y dos menús (Clásico y Lamian Power). ¡No se pierda los fideos o sus ya famosos Dim Sum!

AC – Menú 35/42€ – Carta 25/30€

Plano: E1-72 – *Plaza Mostenses 4* ⊠ *28015* – ⓜ *Plaza de España* – ℰ *910 39 22 31* – *www.lamianconcept.com* –
Cerrado lunes

LUKE

FUSIÓN · ACOGEDORA X Un asiático que... ¡sorprende al paladar! El chef surcoreano Luke Jang propone una cocina de fusión que mezcla los productos, técnicas y sabores ibéricos con los coreanos.

Ⓐ ⇔ – Menú 85€ – Carta 30/65€

Plano: G1-73 – *Bárbara de Braganza 2* ✉ *28004* – Ⓜ *Alonso Martinez* –
€ 662 67 55 76 –
www.lukerestaurante.com –
Cerrado martes, miércoles

MARMITÓN Ⓞ

ACTUAL · RÚSTICA Ⓧ Íntimo, de aire rústico y llevado con gran acierto entre dos
chefs. Cocina de base clásica, con toques de contemporaneidad, que apuesta por
los sabores profundos y definidos.

Ⓐ – Carta 37/47€

Plano: E3-101 – *Aguas 6* ✉ *28005* – Ⓜ *La Latina* – *€ 910 13 81 75* –
www.marmitonbistro.com –
Cerrado lunes, martes, cena: domingo

NADO-MADRID Ⓞ

GALLEGA · MARCO CONTEMPORÁNEO Ⓧ ¡Sigue las premisas de su "hermano"
en A Coruña! ¿Qué encontrará? Una sala abovedada en ladrillo visto, cocina creativa de raíces atlánticas y productos de excelente calidad.

Ⓐ ⇔ – Menú 75€ – Carta 45/110€

Plano: G2-37 – *Prim 5* ✉ *28004* – Ⓜ *Chueca* – *€ 914 45 12 08* – *www.nado.es* –
Cerrado lunes, cena: domingo

TAMPU

PERUANA · DE DISEÑO Ⓧ Pizarra, madera, mimbre... y un nombre que rememora las antiguas posadas existentes en el Camino del Inca. Cocina peruana clásica y moderna, con ceviches, tiraditos, causas...

Ⓐ ⇔ – Menú 60€ – Carta 55/75€

Plano: G2-74 – *Prim 13* ✉ *28004* – Ⓜ *Chueca* – *€ 915 64 19 13* –
www.tampurestaurante.com –
Cerrado lunes, cena: domingo

LA TASQUITA DE ENFRENTE

INTERNACIONAL · FAMILIAR Ⓧ Próximo a la Gran Vía y con buena clientela.
Ofrece una cocina de inspiración francesa, bien actualizada, que se construye
cada día en base al producto de temporada adquirido.

Ⓐ – Menú 90/125€ – Carta 50/75€

Plano: F2-75 – *Ballesta 6* ✉ *28004* – Ⓜ *Gran Vía* – *€ 915 32 54 49* –
www.latasquitadeenfrente.com –
Cerrado lunes, domingo

TRICICLO

CREATIVA · BISTRÓ Ⓧ Se halla en pleno Barrio de Las Letras, sorprende por su
austeridad estética y está llevado por tres chefs. Cocina creativa de producto,
con opción de medias raciones y menús.

Ⓐ – Menú 29/80€ – Carta 45/65€

Plano: G3-60 – *Santa María 28* ✉ *28014* – Ⓜ *Antón Martin* – *€ 910 24 47 98* –
www.eltriciclo.es

UMIKO

JAPONESA · MINIMALISTA Ⓧ Un restaurante de alma nipona que desde la
fusión con el producto nacional, y sobre todo madrileño, busca recrear el
ambiente desinhibido de los populares mercados asiáticos.

Ⓐ ⇔ – Carta 60/80€

Plano: G2-76 – *Los Madrazo 18* ✉ *28014* – Ⓜ *Sevilla* – *€ 914 93 87 06* –
www.umiko.es –
Cerrado lunes, domingo

✿✿✿, ✿✿, ✿ & 😊

Retiro, Salamanca

✿✿ RAMÓN FREIXA MADRID

CREATIVA · DE DISEÑO XxxX Formado en el restaurante familiar de Barcelona (El Racó d'en Freixa), el chef Ramón Freixa ha sabido ganarse tanto los corazones como los paladares madrileños.

Presenta su cocina defendiendo un estilo de conducta más que una filosofía culinaria, por eso comenta sobre ella... "igual que en el arte y en la vida, gira alrededor de la obtención de la felicidad". El elegante local, sorprendente por sus bellísimos suelos, cuenta con un comedor principal, un privado y una terraza que, sin duda, supone un espacio de auténtico lujo en el barrio de Salamanca. Le propondrán dos menús degustación (Descubriendo RFM y Universo Freixa) con un punto de locura, aunque esta se transforma en sensatez al hallar el equilibrio entre tradición y vanguardia. ¡Aperitivos centrados en el estudio del tomate!

🕸 🎔 ⇄ 🚗 – Menú 90/165 €

Plano: H1-77 – *Hotel Único Madrid, Claudio Coello 67* ✉ *28001* – Ⓜ *Serrano* – 𝄞 *917 81 82 62 – www.ramonfreixamadrid.com – Cerrado lunes, martes, cena: domingo*

✿ DEESSA Ⓝ

CREATIVA · ELEGANTE XxxX La propuesta del laureado chef Quique Dacosta en la capital, pues ha llegado al Mandarin Oriental Ritz de Madrid para responsabilizarse de sus distintas, y muy diferentes, opciones de restauración (Deessa, Palm Court, El Jardín del Ritz, Champagne Bar y Pictura).

¿Qué encontrará en Deessa? Lujo, distinción, exclusividad, técnica... En el majestuoso salón Alfonso XIII, que se asoma al jardín, podrá degustar dos menús degustación: uno con los "Clásicos de Quique Dacosta" surgidos en su restaurante de Dénia y otro que aborda sus últimas creaciones (Contemporáneo QDRITZ), siendo el chef Ricard Tobella el encargado de trasladar a nuestro paladar la esencia de su mentor, de la gastronomía valenciana actual y, por supuesto, del Mediterráneo. ¡También posee un magnífico privado y una mesa del chef!

🕸 🎐 ⚫ 🎔 ⇄ – Menú 180 €

Plano: G2-88 – *Plaza de la Lealtad 5 (Hotel Mandarin Oriental Ritz Madrid)* ✉ *28014* – ⓂBanco de España – 𝄞 *917 01 68 20 – www.mandarinoriental.es – Cerrado lunes, domingo*

✿ KABUKI WELLINGTON

Chef: Ricardo Sanz

JAPONESA · DE DISEÑO XxX Nos encontramos en el hotel Wellington, donde el chef Ricardo Sanz ha sabido madurar y expandir su proyecto hasta convertir al Grupo Kabuki en lo que hoy es.

En este elegante restaurante, imprescindible para un gastrónomo, descubrirá toda la verdad sobre la "Cocina Kabuki". Aquí surgen las ideas y combinaciones que luego, adaptadas a los productos locales, ven la luz en el resto de restaurantes del grupo para reflejar esa increíble fusión entre la cocina japonesa y la mediterránea, con el producto ibérico como eje vertebrador. Ricardo Sanz suele estar trabajando tras la barra de sushi, donde muestra su maestría cual "sensei" a la hora de realizar los distintos cortes en crudo, al estilo nipón tradicional. ¡Las mesas de la parte alta permiten ver toda la sala y la labor de los cocineros!

🕸 ⚫ 🎔 – Menú 110 € – Carta 85/130 €

Plano: H2-78 – *Hotel Wellington, Velázquez 6* ✉ *28001* – ⓂRetiro – 𝄞 *915 77 78 77 – www.restaurantekabuki.com – Cerrado almuerzo: sábado, domingo*

✿ LA TASQUERÍA

Chef: Javier Estévez

MODERNA · BISTRÓ X Esta concurrida tasca, próxima a la Fábrica Nacional de Moneda y Timbre, nos enamora por su concepto, pues dentro de un ambiente desenfadado ha sabido llevar la casquería a la alta cocina sin cerrarse a combinarla con otros productos. Su chef, Javi Estévez, lo tiene claro: "somos casqueros, pero también hacemos otras cosas".

El local, mejorado tras su reforma, emana ese ambiente casual que tanto gusta a quienes buscan una nueva experiencia. ¿Su oferta? Tres menús degustación (M, L y XL) fieles a ese espíritu que anhela reinterpretar la "cultura casquera" madrileña, construida en torno a mollejas, sesos, manitas, callos, crestas... o esa famosa Cabeza de cochinillo confitada y frita que arrasa en las redes. ¡En la terraza, bajo reserva, ofrecen una pequeña carta con platos emblemáticos!

🌤 🅰 – Menú 45/75€ – Carta 40/50€

Plano: D3-31 – *Duque de Sesto 48* ⊠ *28009* – 🚇 *Goya* – 🕿 *914 51 10 00* –
www.latasqueria.com – *Cerrado lunes, cena: domingo*

😊 NOI 🆕

ITALIANA CONTEMPORÁNEA · BURGUESA XX ¿Sabe lo que significa Noi? Pues viene a ser, en italiano, el equivalente al pronombre personal "nosotros", un término que habla de lo importante que es aquí el equipo y la idea de un proyecto conjunto. El joven chef, natural de Puglia (el territorio sureño que ocupa el tacón de la "bota" italiana), defiende una versión contemporánea de la cocina tradicional de su país, alejándose un poco de los tópicos y las pizzas para proponernos un sabroso y actualizado recorrido por las regiones transalpinas. Además, su elegante y cuidado interiorismo recrea... ¡el estilo "italiano pop" de los años 70!

♿ 🅰 – Menú 48/65€ – Carta 35/52€

Plano: H2-44 – *Recoletos 6* ⊠ *28001* – 🚇 *Retiro* – 🕿 *910 69 40 07* –
www.restaurantenoi.com – *Cerrado lunes, domingo*

😊 TREZE 🆕

COCINA DE TEMPORADA · TENDENCIA XX Un restaurante de línea actual, no exento de toques modernos, que busca diferenciarse a través de su propuesta, muy centrada en los productos de mercado y, sobre todo, en los que provienen de la caza; de hecho el chef, que no es cazador pero siempre está atento a los periodos de veda cinegética, defiende: "lo que trabajas es lo que haces tuyo". Se presenta con una atractiva barra que circunda la cocina, a la vista para que apreciemos todas las elaboraciones, y un cuidado comedor. ¿La oferta? Una sugerente carta con opción de medias raciones y tres menús (uno ejecutivo y dos de degustación).

🅰 – Menú 14€ (almuerzo), 30/65€ – Carta 30/48€

Plano: C3-114 – *General Pardiñas 34* ⊠ *28001* – 🚇 *Goya* – 🕿 *915 41 07 17* –
www.trezerestaurante.com – *Cerrado lunes, domingo*

😊 LA MARUCA

TRADICIONAL · SIMPÁTICA X Un establecimiento que irradia optimismo y frescura a través de dos conceptos icónicos, Santander y Cantabria, recreados aquí con sus colores, sabores y olores más significativos. Estamos en un restaurante acogedor, con un bar multiusos y espacios de estética actual que siempre encuentran huecos para los detalles de diseño. Su carta refleja una cocina 100% tradicional, con predominio de platos cántabros en los que se cuida tanto la elaboración como la calidad de las materias primas. ¿Una recomendación? Las famosas Anchoas de Santoña, las Rabas, su Ensaladilla rusa, la Merluza a la crema...

🌤 🅰 ⇄ – Carta 30/45€

Plano: H1-79 – *Velázquez 54* ⊠ *28001* – 🚇 *Velázquez* – 🕿 *917 81 49 69* –
www.restaurantelamaruca.com

😊 LA MONTERÍA

TRADICIONAL · AMBIENTE CLÁSICO X Está a unos pasos del Retiro, suele llenar a diario y se le puede considerar una opción segura, de esas para tener en cuenta si vamos al entorno de este bellísimo parque. El negocio, de tradición familiar y con más de 50 años de historia, ha renovado sus instalaciones, por lo que ahora se presenta con una barra más actual y un comedor de inspiración nórdica. ¿Su propuesta? Desde la honestidad, como siempre, ofrecen una completa carta tradicional donde nunca falta un plato de caza y dos buenos menús (Clásico y Degustación). ¡Las Gambas gabardina invertidas es uno de sus platos más populares!

 🏬 – Menú 36/48€ – Carta 30/45€

Plano: C3-1 – *Lope de Rueda 35* ✉ 28009 – Ⓜ *Ibiza* – ☎ 915 74 18 12 – www.lamonteria.es – *Cerrado cena: domingo*

🍃 **TABERNA RECREO** Ⓝ

INNOVADORA · SIMPÁTICA 🍴 Una taberna actual repleta de personalidad, pues se presenta como el espacio de "recreo" de dos niños grandes, Pablo Montero y Alejandro Díaz, dos amigos formados en grandes casas (DiverXO, Mugaritz, Zortziko, Abadía Retuerta LeDomaine...) que no han parado hasta cumplir su sueño. Fieles al nombre buscan que este sea un espacio para socializar en torno a la gastronomía, por lo que orientan su propuesta en torno a tapas divertidas y a unos platos de autor, pensados para compartir, que cautivan por su carácter, su combinación de productos y su sabor. ¡No se pierda el Brócoli, con kimchi y lima!

🏬 – Carta 30/40€

Plano: C3-115 – *Espartinas 5* ✉ 28001 – Ⓜ *Príncipe de Vergara* – ☎ 910 33 43 79 – www.recreoespartinas.com – *Cerrado lunes, domingo*

🍃 **TEPIC**

MEXICANA · INFORMAL 🍴 He aquí un mexicano que se aleja de tipismos y folclores, del colorido, de los mariachis y sus guitarrones... todo para recrear un espacio casual-actual dominado por la madera vista y los tonos blancos. En este local, que con su nombre ensalza la capital del estado de Nayarit, le propondrán una cocina mexicana bastante elaborada y auténtica, con una buena selección de entrantes, conocidos como Antojitos, una amplia selección de Tacos y alguna que otra especialidad autóctona de aquel país. No lo dude y descubra también sus cervezas, sus cuidadísimos cócteles o las populares micheladas.

🍷 🌿 🏬 – Menú 35€ – Carta 30/45€

Plano: H1-80 – *Ayala 14* ✉ 28001 – Ⓜ *Serrano* – ☎ 915 22 08 50 – www.tepic.es – *Cerrado cena: domingo*

ALABASTER

MODERNA · A LA MODA 🍴🍴🍴 Posee un gastrobar, una bella bodega acristalada y una magnífica ubicación, junto al Retiro. Cocina tradicional actualizada, con mariscos gallegos y opción de medias raciones.

🏬 ⇔ – Carta 40/70€

Plano: H2-81 – *Montalbán 9* ✉ 28014 – Ⓜ *Retiro* – ☎ 915 12 11 31 – www.restaurantealabaster.com – *Cerrado cena: domingo*

ÉTIMO

CREATIVA · TENDENCIA 🍴🍴🍴 Céntrico, elegante y... ¡con detalles sorprendentes! La chef apuesta por dos menús degustación (7 y 10 pasos), ambos actuales, de raíces extremeñas y con productos ecológicos.

 🏬 – Menú 65/90€ – Carta 65/90€

Plano: H1-82 – *Ayala 27* ✉ 28005 – Ⓜ *Goya* – ☎ 913 75 98 83 – www.etimo.es – *Cerrado lunes, domingo*

GOIZEKO WELLINGTON

TRADICIONAL · AMBIENTE CLÁSICO 🍴🍴🍴 ¡Todo un clásico! Su carta toca numerosos palos, aunque destila pasión por la gastronomía tradicional del norte y otorga un protagonismo especial a los grandes platos vascos.

🏬 ⇔ – Carta 60/80€

Plano: H1-83 – *Hotel Wellington, Villanueva 34* ✉ 28001 – Ⓜ *Retiro* – ☎ 915 77 01 38 – www.goizekogaztelupe.com – *Cerrado domingo*

AMPARITO ROCA

TRADICIONAL · ACOGEDORA 🍴🍴 Debe su nombre a un mítico pasodoble y apuesta por la honestidad, con las mejores materias primas por bandera. Montaje clásico-actual y... ¡sorprendentes detalles decorativos!

🌿 & 🏬 – Menú 65/73€ – Carta 50/63€

Plano: C3-2 – *Juan Bravo 12* ✉ 28006 – Ⓜ *Núñez de Balboa* – ☎ 913 48 33 04 – www.restauranteamparitoroca.com – *Cerrado domingo*

BIBO MADRID

MODERNA · BISTRÓ XX Modernas instalaciones inspiradas en la Feria de Málaga. Cocina actual de raíces andaluzas, aunque también viaja por el mundo bajo el sello de Dani García. ¡Excelente bodega!

& 🅰 ⇔ – Carta 50/70 €

Plano: C2-3 – *Paseo de la Castellana 52* ✉ 28046 – Ⓜ *Gregorio Marañón* – ℰ 918 05 25 56 – www.grupodanigarcia.com

LA BIEN APARECIDA

ESPAÑOLA CONTEMPORÁNEA · TENDENCIA XX Lleva el nombre de la patrona de Cantabria y se distribuye en dos plantas, donde crean varios ambientes. Cocina tradicional actualizada, finas texturas y contundentes sabores.

🍴 🅰 – Menú 66 € – Carta 45/75 €

Plano: H1-86 – *Jorge Juan 8* ✉ 28001 – Ⓜ *Serrano* – ℰ 911 59 39 39 – www.restaurantelabienaparecida.com

BISTRONÓMIKA ⓝ

TRADICIONAL · MARCO CONTEMPORÁNEO XX Forma parte del proyecto Bulbiza (Bulevar de Ibiza) y propone una "No Carta" tradicional, con detalles actuales y recomendaciones del día. ¡Fantásticos pescados a la brasa!

🅰 – Carta 45/60 €

Plano: D3-32 – *Ibiza 44* ✉ 28009 – Ⓜ *Ibiza* – ℰ 910 60 72 40 – www.bistronomika.es – Cerrado lunes, cena: domingo

CAÑADÍO

TRADICIONAL · SIMPÁTICA XX Si conoce Santander le sonará, pues su nombre nos traslada a una de sus plazas más famosas y a la casa madre de este negocio. Ofrece una barra-cafetería pensada para tapear, dos salas de línea actual y una cocina tradicional bien elaborada.

🍴 🅰 ⇔ – Carta 40/55 €

Plano: D2-35 – *Conde de Peñalver 86* ✉ 28006 – Ⓜ *Diego de León* – ℰ 912 81 91 92 – www.restaurantecanadio.com

CHINA CROWN ⓝ

CHINA · AMBIENTE CLÁSICO XX Un elegante local, de gusto oriental, donde reproducen los sabores de la China Imperial, con suculentos Baos y un exquisito Pato Imperial Beijing. ¡Brunch los fines de semana!

& 🅰 🍴 – Carta 45/65 €

Plano: H1-68 – *Don Ramón de la Cruz 6* ✉ 28001 – Ⓜ *Serrano* – ℰ 911 52 15 72 – www.restaurantechinacrown.com

LA CLAVE ⓝ

ESPAÑOLA · AMBIENTE CLÁSICO XX En este local, repartido en dos plantas, encontrará una carta tradicional con un buen apartado de carnes y arroces. ¡Su plato más emblemático es el Cocido en cuatro vuelcos!

🅰 ⇔ – Carta 35/55 €

Plano: H1-50 – *Velázquez 22* ✉ 28001 – Ⓜ *Velázquez* – ℰ 910 53 20 31 – www.restaurantelaclave.com – Cerrado cena: lunes-jueves, cena: domingo

O GRELO

GALLEGA · AMBIENTE CLÁSICO XX Un clásico renovado de la cocina gallega. La carta ofrece magníficos pescados y mariscos, pero también selectas carnes y arroces. ¡Su Tortilla sigue la receta de la bisabuela!

🅰 ⇔ – Carta 45/75 €

Plano: D3-36 – *Menorca 39* ✉ 28009 – Ⓜ *Ibiza* – ℰ 914 09 72 04 – www.restauranteogrelo.com – Cerrado cena: domingo

HUERTA DE CARABAÑA

TRADICIONAL · MARCO CONTEMPORÁNEO XX Un reino culinario de tintes tradicionales gobernado por un magnánimo monarca: las mejores verduras de Carabaña. Ofrece un espacio tipo bistró y otro de carácter gastronómico.

🆐 – Menú 40/100€ – Carta 55/80€

Plano: H1-89 – *Lagasca 32* ✉ *28001* – ⓜ *Serrano* – ☏ *910 83 00 07* –
www.huertadecarabana.es – *Cerrado cena: lunes, cena: domingo*

KITCHEN ⓞ

A LA PARRILLA · DE DISEÑO 🅇🅇 Un espacio contemporáneo, elegante e informal construido en torno a un concepto: "Ramses with Arzak Instructions". ¡Trabajan a la parrilla como en el norte de la península!

🏠 🆐 – Carta 40/72€

Plano: H2-41 – *Plaza de la Independencia 4* ✉ *28001* – ⓜ *Retiro* – ☏ *914 35 16 66* –
www.ramseslife.com

SANTERRA

MODERNA · MARCO CONTEMPORÁNEO 🅇🅇 Sorprende con una buena barra
de carácter informal y un restaurante gastronómico en toda regla. El chef, Miguel
Carretero, tiene un don para traer los sabores del campo manchego a la ciudad,
haciéndonos degustar el "monte bajo" de su tierra en cada bocado. ¡Preste especial atención a sus escabeches!

🆐 ⇧ – Menú 70/150€ – Carta 55/100€

Plano: C3-39 – *General Pardiñas 56* ✉ *28001* – ⓜ *Núñez de Balboa* –
☏ *914 01 35 80* – *www.santerra.es* – *Cerrado lunes, cena: domingo*

SURTOPÍA

ANDALUZA · MARCO CONTEMPORÁNEO 🅇🅇 Un local de ambiente moderno
que nos traslada a los sabores de Andalucía y, sobre todo, de Cádiz, con técnicas
actuales y detalles de autor. ¡Descubra los vinos de Sanlúcar!

🆐 – Menú 65/85€ – Carta 50/85€

Plano: C2-4 – *Núñez de Balboa 106* ✉ *28006* – ⓜ *Núñez de Balboa* –
☏ *915 63 03 64* – *www.surtopia.es* – *Cerrado cena: lunes-martes, domingo*

SUSHI BAR TOTTORI ⓞ

JAPONESA · MARCO CONTEMPORÁNEO 🅇🅇 ¿Ha oído hablar del maestro
Haruki Takahashi? Aquí descubrirá su legado y la cocina de Tottori, una pequeña
localidad nipona donde exaltan el producto fresco y la tradición.

♿ 🆐 – Menú 45/80€ – Carta 40/60€

Plano: H1-67 – *Lagasca 67* ✉ *28001* – ⓜ *Velázquez* – ☏ *918 21 45 73* –
www.sushibartottori.com

ARZÁBAL

TRADICIONAL · MARCO CONTEMPORÁNEO 🅇 Una encantadora zona de
tapeo frente al mismo Retiro, con una moderna sala en dos niveles para disfrutar
de su cocina tradicional elaborada. Completa carta de vinos y champán.

🍸 🏠 ♿ 🆐 – Carta 40/60€

Plano: C3-40 – *Menéndez Pelayo 13* ✉ *28009* – ⓜ *Ibiza* – ☏ *914 09 56 61* –
www.arzabal.com

CADAQUÉS ⓞ

COCINA MEDITERRÁNEA · AMBIENTE MEDITERRÁNEO 🅇 Acogedor local de
ambiente casual y mediterráneo. Su propuesta aborda el recetario catalán-ampu-
rdanés, con numerosos platos a la brasa y un buen apartado de arroces a la leña.

🏠 🆐 – Carta 45/65€

Plano: H1-90 – *Jorge Juan 35* ✉ *28001* – ⓜ *Velázquez* – ☏ *913 60 90 53* –
www.restaurantecadaques.com

DON DIMAS ⓞ

ACTUAL · BISTRÓ 🅇 Toma su nombre del famoso zorro que tuvo Blas Infante
(Padre de la Patria Andaluza) y se presenta con la estética de un bistró contemporáneo. Cocina actual con guiños al sur.

🆐 ⇧ – Carta 50/70€

Plano: C3-116 – *Castelló 1* ✉ *28001* – ⓜ *Príncipe de Vergara* – ☏ *910 00 66 60* –
www.dondimas.es – *Cerrado lunes, cena: domingo*

MARCANO

INTERNACIONAL · **TENDENCIA** X Local de línea actual y mesas desnudas en el que encontrará una cocina de sabores muy bien definidos, con algún plato tradicional de cuchara y otros de gusto internacional.

🅰️🅲 – Menú 65€ – Carta 35/55€

Plano: D3-42 – *Doctor Castelo 31* ✉ *28009* – Ⓜ *Ibiza* – ☎ *914 09 36 42* –
www.restaurantemarcano.com – Cerrado lunes, cena: domingo

SA BRISA

FUSIÓN · **MARCO CONTEMPORÁNEO** X Actual, agradable y muy bien ubicado. Podrá tapear o comer a la carta, utilizando la mayoría de sus platos productos ibicencos fusionados con elaboraciones de otras culturas.

🏠🅰️🅲 ⇔ – Menú 19€ (almuerzo)/48€ – Carta 30/58€

Plano: C3-43 – *Menéndez Pelayo 15* ✉ *28009* – Ⓜ *Ibiza* – ☎ *910 22 45 40* –
www.restaurantesabrisa.es

SHINATORA YA 🔟

JAPONESA · **AMBIENTE ORIENTAL** X Un japonés único, pues rememora la amistad del propietario con la familia Sinatra. Tiene auténticas carnes Kobe y Wagyu, elaboradas al estilo Sukiyaki, Shabu-shabu y Yakiniku.

🅰️🅲 – Carta 45/60€

Plano: H1-84 – *Claudio Coello 41* ✉ *28001* – Ⓜ *Serrano* – ☎ *911 37 45 04* –
www.shinatoraya.com – Cerrado lunes, cena: domingo

STREETXO MADRID

FUSIÓN · **TENDENCIA** X Divertido y... ¡realmente loco! Resulta muy original, con una desenfadada combinación de sabores que adaptan la cocina asiática al hábitat urbano europeo. ¡No aceptan reservas!

🅲🍴🏠🅰️🅲 ⊟ ⇔ – Menú 100€ – Carta 45/90€

Plano: H1-91 – *Serrano 52 (Centro Comercial El Corte Inglés, ático)* ✉ *28001* –
Ⓜ *Serrano* – ☎ *915 31 98 84* – *www.streetxo.com*

TABERNA PEDRAZA 🔟

TRADICIONAL · **INFORMAL** X Coqueto local que tiene fama tanto por el Cocido como por su Tortilla de Betanzos, hasta el punto de tener un contador que indica... ¡cuántas tortillas han servido desde 2014!

🅰️🅲 ⊟ ⇔ – Carta 45/60€

Plano: H2-38 – *Recoletos 4* ✉ *28001* – Ⓜ *Banco de España* – ☎ *913 42 82 40* –
www.tabernapedraza.com – Cerrado lunes, cena: martes, cena: domingo

Chamartín, Tetuán

✿✿✿ DIVERXO

Chef: Dabiz Muñoz

CREATIVA · **DE DISEÑO** XXX ¡Vanguardia o morir! Bajo este lema, uno de los muchos que anclan el onírico mundo del chef David Muñoz (también llamado Dabiz) a la realidad, encontraremos la esencia de DiverXO, un espacio transgresor que sorprende tanto por su propuesta culinaria como por su labor de interiorismo, pues encontrará los cerdos voladores que le han acompañado siempre, calaveras con cresta, cientos de mariposas, enormes hormigas cromadas...

David, fiel a sí mismo, apuesta por un único menú degustación con una cocina tremendamente viajera, divertida, irreverente y, sobre todo, libre, pues rompe con todos los cánones para no fallar a su heterogénea clientela, siempre ávida de experiencias y abierta a vivir una metafórica "orgía" de sabores. Reserve con tiempo, pues... ¡su lista de espera es de varios meses!

🕹️ 🅰️🅲 ⊟ 🚗 – Menú 350€

Plano: C1-5 – *Hotel NH Collection Eurobuilding, Padre Damián 23* ✉ *28036* –
Ⓜ *Cuzco* – ☎ *915 70 07 66* – *www.diverxo.com – Cerrado lunes, martes, domingo*

⚜ A'BARRA

INTERNACIONAL · DE DISEÑO XxX Un proyecto gastronómico del Grupo Álbora donde toman enorme relevancia los productos Joselito, con el cerdo ibérico como indiscutible protagonista.

El local, vestido con maderas nobles y obras de reconocidos artistas, deslumbra tanto por su distribución espacial como por sus líneas vanguardistas, diversificando la experiencia entre su elegante comedor, la barra circular orientada al Show Cooking y una exclusiva Mesa del Chef. "Sin producto no hay cocina", por eso buscan que el cliente experimente múltiples sensaciones desde el sabor, a través del menú degustación o de una carta (con opción de medias raciones) que combina los platos tradicionales españoles con otros, más clásicos, de la cocina internacional. ¡Permita que su magnífico sumiller, Valerio Carrera, le seleccione el maridaje!

&& & 🕍 ✥ – Menú 120 € – Carta 65/100 €

Plano: C2-6 – *Del Pinar 15* ✉ *28006* – 🚇 *Gregorio Marañón* – 𝄞 *910 21 00 61* – *www.restauranteabarra.com* – *Cerrado cena: lunes, domingo*

⚜ GAYTÁN

Chef: Javier Aranda

MODERNA · DE DISEÑO XX Gaytán no es un restaurante al uso, sino más bien... ¡el sueño del chef Javier Aranda convertido en realidad!

El espacio, que deslumbra nada más entrar y presenta un interior con muchos detalles de diseño, está presidido por unas originales columnas en madera que flanquean la gran cocina abierta, tomando esta todo el protagonismo sobre la sala para que los comensales participen del proceso creativo. Su propuesta gastronómica, complementada por una pequeña carta para el cliente de empresa los días laborables, quiere ensalzar lo que aquí definen como las "joyas de temporada", algo que consiguen a través del menú Inaurem ("joya" o "alhaja" en latín) y especialmente con el menú Javier Aranda, más completo, pues este último desvela los pasos y técnicas dados para conseguir cada plato.

& 🕍 – Menú 88/137 € – Carta 50/75 €

Plano: C1-7 – *Príncipe de Vergara 205 (lateral)* ✉ *28002* – 🚇 *Concha Espina* – 𝄞 *913 48 50 30* – *www.chefjavieraranda.com* – *Cerrado lunes, domingo*

⚜ KABUKI

JAPONESA · MINIMALISTA XX "No debemos seguir las huellas de los clásicos, debemos buscar lo que ellos buscaron". Tras estas inspiradoras palabras del poeta japonés Matsuo Bashō es más fácil entender un restaurante como este, todo un símbolo, pues aquí germinó en el año 2000 la esencia del Grupo Kabuki.

Con su nombre, que nos transporta al teatro nipón del periodo Edo, nos posicionan ante una propuesta de inspiración oriental; eso sí, trasformada, pues aquí es donde apareció por primera vez, sobre todo a través de sus famosos Nigiris, la acertada fusión entre la cocina mediterránea y la tradicional de Japón. Hoy, consolidada la propuesta, encontrará una culinaria japonesa con toques ibéricos (Huevo de codorniz con paté de trufa blanca, Usuzukuri bocata de calamar, Usuzukuri de toro con pan y tomate...).

🍴 🕍 – Menú 90 € – Carta 70/95 €

Plano: C1-8 – *Avenida Presidente Carmona 2* ✉ *28020* – 🚇 *Santiago Bernabeu* – 𝄞 *914 17 64 15* – *www.grupokabuki.com* – *Cerrado lunes, cena: domingo*

⚐ QUINQUÉ

TRADICIONAL · BISTRÓ X Un negocio tipo bistró, bastante acogedor, que lleva la mochila cargada de sueños, pues pone cara al primer proyecto profesional en solitario de los chefs-propietarios, Carlos Griffo y Miguel Ángel García. Tras pasar por varios restaurantes de prestigio, como la mítica Casa Marcial del chef Nacho Manzano, devuelven lo aprendido en lo que ellos conciben como la "comida de casa", una cocina tradicional basada en los productos de temporada; eso sí, actualizada en las formas y respetuosa con el sabor. Suele haber sugerencias, sobre todo para los pescados de lonja, y... ¡ofrecen medias raciones!

🛋 🄰🄲 – Carta 35/50€

Plano: C1-9 – *Apolonio Morales 3* ✉ *28036* – 🚇 *Plaza de Castilla* – 𝒞 *910 73 28 92* – *www.restaurantequinque.es* – *Cerrado cena: lunes, cena: domingo*

SAGRARIO TRADICIÓN 🄾

TRADICIONAL · **TENDENCIA** X Se encuentra en el entorno del Santiago Bernabéu y aspira a recuperar la tradición, con especial atención a la gastronomía madrileña e intentando siempre poner los platos al día. En este restaurante, que sorprende con una cámara-expositor en la que muestran sus carnes maduradas (no solo de vacuno, sino también de aves y cerdo), trabajan mucho a la parrilla y apuestan por una carta en la que no faltan las sugerencias diarias y los clásicos de la casa (Torreznos, Callos, Ancas de rana...). Deje que Nico, pendiente de todo en la sala, le recomiende algún vino, pues... ¡tiene alma de bodeguero!

🛋 🄰🄲 – Carta 30/43€

Plano: C1-113 – *Plaza de Valparaíso 3* ✉ *28016* – 🚇 *Colombia* – 𝒞 *914 57 91 39* – *www.restaurantesagrario.com* – *Cerrado lunes, martes*

ZALACAÍN 🄾

CLÁSICA · **ELEGANTE** XxxX ¡Un gran icono de la hostelería española! La carta, no exenta de platos históricos (Búcaro "Don Pío, Bacalao Tellagorri, Steak Tartare...), también ofrece un menú degustación.

🕸 🅱 🄰🄲 ⇔ – Menú 120€ – Carta 80/110€

Plano: C2-104 – *Álvarez de Baena 4* ✉ *28006* – 🚇 *Gregorio Marañón* – 𝒞 *911 40 14 14* – *www.zalacain.es* – *Cerrado domingo*

LA GUISANDERA DE PIÑERA 🄾

ASTURIANA · **MARCO CONTEMPORÁNEO** XX Ofrece una cocina tradicional asturiana con sabrosos guisos y platos emblemáticos de esa tierra (Arroz con pitu de caleya, Fabada asturiana "La Guisandera", Arroz con leche...).

🛋 🄰🄲 ⇔ – Menú 45/65€ – Carta 40/58€

Plano: C1-110 – *Rosario Pino 12* ✉ *28020* – 🚇 *Valdeacederas* – 𝒞 *914 25 14 25* – *www.laguisanderadepinera.com* – *Cerrado cena: lunes, cena: domingo*

IZTAC 🄾

MEXICANA · **MARCO CONTEMPORÁNEO** XX Un mexicano de bello interiorismo que recuerda, con su decoración, una leyenda en torno a dos volcanes. La oferta, de alta cocina, recorre las nueve zonas culinarias del país.

🍷 🛋 🄰🄲 – Carta 40/55€

Plano: C1-112 – *Plaza de la República de Ecuador 4* ✉ *28016* – 🚇 *Colombia* – 𝒞 *910 09 02 35* – *www.iztac.es* – *Cerrado cena: domingo*

99 SUSHI BAR

JAPONESA · **DE DISEÑO** XX Un local con muchísimo éxito, pues los platos nipones tradicionales conviven en armonía con aquellos que buscan la fusión con la cocina española. ¡Pruebe sus Gyozas de jabalí!

🅱 🄰🄲 – Menú 105€ – Carta 60/90€

Plano: C1-12 – *Hotel NH Collection Eurobuilding, Padre Damián 23* ✉ *28036* – 🚇 *Cuzco* – 𝒞 *913 59 38 01* – *www.99sushibar.com* – *Cerrado cena: domingo*

ROCACHO

TRADICIONAL · **MARCO CONTEMPORÁNEO** XX Un asador contemporáneo que apuesta por el producto, con platos de temporada, pescados salvajes, carnes de vacuno mayor a la parrilla, arroces... ¡Buenas jornadas gastronómicas!

🛋 🄰🄲 – Menú 50/150€ – Carta 50/65€

Plano: C1-13 – *Padre Damián 38* ✉ *28036* – 🚇 *Cuzco* – 𝒞 *914 21 97 70* – *www.rocacho.com*

RUBAIYAT MADRID

CARNES A LA PARRILLA · **BRASSERIE** XX Descubra el auténtico sabor de São Paulo degustando la típica Feijoada (mínimo dos personas) o su completa selección de carnes. ¡Fantástica terraza con árboles y vegetación!

❀ 🏠 & 🅰🄲 🖳 ⇔ – Carta 60/75€

Plano: C1-14 – *Juan Ramón Jiménez 37* ✉ *28036* – Ⓜ *Cuzco* – 𝒞 *913 59 10 00* – *www.gruporubaiyat.com* – *Cerrado cena: domingo*

DESENCAJA BISTRO

TRADICIONAL · **BISTRÓ** 🗙 Coqueto local tipo bistró donde se apuesta por una cocina tradicional actualizada, con algunos platos de la culinaria clásica-internacional. ¡Interesantes menús degustación!

🅰🄲 – Menú 39/82€ – Carta 40/55€

Plano: C1-16 – *Paseo de la Habana 84* ✉ *28036* – Ⓜ *Colombia* – 𝒞 *914 57 56 68* – *www.dsncaja.com* – *Cerrado lunes, domingo*

FONDA DE LA CONFIANZA ⓝ

TRADICIONAL · **AMBIENTE CLÁSICO** 🗙 Llevado por dos profesionales, uno en la sala y el otro tras los fogones. Carta tradicional, con un apartado de arroces y guiños culinarios a varios chefs. ¡Coqueta terraza!

🏠 & 🅰🄲 ⇔ – Carta 45/65€

Plano: C1-111 – *General Gallegos 1* ✉ *28036* – Ⓜ *Cuzco* – 𝒞 *915 61 33 65* – *www.fondalaconfianza.com* – *Cerrado cena: domingo*

Chamberí

✿✿ COQUE

Chef: Mario Sandoval

CREATIVA · **DE DISEÑO** 🗙🗙🗙🗙 Referirse a los hermanos Sandoval (Mario tras los fogones, Diego como jefe de sala y Rafael en labores de sumiller) supone, automáticamente, descubrirse ante tres ases de la hostelería española.

El magnífico restaurante, con unos 1.100 m², multiplica la experiencia al plantearse esta como etapas (coctelería, bodega, cocina, taller...) de un recorrido por sus elegantes instalaciones, diseñadas por el interiorista Jean Porsche bajo un código visual que potencia las sensaciones. El chef Mario Sandoval, concienciado con la alimentación responsable (mindful eating), plantea a través de su expresivo menú In Bloom (tiene una versión vegana) una cocina creativa fiel a las raíces familiares, de ahí el mítico Cochinillo lechón con su piel crujiente lacada. ¡La armonía de vinos sublima cada bocado!

✿ *El compromiso del Chef:* "Apoyamos la economía circular, reducimos los residuos y fomentamos tanto la investigación como la concienciación. La mayoría de los productos son de proximidad y tenemos una finca en la sierra (El Jaral de la Mira) con una huerta donde recuperamos cultivos en desuso."

❀ & 🅰🄲 🖳 – Menú 198/230€

Plano: C3-45 – *Marqués de Riscal 11* ✉ *28010* – Ⓜ *Rubén Darío* – 𝒞 *916 04 02 02* – *www.restaurantecoque.com* – *Cerrado lunes, domingo*

✿✿ SMOKED ROOM ⓝ

ACTUAL · **TENDENCIA** 🗙🗙🗙 Recuerda un poco a los locales clandestinos y supone toda una experiencia, pues aquí juegan genialmente con los sabores y aromas ahumados sin saturar nunca el paladar.

Presenta un acceso independiente respecto al Hotel Hyatt Regency Hesperia Madrid y, enfocándose como una opción exclusiva, comparte espacio con el restaurante Leña Madrid. En la sala, íntima y cuidada desde el punto de vista estético, encontrará una barra de aire nipón frente a la cocina y solo dos mesas. La sutil propuesta, sujeta a un único menú degustación bajo el lema "Todo es humo", tiene como hilo conductor la ejecución de ligeros ahumados y el trabajo con brasas, siempre desde acertadas combinaciones en base al mejor producto de temporada, pescados y carnes maduradas, algas... ¡Sentirá mágicas explosiones de sabor!

❀ 🅰🄲 🖳 🍴 – Menú 135€

Plano: C2-106 – *Hotel Hyatt Regency Hesperia Madrid, Paseo de la Castellana 57* ✉ *28046* – Ⓜ *Gregorio Marañón* – 𝒞 *911 08 62 77* – *www.grupodanigarcia.com* – *Cerrado lunes, domingo*

SADDLE

ACTUAL · ELEGANTE 🕸🕸🕸 Se encuentra frente al Ministerio del Interior y con su nombre, que significa silla de montar en inglés, hace un guiño a Jockey, el mítico restaurante que ocupó este local y que hizo historia en la gastronomía madrileña.

En esencia, y trasladando ya la estética a nuestros días, esta casa replica la filosofía y el buen hacer de los establecimientos de lujo de antaño, por eso buscan que el confort y el servicio sean impecables a la hora de proponer una cocina contemporánea de excelencia en base al recetario clásico. Encontrará amplitud, luminosidad, elegancia, varios privados, un jardín interior... y en lo gastronómico, tanto una carta clásica-actual (con la opción de medias raciones) como un buen menú degustación. ¡Constante trasiego de carros (mantequillas, panes, quesos, licores...)!

🕸🍽 ♿ 🅰 🗄 ✿ – Menú 120€ – Carta 85/110€

Plano: G1-92 – *Amador de los Ríos 6* ✉ 28010 – ⓂColón – ☎ 912 16 39 36 – www.saddle-madrid.com – *Cerrado domingo*

CLOS MADRID

MODERNA · MARCO CONTEMPORÁNEO 🕸🕸 La gran apuesta del sumiller y restaurador Marcos Granda, el propietario del famoso restaurante Skina de Marbella, que ha llegado a la capital con una propuesta diferente donde la cocina y la bodega estén a la misma altura.

El local, de ambiente contemporáneo, resulta perfecto para degustar una cocina actual de marcados tintes creativos, tomando siempre como base los sabores tradicionales y los productos de los mejores proveedores nacionales. Aquí el planteamiento gastronómico busca exaltar una máxima de esta casa: "Los grandes restaurantes son aquellos que hacen y logran que el cliente se sienta importante". ¿Sabe lo que significa "Clos"? Es un término francés con el que se hace referencia a una explotación vinícola, normalmente de contrastada calidad, cercada y protegida por un muro.

🛋 ♿ 🅰 ✿ – Menú 70€ (almuerzo), 85/95€ – Carta 60/85€

Plano: B2-18 – *Raimundo Fernández Villaverde 24* ✉ 28003 – ⓂCuatro Caminos – ☎ 910 64 88 05 – www.restauranteclosmadrid.es – *Cerrado domingo*

EL INVERNADERO

Chef: Rodrigo de la Calle

MODERNA · ACOGEDORA 🕸🕸 Rodrigo de la Calle se autodefine como un "domesticador de vegetales" y no le falta razón, pues lo que hace con nuestro entorno verde le ha convertido en una ineludible referencia; de hecho, es uno de los padres de la "gastrobotánica".

En su restaurante, que deja la cocina a la vista dentro de un espacio actual-natural, podrá descubrir una filosofía culinaria que convierte a las hortalizas en el hilo conductor de su propuesta, siempre fina, sabrosa, tremendamente técnica y basada en unos menús degustación que no cierran la puerta a poder tomar algún plato de carne o pescado. También sorprenden sus originales fermentados vegetales: kombuchas, tepaches, verduras vinificadas, licuados... ¿Detalles curiosos? Las tarjetas de visita son consecuentes con sus dogmas y... ¡germinan al plantarse!

🕸 *El compromiso del Chef:* "Trabajamos con productores y proveedores cercanos; aprovechándonos de estos recursos, ecológicos y mucho más sostenibles, también elaboramos bebidas fermentadas en base a excedentes y mermas, creando así un valor gastronómico que ansía llegar a generar residuo cero."

♿ 🅰 – Menú 95/150€

Plano: B2-19 – *Ponzano 85* ✉ 28003 – ⓂRíos Rosas – ☎ 628 93 93 67 – www.elinvernaderorestaurante.com – Cerrado lunes, domingo

LÚA

Chef: Manuel Domínguez

MODERNA · ACOGEDORA 🕸🕸 Hay muchos restaurantes gallegos en Madrid; sin embargo, lo que no es habitual es encontrar uno que resulte personal, cercano, innovador, diferente... buscando, en esencia, el ser "una casa de comidas del s. XXI".

Mahou

★ ★ ★ ★ ★

UN LUGAR *para* ENCONTRARNOS

La vida *es* *más* vida cuando *nos* encontramos.

Mahou recomienda el consumo responsable. 5,5º

SOLÁN DE CABRAS

GAS

INESPERADAMENTE
CRUJIENTE

Tan equilibrada, ligera y elegante como te esperab
Y sin embargo sorprendentemente crujiente a la vez.

Descubre las refrescantes sensaciones de la nue
Solán de Cabras con GAS. Un agua de burbuja fir
ligera y con un crujido final verdaderamente inesperad

Nuestro vidrio puede ser reutilizado infinitas veces #ReciclaTuBotella

La propuesta del chef orensano Manuel Domínguez, hijo de auténticos "pulpeiros", ve la luz tanto en las salas interiores, ambas decoradas con una cálida rusticidad y obras de arte contemporáneas, como en su cuidada terraza. Los platos, a la carta o en el menú degustación, dejan ver una cocina actual de marcadas raíces celtas, siempre con ingredientes de temporada que juegan a encumbrarse entre sí. Dice una canción que "Hay un gallego en la luna"... lo cierto con Lúa (luna en gallego), por suerte para nosotros, es que tenemos un maravilloso "lunático" triunfando en la capital.

🅰️ 🛋️ – Menú 78€ – Carta 50/70€

Plano: B2-46 – *Eduardo Dato 5* ✉ *28003* – Ⓜ *Rubén Darío* – ☎ *913 95 28 53* – *www.restaurantelua.com* – *Cerrado lunes, cena: domingo*

❀ **QUIMBAYA** ⓝ

Chef: Edwin Rodríguez

COLOMBIANA · MINIMALISTA XX ¿Le apetece viajar con el paladar? Aquí tiene una maravillosa oportunidad para hacerlo, pues el chef Edwin Rodríguez ha sabido trasladar los sabores de su Colombia natal.

El local, que toma el nombre de una etnia indígena famosa por su labor de orfebrería áurea, se presenta con una pequeña barra donde encontraremos una magnífica relación de destilados colombianos y a continuación el comedor, minimalista y con la cocina abierta para que, en cierto modo, el cliente pueda interactuar con los cocineros. La carta, con buenos platos de autor, se completa con un menú degustación que desarrolla un viaje por las distintas regiones de Colombia, con sabores transversales derivados de sus tierras en altura, de la biodiversidad de sus llanuras y de los accesos tanto al Pacífico como al mar Caribe.

♿ 🅰️ – Menú 65€ – Carta 40/60€

Plano: C2-108 – *Zurbano 63* ✉ *28001* – Ⓜ *Gregorio Marañón* – ☎ *912 40 18 96* – *www.quimbayarestaurant.com* – *Cerrado lunes, cena: domingo*

☺ **BACIRA**

FUSIÓN · VINTAGE X Un restaurante de éxito que refrenda valores como la amistad, el esfuerzo y, sobre todo, el amor por los fogones; esos tres pilares son sobre los que crece esta casa, llevada con dedicación entre Carlos Langreo, Vicente de la Red y Gabriel Zapata, los tres chefs-socios, especializados en diferentes cocinas (la tradicional mediterránea, la japonesa y la nikkei) pero receptivos a nuevas tendencias y proclives a una gastronomía de fusión. El local, que llama la atención por sus esbeltas columnas de hierro fundido, no puede resultar más acogedor, con un ambiente informal y una estética vintage.

🅰️ 🛋️ – Carta 30/45€

Plano: B2-47 – *Castillo 16* ✉ *28010* – Ⓜ *Iglesia* – ☎ *918 66 40 30* – *www.bacira.es* – *Cerrado lunes, cena: martes, cena: domingo*

☺ **BOLÍVAR**

TRADICIONAL · FAMILIAR X Una de las opciones más interesantes para comer en el corazón de Madrid, en el castizo y popular barrio de Malasaña. El local, algo pequeño pero bien llevado en familia y adaptado estéticamente a los gustos actuales, apuesta desde hace medio siglo por una cocina tradicional de mercado muy bien elaborada. La carta resulta bastante completa... sin embargo, aquí recomendamos descubrir algún menú, pues estos desgranan mejor los matices de su propuesta y suelen introducir un pequeño maridaje al cambiar el vino en función de los platos. ¿Un clásico de la casa? Las Croquetas caseras de langostinos.

🅰️ – Menú 20€ (almuerzo), 25/39€ – Carta 33/45€

Plano: F1-93 – *Manuela Malasaña 28* ✉ *28004* – Ⓜ *San Bernardo* – ☎ *914 45 12 74* – *www.restaurantebolivar.com* – *Cerrado cena: domingo*

GALA

COCINA DE MERCADO · ÍNTIMA ✗ Se halla junto a Nuevos Ministerios y ya podría ser considerado un clásico de la capital, pues no son muchos los restaurantes que consiguen celebrar sus bodas de plata a pleno rendimiento. Cuenta con un coqueto comedor y un privado, ambos de estética actual, donde le ofrecerán una cocina tradicional actualizada, de mercado y de temporada, que siempre se ve enriquecida con algún que otro menú e interesantes jornadas gastronómicas, como las que suelen organizar dedicadas a las setas. Las especialidades más solicitadas por sus clientes son el Steak tartare y alguno de los platos con atún rojo.

AC ⇄ – Menú 35/60 € – Carta 35/50 €

Plano: B2-20 – Espronceda 14 ✉ 28003 – Ⓜ Alonso Cano – ℰ 914 42 22 44 – www.restaurantegala.com – Cerrado cena: lunes, cena: domingo

GARELOS Ⓝ

GALLEGA · TABERNA ✗ Una taberna gallega, sencilla y en dos alturas, que apuesta sin complejos por la autenticidad, pues en base a unas materias primas escogidas defiende una cocina tradicional de tintes caseros, esa que los gallegos buscarían para aplacar, con el paladar, los días cargados de morriña. ¿Especialidades para no perderse? Pruebe la Tortilla de Betanzos (se caracteriza por presentar el interior sin cuajar), su riquísima Empanada gallega (cambian de ingredientes cada día), el Cañón de Sanchón (exquisita carne de ternera asada), la cremosa Tarta de queso... ¡Los jueves triunfan más con los mariscos!

AC – Menú 15 € (almuerzo)/20 € – Carta 30/45 €

Plano: G1-15 – Blanca de Navarra 6 ✉ 28010 – Ⓜ Colón – ℰ 910 58 89 56 – www.garelos.es – Cerrado lunes, cena: domingo

LA MAMÁ

TRADICIONAL · SENCILLA ✗ La sencillez no está reñida con el gusto y en este restaurante se nota nada más entrar, pues la pareja al frente (María y Marcos) ha apostado sin complejos por una decoración "low cost" que refleje su propia personalidad. La propuesta, rica en matices heredados por el chef tras su formación en El Ermitaño (una Estrella MICHELIN, Benavente), busca una cocina tradicional de corte emocional, pues pretende poner al día la cocina de nuestras madres aportándole algún que otro toque innovador. La carta se completa con dos menús, uno con grandes clásicos de la casa y otro con platos más de temporada.

AC ⇄ – Menú 35/49 € – Carta 28/44 €

Plano: B2-21 – María Panes 6 ✉ 28003 – Ⓜ Nuevos Ministerios – ℰ 910 61 97 64 – www.lamamarestaurante.com – Cerrado cena: lunes-miércoles, cena: domingo

LAS TORTILLAS DE GABINO

TRADICIONAL · ACOGEDORA ✗ Está bien llevado entre dos hermanos y recibió este nombre como homenaje al cocinero de La Ancha, un popular restaurante de Madrid que fue fundado por su abuelo hacia los años 30. Las Tortillas de Gabino se encuentra en pleno barrio de Chamberí, con un íntimo recibidor, un privado, una cava acristalada y dos salas de estética actual, ambas comunicadas entre sí por un pasillo que da acceso a la cocina, siempre visible. Su carta tradicional actualizada se completa con un magnífico apartado de tortillas, destacando entre ellas la Velazqueña, que es la tradicional de patatas, y la Trufada.

🍴 AC ⇄ – Carta 35/50 €

Plano: C2-48 – Rafael Calvo 20 ✉ 28010 – Ⓜ Rubén Darío – ℰ 913 19 75 05 – www.lastortillasdegabino.com – Cerrado domingo

BENARES

HINDÚ · AMBIENTE CLÁSICO ✗✗✗ Sigue de cerca los pasos del restaurante homónimo en Londres y destaca tanto por la propuesta culinaria, india actualizada, como por su agradable terraza-jardín, con estanque.

🍴 AC ⇄ – Menú 22 € (almuerzo), 25/60 € – Carta 35/55 €

Plano: G1-94 – Zurbano 5 ✉ 28010 – Ⓜ Alonso Martínez – ℰ 913 19 87 16 – www.benaresmadrid.com

LEÑA MADRID ⓝ

CARNES A LA PARRILLA · **MARCO CONTEMPORÁNEO** ✗✗ Local de bello interiorismo y filosofía steakhouse que sigue las directrices del chef Dani García. Platos a la parrilla, con carnes de distintos tipos, cortes y maduraciones.

🕸 🅐🅒 ⊡ ⇄ 🚗 – Carta 50/70 €

Plano: C2-105 – *Hotel Hyatt Regency Hesperia Madrid, Paseo de la Castellana 57* ✉ *28046* – Ⓜ *Gregorio Marañón* – ℰ *911 08 55 66* – *www.grupodanigarcia.com*

FAYER ⓝ

FUSIÓN · **MARCO CONTEMPORÁNEO** ✗✗ Un curioso restaurante, de aire contemporáneo-minimalista, donde fusionan la cocina israelí con la parrilla argentina. ¿Especialidades? Pruebe su especiado Pastrón con hueso.

🍽 ⅀ 🅐🅒 – Menú 30/55 € – Carta 40/55 €

Plano: G1-11 – *Orfila 7* ✉ *28001* – Ⓜ *Alonso Martinez* – ℰ *910 05 32 90* – *www.fayer.com* – *Cerrado lunes, cena: domingo*

FOKACHA ⓝ

ITALIANA · **MARCO CONTEMPORÁNEO** ✗✗ Una "trattoria" con el sello del restaurante Lakasa, a escasos metros. Cocina transalpina muy personal, combinando los mejores productos de mercado italianos y españoles.

🍴 ⅀ 🅐🅒 – Menú 30/60 € – Carta 30/60 €

Plano: B2-103 – *Plaza del Descubridor Diego de Ordás 3* ✉ *28001* – Ⓜ *Ríos Rosas* – ℰ *911 74 95 33* – *www.fokacha.es* – *Cerrado lunes, domingo*

LAKASA

COCINA DE MERCADO · **TENDENCIA** ✗✗ En auge, hasta el punto de que también hay que reservar las mesas del gastrobar. Cocina de mercado, con renovación constante de la carta y la posibilidad de medias raciones.

🍴 ⅀ 🅐🅒 – Carta 45/70 €

Plano: B2-22 – *Plaza del Descubridor Diego de Ordás 1* ✉ *28003* – Ⓜ *Rios Rosas* – ℰ *915 33 87 15* – *www.lakasa.es* – *Cerrado sábado, domingo*

PONCELET CHEESE BAR

TRADICIONAL · **MARCO CONTEMPORÁNEO** ✗✗ Un espacio de diseño innovador que toma los quesos por leitmotiv, pues oferta hasta 150 tipos contando sus tablas, fondues y raclettes. ¡También hay platos sin este producto!

⅀ 🅐🅒 ⇄ – Carta 40/60 €

Plano: C2-27 – *José Abascal 61* ✉ *28003* – Ⓜ *Gregorio Marañón* – ℰ *913 99 25 50* – *www.ponceletcheesebar.es* – *Cerrado lunes, martes, cena: domingo*

SOY KITCHEN

FUSIÓN · **A LA MODA** ✗✗ "Julio" Zhang (Yong Ping Zhang) ofrece una propuesta única que fusiona la cocina asiática (China, Corea, Japón...) con la española. Fantásticos Dim Sum y... ¡menús sorpresa!

🅐🅒 ⇄ – Menú 60/70 € – Carta 45/65 €

Plano: C2-23 – *Zurbano 59* ✉ *28010* – Ⓜ *Gregorio Marañón* – ℰ *913 19 25 51* – *www.soykitchen.es* – *Cerrado lunes, cena: domingo*

ASIAKŌ ⓝ

FUSIÓN · **MARCO CONTEMPORÁNEO** ✗ Pequeño y original restaurante que sorprende por su cocina, vasco-asiática de fusión. ¿El hilo conductor de todo? La parrilla, las brasas y unas materias primas de calidad.

🅐🅒 – Carta 50/100 €

Plano: C3-109 – *Marqués de Riscal 5* ✉ *28010* – Ⓜ *Rubén Dario* – ℰ *914 21 30 77* – *www.srito.es* – *Cerrado lunes, cena: domingo*

CANDELI

COCINA DE MERCADO · MARCO CONTEMPORÁNEO X Llevado por dos hermanos que confían en la cocina de producto, sin artificios, trabajando con pescados del día y carnes maduradas. ¡Las brasas son las grandes protagonistas!

🏠 ᣮ 🗚 – Carta 40/55 €

Plano: B2-24 – *Ponzano 47* ✉ *28003* – 🅼 *Ríos Rosas* – ☏ *917 37 70 86 –*
www.restaurantecandeli.com – Cerrado cena: domingo

COQUETTO

TRADICIONAL · BISTRÓ X Tiene el sello de los hermanos Sandoval y su nombre hace un guiño a la casa madre (Coque, dos Estrellas MICHELIN). Bistró de carácter informal donde se enaltece el producto.

ᣮ 🗚 – Carta 55/70 €

Plano: G1-95 – *Fortuny 2* ✉ *28010* – 🅼 *Colón* – ☏ *916 25 62 92 –*
www.coquettobar.com – Cerrado cena: lunes, cena: domingo

FISMULER

TRADICIONAL · TENDENCIA X ¡Gastronomía e interiorismo! Presenta un ambiente retro-industrial de extrema austeridad donde, de forma desenfadada, sirven una cocina tradicional muy bien actualizada.

ᣮ 🗚 – Carta 45/55 €

Plano: G1-96 – *Sagasta 29* ✉ *28004* – 🅼 *Alonso Martínez* – ☏ *918 27 75 81 –*
www.fismuler.com – Cerrado domingo

IZARIYA 🅾

JAPONESA · AMBIENTE ORIENTAL X No es un japonés al uso, pues defiende esa cocina Kaiseki de pequeños y exquisitos bocados que se toman, como entrantes, en los banquetes oficiales o en la ceremonia del té.

🗚 – Carta 20/85 €

Plano: C2-107 – *Zurbano 63* ✉ *28010* – 🅼 *Gregorio Marañón* – ☏ *913 08 38 12 –*
www.izariya.com – Cerrado domingo

KAPPO

JAPONESA · TENDENCIA X Kappo significa cocinar y hace referencia a la cocina japonesa tradicional, aunque algo más sofisticada. El protagonismo está en la barra de sushi y ofrecen un menú Omakase.

🗚 – Menú 60/80 €

Plano: C2-25 – *Bretón de los Herreros 54* ✉ *28003* – 🅼 *Gregorio Marañón –*
☏ *910 42 00 66 – www.restaurantekappo.com –*
Cerrado lunes, domingo

MEMBIBRE

TRADICIONAL · AMBIENTE CLÁSICO X Toma su nombre del apellido familiar. El chef apuesta por la cocina de mercado, con grandes clásicos actualizados, carnes para compartir y algunos platos de caza afrancesados.

ᣮ 🗚 ⇔ – Menú 65/85 € – Carta 45/70 €

Plano: B2-51 – *Guzmán el Bueno 40* ✉ *28015* – 🅼 *Islas Filipinas* – ☏ *915 43 31 48 –*
www.restaurantemembibre.com –
Cerrado lunes, cena: martes-miércoles, cena: domingo

MIYAMA

JAPONESA · SENCILLA X Restaurante nipón con un gran nivel de aceptación, también entre los clientes japoneses. En su única sala conviven la amplia barra de sushi, en la que se puede comer, y unas mesas de sencillo montaje. Cocina tradicional japonesa de calidad.

🗚 – Menú 28 € (almuerzo) – Carta 50/80 €

Plano: C2-26 – *Paseo de la Castellana 45* ✉ *28046* – 🅼 *Gregorio Marañón –*
☏ *913 91 00 26 – www.restaurantemiyama.com – Cerrado domingo*

PUNTARENA

MEXICANA · **MARCO CONTEMPORÁNEO** X Se halla en la Casa de México y aborda, en un ambiente actual, una cocina marinera de tintes oceánicos, con algo de fusión y platos para compartir. ¡Pruebe su Pulpo enamorado!

🍽 🌿 ⅙ 🅰 – Carta 35/65 €

Plano: B3-52 – *Alberto Aguilera 20* ✉ *28015* – 🛇 *San Bernardo* – ☏ *914 93 99 54* – *www.puntarenamadrid.com* – *Cerrado cena: domingo*

TORI-KEY

JAPONESA · **SIMPÁTICA** X Un japonés diferente, pues huye de la habitual propuesta fría a base de sushi para abordar el mundo de la cocina Yakitori, la centrada en las brochetas de pollo a la parrilla.

🌿 ⅙ 🅰 – Menú 38/55 € – Carta 35/55 €

Plano: B2-28 – *Plaza del Descubridor Diego de Ordás 2* ✉ *28003* – 🛇 *Ríos Rosas* – ☏ *914 38 86 70* – *Cerrado cena: domingo*

Madrid

ALREDEDORES

Madrid está rodeada de localidades y pueblos, algunos realmente bellísimos, donde se puede comer de maravilla (Alcalá de Henares, Aranjuez, Guadarrama, San Lorenzo de El Escorial, Valdemoro...); sin embargo, tampoco hace falta coger el coche y hacerse una pequeña excursión para darse un homenaje. Si solo busca algo de tranquilidad o un pequeño paréntesis en el habitual estrés urbano aconsejamos que se acerque hasta el Monte de El Pardo, al Norte de la capital, uno de los bosques mediterráneos mejor conservados de toda Europa. Hacia el Este, pero sin salir de la ciudad, también encontrará una buena oferta de establecimientos, todos con atractivas ofertas gastronómicas de tinte tradicional y regional. ¡Buen provecho!

al Este

OVILLO

CREATIVA · INDUSTRIAL XX Un restaurante amplio, luminoso y de estética industrial que enamora tanto por la propuesta, de tinte creativo, como por su filosofía solidaria (proyecto "Cocina Conciencia").

🌭 & 🗚 ⇔ – Menú 49/69 € – Carta 40/60 €

Plano: D2-29 – *Pantoja 8* ✉ *28002* – Ⓜ *Alfonso XIII* –
🕾 *917 37 33 90 – www.ovillo.es –*
Cerrado domingo

CASA D'A TROYA

GALLEGA · MARCO CONTEMPORÁNEO X Casa de larga tradición familiar que se ha renovado bajo las riendas de las nuevas generaciones. Cocina gallega sencilla, de modestas presentaciones y copiosas raciones.

🗚 – Menú 20 € (almuerzo), 35/65 € – Carta 45/70 €

Plano: D1-30 – *Emiliano Barral 14* ✉ *28043* – Ⓜ *Avenida de la Paz* –
🕾 *914 16 44 55 – www.casadatroya.es –*
Cerrado lunes, cena: martes-jueves

JAIZKIBEL

VASCA · **AMBIENTE TRADICIONAL** X Un establecimiento donde el producto y el sabor son los inequívocos protagonistas. Completa carta de cocina vasca tradicional, con apartado de arroces, guisos y bacalaos.

🅰🅺 ⇔ – Menú 46 € – Carta 50/65 €

Fuera de plano – *Albasanz 67 (por Alcalá)* ✉ *28037* – Ⓜ *Suanzes* – ✆ *913 04 16 41* – *www.jaizkibelartesanoscocineros.com* – *Cerrado domingo*

al Norte

FILANDÓN

TRADICIONAL · **MARCO CONTEMPORÁNEO** XXX Negocio tipo asador ubicado en pleno campo. Ofrecen una cocina de producto, con maravillosos pescados a la parrilla y platos ya legendarios, como el famoso Lenguado Evaristo.

� 🍴 ⴴ 🅰🅺 🔲 ⇔ 🅿 – Carta 60/70 €

Fuera de plano – *Carretera Fuencarral-El Pardo (km 1,9 - M 612)* ✉ *28049* – ✆ *917 34 38 26* – *www.filandon.es* – *Cerrado cena: domingo*

BARBILLÓN OYSTER BAR ⑩

ACTUAL · **MARCO CONTEMPORÁNEO** X Un local de ambiente joven y desenfadado que sorprende mucho por su interiorismo, con originales detalles rústicos y de inspiración vintage. Cocina contemporánea de temporada.

🍴 ⴴ 🅰🅺 ⇔ – Carta 37/52 €

Fuera de plano – *Avenida de Valdemarín 169* ✉ *28023* – ✆ *910 17 59 84* – *www.barbillonoyster.com*

MADRIGAL DE LA VERA

Cáceres – Mapa regional **12**–C1 – Mapa de carreteras Michelin nº 576-L13

EL MOLINO ⓝ

ACTUAL · RÚSTICA X Recupera un molino que emana autenticidad, con las paredes en piedra y a orillas de la garganta de Alardos. Aquí, en un entorno natural que es todo un tributo al sosiego, se presenta con una buena zona de bar a la entrada (dotada de chimenea y unas curiosas mesas que reutilizan las antiguas muelas de moler) así como un sencillo comedor, ambos espacios de cálida rusticidad. ¿La oferta? Solo sirven un menú degustación sorpresa, de tinte actual pero con claras bases tradicionales y una apuesta, sin complejos, por las verduras frescas de la zona. ¡Tienen vinos naturales de pequeños productores!

P – Menú 33 €

Garganta de Alardos ⊠ 10480 – ℰ 722 88 50 59 –
www.monsieurmolino.com –
Cerrado lunes, martes, miércoles, jueves, cena: domingo

MAJADAHONDA

Madrid – Mapa regional **15**–A2 – Mapa de carreteras Michelin nº 576-K18

EL VIEJO FOGÓN

MODERNA · RÚSTICA XX Íntimo, de ambiente rústico y llevado por profesionales con muchas inquietudes, lo que se traduce en un constante deseo de evolucionar. Cocina actual rica en detalles.

🏠 🅰🅲 ✿ – Menú 21 € (almuerzo)/48 € – Carta 30/50 €

San Andrés 14 ⊠ 28220 – ℰ 916 39 39 34 –
www.elviejofogon.es –
Cerrado lunes, cena: domingo

MÁLAGA

Málaga – Mapa regional **1**–C2 – Mapa de carreteras Michelin nº 578-V16

✿ JOSÉ CARLOS GARCÍA

CREATIVA · DE DISEÑO XXX Entender al chef José Carlos García supone echar la vista atrás, pues siempre debemos recordar aquel mítico Café de París, el antiguo negocio familiar donde empezó a desfogarse y a labrarse un nombre.

El restaurante sorprende, pues ubicado frente a los lujosos yates del Muelle Uno se presenta como un espacio contemporáneo, elegante a la par que canalla, donde confluyen las vanguardias, el diseño industrial, los jardines verticales, la estética chill out..., todo en sintonía con el Mediterráneo y su luz. La propuesta, delicada, actual y de escuela clásica, ensalza los sabores andaluces y, sobre todo, malagueños (concha fina, pijota de Málaga, pipirrana...), tanto de tierra como de mar, buscando su vertiente más sentimental con un toque de Rock&Roll. ¡Su terraza es una auténtica gozada!

🕸 🏠 ♿ 🅰🅲 – Menú 100/140 €

Plaza de la Capilla (Muelle Uno, Puerto de Málaga) ⊠ 29016 – ℰ 952 00 35 88 –
www.restaurantejcg.com –
Cerrado lunes, domingo

BALAUSTA ⓝ

ESPAÑOLA CONTEMPORÁNEA · AMBIENTE CLÁSICO XX En el patio porticado y cubierto del hotel Palacio Solecio (s. XVIII). Presenta una cocina actual, de base tradicional, que sigue las directrices del chef José Carlos García.

♿ 🅰🅲 **P** – Menú 45 € – Carta 35/50 €

Granada 57-59 (Hotel Palacio Solecio) ⊠ 29015 – ℰ 952 21 60 00 –
www.restaurantebalausta.com

CANDADO GOLF ⓝ

TRADICIONAL · AMBIENTE CLÁSICO XX En las instalaciones de un club de golf (Real Club El Candado), donde destaca por sus relajantes terrazas y sus vistas. Cocina clásica-tradicional y buen apartado de arroces.

🅰🅲 🅿 – Menú 20/60€ – Carta 31/56€

Golf del Candado 2 ⊠ 29018 – 𝒞 952 29 93 41 –
www.elrestaurantedelcandadogolf.es –
Cerrado lunes

CÁVALA 🔘

PESCADOS Y MARISCOS · MARCO CONTEMPORÁNEO 🕆🕆 Espacio contemporáneo que destaca por su cocina vista y su llamativa bodega. La propuesta supone todo un homenaje al mar, actualizando los platos sin transformar los sabores.

🍴 🅰🅲 – Menú 70€ – Carta 26/48€

Alameda de Colón 5 ⊠ 29001 – 𝒞 628 02 13 63

KALEJA

ACTUAL · TENDENCIA 🕆🕆 ¡Elaboraciones de campo en la ciudad! La propuesta, con la "cocina de candela" como protagonista, trasciende en un único menú que se puede extender si come viendo los fogones.

🅰🅲 – Menú 75€

Marquesa de Moya 9 ⊠ 29015 – 𝒞 952 60 00 00 –
www.restaurantekaleja.com –
Cerrado lunes, cena: martes-miércoles, domingo

LA COSMOPOLITA

COCINA DE MERCADO · AMBIENTE MEDITERRÁNEO 🕆 En pleno casco viejo, donde sorprende con una decoración rústica-vintage. Divertida cocina de mercado, en base a producto andaluz pero con toques exóticos. ¡Agradable terraza!

🍴 ♿ 🅰🅲 – Carta 40/60€

José Denís Belgrano 3 ⊠ 29015 – 𝒞 952 21 58 27 –
www.lacosmopolita.es –
Cerrado lunes, domingo

PALODÚ 🔘

ACTUAL · MINIMALISTA 🕆 Una propuesta sorprendente, íntima y de líneas minimalistas. Aquí defienden una cocina creativa en la que prima el producto, la coherencia y el sabor. ¡Terracita exterior!

🍴 ♿ 🅰🅲 – Menú 55/65€ – Carta 35/50€

Carril del Capitán 3 ⊠ 29010 – 𝒞 951 77 71 01 –
www.palodurestaurante.es –
Cerrado lunes, cena: martes-jueves, cena: domingo

TA-KUMI

JAPONESA · SENCILLA 🕆 Un japonés de agradables instalaciones que completa su carta nipona con unos sugerentes menús. Si hace bueno reserve en la terraza y... ¡disfrute de sus vistas a la Alcazaba!

≤ 🍴 🅰🅲 – Menú 52/65€ – Carta 35/55€

Mundo Nuevo 4 ⊠ 29012 – 𝒞 952 06 00 79 –
www.restaurantetakumi.com –
Cerrado lunes, cena: domingo

LA TABERNA DE MIKE PALMER 🔘

TRADICIONAL · RÚSTICA 🕆 Local rústico-actual emplazado en un club hípico, a las afueras de Málaga. Cocina tradicional actualizada, de producto y con muchos platos fuera de carta. ¡Excelente terraza!

🍴 ♿ 🅿 – Carta 33/46€

Camino de los Almendrales (Club Hípico El Pinar) ⊠ 29013 – 𝒞 622 69 71 34 –
www.latabernademikepalmer.com –
Cerrado cena: lunes, martes, cena: miércoles-jueves, cena: domingo

MALLORCA - Balears → Ver Balears

MALPICA DE BERGANTIÑOS

A Coruña – Mapa regional **13**–B1 – Mapa de carreteras Michelin nº 571-C3

✿ AS GARZAS

Chef: Fernando Agrasar

GALLEGA · ACOGEDORA XX Se alza aislado en plena Costa da Morte y está llevado con mimo por el chef Fernando Agrasar, que hoy trabaja allí junto a su esposa (responsable de sala) y su hijo mayor (encargado de los panes y los postres). El cocinero, desde el más absoluto romanticismo, define su restaurante como... "el refugio del fin del mundo"; en ese agreste escenario, muestra las excelencias de los productos gallegos de temporada, con toques de creatividad e impecable ejecución, desde un riquísimo Pulpo a un sabroso Arroz con bogavante... y por supuesto, esos pescados y mariscos de perfecta cocción que inundan de sabor el paladar.

Se disfruta de las vistas desde todas las mesas, pero recomendamos que reserven las ubicadas junto a los ventanales para que contemple mejor los acantilados y la belleza del océano.

⬿ 🄰🄲 **P** – Menú 70/90€

Porto Barizo 40 (Barizo, Oeste 7 km, carretera DP 4306, km 2,7) ✉ *15113 –*
℘ 981 72 17 65 – www.asgarzas.com – Cerrado lunes, cena: martes-jueves,
cena: domingo

LA MANGA DEL MAR MENOR

Murcia – Mapa regional **16**–B3 – Mapa de carreteras Michelin nº 577-T27

㊉ MALVASÍA

TRADICIONAL · AMBIENTE CLÁSICO XX Este atractivo restaurante, instalado en una urbanización, disfruta de una fachada moderna que sirve como perfecto prefacio para lo que veremos en el interior, un espacio de estética actual con detalles de diseño y una decoración dedicada al mundo del vino. Desde sus fogones apuestan por una cocina de tinte actual-creativo... eso sí, siempre tomando como base el recetario tradicional e internacional. En buena lógica con el marco también poseen una selecta bodega. ¿Desea probar algo especial? Pida su Tartar de atún, el Arroz Malvasía o el suculento Mújol con tomate y huevo escalfado.

🄰🄲 ㊉ – Menú 35€ – Carta 35/45€

Avenida de Julieta Orbaiceta 6 (Urbanización Playa Honda, Sur 5 km) ✉ *30385 –*
℘ 968 14 50 73 – www.restaurantemalvasia.com – Cerrado lunes, cena: domingo

MANRESA

Barcelona – Mapa regional **10**–A2 – Mapa de carreteras Michelin nº 574-G35

CAU DE L'ATENEU ⓝ

MODERNA · MARCO CONTEMPORÁNEO XxX Recupera el magnífico Ateneo de Manresa y tiene tras los fogones a un matrimonio (Xaro y Jacint). Cocina tradicional actualizada, de cuidado producto y mimadas presentaciones.

🄰🄲 ㊉ – Menú 22€ (almuerzo), 54/74€

Les Piques 1 ✉ *08241 – ℘ 938 51 38 59 – www.caudelateneu.com – Cerrado lunes,*
domingo

MAÓ – Balears ➜ Ver Balears (Menorca)

Málaga
Mapa regional 1–B3
Mapa de carreteras Michelin
n° 578-W15

MARBELLA

Disfrute sus maravillosas puestas de sol mientras da una vuelta por el paseo marítimo; recorra las encantadoras callejuelas encaladas del casco viejo; compruebe el ambiente cosmopolita que llena las tiendas y boutiques de la avenida principal; visite algún local de moda para constatar su glamur... y, por supuesto, descubra esa extraordinaria gastronomía local que vive de cara al mar, en los siempre animados bares de tapas, en los chiringuitos con alma "chill out" ubicados a pie de playa o en los elegantes restaurantes de orientación gourmet que hay por toda la ciudad. ¿Platos típicos que no debe dejar de probar? Las populares Frituras de pescado (chopitos, boquerones, cazón...), los famosísimos Espetos de sardinas (todo un clásico en la Costa del Sol), un Gazpacho bien fresquito, ese arraigado Ajoblanco que toma como base la almendra molida... ¡Déjese llevar!

✿✿ SKINA

MODERNA · SIMPÁTICA XX Las joyas suelen encontrarse en espacios singulares, sin embargo... ¡pocas tienen uno tan diminuto! Nos hallamos en las estrechas callejuelas del casco antiguo marbellí, en un local que solo aumenta su capacidad con las mesas de la terraza; Marcos Granda, su propietario, lo explica muy bien: "Skina se agiganta por lo que ofrece".

El chef Mario Cachinero, tras los fogones, plantea una cocina creativa que busca evolucionar el recetario tradicional andaluz y autodefine como "de armonías y contrastes"; eso sí, en base a un exceso tratamiento de todas las materias primas (pescado gallego salvaje capturado de forma artesanal, aceites premium de Jaén producido en olivares de montaña, carnes exclusivas con orientación gourmet...) para respetar aún más su sabor.

🏵 🛋 🆎 ⟷ – Menú 189 € – Carta 165 €

Plano: E1-8 – Aduar 12 ✉ 29601 – ☏ 952 76 52 77 – www.restauranteskina.com – Cerrado lunes, almuerzo: sábado, domingo

✿ MESSINA

Chef: Mauricio Giovanini

CREATIVA · MINIMALISTA XXX Messina refleja el sueño del chef Mauricio Giovanini, que fue más allá de sus raíces argentinas para desarrollar, junto a su esposa, sumiller y jefa de sala (Pía Ninci), su inconformismo culinario.

Tras los fogones busca armonías y la nitidez de cada sabor, siempre en base a una cocina que bebe tanto de la gastronomía europea como de la latinoamericana y la mediterránea, con especial atención al recetario libanés. ¿Matices que lo hacen único? El chef comenzó a despuntar cuando observó que el sabor

299

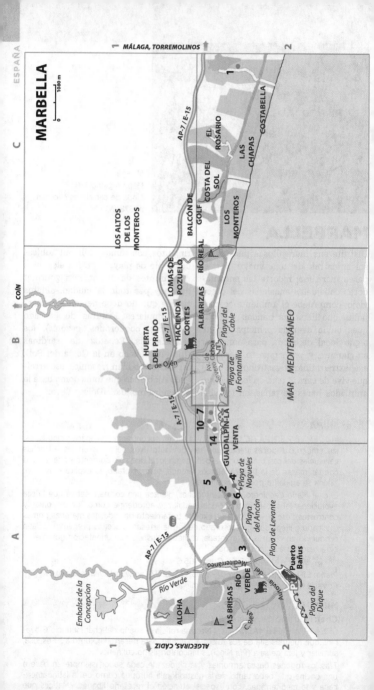

MARBELLA
ESPAÑA

1000 m

MÁLAGA, TORREMOLINOS

COÍN

ALGECIRAS, CÁDIZ

LOS ALTOS DE LOS MONTEROS

HUERTA DEL PRADO

HACIENDA CORTES

LOMAS DE POZUELO

ALBARIZAS

BALCÓN DE GOLF

COSTA DEL SOL

EL ROSARIO

LAS CHAPAS

LOS MONTEROS

COSTABELLA

RÍO REAL

AP-7 / E-15

A-7 / E-15

C. de Ojén

Av. de Severo Ochoa

Playa del Cable

Playa de la Fontanilla

MAR MEDITERRÁNEO

GUADALPÍN-LA VENTA

Playa de Nagüeles

Playa del Ancón

Playa de Levante

AP-7 / E-15

Embalse de la Concepción

Río Verde

RÍO VERDE

LAS BRISAS

ALOHA

Arroyo Real

Arroyo del Mediterráneo

Puerto Banús

Playa del Duque

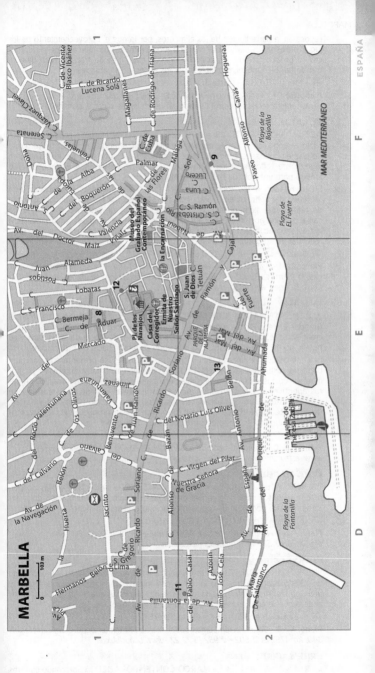

MARBELLA

0 ___ 103 m

MAR MEDITERRÁNEO

ESPAÑA

301

reposa en la parte líquida de los alimentos, por lo que el aprovechamiento de los jugos puros y sus derivados (concentrados, cremas...) ha marcado desde entonces su propuesta; hoy, sigue evolucionando esta línea de trabajo, pero demostrando también muchísimo interés por los espesantes naturales.

🔠 – Menú 75/93 € – Carta 50/70 €

Plano: F2-9 – *Avenida Severo Ochoa 12* ✉ *29603 – ☏ 952 86 48 95 – www.restaurantemessina.com – Cerrado almuerzo: lunes-sábado, domingo*

🏵 EL LAGO

ACTUAL · **ELEGANTE** 🗙🗙 Frente al bullicio estival de Marbella acudir al restaurante El Lago, en la casa-club del Greenlife Golf, supone encontrar un remanso de paz en todos los sentidos, pues la armonía del entorno y las vistas al gran lago, sobre todo desde su maravillosa terraza de verano, son el complemento idóneo para una comida con Estrella MICHELIN.

En lo relativo a los fogones, el chef malagueño Fernando Villasclaras está sabiendo dar continuidad a la apuesta de esta casa por la cocina andaluza actual de temporada, volviendo en base a materias primas de proximidad o Km 0. La carta, con una opción específica y más informal para el mediodía (Midi), potencia el trasfondo ecológico con el menú degustación Sazón, un término que hace referencia al punto óptimo de los productos en cuanto a su perfección o madurez.

🏡 & 🔠 ⇔ 🄿 – Menú 80/90 € – Carta 64/80 €

Plano: C2-1 – *Avenida Marco Polo (Urbanización Elviria Hills, salida Elviria 10 km y desvío 2 km)* ✉ *29603 – ☏ 952 83 23 71 – www.restauranteellago.com – Cerrado lunes, almuerzo: martes-domingo*

🏵 NINTAI 🔘

JAPONESA · **MARCO CONTEMPORÁNEO** 🗙🗙 ¡La última apuesta de Marcos Granda! El reconocido sumiller, un experto a la hora de apuntalar esbozos y crear equipos, volvió de Japón a finales de 2019 maravillado de su cultura y su pasión por las materias primas, lo que abrió su mente hacia un proyecto así.

El local, dotado de líneas puras y grandes ventanales, se presenta con una gran barra de sushi (12 asientos) en la que vemos trabajar, crear e improvisar al "itamae" (el cocinero delante de la tabla), una salita donde invitan a tomar los primeros aperitivos y varios privados. Aquí todo induce al sosiego, el estado idóneo para degustar una oferta basada en dos menús degustación (Omakase y Nintai), de diferente longitud, que varían en función del mejor producto del día. Sorprenden con... ¡una de las mejores cartas de sakes de España!

& 🔠 ⇔ – Menú 95/130 €

Plano: B2-10 – *Ramón Gómez de la Serna 18* ✉ *29600 – ☏ 952 60 89 66 – www.restaurantenintai.com – Cerrado lunes*

LEÑA MARBELLA

CARNES A LA PARRILLA · **MARCO CONTEMPORÁNEO** 🗙🗙🗙 Parrillas Josper, brasas, distintos cortes de carnes maduradas, yakipinchos (adaptación del yakitori japonés)... todo con un toque internacional y el sello del chef Dani García.

🕸 🏡 & 🔠 – Menú 60/100 € – Carta 45/70 €

Plano: A2-2 – *Boulevard Príncipe Alfonso von Hohenlohe* ✉ *29600 – ☏ 952 76 42 52 – www.grupodanigarcia.com*

BOHO CLUB

MODERNA · **TENDENCIA** 🗙🗙 Se encuentra en el hotel homónimo y presume de un diseño bastante fresco e informal, con música ambiente, mesas desnudas y una terraza muy chic. Cocina moderna-internacional adaptada a los sabores andaluces, siempre en base a los productos de proximidad.

🏡 & 🔠 🄿 – Menú 50/73 € – Carta 50/75 €

Plano: A2-3 – *Urbanización Lomas de Rio Verde 144 (Hotel Boho Club, carretera N 340, km 176)* ✉ *29602 – ☏ 952 15 72 22 – www.bohoclub.com*

ERRE & URRECHU 🔘

CARNES A LA PARRILLA · **MARCO CONTEMPORÁNEO** 🗙🗙 Sorprende con tres parrillas que usan distintas maderas: encina para sus magníficas carnes, leña de naranjo para las verduras y olivo para los pescados. ¡Hay opciones veganas!

 ♿ 🇦🇨 ⇄ **P** – Carta 40/75€

Plano: B2-14 – *Gran Meliá Don Pepe, José Meliá* ✉ 29602 – ☏ 952 85 82 38 –
www.erremarbella.com

LA MILLA ⓝ

REGIONAL · **AMBIENTE MEDITERRÁNEO** XX ¿Quiere comer a pie de playa? En
este antiguo chiringuito, hoy de excelente montaje, encontrará una cocina marinera de calidad, con pescados y mariscos de la costa andaluza.

≤ 家 – Menú 89€ (almuerzo) – Carta 33/78€

Plano: A2-4 – *Urbanización de los Verdiales* ✉ 29600 – ☏ 952 00 90 80 –
www.lamillamarbella.com – Cerrado cena: lunes-domingo

LOBITO DE MAR

TRADICIONAL · **ACOGEDORA** X Ubicado en la Milla de Oro y definido por el
propio chef Dani García como un "chiringuito sin playa". Pescados, mariscos, arroces... y un apartado exclusivo para el atún rojo.

… 🍷 ♿ 🇦🇨 ⇄ **P** – Carta 40/60€

Plano: A2-5 – *Carretera de Cádiz (km 178)* ✉ 29602 – ☏ 951 55 45 54 –
www.grupodanigarcia.com

BACK!

MODERNA · **SIMPÁTICA** X Agradable local en el que apuestan por la cocina
actual-creativa. Encontrará pequeños bocados y menús degustación con maridaje, combinando los sabores con enorme coherencia.

家 ♿ 🇦🇨 – Menú 65/80€ – Carta 50/80€

Plano: D2-11 – *Pablo Casals 8* ✉ 29602 – ☏ 951 55 00 45 –
www.backrestaurante.com – Cerrado domingo

BIBO

MODERNA · **BISTRÓ** X Informal, colorista, divertido... ¡un bistró con tintes andaluces! Descubra la cocina del laureado chef Dani García en su versión más desenfadada, pues está pensada para compartir y basada en la fusión de técnicas, esti-
los y materias primas de enorme calidad.

家 ♿ 🇦🇨 – Carta 45/65€

Plano: A2-6 – *Boulevard Príncipe Alfonso von Hohenlohe* ✉ 29602 –
☏ 951 60 70 11 – *www.grupodanigarcia.com*

CASA ELADIO

COCINA MEDITERRÁNEA · **FAMILIAR** X Casa de línea actual-marinera que
denota nuevos bríos con la tercera generación tras los fogones. Cocina tradicional
actualizada, en base a productos próximos y de temporada.

🍷 家 🇦🇨 – Menú 50/70€ – Carta 33/56€

Plano: E1-12 – *Virgen de los Dolores 6* ✉ 29601 – ☏ 952 77 00 83 –
www.restaurantecasaeladio.com – Cerrado jueves

KAVA

MODERNA · **TENDENCIA** X Presenta una estética actual y una cocina moderna
no exenta de guiños asiáticos. ¿Su oferta? Dos completos menús degustación y
una Tarta de queso realmente difícil de olvidar.

家 ♿ 🇦🇨 – Menú 55/85€

Plano: E2-13 – *Avenida Antonio Belón 4* ✉ 29602 – ☏ 952 82 41 08 –
www.kavamarbella.com – Cerrado lunes, almuerzo: martes-miércoles, domingo

TA-KUMI

JAPONESA · **FAMILIAR** X Muy bien llevado, con socios nipones y una completa
carta de cocina japonesa. ¿Una especialidad? Pruebe sus California roll de langostinos en tempura y espárragos verdes.

家 🇦🇨 – Menú 115€ – Carta 30/60€

Plano: B2-7 – *Gregorio Marañón 4* ✉ 29602 – ☏ 952 77 08 39 –
www.restaurantetakumi.com – Cerrado lunes, cena: domingo

EL MASNOU
Barcelona - Mapa regional **10**–B3 - Mapa de carreteras Michelin n° 574-H36

⥩ TRESMACARRONS
Chef: Miquel Aldana

MODERNA · ACOGEDORA XX Una casa familiar que, solo con el nombre, ya hace un explícito guiño al firmamento MICHELIN y a sus famosas Estrellas, pues "macaron" es el nombre coloquial con el que los gastrónomos franceses se refieren a esta distinción.

Aquí descubrirá, en un ambiente de línea moderna bastante acogedor, la firme apuesta del chef Miquel Aldana por la cocina catalana de producto, contemporánea en las formas, adaptada a la estacionalidad y estrechamente vinculada a El Maresme, la comarca barcelonesa en la que nos encontramos. Toda una filosofía culinaria encerrada, desde la honestidad, el compromiso y el amor por el trabajo bien hecho, en un único menú degustación. ¿Le gusta la vajilla? No dude en coménteselo a la Jefa de Sala, Núria Orra, pues parte de ella... ies fruto de su diseño y elaboración!

ዿ 🅰 – Menú 95/125€

Avenida del Maresme 21 ✉ *08320 -* ℰ *935 40 92 66 - www.tresmacarrons.com - Cerrado lunes, martes, miércoles, cena: jueves, cena: domingo*

LA MATANZA DE ACENTEJO - Santa Cruz de Tenerife ➜ Ver Canarias
(Tenerife)

MATAPOZUELOS
Valladolid - Mapa regional **8**–B2 - Mapa de carreteras Michelin n° 575-H15

⥩ LA BOTICA
Chef: Miguel Ángel de la Cruz

MODERNA · RÚSTICA XX Está llevado entre hermanos y sorprende por su ubicación en una antigua casa de labranza, donde existió una botica, junto al Ayuntamiento de la localidad.

Aquí, encontrará la cocina ecológica y creativa de Miguel Ángel de la Cruz, un comprometido "cocinero recolector" que defiende la botánica, la sostenibilidad (estufa de biomasa, cocina de leña, queso y ganadería local...) o la reinterpretación de los recursos cercanos para que valoremos aún más el entorno. ¿Producto fetiche? Esta comarca es conocida como "Tierra de Pinares", por eso las piñas siempre tienen un papel destacado, curioso y casi mágico en la elaborada propuesta, con opción de carta y menús degustación. Siguen ofreciendo Lechazo como homenaje a su padre, un Maestro Asador ya jubilado, aunque para saborearlo hay que reservar.

⥩ *El compromiso del Chef:* "Somos recolectores de productos naturales y estamos comprometidos con la sostenibilidad. Además, poseemos nuestro propio huerto, trabajamos con productores cercanos, usamos una cocina de leña y una estufa de biomasa que alimentamos limpiando los pinares de la zona..."

🛱 ዿ 🅰 ✿ – Menú 65/85€ – Carta 55/65€

Plaza Mayor 2 ✉ *47230 -* ℰ *983 83 29 42 - www.laboticadematapozuelos.com - Cerrado lunes, cena: martes-jueves, cena: domingo*

MATARÓ
Barcelona - Mapa regional **10**–B3 - Mapa de carreteras Michelin n° 574-H37

⥩ DOS CUINERS
ACTUAL · INFORMAL X Céntrico, de desenfadado ambiente industrial y llevado con acierto por una pareja de cocineros, Òscar Pérez y Mar Arnalot, siendo ella la responsable de los postres. Su propuesta, centrada en una carta de platillos/raciones que permite degustar un mayor número de elaboraciones, está muy enfocada a compartir (recomiendan pedir 3 o 4 platos), siempre en la línea de una cocina actual, de base catalana y con detalles de fusión. Ofrecen un menú económico al mediodía, un interesante "Pica Pica" (mínimo dos personas) y un menú más gastronómico por las noches. ¡Buen pan artesano de un obrador local!

& 🅰 – Menú 17€ (almuerzo)/32€ – Carta 28/35€

Muralla de Sant Llorenç 18 ⊠ 08301 – 𝒞 930 02 90 93 – www.doscuiners.com – Cerrado lunes, domingo

SANGIOVESE

CREATIVA · MARCO CONTEMPORÁNEO XxX Conjuga la modernidad y la tradición culinaria en un local de cuidado interiorismo, con curiosos guiños a la estética del Art-Decó. Carta creativa y buena oferta de menús.

🅰 ✿ – Menú 25€ (almuerzo) – Carta 40/70€

Muralla de Sant Llorenç 32 ⊠ 08302 – 𝒞 937 41 02 67 – www.sangioveserestaurant.com – Cerrado lunes, cena: martes, cena: domingo

LA MARINETA PLATELS I TAPES

COCINA DE MERCADO · RÚSTICA X Agradable, informal y con una línea rústico-actual bastante cuidada. Cocina catalana de mercado bien interpretada por el chef, que equilibra técnica, creatividad y pasión.

🍴 & 🅰 ✿ – Menú 18€ (almuerzo) – Carta 30/50€

Cuba 76 ⊠ 08302 – 𝒞 935 12 60 22 – www.lamarineta.com – Cerrado lunes, domingo

MEDINA SIDONIA

Cádiz – Mapa regional 1-B3 – Mapa de carreteras Michelin n° 578-W12

🏵 **EL DUQUE**

TRADICIONAL · RÚSTICA X Este negocio familiar disfruta de un acogedor bar a la entrada, dotado con varias mesas para tomar tapas y raciones, así como un cálido comedor tipo asador, muy luminoso, rodeado de ventanales y con gran profusión de madera. Su amplia carta refleja claramente su pasión por las carnes, la caza y el recetario tradicional, sin embargo en ella también encontrará unos buenos pescados y algún que otro plato más actual. Si desea pasar más tiempo en Medina Sidonia puede alojarse aquí, pues complementan su actividad con unas correctas habitaciones que combinan el mobiliario en madera y forja.

🍴 🅰 🅿 – Menú 25/35€ – Carta 30/44€

Avenida del Mar 10 ⊠ 11170 – 𝒞 956 41 00 40 – www.elduquedemedina.es – Cerrado lunes

MENORCA – Balears → Ver Balears

MIERES

Asturias – Mapa regional 3-B2 – Mapa de carreteras Michelin n° 572-C12

EL CENADOR DEL AZUL

TRADICIONAL · AMBIENTE CLÁSICO XX Céntrico y de amable organización familiar. Posee unas instalaciones de línea clásica-actual, con mobiliario de calidad y un buen servicio de mesa. Aquí ofrecen una cocina tradicional actualizada, trabajando bastante bien los pescados.

🅰 ✿ – Menú 17€ (almuerzo), 27/40€ – Carta 35/55€

Aller 51 ⊠ 33600 – 𝒞 985 46 18 14 – Cerrado cena: lunes-jueves, domingo

ES MIGJORN GRAN – Balears → Ver Balears (Menorca)

MIRANDA DE EBRO

Burgos – Mapa regional 8-D1 – Mapa de carreteras Michelin n° 575-D21

🏵 **ALEJANDRO SERRANO** 🔘

MODERNA · MARCO CONTEMPORÁNEO XxX Una casa que no deja indiferente y posee una filosofía de trabajo con enorme personalidad; de hecho, los pilares de su propuesta se cimentan sobre tres conceptos: "sabor, sensibilidad y estética".

El chef Alejandro Serrano, que decidió volver a su tierra tras formarse en Bilbao, en el Basque Culinary Center y en casas de reconocido prestigio (Azurmendi, Coque, DiverXO...), demuestra que se puede ir contracorriente y triunfar. En su local, de elegante estilo contemporáneo, encontrará una propuesta centrada en dos menús degustación: Aquende (en base a los productos que históricamente han circulado por la región) y Allende (una cocina de vanguardia que, sorprendentemente, pone el foco en los productos del mar). ¡Entre semana, al mediodía, también ofertan un menú ejecutivo denominado Miranda!

🗚 – Menú 34 € (almuerzo), 53/72 €

Alfonso VI 49 ⊠ 09200 – 𝒫 947 31 26 87 – www.serranoalejandro.es – Cerrado lunes, martes, cena: miércoles-jueves, cena: domingo

😊 LA VASCA

TRADICIONAL · FAMILIAR XX Un histórico de la ciudad, pues abrió sus puertas en 1926 y ya lleva tres generaciones en manos de la misma familia. Se encuentra en el primer piso de un edificio decimonónico y presenta un comedor de línea clásica-actual, al que se accede tras subir unas escaleras donde no faltan las fotos históricas de la casa y de la fundadora, Ángela Bilbao, aquella mujer que llegó de un pueblo de Vizcaya tras casarse con un burgalés y qué puso en marcha una casa de comidas. ¿Su propuesta? La cocina tradicional de siempre, con platos de caza, setas en temporada, casquería, bacalao, cordero lechal asado...

🗚 – Menú 25/28 € – Carta 26/40 €

Olmo 3 ⊠ 09200 – 𝒫 947 31 13 01 – www.restaurantelavasca.com – Cerrado lunes, cena: domingo

MOGÁN – Las Palmas ➜ Ver Canarias (Gran Canaria)

MOGARRAZ
Salamanca – Mapa regional 8-A3 – Mapa de carreteras Michelin nº 575-K11

MIRASIERRA

TRADICIONAL · RÚSTICA XX Ocupa un caserón y cuenta con varias salas, destacando la del fondo por sus vistas. Ofrecen deliciosos guisos, derivados del cerdo ibérico, setas, carnes a la brasa, quesos...

🏠 🗚 🅿 – Menú 30 € (almuerzo) – Carta 33/47 €

Miguel Angel Maillo 56 ⊠ 37610 – 𝒫 923 41 81 44 – www.restaurantemirasierra.com – Cerrado lunes, cena: martes-domingo

MOLINS DE REI
Barcelona – Mapa regional 10-B3 – Mapa de carreteras Michelin nº 574-H36

L'ÀPAT

TRADICIONAL · RÚSTICA X De aire rústico y bien llevado entre hermanos. Ofrece una correcta carta tradicional, con platos ya clásicos como su salteado de Garbanzos de Astorga, con ajos y butifarra.

🗚 – Carta 30/45 €

Del Carril 38 ⊠ 08750 – 𝒫 936 68 05 58 – www.restaurantlapat.cat – Cerrado cena: lunes-miércoles, domingo

MONACHIL
Granada – Mapa regional 1-C2 – Mapa de carreteras Michelin nº 578-U19

😊 LA CANTINA DE DIEGO

TRADICIONAL · RÚSTICA X Restaurante de organización familiar emplazado en la zona antigua de la ciudad. Posee una terraza de verano y dos atractivos comedores, ambos de ambiente rústico-regional. Su chef-propietario, Diego Higueras, apuesta desde los fogones por una cocina tradicional y regional sin grandes complicaciones técnicas... eso sí, fiel a los productos autóctonos de temporada y a la cada vez más en boga filosofía del "km 0". Entre sus especialidades están el Revuelto de morcilla de Monachil, los Tacos de bacalao fritos con tomate, el Solomillo de la sierra con guarnición o la Marcelina, un postre típico.

🏠 ♿ 🗚 – Menú 27/40 € – Carta 30/43 €

Callejón de Ricarda 1 ⊠ 18193 – 𝒫 958 30 37 58 – www.restaurantelacantinadediego.es – Cerrado lunes, cena: martes-jueves, cena: domingo

MONTELLANO

Sevilla – Mapa regional **1**–B2 – Mapa de carreteras Michelin n° 578-V13

(😊) **DELI**

TRADICIONAL · RÚSTICA 🕽 El amor por la cocina con raíces trasciende los valores de esta casa, que además sorprende con varios arroces, potajes, cocidos, cochinillo lechal segoviano al horno... Estamos ante un negocio familiar de 3ª generación que, procurando siempre trabajar con productores locales, apuesta por la cocina tradicional de la Andalucía interior, intentando también recuperar algunos platos de la zona que remontan sus orígenes a la época andalusí. ¿Especialidades? El Arroz meloso con perdiz de campo, los sabrosos Caracoles burgaos en salsa de almendras y ñoras, sus riquísimas Alcachofas naturales...

🅰 – Menú 16 € (almuerzo) – Carta 30/50 €

Plaza de Andalucía 10 ✉ *41770 –* 𝒞 *954 87 51 10 –*
www.restaurantedeli.com –
Cerrado lunes, cena: domingo

MONTEMAYOR DEL RÍO

Salamanca – Mapa regional **8**–A3 – Mapa de carreteras Michelin n° 575-K12

CASTILLO DE MONTEMAYOR ⓝ

TRADICIONAL · HISTÓRICA 🕽 Singular, pues se encuentra en un bello entorno natural y... ¡dentro de un auténtico castillo! Carta tradicional con toques actuales y platos emblemáticos, como sus Revolconas.

🛋 ⅙ 🅰 – Carta 28/38 €

Castillo 10 ✉ *37727 –* 𝒞 *923 16 18 18 –*
www.restaurantecastillomontemayor.com –
Cerrado lunes, martes, cena: miércoles-jueves, cena: domingo

MORA DE RUBIELOS

Teruel – Mapa regional **2**–B3 – Mapa de carreteras Michelin n° 574-L27

(😊) **EL RINCONCICO**

TRADICIONAL · AMBIENTE CLÁSICO 🕽 Estamos en un enclave gastronómico importante, pues la comarca de Gúdar-Javalambre es el principal territorio productor de... ¡la famosa Trufa Negra de Teruel! El restaurante, ubicado junto al cauce del río Mora, presenta un bar de tapas donde sirven el menú diario y, ya en el piso superior, un comedor a la carta de montaje clásico. Ofrecen una cocina tradicional actualizada que emana honestidad y no escatiman guiños a los productos turolenses. Su plato más popular es el Ternasco D.O. de Aragón, cocinado al vapor durante nueve horas para conservar su jugosidad y dorado con un golpe de horno.

⅙ 🅰 🔄 – Carta 30/45 €

Santa Lucía 4 ✉ *44400 –* 𝒞 *978 80 60 63 –*
www.elrinconcico.com –
Cerrado lunes, martes

MORAIRA

Alicante – Mapa regional **11**–B3 – Mapa de carreteras Michelin n° 577-P30

SAND

INTERNACIONAL · A LA MODA 🕽 Con personalidad propia, de estilo urbano-actual y ubicado a pocos pasos de la playa de l'Ampolla. Apuestan por una carta muy variada, de tinte mediterráneo e internacional.

🛋 🅰 – Carta 31/53 €

Avenida de la Paz 24 ✉ *03274 –* 𝒞 *966 49 19 49 –*
www.restaurantesand.com

MORALES DE REY

Zamora – Mapa regional **8**–B2 – Mapa de carreteras Michelin nº 575-F12

🌼 BRIGECIO

TRADICIONAL · **FAMILIAR** XX Está llevado por un amable matrimonio, se halla en un pueblecito a unos 10 km al noroeste de Benavente y toma su nombre de un histórico castro astur conocido como "Castro Brigecio". Tras sus muros encontrará una única sala de línea actual, algo impersonal pero con buen servicio de mesa y chimenea. En su completa carta de cocina tradicional, donde también hay algún plato más actual y moderno, encontrará un apartado de bacalaos (Bacalao a lo Tío, Bacalao con crestas de gallo...) y diferentes menús con guiños al Bib Gourmand. ¿Un plato emblemático? Está claro, su ya famoso Pulpo a la zamorana.

 🛆 ⭐ – Menú 13/36 € – Carta 30/46 €

Avenida Constitución 28 ✉ 49693 – 𝄐 980 65 12 65 – Cerrado lunes,
cena: martes-viernes, cena: domingo

MORATALLA

Murcia – Mapa regional **16**–A2 – Mapa de carreteras Michelin nº 577-R24

EL OLIVAR

TRADICIONAL · **ACOGEDORA** XX Ubicado en la calle principal, con un bar de tapas y un interior rústico que sabe dar cabida a los detalles antiguos y actuales. En su cocina tradicional actualizada se da muchísimo protagonismo al arroz de Calasparra y al aceite de oliva.

 ⭐ ⇔ – Menú 40/60 € – Carta 38/79 €

Carretera de Caravaca 50 ✉ 30440 – 𝄐 968 72 40 54 – www.el-olivar.es –
Cerrado lunes, martes, miércoles, jueves, cena: viernes, cena: domingo

MORELLA

Castellón – Mapa regional **11**–B1 – Mapa de carreteras Michelin nº 577-K29

🌼 DALUAN

MODERNA · **BISTRÓ** XX Una de las opciones más sugerentes para comer mientras visita esta encantadora localidad, llena de cuestas y callejones con historia. Presenta una tranquila terraza que ocupa casi toda la calle y el comedor en la 1ª planta, este último actualizado con gusto. La carta, fiel a una cocina tradicional renovada que siempre exalta el producto local de temporada, cuida los sabores de la zona (Croquetas morellanas, Paletilla de cordero lechal al horno...) y se completa con un sorprendente menú degustación. Esté atento a sus jornadas gastronómicas, pues... ¡suelen triunfar con las setas y las trufas!

 🍴 ⭐ – Menú 50 € – Carta 30/50 €

Callejón Cárcel 4 ✉ 12300 – 𝄐 964 16 00 71 – www.daluan.es – Cerrado lunes,
martes, miércoles, cena: jueves, cena: domingo

🌼 VINATEA

TRADICIONAL · **BISTRÓ** XX Restaurante de ambiente familiar ubicado en una casa rehabilitada del s. XII que, a su vez, forma parte de una céntrica y atractiva calle porticada. En su interior podrá ver como convive la sala, de línea clásica-actual, con un curioso pozo del s. XIII y una bodega acristalada que tienen en el sótano. Aquí apuestan, a través de su carta y de un menú degustación (Raíces), por una cocina que retoma el recetario tradicional morellano, bien actualizado en la técnica, de elaboradas presentaciones y haciendo siempre hincapié tanto en los productores locales como en las materias primas de temporada.

 🍴 ⭐ – Menú 39 € – Carta 24/45 €

Blasco de Alagón 17 ✉ 12300 – 𝄐 964 16 07 44 – www.restaurantevinatea.com –
Cerrado lunes, cena: martes-jueves, cena: domingo

MESÓN DEL PASTOR
REGIONAL · AMBIENTE CLÁSICO Ⅹ Casa de ambiente clásico-regional ubicada en el casco viejo de la ciudad amurallada. Tras su atractiva fachada en piedra encontrará un edificio de dos plantas, la superior actual-funcional y la inferior dominada por su elegante rusticidad. Trabajan mucho con productos autóctonos, cinegéticos, carnes rojas a la brasa de encina... y triunfan con sus jornadas gastronómicas, dedicadas a las setas (noviembre-diciembre) y a las trufas (enero-febrero). ¿Ha visto en las escaleras unas coloristas figuras de papel? Recuerdan las famosas fiestas de El Sexenni, que se celebran en Morella cada seis años.

🅰🅲 🕆 – Menú 20/35 € – Carta 25/37 €

Cuesta de Jovani 7 ✉ 12300 – ℰ 964 16 02 49 – www.mesondelpastor.com –
Cerrado cena: lunes-martes, miércoles, cena: jueves, cena: domingo

MORGA
Vizcaya – Mapa regional **18**-A2 – Mapa de carreteras Michelin nº 573-C21

KATXI
REGIONAL · FAMILIAR Ⅹ ¡Una casa familiar de carácter centenario! Aquí cuidan muchísimo la calidad del producto, sobre todo los pescados, trabajando con maestría las brasas para respetar cada sabor.

🅰🅲 🅿 ⌂ – Carta 35/65 €

Foruen Bidea 20 (en el barrio Andra Mari) ✉ 48115 – ℰ 946 25 02 95 –
www.katxi.com – Cerrado lunes, cena: domingo

MUNDAKA
Vizcaya – Mapa regional **18**-A1 – Mapa de carreteras Michelin nº 573-B21

PORTUONDO
TRADICIONAL · RÚSTICA ⅩⅩ Un caserío que enamora por su ubicación sobre la ría y su carácter panorámico. Cocina de producto, con pescados de la lonja de Bermeo, carnes selectas y dominio de las brasas.

⩽ & 🅰🅲 🅿 – Carta 50/80 €

Barrio Portuondo (en la carretera de Gernika, Sur 1,2 km) ✉ 48360 –
ℰ 946 87 60 50 – www.restauranteportuondo.com – Cerrado cena: lunes-jueves,
cena: domingo

MURCIA
Murcia – Mapa regional **16**-B2 – Mapa de carreteras Michelin nº 577-S26

🏵🏵 CABAÑA BUENAVISTA
Chef: Pablo González
CREATIVA · ACOGEDORA ⅩⅩⅩ Una experiencia culinaria en toda regla, pues desde el mismo acceso te guían por un sorprendente mundo de sabores y sensaciones, con mágicas etapas a base de aperitivos y, al final, el descubrimiento de las elaboraciones principales en una espectacular cabaña cubierta de juncos.

La propuesta del chef Pablo González, creativa, personal y con constantes guiños al recetario murciano, cautiva por su puesta en escena, con una buena parte de los platos terminados en la mesa. ¿Hablamos de sus aperitivos? Destacan los que ofrecen en el exuberante jardín, pues homenajean a algunos de los chefs más relevantes de la historia (François Pierre de la Varanne, Escoffier, Arzak, Adrià...), pero también aquel que el propio chef presenta en el huerto o los dedicados al ronqueo del atún en la terraza.

🕸 🅰🅲 🅿 – Menú 120/140 € – Carta 70/105 €

Urbanización Buenavista (El Palmar, por A-30, 8 km) ✉ 30120 – ℰ 968 88 90 06 –
www.cabanabuenavista.com – Cerrado cena: lunes-miércoles, cena: viernes, sábado,
domingo

🏵 ODISEO GASTRONÓMICO
MODERNA · DE DISEÑO ⅩⅩⅩ Se halla a las afueras de Murcia, en un extraordinario edificio dedicado al ocio (casino, teatro, discoteca, la piscina en voladizo más grande de Europa...) que toma su nombre de Ulises (Odiseo en griego), el legendario héroe mitológico del poema épico de Homero.

¿Qué encontrará? Una barra que permite comer viendo el trabajo en los fogones, una terraza con toques surrealistas donde ofrecen una carta de tinte mediterráneo y, por último, el restaurante gastronómico como tal, con el chef Nazario Cano defendiendo, a través de dos menús (Indagando en la cocina y En estado puro), una cocina que exalta el producto de la huerta murciana y la tradición local, siempre desde un punto de vista actual-creativo. ¡El chef se pasa por las mesas, que parecen jaulas de oro, para charlar con los clientes!

🕸 ⅙ 🗚 🗟 ⇄ 🅿 🚗 – Menú 90/145€

Avenida Juan de Borbón 224 - 2º ✉ 30110 - ☎ 649 22 22 22 -
www.odiseospain.com – Cerrado lunes, cena: martes, cena: sábado, domingo

😊 ALBORADA

TRADICIONAL · MARCO CONTEMPORÁNEO XX Resulta céntrico y es conocido en toda la ciudad... de hecho, casi siempre está lleno. Dispone de un moderno bar de tapas, una agradable sala con el techo acústico y dos pequeños privados de uso polivalente. El chef, que ha cogido con mano firme las riendas del negocio familiar, elabora desde los fogones una cocina tradicional de mercado abierta a los gustos del cliente, por eso su carta contempla un apartado de mariscos, guisos y arroces previa reserva. Aunque todo está bueno hay un gran clásico de la casa que no debe dejar de probar: la Patata rellena de cremoso de boletus y foie.

🗚 ⇄ – Menú 20€ (almuerzo) – Carta 30/45€

Andrés Baquero 15 ✉ 30001 - ☎ 968 23 23 23 -
www.alboradarestaurante.com – Cerrado lunes, cena: martes, cena: domingo

😊 PERRO LIMÓN 🆕

FUSIÓN · BISTRÓ X ¿Algo distinto? Aquí lo encontrará, pues la pareja al frente apuesta por una cocina fusión que combina productos y sabores hindús, marroquís, franceses, nipones... El local, en el modesto barrio de San Andrés, llama la atención por su llamativa puerta amarilla, que da paso a un desenfadado bistró con la cocina vista y una curiosa red de tuberías de bronce en el techo de las que cuelgan las luces. La carta, pensada para compartir, sorprende con los llamados "Bocados del mundo", continúa con la sección "Algo más serio" y termina con unos postres de escándalo bajo el titular "Un buen recuerdo".

⅙ 🗚 – Carta 30/40€

Navarra 4 ✉ 30005 - ☎ 722 65 10 57 -
Cerrado lunes, martes, cena: domingo

ALMAMATER 🆕

MODERNA · A LA MODA XX Un restaurante de línea joven y actual en el que intentan ofrecer una gran experiencia gastronómica. Cocina de mercado, con platos de raíces clásicas y pinceladas exóticas.

🗚 – Menú 50€ – Carta 35/50€

Madre de Dios 15 ✉ 30004 - ☎ 968 06 95 57 – www.almamatermurcia.com -
Cerrado lunes, cena: martes-miércoles, cena: domingo

BARRIGAVERDE

REGIONAL · BISTRÓ X Próximo al Mercado de Verónicas, donde compran a diario. Cocina regional muy identificada con el monte, la huerta y el mar. ¡Buen apartado de tapas y platos para compartir!

🗚 🗚 – Menú 30/60€ – Carta 30/45€

Maestro Salvador Ortiz 6 ✉ 30004 - ☎ 659 73 03 49 -
www.barrigaverdetaberna.com – Cerrado lunes, martes, cena: domingo

KEKI

MODERNA · BISTRÓ X Restaurante-tapería de ambiente moderno ubicado a escasos metros de la Catedral. Apuestan por una cocina actual, siempre cimentada en buenas texturas e interesantes maridajes.

🗚 🗚 – Menú 18€ (almuerzo)/35€ – Carta 25/37€

Fuensanta 4 ✉ 30001 - ☎ 968 22 07 98 -
www.keki.es – Cerrado martes, miércoles

LOCAL DE ENSAYO

CREATIVA · INDUSTRIAL ✗ El "corazón" de esta casa, ecléctica e industrial, es el chef David López, que ofrece una cocina creativa y técnica para actualizar las recetas murcianas y de su Hellín natal.

🏠 & 🅰️ – Menú 60€ – Carta 45/60€

Policía Angel García 20 (Puente Tocinos) ✉ 30006 – ☎ 968 24 70 54 – www.localdensayo.com – Cerrado lunes, martes, cena: domingo

PURA CEPA

TRADICIONAL · BAR DE TAPAS ✗ Este bar-vinoteca, con terraza y un moderno comedor, rompe un poco con la estética habitual en los locales de tapeo murcianos. ¡Disfrute del tapeo o de sus menús degustación!

🦟 🏠 🅰️ – Tapa 3€ – Ración 18€ – Menú 19/30€

Plaza Cristo del Rescate 8 ✉ 30003 – ☎ 968 21 73 97 – www.puracepamurcia.com – Cerrado lunes, cena: domingo

TAÚLLA ⓝ

MODERNA · ACOGEDORA ✗ Se encuentra en un antiguo molino de pimentón y mima su oferta culinaria, en base tanto a productos de temporada como km 0. ¡Las verduras son la piedra angular de su cocina!

🅰️ ✿ – Menú 60€ – Carta 30/40€

Antonio Flores Guillamón 2 ✉ 30100 – ☎ 868 07 99 80 – www.taulla.es – Cerrado lunes, cena: martes-domingo

NAVALENO

Soria – Mapa regional **8**–D2 – Mapa de carreteras Michelin nº 575-G20

☸ LA LOBITA

Chef: Elena Lucas

CREATIVA · FAMILIAR ✗✗ La historia de esta casa, templo de la cocina micológica, nos remite a un pasado lleno de amor por la hostelería, pues la chef Elena Lucas defiende con humildad el hecho de representar a la 3ª generación de su familia ante los fogones.

El nombre del local rinde tributo al apellido de su abuela (Luciana Lobo) y nos abre la vía para entender una cocina de sentimientos que, desde la creatividad, explora los sabores guardados en la memoria y dinamiza tanto la naturaleza como los productos del entorno. Junto a su marido Diego Muñoz, en labores de maître-sumiller, la chef busca un diálogo con el cliente a través de sus platos, como si nos acompañaran en un paseo por el bosque. ¿Secretos? Solo raspan y cepillan las setas que se van a elaborar en el día, lavándolas con agua y secándolas al aire.

🦟 🅰️ ✿ – Menú 80€

Avenida La Constitución 54 (Carretera N 234) ✉ 42149 – ☎ 975 37 40 28 – www.lalobita.es – Cerrado lunes, martes, cena: miércoles-jueves, cena: domingo

ⓐ EL MAÑO

TRADICIONAL · RÚSTICA ✗ Restaurante de organización familiar instalado en una vetusta casona restaurada que aún conserva su fachada en piedra. Encontrará un pequeño bar con chimenea y al fondo el comedor, de sencillo montaje y ambiente rústico-actual, con algunos detalles decorativos de carácter cinegético. Su carta contempla elaboraciones caseras de gran autenticidad, sabrosas carnes sorianas, intensos platos de caza y algunas especialidades pinariegas de temporada, estas últimas especialmente de índole micológico. ¿Una recomendación? Pruebe un clásico de la casa, el Corzo en salsa de almendras con marzuelos.

🅰️ ✿ – Menú 12/15€ – Carta 24/35€

Calleja del Barrio 5 ✉ 42149 – ☎ 975 37 41 68 – www.abuelaeugenia.com – Cerrado cena: martes-miércoles

ESPAÑA

NAVALMORAL DE LA MATA
Cáceres – Mapa regional **12**–C1 – Mapa de carreteras Michelin n° 576-M13

LA TERRAZITA ⑩
TRADICIONAL · **MARCO CONTEMPORÁNEO** X Sorprende, pues no te esperas un espacio tan agradable a las afueras de la localidad (junto a la ITV). Cocina tradicional de producto, con buenos mariscos y carnes a la brasa.

🈂 🅰️ ✿ – Menú 11€ (almuerzo) – Carta 40/55€

Antigua N-V (km 179,5) ⊠ 10300 – ℰ 927 53 73 09 – www.laterrazitarestaurante.es – Cerrado lunes, domingo

NEGREIRA
A Coruña – Mapa regional **13**–B2 – Mapa de carreteras Michelin n° 571-D3

⑱ CASA BARQUEIRO
GALLEGA · **FAMILIAR** XX Una casa de gestión familiar llevada con la dosis perfecta de talento, simpatía y profesionalidad. El negocio presenta un concurrido bar-vinoteca, con algunas mesas para tapear, así como un cuidado comedor interior dotado con un bello mural del bucólico Ponte Maceira y una vistosa bodega acristalada que asume casi todo el protagonismo. De sus fogones surge una cocina tradicional gallega realmente honesta, destacando tanto por la calidad de sus carnes como por lo ajustado de sus precios. Pida su magnífico Chuletón de vacuno mayor a la piedra, pues aquí... ¡suelen ofrecer auténtico buey!

♿ 🅰️ ✿ – Carta 33/45€

Avenida de Santiago 13 ⊠ 15830 – ℰ 981 81 82 34 – www.casabarqueiro.es – Cerrado martes

NERJA
Málaga – Mapa regional **1**–C2 – Mapa de carreteras Michelin n° 578-V18

OLIVA ⑩
COCINA MEDITERRÁNEA · **A LA MODA** XX Local amplio y diáfano que destaca por su ubicación en la plaza de España, donde despliegan una agradable terraza. Cocina mediterránea que sorprende por su excelente producto.

🈂 ♿ 🅰️ – Menú 49€ – Carta 39/51€

Plaza de España 2 ⊠ 29780 – ℰ 952 52 29 88 – www.restauranteoliva.com

SOLLUN
MODERNA · **A LA MODA** X Restaurante de línea moderna emplazado en una céntrica calle comercial. El chef, formado en grandes casas, propone una cocina actual-mediterránea de mimadas elaboraciones.

🈂 ♿ 🅰️ – Menú 45/60€ – Carta 55/65€

Pintada 9 ⊠ 29780 – ℰ 952 52 55 69 – www.sollunrestaurant.com – Cerrado almuerzo: lunes, domingo

LA NUCÍA
Alicante – Mapa regional **11**–B3 – Mapa de carreteras Michelin n° 577-Q29

✿ EL XATO
Chef: Cristina Figueira

CREATIVA · **A LA MODA** XX Un negocio familiar con más de un siglo de historia, pues lo que en 1915 era una modesta bodega se convirtió, con el tiempo, en un bar de tapas y luego, ya con la 4ª generación, en el restaurante más prestigioso de la Marina Baixa.

La chef Cristina Figueira, que inició su vida laboral como higienista dental y comenzó a formarse tras los fogones de El Xato de la mano de su suegra, Esperanza Fuster, ha demostrado un espíritu incansable hasta convertirse en una de las cocineras más relevantes de la zona; por su dominio del recetario alicantino y por su visión de la cocina creativa, estrechamente vinculada a la esencia de esta tierra. Encontrará menús gastronómicos, suculentos arroces e interesantísimos maridajes, pues... ¡su selecta bodega potencia los vinos de la Comunidad Valenciana!

&& 🕸 – Menú 65/85 €

Avenida l'Esglèsia 3 ✉ 03530 – 𝒞 965 87 09 31 – www.elxato.com – Cerrado lunes, cena: domingo

NUEVA DE LLANES

Asturias – Mapa regional **3**–C1 – Mapa de carreteras Michelin n° 572-B15

CASA PILAR

PESCADOS Y MARISCOS · RÚSTICA X Casa de organización familiar y aire rústico. De sus fogones surge una cocina tradicional asturiana rica en arroces cremosos, pescados del Cantábrico y mariscos de la zona.

🕸 🕸 🅿 – Carta 40/65 €

La Nogalera ✉ 33592 – 𝒞 985 41 01 77 – www.restaurantecasapilar.com – Cerrado cena: lunes-jueves, cena: domingo

OCAÑA

Toledo – Mapa regional **7**–B2 – Mapa de carreteras Michelin n° 576-M19

🕸 **PALIO**

TRADICIONAL · AMBIENTE CLÁSICO XX Su prioridad siempre es que el cliente salga satisfecho, por eso cuidan mucho el servicio e intentan ajustar todo lo posible los precios. La casa, llevada con acierto entre dos hermanos, disfruta de un vestíbulo, un comedor clásico-actual en la 1ª planta y una sala más en el último piso. Aquí proponen una cocina tradicional con elaboraciones actualizadas, visible a través de la carta y especialmente en su popular menú "Palio". El maravilloso pan es de elaboración propia como homenaje a su abuelo, que era panadero, y... ¡dan la opción de comprar, para llevar a casa, los vinos de la carta!

🕸 🕸 🕸 – Menú 28 € – Carta 26/37 €

Mayor 12 ✉ 45300 – 𝒞 925 13 00 45 – www.paliorestaurante.es – Cerrado lunes, cena: martes-jueves, cena: domingo

OIARTZUN • OYARZUN

Guipúzcoa – Mapa regional **18**–B2 – Mapa de carreteras Michelin n° 573-C24

🕸 **ZUBEROA**

Chef: Hilario Arbelaitz

CLÁSICA · MARCO REGIONAL XXX Reserve mesa, pues no todos los días se come en un edificio con... ¡más de 600 años de historia!

Este bellísimo caserío sorprende por su acogedor interior, con profusión de piedra y madera. Aquí el chef Hilario Arbelaitz, que aprendió los secretos de la cocina tradicional de su madre, nos propone junto a sus hermanos José Mari y Eusebio, este último al frente de la sala, una cocina que aglutina tradición y actualidad, pues vela por los sabores de la auténtica cocina vasca sin negarse a la evolución. Ofrecen un menú degustación y una buena carta de temporada, con grandes clásicos de la casa como el Foie-gras salteado en caldo de garbanzos o sus famosos platos de caza. ¿Curiosidades? Su Tarta de queso, que enamoró al mismísimo Bruce Springsteen, está considerada una de las mejores de España.

&& 🕸 🕸 🕸 🅿 – Menú 160 € – Carta 93/126 €

Plaza Bekosoro 1 (Barrio Iturriotz, Sur 2,2 km) ✉ 20180 – 𝒞 943 49 12 28 – www.zuberoa.com – Cerrado cena: martes, almuerzo: miércoles, cena: domingo

OLABERRIA

Guipúzcoa – Mapa regional **18**–B2 – Mapa de carreteras Michelin n° 573-C23

ZEZILIONEA

VASCA · FAMILIAR X Instalado en un bello caserón del centro de la localidad, conocida como el Balcón del Goierri. Ofrecen cocina tradicional vasca, con especialidades como los Hongos al horno.

🕸 🕸 🕸 🕸 – Menú 42/55 € – Carta 45/70 €

Plaza de San Juan ✉ 20212 – 𝒞 943 88 58 29 – www.zezilionea.com – Cerrado cena: lunes, cena: domingo

OLEIROS

A Coruña – Mapa regional **13**–B1 – Mapa de carreteras Michelin nº 571-B5

EL REFUGIO

TRADICIONAL · AMBIENTE CLÁSICO XX Un negocio de sólida trayectoria. Ofrece una completa carta de cocina tradicional e internacional, con mariscos, pescados, buenas carnes y algunos platos de caza en temporada.

❀ & ⅏ ⇔ 𝐏 – Carta 45/65 €

Plaza de Galicia 8 ⊠ 15173 – ℰ 981 61 08 03 – www.restaurante-elrefugio.com – Cerrado lunes, cena: domingo

OLOST

Barcelona – Mapa regional **9**–C2 – Mapa de carreteras Michelin nº 574-G36

✿ SALA

Chef: Antonio Sala

TRADICIONAL · AMBIENTE CLÁSICO XX Tenga presente esta dirección, pues hay pocos establecimientos con su nivel en la comarca de Osona y es una magnífica opción en la ruta del románico catalán.

El local, ubicado junto al ayuntamiento, sorprende tanto por su fachada en piedra como por su interior, conservando a modo de antesala la zona de bar donde ofrecen los menús más económicos y presentando a continuación el comedor. El chef Antonio Sala, que empieza a pasar el testigo a sus hijos, uno en sala y el otro en cocina, plantea un perfecto equilibrio entre la tradición y la modernidad, sin cerrarse a la renovación pero sabiendo mantener sus grandes clásicos. Toman los mejores productos de temporada, con especial atención a la trufa negra, a los hongos y a las piezas de origen cinegético. ¡Interesantes jornadas gastronómicas!

❀ & ⅏ – Menú 70/90 € – Carta 50/70 €

Plaza Major 17 ⊠ 08516 – ℰ 938 88 01 06 – www.fondasala.com – Cerrado cena: lunes, martes, cena: domingo

OLOT

Girona – Mapa regional **9**–C1 – Mapa de carreteras Michelin nº 574-F37

✿✿ LES COLS

Chef: Fina Puigdevall

CREATIVA · DE DISEÑO XXX La célebre chef Fina Puigdevall, bien apoyada por sus hijas (Clara, Martina y Carlota), construye su creatividad en base a la estacionalidad, la sostenibilidad (huerto propio, compostaje, proveedores de la zona...) y el uso de los productos de la comarca volcánica de La Garrotxa, pues aquí defienden a ultranza el trabajo con "alimentos no viajados".

Estamos en la antigua masía familiar donde nació la chef, un edificio que hoy sorprende por su vanguardista interior y donde todo está marcado, conceptualmente, por la relación de los espacios con la naturaleza, algo aún más perceptible en el pabellón para eventos, visualmente etéreo y que... ¡está rodeado de gallinas en libertad! ¿La propuesta? Dos menús degustación de tinte creativo, exaltando uno de ellos el rico mundo vegetal circundante.

✿ *El compromiso del Chef: "Defendemos el producto local y su estacionalidad, lo que entendemos como "alimento no viajado"; de hecho, tenemos un gran huerto, abonado con compostaje, en el que cultivamos tanto hortalizas y verduras ecológicas como productos autóctonos en peligro de extinción."*

❀ & ⅏ ⇔ 𝐏 – Menú 155 €

Carretera de la Canya (Mas Les Cols) ⊠ 17800 – ℰ 972 26 92 09 – www.lescols.com – Cerrado lunes, martes, cena: domingo

ONDARA

Alicante – Mapa regional **11**–B2 – Mapa de carreteras Michelin nº 577-P30

⚱ CASA PEPA

CREATIVA · **MARCO CONTEMPORÁNEO** XX Decía el escritor y filósofo Miguel de Unamuno que "el progreso consiste en renovarse" (de ahí la expresión "renovarse o morir"); lo cierto, en muchas ocasiones, es que los resultados le dan la razón.

Esta antigua casa de labranza, icónica en la Marina Alta cuando velaba por ella la chef Pepa Romans, demuestra nuevos bríos bajo el paraguas del grupo BonAmb y vislumbra un futuro prometedor, ahora con Aina Serra tras los fogones y la tutela culinaria del laureado chef Alberto Ferruz (BonAmb, dos Estrellas MICHELIN). Hoy, tras la reforma, presenta una atractiva terraza (palmeras, olivos, una parra centenaria...), un luminoso comedor con la cocina semivista y una oferta culinaria de gusto actual-mediterráneo, con buenos guiños a los maridajes clásicos tanto en la carta como en los menús.

🌆 ♿ 🅼 ✿ 🅿 – Menú 59 € (almuerzo), 77/97 € – Carta 55/70 €

Partida Pamis 7-30 (Suroeste 1,5 km) ✉ 03760 – ☎ 965 76 66 06 –
www.capepa.es – Cerrado lunes, martes

ONTINYENT • ONTENIENTE

Valencia – Mapa regional **11**–A2 – Mapa de carreteras Michelin n° 577-P28

SENTS

MODERNA · **MINIMALISTA** XX ¡Llevado entre hermanos! Cocina actual, de base tradicional, que a través de sus menús (Vegano y Omnívoro) demuestra el gusto por fusionar ingredientes de distintas latitudes.

🥗 ♿ 🅼 – Menú 68/88 €

Plaza Vicent Andrés Estellés 9 ✉ 46870 – ☎ 960 08 83 32 – *www.sents.es* –
Cerrado lunes, cena: martes-miércoles, domingo

ORFES

Girona – Mapa regional **9**–D3 – Mapa de carreteras Michelin n° 574-F38

SA POMA

TRADICIONAL · **ACOGEDORA** X Encantador, en mitad del campo y con un ambiente rústico muy cuidado. Ofrecen una cocina actual catalana, con toques mallorquines, que... ¡utiliza productos de su propia huerta!

🌆 🅿 – Carta 35/45 €

Veïnat de la Palma (Hotel Masía La Palma, por la carretera GI 554, Norte 2,5 km y desvío a la derecha 1 km) ✉ 17468 – ☎ 972 19 31 37 –
www.masialapalma.com – Cerrado martes, miércoles, cena: domingo

ORÍS

Barcelona – Mapa regional **9**–C2 – Mapa de carreteras Michelin n° 574-F36

L'AURÓ

TRADICIONAL · **AMBIENTE CLÁSICO** XX Aislado, espacioso y de atenta organización familiar. Buena carta tradicional en base a productos de proximidad, con sugerencias del día y... ¡desayunos de cuchillo y tenedor!

♿ 🅼 🅿 – Menú 19 € (almuerzo)/68 € – Carta 40/60 €

Carretera C 17 (km 76,2, Este 0,5 km) ✉ 08573 – ☎ 938 59 53 01 –
www.restaurantauro.com – Cerrado lunes, cena: martes-domingo

LA OROTAVA – Santa Cruz de Tenerife ➔ Ver Canarias (Tenerife)

  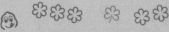

ESPAÑA

ORTIGUERA

Asturias – Mapa regional **3**–A1 – Mapa de carreteras Michelin n° 572-B9

FERPEL

ACTUAL · SIMPÁTICA 🕸🕸 Singular e interesante, tanto por las instalaciones como por su imaginativa oferta gastronómica, que suele exaltar el producto de proximidad utilizando técnicas actuales.

🕸 🕸 🅿 – Menú 42/68€

Coaña (Carretera de bajada al puerto y desvío a la izquierda en el barrio El Molino 0,5 km) ✉ *33716 – 𝒞 985 47 32 85 –*
www.ferpelgastronomico.com –
Cerrado lunes, cena: martes-jueves, cena: domingo

ORUÑA DE PIÉLAGOS

Cantabria – Mapa regional **6**–B1 – Mapa de carreteras Michelin n° 572-B18

EL HOSTAL

TRADICIONAL · AMBIENTE CLÁSICO 🕸🕸 ¡En una casa señorial! Ofrecen una cocina de mercado, muy definida por el sabor, donde nunca falten los arroces, los pescados frescos, unas buenas carnes, platos de cuchara...

🕸 🕸 🕸 – Carta 30/70€

Barrio El Puente 13 ✉ *39477 – 𝒞 942 57 58 98 – www.elhostalrestaurante.es*

OURENSE

Ourense – Mapa regional **13**–C3 – Mapa de carreteras Michelin n° 571-E6

🕸 NOVA

Chef: Julio Sotomayor y Daniel Guzmán
MODERNA · MARCO CONTEMPORÁNEO 🕸🕸 Hojas de repollo caídas del cielo, delicados mejillones que se posan en el plato, el apacible rumor del río, el olor a humo... esta es la presentación alegórica de su afamada "cociña de raíces".

En este restaurante, llamado Nova porque buscan que la experiencia siempre sea nueva, no se han vuelto locos con las vanguardias. Julio Sotomayor y Daniel Guzmán, los dos chefs al frente, resulta que son primos y amigos de toda la vida. Ambos tienen las ideas claras y reconocen, aunque suene a frase hecha, que desean ser fieles a su sueño de "hacer universal lo local". Ofrecen tres menús (Raíces, Nova y Cima) que varían según el número de platos; sin embargo, puede estar tranquilo si elige el más breve (8 pases), pues todos ellos incluyen una carne y un pescado. ¡En Galicia nadie se queda con hambre!

🕸 🕸 – Menú 45/90€

Valle Inclán 5 ✉ *32004 – 𝒞 988 21 79 33 –*
www.novarestaurante.com –
Cerrado lunes, cena: martes, cena: domingo

🕸 CEIBE 🔟

GALLEGA · MINIMALISTA 🕸🕸 Detrás de cada proyecto hay personas, sueños, valores... y eso precisamente es lo que encarnan Lydia del Olmo y Xosé Magalhaes, la joven pareja de chefs al frente. El cuidado local, con las paredes en piedra y una estética de línea minimalista, se encuentra en una calle peatonal próxima a la Catedral, donde sorprende por tener la cocina totalmente abierta a la sala. ¿Qué encontrará? Platos de raíces gallegas presentados de manera actual y con guiños asiáticos, todos ellos sujetos a tres menús degustación sorpresa que varían en función del número de pases que ofrecen (Xeito, Enxebre y Esmorga).

🕸 🕸 – Menú 34/69€

San Miguel 8 ✉ *32001 – 𝒞 988 54 25 80 –*
www.ceiberestaurante.com –
Cerrado cena: lunes, martes, cena: miércoles, cena: domingo

PACÍFICO

MODERNA · BISTRÓ X La atractiva evolución de un clásico, pues el negocio familiar que en 1975 fundaron los abuelos de Francisco Domínguez, el chef-propietario, se ha transformado para amoldarse a los nuevos tiempos y presentarse con una estética mucho más sugerente y actual. Presenta un bar-cafetería a la entrada y a continuación el restaurante como tal, tipo bistró y con la cocina vista al fondo. ¿Su propuesta? Un único menú degustación de tinte actual de lunes a viernes, basado en productos de proximidad y temporada, así como un completo brunch los fines de semana. Visto el éxito... ¡recomendamos reservar!

AC – Menú 32€ (almuerzo)/35€

Pena Trevinca 37 ⊠ 32005 – ℰ 988 61 46 72 – Cerrado cena: lunes, martes, cena: miércoles-domingo

OVIEDO

Asturias – Mapa regional **3**-B1 – Mapa de carreteras Michelin nº 572-B12

EL FORALÍN

ACTUAL · BISTRÓ X Los nombres de los restaurantes no se ponen al azar, pues suelen hablarnos de un sitio, de una historia, de un sueño... o como en este caso, de aquel pequeño barco del abuelo que... ¡llegó a faenar en el caladero de Irlanda! En esta casa, amplia, céntrica y de ambiente actual-marinero, podrá degustar una cocina moderna de marcadas bases tradicionales y asturianas, pues el chef Félix Martínez persigue la reproducción fidedigna de los sabores de antaño desde la modernidad. ¿Un lema? Ensalza la cocina artesana, con raciones copiosas e interesantes sugerencias como complemento al menú del día.

AC – Menú 35€ (almuerzo) – Carta 30/45€

Asturias 18 ⊠ 33004 – ℰ 985 74 67 97 – www.foralin.com – Cerrado lunes, cena: martes-jueves, domingo

SALAZOGUE

MODERNA · BISTRÓ X Un establecimiento diferente en el centro histórico de Oviedo, esa famosa "Vetusta" descrita en La Regenta. El negocio, que con su nombre recuerda el antiguo apelativo de la calle, presenta dos áreas claramente diferenciadas: una zona de tapeo y ambiente informal que se pone hasta arriba a la hora del vermú y, al fondo, un espacio notablemente más relajado y ecléctico, tipo bistró, donde podrá degustar tanto la carta como el menú. ¿Su propuesta? Una cocina de corte actual que mima cada detalle, con delicadas texturas y cuidadas presentaciones. ¡Para acceder al comedor es necesario reservar!

🛖 AC – Menú 35€ – Carta 30/45€

San Antonio 3 ⊠ 33001 – ℰ 984 70 33 19 – www.salazogue.es – Cerrado lunes, martes, cena: domingo

CASA FERMÍN

TRADICIONAL · ELEGANTE XXX Negocio familiar con prestigio en la ciudad. Ofrece una carta de cocina tradicional actualizada y una gran bodega que destaca por su variedad. El comedor, atractivo, amplio y confortable, se complementa con varios privados en el sótano.

⽈ AC ⇔ – Menú 70€ – Carta 45/65€

San Francisco 8 ⊠ 33001 – ℰ 985 21 64 52 – www.casafermin.com – Cerrado domingo

CA'SUSO

MODERNA · ACOGEDORA XX Acogedor, neorrústico y llevado con entusiasmo entre dos hermanos. Defiende una cocina actual de base tradicional, interesante y fiel a los productos asturianos de temporada.

AC – Menú 35/50€ – Carta 35/56€

Marqués de Gastañaga 13 ⊠ 33009 – ℰ 985 22 82 32 – www.ca-suso.com – Cerrado lunes, cena: martes-miércoles, cena: domingo

MESTURA

TRADICIONAL · MARCO CONTEMPORÁNEO XX Se halla en la entreplanta del hotel España, donde encontraremos una sala de elegante línea clásica y una cocina tradicional que cuida los detalles. ¡También ofrecen menús!

⚐ – Menú 42/69 € – Carta 40/60 €

Jovellanos 2 ✉ 33009 – ℰ 984 03 40 14 – www.mesturarestaurante.es –
Cerrado lunes, domingo

GLORIA

TRADICIONAL · **BAR DE TAPAS** ⅹ Sencillez, proximidad, tradición... Esta "Casa de comidas" es la propuesta más popular del chef asturiano Nacho Manzano, que apuesta por las tapas y los platos para compartir.

⚐ ⚐ – Tapa 6 € – Ración 18 € – Menú 23 € (almuerzo)/40 € –
Carta 25/40 €

Cervantes 24 ✉ 33001 – ℰ 984 83 42 43 – www.estasengloria.com – Cerrado lunes,
cena: martes, domingo

OYARZUN - Guipúzcoa → Ver Oiartzun

PADRÓN

A Coruña – Mapa regional **13**–B2 – Mapa de carreteras Michelin nº 571-D4

O'PAZO

A LA PARRILLA · **ELEGANTE** ⅹⅹ ¡El Etxebarri gallego! Aquí la brasa es la protagonista, por eso los hermanos Vidal defienden una carta de producto donde casi todos los platos se elaboran o terminan en ella.

⚐ ⚐ ⚐ ⚐ 🅿 – Carta 70/100 €

Lugar de Pazos ✉ 15917 – ℰ 981 81 15 07 – www.asadoropazo.com – Cerrado lunes,
cena: martes-jueves, cena: domingo

PÁGANOS

Álava – Mapa regional **18**–A2 – Mapa de carreteras Michelin nº 573-E22

HÉCTOR ORIBE

MODERNA · **RÚSTICA** ⅹⅹ Llevado por un amable matrimonio. Cocina actualizada de producto y base tradicional, con especialidades como los Canutillos de pan y morcilla o el Rabo de vacuno estofado.

⚐ – Carta 30/45 €

Gasteiz 8 ✉ 01309 – ℰ 945 60 07 15 – www.hectororibe.es – Cerrado lunes,
cena: martes-domingo

PALAFRUGELL

Girona – Mapa regional **10**–B1 – Mapa de carreteras Michelin nº 574-G39

PA I RAÏM

TRADICIONAL · **AMBIENTE CLÁSICO** ⅹⅹ ¡En la antigua casa del escritor Josep Pla! Ofrece una sala clásica, otra tipo jardín de invierno y una coqueta terraza presidida por dos tilos centenarios. Su carta de temporada combina los platos tradicionales con otros más actuales.

⚐ ⚐ – Menú 25 € (almuerzo), 40/60 € – Carta 30/50 €

Torres Jonama 56 ✉ 17200 – ℰ 972 44 72 78 – www.pairaim.com – Cerrado lunes,
cena: martes-jueves, cena: domingo

PALAMÓS

Girona – Mapa regional **10**–B1 – Mapa de carreteras Michelin nº 574-G39

✾ LA SALINERA

TRADICIONAL · **AMBIENTE MEDITERRÁNEO** ⅹⅹ El buen trabajo de Josep desde los fogones y Montse en la sala refleja el alma de esta casa, fácil de localizar frente al puerto de Palamós. Sin duda, estamos ante un restaurante con personalidad y carácter propio, pues el local ocupa lo que un día fue una fábrica de salazones. La agradable terraza climatizada de la entrada da paso a un interior moderno y acogedor, con dos salas que sorprenden por sus atractivos techos abovedados. Cuenta con sus propios viveros y ofrece una cocina de raíces mediterráneas especializada en pescados y mariscos, siempre originarios de la Costa Brava.

🛋 🅰🅲 – Menú 30€ – Carta 35/50€

Avenida Onze de Setembre 93 ✉ 17230 – ☏ 972 31 64 74 – Cerrado lunes

ENTRE DOS MONS

PERUANA · SENCILLA 🅇 Aquí se fusiona la gastronomía catalana con los sabores del recetario peruano, pues la chef es oriunda de allí. ¡Poseen su propio huerto y se preocupan por la sostenibilidad!

🛋 🅰🅲 – Menú 38/75€ – Carta 40/60€

Tauler i Servià 21 ✉ 17230 – ☏ 972 31 52 89 – www.entredosmons.es –
Cerrado almuerzo: lunes-miércoles

PALAU - SATOR

Girona – Mapa regional **10**–B1 – Mapa de carreteras Michelin n° 574-G39

🏵 MAS POU

REGIONAL · RÚSTICA 🅇 Está en el centro del pueblo, en una masía del s. XVI dotada con una zona ajardinada, terraza y un anexo, hoy Museo Rural de la labranza, en el que hay un bar para los fines de semana. Es uno de los restaurantes más populares en la comarca del Baix Empordà y complementa su hall con diversas salas de ambiente rústico, algunas abovedadas. Ofrece una cocina regional y casera de sencilla elaboración, basada tanto en cocciones lentas como en la calidad de los productos de la comarca; también tiene una carta vegetariana y otra para celíacos. ¡Pida algún guiso, como el de Pollo con sepia y gambas!

🛋 🕭 🅰🅲 🔁 🅿 – Menú 29/42€ – Carta 35/47€

Plaza de la Mota 4 ✉ 17256 – ☏ 972 63 41 25 – www.maspou.com – Cerrado lunes,
cena: domingo

PALENCIA

Palencia – Mapa regional **8**–B2 – Mapa de carreteras Michelin n° 575-F16

🏵 TERRA

ACTUAL · MARCO CONTEMPORÁNEO 🅇🅇 Ubicado en el centro histórico, en una calle peatonal próxima a la concurrida calle Mayor. Tras formarse en restaurantes de reconocido prestigio (El Celler de Can Roca, Akelaře, Nerua, El Ermitaño...), el chef Roberto Terradillos decidió volver a su tierra para devolver todo lo aprendido, exaltando desde las técnicas más actuales la identidad culinaria de los sabores palentinos. Presenta un interior de estética funcional-actual y una cocina de tendencia moderna, con buenas bases clásicas y guiños al territorio. La carta se completa con dos interesantes menús, ambos con opción de maridaje.

🅰🅲 – Menú 20€ (almuerzo), 38/50€ – Carta 33/45€

Pedro Fernández de Pulgar 6 ✉ 34005 – ☏ 979 11 66 75 – www.terrarestaurante.es –
Cerrado lunes, cena: martes-miércoles, cena: domingo

CASA PEPE´S

TRADICIONAL · RÚSTICA 🅇🅇 ¡Amabilidad y productos de calidad! Encontrará un concurrido bar y un comedor castellano en dos niveles, donde ofrecen una completa carta tradicional con pescados y mariscos.

🅰🅲 – Menú 45€ – Carta 40/85€

Avenida Manuel Rivera 16 ✉ 34002 – ☏ 979 10 06 50 – www.casapepes.es –
Cerrado lunes

AJO DE SOPAS

MODERNA · MARCO CONTEMPORÁNEO 🅇 Local de tinte creativo donde, en base a productos locales, logran dar una vuelta a la cocina tradicional castellana. ¡Su exitoso menú degustación solo se sirve bajo reserva!

🛋 🅰🅲 – Menú 49€ – Carta 20/35€

Paseo del Salón 25 ✉ 34002 – ☏ 979 10 47 12 – www.ajodesopas.com –
Cerrado lunes, cena: domingo

PALMA – Balears ➜ Ver Balears (Mallorca)

LA PALMA – Santa Cruz de Tenerife ➜ Ver Canarias

PALMANOVA - Balears → Ver Balears (Mallorca)

EL PALMAR

Valencia – Mapa regional **11**–B2 – Mapa de carreteras Michelin n° 577-O29

ARROCERÍA MARIBEL

ARROCES · **BISTRÓ** X El entorno del Parque Natural de la Albufera, que tiene un ecosistema de enorme interés ecológico, está plagado de restaurantes y arrocerías, por lo que tiene aún más mérito destacar cuando todos presumen de la misma especialidad. Presenta un interior actualizado que ensalza la rica cultura arrocera de la zona y una espaciosa terraza, ubicada casi sobre el mismísimo canal. La carta, que ofrece una parte tradicional y otra más actual-creativa, se complementa con tres menús que exaltan el recetario de la zona y los sabores valencianos. No lo dude y... ¡idé también un paseo en barca por el lago!

🏠 ⅏ 🎬 ⟷ 🅿 – Menú 25€ (almuerzo)/60€ – Carta 30/60€

Francisco Monleón 5 ✉ 46012 – ℰ 961 62 00 60 –
www.arroceriamaribel.com –
Cerrado cena: lunes-martes, miércoles, cena: jueves-domingo

LAS PALMAS DE GRAN CANARIA - Las Palmas → Ver Canarias (Gran Canaria)

PALMONES

Cádiz – Mapa regional **1**–B3 – Mapa de carreteras Michelin n° 578-X13

CASA MANÉ

PESCADOS Y MARISCOS · **RÚSTICA** X Atractiva cabaña de madera ubicada al borde de la playa. Su especialidad son los pescados y mariscos, presentados en una barca-expositor refrigerada que hay en la misma sala.

🏠 ⅏ 🎬 ⟷ – Carta 32/47€

Almadraba (Playa de Palmones) ✉ 11379 – ℰ 956 67 50 10 –
www.restaurantecasamane.com –
Cerrado lunes, cena: martes-jueves, cena: domingo

PALS

Girona – Mapa regional **10**–B1 – Mapa de carreteras Michelin n° 574-G39

VICUS

MODERNA · **MARCO CONTEMPORÁNEO** XX He aquí la evolución, con notable éxito, de un viejo negocio familiar que inicialmente vio la luz como café. Se halla en una de las principales calles de Pals y actualmente presenta una sala de altos techos que sabe combinar la agradable estética actual con algunos detalles más clásicos que enraízan el local con su pasado (barra, suelos, algunos muebles...). El chef, formado en grandes casas, propone una cocina tradicional elaborada y de tintes creativos que no le defraudará. Su carta se completa con una buena oferta de menús, destacando entre ellos tanto el de arroces como el de degustación.

⅏ 🎬 ⟷ 🅿 – Menú 22€ (almuerzo)/42€ – Carta 35/55€

Enginyer Algarra 51 ✉ 17256 – ℰ 972 63 60 88 –
www.vicusrestaurant.com – Cerrado martes

ES PORTAL

CATALANA · **RÚSTICA** XX En una masía ampurdanesa de impresionante aspecto, no en vano... ise construyó en el s. XVI! Ofrece unos atractivos exteriores y comedores de aire rústico, donde proponen una cocina de temporada en base a producto local. Cuidadas habitaciones como complemento.

🏠 ⅏ 🎬 ⟷ 🅿 – Menú 28€ (almuerzo), 45/57€ – Carta 43/58€

Carretera de Torroella de Montgrí (Norte 1,7 km) ✉ 17256 – ℰ 972 63 65 96 –
www.esportalhotel.com – Cerrado lunes

PAHISSA DEL MAS ...
MODERNA · MARCO REGIONAL XX Instalado en el pajar del Mas Pou, una masía rodeada de arrozales que data de 1352. Elaboran una cocina actual muy personal, con el producto de proximidad como protagonista.

🛋 ❤ 🅰🅲 🅿 – Menú 67€ – Carta 40/65€

Barri Molinet 16 (Carretera Torroella de Montgrí, Norte 1,9 km) ✉ 17256 –
☎ 972 63 69 76 - www.pahissadelmas.com – Cerrado lunes, martes, cena: domingo

SOL BLANC
CATALANA · RÚSTICA XX ¡En una masía del s. XIX ubicada en pleno campo! Ofrecen una cocina catalana muy honesta, en base a productos de proximidad, con intensos guisos y tomates de su propia huerta.

🛋 🅰🅲 🅿 – Menú 55€ – Carta 40/100€

Carretera de Torroella de Montgrí (Norte 1,5 km) ✉ 17256 – ☎ 972 66 73 65 –
www.restaurantsolblanc.com – Cerrado martes, miércoles

PAMPLONA - Navarra ➜ Ver Iruña

PASAI DONIBANE
Guipúzcoa – Mapa regional **18**–B2 – Mapa de carreteras Michelin n° 573-C24

🏵 TXULOTXO
PESCADOS Y MARISCOS · AMBIENTE TRADICIONAL X Pasai Donibane es un municipio pesquero con gran encanto, pues aparte de las pintorescas fachadas volcadas al mar posee algunos rincones para guardar en el recuerdo. El restaurante Txulotxo se encuentra en uno de esos enclaves mágicos, ya que ocupa la antigua cuadra de un palacio a escasos metros de un embarcadero. Aquí lo mejor, junto a su cocina, son las estupendas vistas a la bahía desde el comedor principal, pues permiten contemplar el incesante trasiego de buques y pesqueros. ¡Rodaballo, merluza, chipirones, marisco... todo fresquísimo!

≼ 🅰🅲 – Menú 25€ – Carta 35/52€

Donibane 71 ✉ 20110 – ☎ 943 52 39 52 - www.restaurantetxulotxo.com –
Cerrado cena: lunes, martes, cena: miércoles-jueves, cena: domingo

PASAJES DE SAN JUAN - Guipúzcoa ➜ Ver Pasai Donibane

PAU
Girona – Mapa regional **9**–D3 – Mapa de carreteras Michelin n° 574-F39

MAS LAZULI
MODERNA · A LA MODA X Un espacio singular que refleja la alianza entre modernidad y rusticidad. Apuestan por una cocina de gusto actual, sorprendiendo con... ¡vino y aceite de elaboración propia!

🛋 ❤ 🅰🅲 🅿 – Menú 44€ – Carta 45/60€

Hotel Mas Lazuli, Carretera de Roses (Este 1 km) ✉ 17494 – ☎ 872 22 22 20 –
www.hotelmaslazuli.es

PEDROSO DE ACIM
Cáceres – Mapa regional **12**–B1 – Mapa de carreteras Michelin n° 576-M10

EL PALANCAR
TRADICIONAL · AMBIENTE TRADICIONAL X ¡Junto al "conventito" de El Palancar! Ofrece cocina tradicional actualizada, carnes a la brasa y, durante el verano, unas curiosas cenas temáticas contemplando las estrellas.

≼ 🛋 ❤ 🅰🅲 🅿 – Menú 28/50€ – Carta 35/60€

Carretera de El Palancar (Sur 2 km) ✉ 10829 – ☎ 927 19 20 33 –
www.elpalancar.com – Cerrado lunes, cena: martes-viernes, cena: domingo

ESPAÑA

PEÑAFIEL
Valladolid – Mapa regional **8**–C2 – Mapa de carreteras Michelin nº 575-H17

☼ **AMBIVIUM**

MODERNA · **DE DISEÑO** XxX La bodega Pago de Carraovejas (Ribera del Duero), custodiada por el icónico castillo de Peñafiel, ha construido su merecido prestigio en base a unos vinos que emanan personalidad; esa misma filosofía es la que se cultiva en Ambivium, un espacio que tiene como único horizonte el logro de armonías y secuencias gustativas.

El restaurante, con vanguardistas detalles de diseño, un espléndido servicio e idílicas vistas a los viñedos desde su zona de bar y sobremesa, sorprende con una propuesta de exquisitos bocados. El joven chef al frente, Cristóbal Muñoz, busca conquistarnos a través de dos menús degustación de tinte moderno-creativo (Entornos y Paisajes), ambos con maravillosas opciones de maridaje. ¿Un detalle? La bodega, que guarda auténticas joyas, asombra con... ¡más de 3.000 referencias!

🍸 ⇆ ⅙ 🅰🅲 🄴 🅿 – Menú 120 €

Camino de Carraovejas (Este 3 km) ✉ 47300 – ☎ 983 88 19 38 –
www.restauranteambivium.com –
Cerrado lunes, martes, cena: miércoles-viernes, cena: domingo

PERALADA
Girona – Mapa regional **9**–D3 – Mapa de carreteras Michelin nº 574-F39

☼ **CASTELL PERALADA**

MODERNA · **AMBIENTE CLÁSICO** XxX Cuando hablamos de un emplazamiento singular nos referimos, exactamente, a sitios como este, pues nos hallamos en un castillo medieval (s. XIV) que ha ido ampliando sus instalaciones poco a poco; de hecho, su actual oferta cultural y de ocio se completa con un museo, un bellísimo parque, un casino...

En el restaurante, que atesora un ambiente clásico bien actualizado, atractivos reservados en los torreones y hasta una idílica terraza frente a un lago, nos plantean una visión contemporánea de la cocina tradicional ampurdanesa, sorprendiendo tanto por la sutileza de los sabores como por el dominio en los puntos de cocción. No se pierda el espectacular carro de quesos seleccionados por Toni Gerez (jefe de sala y sommelier), pues con más de 50 opciones... ¡es uno de los mejores de España!

🍴 🅰🅲 ⇆ 🅿 – Menú 115 € – Carta 71/130 €

Sant Joan ✉ 17491 – ☎ 972 52 20 40 – www.castellperaladarestaurant.com –
Cerrado lunes, martes, miércoles, almuerzo: jueves

PEREIRO DE AGUIAR
Ourense – Mapa regional **13**–C3 – Mapa de carreteras Michelin nº 571-E6

☼ **MIGUEL GONZÁLEZ**

ACTUAL · **RÚSTICA** Xx Resulta realmente singular y debemos considerarlo todo un hallazgo gastronómico, pues estando a escasos 6 km del centro de Ourense se encuentra aislado en un encantador hotelito rural de carácter centenario (Hotel Rústico San Jaime), en la aldea de A Morteira y con el acceso por un estrecho camino.

El chef Miguel González, formado en grandes casas antes de iniciar su gran proyecto vital, apuesta sin complejos por un menú sorpresa de gusto actual, siempre con platos elaborados en los que prima el sabor, la delicadeza y la calidad de las mejores materias primas adquiridas ese mismo día. Podrá degustar los platos tanto en el atractivo comedor, de línea rústica y con la chimenea encendida en invierno, como en su agradable terraza, idónea para disfrutar del entorno natural en la época estival.

🅰🅲 ⇆ 🅿 – Menú 65/80 €

Tibiás (A Morteira 80, Oeste 1,5 km) ✉ 32710 – ☎ 988 78 29 36 –
www.restaurantemiguelgonzalez.com –
Cerrado lunes, cena: martes-miércoles, cena: domingo

PERUYES

Asturias – Mapa regional **3**–C1 – Mapa de carreteras Michelin nº 572-B14

EL MOLÍN DE MINGO 🍃

TRADICIONAL · **RÚSTICA** 🟏 Un restaurante de ambiente rústico que no para de ganar adeptos, pues hallándose en un aislado paraje entre montañas... ¡únicamente provoca felicidad y deseos de volver! Dulce Martínez, la chef-propietaria (esposa también del famoso chef Nacho Manzano), elabora una cocina tradicional de corte casero realmente magnífica, fina y delicada, con el aliciente de que no solo tiene sabor sino que además cuida tanto los detalles como las presentaciones. ¿Qué encontrará? Un menú corto y otro largo, ambos con platos a elegir. ¡No perdone los postres caseros ni el increíble Pitu de calella con arroz!

�´ 🅿 – Menú 35€ (almuerzo)/38€

Finca Molín de Mingo (Sureste 3 km) ✉ *33540 – ℰ 985 92 22 63 – Cerrado lunes, martes, miércoles, cena: jueves-domingo*

PETRER

Alicante – Mapa regional **11**–A3 – Mapa de carreteras Michelin nº 577-Q27

LA SIRENA

PESCADOS Y MARISCOS · **AMBIENTE CLÁSICO** 🟏🟏 Destaca por su barra-expositor y... ¡es famoso por sus numerosos all i oli! Completa carta de producto, con un sugerente apartado de mariscos al peso, arroces y opción de menú.

🄰🄺 ⇄ – Menú 30/75€ – Carta 40/75€

Avenida de Madrid 14 ✉ *03610 – ℰ 965 37 17 18 – www.lasirena.net – Cerrado lunes, cena: domingo*

EL PINÓS • PINOSO

Alicante – Mapa regional **11**–A3 – Mapa de carreteras Michelin nº 577-Q26

EL RACÓ DE PERE I PEPA

TRADICIONAL · **RÚSTICA** 🟏🟏 Llevado por el matrimonio propietario, Pere y Pepa, con él tras los fogones y ella al tanto de todo en la sala. Se halla en la avenida de acceso al pueblo desde Jumilla, presentándose con una terraza a la entrada y un interior en dos plantas de aire rústico-actual. Proponen una cocina tradicional actualizada y regional, rica en arroces (siete variantes más fideuá) pero con sugerentes especialidades, como el Solomillo con foie gras y salsa de Oporto o la Paletilla de cabrito al horno. También ofrecen menús a mesa completa (Nuestro arreglito y Especial) y... ¡unas buenas jornadas gastronómicas!

�´ ♿ 🄰🄺 – Menú 40/45€ – Carta 35/50€

Carretera de Jumilla 26 ✉ *03650 – ℰ 965 47 71 75 – www.racodepereipepa.com – Cerrado lunes, cena: martes-jueves, cena: domingo*

PLAN

Huesca – Mapa regional **2**–C1 – Mapa de carreteras Michelin nº 574-E31

LA CAPILLETA

CREATIVA · **BISTRÓ** 🟏 Una de las mejores opciones para comer en la Bal de Chistau, un maravilloso valle entre montañas en el que encontrará... ¡hasta alguna cascada natural! Se encuentra a la entrada de la localidad, presentándonos un atractivo bar tipo bistró y un coqueto comedor de línea provenzal-actual, con detalles vintage y guiños al "chistabino", el dialecto de la zona. Su chef ofrece una cocina actual volcada en el producto de temporada, platos más tradicionales y un pequeño apartado de arroces a la brasa (Arroz de ceps y foie). ¡Colaboran de manera altruista en diferentes campañas contra el hambre!

⇐ 🄺 🅿 – Menú 19€ (almuerzo), 30/60€ – Carta 30/40€

Carretera San Juan de Plan 7 ✉ *22367 – ℰ 974 94 14 10 – www.lacapilleta.es – Cerrado miércoles, jueves*

PLATJA DE SANT JOAN • PLAYA DE SAN JUAN

Alicante – Mapa regional 11–B3 – Mapa de carreteras Michelin n° 577-Q28

LA VAQUERÍA

TRADICIONAL • A LA MODA X Asador de estética actual dotado con terraza y zona de ocio infantil. Su especialidad son las carnes a la brasa... aunque también trabaja con pescados y verduras de temporada.

⌂ & ⍰ – Carta 35/50€

Carretera Benimagrell 52 ⌨ 03560 – ℰ 965 94 03 23 – www.asadorlavaqueria.com

PLAYA BLANCA – Las Palmas → Ver Canarias (Lanzarote)

PLAYA DE LAS AMÉRICAS – Santa Cruz de Tenerife → Ver Canarias (Tenerife)

PLAYA DE SAN JUAN – Alicante → Ver Platja de Sant Joan

POBOLEDA

Tarragona – Mapa regional 9–B3 – Mapa de carreteras Michelin n° 574-I32

⊛ BROTS

MODERNA • A LA MODA XX Toda una sorpresa gastronómica escondida en un pueblecito del Priorat, ubicado entre montañas y rodeado de viñedos. El chef Pieter Truyts, formado en restaurantes con Estrellas MICHELIN de su Bélgica natal, de Francia y de España, encontró en esta tranquila localidad la posibilidad de cocinar desde el corazón y desarrollar una cocina creativa sumamente interesante, pues exalta los mejores productos locales y demuestra un don tanto para mezclarlos como para potenciar su sabor. Suele llenarse, pues la relación calidad/precio resulta fantástica y... ¡es una comarca con mucho turismo enológico!

⍰ – Menú 27/29€ – Carta 30/50€

Nou 45 ⌨ 43376 – ℰ 977 82 73 28 – www.brotsrestaurant.com – Cerrado cena: lunes, martes, cena: domingo

POLA DE LENA

Asturias – Mapa regional 3–B2 – Mapa de carreteras Michelin n° 572-C12

⊛ CASA FARPÓN

TRADICIONAL • SIMPÁTICA X Mamorana es una pequeña aldea perteneciente a Pola de Lena y que se hizo famosa, hace ya un siglo, por aparecer en ella un valiosísimo mosaico de origen romano. En el restaurante, que para ganar espacio entre las mesas se ha trasladado a un edificio de carácter panorámico que sorprende por sus vistas, el chef Javier Álvarez Farpón apuesta por varios menús que ensalzan los platos típicos de la zona (Croquetas cremosas de jamón, Arroz con pitu de caleya, Arroz con leche requemado, Pote de Nabos y su Compango en temporada...) y una reducida carta en base a las especialidades de la casa.

⍰ 🅿 – Menú 38€ (almuerzo)/70€ – Carta 30/50€

Mamorana (por AS 242, Sur 3 km) ⌨ 33637 – ℰ 985 49 38 48 – www.casafarpon.com – Cerrado lunes, martes, cena: miércoles-domingo

ROBLE BY JAIRO RODRÍGUEZ

TRADICIONAL • AMBIENTE CLÁSICO XX Una casa que combina esfuerzo, ilusión y... ¡saber hacer! Cocina tradicional asturiana con toques actuales, de finas texturas y bellas presentaciones. ¡No perdone los postres!

& – Menú 15€ (almuerzo), 30/60€ – Carta 35/60€

Robledo 21 B ⌨ 33630 – ℰ 985 49 24 62 – Cerrado lunes, cena: martes-jueves, cena: domingo

MONTE

MODERNA • BISTRÓ X Encierra su filosofía en un breve epígrafe: "Cocinamos nuestro entorno de manera honesta, respetuosa y creativa". Propuesta de tinte actual basada en dos sugerentes menús.

🏠 ♧ – Menú 45/85€ – Carta 45/60€

San Feliz (Norte 1,5 km, por LN 1 y AS 242) ✉ *33638 –* ☎ *985 59 30 89 –*
www.montesanfeliz.com –
Cerrado lunes, martes, cena: miércoles-jueves, cena: domingo

POLLENÇA – Balears ➔ Ver Balears (Mallorca)

PONFERRADA

León – Mapa regional **8**–A1 – Mapa de carreteras Michelin n° 575-E10

⟨⟩ MU•NA

Chef: Samuel Naveira

TRADICIONAL · **MARCO CONTEMPORÁNEO** ✗✗ Se encuentra en la conocida
como la Casa de Las Bombas, frente al Castillo de los Templarios, y bajo su nombre de origen árabe esconde el ferviente deseo por saciar tanto el apetito como
el gusto de sus comensales.

La pareja al frente, con el chef Samuel Naveira tras los fogones mientras Génesis
Cardona ejerce como jefa de sala y sumiller, trabaja con pasión en un entorno
contemporáneo que sorprende al tomar las hormigas como icono, una metáfora
sobre la laboriosidad y el esfuerzo. ¿Su propuesta? Una cocina tradicional actualizada que exalta los productos de temporada de El Bierzo, con platos sabrosos y
delicados pero que también defienden su identidad para hablarnos de esta tierra
(uno rinde homenaje a las pimenteras de Ponferrada). ¡Interesante carta y varios
menús, algunos con maridaje!

& ♧ – Menú 35€ (almuerzo), 60/85€ – Carta 40/55€
Gil y Carrasco 25 ✉ *24401 –* ☎ *693 76 23 70 –*
www.restaurantemuna.com –
Cerrado lunes, martes, cena: domingo

PONTE ULLA • PUENTE ULLA

A Coruña – Mapa regional **13**–B2 – Mapa de carreteras Michelin n° 571-D4

⟨⟩ VILLA VERDE

TRADICIONAL · **MARCO REGIONAL** ✗✗ Nos hallamos en una zona privilegiada, pues esta comarca gallega es famosa por sus viñedos y sus magníficos
pazos. La nobleza inherente a esta tierra también se ve reflejada en el restaurante, instalado en una hermosa casa de campo en piedra (s. XVIII) que hoy se
presenta con una atractiva bodega-lagar, un comedor rústico dotado de
"lareira" y una sala de elegante montaje clásico. Su cocina tradicional y de
corte casero se ve enriquecida con productos de temporada, trabajando bastante las setas, el rape, las carnes de ternera... ¡No se pierda la Merluza guisada
al horno con erizo de mar!

🏠 🅰 🅿 – Menú 35€ (almuerzo)/90€ – Carta 33/45€
Lugar de Figueiredo 10 (Vedra) ✉ *15885 –* ☎ *981 51 26 52 –*
www.villa-verde.es –
Cerrado cena: lunes-domingo

PONTEAREAS

Pontevedra – Mapa regional **13**–B3 – Mapa de carreteras Michelin n° 571-F4

A XANELA GASTRONÓMICA

ACTUAL · **ACOGEDORA** ✗ Alegre, acogedor y con la opción de comer tanto en
el bar (gastrobar) como en la sala, donde hay una carta más amplia. Cocina
actual, de bases clásicas, con platos de fusión.

🅰 – Menú 15€ (almuerzo)/27€ – Carta 31/49€
Real 62 ✉ *36860 –* ☎ *886 21 69 97 –*
www.axanelagastro.com –
Cerrado lunes, cena: domingo

PONTE DO PORTO

A Coruña – Mapa regional **13**–A1 – Mapa de carreteras Michelin nº 571-C2

LA TAVERNETTA DA PONTE

TRADICIONAL · **BAR DE TAPAS** X Singular vinoteca-taberna regentada por una pareja gallego-napolitana. Ofrecen copiosas raciones de cocina gallega y varios platos del recetario italiano. ¡Pruebe sus pizzas!

Ración 15 € – Carta 15/25 €

Outeiro 35 ✉ 15121 – ☎ 691 16 34 40 – www.latavernettadaponte.com – Cerrado lunes, martes

PONTEVEDRA

Pontevedra – Mapa regional **13**–B2 – Mapa de carreteras Michelin nº 571-E4

❀ SOLLA

Chef: Pepe Solla

CREATIVA · **TENDENCIA** XxX Cocinero, roquero, amante del surf... las pasiones marcan el camino de las personas y, sin duda, nos ayudan a entenderlas. ¿Una frase del chef? "En la cocina, como en la vida, busco la claridad y la esencia".

Pepe Solla, que le debe el nombre y el amor por la gastronomía a su padre (logró la Estrella MICHELIN para "Casa Solla" en 1980), ha llevado el sexagenario negocio familiar a cotas de excelencia apostando por la evolución y el sabor, otra de sus obsesiones, siempre con una cocina creativa de marcadas bases gallegas. El chef, que defiende la simplicidad y más que nuevos platos busca desarrollar conceptos, sorprende los domingos estivales con un evento culinario-musical en el jardín, una divertida propuesta que se inicia con un brunch y termina con música en vivo. ¿Se lo va a perder?

❀ ⇐ �& 🗚 🅿 – Menú 98/140 €

Avenida Sineiro 7 (San Salvador de Poio, por la carretera de La Toja 2 km) ✉ 36005 – ☎ 986 87 28 84 – www.restaurantesolla.com – Cerrado lunes, cena: martes-jueves, domingo

❀ EIRADO

Chef: Iñaki Bretal

MODERNA · **ACOGEDORA** X ¿Un restaurante que emane la esencia de Pontevedra? No busque más, pues Eirado recupera una de las casas con más encanto del casco viejo.

Sus comedores, de reducida capacidad, poseen la magia y la belleza que siempre se vincula a la piedra vista, lo que marca en gran medida el carácter del local. El chef Iñaki Bretal propone una cocina moderna de claras raíces gallegas y marineras, demostrando un gran nivel técnico y sin poner fronteras a los detalles de fusión, pues es de los que sabe incorporar los sabores que va descubriendo por el mundo (México, Japón, Alemania, Canadá...) para asociarlos a uno de sus lemas: "lo mejor del mejor producto". Ofrece una carta muy cuidada, dos interesantes menús que varían en función del número de platos (Currican y Palangre) y una completa bodega.

Menú 50/72 € – Carta 45/65 €

Plaza da Leña 3 ✉ 36002 – ☎ 986 86 02 25 – Cerrado lunes, cena: domingo

LOAIRA

MODERNA · **BAR DE TAPAS** X Gastrobar dotado con una pequeña barra y un salón tipo bistró en el piso superior. Platos actuales de base regional, idóneos para compartir. ¡Atractiva terraza en plena plaza!

🍸 – Ración 14 €

Plaza de Leña 2 ✉ 36002 – ☎ 986 85 88 15 – Cerrado martes, cena: domingo

LA ULTRAMAR

FUSIÓN · **TENDENCIA** X Un espacio canalla e informal ubicado en el histórico edificio Sarmiento del Museo de Pontevedra. Ofrece una cocina de fusión, con una carta de raciones ideada para compartir.

🛪 & 🏧 – Menú 31/47 €

Padre Amoedo Carballo 3 ✉ 36002 – ✆ 986 85 72 66 – www.laultramar.es –
Cerrado lunes, cena: domingo

PONTS

Lleida – Mapa regional **9**–B2 – Mapa de carreteras Michelin n° 574-G33

🏵 LO PONTS

CATALANA · ACOGEDORA 🟊🟊 Llevado en familia con enorme pasión y profesionalidad. Posee un pequeño espacio para la venta de vinos, así como tres
salas de línea actual-funcional donde encontrará una cocina regional actualizada que intenta aportar personalidad a cada plato, siempre en base a materias primas autóctonas y, en lo posible, de origen ecológico. Atesoran una
bodega bastante variada, suelen organizar "cenas tast" y presentan interesantes menús, incluido uno tipo degustación que requiere su reserva anticipada.
¿Especialidades para no perderse? Pruebe los populares Caracoles "Lo Ponts"
o las Cocas de recapte.

🛪 🏧 ⇔ 🅿 – Menú 22/28 € – Carta 30/57 €

Carretera de Calaf 6 ✉ 25740 – ✆ 973 46 00 17 – www.loponts.com – Cerrado lunes,
cena: martes-jueves, cena: domingo

PORROIG – Balears ➜ Ver Balears (Eivissa)

PORT D'ALCÚDIA – Balears ➜ Ver Balears (Mallorca)

PORT DE POLLENÇA – Balears ➜ Ver Balears (Mallorca)

PORT DE SÓLLER – Balears ➜ Ver Balears (Mallorca)

PORTALS NOUS – Balears ➜ Ver Balears (Mallorca)

PORTBOU

Girona – Mapa regional **9**–D3 – Mapa de carreteras Michelin n° 574-E39

VORAMAR

ACTUAL · AMBIENTE MEDITERRÁNEO 🟊🟊 En pleno paseo marítimo, de excelente montaje y con la sala dividida en dos coquetos espacios. Cocina de bases
tradicionales y corte actual, con carta y menús degustación.

🏧 – Menú 46/98 € – Carta 74/121 €

Passeig de la Sardana 6 ✉ 17497 – ✆ 972 39 00 16 – www.voramarportbou.com –
Cerrado miércoles, cena: domingo

PORTOCOLOM – Balears ➜ Ver Balears (Mallorca)

PORTUGALETE

Vizcaya – Mapa regional **18**–A2 – Mapa de carreteras Michelin n° 573-C20

EL PALADAR LA HABANA

ACTUAL · ACOGEDORA 🟊🟊 En el Gran Hotel Puente Colgante, de bello estilo
indiano. Propuesta contemporánea que busca actualizar la tradición culinaria
local, con guiños a las cocinas cubana y latina.

🏧 🖃 🅿 – Carta 27/47 €

Doña María Díaz de Haro 2 (Hotel Puente Colgante) ✉ 48920 – ✆ 944 01 48 00 –
www.puentecolganteboutiquehotel.com

ESPAÑA

POZUELO DE ALARCÓN
Madrid – Mapa regional **15**–B2 – Mapa de carreteras Michelin nº 576-K18

KABUTOKAJI

JAPONESA · DE DISEÑO XX Un japonés que no le defraudará, pues resulta elegante a la par que sofisticado. Delicadas presentaciones, acertadas combinaciones y... ¡una sorprendente oferta de nigiris!

⛩ & 🅰 – Carta 65/95€

Avenida Navacerrada 1 ⊠ 28224 – 𝒞 918 05 18 97 – www.kabutokaji.es –
Cerrado cena: domingo

URRECHU

VASCA · MARCO CONTEMPORÁNEO XX Bien llevado por el chef Íñigo Pérez "Urrechu", que defiende una carta de estilo vasco en la que destacan las carnes maduradas y los pescados a la brasa. ¡Conviene reservar!

⅋ ⛩ & 🅰 ⇔ – Carta 50/75€

Barlovento 1 (Centro Comercial Zoco Pozuelo, junto a la autovía M 502, Sureste 2,5 km) ⊠ 28223 – 𝒞 917 15 75 59 – www.urrechu.com – Cerrado cena: domingo

ZURITO

COCINA DE MERCADO · MARCO CONTEMPORÁNEO XX Presenta un interior contemporáneo, con algún cuadro realmente llamativo, y apuesta por una cocina de mercado en la que no faltan los pescados de lonja o las carnes maduradas.

⛩ & 🅰 ⇔ – Menú 42/65€ – Carta 40/70€

Lope de Vega 2 ⊠ 28223 – 𝒞 913 52 95 43 – www.zurito.com – Cerrado lunes, cena: martes, cena: domingo

PASCHI 🌐

PERUANA · AMBIENTE CLÁSICO X Bajo su nombre, que en quechua significa "gratitud", nos abren las puertas a los sabores de la gastronomía peruana, no faltando también algún guiño a la cocina chifa y nikkei.

🏆 ⛩ 🅰 – Menú 40/60€ – Carta 32/44€

Oslo 1 ⊠ 28224 – 𝒞 912 54 20 96 – www.paschi.es – Cerrado lunes, cena: martes, cena: domingo

LA ROCA 🌐

ESPAÑOLA · BAR DE TAPAS X Un local de línea actual y sencillo confort en el que se cuidan mucho tanto la cocina como el producto, con una buena oferta de tapas, sabrosos platillos y algunos arroces.

⛩ 🅰 – Tapa 6€ – Ración 25€

Avenida de Europa 25 ⊠ 28223 – 𝒞 911 25 05 64 – www.la-roca.es – Cerrado lunes

PRENDES
Asturias – Mapa regional **3**–B1 – Mapa de carreteras Michelin nº 572-B12

🕸 CASA GERARDO

Chef: Marcos y Pedro Morán

MODERNA · ACOGEDORA XXX Hablar de "prestigio" supone fijarnos en negocios como este, que vio la luz en 1882 y ha encadenado hasta cinco generaciones de la misma familia defendiendo la autenticidad de la cocina asturiana.

Las riendas de la casa las lleva el chef Marcos Morán en tándem con su padre, Pedro, con quien ha alcanzado una simbiosis que repercute en el idóneo equilibrio entre vanguardia y tradición. Encontrará una carta de tinte moderno, donde hay un apartado dedicado a los platos de cuchara, así como dos apetecibles menús degustación en los que brillan la imprescindible Fabada de Prendes y la famosa Crema de arroz con leche requemada. ¿Curiosidades? El arraigo a esta tierra no ha limitado a Marcos Morán en su crecimiento, por eso también gestiona restaurantes de esencia hispana en Londres y Bruselas.

& 🅰 ⇔ 🅿 – Menú 90/150€ – Carta 75/100€

Carretera AS 19 ⊠ 33438 – 𝒞 985 88 77 97 – www.restaurantecasagerardo.es –
Cerrado lunes, cena: martes-jueves, cena: domingo

PUENTE ARCE

Cantabria – Mapa regional **6**–B1 – Mapa de carreteras Michelin n° 572-B18

✿ EL NUEVO MOLINO

Chef: José Antonio González

MODERNA · RÚSTICA XxX Si busca un sitio con encanto... ¡vaya reservando mesa! Este precioso restaurante, a orillas del Pas, sorprende tanto por el emplazamiento en un molino de agua (s. XVIII) como por su encantador jardín, con una antigua capilla desacralizada y hasta un gran hórreo (Querida Margarita) que hoy funciona de manera más desenfadada, pues en él solo ofrecen un menú del día siguiendo el modelo de su homónimo en Santander.

En los bellos comedores, de ambiente rústico, el chef José Antonio González propone una cocina de línea moderna que evoluciona el recetario tradicional, actualizando los platos de la zona y rescatando los auténticos sabores de la región, que solo toman cuerpo al mimar la intensidad de los caldos. La carta, actual de base regional, se completa con dos sugerentes menús degustación.

🐝 🌿 🔟 ⇔ 🅿 – Menú 45/90€ – Carta 50/75€

Barrio Monseñor 18 (Carretera N 611) ✉ *39478* – ☎ *942 57 50 55 –*
www.elnuevomolino.es –
Cerrado martes, cena: domingo

PUENTE GENIL

Córdoba – Mapa regional **1**–B2 – Mapa de carreteras Michelin n° 578-T15

☺ ALMA EZEQUIEL MONTILLA ⓝ

INTERNACIONAL · BISTRÓ X Se halla en el centro de la localidad, resulta bastante íntimo y es uno de esos restaurantes que busca narrarte una historia a través de sus platos, pues estos nos cuentan la experiencia vital adquirida por el chef tras sus viajes por España o durante su etapa trabajando en el extranjero, en países tan dispares como Inglaterra y Marruecos. Aquí dan la opción de pedir los platos, sabrosos y de cuidadas texturas, en un formato de medias raciones, lo que permite apreciar aún más esa cocina viajera con elementos de fusión local, raíces árabes y notas europeas. ¡No deje de probar sus postres!

🔟 – Carta 25/40€

Poeta García Lorca 4 ✉ *14500* – ☎ *622 82 09 05 –*
www.almaezequielmontilla.com –
Cerrado lunes, martes

☺ CASA PEDRO

TRADICIONAL · AMBIENTE CLÁSICO X Luce el nombre del propietario, lleva más de 30 años sirviendo comandas y posee todo lo que puede exigir un buen comensal; no en vano, aquí afirman pensar solo en que el cliente salga satisfecho. Dispone de una organización familiar estable y profesional, con un bar de pinchos a la entrada, donde sirven un variado menú del día, un comedor de ambiente clásico y un privado un poco más actual. Cocina tradicional y de mercado de excelente calidad, con una variada oferta de chacinas, carnes rojas, pescados, mariscos, verduras en temporada... ¡en muchos casos con opción de medias raciones!

🕭 🔟 ⇔ – Menú 11€ – Carta 30/40€

Poeta García Lorca 5 ✉ *14500* – ☎ *957 60 42 76 –*
www.restaurantecasapedro.com –
Cerrado lunes, cena: domingo

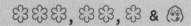 ✿✿✿, ✿✿, ✿ & ☺

PUENTE SAN MIGUEL

Cantabria – Mapa regional **6**–B1 – Mapa de carreteras Michelin nº 572-B17

HOSTERÍA CALVO

REGIONAL · FAMILIAR ✗ Esta casa, próxima a Torrelavega, es toda una referencia de la gastronomía cántabra, hoy mostrada con orgullo y cariño por la chef-propietaria, María Juana Larín, que ha tomado con acierto las riendas del negocio familiar. El sencillo local, decorado con cuadros que pintó el propio fundador de la casa, presenta dos salas de correcto montaje, funcionando una de ellas como privado. ¿Su propuesta? Los platos cántabros de toda la vida, elaborados siempre en base a las mejores materias primas de la zona. Aquí todo está buenísimo, pero recomendamos que pruebe sus maravillosas Albóndigas de calamar.

🅰️🅲 – Menú 35€ – Carta 30/39€

Carretera de Oviedo 182 ✉ *39530* – ☎ *942 82 00 56* –
Cerrado lunes, cena: domingo

PUENTE ULLA – A Coruña → Ver Ponte Ulla

PUERTO DE LA CRUZ – Santa Cruz de Tenerife → Ver Canarias (Tenerife)

EL PUERTO DE SANTA MARÍA

Cádiz – Mapa regional **1**–A2 – Mapa de carreteras Michelin nº 578-W11

✿✿✿ APONIENTE

Chef: Ángel León

CREATIVA · DE DISEÑO ✗✗✗ Hablar de Ángel León, que cocina en un Molino de Mareas de 1815 y es reconocido como "El chef del mar", supone un constante descubrimiento gastronómico; no en vano, como él mismo señala, en Aponiente... "se intenta generar conciencia, abrir la mente y que encontremos propuestas imposibles de ver en ningún otro lugar".

El chef, totalmente comprometido con la sostenibilidad, busca sorprendernos con inéditos ingredientes, nuevas técnicas e increíbles combinaciones, construyendo siempre su filosofía culinaria en base al reciclaje, a las energías renovables, al uso de esteros naturales o a su firme defensa de los pescados de descarte. ¿Qué conceptos descubrirá? Los embutidos marinos, el plancton, la bioluminiscencia, sus cocinados con agua de sal, la miel marina... ¡Pura magia en el paladar!

✿ *El compromiso del Chef:* "Sabemos que no vamos a cambiar el mundo; sin embargo, con la iniciativa "Cocineros por la sostenibilidad", sí pretendemos reflexionar y compartir ideas, en base a unas buenas prácticas ambientales que puedan traducirse en intenciones reales para el cambio."

 🅰️🅲 ⬦ 🅿️ – Menú 215€

Francisco Cossi Ochoa (Molino de Mareas El Caño) ✉ *11500* – ☎ *606 22 58 59* –
www.aponiente.com –
Cerrado lunes, domingo

LA TABERNA DEL CHEF DEL MAR

CREATIVA · BAR DE TAPAS ✗ Ocupa las antiguas instalaciones de Aponiente y es la manera más económica de acceder a las creaciones del chef Ángel León, pues aquí todo está en formato de tapas y raciones.

🅰️🅲 – Tapa 6€ – Ración 18€ – Carta 35/65€

Puerto Escondido 6 ✉ *11500* – ☎ *956 11 20 93* –
www.latabernadelchefdelmar.com –
Cerrado lunes, cena: domingo

PUERTO DE VEGA

Asturias – Mapa regional **3**–A1 – Mapa de carreteras Michelin nº 572-B10

MESÓN EL CENTRO

TRADICIONAL · FAMILIAR Ⅹ Si no conoce Puerto de Vega debe visitarlo, pues es uno de los pueblos marineros más bonitos y auténticos del litoral cantábrico. El local, llevado por un amable matrimonio en una zona peatonal del casco antiguo, sorprende por su sencillez (no exenta de personalidad). Mary, la chef, suele salir a hablar con los comensales y siempre defiende aquellas elaboraciones que explotan el maravilloso producto local, preparado según el recetario tradicional pero con detalles actuales. ¿Recomendaciones? Pruebe la Merluza sobre crema de puerros o la Bomba de calamar con alioli. ¡Para ir una y mil veces!

🍴 – Menú 35 € – Carta 33/50 €

Plaza de Cupido ✉ 33790 – ☎ 985 64 85 67 – Cerrado cena: martes, miércoles

PUIG - REIG

Barcelona – Mapa regional **9**–C2 – Mapa de carreteras Michelin n° 574-G35

EL CELLER DE CA LA QUICA

TRADICIONAL · RÚSTICA Ⅹ Ubicado en una casa del s. XIX; concretamente, en su preciosa y antigua bodega de piedra. Ofrece una carta tradicional y un menú del día. ¡Coja usted mismo el vino que desee!

🌿 ✿ – Menú 15 € (almuerzo) – Carta 35/55 €

Major 48 (entrada lateral) ✉ 08692 – ☎ 938 38 02 20 – www.elcellerdecalaquica.es – Cerrado lunes, cena: martes-jueves, cena: domingo

ES PUJOLS – Balears → Ver Balears (Formentera)

QUEJANA – Álava → Ver Kexaa

QUINTANAR DE LA ORDEN

Toledo – Mapa regional **7**–C2 – Mapa de carreteras Michelin n° 576-N20

GRANERO

TRADICIONAL · COLORIDA ⅩⅩ Una casa familiar no exenta de historia, pues... illeva más de medio siglo de servicios! Estamos ante una de las joyas culinarias de La Mancha, un restaurante llevado entre hermanos que se presenta con una zona de bar a la entrada, donde sirven el menú del día y raciones, un buen comedor a la carta y hasta una atractiva terraza-patio. Ofrecen una carta de estilo actual con platos tradicionales y algo de fusión, así como un fantástico menú degustación con opción de maridaje. ¿Y la bodega? La gestiona el apasionado sumiller Adán Israel, que siempre recomienda y ensalza los vinos de la zona.

🍴 ♿ 🆔 – Menú 9 € (almuerzo)/45 € – Carta 35/48 €

San Fernando 90 ✉ 45800 – ☎ 925 18 02 38 – www.granerorestaurante.com – Cerrado cena: lunes-martes, miércoles, cena: jueves, cena: domingo

QUINTANILLA DE ONÉSIMO

Valladolid – Mapa regional **8**–C2 – Mapa de carreteras Michelin n° 575-H16

TALLER

CREATIVA · DE DISEÑO ⅩⅩⅩ Se halla en la prestigiosa bodega Arzuaga, donde los mundos del vino y la gastronomía crecen de la mano; allí, además, es posible enriquecer la experiencia con actividades (catas, sesiones enológicas, visitas a la Finca La Planta para ver su reserva de ciervos...) y hasta conocer a una famosa diseñadora, pues... iAmaya Arzuaga hace de maître siempre que puede!

Sorprende la entrada a través de un pasillo interactivo, por donde accederá a un espacioso y vanguardista comedor con vistas a uno de los viñedos más insignes de la D.O. Ribera del Duero. La propuesta culinaria depende del chef Víctor Gutiérrez, que en línea con su restaurante homónimo de Salamanca apuesta por la creatividad fusionando el recetario peruano con el regional, muchas veces en base a los productos de la propia finca.

🌿 ≤ 🆔 ✿ 🅿 – Menú 85/120 € – Carta 65/95 €

Hotel Arzuaga, Carretera N-122 (km 325) ✉ 47350 – ☎ 983 68 11 46 – www.tallerarzuaga.com – Cerrado lunes, cena: martes-jueves, cena: domingo

RÁBADE

Lugo – Mapa regional **13**–C2 – Mapa de carreteras Michelin nº 571-C7

ASADOR COTO REAL

CARNES A LA PARRILLA · **AMBIENTE CLÁSICO** XX El lugar ideal si le enamoran las carnes, pues ofrecen asados en horno de leña (cordero lechal o cochinillo) y un delicioso vacuno a la brasa. ¡Entorno elegante y concurrido!

🛋 🅰🅲 🅿 – Carta 35/60 €

Avenida A Coruña 107 ✉ 27370 – ☎ 982 39 00 12 – www.cotoreal.com

RÁFALES

Teruel – Mapa regional **2**–C3 – Mapa de carreteras Michelin nº 574-J30

🐣 **LA ALQUERÍA**

ACTUAL · **RÚSTICA** X No le dejará indiferente, pues se encuentra en plena Plaza Mayor, resulta acogedor y propone una cocina actual de gran nivel. La chef, Clara Lapuente, que apuesta claramente por el producto de proximidad, trabajó un tiempo como pastelera, lo que se traduce en que domine las medidas y puntos de todos los platos pero, sobre todo, de su riquísima repostería casera. Se encuentra en la planta baja de un encantador hotelito, por lo que a los clientes alojados les suelen ofrecer un menú especial a precio fijo para las cenas. Solo atienden a 12 comensales, por lo que... ¡es necesario reservar!

🅰🅲 – Menú 35 € (almuerzo), 27/35 € – Carta 35/45 €

Plaza Mayor 9 (Hotel La Alquería) ✉ 44589 – ☎ 978 85 64 05 – www.lalqueria.net – Cerrado cena: domingo

RAMALES DE LA VICTORIA

Cantabria – Mapa regional **6**–C1 – Mapa de carreteras Michelin nº 572-C19

RONQUILLO

REGIONAL · **RURAL** X Casa de ambiente rústico y familiar donde se apuesta por una cocina regional-actualizada, con sabrosos guisos tradicionales y grandes clásicos, como los Calamares en su tinta.

🅰🅲 – Carta 35/50 €

Menéndez Pelayo 2 ✉ 39800 – ☎ 942 64 60 55 – www.restauranteronquillo.es – Cerrado lunes, cena: domingo

RAXÓ

Pontevedra – Mapa regional **13**–A2 – Mapa de carreteras Michelin nº 571-E3

🏵 **PEPE VIEIRA**

Chef: Xosé T. Cannas

CREATIVA · **MARCO CONTEMPORÁNEO** XXX La mente del chef Xosé T. Cannas no para y trabaja, sin descanso, buscando nuevas propuestas que nos hablen de Galicia, de su entorno y como dicen aquí, de... ¡la última cociña do mundo!

Su restaurante, en la localidad de Raxó, está rodeado de bosques, jardines, agradables terrazas... y sorprende por su acertada combinación de hormigón y cristal, con unos enormes ventanales abiertos a la naturaleza y a la ría de Pontevedra. Allí, el chef se atreve con casi todo, explorando recetas e ingredientes foráneos que combina con los excelentes productos locales. Aunque ya contaba con sus propios huertos, sigue apostando por la producción propia y la sostenibilidad, por eso ha añadido una finca de unos 4.000 m² en la que quiere ofrecer una experiencia culinaria aún más conectada con la naturaleza.

🌸 *El compromiso del Chef: "La sostenibilidad es una manera de estar en el mundo, un principio vital. Tenemos dos huertos, uno biodinámico en la misma finca, y le damos enorme importancia a nuestros residuos orgánicos; además, en ellos utilizamos el compost que producimos y donamos el excedente."*

✧ 🅰🅲 🅿 – Menú 87/150 €

Camiño da Serpe (Serpe, Norte 1,5 km) ✉ 36992 – ☎ 986 74 13 78 – www.pepevieira.com – Cerrado lunes, cena: domingo

RENTERÍA – Guipúzcoa → Ver Errenteria

REQUENA

Valencia – Mapa regional 11–A2 – Mapa de carreteras Michelin nº 577-N26

LA POSADA DE ÁGUEDA ⓘ

TRADICIONAL · FAMILIAR X Coqueto, familiar e instalado en una casita, con terraza, apartada del centro. En su carta, tradicional de producto, encontrará platos como las Judías con perdiz escabechada.

🛋 🅰 🅿 – Carta 40/50 €

Carretera N-III (km 282) ✉ 46340 – ℰ 962 30 14 18 – Cerrado lunes, cena: martes-domingo

REUS

Tarragona – Mapa regional 9–B3 – Mapa de carreteras Michelin nº 574-I33

FERRAN CERRO

CREATIVA · ACOGEDORA XX Su chef, natural de Reus y formado en casas de reconocido prestigio, busca la sorpresa elaborando una cocina creativa de gran nivel técnico, siempre en base al producto local.

🕭 🅰 🗇 ⇔ – Menú 30 € (almuerzo), 45/80 € – Carta 50/80 €

Plaça del Castell 2 ✉ 43201 – ℰ 977 94 51 42 – www.fcrestaurant.cat – Cerrado lunes, cena: miércoles, cena: domingo

RIBADEO

Lugo – Mapa regional 13–D1 – Mapa de carreteras Michelin nº 571-B8

JAVIER MONTERO

ACTUAL · FAMILIAR XX Una casa familiar con los dueños al frente y cuidadas habitaciones como complemento. Sugerente carta de cocina tradicional actualizada, con unos destacables menús degustación.

🛋 🕭 🅰 – Menú 39/65 € – Carta 30/65 €

As Barreiras 14 (Vilaselán) ✉ 27710 – ℰ 982 63 96 00 – www.texturasgalegas.es – Cerrado lunes, cena: domingo

RIBADESELLA

Asturias – Mapa regional 3–C1 – Mapa de carreteras Michelin nº 572-B14

✦ ARBIDEL

Chef: Jaime Uz

MODERNA · ROMÁNTICA XX Agradable, singular y con un chef, Jaime Uz, que se define a sí mismo como "un artesano de los fogones"; la verdad, viendo la pasión y minuciosidad con la que trabaja, es que no le falta razón.

Toma su nombre de uno de los personajes de La Fonte del Cay, un antiguo cuento asturiano escrito en bable, y se encuentra en una callejuela peatonal de la zona antigua de la localidad, presentándose con una terraza a la entrada que suele tener cola para sentarse durante la época estival. En su comedor, rústico-actual, sorprenden a propios y extraños con una carta de cocina tremendamente vinculada a la tierra, bastante moderna en su factura pero respetuosa tanto con los productos como con los sabores. También ofrecen dos menús: Arbidel y Jaime Uz. ¡El chef sale a tomar las comandas!

🛋 🅰 – Menú 60/130 € – Carta 60/90 €

Oscura 1 ✉ 33560 – ℰ 985 86 14 40 – www.arbidelrestaurante.com – Cerrado lunes, cena: martes-jueves, cena: domingo

✦ AYALGA

MODERNA · MARCO CONTEMPORÁNEO XX Pocos sitios hay en Ribadesella con tanta personalidad como el hotel Villa Rosario, el icónico palacete indiano frente a la playa de Santa Marina donde se halla este restaurante.

El local, que allí ocupa una terraza acristalada con excelentes vistas al Cantábrico, está gestionado por el famoso sumiller Marcos Granda, quien siempre soñó con llevar a su Asturias natal la excelencia gastronómica desplegada por él mismo en otros restaurantes de nuestro país. ¿Qué encontrará? Una reducida carta de tinte actual e interesantes menús degustación (Sabores de la Tierrina y Experiencia Ayalga), volcando siempre sobre los platos una inusitada coherencia, grandes detalles técnicos y los sabores emanados de los mejores productos del entorno. ¡Amplia bodega con representación de vinos internacionales!

🕸 🏧 – Menú 65/85€ – Carta 30/85€

Hotel Villa Rosario, Dionisio Ruisánchez 6 (en la playa) ✉ 33560 –
☎ 985 86 00 90 – www.hotelvillarosario.com

LA HUERTONA

TRADICIONAL · ACOGEDORA XX ¡Con buen nombre en la zona! Posee un gastrobar y un cuidado comedor, muy luminoso, con vistas a los verdes alrededores. Carta de mercado que ensalza los pescados de la zona.

🍃 🏠 🏧 🅿 – Menú 82€ – Carta 50/90€

Carretera de Junco (Güertona, Suroeste 2 km) ✉ 33560 – ☎ 985 86 05 53 –
www.restaurantelahuertona.com – Cerrado cena: lunes, martes,
cena: miércoles-jueves, cena: domingo

RIPOLL

Girona – Mapa regional **9**–C1 – Mapa de carreteras Michelin n° 574-F36

RECCAPOLIS

TRADICIONAL · AMBIENTE CLÁSICO XX Presenta tres acogedoras salas, coloristas y de línea clásica-modernista, así como un coqueto balcón-terraza con vistas al río. Cocina tradicional actualizada, siempre con producto de temporada y la posibilidad de medias raciones.

🏠 🏧 ⇔ 🅿 – Menú 25€ (almuerzo)/30€ – Carta 35/55€

Carretera Sant Joan 68 (C 151a) ✉ 17500 – ☎ 972 70 21 06 – www.reccapolis.com –
Cerrado cena: lunes-martes, miércoles, cena: jueves, cena: domingo

RIUDOMS

Tarragona – Mapa regional **9**–B3 – Mapa de carreteras Michelin n° 574-I33

EL CELLER DE L'ARBOCET

REGIONAL · RÚSTICA XX En una gran casona del s. XVIII, donde en base a productos de proximidad solo defienden una máxima: "no despreciar la cocina de la abuela, sino darle imaginación y vitalidad".

🏠 🏧 ⇔ – Menú 68€ – Carta 50/70€

Masferrer 9 ✉ 43330 – ☎ 977 85 00 82 – www.cellerarbocet.com – Cerrado lunes,
martes, cena: miércoles-viernes, cena: domingo

RIVAS - VACIAMADRID

Madrid – Mapa regional **15**–B2 – Mapa de carreteras Michelin n° 576-L19

LA ROTONDA

TRADICIONAL · SIMPÁTICA X Emplazado en un centro comercial de Rivas Urbanizaciones. Ofrece una sala de línea actual-funcional y una carta tradicional, con sugerencias diarias cantadas en la mesa.

🏧 – Carta 35/50€

Paseo Las Provincias 3 (Centro Comercial Covibar 2) ✉ 28529 – ☎ 916 66 93 65 –
www.larotondaderivas.es – Cerrado cena: domingo

EL ROCÍO

Huelva – Mapa regional **1**–A2 – Mapa de carreteras Michelin n° 578-U10

😊 AIRES DE DOÑANA

TRADICIONAL · MARCO REGIONAL X La personalísima belleza de El Rocío deriva de su gente, de su folclore, de su espiritualidad... y, por supuesto, de la proximidad a un marco excepcional compuesto por el Parque Natural de Doñana y las marismas del Guadalquivir. En este restaurante, de marcado acento marismeño al presentar la cubierta de "castañuela" (un brezo autóctono), le propondrán una cocina tradicional bien actualizada y algún que otro plato típico de la zona. La terraza destaca especialmente por sus maravillosas vistas, pues se asoma a la laguna y tiene la famosa ermita de El Rocío como telón de fondo.

– Carta 28/40€

Avenida de la Canaliega 1 ✉ 21750 – ☏ 959 44 27 19 –
www.airesdedonana.com –
Cerrado lunes, cena: domingo

ROMANYÀ DE LA SELVA

Girona – Mapa regional **10**–B1 – Mapa de carreteras Michelin nº 574-G38

CAN ROQUET

INTERNACIONAL · ACOGEDORA XX Encantador y emplazado en un idílico pueblecito de montaña. Cocina de corte internacional con algunos platos tradicionales y catalanes. ¡No se pierda su relajante terraza!

– Carta 45/65€

Plaça de l'Església 1 ✉ 17240 – ☏ 972 83 30 81 –
www.canroquet.com –
Cerrado lunes, martes

RONDA

Málaga – Mapa regional **1**–B3 – Mapa de carreteras Michelin nº 578-V14

✿✿ BARDAL

Chef: Benito Gómez

CREATIVA · DE DISEÑO XX Hay quien dice de Ronda que refleja... ¡la ciudad
"soñada"! Lo cierto, sin entrar en el mundo onírico, es que hablamos de una de
las localidades más bellas de Andalucía y en ella el restaurante Bardal se ha convertido, con un ejercicio de interiorismo que conjuga la elegancia, la luz y la simplicidad, en el buque insignia de la hostelería rondeña.

El chef Benito Gómez, catalán de origen pero andaluz de adopción, propone a
través de sus menús una cocina creativa sin estridencias ni etiquetas, basada en
unos sabores reconocibles que enlazan con la tradición local y se presentan
transformados en un sutil juego de contrastes y texturas. Aquí se exaltan tanto
los productos de la comarca como los de producción agroecológica fruto de su
colaboración con la Finca Rabadán, su particular despensa.

– Menú 150/170€

José Aparicio 1 ✉ 29400 – ☏ 951 48 98 28 –
www.restaurantebardal.com –
Cerrado lunes, martes, almuerzo: miércoles, cena: domingo

TRAGATÁ

TRADICIONAL · BAR DE TAPAS X Descubra la cocina más desenfadada y accesible del famoso chef Benito Gómez, que aquí nos transmite su esencia culinaria a
través de platillos y tapas. ¡Magníficos productos!

– Tapa 4€ – Ración 12€ – Carta 30/50€

Nueva 4 ✉ 29400 – ☏ 952 87 72 09 – www.tragata.com –
Cerrado lunes, martes

ROQUETAS DE MAR

Almería – Mapa regional **1**–D2 – Mapa de carreteras Michelin nº 578-V22

ALEJANDRO

ACTUAL · MARCO CONTEMPORÁNEO XX ¡En el paseo marítimo que hay
frente al puerto deportivo! Aquí defienden una cocina actual de base local, delicada en las formas y muy comprometida con el producto almeriense.

– Menú 40/85€ – Carta 45/65€

Avenida Antonio Machado 32 ✉ 04740 – ☏ 950 32 24 08 –
www.restaurantealejandro.es –
Cerrado lunes, cena: martes, cena: domingo

ROSES • ROSAS

Girona – Mapa regional **9**–D3 – Mapa de carreteras Michelin n° 574-F39

ROM

TRADICIONAL · SIMPÁTICA XX Amplio, en dos plantas, con terrazas... ¡y ubicado en el paseo marítimo! Cocina tradicional actualizada, con un pequeño apartado de arroces y un menú degustación bajo reserva.

🏠 & 🎬 📶 🅿 – Carta 50/65€

Passeig Marítim 43 (Urbanización Santa Margarida, Oeste 2 km) ✉ *17480 –*
𝒞 972 15 11 94 – www.romroses.com – Cerrado martes

SUMAC

COCINA DE MERCADO · SIMPÁTICA X Una casa diferente donde los productos de proximidad y mercado hablan por sí mismos. Tendrá la sensación de haber comido en casa de un amigo... ¡pero uno que cocina muy bien!

🎬 – Menú 25€ (almuerzo) – Carta 45/60€

Cap Norfeu 22 ✉ *17480 – 𝒞 972 15 48 02 – www.restaurantsumac.com –*
Cerrado lunes, cena: martes, cena: domingo

RUILOBA

Cantabria – Mapa regional **6**–B1 – Mapa de carreteras Michelin n° 572-B17

EL REMEDIO

TRADICIONAL · ACOGEDORA XX Destaca por su ubicación, casi de postal, junto a una iglesia del s. XIX, a pocos metros del acantilado y rodeado de espacios verdes. Su cocina, de bases tradicionales, se construye en base al producto, con unas elaboraciones muy finas y de elegantes texturas.

≤ 🏠 🎬 ✿ 🅿 – Menú 45€ – Carta 33/50€

Barrio de Liandres (Ermita del Remedio, Norte 2 km) ✉ *39527 – 𝒞 942 10 78 13 –*
www.restauranteelremedio.com – Cerrado lunes, cena: domingo

RUPIT

Barcelona – Mapa regional **9**–C2 – Mapa de carreteras Michelin n° 574-F37

ESTRELLA

CATALANA · MARCO REGIONAL X Atractiva fonda familiar fundada en 1946, construida en piedra y ubicada en un pintoresco pueblo medieval. Encontrará una reducida carta de cocina tradicional catalana, dos menús a precio cerrado y una completa bodega. ¡Coquetas habitaciones como complemento!

🎬 📶 – Menú 29/40€ – Carta 30/40€

Plaza Bisbe Font 1 ✉ *08569 – 𝒞 938 52 20 05 – www.hostalestrella.com –*
Cerrado lunes, martes

S'AGARÓ

Girona – Mapa regional **10**–B1 – Mapa de carreteras Michelin n° 574-G39

CANDLELIGHT

ACTUAL · ELEGANTE XxX Un restaurante luminoso y bien actualizado. Aquí apuestan por una cocina que baila entre el clasicismo afrancesado y la cocina contemporánea de producto ¡Excelente terraza!

🍴 🏠 🎬 🅿 🚗 – Menú 88/105€ – Carta 70/95€

Hostal de La Gavina, Plaza de la Rosaleda ✉ *17248 – 𝒞 972 32 11 00 –*
www.lagavina.com – Cerrado lunes, almuerzo: martes-sábado, domingo

SABADELL

Barcelona – Mapa regional **10**–B3 – Mapa de carreteras Michelin n° 574-H36

CAN FEU

TRADICIONAL · AMBIENTE CLÁSICO XX Familiar, de larga trayectoria y en el barrio homónimo. Cocina de producto centrada en los pescados y mariscos, así como jornadas gastronómicas dedicadas a la caza y la trufa.

&. 🔲 – Menú 20€ (almuerzo), 35/60€ – Carta 40/70€

Pintor Borrassà 43 ⊠ 08205 – 𝒞 937 26 27 91 – www.restaurantcanfeu.com – Cerrado lunes, cena: martes-miércoles, cena: domingo

SAGÀS

Barcelona – Mapa regional **9**–C2 – Mapa de carreteras Michelin nº 574-F35

✿ **ELS CASALS**

Chef: Oriol Rovira

CATALANA · RÚSTICA 🗙🗙 Verduras y hortalizas cultivadas por ellos mismos, aves de corral criadas en semilibertad, huevos de sus propias gallinas, una piara de cerdos de raza Duroc, setas, trufas... Si algo refleja esta casa es el apego por lo autóctono, pues casi todos los productos que emplean provienen de la finca familiar en su filosofía de "cerrar círculos" (tancant cercles): ellos lo producen, lo cocinan y lo sirven.

El restaurante, en una masía del s. XVIII, refleja el trabajo de cinco hermanos "payeses" en el que uno, Oriol Rovira, además ejerce como cocinero. ¿Su propuesta? Una carta de producto con platos de temporada y de caza, como su famosísima Pularda. Un gran ejemplo de sostenibilidad, volcado en la ideología del "Km 0" y con opción de alojamiento, pues también tienen unas cuidadas habitaciones.

El compromiso del Chef: "Somos productores de ganado, verduras, aves de corral y embutidos caseros, por eso nuestra cocina busca "cerrar el círculo" de la producción, la gestión y la venta. Valoramos la trazabilidad de las materias primas y nos apoyamos en las pequeñas explotaciones cercanas."

🕸 &. 🔲 ⇆ **P** – Menú 64/78€ – Carta 50/65€

Finca Els Casals (por la carretera C 62, Sur 1,5 km y desvío a la derecha 0,5 km) ⊠ 08517 – 𝒞 938 25 12 00 – www.elscasals.cat – Cerrado lunes, martes, cena: miércoles-jueves, cena: domingo

SAGUNT • SAGUNTO

Valencia – Mapa regional **11**–B2 – Mapa de carreteras Michelin nº 577-M29

✿ **ARRELS**

Chef: Vicky Sevilla

ACTUAL · MARCO CONTEMPORÁNEO 🗙🗙 Si está valorando visitar Sagunt y descubrir su valioso patrimonio (Castillo, Teatro romano, Judería...) ya no tiene escusas para dejarlo pasar, pues la localidad también posee un restaurante gastronómico que merece la pena conocer.

El precioso local, instalado en las antiguas caballerizas del Palacio de los Duques de Gaeta (s. XVI), enamora tanto por sus imponentes arcos en piedra como por la propuesta culinaria, de tinte actual y marcada base mediterránea. La chef Vicky Sevilla, una joven con increíble determinación (abrió el restaurante con solo 25 años), defiende una cocina moderna, personal y próxima al territorio ("Arrels", en valenciano, significa "raíces") que llega al comensal a través de exquisitos menús degustación. ¡Elaboraciones delicadas, con salsas finas y bien emulsionadas!

🔲 – Menú 35€ (almuerzo), 45/65€

Castillo 18 ⊠ 46500 – 𝒞 606 75 40 76 – www.restaurantarrels.com – Cerrado lunes, cena: martes-jueves, cena: domingo

SALAMANCA

Salamanca – Mapa regional **8**–B3 – Mapa de carreteras Michelin nº 575-J12

✿ **MENT BY ÓSCAR CALLEJA** ⓞ

CREATIVA · ACOGEDORA 🗙🗙 Ment, que en lengua maya significa "elaborar, crear y formar", supone una revalida, un cambio de vida y un auténtico renacimiento, cual ave fénix, para el chef de origen mexicano Óscar Calleja, que lejos de vivir un pequeño trauma tras la desaparición de su famoso restaurante Annua (San Vicente de La Barquera) se ha trasladado a la capital salmantina para volver a triunfar.

El establecimiento, ubicado en el G.H. Don Gregorio, centra su oferta en una pequeña carta y un menú degustación a través del cual propone una cocina actual-creativa donde predominan la sensibilidad, la fusión y los guiños a la culinaria mexicana; no obstante, también destila interesantes detalles asiáticos, recuerdos de sus años en Cantabria y alusiones, por supuesto, a los excelsos productos de la despensa castellana.

&. 🅰 ✿ – Menú 105€ – Carta 55/70€

G.H. Don Gregorio, San Pablo 80 ✉ 37008 – ✆ 923 15 65 94 –
www.mentbyoscarcalleja.es – Cerrado lunes, martes

🟢 **EN LA PARRA**

Chef: Rocío Parra

MODERNA · **A LA MODA** ✕✕ La chef Rocío Parra y su marido (Alberto Rodríguez, jefe de sala y sumiller) reconocen que la consecución de la Estrella MICHELIN es un sueño hecho realidad, un premio a su apuesta por fusionar gastronomía y enología para que vivamos una experiencia dual.

El restaurante, ubicado frente a la monumental iglesia del Convento de San Esteban, sorprende desde el acceso al entrar viendo la cocina y se presenta como un espacio íntimo pero muy cuidado. ¿La propuesta? Una cocina moderna de raíces locales y tradicionales, elaborada con mimo y en la que siempre dan protagonismo a los exquisitos productos ibéricos autóctonos. Los menús degustación (Pizarra y Granito) también hacen un guiño al entorno, pues sus nombres hacen referencia a las tierras predominantes en los viñedos salmantinos.

&. 🅰 – Menú 48/65€

San Pablo 80 ✉ 37008 – ✆ 923 06 47 83 –
www.restaurantenlaparra.com – Cerrado lunes, domingo

🟢 **VÍCTOR GUTIÉRREZ**

CREATIVA · **DE DISEÑO** ✕✕ ¡Frente al Palacio de Congresos y Exposiciones! El chef Víctor Gutiérrez, único cocinero con dos Estrellas MICHELIN en Castilla y León (la otra la luce en el restaurante Taller, en Quintanilla de Onésimo), afirma que su cocina se asienta en tres firmes pilares: producto, técnica y sentimiento.

Sus menús degustación (Mestizo y Raíces) desvelan pasión e inequívocas dosis de creatividad, fusionando el excelso producto regional con los sabores de su Perú natal y algún que otro detalle nipón. ¿Curiosidades? Procura trabajar con materias primas de proximidad, por lo que acude a La huerta sana de Manolo (Pelabravo, a unos 10 km de Salamanca), que solo produce hortalizas, hierbas aromáticas y flores comestibles de origen ecológico. ¡Tiene un Take Away, más canalla e informal, bajo la marca Sudaka!

&. 🅰 ✿ – Menú 72/110€

Empedrada 4 ✉ 37007 – ✆ 923 26 29 73 –
www.restaurantevictorgutierrez.com –
Cerrado lunes, martes, almuerzo: miércoles, cena: domingo

EL MESÓN DE GONZALO

TRADICIONAL · **ACOGEDORA** ✕✕ Todo un ejemplo de adaptación a los nuevos tiempos. Sus asados, carnes al carbón y grandes clásicos conviven con platos más actuales y de fusión. ¡Pruebe su Steak Tartar!

🍴 🅰 – Carta 45/55€

Plaza del Poeta Iglesias 10 ✉ 37001 – ✆ 923 21 72 22 –
www.elmesondegonzalo.es

BAMBÚ 🆕

TRADICIONAL · **BAR DE TAPAS** ✕ Un gastrobar de moderno montaje, a escasos metros de la emblemática Plaza Mayor, donde la cocina tradicional y las brasas son reinterpretadas desde un punto de vista actual.

🅰 – Tapa 4€ – Ración 15€

Prior 4 ✉ 37002 – ✆ 666 52 35 23 –
www.bambubrasas.com – Cerrado cena: lunes, martes

CONSENTIDO

TRADICIONAL · MARCO CONTEMPORÁNEO XX Se halla junto a la Plaza Mayor y plantea una cocina tradicional comprometida con el entorno, pues solo trabajan con pequeños productores locales. ¡Sugerentes recomendaciones!

🍴 & 🎴 ✿ – Carta 50/60 €

Plaza del Mercado 8 ⊠ 37001 – 𝒞 923 70 82 61 –
www.restaurante-consentido.es –
Cerrado lunes, martes, cena: miércoles-jueves, cena: domingo

TAPAS 3.0

MODERNA · BAR DE TAPAS X Céntrico gastrobar dotado con un atractivo comedor y una cava acristalada en el sótano. Encontrará tapas y raciones de cocina actual, así como un menú a domicilio (Tapas 4.0).

🍴 🎴 – Tapa 6 € – Ración 14 € – Menú 15/34 € – Carta 15/34 €

Sánchez Barbero 9 ⊠ 37002 – 𝒞 923 61 96 19 – www.tapastrespuntocero.es –
Cerrado lunes, martes

SALINAS

Asturias – Mapa regional **3**-B1 – Mapa de carreteras Michelin n° 572-B12

❀ REAL BALNEARIO

Chef: Isaac Loya

TRADICIONAL · MARCO CONTEMPORÁNEO XXX ¿Comer o cenar contemplando el Cantábrico? Difícilmente encontrará un sitio mejor, pues esta casa hunde los pilares sobre la mismísima arena de la playa y tiene muchas mesas desde las que se ve el Museo de Anclas al aire libre Philippe Cousteau.

Isaac Loya ha sabido llevar a efecto los sabios consejos de su padre y su abuelo, por eso ha convertido los pescados y mariscos del Cantábrico en la piedra angular de su propuesta. Hay dos líneas de trabajo: una que exalta las elaboraciones clásicas, sencillas y respetuosas con el producto, así como otra que busca una gastronomía más compleja, dando algún toque original a los platos sin que se desvirtúe su esencia. ¿Clásicos de la casa? Pruebe la mítica Lubina al Champagne "Félix Loya", un plato de su abuelo, o el Salmonete con su arroz caldoso.

🎕 ≤ 🎴 ✿ – Menú 60/180 € – Carta 70/95 €

Avenida Juan Sitges 3 ⊠ 33400 – 𝒞 985 51 86 13 –
www.realbalneario.com –
Cerrado lunes, cena: martes-jueves, cena: domingo

ÉLEONORE ⓸

MODERNA · MARCO CONTEMPORÁNEO XX Llevado por una pareja, frente a la playa de Salinas y con maravillosas vistas al mar. Proponen una cocina moderna que cuida los detalles, en base a productos de proximidad.

≤ 🎴 🅿 – Menú 60/88 € – Carta 63/74 €

Pablo Laloux 13 ⊠ 33405 – 𝒞 672 42 70 70 –
www.eleonoresalinas.com –
Cerrado lunes, martes, cena: domingo

SALLENT

Barcelona – Mapa regional **9**-C2 – Mapa de carreteras Michelin n° 574-G35

OSPI

TRADICIONAL · MARCO CONTEMPORÁNEO XX Ofrece un moderno comedor, la cocina semivista y unos platos tradicionales con toques actuales. La carta se completa con un apartado de tapas, otro de raciones y varios menús.

& 🎴 – Menú 35/50 € – Carta 45/60 €

Estació 4 ⊠ 08650 – 𝒞 938 20 64 98 –
www.restaurantospi.com –
Cerrado sábado, domingo

SALLENT DE GÁLLEGO

Huesca – Mapa regional **2**–C1 – Mapa de carreteras Michelin n° 574-D29

VIDOCQ

MODERNA · ACOGEDORA XX Ideal tras dejar las pistas de esquí. Ofrece una cocina actual de fusión que combina el producto local y nacional con el asiático. ¡Procure reservar!

Menú 48/50€

Avenida Huesca (Edificio Jacetania, El Formigal, Noroeste 4 km) ⊠ 22640 –
℘ 974 49 04 72 – restaurantevidocq.com –
Cerrado lunes, martes

SALOU

Tarragona – Mapa regional **9**–B3 – Mapa de carreteras Michelin n° 574-I33

⊱ DELIRANTO

Chef: Josep Moreno

CREATIVA · MARCO CONTEMPORÁNEO XX La búsqueda de experiencias se ha convertido en una tendencia y aquí es precisamente eso lo que ofrecen, envolviendo la alta gastronomía en historias, óperas o cuentos clásicos (La fábula de Orfeo, El maravilloso mago de Oz, el Cuento de Navidad de Dickens, El Principito...) capaces de llevarnos a otros mundos.

La original propuesta del chef Josep Moreno, en ocasiones algo surrealista, encuentra su punto álgido en la mesa, pues tanto en la carta como en los menús presenta un sinfín de aperitivos, entrantes y platos principales de excelente nivel técnico. El moderno local, con pocas mesas y una narración renovada cada año, entiende su oferta como un gran espectáculo, por eso plantean cada servicio como si fuera un teatro que, imaginariamente, levantara el telón. ¡No deja indiferente!

႙ 📧 – Menú 120/150€

Llevant 7 ⊠ 43840 – ℘ 977 38 09 42 – www.deliranto.com –
Cerrado lunes, martes, domingo

LA MORERA DE PABLO & ESTER

TRADICIONAL · FAMILIAR X ¡Apartado del bullicio turístico! El comedor, completamente acristalado, se complementa con una atractiva terraza a la sombra de una morera. Cocina actual y menús de mercado.

🍴 📧 – Menú 35€ – Carta 45/65€

Berenguer de Palou 10 ⊠ 43840 – ℘ 977 38 57 63 –
Cerrado lunes, cena: domingo

SAN ANDRÉS – Santa Cruz de Tenerife → Ver Canarias (Tenerife)

SAN ANDRÉS DE CAMPORREDONDO

Ourense – Mapa regional **13**–B3 – Mapa de carreteras Michelin n° 571-E5

SÁBREGO ⓘ

TRADICIONAL · RÚSTICA XX Un complejo-bodega de carácter panorámico, construido en piedra y rodeado de viñedos. Cocina actualizada, con guiños creativos, que toma como base los productos de la zona.

≤ 🍴 📧 ⇔ 🅿 – Menú 48/60€ – Carta 35/42€

O Cotiño (Casal de Armán) ⊠ 32415 – ℘ 988 49 18 09 –
www.sabregorestaurante.com –
Cerrado lunes, cena: martes-jueves, cena: domingo

SAN ILDEFONSO – Segovia → Ver La Granja

SAN JUAN DE ALICANTE – Alicante → Ver Sant Joan d'Alacant

SAN LORENZO DE EL ESCORIAL

Madrid – Mapa regional **15**–A2 – Mapa de carreteras Michelin nº 576-K17

CHAROLÉS

TRADICIONAL · AMBIENTE CLÁSICO X Atesora gran prestigio, tanto por la belleza del local como por su cocina tradicional de temporada. ¡Pruebe su famosísimo cocido, servido solo los lunes, miércoles y viernes!

🏠 🅰🅲 ♻ – Menú 35€ – Carta 38/60€

Floridablanca 24 ✉ *28200 –* 🖰 *918 90 59 75 –*
www.charolesrestaurante.com

SAN MARTÍN DE CARRAL

Vizcaya – Mapa regional **18**–A2 – Mapa de carreteras Michelin nº 573-C20

MENDIONDO

VASCA · RÚSTICA XX En esta casa, de ambiente rústico y carácter familiar, ofrecen una cocina vasca no exenta de actualidad, siempre con productos autóctonos. ¡Maravillosa terraza acristalada!

⛲ 🏠 🅰🅲 ♻ 🅿 – Menú 56€ (almuerzo) – Carta 65/90€

Barrio Revilla I ✉ *48190 –* 🖰 *946 50 44 52 –*
www.mendiondo.com –
Cerrado lunes, cena: martes-domingo

SAN MIGUEL DE VALERO

Salamanca – Mapa regional **8**–A3 – Mapa de carreteras Michelin nº 575-K12

🌀 SIERRA QUIL'AMA

TRADICIONAL · RÚSTICA X Un hotel-restaurante que le sorprenderá, no solo por su presencia en un pequeño pueblo de la sierra salmantina sino también porque su nombre nos remite a una curiosa leyenda, no aclarada del todo a día de hoy, que narra el rapto de una princesa árabe por parte del rey visigodo Don Rodrigo. En sus salas, todas de agradable ambiente rústico, descubrirá una cocina tradicional actualizada que solo llega hasta el comensal a través de dos menús, uno de carácter diario y otro tipo degustación. ¿Una recomendación? Pruebe la deliciosa Cazuelita de arroz con boletus o sus carnes a la brasa de encina.

🅰🅲 🅿 – Menú 25€ (almuerzo)/35€

Paraje los Perales ✉ *37763 –* 🖰 *923 42 30 00 –*
Cerrado lunes, martes, cena: miércoles-domingo

SAN PEDRO DEL PINATAR

Murcia – Mapa regional **16**–B2 – Mapa de carreteras Michelin nº 577-S27

🌀 JUAN MARI

TRADICIONAL · AMBIENTE CLÁSICO XX Lo más llamativo de esta casa es el cariño y la pasión que demuestran en cada servicio, un detalle esencial en el día a día de un negocio familiar. Este céntrico restaurante, que posee un comedor de línea actual y una pequeña terraza exterior, apuesta desde sus fogones por una cocina tradicional de corte local, siempre con detalles actuales, raciones abundantes y mucho mimo en las presentaciones. ¿Qué encontrará? Un sugerente apartado de arroces e interesantes especialidades, como el Tartar de salmón con algas, el Arroz con foie y pato, su Chupachú de morcilla con cebolla caramelizada...

🏠 ♿ 🅰🅲 – Menú 35/50€ – Carta 30/45€

Emilio Castelar 113 C ✉ *30740 –* 🖰 *968 18 62 98 –*
www.restaurantejuanmari.wordpress.com –
Cerrado cena: lunes, martes, cena: domingo

SAN ROMÁN DE CANDAMO

Asturias – Mapa regional **3**–B1 – Mapa de carreteras Michelin nº 572-B11

🍴 EL LLAR DE VIRI

Chef: Elvira Fernández

COCINA CASERA · **RÚSTICA** 🍴 Al referirnos a esta casa es obligado hablar de Elvira Fernández (Viri), la chef-propietaria, que fiel a la historia de las guisanderas asturianas ejerce como guardiana del rico recetario tradicional. En sus preciosas salas de ambiente rústico, ambas con chimenea, le propondrán una cocina casera que exalta los sabores de antaño, realizada a fuego lento y con los mejores productos de proximidad, casi siempre de su propia huerta. No deje de probar su Fabada asturiana, pues en 2013 fue declarada "La Mejor Fabada del Mundo" en las Jornadas gastronómicas de les fabes celebradas en Villaviciosa.

🌿 *El compromiso del Chef: "La cocina "Km 0" habla de nosotros y de esta tierra, por eso trabajamos con pequeños productores locales, hacemos mermeladas caseras y cultivamos nuestra propia huerta (fresas, cebollas, tomates, pimientos, repollos...), abonando con el mismo compost que hacemos aquí."*

Carta 32/38€

Tresquilos 20 ✉ 33828 – 𝒞 985 82 80 22 – www.llardeviri.com – Cerrado cena: lunes-jueves

SAN SEBASTIÁN – Guipúzcoa → Ver Donostia / San Sebastián

SAN VICENTE DE LA BARQUERA

Cantabria – Mapa regional **6**–A1 – Mapa de carreteras Michelin nº 572-B16

LAS REDES

PESCADOS Y MARISCOS · **ACOGEDORA** 🍴🍴 Una casa familiar, con zona de picoteo, que siempre está pendiente de traer el producto más fresco posible de la lonja. Carta tradicional con arroces, mariscos, parrilladas...

🍴 🍴 🅰 ♻ – Menú 45€ (almuerzo) – Carta 40/65€

Avenida de los Soportales 24 ✉ 39540 – 𝒞 942 71 25 42 – www.restaurantelasredes.com – Cerrado cena: martes, miércoles

AUGUSTO

PESCADOS Y MARISCOS · **SIMPÁTICA** 🍴 Este negocio familiar, de marcada línea náutica, ofrece una carta tradicional marinera que enamora por sus pescados y mariscos. ¡Fueron pioneros haciendo Arroz con bogavante!

🍴 🅰 – Menú 35/60€ – Carta 35/60€

Mercado 1 ✉ 39540 – 𝒞 942 71 20 40 – www.restauranteaugusto.es – Cerrado lunes, cena: domingo

SOTAVENTO

TRADICIONAL · **AMBIENTE CLÁSICO** 🍴 En este íntimo negocio, de gestión familiar, defienden la cocina tradicional en base a los productos de la zona, con buenos pescados salvajes y arroces. ¡Aconsejamos reservar!

🅰 – Carta 40/60€

Avenida de Miramar 16 ✉ 39540 – 𝒞 942 71 50 24 – Cerrado cena: lunes-martes, miércoles, cena: jueves, cena: domingo

SAN VICENTE DE LA SONSIERRA

La Rioja – Mapa regional **14**–A2 – Mapa de carreteras Michelin nº 573-E21

🍴 CASA TONI

CREATIVA · **DE DISEÑO** 🍴🍴 Un restaurante de línea moderna-actual que sorprende, y no poco, en una localidad como esta, con unas calles ancladas en el tiempo y unas bellísimas fachadas en piedra; todo al pie del castillo-fortaleza y su entorno amurallado. En este ecléctico local, que rompe un poco los esquemas mentales al presentarse con un moderno interior dominado por los contrastes entre el blanco y el rojo, encontrará numerosos guiños a la cultura del vino y una cocina de marcado carácter riojano, combinando las elaboraciones típicas (Patorrillo a la Riojana) con otras más actuales. ¡Interesante menú gastronómico!

&. 🅰 ✧ – Menú 32 € – Carta 35/50 €

Zumalacárregui 27 ✉ 26338 – 𝒞 941 33 40 01 – www.casatoni.es – Cerrado lunes, cena: martes-jueves, cena: domingo

SANGENJO - Pontevedra ➜ Ver Sanxenxo

SANLÚCAR DE BARRAMEDA
Cádiz – Mapa regional **1**–A2 – Mapa de carreteras Michelin n° 578-V10

🌚 CASA BIGOTE

PESCADOS Y MARISCOS · **RÚSTICA** 🍴 Esta casa familiar abrió sus puertas en 1951 como una sencilla taberna marinera, donde se despachaba manzanilla a los curtidos pescadores del barrio Bajo de Guía; con el paso de los años, Fernando Bigote y sus hijos fueron ampliando el negocio. Actualmente dispone de una taberna típica y dos salas de ambiente neorrústico con detalles marineros, destacando la del piso superior por sus vistas a la desembocadura del Guadalquivir. Ofrece deliciosas frituras, guisos marineros, pescados de la zona y, sobre todo, unos espectaculares langostinos, siendo este un producto que ha marcado su identidad.

🏠 &. 🅰 – Carta 33/45 €

Pórtico de Bajo de Guía 10 ✉ 11540 – 𝒞 956 36 26 96 – www.restaurantecasabigote.com – Cerrado domingo

🌚 EL ESPEJO

MODERNA · **SIMPÁTICA** 🍴 Un soplo de aire fresco en la gastronomía de Sanlúcar y, sobre todo, en el entorno de Bajo de Guía, un turístico barrio marinero en el que la oferta se suele limitar a mariscos y pescaíto frito. El restaurante, ubicado dentro del hotel Posada de Palacio pero con un acceso independiente, combina su montaje rústico-actual con los detalles antiguos inherentes a la arquitectura del edificio; de hecho, una de sus salas ocupa las antiguas caballerizas. ¿Qué proponen? Una carta de cocina moderna que ensalza los productos del entorno y dos menús degustación. ¡Su chef cuida mucho la puesta en escena!

🏠 🅰 – Menú 25/45 € – Carta 30/40 €

Caballeros 11 ✉ 11540 – 𝒞 651 14 16 50 – www.elespejo-sanlucar.es – Cerrado lunes, martes, miércoles, almuerzo: jueves, cena: domingo

TABERNA CASA BIGOTE

PESCADOS Y MARISCOS · **BAR DE TAPAS** 🍴 Un local que data de 1951 y aún conserva gran tipismo. Ofrece tapas y raciones de pescaíto frito, guisos marineros, mariscos, atún en porciones... ¡Fue el origen de Casa Bigote!

🏠 &. 🅰 – Tapa 3 € – Ración 15 €

Pórtico Bajo de Guía 8 ✉ 11540 – 𝒞 956 36 26 96 – www.restaurantecasabigote.com – Cerrado domingo

SANT ANTONI DE PORTMANY - Balears ➜ Ver Balears (Eivissa)

SANT CLIMENT - Balears ➜ Ver Balears (Menorca)

SANT CLIMENT DE LLOBREGAT
Barcelona – Mapa regional **10**–A3 – Mapa de carreteras Michelin n° 574-I36

🌚 EL RACÓ

CATALANA · **MARCO REGIONAL** 🍴 Un restaurante familiar que sabe llevar el peso de su historia, algo loable en un pueblo pequeño, como este, que no obstante es muy conocido en el mundo gastronómico por la calidad de sus cerezas. En el comedor, de ambiente rústico-regional, podrá degustar una cocina tradicional catalana con diversas especialidades locales, como el Pollo de pata azul (raza Prat), la Butifarra a la brasa, la "Escudella i carn d'olla" o, en un guiño a la propia localidad, imaginativos postres con cerezas en temporada; no en vano Gèrard Solís, el chef-propietario, es conocido como... ¡el chef de las cerezas!

🅰 – Menú 11 € (almuerzo) – Carta 30/40 €

Poca Farina 20 ✉ 08849 – 𝒞 936 58 16 39 – www.restaurantelraco.com – Cerrado lunes, cena: martes-jueves, almuerzo: sábado, cena: domingo

SANT FELIU DE GUÍXOLS
Girona – Mapa regional **10**–B1 – Mapa de carreteras Michelin n° 574-G39

VILLA MÁS
COCINA MEDITERRÁNEA · AMBIENTE CLÁSICO XX En un caserón clásico, con terraza y vistas al mar. Su cocina, de temporada y proximidad, se complementa con una impresionante carta de vinos que... ¡sorprende por sus borgoñas!

🛋 ✿ 🅿 – Menú 28 € (almuerzo) – Carta 50/75 €

Passeig de Sant Pol 95 ✉ 17220 – ℰ 972 82 25 26 – www.restaurantvillamas.com

SANT FRANCESC DE FORMENTERA – Balears → Ver Balears
(Formentera)

SANT FRUITÓS DE BAGES
Barcelona – Mapa regional **10**–A2 – Mapa de carreteras Michelin n° 574-G35

❀ L'Ó
MODERNA · MINIMALISTA XxX Siempre intentamos descubrir experiencias culinarias y escapadas interesantes, algo que aquí se cumple a la perfección por hallarse frente al monasterio benedictino de Sant Benet (año 960) y junto a la prestigiosa Fundación Alicia (ALI-mentación y cien-CIA), un centro de investigación en cocina donde procuran que todos nos alimentemos mejor.

El restaurante, dentro del hotel Món Sant Benet y en manos del chef Ivan Margalef, apuesta por una cocina de proximidad, con productos de agricultura ecológica de las huertas cercanas y elaboraciones actuales que intentan plasmar el entorno desde un prisma de autor. La carta se ve bien apoyada por dos sugerentes menús (ambos con opción de maridaje): uno corto llamado "Un paseo por Sant Benet" y otro largo denominado "El camino de Sant Benet".

⅚ 🅰 🅿 – Menú 72/95 € – Carta 65/95 €

Hotel Món Sant Benet, Camí de Sant Benet de Bages (en la carretera de Sant Benet, Sureste 3 km) ✉ 08272 – ℰ 938 75 94 29 – www.hotelmonstbenet.com – Cerrado lunes, martes, miércoles, jueves, almuerzo: viernes, cena: domingo

SANT GREGORI
Girona – Mapa regional **10**–A1 – Mapa de carreteras Michelin n° 574-G38

MARÀNGELS
TRADICIONAL · RÚSTICA XX Instalado en una bella masía del s. XVII con el entorno ajardinado. En sus salas, de atmósfera rústica-actual, ofrecen una cocina tradicional actualizada y la opción de menús.

🐾 🛋 🅰 ✿ 🅿 – Menú 18 € (almuerzo), 55/66 € – Carta 40/53 €

Can Quelot (Carretera GI 531, Este 1 km) ✉ 17150 – ℰ 972 42 91 59 – www.marangels.com – Cerrado cena: lunes, martes, cena: domingo

SANT JOAN D'ALACANT · SAN JUAN DE ALICANTE
Alicante – Mapa regional **11**–B3 – Mapa de carreteras Michelin n° 577-Q28

ELS VENTS ◎
MODERNA · MARCO CONTEMPORÁNEO XX Complejo gastronómico ubicado en una bella villa del entorno de San Juan. En el acogedor restaurante Els Vents defienden una cocina alicantina actual no exenta de creatividad.

🐾 🛋 ✿ 🅿 – Menú 70/100 € – Carta 45/65 €

Carrer Sant Antoni 92 ✉ 03550 – ℰ 965 40 74 85 – www.villa-antonia.com – Cerrado lunes, domingo

SANT JOSEP DE SA TALAIA – Balears → Ver Balears (Eivissa)

SANT JULIÀ DE VILATORTA
Barcelona – Mapa regional **9**–C2 – Mapa de carreteras Michelin n° 574-G36

MAS ALBEREDA

TRADICIONAL · ACOGEDORA XX Ubicado en una masía de agradable ambiente rústico, donde se presenta con una coqueta terraza acristalada. Cocina tradicional actualizada con el sello del chef Nandu Jubany.

🅰️ 🖭 🔄 🅿️ – Menú 24/49€ – Carta 40/65€

Hotel Masalbereda, Avenida Sant Llorenç 68 ⊠ 08504 – ℰ 938 12 28 52 –
www.masalbereda.com –
Cerrado miércoles, cena: domingo

SANT LLUÍS – Balears → Ver Balears (Menorca)

SANT PAU D'ORDAL

Barcelona – Mapa regional **10**–A3 – Mapa de carreteras Michelin nº 574-H35

🐵 CAL XIM

CARNES A LA PARRILLA · AMBIENTE TRADICIONAL X Ubicado en la plaza de la localidad, muy concurrida los fines de semana estivales por celebrar en ella el famoso mercado del Melocotón del Ordal. Dispone de una barra a la entrada, dos salas neorrústicas y un comedor más en el sótano que hace de privado-bodega, pues suele estar lleno de vinos y cavas locales. Encontrará una cocina catalana de temporada, trabajando mucho a la brasa y en lo posible con carnes de la zona (cordero, conejo, ternera, butifarras...). Una de sus especialidades son las Alcachofas, cocinadas al calor de las brasas, aunque también tienen enorme éxito con la Calçotada.

🏡 ⅙ 🅰️ 🔄 – Menú 23€ (almuerzo) – Carta 40/55€

Plaza Subirats 5 ⊠ 08739 – ℰ 938 99 30 92 –
Cerrado cena: lunes, martes, cena: miércoles-jueves, cena: domingo

CAL PERE DEL MASET

TRADICIONAL · MARCO CONTEMPORÁNEO XX Una casa familiar que... ¡ya tiene más de 50 años! Ofrecen una cocina de sabor tradicional y platos emblemáticos, como los Canelones de rostit o los Pies de cerdo con ciruelas.

🏵️ ⅙ 🅰️ 🔄 🅿️ – Menú 35€ – Carta 35/50€

Ponent 20 ⊠ 08739 – ℰ 938 99 30 28 –
www.calperedelmaset.com –
Cerrado lunes, cena: martes-jueves, cena: domingo

SANT QUIRZE DEL VALLÈS

Barcelona – Mapa regional **10**–B3 – Mapa de carreteras Michelin nº 574-H36

🐵 CAN FERRÁN

CATALANA · FAMILIAR X Una casa familiar que enamora los paladares desde 1949 y... ¡siempre está llena! Se halla en una zona boscosa al borde de la carretera, con una agradable terraza, un buen hall y varios comedores de sencillo montaje, todos amplios y luminosos. Elaboran platos propios del recetario catalán, con gran protagonismo para las brasas (butifarra, conejo, pies de cerdo...) y diversas especialidades locales, como las famosas Mongetes del Ganxet, unas alubias muy tiernas exclusivas de esta zona de Cataluña. No aceptan tarjetas de crédito, pero... ¡cuentan con un cajero automático allí mismo!

🚫🍽️ 🏡 🔄 🅿️💳 – Carta 25/35€

Carretera de Rubí C 1413a (km 14, Suroeste 5,5 km) ⊠ 08192 – ℰ 936 99 17 63 –
www.masiacanferran.com –
Cerrado cena: lunes-martes, cena: sábado, domingo

  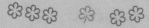

SANT SADURNÍ D'ANOIA

Barcelona – Mapa regional **10**–A3 – Mapa de carreteras Michelin n° 574-H35

⊛ LA CAVA D'EN SERGI

TRADICIONAL · **MARCO CONTEMPORÁNEO** ✗✗ Sant Sadurní d'Anoia es la Capital del Cava, por eso vemos en este restaurante una magnífica oportunidad para redondear el día si ha decidido visitar alguna de sus famosas bodegas. El negocio, ubicado en una céntrica calle, posee una única sala de estilo clásico-actual, donde el chef-propietario (Sergi Torres) plantea una cocina tradicional actualizada no exenta de creatividad. Ofrecen varios menús y una carta que evoluciona según la temporada, presentándose esta siempre con una copa de cava por cortesía de la casa. Su bodega, como no podía ser menos, muestra... ¡más de 40 cavas locales!

Ġ AC – Menú 19 € (almuerzo)/22 € – Carta 35/50 €

València 17 ✉ 08770 – ℰ 938 91 16 16 – www.lacavadensergi.com – Cerrado lunes, cena: martes-viernes, cena: domingo

SANTA COLOMA DE GRAMENET

Barcelona – Mapa regional **10**–B3 – Mapa de carreteras Michelin n° 574-H36

✿ LLUERNA

Chef: Víctor Quintillà

MODERNA · **DE DISEÑO** ✗✗ Lo mejor de un restaurante familiar de estas características es que las cosas transcurren, para nuestro deleite, sin prisas ni agobios; eso sí, siempre con fidelidad a... ¡los preceptos de la Slow Food!

El matrimonio propietario, con Víctor Quintillà tras los fogones y Mar Gómez al frente de la sala, apuesta por una gastronomía sostenible que exalte las materias primas de proximidad (Gallo del Penedés, cerdo Duroc, cordero Xisqueta, los pichones de la familia Tatjé...), con unas elaboraciones actualizadas que aprovechan la técnica en favor de las texturas y una potenciación del sabor. De sus fogones, visibles tanto desde el comedor como desde la mesa gourmet de la cocina, surge una interesante carta y una sorprendente oferta de menús (Degustación, Vegetal, Presentación, Lluerna...).

✿ *El compromiso del Chef:* "*Entendemos la sostenibilidad como un proceso continuo de mejora, para desarrollarnos en el presente con visión de futuro y con responsabilidad social. Hacemos una gestión responsable de los recursos y construimos una realidad coherente con lo que queremos ser.*"

Ġ AC ✧ – Menú 47 € (almuerzo), 68/88 € – Carta 45/72 €

Avenida Pallaresa 104 ✉ 08921 – ⓜ Santa Coloma – ℰ 933 91 08 20 – www.lluernarestaurant.com – Cerrado lunes, almuerzo: jueves, domingo

⊛ VERAT

FUSIÓN · **POPULAR** ✗ Su nombre, que en catalán significa caballa, es toda una declaración de intenciones, pues nos habla de un pescado al acceso de todo el mundo. Esta es la idea predominante en este restaurante, el hermano pequeño del laureado Lluerna, justo al lado, donde el chef Víctor Quintillà populariza su cocina a través de platillos y raciones de fusión, todo en un ambiente informal no exento de personalidad. Ofrecen interesantes fórmulas, para un mínimo de dos personas, y algunas especialidades que no debe perderse, como la Oreja de cerdo Kimchi y su ensalada o el "Cap y pota" tradicional con garbanzos.

Ġ AC – Menú 18/30 € – Carta 22/33 €

Avenida Pallaresa 104 ✉ 08921 – ⓜ Santa Coloma – ℰ 936 81 40 80 – www.barverat.com – Cerrado lunes, domingo

SANTA COLOMA DE QUERALT

Tarragona – Mapa regional **9**–B2 – Mapa de carreteras Michelin n° 574-H34

⑧ HOSTAL COLOMÍ

TRADICIONAL · FAMILIAR ✗ No se puede hablar del Hostal Colomí sin reconocer la labor de las hermanas Camps, Nati y Rosita, pues ellas personifican los pilares sobre los que se alza esta céntrica y concurrida casa familiar. Presenta un acogedor comedor dominado por la presencia de una parrilla vista y una sala más en el piso superior, esta última reservada para grupos y fines de semana. La sabrosa cocina casera que surge de sus fogones se ve enriquecida con diversos platos de tinte regional y tradicional. ¿Quiere probar algo realmente bueno? ¡Pida sus deliciosos Ceps (boletus) con foie y huevo frito!

⅏ 🅰🅲 ⇔ – Menú 19 € (almuerzo) – Carta 35/50 €

Raval de Jesús 12 ✉ *43420 –* ℰ *977 88 06 53 – www.hostalcolomi.com –*
Cerrado lunes, cena: martes-domingo

SANTA COMBA

A Coruña – Mapa regional **13**–B1 – Mapa de carreteras Michelin n° 571-C3

❀ RETIRO DA COSTIÑA

MODERNA · ACOGEDORA ✗✗✗ Este negocio arrancó en 1939, cuando los abuelos abrieron su casa de comidas cerca de Santiago de Compostela. La segunda generación, ya en Santa Comba, transformó un menú basado en el pulpo, la carne asada y la merluza a la romana en una cocina moderna que respetase el producto... ¡y vaya si acertaron!

Manuel García, con el apoyo familiar, busca la excelencia ofreciendo un gran menú (también hay carta) que comienza en la planta baja, donde arranca una experiencia gastro-sensorial con etapas en el córner del Champagne, la zona de hornos, su vistosa bodega... para culminar, tras pasar por el comedor, en un admirable salón de sobremesa. Degustará los sabores gallegos (lubinas, centollos, gallinas autóctonas...) desde un punto de vista creativo, con texturas y presentaciones nada habituales.

❀ ⅏ 🅰🅲 ⊟ ⇔ 🅿 – Menú 99 € – Carta 65/95 €

Avenida de Santiago 12 ✉ *15840 –* ℰ *981 88 02 44 – www.retirodacostina.com –*
Cerrado lunes, cena: domingo

SANTA CRISTINA D'ARO

Girona – Mapa regional **10**–B1 – Mapa de carreteras Michelin n° 574-G39

BELL-LLOC

CATALANA · RÚSTICA ✗ Ubicado en una antigua masía, de marcado ambiente rústico, que remonta sus orígenes al s. XVII. Sabrosa cocina tradicional catalana, muy sencilla y con platos a la brasa.

🅰🅲 ⇔ 🅿 – Carta 25/35 €

Carretera Sant Feliu a Girona (km 5,2, Mas de la Musiqueta, Noroeste 2 km) ✉ *17246 –* ℰ *872 20 01 15 – www.restaurantbell-lloc.com – Cerrado martes, miércoles*

SANTA CRUZ DE CAMPEZO

Álava – Mapa regional **18**–B2 – Mapa de carreteras Michelin n° 573-E22

ARREA!

REGIONAL · RÚSTICA ✗ Un negocio rústico-actual muy vinculado al entorno, la comarca de la Montaña Alavesa. Su cocina, tradicional elaborada, toma como base los productos de temporada de la zona.

🅰🅲 – Menú 16 € (almuerzo), 38/95 € – Carta 40/80 €

Subida del Frontón 30 ✉ *01110 –* ℰ *689 74 03 70 – www.arrea.eus – Cerrado lunes, martes, cena: miércoles-jueves, cena: domingo*

SANTA CRUZ DE TENERIFE – Santa Cruz de Tenerife → Ver Canarias

(Tenerife)

SANTA EULALIA DEL RÍO – Balears → Ver Balears (Eivissa)

Cantabria
Mapa regional **6**–B1
Mapa de carreteras Michelin
nº 572-B18

SANTANDER

No hay nada como dar un paseo por la playa de El Sardinero y contemplar su serena belleza al pie del Gran Casino, uno de los emblemas de la ciudad. Aquí, pasado y presente se aúnan a la perfección, por eso hoy son focos de semejante atracción turística edificios tan dispares como el Palacio de La Magdalena o el vanguardista Centro Botín. La gastronomía cántabra presume de calidad y variedad, en base a los espléndidos pescados y mariscos del Cantábrico pero sin dar la espalda a las sabrosas carnes del interior, con una mención muy especial para las reses de raza Tudanca. ¿Opciones para el gastrónomo? Visitar el mercado modernista de la Esperanza, tras el Ayuntamiento, y recorrer sus calles para saborear las populares Rabas, las famosas Anchoas, alguno de sus Cocidos (Montañés y Lebaniego), la típica Marmita de bonito (Sorropotún), la tradicional Quesada pasiega... ¡No se arrepentirá!

✿ CASONA DEL JUDÍO

Chef: Sergio Bastard

MODERNA · MARCO CONTEMPORÁNEO 𝕏𝕏 ¿Le apetece comer en un sitio especial? Vaya reservando mesa, pues no todos los días se puede tener una experiencia gastronómica de Estrella MICHELIN en... ¡una auténtica casona indiana del s. XIX!

El chef Sergio Bastard, que para transmitir emociones pone la lupa tanto en el producto local como en las algas y hierbas del litoral cantábrico, defiende tres menús degustación no exentos de personalidad (Raíces, Gourmet y Gran Gourmet), con platos donde los detalles marinos, los juegos de texturas y el mimo en las presentaciones son una constante. ¿Detalles o curiosidades? Aquí encontrará creaciones tan innovadoras como la Salmuria, una singular salmuera de anchoas que embotellan en pequeños frascos y que usan, especialmente con las salsas, para potenciar el sabor y aportar salinidad.

🅰🅺 ✿ 🅿 – Menú 55/82 €

Fuera de plano – Repuente 20 ✉ 39001 – ☎ 942 34 27 26 –
www.casonadeljudio.com – Cerrado lunes, cena: martes-jueves, cena: domingo

✿ EL SERBAL 🔟

TRADICIONAL · MARCO CONTEMPORÁNEO 𝕏𝕏 ¿Busca una experiencia gastronómica con vistas? Acérquese al Sardinero, pues sobre la misma playa, en el piso superior del edificio conocido como Cormorán, El Serbal inicia una etapa que solo ansía avanzar hacia la excelencia.

El tándem formado por el chef Quique Muñoz y Rafael Prieto (jefe de sala y sumiller), sigue apostando por la honestidad desde una de sus premisas: "que el cliente se sienta feliz y quiera volver". La oferta, complementada por dos menús degustación, exalta los fabulosos pescados del Cantábrico (cantados en la mesa, pues se compran a diario en la lonja) y procura dar aún más visibilidad al producto autóctono, con especial atención a las suculentas carnes de las reses de raza Tudanca. ¡En la planta baja tienen un espacio más informal, tipo bistró, llamado Querida Mar!

⚗️ ⇐ 🅰️ – Menú 54/78€ – Carta 55/92€

Fuera de plano – *Avenida de Manuel García Lago 1 (1ª planta)* ✉ 39005 – 𝒞 942 22 25 15 – www.elserbal.com – *Cerrado lunes, cena: domingo*

😊 QUERIDA MARGARITA

TRADICIONAL · TENDENCIA 🍽️🍽️ En este local, hermano pequeño del restaurante El Serbal (hoy a pie de playa en El Sardinero), se revisa la oferta de esa laureada casa para ofrecer alta gastronomía en un formato "low cost", más accesible a cualquier bolsillo. Presenta un bar de tapas a la entrada, presidido por una gran pizarra en la que escriben sus propuestas, una confortable sala de línea actual y un único menú de tinte tradicional, con opción de maridaje, que van cambiando a diario. Ni que decir tiene que el éxito de público es notable, independientemente del hecho de encontrarse en el animado barrio de Puertochico.

⚗️ 🅰️ – Menú 20€

Plano: B1-5 – *Andrés del Río 7* ✉ 39004 – 𝒞 630 34 17 43 – www.restaurantequeridamargarita.es – *Cerrado lunes, cena: domingo*

😊 AGUA SALADA

TRADICIONAL · BISTRÓ 🍽️ Honestidad, amabilidad, notorias dosis de encanto... ¡he aquí un negocio sin lujos pero auténtico! Tras su sencilla fachada en esquina encontrará un acogedor espacio, a modo de "bistrot" francés, dominado por los colores blanco y verde, con una antigua barra de bar a la vista, las mesas desnudas en mármol y algún que otro detalle, como las velas encendidas, que anhela dar una oportunidad al romanticismo. Apuestan por una cocina de base tradicional bien presentada y puesta al día, siempre con sabores definidos y la interesante opción de poder disfrutarla a través de medias raciones.

🅰️ – Carta 30/40€

Plano: B1-6 – *San Simón 2* ✉ 39003 – 𝒞 942 04 93 87 – www.restauranteaguasalada.makro.rest – *Cerrado lunes, martes*

😊 CADELO

MODERNA · MARCO CONTEMPORÁNEO 🍽️ Restaurante de vistosa fachada y estética contemporánea-informal, en dos alturas, con cuyo nombre se rinde un pequeño homenaje a un poeta local, muy conocido en la ciudad por vender sus versos y estrofas a cinco pesetas. Aquí encontrará una carta de fusión, muy pensada para compartir, que toma como base el producto nacional para trabajarlo, al gusto del día, con técnicas y elaboraciones de todo el mundo (México, Corea, Perú...). Destacan sus Tacos, los originales Baos, el Steak tartar, los Chipirones... pero deje hueco para el postre, pues su Tarta de queso es de esas que no se olvidan.

🅰️ – Carta 25/30€

Plano: B1-7 – *Santa Lucía 33* ✉ 39003 – 𝒞 942 22 10 51 – *Cerrado lunes, domingo*

😊 DARÍA

MODERNA · BISTRÓ 🍽️ Se halla en pleno barrio de Puertochico y demuestra gran respeto por el producto, para ofrecer lo que aquí llaman una "cocina de sabor". El reducido local en dos alturas, con cuyo nombre se rinde un emotivo homenaje a la abuela del chef-propietario (Nacho del Corral), presenta una barra de bar en la planta baja y varias mesas en el piso superior. Encontrará una cocina de tinte actual, con detalles de fusión, y un buen menú degustación, todo en base a productos ecológicos (verduras y hortalizas de la huerta familiar, carne de vacuno de la ganadería Ontañón, pescado fresco del Cantábrico...).

🅰️ – Carta 25/30€

Plano: B1-8 – *Bonifaz 19* ✉ 39003 – 𝒞 942 55 07 87 – www.daria.es – *Cerrado almuerzo: lunes, domingo*

SANTANDER

0 — 150 m

⊛ UMMA

MODERNA · A LA MODA ✗ Un restaurante en dos alturas que nos gusta tanto por su propuesta culinaria como por su estética, informal y neoyorquina, pues combina la presencia de unos elevadísimos techos, donde encontraremos la sorprendente reproducción de algunas pinturas rupestres, y unas luminosas paredes en ladrillo visto pintado de blanco. Su joven chef-propietario, Miguel Ángel Rodríguez, enfoca la cocina moderna desde un punto de vista actual, accesible a todo el mundo, apostando por unos platos armoniosos, sabrosos y bien elaborados que siempre miren al futuro sin dejar de lado la tradición.

🍴 🎬 – Carta 33/45€

Plano: B1-9 – *Sol 47 ✉ 39003 – 𝒞 942 21 95 95 – Cerrado lunes, cena: domingo*

ASADOR LECHAZO ARANDA

CARNES A LA PARRILLA · AMBIENTE CLÁSICO ✗✗ Sus instalaciones recrean sabiamente la belleza y atmósfera de la más noble decoración castellana. Ofrece una carta basada en carnes y especialidades como el cordero asado.

🍴 🎬 ⇄ – Menú 35/40€ – Carta 32/47€

Plano: B1-10 – *Tetuán 15 ✉ 39004 – 𝒞 942 21 48 23 – Cerrado cena: lunes*

BODEGA DEL RIOJANO

TRADICIONAL · RÚSTICA ✗✗ Atesora carácter, historia, autenticidad… y un original museo (Museo Redondo) repleto de obras de arte. Carta tradicional con grandes clásicos, como sus Caracoles guisados.

🎬 ⇄ – Carta 35/45€

Plano: A1-11 – *Rio de la Pila 5 ✉ 39003 – 𝒞 942 21 67 50 – www.bodegadelriojano.com*

LA BOMBI

TRADICIONAL · RÚSTICA ✗✗ Basa su éxito en la bondad de sus productos, no en vano cuenta con un sugerente expositor y su propio vivero. Posee tres salas de gran contraste, pues dos son rústicas y la otra de línea moderna, esta última con acceso a un patio-terraza.

ESPAÑA

🅚 ✿ – Menú 50/78€ – Carta 50/80€

Plano: B1-12 – *Casimiro Sáinz 15* ✉ *39003 – 𝒞 942 21 30 28 – www.labombi.com*

LA MULATA

PESCADOS Y MARISCOS · **AMBIENTE TRADICIONAL** 🟎🟎 Toma su nombre de un cangrejo, parecido a la nécora. Buen bar público, sala de aire marinero-clásico y carta especializada en pescados y mariscos. ¡No se pierda sus "ferias"!

🅚 – Carta 40/65€

Plano: B1-14 – *Andrés del Río 7* ✉ *39004 – 𝒞 942 36 37 85 – www.restaurantemulata.es*

DEL PUERTO

PESCADOS Y MARISCOS · **AMBIENTE CLÁSICO** 🟎🟎 Un negocio de 4ª generación muy bien llevado entre hermanos. Se decora con maquetas de barcos y se han hecho un nombre por buscar siempre productos de la máxima calidad.

🅚 ✿ – Carta 40/90€

Plano: B1-15 – *Hernán Cortés 63* ✉ *39003 – 𝒞 942 21 30 01 –*
www.bardelpuerto.com – Cerrado lunes, cena: domingo

BODEGA CIGALEÑA

TRADICIONAL · **RÚSTICA** 🟎 Casa de ambiente rústico-antiguo, a modo de museo, vestida con mil detalles enológicos. Cocina tradicional rica en carnes de la zona, pescados de lonja, verduras, quesos...

🕭 🅚 ✿ – Carta 30/55€

Plano: B1-16 – *Daoiz y Velarde 19* ✉ *39003 – 𝒞 942 21 30 62 – www.cigalena.com –*
Cerrado martes, miércoles

CAÑADÍO

TRADICIONAL · **AMBIENTE CLÁSICO** 🟎 ¡Es considerado toda una institución en la ciudad! Presenta un bar de tapeo, un comedor en un altillo y una sala clásica-actual. Cocina tradicional elaborada de buen nivel.

🅚 – Carta 40/55€

Plano: B1-13 – *Gómez Oreña 15 (Plaza Cañadío)* ✉ *39003 – 𝒞 942 31 41 49 –*
www.restaurantecanadio.com – Cerrado cena: domingo

CASA LITA

TRADICIONAL · **BAR DE TAPAS** 🟎 Taberna ubicada frente a Puertochico, una zona privilegiada de Santander. Ofrece una buena terraza, una gran barra repleta de pinchos que varían según la hora del día y una pequeña carta de raciones. ¡Pruebe su famosísimo Pollo al curry!

🍴 🅚 – Tapa 3€ – Ración 12€

Plano: B1-17 – *Paseo de Pereda 37* ✉ *39004 – 𝒞 942 36 48 30 – www.casalita.es –*
Cerrado lunes

LA CASETA DE BOMBAS

COCINA DE MERCADO · **A LA MODA** 🟎 Instalado en un curioso edificio que, en otro tiempo, contenía la maquinaria para achicar el agua del dique. Amabilidad, sabor y un magnífico producto procedente de la lonja.

🅚 – Carta 35/52€

Fuera de plano – *Gamazo* ✉ *39004 – 𝒞 942 74 26 68 – www.lacasetadebombas.es*

LA HERMOSA DE ALBA

FUSIÓN · **BISTRÓ** 🟎 Un local de ambiente moderno y divertido que está teniendo bastante éxito en la ciudad. Carta de cocina actual, con elementos de fusión y platos pensados para compartir.

🅚 – Menú 25/50€ – Carta 30/45€

Fuera de plano – *Tetuán 34 (El Sardinero)* ✉ *39004 – 𝒞 942 80 91 08 –*
Cerrado lunes, domingo

SANTANYÍ - Balears → Ver Balears (Mallorca)

A Coruña
Mapa regional **13**–B2
Mapa de carreteras Michelin
n° 571-D4

SANTIAGO DE COMPOSTELA

Santiago de Compostela, la meta soñada por un sinfín de peregrinos llegados de todo el mundo, es un destino turístico realmente excepcional, pues en pocos lugares encontrará la riqueza histórica, monumental y cultural que atesora esta ciudad; no en vano... ¡está declarada Patrimonio de la Humanidad! Partiendo de la inexcusable visita a la Catedral, recorrer sus bellas calles empedradas es la mejor manera de conocerla, con una parada obligada en su siempre animado Mercado de Abastos. No deje de probar el famoso Pulpo "á feira", las Vieiras gratinadas, la popular y variada Empanada gallega, el Caldo de grelos, la típica Tarta de Santiago... ¿Curiosidades? Si tiene opción, asista al ritual con el que realizan la tradicional Queimada, una bebida a base de orujo muy arraigada en la cultura gallega y que se toma tras realizar un ancestral conjuro con el que ahuyentan los malos espíritus.

🕸 AUGA E SAL ⓝ

MODERNA · MARCO CONTEMPORÁNEO 🕱🕱 Sorprendente, sin duda, pues refleja una filosofía bien definida y un amor incondicional por los platos de cuchara, los mismos que dan pie al nombre del restaurante; de hecho, lo explican narrando un bello cuento siciliano que los lleva a decir: "Sin agua y sin sal no hay sabor, ni vida ni, desde luego, gastronomía".

En este céntrico restaurante, próximo a la Praza de Galicia, encontrará una oferta de gran nivel, con un chef local (Áxel Smyth) muy implicado que propone, a través de dos menús de temporada (uno degustación para la comida y otro más corto para las cenas), una cocina creativa que logra trasladar a la mesa tanto el entorno como las tradiciones desde un punto de vista actual, con producto fresco de calidad y un nivel técnico tal que... ¡hasta se atreven con trampantojos!

🕸 & 🄰🄲 – Menú 65/85 €

Plano: A2-13 – *Fonte do Santo Antonio 8 ⊠ 15702 – 𝒞 981 56 52 34 –*
www.augaesal.com – Cerrado lunes, martes, almuerzo: miércoles, domingo

🕸 A TAFONA

Chef: Lucía Freitas

MODERNA · ACOGEDORA 🕱🕱 Hay proyectos que requieren macerarse con aprendizaje, viajes, esfuerzo... esa evolución personal que solo se logra conquistando cada meta y avanzando paso a paso. Esta es la perspectiva desde la que debemos ver a Lucía Freitas, una chef muy concienciada con las intolerancias alimenticias e infatigable en su búsqueda de una cocina más saludable.

ESPAÑA

El local, presidido por un gran lucernario y de cálido ambiente actual, crea el escenario perfecto para degustar una propuesta moderna de base regional, deudora de los magníficos productos gallegos que ve cada día en el mercado (sobre todo pescados) pero también sabrosa, femenina y técnica. Encontrará interesantes menús, con platos siempre fieles a la filosofía "Km 0"; de hecho, muchas verduras... ¡son de su propio huerto!

&. 🅰️🅲 – Menú 85/115€

Plano: B1-5 – *Virxe da Cerca 7* ✉ *15703* – ☎ *981 56 23 14* – *www.restauranteatafona.com* – *Cerrado lunes, martes, cena: domingo*

🕸️ **CASA MARCELO**

Chef: Marcelo Tejedor

FUSIÓN · BAR DE TAPAS 🗙 Casa Marcelo es la recompensa con la que se premian muchos peregrinos cuando completan el Camino de Santiago, sin embargo... ¡no hace falta sufrir tanto para disfrutarlo!

El local, de ambiente cosmopolita y con los cocineros interactuando con los clientes, se presenta con una gran mesa central que anima a compartir espacio (en línea con el habitual espíritu "friendly" del pueblo gallego), una barra lateral, la cocina integrada en la sala y, ya en la parte trasera, una agradable terraza llena de vegetación; además, tiene la ventaja de estar a pocos metros de la Catedral. ¿Su propuesta? Defienden un formato divertido y muy pensado para compartir, con una fusión que mezcla productos japoneses y gallegos pero donde también hay guiños culinarios a China, México, Perú... ¡Es necesario reservar!

🍽️ 🅰️🅲 ✿ – Tapa 10€ – Ración 20€ – Menú 75€

Plano: A1-6 – *Hortas 1* ✉ *15705* – ☎ *981 55 85 80* – *Cerrado lunes, martes, cena: domingo*

😊 **ANACO** 🆕

ACTUAL · SIMPÁTICA 🗙🗙 ¡Aire fresco en Santiago! El agradable local, con las paredes en piedra y a pocos pasos del Museo do Pobo Galego, refleja la propuesta del chef palentino Víctor Lobejón, que tras formarse en reconocidos restaurantes ha llegado aquí, por amor, para afrontar su primer proyecto en solitario. Encontrará una gastronomía actual y personal que convierte al producto gallego de temporada en el gran protagonista, con una pequeña carta que cambia periódicamente y sutiles guiños al continente asiático. Recomendamos reservar y pedir el menú (#amesaposta), pues concreta un buen recorrido por su cocina.

🅰️🅲 – Menú 40€ – Carta 25/40€

Plano: B1-14 – *Costa de San Domingos 2* ✉ *15703* – ☎ *981 56 20 98* – *www.anacosantiago.com* – *Cerrado cena: martes-miércoles, domingo*

😊 **ASADOR GONZABA**

CARNES A LA PARRILLA · AMBIENTE TRADICIONAL 🗙🗙 ¿Busca carnes de máxima calidad? En este asador las encontrará, pues llevan la experiencia por bandera y no hay más que ver su cámara de maduración, a la entrada del comedor, para rendirse a la evidencia. Presentan un correcto bar a la entrada, salones de ambiente clásico y privados de buen nivel, donde podrá degustar una carta tradicional muy enfocada a los tres tipos de carne que ofrecen: la de ternera, la de vaca y la de buey gallego. También tienen cordero de raza churra y pescados a la brasa según el mercado. La bodega, bastante completa, destaca por su selección de vinos gallegos.

🅰️🅲 ✿ – Carta 35/50€

Plano: A2-1 – *Nova de Abaixo 2* ✉ *15706* – ☎ *981 59 48 74* – *www.asadorgonzaba.com* – *Cerrado*

😊 **MAR DE ESTEIRO**

PESCADOS Y MARISCOS · AMBIENTE CLÁSICO 🗙🗙 Una de las mejores opciones para degustar pescados y mariscos de calidad. El éxito de esta casa, ubicada a unos 6 km. de Santiago, sin duda está en sus magníficas materias primas... aunque el edificio también resulta muy singular, pues se trata de una imponente casona rehabilitada que está catalogada como Bien de Interés Cultural. Dispone de un agradable jardín con terraza de verano, un bar privado y varios comedores de estética actual emplazados en lo que fueron las habitaciones. ¡No deje de probar el popular Guiso de rubio o su gran especialidad, el Arroz con bogavante!

🌿 ♿ 🅰🅲 ⇆ 🅿 – Menú 37€ – Carta 33/55€

Fuera de plano – *Lugar Ponte Sionlla (Enfesta, en la carretera N 550, Noreste 6 km)* ✉ 15884 – ☎ 981 88 80 57 – www.mardeesteiro.com – *Cerrado lunes, cena: martes, cena: domingo*

☺ CAFÉ DE ALTAMIRA

TRADICIONAL · VINTAGE ☒ ¡Su relación calidad/precio es magnífica! Este simpático local, vinculado al hotel Pazo de Altamira pero con acceso y funcionamiento independientes, sorprende ya solo por su estética, con bombillas colgadas del techo, curiosos botelleros, una colorista vajilla de Sargadelos... todo a medio camino entre lo rústico y lo vintage. En sus mesas, grandes y pensadas para compartir, descubrirá una cocina tradicional bien actualizada, con personalidad y una filosofía orientada a ensalzar los sabores gallegos. Su emplazamiento, junto al mercado de Abastos, también garantiza la bondad de los productos.

🌿 ♿ 🅰🅲 ⬆ – Menú 15€ (almuerzo)/28€ – Carta 30/40€

Plano: B1-7 – *Ameas 9* ✉ 15704 – ☎ 981 55 85 92 – www.cafedealtamira.com – *Cerrado miércoles*

☺ ABASTOS 2.0 - MESAS

MODERNA · SIMPÁTICA ☒ Se halla junto al mercado de abastos y es totalmente recomendable para quien quiera vivir una experiencia culinaria. Aquí se recrea un ambiente moderno, casual e informal, con una pequeña barra y la cocina parcialmente abierta a la sala. Su oferta gira en torno a dos sugerentes menús que se complementan: uno corto con siete degustaciones y otro largo con tres platos más, todos fieles a una cocina moderna que bebe tanto de la tradición gallega como de los excelentes pescados y mariscos de la zona. Existe la posibilidad de maridaje y, dada la afluencia de comensales, aconsejamos reservar.

🅰🅲 – Menú 30/45€

Plano: B1-8 – *Das Ameas 4* ✉ 15704 – ☎ 654 01 59 37 – www.abastosdouspuntocero.com – *Cerrado domingo*

A HORTA D'OBRADOIRO

REGIONAL · SIMPÁTICA Maravillosamente singular, pues plantea una oferta gastronómica interesante y recupera para Santiago una porción de su dilatada historia. El negocio, llevado por dos cocineros, ocupa una casa de 1640 que desde sus orígenes acogió a los músicos de la cercana Catedral. Detalles contemporáneos y regionales, una barra para tomar vinos elaborada con vigas de bateas, coloristas detalles que recuerdan las antiguas casetas de playa, una sala tipo invernadero... y al final, un huerto-jardín que supone todo un lujo en esta zona de la ciudad. Cocina de mercado bien ejecutada y presentada con gusto.

& – Carta 30/45€

Plano: A1-9 – *Hortas 16* ✉ *15705 –* ☏ *881 03 13 75 – www.ahortadoobradoiro.com – Cerrado lunes, domingo*

MAMÁ PEIXE

TRADICIONAL · SENCILLA Este sencillo restaurante, instalado en una casa antigua del centro histórico de Santiago, está llevado por una amable pareja, con ella pendiente de la sala y él al frente de los fogones. Aquí la apuesta es clara: una carta reducida, de corte tradicional actualizado, que llama la atención por sus pescados. Sargos, san martiños, lubinas, cabrachos, rodaballos... el chef siempre hace alguno de estos pescados por piezas enteras, al horno y sobre patatas panaderas, aunque también destacan platos como el Arroz de bogavante o el Pulpo dorado a la mugardesa con alioli de naranja. ¡Llenan a diario!

AC – Menú 13€ (almuerzo)/23€ – Carta 30/45€

Plano: B1-10 – *Algalia de Arriba 45* ✉ *15705 –* ☏ *981 07 05 26 – www.mamapeixe.webnode.es – Cerrado lunes, cena: miércoles, cena: domingo*

PAMPÍN BAR

REGIONAL · SENCILLA Se halla cerca de la zona monumental y sorprende tras su modestísima fachada, un tanto retro, pues esta da paso a un comedor de ambiente tradicional en el que se sentirá como en su propia casa. El local, con originales sillones corridos en los laterales, una gran mesa central compartida y detalles estructurales en hormigón visto, apoya la idea de buscar la cocina casera de siempre, esa que ensalza los sabores de la infancia y que el chef denomina "de barrio". Ofrecen muchos platos para compartir, con un eje básico que gira en torno a los escabeches, los guisos y los pescados frescos del día.

AC – Menú 20/45€ – Carta 30/40€

Plano: B1-2 – *Ruela das Fontiñas 4* ✉ *15703 –* ☏ *981 11 67 84 – www.pampinbar.com – Cerrado martes, miércoles*

A VIAXE ⓝ

FUSIÓN · BISTRÓ Curioso restaurante, tipo bistró, ubicado en una plazuela próxima al centro. El chef al frente defiende una propuesta con alma peruana, su tierra natal, aunque esta luego se fusiona con las distintas influencias que ha ido adquiriendo en sus viajes por el mundo. Aquí dan la opción de elaborar un menú degustación al gusto del cliente, en base a los platos de la carta y con el tamaño que deseemos, lo que también definirá el precio. Dicen que "cada plato es un viaje", por eso nos desvelan las procedencias que han participado en cada uno de ellos: Perú, Colombia, Ecuador, Galicia, País Vasco...

AC – Menú 16€ – Carta 25/35€

Plano: B1-15 – *Praza do Matadoiro 3* ✉ *15704 –* ☏ *662 61 88 62 – www.aviaxe.es – Cerrado lunes, cena: domingo*

ABASTOS 2.0 - BARRA

MODERNA · BAR DE TAPAS Singular, pues... ¡ocupa seis casetas del mercado! Debe reservar su única mesa compartida y tomar los menús personalizados que allí sirven. ¡Productos y platos de gran nivel!

AC – Ración 10€ – Menú 30/60€ – Carta 30/60€

Plano: B1-11 – *Plaza de Abastos (Casetas 13-18)* ✉ *15704 –* ☏ *654 01 59 37 – www.abastosdouspuntocero.com – Cerrado domingo*

DON QUIJOTE

TRADICIONAL · AMBIENTE CLÁSICO X Familiar y de ambiente clásico. Su carta tradicional gallega gira en torno a los pescados y mariscos, con un buen apartado de caza en temporada. ¡Pruebe su Tarta de Santiago!

AC ❀ – Menú 20 € (almuerzo)/30 € – Carta 35/55 €

Plano: A1-3 – *Galeras 20* ✉ 15705 – ☎ 981 58 68 59 – www.quijoterestaurante.com

LUME

MODERNA · BAR DE TAPAS X ¡La propuesta más informal de la chef Lucía Freitas! Plantea, junto al Mercado de Abastos, una cocina actual de fusión a través de pequeños bocados y raciones para compartir.

🛋 & AC – Tapa 4 € – Ración 10 € – Menú 32/42 €

Plano: B1-12 – *Das Ameas 2* ✉ 15704 – ☎ 981 56 47 73 – Cerrado martes

A MACETA

FUSIÓN · ACOGEDORA X Tiene carácter e identidad propia, pues atesora un estilo rústico-actual y una coqueta terraza-patio. Cocina actual con sugerentes dosis de fusión y detalles de creatividad.

🛋 & – Menú 35 € – Carta 30/40 €

Plano: B1-4 – *San Pedro 120* ✉ 15703 – ☎ 981 58 96 00 – www.amaceta.com – Cerrado lunes, cena: martes, almuerzo: domingo

SANTO DOMINGO DE LA CALZADA
La Rioja – Mapa regional **14**–A2 – Mapa de carreteras Michelin nº 573-E21

LOS CABALLEROS

REGIONAL · RÚSTICA XX Ubicado en un edificio histórico tras la cabecera de la Catedral. En su comedor, de cuidado ambiente rústico, plantean una carta regional rica en bacalaos y platos de cuchara.

AC – Carta 32/61 €

Mayor 58 ✉ 26250 – ☎ 941 34 27 89 – www.restauranteloscaballeros.com – Cerrado lunes, cena: domingo

SANXENXO • SANGENJO
Pontevedra – Mapa regional **13**–A2 – Mapa de carreteras Michelin nº 571-E3

SABINO

TRADICIONAL · FAMILIAR X Un restaurante de larga tradición familiar ubicado a escasos metros de la famosa playa de Silgar. Cocina tradicional de raíces gallegas, con toques actuales y buen producto.

🛋 & AC – Menú 30 € – Carta 35/50 €

Ourense 3 ✉ 36960 – ☎ 986 72 34 00 – www.restaurantesabino.com – Cerrado lunes, cena: domingo

SARDÓN DE DUERO
Valladolid – Mapa regional **8**–B2 – Mapa de carreteras Michelin nº 575-H16

❀ REFECTORIO

Chef: Marc Segarra

CREATIVA · ELEGANTE XXX A su inequívoco valor gastronómico hay que añadir un emplazamiento espectacular, pues se halla en un monasterio del s. XII rodeado de espacios naturales, bodegas y viñedos.

El chef Marc Segarra, oriundo de Reus, propone a través de sus menús (Terruño, Terruño Versión Extendida y Legado) una experiencia culinaria de marcado tinte creativo, siempre con opción de maridaje para degustar sus fantásticos vinos y tomando como referencia tanto los productos de temporada de la propia finca como los que proceden de los pequeños productores locales. ¿Curiosidades? Las atenciones son extraordinarias, pues se ofrecen a aparcar el coche, agasajan con toallitas aromatizadas, invitan a una copa de champagne en "La Cueva" (colección privada de la bodega), enseñan el huerto... ¡Le tratarán a cuerpo de rey!

❀ *El compromiso del Chef: "En Abadía Retuerta LeDomaine hay un legado que cuidar, por eso usamos energías limpias y gestionamos los residuos, tenemos un huerto orgánico, potenciamos la biodiversidad a través de la apicultura y, mediante la replantación de pinos, conservamos nuestro entorno."*

🕸 & 🖩 🐾 🅿 – Menú 135/175€

Hotel Abadía Retuerta LeDomaine, Carretera N 122 (km 332,5, Noreste 2 km) ✉ 47340 – ℰ 983 68 03 68 – www.ledomaine.es – Cerrado lunes, martes, almuerzo: miércoles-sábado, cena: domingo

LA SAVINA – Balears ➜ Ver Balears (Formentera)

SEGOVIA

Segovia – Mapa regional **8**–C3 – Mapa de carreteras Michelin n° 575-J17

VILLENA

MODERNA · **ELEGANTE** 🟤🟤 Ocupa la antigua iglesia del Convento de las Oblatas y apuesta tanto por la coherencia como por el producto de proximidad, con elaboraciones actualizadas de gusto tradicional.

🍴 & 🖩 ⇔ 🚗 – Menú 65€

Plazuela de los Capuchinos 4 ✉ 40001 – ℰ 921 46 00 32 – www.restaurante-villena.com – Cerrado lunes, martes, cena: miércoles, cena: domingo

CASA SILVANO-MARACAIBO

MODERNA · **ACOGEDORA** 🟤🟤 Se presenta con un amplio bar de tapas, una sala principal de línea actual y otra en el sótano que usan como privado. Su carta, de gusto actual, se ve enriquecida a lo largo del año con varias jornadas gastronómicas. ¡Ofrecen vinos propios!

🕸 🖩 ⇔ – Menú 38/45€ – Carta 40/60€

Paseo de Ezequiel González 25 ✉ 40002 – ℰ 921 46 15 45 – www.restaurantemaracaibo.com – Cerrado lunes, cena: martes, cena: domingo

JOSÉ MARÍA

TRADICIONAL · **MARCO REGIONAL** 🟤🟤 Sorprende por su amplitud, con bellos espacios castellanos y otros de línea más actual. El plato emblemático es el Cochinillo asado, de hecho... ¡tienen una granja para su cría!

🖩 ⇔ 🐾 – Menú 55€ – Carta 45/60€

Cronista Lecea 11 ✉ 40001 – ℰ 921 46 11 11 – www.restaurantejosemaria.com

JUAN BRAVO

MODERNA · **BAR DE TAPAS** 🟤 La "fonda ilustrada" del chef Rubén Arnanz apuesta por esa cocina actual, de sabores tradicionales, asociada a la nueva cocina castellana. ¡Platos pensados para compartir!

🍴 🖩 – Tapa 3€ – Ración 15€ – Carta 25/40€

Plaza Mayor 9 ✉ 40001 – ℰ 921 15 16 07 – www.juan-bravo.com

SELVA – Balears ➜ Ver Balears (Mallorca)

SETCASES

Girona – Mapa regional **9**–C1 – Mapa de carreteras Michelin n° 574-E36

CAN JEPET

CATALANA · **RÚSTICA** 🟤 Restaurante de ambiente rústico emplazado en un pueblo pirenaico bastante pintoresco. Toma su nombre del apodo familiar y es un buen sitio para descubrir la cocina catalana de montaña, rica en carnes a la brasa, platos de caza, embutidos...

& 🖩 ⇔ 🅿 – Menú 18€ (almuerzo)/45€ – Carta 25/46€

Molló 11 ✉ 17869 – ℰ 972 13 61 04 – www.canjepet.cat – Cerrado cena: lunes, martes, cena: miércoles-domingo

Sevilla
Mapa regional **1**–B2
Mapa de carreteras Michelin
n° 578-T11

SEVILLA

Recorrer el conjunto palatino del Real Alcázar y la impresionante Catedral; sentir la tradición taurina en el entorno de la Maestranza; acercarse hasta el Parque de María Luisa para contemplar la espectacular Plaza de España... ¡Pero qué maravillosa es esta ciudad! No es fácil describir en pocas líneas la esencia de Sevilla, una de las cunas del flamenco, pues su alma va unida al carácter afable de su gente, a su inconfundible luz y a la belleza de sus barrios, con recorridos inexcusables por Triana o Santa Cruz. Aquí la cultura de la tapa manda y algunas barras reflejan un auténtico espectáculo; no en vano, por cantidad y calidad, Sevilla se considera la "Capital Mundial de la Tapa". ¿Cuáles debe probar? Las Pavías de bacalao, las Papas "aliñás", los Huevos a la flamenca, las Espinacas con garbanzos, las Cabrillas con tomate, la Cola de Toro, el Menudo sevillano, la popular Pringá...

❀ **ABANTAL**

Chef: Julio Fernández

CREATIVA · MINIMALISTA XXX ¿Las cocinas tienen alma? En este elegante restaurante, con cuyo nombre (del castellano antiguo) se recuerda la voz predecesora de la palabra "delantal", defienden a capa y espada que sí, pues estas están llevadas con pasión por personas que aportan su buen hacer, sus emociones y su intrínseca personalidad.

El chef al frente, Julio Fernández, pilota todo lo que aquí acontece con el claro objetivo de trasladar los tradicionales sabores andaluces a las vanguardias gastronómicas, respetando siempre la autenticidad de los productos locales y su estacionalidad. La propuesta, centrada en dos menús degustación, ve la luz con especial cercanía en la "mesa del chef", un espacio al que solo se accede bajo reserva y que se asoma a la impoluta cocina para mostrar la labor que esconde cada plato.

🕸 ♿ ᴀᴄ ⇄ – Menú 80/100 €

Plano: D2-1 – *Alcalde José de la Bandera 7 ⊠ 41003 –* ℰ *954 54 00 00* – *www.abantalrestaurante.es – Cerrado lunes, domingo*

❀ **CAÑABOTA**

PESCADOS Y MARISCOS · A LA MODA X ¿Se puede alcanzar la excelencia desde una aparente sencillez? Claro que sí. ¿Cómo? En base a los productos de máxima calidad, tratándolos con mimo y realizando aquellas elaboraciones que los afecten lo justo para hacerlos mejores.

El céntrico local, junto a la capilla de San Andrés (también llamada la Hermandad de los Panaderos), presenta la estética de un gastrobar, con un mostrador tipo pescadería a la entrada y la cocina abierta para que el cliente vea, sobre todo si toma asiento en la barra de estilo nipón, su minucioso trabajo con las brasas. Los pescados y mariscos del Atlántico andaluz cimentan el mágico eje de su oferta, llegando esta al comensal a través de una carta, donde conviven tradición y vanguardia, o de un menú degustación que suele dar cabida a los platos más elaborados.

🍴 🎴 – Menú 90 € – Carta 45/60 €

Plano: C1-8 – *Orfila 3* ✉ *41003* – ☎ *954 87 02 98* – *www.canabota.es* – *Cerrado lunes, domingo*

😊 AZ-ZAIT

MODERNA · ACOGEDORA 🍴🍴 Debe su nombre a un vocablo árabe que significa "jugo de aceituna" (aceite) y demuestra una constante progresión, pues aquí aplican técnica y convicción en todas las elaboraciones. Presenta un correcto hall, donde podrá tomar una selección de tapas, así como dos salas de inspiración clásica y cuidadísimo servicio... de hecho, tienen detalles como el carro de quesos. Encontrará una reducida carta de cocina tradicional e internacional, con toques modernos, así como tres sugerentes menús degustación que varían en función del número de platos. ¡Pruebe el Huevo a baja temperatura con pulpo y trufa!

🎴 – Menú 36/48 € – Carta 25/40 €

Plano: B1-2 – *Plaza de San Lorenzo 1* ✉ *41002* – ☎ *954 90 64 75* – *www.az-zait.es*

😊 SOBRETABLAS

ACTUAL · SIMPÁTICA 🍴🍴 Un restaurante del que todo el mundo habla, pues al evidente interés culinario y estético de la casa, ubicada en un chalet del barrio de El Porvenir, se une el hecho de que la joven pareja al frente se conoció trabajando en El Celler de Can Roca. Camila Ferraro, la chef, destila todo lo aprendido para proponernos una cocina actual de claras influencias tradicionales y regionales, con muchos destellos de personalidad y unos precios ajustados. ¿Curiosidades? El comedor principal presenta la estética de una terraza cubierta, repleta de plantas y... ¡con la opción de abrir el techo parcialmente!

🦽 🎴 ✿ – Menú 60/70 € – Carta 33/50 €

Fuera de plano – *Colombia 7 (por Avenida de la Borbolla)* ✉ *41013* – ☎ *955 54 64 51* – *www.sobretablasrestaurante.com* – *Cerrado lunes, domingo*

😊 EL GALLINERO DE SANDRA

ACTUAL · ACOGEDORA 🍴 Se encuentra en un callejón próximo a la Alameda de Hércules y estamos seguros de que le sorprenderá, pues tras el homenaje al mundo de las gallinas que su nombre se oculta bajo su nombre un espacio de notable elegancia y contemporaneidad. El chef Nacho Dargallo defiende una cocina actual, de tendencia moderna y bases tradicionales, que sabe ver la luz tanto en los menús degustación como en la carta, esta última siempre a precios razonables y con un plato destacado: sus famosos Huevos camperos estrellados. Si hace bueno... ¡reserve mesa en la preciosa terraza, cubierta y ajardinada!

🍴 🦽 🎴 – Menú 38 € (almuerzo), 55/70 € – Carta 35/50 €

Plano: B1-3 – *Esperanza Elena Caro 2* ✉ *41002* – ☎ *954 90 99 31* – *www.elgallinerodesandra.es* – *Cerrado lunes, domingo*

😊 LALOLA DE JAVI ABASCAL Ⓝ

TRADICIONAL · SENCILLA 🍴 Fácil de localizar en el casco antiguo de Sevilla, pues se halla dentro del hotel One Shot Palacio Conde de Torrejón (s. XVIII) pero disfruta de un acceso independiente por un lateral del edificio. El restaurante, que tiene la sala principal en un patio cubierto, esta llevado por un chef que apuesta por una cocina tradicional con toques actuales, interpretable a través de la carta y de un interesante menú degustación (este último solo lo sirven bajo reserva previa). ¡La mayoría de sus platos giran en torno al cerdo ibérico de la Sierra de Huelva, a unas buenas carnes de vacuno y a la caza!

🦽 🎴 ✿ – Menú 35 € – Carta 25/35 €

Plano: C1-4 – *Conde de Torrejón 9* ✉ *41003* – ☎ *633 45 71 62* – *www.lalolasevilla.es* – *Cerrado lunes*

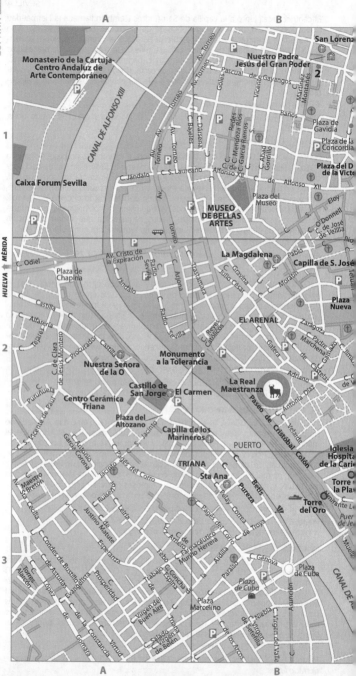

ESPAÑA

HUELVA ← MÉRIDA

A **B**

Monasterio de la Cartuja-
Centro Andaluz de
Arte Contemporáneo

San Lorenzo

Nuestro Padre
Jesús del Gran Poder

2

CANAL DE ALFONSO XIII

Av. Torneo

Av. Torneo

Pascual de Gayangos

Goles

Vicente Ferrer

Baños

Martínez Montañés

Plaza de
Gavidia

Plaza de la
Concordia

1

Caixa Forum Sevilla

Av. Torneo

Av. Torneo

Av. Torneo

Av. Torneo

Bajeles

Dársena

Redes

C. Mendoza Ríos

C. García Ramos

C. Abad
Gordillo

C. de Alfonso XII

Plaza del D
de la Victo

Jándalo

C.S. Laureano

de Alfonso XII

Eloy

Plaza del
Museo

C. O'Donnell
C. de José
de Velilla

Torneo

**MUSEO
DE BELLAS
ARTES**

Río

C. Odiel

Av. Cristo de
la Expiración

Radio
Sevilla

La Magdalena

Pablo

Capilla de S. José

Plaza de
Chapina

Jándalo

Trastamara

Gravina

Julio César

Moratín

Tetuán

C. Castilla

Alfarería

Tejares

C. de Clara
de Jesús Montero

C. Procurado

Castilla

Radio Sevilla

Arjona

Reyes
Católicos

Plaza
Nueva

EL ARENAL

Zaragoza

Marchena

Padre

2

Purullena

C. Vicente de Paul

Nuestra Señora
de la O

Monumento
a la Tolerancia

Galera

C. de Careta

C. de V

Centro Cerámica
Triana

Castillo de
San Jorge

El Carmen

**La Real
Maestranza**

Adriano

Antonia Díaz

Plaza del
Altozano

S. Jacinto

Capilla de los
Marineros

Paseo de Cristóbal Colón

Velarde

García Corona

Antonio

Pagés del Corro

PUERTO

Iglesia
Hospital
de la Carid

Av. Sta Cecilia

Maestro Bretón

Inscopio

Ruiseñor

Letifia

C. de
Arfero

Pagés del Corro

TRIANA

Sta Ana

Betis

Pureza

Paraíso Correa

Torre
la Pla

Almirante Le

Torre
del Oro

Puer
de Je

C. Conde de Bustillo

Justino Matute

Esperanza

Farmacéutico
Murillo Herrera

Trabajo

Concha

Ardilla

Génova

Muelle

3

Torres
Alarcón

López

de Asturias

Evangelista

Prosperidad

Febo

Espina

de la

Paraíso

Plaza
de Cuba

CANAL DE A

Virgen del
Buen Aire

Salado

Triana

Plaza
Marcelino

Asunción

Niebla

Gomera

Constancia

Virtud

Virgen de
Belén

Plaza
de Cuba

C. de los Arcos

Virgen del Valle

Estrella

360

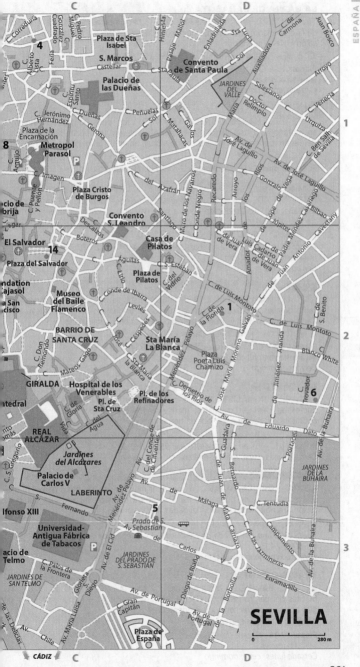

SEVILLA

C D

4

C Correduría
C González
Cuadrado
C Pedro
Miguel
Plaza de Sta
Isabel
C de
Carmona
Juan S Bosco
C de

C Alberto
Lista
C Feria
S. Marcos
Castellar
Trasale
Mallol
Hiniesta
C Sta Lucía
C Sol
**Convento
de Santa Paula**
Auxiliadora
C Arroyo
Salesianos
C Venecia

C Espíritu
Santo
**Palacio
de las Dueñas**
C Sta Paula
**JARDINES
DEL
VALLE**
C
Matía
C Doctor
Relimpio
C Urquiza
Ben saín
de Sevilla

C Jerónimo
Hernández
C Dueñas
C Gerona
C Peñuelas
C Sor
C Galdos
C Matahacas
Av. de
José Lagullio
Ríos
Gonzalo Vega
C de Padre Méndez Casariego
C Bilbao
1

Plaza de la
Encarnación
8
**Metropol
Parasol**
C Imagen
C del Azafrán
Recaredo
Av. de José Lagullio
Lope
Jupiter
Caveetany

C Arguijo
C Puente
y Pellón
P
C del Azafrán
Muro de los Navarros
Conde Negro
Arroyo
C de Luis Cadarso
C de Juan
de Vera
C de Padre Méndez Casariego
C de Juan
Antonio
cio de
brija
**Plaza Cristo
de Burgos**
Santiago
C de Juan
de Vera
Amador
Gar
El Salvador
Descalzos
**Convento
S. Leandro**
C
14
Boteros
**Casa de
Pilatos**
C de Juan
de Vera
C de Luis Montoto

Plaza del Salvador
Águilas
C S Esteban
C de Luis Montoto
C de
S. Benito
ndation
ajasol
a San
cisco
**Museo
del Baile
Flamenco**
C Lino
Conde de Ibarra
Levíes
C del
Vidrio
**Plaza de
Pilatos**
C de la Florida
C de Luis Montoto
Aranda
Blanco White
C de
S. Benito

**BARRIO DE
SANTA CRUZ**
C Céspedes
C Ximena
**Sta María
La Blanca**
C Menéndez Pelayo
José María Moreno Galván
C de
Trovador
6

C Don
Remondo
C Mateos Gago
C Sta María
la Blanca
C Demetrio de
los Ríos
Plaza
Poeta Luis
Chamizo
de Jiménez

GIRALDA
**Hospital de los
Venerables**
**Pl. de
Sta Cruz**
**Pl. de los
Refinadores**
Av. de
Eduardo
Dato
Av. de la Buhaira

atedral
C de
Gloria
C del
Agua
Av. de
Guadaira
C de
Juan
de
Portaceli
**JARDINES
DE LA
BUHAIRA**

**REAL
ALCÁZAR**
C S Gregorio
Av. del Conde de
Cifuentes
Av. de
Menéndez Pelayo
C de la Juan de Mata Carriazo
Av. de la Buhaira

**Jardines
del Alcázares**
**Palacio de
Carlos V**
LABERINTO
Av. de El Cid
Av. de
Málaga
C Bernardo
C Tentudía
Campamento

lfonso XIII
C Fernando
5
Prado de S.
Av Sebastián
de
Carlos
C de la Jazmíneras
Av. de la Buhaira

**Universidad-
Antigua Fábrica
de Tabacos**
P
**JARDINES
DEL PRADO DE
S. SEBASTIAN**
Diego de Riaño
C Enramadilla

acio de
Telmo
C Palos de
la Frontera
Glorieta
San Diego
Av. de Portugal
V
C Gran
Capitán
C Borbolla

**JARDINES DE
SAN TELMO**
Av María Luisa
Av. Chile
Av. de Portugal

**Plaza de
España**

0   280 m

SEVILLA

LA BARRA DE CAÑABOTA ⓝ

TRADICIONAL · BAR DE TAPAS Ⅹ Curioso bar de tapas que replica la filosofía de la casa madre (Cañabota), muy centrada en pescados y mariscos. ¡Su original salón imita el interior de una cámara frigorífica!

🛋 & ⓚ – Tapa 4 € – Ración 18 € – Carta 20/60 €

Plano: C1-7 – *Orfila 5* ✉ *41003* – ℰ *954 91 34 32* –
www.canabota.es –
Cerrado lunes, domingo

IKI

JAPONESA · MARCO CONTEMPORÁNEO ⅩⅩ ¡Un pequeño japonés que está enamorando a los sevillanos! En su coqueta sala, con una buena barra y detalles de diseño, podrá degustar una cocina nipona abierta a la fusión.

ⓚ – Carta 40/60 €

Fuera de plano – *Luis de Morales 2 (por Luis Montoto)* ✉ *41018* – ℰ *954 44 74 95*

ISPAL

MODERNA · DE DISEÑO ⅩⅩ Una apuesta firme por exaltar el ADN gastronómico sevillano, con sus productores y sus materias primas. Cocina moderna de base tradicional y selecta bodega de vinos andaluces.

🕾 & ⓚ ⇄ – Menú 59/159 € – Carta 35/60 €

Plano: C3-5 – *Plaza de San Sebastián 1* ✉ *41004* – ℰ *954 23 20 24* –
www.restauranteispal.com –
Cerrado lunes

TRIBECA

ACTUAL · MARCO CONTEMPORÁNEO ⅩⅩ Está llevado entre hermanos, presenta detalles de diseño y debe su nombre a un famoso barrio de Nueva York. Carta de tinte actual y buenos pescados, estos como sugerencias.

& ⓚ ⇄ 🍴 – Menú 75 € – Carta 55/65 €

Plano: D2-6 – *Chaves Nogales 3* ✉ *41018* – ℰ *954 42 60 00* –
www.restaurantetribeca.com –
Cerrado domingo

ABACANTO ⓝ

ACTUAL · MINIMALISTA Ⅹ Íntimo, minimalista y habituado a trabajar con productos de calidad. Los platos, mediterráneos con detalles japoneses y de la cocina nikkei, suelen pasar por un horno kamado.

🛋 & ⓚ – Menú 45/70 € – Carta 35/47 €

Plano: B1-10 – *Trajano 16* ✉ *41002* – ℰ *955 66 49 59* –
Cerrado lunes, cena: martes-miércoles, cena: domingo

EL DISPARATE

ACTUAL · BAR DE TAPAS Ⅹ Un gastrobar muy curioso, sin barra pero con preciosas mesas y una buena terraza. Encontrará tanto cocina andaluza como de fusión. ¡También ofrecen unas cuidadas habitaciones!

🛋 & ⓚ – Tapa 6 € – Ración 14 € – Carta 21/33 €

Fuera de plano – *Alameda de Hércules 11 (por Teodosio)* ✉ *41002* –
ℰ *680 12 74 13* –
www.thecornerhousesevilla.com

TRADEVO CENTRO

ACTUAL · BAR DE TAPAS Ⅹ Agradable y bien ubicado, en una de las muchas placitas del centro histórico. Cocina de base tradicional, a la que saben dar un giro actual, y platos con toques orientales.

🛋 & ⓚ – Tapa 4 € – Ración 15 €

Plano: C2-14 – *Cuesta del Rosario 15* ✉ *41004* – ℰ *854 80 74 24* –
www.tradevo.es –
Cerrado lunes, cena: domingo

SIGÜENZA

Guadalajara – Mapa regional **7**-C1 – Mapa de carreteras Michelin n° 575-I22

EL DONCEL

Chef: Enrique Pérez

MODERNA · **ACOGEDORA** ✗✗ Esta es una localidad de marcada impronta medieval, por eso aún llama más la atención un restaurante como este, donde se apuesta por los contrastes para ofrecer gastronomía moderna en un espacio de renovada rusticidad; no en vano... ¡estamos en una casona del s. XVIII!

Los hermanos Pérez, con Enrique al frente de los fogones y Eduardo en labores de maître-sumiller, son herederos de una larga tradición dentro de la hostelería seguntina, por eso cuando tomaron las riendas del negocio familiar lo hicieron con pasión y honestidad. ¿Su propuesta? Aportan un enfoque culinario más vanguardista a los sabores de su tierra, siempre con respeto a los productos de temporada y sin cerrar los ojos ante las influencias externas, sobre todo niponas, que el chef ha asimilado en sus viajes por el mundo.

& 🅰🅲 ✿ – Menú 76/118 €

Paseo de la Alameda 3 ✉ 19250 – 𝒞 949 39 00 01 –
www.eldoncel.com – Cerrado lunes, cena: domingo

EL MOLINO DE ALCUNEZA

Chef: Samuel Moreno

MODERNA · **RÚSTICA** ✗✗ ¡Un restaurante gourmet con muchísimo encanto! Se encuentra en un hotel, a unos 6 km de la bellísima villa medieval de Sigüenza, donde han recuperado un molino harinero del s. XV.

Aquí, rodeado de piedra, madera y detalles de buen gusto, es donde los hermanos Moreno (Samuel y Blanca), plantean una cocina moderna, de base tradicional, centrada en sacar a la luz los maravillosos productos de temporada de la serranía de Sigüenza, dando eso sí protagonismo a las setas, a la caza y a las verduras u hortalizas de su propia huerta. Proponen unos interesantes menús degustación. ¿Curiosidades? Su oferta de panes artesanos es una de las mejores de España, pues elaboran hasta siete tipos distintos con harinas ecológicas de espelta y de otros cereales.

🖣 🅰🅲 🅿 – Menú 68/98 €

Hotel El Molino de Alcuneza, Carretera GU 128 (km 0,5, Alcuneza, Noreste 6 km)
✉ 19250 – 𝒞 949 39 15 01 –
www.molinodealcuneza.com – Cerrado lunes, almuerzo: martes-jueves

SITGES

Barcelona – Mapa regional **10**-A3 – Mapa de carreteras Michelin n° 574-I35

FRAGATA

MODERNA · **A LA MODA** ✗✗ Ha sabido actualizarse y destaca por su coqueta terraza, junto a la escalera que conduce a la iglesia de Sant Bartomeu i Santa Tecla. Carta actual con un apartado de arroces.

🌇 🅰🅲 – Carta 35/55 €

Passeig de la Ribera 1 ✉ 08870 – 𝒞 938 94 10 86 –
www.restaurantefragata.com

MARICEL

TRADICIONAL · **AMBIENTE CLÁSICO** ✗✗ Atesora un carácter familiar, disfruta de una encantadora terraza y se encuentra... ¡en el corazón de Sitges! Su carta combina los platos tradicionales con otros más actuales.

🌇 🅰🅲 – Menú 45/70 € – Carta 50/70 €

Passeig de la Ribera 6 ✉ 08870 – 𝒞 938 94 20 54 –
www.maricel.es

SOLIVELLA

Tarragona – Mapa regional **9**–B2 – Mapa de carreteras Michelin nº 574-H33

⊛ CAL TRAVÉ

CATALANA · FAMILIAR XX Atesora una larga trayectoria y un gran aval... ¡toda la familia está implicada en el negocio! Presenta una acogedora sala de ambiente clásico-actual, una sugerente parrilla vista y bellos detalles vistiendo sus paredes, como los aperos de labranza o la valiosa colección de antiguos relojes de pared. Aquí encontrará una cocina catalana especializada en elaborar platos a la brasa, como el Bacalao o el Entrecot de Nebraska, siempre acompañados por unos deliciosos postres caseros y una selección de los caldos que salen de Sanstravé, su propia bodega. ¡Amasan y elaboran ellos mismos el pan!

🔠 **P** – Menú 20 € (almuerzo) – Carta 34/54 €

Carretera d'Andorra 56 ⊠ 43412 – 𝒞 977 89 21 65 – www.sanstrave.com –
Cerrado cena: lunes-martes, miércoles, cena: jueves, cena: domingo

SÓLLER – Balears ➜ Ver Balears (Mallorca)

SORIA

Soria – Mapa regional **8**–D2 – Mapa de carreteras Michelin nº 575-G22

❁ BALUARTE

Chef: Óscar García

MODERNA · DE DISEÑO XX Sorprende tanto por su ubicación en un céntrico edificio blasonado como por la monumentalidad del acceso, algo que suele romper los esquemas mentales del comensal al entrar y toparse con un comedor de diseño.

El chef Óscar García, autodidacta y vinculado desde su niñez a los extensos pinares de las Tierras Altas sorianas, demuestra talento, pasión y un compromiso total con los sabores de la gastronomía tradicional castellana, revisada con acierto y bien actualizada técnicamente. Sus menús permiten apreciar la magia de los productos autóctonos de temporada, siempre con gran protagonismo para las setas (nansarones, negrillas, boletus...) y las trufas negras; por otra parte, por si no le apetece un menú, también permiten extraer platos sueltos de los mismos como si se tratara de una carta.

🔠 – Menú 64/72 € – Carta 40/50 €

Caballeros 14 ⊠ 42002 – 𝒞 975 21 36 58 – www.baluarte.info –
Cerrado cena: lunes, martes, cena: miércoles, cena: domingo

SORT

Lleida – Mapa regional **9**–B1 – Mapa de carreteras Michelin nº 574-E33

❁ FOGONY

Chef: Zaraida Cotonat

MODERNA · ACOGEDORA XX En una localidad como Sort, famosa por tener la administración de lotería con mayor venta online de España (La Bruixa d'Or), muchos pensarán que la existencia de una Estrella MICHELIN es una cuestión de suerte, pero... ¡de eso nada!

En esta casa familiar, cuyo nombre recuerda al efecto del viento que entra frío y húmedo por los Pirineos Catalanes para volverse cálido y seco cuando llega a la comarca del Pallars Sobirà, defienden los valores del "Km 0". La chef Zaraida Cotonat, que hoy cocina mano a mano con su hijo, propone a través de sus menús una cocina creativa que combina tradición, modernidad y sostenibilidad, pues siempre exalta el uso de productos de proximidad (pollos de la Torre d'Erbull, truchas de Tavascán, ternera "Bruneta" de los Pirineos, cordero de raza "Xisqueta"...).

🔠 – Menú 45/80 €

Avenida Generalitat 45 ⊠ 25560 – 𝒞 973 62 12 25 – www.fogony.com –
Cerrado lunes, martes, cena: domingo

SOS DEL REY CATÓLICO

Zaragoza – Mapa regional **2**–B1 – Mapa de carreteras Michelin n° 574-E26

 **LA COCINA DEL PRINCIPAL**

TRADICIONAL · RÚSTICA XX Pasear por las calles de esta villa medieval es como regresar a una parte de nuestra historia... no en vano, sus encantadores recovecos aún son capaces de trasladarnos en el tiempo. Este restaurante, situado en pleno casco antiguo, recupera un recio edificio en piedra que hoy se presenta con una sala principal de cuidado montaje y un comedor, algo más íntimo, emplazado en lo que fue la bodega. Proponen una cocina sabrosa, bien elaborada y de carácter tradicional, con especialidades como la Firigolla (una especie de parrillada de verduras) o las sabrosas Pochas viudas de la Valdonsella.

⌂ 🎇 ⇔ – Carta 37/53 €

Fernando El Católico 13 ✉ *50680 – ℰ 948 88 83 48 –*
www.lacocinadelprincipal.com – Cerrado lunes, cena: domingo

SOTO DE LUIÑA

Asturias – Mapa regional **3**–B1 – Mapa de carreteras Michelin n° 572-B11

CABO VIDIO

TRADICIONAL · SIMPÁTICA X En esta coqueta casa familiar encontrará un comedor rústico-actual asomado a una terraza ajardinada. Su cocina tradicional siempre ensalza las materias primas de la zona.

⌂ 🎇 🅿 – Carta 35/50 €

Oviñana (Noroeste 1,5 km) ✉ *33156 – ℰ 628 84 23 15 –*
www.cabovidio.com – Cerrado cena: lunes-martes, miércoles, cena: jueves,
cena: domingo

SOTO DEL REAL

Madrid – Mapa regional **15**–B2 – Mapa de carreteras Michelin n° 576-J18

LA CABAÑA

TRADICIONAL · AMBIENTE TRADICIONAL XX Se halla en un chalé, donde sorprenden por su amabilidad y por la honestidad de su cocina tradicional. ¡Buena oferta de carnes locales, trabajadas sobre todo a la parrilla!

⌂ 🎇 🅿 – Menú 24 € (almuerzo) – Carta 30/70 €

Plaza Chozas de la Sierra (Urbanización La Ermita) ✉ *28791 – ℰ 918 47 78 82 –*
www.lacabanadesoto.com – Cerrado cena: lunes, martes, cena: miércoles,
cena: domingo

SUANCES

Cantabria – Mapa regional **6**–B1 – Mapa de carreteras Michelin n° 572-B17

EMMA

ACTUAL · MARCO CONTEMPORÁNEO XX De ambiente contemporáneo y... ¡con estupendas vistas sobre Suances! Su cocina, actual de base tradicional, hace interesantes referencias a los países visitados por el chef.

🎇 🎇 – Carta 35/60 €

Ceballos 14 ✉ *39340 – ℰ 942 81 03 22 –*
www.emmagastro.com – Cerrado lunes

365

SUESA

Cantabria – Mapa regional **6**–B1 – Mapa de carreteras Michelin n° 571-B18

🍽 PAN DE CUCO

COCINA DE MERCADO · MARCO CONTEMPORÁNEO X Este atractivo caserón, al pie de la carretera, sorprende tanto por la oferta culinaria como por su nombre, pues hace referencia a una hierba que suele crecer entre el maíz. Presenta una agradable terraza, un bar con chimenea y un comedor actual no exento de detalles rústicos. Aquí apuestan por una cocina de mercado y base regional, con buenos pescados de la zona, sabrosos Steak tartare y unos deliciosos guisos de pollo de raza Pedresa, conocidos popularmente en Cantabria como "Picasuelos". No se pierda su Ensaladilla rusa, un homenaje a la que elaboran en la Bodega del Riojano de Santander.

🌿 🅰🅲 🅿 – Carta 28/35€

Barrio Calabazas 17 ⊠ 39150 – ℰ 942 50 40 28 – www.pandecuco.com – Cerrado cena: lunes, martes, cena: miércoles, cena: domingo

TAFALLA

Navarra – Mapa regional **17**–A2 – Mapa de carreteras Michelin n° 573-E24

TÚBAL

REGIONAL · AMBIENTE CLÁSICO XX Ubicado en una céntrica plaza con soportales. Cuenta con una tienda delicatessen, elegantes salas de línea clásica y un bonito patio. Cocina tradicional navarra puesta al día.

🅰🅲 🔼 ⇄ – Menú 27€ (almuerzo), 45/58€ – Carta 40/61€

Plaza de Francisco de Navarra 14 ⊠ 31300 – ℰ 948 70 08 52 – www.restarantetubal.com – Cerrado lunes, cena: martes-jueves, cena: domingo

TALAVERA DE LA REINA

Toledo – Mapa regional **7**–A2 – Mapa de carreteras Michelin n° 576-M15

🌼 RAÍCES-CARLOS MALDONADO

Chef: Carlos Maldonado

CREATIVA · DE DISEÑO XX El chef Carlos Maldonado no entiende de límites y eso se aprecia claramente en su cocina, vinculada a los sabores y productos manchegos pero también abierta al mundo; no en vano, su última propuesta busca un hermanamiento entre su querida Talavera de la Reina y Puebla (México), fusionando las cerámicas de ambas ciudades y sus gastronomías.

El restaurante, con la cocina vista en el comedor principal, presenta una estética clásica-actual en tonos blancos y una sala anexa que destaca por los visillos que caen desde el techo, permitiendo mayor intimidad entre las mesas. Sus menús degustación (Mundo R. 2021 y Raíces #HechosdeBarro), con unas elaboraciones a veces arriesgadas pero siempre muy técnicas, cautivan a partes iguales por su frescura y su atrevimiento. ¡Deje que conquisten su paladar!

♿ 🅰🅲 – Menú 65/85€

Ronda de Canillo 3 ⊠ 45600 – ℰ 671 42 21 15 – www.raicescarlosmaldonado.es – Cerrado lunes, martes, miércoles

TARANCÓN

Cuenca – Mapa regional **7**–C2 – Mapa de carreteras Michelin n° 576-L20

🍽 LA MARTINA ⓝ

TRADICIONAL · ACOGEDORA XX Los propietarios hablan de este restaurante como "una pequeña joya" y no es para menos, pues... ¡está integrado en su propia vivienda! El coqueto local, ubicado en una zona residencial de chalés a las afueras de Tarancón, sorprende por su estética clásica-actual, dominada por los tonos blancos y con muchos detalles de buen gusto. Defienden una cocina regional, trasladando el recetario manchego a la actualidad tanto en técnicas como en presentaciones. En el espacio que llaman Bar de Cristal (un porche acristalado) ofrecen una propuesta más informal, a base de tostas y platos para compartir.

🛋 🗚 ✿ – Menú 24/50 € – Carta 35/50 €
La Noria 8 ✉ *16400 –* 𝒞 *657 09 76 06 – www.lamartinatarancon.com –*
Cerrado cena: lunes, martes, miércoles, cena: jueves, cena: domingo

TARAZONA
Zaragoza – Mapa regional **2**–B1 – Mapa de carreteras Michelin nº 574-G24

SABOYA 21
TRADICIONAL · **MARCO CONTEMPORÁNEO** XX Presenta una diáfana cafetería
y un comedor de línea clásica-actual. Su carta tradicional actualizada se enri-
quece con numerosas sugerencias y un interesante menú de setas.
& 🗚 🖪 ✿ – Menú 16 € (almuerzo) – Carta 40/75 €
Marrodán 34-1º ✉ *50500 –* 𝒞 *976 64 35 15 – www.restaurantesaboya21.com –*
Cerrado cena: lunes-jueves, cena: domingo

TARIEGO DE CERRATO
Palencia – Mapa regional **8**–B2 – Mapa de carreteras Michelin nº 575-G16

MESÓN DEL CERRATO
REGIONAL · **RÚSTICA** X Instalado en una antigua bodega subterránea y llevado
en familia. Ofrece una completa carta de corte regional que destaca, especial-
mente, por su exquisito apartado de postres.
🗚 ✿ 🅿 – Carta 25/55 €
Avenida del Puente 10 ✉ *34209 –* 𝒞 *979 77 18 53 – www.mesonesdelcerrato.es –*
Cerrado cena: lunes, martes, cena: miércoles-jueves

TARRAGONA
Tarragona – Mapa regional **9**–B3 – Mapa de carreteras Michelin nº 574-I33

EL TERRAT
CREATIVA · **TENDENCIA** XX Ofrece una estética actual-funcional y una cocina
tradicional actualizada que denota detalles de autor, enriqueciendo la carta con
un apartado de arroces y la opción de menús.
& 🗚 – Menú 40/110 € – Carta 40/70 €
Pons d'Icart 19 ✉ *43004 –* 𝒞 *977 24 84 85 – www.elterratrestaurant.com –*
Cerrado lunes, cena: martes-jueves, cena: domingo

BARQUET TARRAGONA
REGIONAL · **SIMPÁTICA** X Atesora una dilatada trayectoria y ha evolucionado
de carbonería a envasadora de sifones, para luego convertirse en bar y por fin
en restaurante, hoy de estética moderna. Cocina de mercado basada en sabrosos
arroces y platos regionales.
🗚 ✿ – Carta 35/60 €
Gasòmetre 16 ✉ *43003 –* 𝒞 *977 24 00 23 – www.restaurantbarquet.com –*
Cerrado cena: lunes-sábado, domingo

TARRASA – Barcelona → Ver Terrassa

TAVERTET
Barcelona – Mapa regional **9**–C2 – Mapa de carreteras Michelin nº 574-F37

L'HORTA
ACTUAL · **INFORMAL** X Se halla en un pueblo de montaña y está llevado por un
joven cocinero de la comarca que apuesta, sin complejos, por los vegetales.
¡Muchos productos provienen de su huerta!
🛋 – Menú 60 €
Call de Can Baró 2 ✉ *08511 –* 𝒞 *931 03 50 05 – www.lhorta.cat – Cerrado lunes,*
martes, cena: miércoles-viernes, cena: domingo

TEGUESTE – Santa Cruz de Tenerife → Ver Canarias (Tenerife)

TENERIFE - Santa Cruz de Tenerife ➜ Ver Canarias

TERRASSA • TARRASA

Barcelona - Mapa regional **10**-B3 - Mapa de carreteras Michelin n° 574-H36

EL CEL DE LES OQUES

MODERNA • MARCO CONTEMPORÁNEO XX Bien ubicado en pleno centro, en una estrecha calle peatonal del casco histórico. La pareja propietaria, con Imma en la sala y Sergio al frente de la cocina, apuesta por una cocina tradicional actualizada que, en lo posible, trabaje con productos ecológicos y de proximidad, procurando además rescatar las recetas olvidadas en las masías cercanas para ponerlas al día. ¿Una curiosidad? El nombre, que significa "El cielo de las ocas", era una expresión habitual que usaba el abuelo de Imma para referirse a todo "lo sublime". Carta variada, menú del día y completo menú degustación de temporada.

AC - Menú 44 € - Carta 30/38 €

De la Palla 15 ✉ 08221 - ✆ 937 33 82 07 - www.elceldelesoques.com - Cerrado lunes, cena: martes, domingo

VAPOR GASTRONÒMIC

REGIONAL • BRASSERIE X Aunque automáticamente relacionamos la palabra "Vapor" con el mundo de la gastronomía lo cierto es que aquí, a través del nombre del restaurante, buscan rendir un pequeño homenaje a la singular revolución industrial de Terrassa durante el s. XIX, volcada con el mundo textil y que la hizo ser conocida como "la ciudad de las máquinas de vapor". ¿Qué encontrará? Un comedor de sencillo montaje, con la cocina a la vista, y una carta tradicional actualizada en la que los platos a la brasa son los auténticos protagonistas, siempre procurando potenciar los productos "Km. 0" o de proximidad.

AC - Carta 26/35 €

De la Palla 15 ✉ 08221 - ✆ 659 56 61 36 - www.vaporgastronomic.com - Cerrado lunes, cena: martes, domingo

LA BODEGUILLA

TRADICIONAL • ACOGEDORA XX Sorprende por sus cuidadas instalaciones, con un claro protagonismo de la madera. Cocina de mercado de corte tradicional, rica en texturas y de sabores bastante marcados.

♿ AC - Menú 35/36 € - Carta 45/80 €

Josep Tapioles 1 ✉ 08226 - ✆ 937 84 14 62 - www.restaurantlabodeguilla.com - Cerrado lunes, cena: martes-miércoles, cena: sábado-domingo

TERUEL

Teruel - Mapa regional **2**-B3 - Mapa de carreteras Michelin n° 574-K26

YAIN

TRADICIONAL • MARCO CONTEMPORÁNEO XX Toma su nombre de un vocablo hebreo que significa vino, pues aquí... ¡hallaron los vestigios de una bodega! Carta tradicional especializada en bacalaos e interesantes menús.

♿ AC - Menú 17 € (almuerzo), 45/70 € - Carta 28/48 €

Plaza de la Judería 9 ✉ 44001 - ✆ 978 62 40 76 - www.yain.es - Cerrado lunes, martes, cena: domingo

LA BARRICA

MODERNA • BAR DE TAPAS X Un bar de tapas que sorprende al servir los pinchos al estilo vasco, sobre una rebanada de pan, cambiándolos a diario en función del mercado. ¡Hay raciones y postres caseros!

AC - Tapa 2 € - Ración 6 €

Abadía 5 ✉ 44001 - Cerrado lunes, domingo

TOLEDO

Toledo - Mapa regional **7**-B2 - Mapa de carreteras Michelin n° 576-M17

✿✿ IVÁN CERDEÑO

MODERNA · **CASA DE CAMPO** XxxX ¿Ha visitado alguna vez un cigarral? En el monumental e histórico Cigarral del Ángel, al borde del Tajo y rodeado de exuberantes jardines, podrá degustar la insólita propuesta del chef Iván Cerdeño. Sus menús se construyen desde la memoria y la temporalidad, exaltando los mejores productos manchegos, los característicos sabores cinegéticos de los montes de Toledo, el cromatismo propio de trabajar con las prolíferas huertas del entorno... eso sí, siempre desde un punto de vista contemporáneo y con detalles de autor que desvelan su atracción por las combinaciones de mar y montaña (uno de sus menús se llama "Monte y ribera").

Las fantásticas vistas, a un horizonte repleto de cipreses y olivos recortados sobre la ciudad de Toledo, le harán sentirse... ¡como en una villa toscana o palatina!

🏖 🚪 ⅄ 🔲 🔁 ⇄ 🅿 – Menú 55 € (almuerzo), 80/145 €

Cigarral del Ángel (por la carretera de la Puebla de Montalbán, Oeste 3 km)
✉ 45004 – ☎ 925 22 36 74 – www.ivancerdeno.com – *Cerrado lunes, martes,*
cena: miércoles-jueves, cena: domingo

LA ORZA

REGIONAL · **RÚSTICA** XX ¡En el corazón de la judería toledana! Este coqueto restaurante, dotado con una idílica terraza, ofrece una cocina regional y tradicional que cuida mucho sus presentaciones.

🍽 🔲 – Menú 44 € – Carta 40/50 €

Descalzos 5 ✉ 45002 – ☎ 925 22 30 11 – www.restaurantelaorza.com –
Cerrado cena: domingo

TOMELLOSO

Ciudad Real – Mapa regional **7**–C2 – Mapa de carreteras Michelin n° 576-O20

EPÍLOGO

MODERNA · **MARCO CONTEMPORÁNEO** XX Sorprende tanto por la ubicación, sobre un complejo de salones, como por su propuesta. Cocina moderna de bases tradicionales, puesta al día tanto en texturas como en técnicas.

🔲 – Menú 28/60 €

Paseo Ramón Ugena 15 ✉ 13700 – ☎ 926 16 12 22 – www.restauranteepilogo.com –
Cerrado lunes, cena: martes-domingo

TONA

Barcelona – Mapa regional **9**–C2 – Mapa de carreteras Michelin n° 574-G36

TORRE SIMÓN

TRADICIONAL · **ACOGEDORA** XX Restaurante de ambiente histórico ubicado en una preciosa villa de inspiración colonial. Carta tradicional actualizada y buen menú gastronómico, con sugerentes trampantojos.

🍽 ⇄ 🅿 – Menú 50/55 € – Carta 35/55 €

Doctor Bayés 75 ✉ 08551 – ☎ 938 87 00 92 – www.torresimon.com – *Cerrado lunes,*
cena: martes-domingo

TORÀ

Lleida – Mapa regional **9**–B2 – Mapa de carreteras Michelin n° 574-G34

🏵 HOSTAL JAUMET

REGIONAL · **FAMILIAR** X Negocio familiar de 5ª generación fundado en 1890 y ubicado junto a la carretera. Aunque se presenta bajo el nombre de "hostal" la mayor parte del trabajo recae sobre el restaurante, clásico-tradicional y de correcto montaje. Su carta de cocina catalana se completa con guisos tradicionales, cocina casera y los populares "Platos de la abuela Ramona": Ofegat de la Segarra, Perdiz a la vinagreta, Canelones... Las habitaciones, de buen confort y línea actual, están distribuidas en torno a un patio con piscina. ¡Descubra a qué saben los platos elaborados en una cocina de carbón!

🍽 🔲 🔁 🅿 🛋 – Menú 14/25 € – Carta 20/38 €

Carretera C 1412a ✉ 25750 – ☎ 973 47 30 77 – www.hostaljaumet.com –
Cerrado martes

TORRE DE JUAN ABAD

Ciudad Real – Mapa regional **7**–C3 – Mapa de carreteras Michelin n° 576-Q20

✿ COTO DE QUEVEDO ⓝ

Chef: José Antonio Medina

TRADICIONAL · ACOGEDORA XX ¿Busca una propuesta que de verdad tenga fondo y criterio? Acérquese a este sorprendente restaurante, ubicado sobre una loma en el tranquilo hotel rural homónimo (1 km al sureste de la localidad, con 14 coquetas habitaciones).

El chef-propietario, José Antonio Medina, defiende una cocina tradicional actualizada de marcadas raíces manchegas, trabajando mucho el producto cinegético (sus hermanos tienen una empresa especializada) desde una perspectiva contemporánea que sorprende por sus incursiones en la culinaria francesa e internacional. La carta se completa con dos menús: uno económico al mediodía para las jornadas laborables y otro, mucho más interesante, orientado al cliente gastronómico. ¡Tienen una agradable terraza, con vistas al campo, donde se puede comer de manera más informal!

🛋 ⅙ 🕍 🅿 – Menú 20 € (almuerzo)/50 € – Carta 27/46 €

Paraje Tejeras Viejas (CM 3129 Sureste : 1 km) ⊠ *13344 –* 𝒞 *649 84 29 01 – www.hotelcotodequevedo.com – Cerrado lunes, martes, cena: miércoles-jueves, cena: domingo*

TORRECABALLEROS

Segovia – Mapa regional **8**–C3 – Mapa de carreteras Michelin n° 575-J17

LA PORTADA DE MEDIODÍA

TRADICIONAL · RÚSTICA XX Instalado en... ¡una casa de postas del s. XVI! En sus salas, de acogedor ambiente rústico, proponen una cocina castellana dominada por los asados y las carnes a la brasa.

🛋 🕍 – Carta 38/50 €

San Nicolás de Bari 31 ⊠ *40160 –* 𝒞 *921 40 10 11 – www.laportadademediodia.com – Cerrado lunes, cena: martes-jueves, cena: domingo*

TORRELODONES

Madrid – Mapa regional **15**–A2 – Mapa de carreteras Michelin n° 576-K18

EL TRASGU ⓝ

TRADICIONAL · ELEGANTE XºX Instalado en un elegante chalet, con un bar de espera y tres salas de ambiente clásico-actual. Carta tradicional con un apartado de guisos, arroces y mariscos. ¡No se pierda su magnífica terraza!

🛋 🕍 ⇔ 🅿 – Menú 72 € – Carta 49/68 €

Cudillero 2 ⊠ *28250 –* 𝒞 *918 59 08 40 – www.restauranteeltrasgu.es – Cerrado lunes, cena: domingo*

TORRENUEVA

Ciudad Real – Mapa regional **7**–B3 – Mapa de carreteras Michelin n° 576-Q19

✿ RETAMA

MODERNA · MARCO CONTEMPORÁNEO XºX Toma su nombre de un arbusto con flores amarillas muy común en la Meseta Central y en el entorno de La Caminera, un hotel campestre sinónimo de tranquilidad y exclusividad que cuenta... ¡hasta con su propio aeródromo!

El sobrio pero encantador local, con las mesas desnudas, gran protagonismo de la madera y guiños estéticos al diseño nórdico, es el escenario perfecto para descubrir la cocina del chef Miguel Ángel Expósito, firme defensor tanto del producto local como del legado culinario que nos ha llegado a través del recetario manchego tradicional. Sus menús degustación (Experiencia Gastronómica Tradición y Experiencia Gastronómica Retama) intentan plasmar una estrecha vinculación con el territorio, reinterpretando los platos desde la modernidad con las técnicas más actuales.

 ⚫ 🅰️ 🅿️ – Menú 60/90€

Hotel La Caminera, Camino de Altamar (Noreste 6 km) ✉ 13740 –
📞 926 34 47 33 - www.hotellacaminera.com - Cerrado lunes, martes, miércoles,
jueves, almuerzo: viernes, cena: domingo

TORRICO

Toledo – Mapa regional **7**–A2 – Mapa de carreteras Michelin nº 575-M14

TIERRA

MODERNA · ELEGANTE 🟩🟩 Agradable, luminoso, clásico-elegante... Encontrará
una cocina de tinte moderno y una carta que exalta los productos de proximidad
de la propia finca. ¡Miman las presentaciones!

 🏠 ⚫ 🅰️ 🖨️ 🅿️ – Carta 49/73€

Hotel Valdepalacios, Carretera CM-4100 (km 9, Valdepalacios, Noreste 6
km) ✉ 45572 – 📞 925 45 75 34 - www.tierra-valdepalacios.com - Cerrado lunes,
martes, cena: domingo

TOSSA DE MAR

Girona – Mapa regional **10**–B2 – Mapa de carreteras Michelin nº 574-G38

🟩 LA CUINA DE CAN SIMÓN

Chef: Xavier Lores

CREATIVA · AMBIENTE CLÁSICO 🟩🟩 Tossa de Mar, el "paraíso azul" que enamoró a Marc Chagall, es un conjunto medieval lleno de posibilidades, tanto si
visita sus encantadores callejones como si desea bañarse en sus calas. ¿Le apetece? Pues... iremate el día con un homenaje gastronómico!

Los hermanos Lores, Josep María y Xavier, apuestan al pie de las murallas por
una cocina actual que rinda homenaje a sus abuelos: "la nuestra es una familia
de pintores y pescadores, y así nace nuestra gastronomía... con productos naturales, artesanales y de proximidad". Fieles a la cocina mediterránea y a la tradición
pesquera su fuerte son los pescados y mariscos, llegados diariamente de la lonja;
sin embargo, también ofrecen algunos arroces y selectas carnes que enlazan con
el recetario, más de montaña, del interior de la Costa Brava.

🅰️ – Menú 75/98€ – Carta 54/84€

Portal 24 ✉ 17320 – 📞 972 34 12 69 - www.cuinacansimon.com – Cerrado lunes,
martes, cena: miércoles-jueves, cena: domingo

TOX

Asturias – Mapa regional **3**–A1 – Mapa de carreteras Michelin nº 572-B10

REGUEIRO

CREATIVA · MARCO CONTEMPORÁNEO 🟩🟩 En pleno campo, con unos atractivos exteriores ajardinados. Ofrecen una cocina creativa de tendencia asiática,
plasmada en varios menús y con una puesta en escena muy cuidada.

🅿️ – Menú 49/85€

Tox ✉ 33793 – 📞 985 64 85 94 - www.restaurantereegueiro.es – Cerrado lunes,
martes, cena: miércoles-jueves, cena: domingo

TRAMACASTILLA

Teruel – Mapa regional **2**–B3 – Mapa de carreteras Michelin nº 574-K25

🟩 HOSPEDERÍA EL BATÁN

Chef: María José Meda

MODERNA · ACOGEDORA 🟩🟩 Este singular restaurante, en plena Sierra de
Albarracín, ocupa lo que otrora fue una fábrica de lanas, de ahí su nombre y su
situación junto al cauce del Guadalaviar. El encanto del edificio es indudable,
pues conserva la estructura original y se asienta en un entorno natural donde
hay... ihasta saltos de agua!

En su elegante comedor, rústico-regional, podrá degustar las sabrosas elaboraciones de María José Meda, una mujer autodidacta que rompe los moldes de lo que se acostumbra a comer por estos parajes. Desde la coherencia, la chef propone una cocina actual, con toques creativos, que ensalza las materias primas de los bosques próximos. Como complemento, para una escapada romántica, también tienen 14 coquetas habitaciones. ¡La bodega se ha enriquecido con referencias internacionales!

⪡ 🄰🄲 ⇔ 🅿 – Menú 74 € – Carta 48/91 €

Carretera A 1512 (km 43, Este 1 km) ✉ 44112 – ☎ 978 70 60 70 – www.elbatan.es – *Cerrado lunes, martes*

TRES CANTOS

Madrid – Mapa regional **15**–B2 – Mapa de carreteras Michelin n° 576-K18

🙂 LA SARTÉN

FUSIÓN · ACOGEDORA ✕✕ Una casa singular, sorprendente y un tanto ecléctica que, si bien acepta no arrastrar tras de sí mucha historia, tiene claro que la suya está llena de pasión y refleja la persecución de un gran sueño. ¿Qué encontrará? La chef tras los fogones, Elena García, defiende una carta contemporánea y de fusión que lleva a nuestro paladar de una punta a otra del globo, pues toca la cocina latinoamericana, pasea por el excelso recetario de España y termina desgranando los intensos sabores del continente asiático. Dan la opción de pedir medias raciones y... ¡solo elaboran menús degustación bajo reserva!

🍽 🄰🄲 – Menú 33/50 € – Carta 33/50 €

Sector de los Pueblos 2 ✉ 28760 – ☎ 918 03 17 51 – www.lasarten3c.com – *Cerrado lunes, martes, cena: domingo*

LA TERRAZA DE ALBA

TRADICIONAL · MARCO CONTEMPORÁNEO ✕ Cocina tradicional actualizada con un apartado de arroces y de atún rojo. ¿Un plato destacado? El Steak tartar al gusto que hacen en la sala. ¡Hay opción de medias raciones!

🍽 🄰🄲 – Menú 30/60 € – Carta 35/55 €

Alba 5 ✉ 28760 – ☎ 918 03 24 40 – www.laterrazadealba.com – *Cerrado lunes, cena: domingo*

TRUJILLO

Cáceres – Mapa regional **12**–C2 – Mapa de carreteras Michelin n° 576-N12

🙂 ALBERCA 🄽

TRADICIONAL · RÚSTICA ✕ Trujillo puede mostrar un nuevo cariz si visitamos esta casona de piedra, emplazada en pleno casco antiguo. El restaurante, que ha tomado mayor brío al pasar de padres a hijos, se presenta con dos cálidas salas de línea tradicional-regional y sorprende por su preciosa terraza en un patio interior. Aquí apuestan por una cocina tradicional actualizada en la que las brasas de encina son las indiscutibles protagonistas; no en vano, el chef trabajó cerca de un año en el mítico asador Etxebarri (una Estrella MICHELIN, Axpe). ¡La carta se completa con dos fantásticos menús degustación: Brasas y Humo!

🍽 🄰🄲 – Menú 32/40 € – Carta 33/45 €

Victoria 8 ✉ 10200 – ☎ 927 32 22 09 – *Cerrado cena: lunes, martes, miércoles*

CORRAL DEL REY

TRADICIONAL · RÚSTICA ✕ Su fuerte son los asados y las carnes rojas elaboradas en parrilla... sin embargo, también triunfa con su menú degustación. ¡Idílica terraza junto a la monumental Plaza Mayor!

🍽 🄰🄲 ⇔ – Menú 33 € – Carta 35/50 €

Corral del Rey 2 ✉ 10200 – ☎ 927 32 30 71 – www.corraldelreytrujillo.com – *Cerrado miércoles*

TUDELA

Navarra – Mapa regional **17**–A3 – Mapa de carreteras Michelin n° 573-F25

BEETHOVEN

TRADICIONAL · AMBIENTE CLÁSICO XX Un restaurante de ambiente clásico que siempre demuestra imaginación y ganas de trabajar. Su propuesta, tradicional actualizada, evoluciona en base al sublime producto local.

🏡 🎬 ⇔ 🅿 – Menú 27 € – Carta 45/65 €

Avenida de Tudela 30 (en la carretera N 232, Sureste 3 km) ✉ *31500 –*
𝒞 948 82 52 60 - www.rtebeethoven.com - Cerrado cena: lunes-domingo

TREINTAITRES

TRADICIONAL · MARCO CONTEMPORÁNEO XX ¡Un gran referente de la gastronomía vegetal! Los menús degustación, uno solo con verduras, demuestran su absoluto dominio de las hortalizas. Cocina tradicional actualizada.

🦽 🎬 ⇔ – Carta 45/60 €

Capuchinos 7 (transversal, bajo) ✉ *31500 – 𝒞 948 82 76 06 –*
www.restaurante33.com - Cerrado cena: lunes, martes, cena: miércoles-jueves,
cena: domingo

TRINQUETE

TRADICIONAL · RÚSTICA XX Negocio de línea rústica-actual que apuesta por los productos autóctonos. Cocina tradicional, sabores de casa y autenticidad, con muchas materias primas de su propia huerta.

🦽 🎬 🖼 ⇔ – Menú 35/50 € – Carta 40/80 €

Trinquete 1 bis ✉ *31500 – 𝒞 948 41 31 05 - www.trinquete.es –*
Cerrado cena: domingo

ÚBEDA

Jaén – Mapa regional 1-C2 – Mapa de carreteras Michelin n° 578-R19

🏵 CANTINA LA ESTACIÓN

MODERNA · SIMPÁTICA XX Está algo apartado del centro histórico pero merece la pena, pues resulta... ¡auténtico y sorprendente! Esconde un sencillo bar de tapas a modo de estación y a continuación el comedor, este último imitando lo que sería el interior de un antiguo vagón de tren. La implicada pareja al frente, Montserrat y Antonio José, defiende una cocina actual y de temporada, intentando siempre enriquecer su propuesta con panes artesanos, una pequeña selección de aceites, un sugerente menú degustación y, al menos, un guiso diferente cada día. La bodega también es bastante completa y variada en su categoría.

🎐 🦽 🎬 – Menú 35/50 € – Carta 34/46 €

Cuesta Rodadera 1 ✉ *23400 – 𝒞 687 77 72 30 - www.cantinalaestacion.com –*
Cerrado cena: martes, miércoles

ULLDECONA

Tarragona – Mapa regional 9-A3 – Mapa de carreteras Michelin n° 574-K31

🏵 L'ANTIC MOLÍ

Chef: Vicent Guimerà

MODERNA · ACOGEDORA XX ¿Aún no ha probado las galeras? No espere más, pues estos crustáceos mediterráneos, considerados durante años una variedad de descarte, se han puesto de moda para sorprender al mundo gastronómico. Aquí, en L'Antic Molí, ofrecen un menú exclusivo dedicado a ellas en temporada (febrero y marzo).

Nos encontramos en un viejo molino harinero recuperado, actualizado y hoy volcado con la cultura "Km 0"; no en vano, el chef Vicent Guimerà se alza como uno de los baluartes de la cocina Slow Food, aquella que se construye exclusivamente con productos del territorio, próximos y ecológicos. El chef destaca su equidistante emplazamiento entre el mar y la montaña como una ventaja a la hora de contar historias, pues le permite jugar con los productos de ambos mundos. ¡Buenos detalles con los clientes!

🏵 *El compromiso del Chef: "Defendemos la filosofía Slow Food, esa cocina de proximidad que apuesta por los productos ecológicos y está estrechamente comprometida tanto con el territorio como con los productores de "les terres de l'Ebre", reduciendo las emisiones y los gastos a los payeses."*

&. 🄰🄲 ⇄ 🄿 – Menú 60/95€

Barri Castell (en la carretera de La Sénia, Noroeste 10 km) ✉ 43550 – ☏ 977 57 08 93 – www.anticmoli.com –
Cerrado lunes, martes, cena: miércoles-jueves, cena: domingo

🏵 **LES MOLES**

Chef: Jeroni Castell

MODERNA · RÚSTICA 💥💥 Este negocio familiar, ubicado en una antigua masía, nos habla del entorno, de los productos de proximidad, de la historia de Ulldecona... hasta el punto de que el propio nombre saca a la luz las antiguas piedras de molino (les moles) que se fabricaban en la cantera local.

El chef Jeroni Castell, que afirma que "tanto él como su familia viven para el restaurante", basa su propuesta en el perfecto equilibrio que debe existir entre proximidad, técnica y diversión, apostando siempre por todos aquellos productos que ensalzan el binomio mar y montaña para hablarnos de "Las Terres de l'Ebre" y del ADN que pone en valor este territorio. Un buen ejemplo lo vemos en su menú "Sedimentos", pues nos transporta a los puntos cruciales del chef: técnica, singularidad, reflexión, raíces y atrevimiento.

🏵 &. 🄰🄲 ⇄ 🄿 – Menú 35€ (almuerzo), 39/110€ – Carta 60/83€

Carretera de La Sénia (km 2) ✉ 43550 – ☏ 977 57 32 24 – www.lesmoles.com –
Cerrado lunes, cena: martes-jueves, cena: domingo

URDAITZ • URDÁNIZ

Navarra – Mapa regional **17**-B2 – Mapa de carreteras Michelin n° 573-D25

🏵🏵 **EL MOLINO DE URDÁNIZ**

Chef: David Yárnoz

CREATIVA · RÚSTICA 💥💥 Lo que menos esperas en un caserón de estas características, testigo del tránsito de peregrinos que se dirigen a Santiago, es una cocina de autor digna de hacer un alto en el camino; no en vano, el éxito de la propuesta los ha llevado a tener... ¡una réplica del restaurante en Taipéi (Taiwán), al otro lado del mundo!

Presenta un interior rústico-actual, distinguiendo entre el comedor del acceso, donde solo ofrecen un menú económico de tinte tradicional, y el espacio gastronómico del piso superior. El chef David Yárnoz elabora una cocina creativa que cautiva por su estética y sabor, exaltando siempre la excelencia de los productos navarros. Los menús degustación permiten descubrir tanto los grandes clásicos de la casa como esos platos que nos hablan de los orígenes y de su propia evolución.

🄰🄲 🄿 – Menú 120/140€

Carretera N 135 (Suroeste 0,5 km) ✉ 31698 – ☏ 948 30 41 09 –
www.elmolinourdaniz.com –
Cerrado lunes, cena: martes-jueves, cena: domingo

VAL DE SAN LORENZO

León – Mapa regional **8**-A1 – Mapa de carreteras Michelin n° 575-E11

🏵 **LA LECHERÍA**

TRADICIONAL · RÚSTICA 💥💥 Val de San Lorenzo es un pueblecito, a escasos kilómetros de Astorga, famoso por sus mantas y sus colchas artesanales, no en vano... ¡se halla en el mismo corazón de la maragatería leonesa! El restaurante, instalado en una casona en piedra que en otro tiempo funcionó como lechería, recrea un ambiente rústico sumamente cuidado y apuesta por una cocina de base tradicional, bien puesta al día, que tiene en el famoso Cocido maragato un plato de referencia. También encontrará unas acogedoras habitaciones y, en un guiño a la historia de la localidad, hasta un curioso telar con más de 300 años.

🔠 – Menú 25/40 € – Carta 33/40 €

La Lechería 1 ✉ 24717 – ☎ 987 63 50 73 – www.la-lecheria.com – Cerrado lunes, cena: domingo

VALDEMORILLO
Madrid – Mapa regional **15**–A2 – Mapa de carreteras Michelin n° 576-K17

LA CASA DE MANOLO FRANCO ⓝ
MODERNA · RÚSTICA XX El chef-propietario, que llega a la gastronomía desde el mundo de la Fórmula 1, demuestra ambición y busca sorprender. Cocina actual a través de varios menús, uno tipo carta.

🔠 – Menú 28/76 €

De la Fuente 6 ✉ 28210 – ☎ 626 61 57 39 – www.restaurantelacasadevaldemorillo.es – Cerrado lunes, martes, cena: miércoles, cena: domingo

VALDEMORO
Madrid – Mapa regional **15**–B2 – Mapa de carreteras Michelin n° 576-L18

✿ CHIRÓN
Chef: Iván Muñoz

MODERNA · AMBIENTE CLÁSICO XXX Cuando decimos que Chirón es una de las mejores opciones para comer a las afueras de Madrid no hablamos en balde, pues este negocio familiar se halla... ¡a solo 25 km de la capital!

El chef Iván Muñoz, que trabaja junto a su hermano Raúl (sumiller), apuesta por la gastronomía madrileña, defendiendo que las raíces castizas no están reñidas con el hecho de ofrecer una cocina moderna y creativa. Encontrará unos interesantísimos menús, con toques manchegos, en los que se nos invita a una ruta por las vegas del Tajo, del Jarama o del Tajuña. ¿Curiosidades? La pasión del chef por el terruño y los productos de proximidad no resta un ápice de su capacidad para reinterpretar otros sabores, lo que le llevó a ganar, en 2020, el Concurso Internacional de Cocina Creativa de la Gamba Roja de Dénia.

🕭 🔠 – Menú 59/99 € – Carta 55/65 €

Alarcón 27 ✉ 28341 – ☎ 918 95 69 74 – www.restaurantechiron.com – Cerrado lunes, cena: martes-miércoles, cena: domingo

València
Mapa regional **11**–B2
Mapa de carreteras Michelin
n° 577-N28

VALÈNCIA

València es una ciudad mágica y llena de posibilidades, pues pocas localidades con alma mediterránea pueden presumir, como ella, de tener espectaculares playas (la Malvarrosa y las Arenas), barrios con encanto (Ruzafa, El Carmen, Cabanyal...) y construcciones arquitectónicas realmente singulares, tanto antiguas (Catedral, Lonja de la Seda, Torres de Serrano y de Quart...), como modernistas (Mercado Central y Mercado de Colón) o de líneas más vanguardistas (Ciutat de les Arts i les Ciències). ¿Su gastronomía? Como no podía ser de otra manera aquí se muestran fieles a la dieta mediterránea, con el frecuente consumo de pescados, productos de la huerta y una auténtica devoción por los arroces (al horno, negro, a banda, con judías y nabos...), siendo la famosa Paella valenciana, que según la tradición se debe elaborar sobre brasas de leña de naranjo, el indiscutible plato estrella.

✿✿ RICARD CAMARENA

CREATIVA · MARCO CONTEMPORÁNEO XxxX Resulta espléndido y forma parte de la rehabilitada fábrica de Bombas Gens, que también tiene un centro artístico-cultural. Aquí, se presenta con una gran recepción de aire contemporáneo, un bar privado donde sirven los primeros snacks y el moderno comedor al fondo, este con la cocina a la vista para tomar en ella un último aperitivo.

Ricard Camarena, reconocido junto a otros siete chefs con el premio Cocinero del Año (Madrid Fusión, 2021) por su "activismo de lo verde", defiende una gastronomía coherente y de autor, con unas sólidas bases que toman las hortalizas como referencia y denotan un exhaustivo proceso de investigación. Sus menús transmiten un claro mensaje de sostenibilidad, ya que aprovechan hasta la última hoja de los vegetales para elaborar sus salsas y alguna que otra bebida.

✿ *El compromiso del Chef:* "*La gran mayoría de verduras que utilizamos proceden de nuestras huertas, que están a menos de 8 km y llegan vivas al ser recolectadas a primera hora. Apostamos por la "agricultura a la carta" y defendemos las "semiconservas" para utilizar el excedente sin deterioro.*"

🏵 ᚼ ᴀᴄ – Menú 135/175 €

Plano: B2-1 – *Avenida Burjassot 54 (Bombas Gens Centre d'Art)* ✉ 46009 –
☎ 963 35 54 18 – www.ricardcamarenarestaurant.com –
Cerrado lunes, martes, almuerzo: miércoles, domingo

❀❀ EL POBLET

CREATIVA · A LA MODA XxX El homenaje de Quique Dacosta a su propia historia, pues con el nombre de El Poblet se rememora aquél que lució su famoso restaurante, en Dénia, antes de que pasara a llamarse igual que él.

El chef al frente de la casa, Luís Valls, está volcado en cocinar el entorno y su amada Albufera, por lo que combina los platos míticos del maestro con elaboraciones propias no exentas de personalidad, centrando su propuesta en una cocina valenciana moderna deudora de sus raíces, siempre con finísimas texturas, sabores potentes, los mejores productos locales... y hasta unos embutidos reinventados que, seguro, no le dejarán indiferente. Encontrará varios menús (uno tipo carta y dos de degustación), una bodega en la que no faltan las grandes referencias y... ¡una increíble colección de whiskies de Malta!

🞖 ৬ 🎩 🗗 🛱 – Menú 98/135€ – Carta 98€

Plano: G2-17 – *Correos 8-1º* ✉ *46002* – 🅜 *Colón* –
☎ *961 11 11 06* – *www.elpobletrestaurante.com* –
Cerrado martes, miércoles, cena: domingo

❀ LIENZO

Chef: María José Martínez

COCINA MEDITERRÁNEA · MARCO CONTEMPORÁNEO XxX Se halla en un elegante edificio, disfruta de una bella línea minimalista y hace honor a su nombre, pues rasgan la luminosa estética de tonos blancos con llamativas notas de color a base de lienzos, todos de pintoras valencianas, que van renovándose cada tres meses.

La chef murciana María José Martínez, bien acompañada por su marido en la sala (Juanjo Soria), plantea una cocina moderna-mediterránea, no exenta de creatividad, que exalta los productos valencianos de temporada (huerto, mar y montaña) desde el máximo respeto, siempre con unos platos que sorprenden por su puesta en escena y su delicada elaboración, no en vano... ¡las salsas y cremas resultan magníficas! La propuesta se centra en unos sugerentes menús, uno tipo ejecutivo (Trazos) y dos de degustación (Pinceladas y Lienzo).

৬ 🎩 🛱 – Menú 38€ (almuerzo), 55/70€

Plano: G2-25 – *Plaza de Tetuán 18* ✉ *46003* – 🅜 *Alameda* –
☎ *963 52 10 81* – *www.restaurantelienzo.com* –
Cerrado lunes, martes, cena: domingo

❀ LA SALITA

Chef: Begoña Rodrigo

CREATIVA · ELEGANTE XxX Un magnífico ejemplo de cómo la constancia, el esfuerzo y la confianza en uno mismo te permiten crecer profesionalmente.

El restaurante, en un palacete decimonónico del barrio de Ruzafa, sorprende por la ubicación y por la diversificación de su propuesta, pues aunque el comedor principal está en el piso superior también presenta un coqueto jardín donde tomar los aperitivos, una mesa-barra para quien quiera comer viendo la cocina y una terraza, muy agradable, abierta a la misma oferta culinaria de la sala interior o a hacer en ella solamente la sobremesa. La mediática chef Begoña Rodrigo apuesta por dos menús degustación, ambos con esa elegancia y feminidad que la caracterizan pero llevando las verduras a otro nivel, mucho más protagonista y en algún plato con detalles inesperados.

🛋 ৬ 🎩 🛱 – Menú 94/125€

Plano: C2-2 – *Pere III El Gran 11* ✉ *46005* –
☎ *963 81 75 16* – *www.lasalitarestaurante.com* –
Cerrado miércoles, domingo

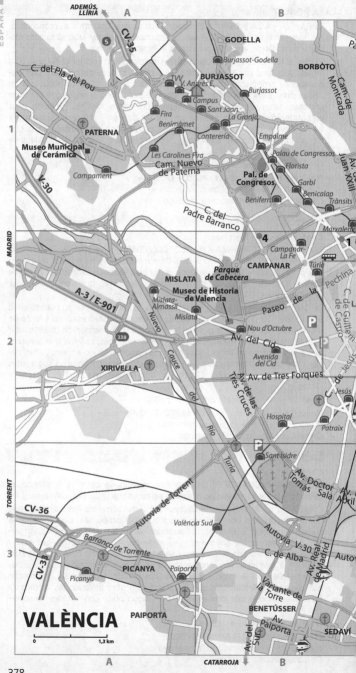

ADEMÚS, LLÍRIA

A

B

CV-35

GODELLA

Burjassot-Godella

BORBÒTO

C. del Pla del Pou

TVV. Andrés E.

BURJASSOT

Burjassot

Campus

Sant Joan

La Granja

Fira

Benimàmet

Cantereria

Empalme

PATERNA

Museo Municipal de Cerámica

Les Carolines Fira

Cam. Nuevo de Paterna

Palau de Congressos

Florista

Campament

Pal. de Congressos

Garbí

Benicalap

Tràntsits

V-30

C. del Padre Barranco

Beniferri

Marxalen

MADRID

4

Campanar-La Fe

CAMPANAR

Túria

Parque de Cabecera

Pechina

MISLATA

Museo de Historia de Valencia

A-3 / E-901

Mislata-Almàssil

Paseo de la

Nuevo

Mislata

Nou d'Octubre

338

Av. del Cid

Avenida del Cid

XIRIVELLA

Cauce

Av. de Tres Forques

Av. de las Tres Cruces

Jesús

Hospital

Patraix

Río

del

Sant Isidre

TORRENT

Turia

Av. Doctor Tomás Sala

CV-36

Autovía de Torrent

València Sud

Autovía V-30

CV-33

Barranco de Torrente

PICANYA

Paiporta

C. de Alba

Picanyá

Av. Real de Madrid

Variante de la Torre

VALÈNCIA

0   1,3 km

PAIPORTA

BENETÚSSER

Av. Paiporta

SEDAVÍ

A

CATARROJA

B

378

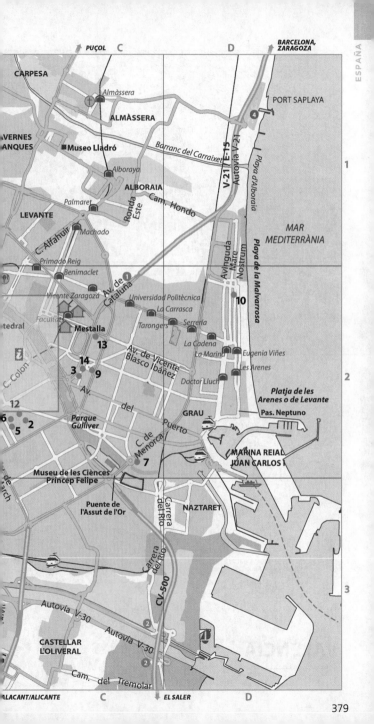

PUÇOL C D

BARCELONA, ZARAGOZA

CARPESA

Almàssera

ALMÀSSERA

PORT SAPLAYA

VERNES
ANQUES

Museu Lladró

Barranc del Carraixet

Alboraya

ALBORAIA

Cam. Hondo

Palmaret

Ronda Este

MAR
MEDITERRÀNIA

LEVANTE

C. Alfahuir

Machado

Primado Reig

Benimaclet

Av. de Cataluña

Playa d'Alboraia

Avinguda Mare Nostrum

Playa de la Malvarrosa

Vicente Zaragozá

Universidad Politècnica

Facultats

La Carrasca

10

tedral

Mestalla

Tarongers

Serrería

C. Colon

13

14

3   9

Av. de Vicente
Blasco Ibáñez

La Cadena

La Marina

Eugenia Viñes

Les Arenes

12

Av.

del

Doctor Lluch

Platja de les
Arenes o de Levante

6

5   2

Parque
Gulliver

C. de
Menorca

Puerto

GRAU

Pas. Neptuno

7

MARINA REIAL
JUAN CARLOS I

Museu de les Ciènces
Prícep Felipe

Puente de
l'Assut de l'Or

Carrera del Río

NAZTARET

arch

Autovía V-30

CV-500

Autovía V-30

CASTELLAR
L'OLIVERAL

Cam. del Tremolar

ALACANT/ALICANTE   C   EL SALER   D

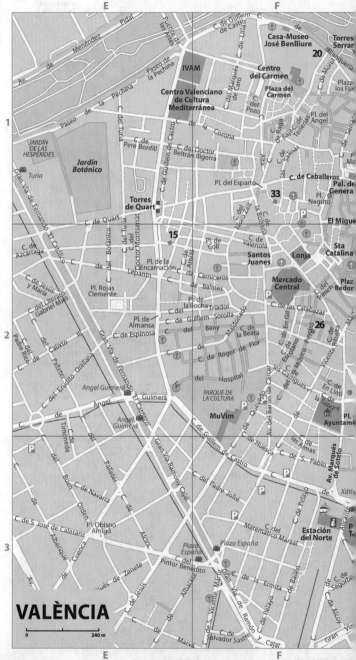

ESPAÑA

Pidal

Menéndez

Av.

Puente de las Artes

Paseo de la Pechina

C. de Guillem de Liria

C. de

Casa-Museo
José Benlliure

20

Torres
Serrar

Blanqueria

Plaza
los Fue

IVAM

**Centro
del Carmen**

C. de Moro

C. de Serra

**Centro Valenciano
de Cultura
Mediterránea**

C. del Marqués de Caro

**Plaza del
Carmen**

C. del Pozo

Pl. del
Ángel

Paseo de la Pechina

1

C. del Turia

C. de Pere Bonfill

C. de Guillem de Castro

C. de la Corona

C. del Doctor
Beltrán Bigorra

C. de Baja

C. de Raga

C. de Salinas

Pl. del
Ma

**JARDÍN
DE LAS
HESPÉRIDES**

Turia

**Jardín
Botánico**

Gran Vía de Fernando

Alta

las

Tenerías

de Serra

P

C de Azcárraga

**Torres
de Quart**

Pl. del Esparto

C. de Caballeros

**Pal. de
Genera**

Pl. del
Negrito

P

El Migu

C. de Quart

15

C. del Turia

C. del Doctor Montserrat

Pl. de
Coll

C. de Valeriola

C. del Moro Zeit

C. de la Bolseria

C. de Azárraga

C. Católico

C. del

Botánico

de

Pl. de la
Encarnación
Lepanto

C. de Arolas

C. de Carniceros

C. de Balmes

**Santos
Juanes**

Lonja

**Sta
Catalina**

C. de Jesús y María

C. del Literato
Gabriel Miró

Pl. Rojas
Clemente

Gran Vía de Fernando El Católico

Pl. de
la Bocha

Triador

**Mercado
Central**

C. del Trench

**Plaz
Redor**

2

C. del
padre Rico

C. de Calixto III

C. de Pallater

C. del Erudito Orellana

Pl. de
Almansa

C.del

C. de Guillem Sorolla

C. de Espinosa

del

Bany

Maldonado

C. de las Calabazas

C. de
la Beata

C. En Gil

C. de
Escolano

C. de Música Peydro

Vicente Ribalta

26

C. de
En Llop

C. de

Angel Guimerá

Guimerá

C. del Católico

de Roger de Flor

del Hospital

**PARQUE DE
LA CULTURA**

P

les Garrigues

Av. del Barón de Cárcer

C. de Quevedo

MuVim

Angel
Guimerá

Av. del Barón de Cárcer

Pl.
Ayuntami

C. de
la Sangre

Angel

de

Timoneda

Pl.

P

Pallater

Gran Vía Ramón y Cajal

C. de Guillem de Castro

C. de Huesca

C. de S. Pablo

de las Almas

**Av. Marqués
de Sotelo**

C. del
Buen

de

Orden

C. de Navarro

C. de

Alcira

C. del Padre Jofré

P

de Pelayo

Xátiv

C. de S. José de Calasánz

Pl. Obispo
Amigó

P

Alberique

de

Cuenca

**Estación
del Norte**

Alicante

3

qués de Zanete

C. de

Jesús

Albacete

**Plaza
España**

C. del
Pintor Benedito

Plaza España

Matemático Marzal

C. del

Gran Vía Marqués

C. de la Ermita

C. de Bailén

de

P
T

Segorbe

de

de

Marva

C. de
Salvador Sastre

Gran Vía de Ramón y Pelayo

Vicente

Gran

C. de Alcoy

VALÈNCIA

0 ——— 240 m

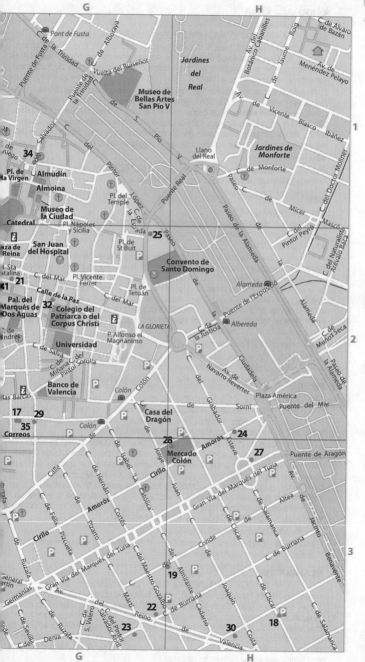

KAIDO SUSHI BAR ⑩

Chef: Yoshikazu Yanome

JAPONESA · MARCO CONTEMPORÁNEO ✕✕ Un japonés contemporáneo y no exento de personalidad, pues trabaja solo con 10 comensales que deben llegar al unísono, sentándose a la vez alrededor de la barra para no romper la magia inherente tanto a las explicaciones como a los estudiados movimientos de Yoshikazu Yanome, el reconocido sushiman.

Su filosofía se construye sobre el concepto Edomae Sushi, un paradigma culinario utilizado en el periodo Edo (1603-1868) para referirse al pescado y marisco fresco (en esa época también abundante) que capturaban a diario en la bahía de Tokio. Esa misma idea se ha querido trasladar aquí, pues su propuesta quiere hablarnos, en base a la evidencia, de las maravillosas materias primas de la costa valenciana, dando siempre una relevancia especial a la gamba roja. ¡Los nigiris protagonizan el menú!

🅰🅲 – Menú 75€

Plano: C2-14 – *Chile 3* ✉ 46021 – Ⓜ *Aragón* – ✆ 687 00 06 96 – www.kaidosushi.es – *Cerrado lunes, almuerzo: martes-jueves, domingo*

RIFF

Chef: Bernd Knöller

CREATIVA · DE DISEÑO ✕✕ Un chef alemán, con alma valenciana, que vive un constantemente proceso de reinvención y ve su trabajo como el mejor antídoto ante la adversidad.

La historia de Bernd Knöller, un trotamundos de los fogones, encuentra aquí una etapa clave tras interactuar con el entorno, pues ha sabido hacerse un nombre en el panorama culinario local mostrando su particular, a veces anárquica y siempre libre, visión de la cocina mediterránea creativa, diferente cada día. ¿Materias primas? Los arroces que delatan su amor por esta tierra y, sobre todo, los pescados y mariscos adquiridos en las subastas de la lonja. ¿Curiosidades? La música ambiente, normalmente de jazz, procede de un tocadiscos con vinilos elegidos por el propio chef, que suele salir a conversar y explicar la trazabilidad de cada producto.

♿ 🅰🅲 – Menú 45€ (almuerzo), 65/135€

Plano: H3-19 – *Conde de Altea 18* ✉ 46005 – Ⓜ *Colón* – ✆ 963 33 53 53 – www.restaurante-riff.com – *Cerrado lunes, domingo*

FIERRO

Chef: Carito Lourenço y Germán Carrizo

MODERNA · TENDENCIA ✕ Se halla a escasos metros del Mercado de Ruzafa, con más de medio siglo de tradición a sus espaldas, y supone una agradable sorpresa por su fresca reinterpretación de los gustos cotidianos.

La atenta pareja de chefs al frente, Germán Carrizo y Carito Lourenço, reconoce que con este pequeño negocio sus sueños se han hecho realidad, pues les permite vivir la gastronomía en libertad fusionando lo aprendido durante su etapa en el grupo Quique Dacosta con las raíces de su querida Argentina natal (tampoco faltan guiños culinarios a España e Italia). La propuesta, muy dada a jugar con acertijos para que el comensal se sienta partícipe, se basa en dos interesantes menús degustación de tinte mediterráneo-actual, el largo con varias opciones de maridaje. ¡Agradables texturas y sabores marcados!

🅰🅲 – Menú 50€ (almuerzo), 85/110€

Plano: C2-16 – *Doctor Serrano 4* ✉ 46006 – ✆ 963 30 52 44 – www.fierrovlc.com – *Cerrado lunes, martes, cena: domingo*

BLANQUERIES

MODERNA · MARCO CONTEMPORÁNEO ✕ Moderno, luminoso, de ambiente cosmopolita y fácil de localizar, pues se encuentra a unos 100 metros de las monumentales Torres de Serranos, una de las históricas puertas de acceso a esta maravillosa ciudad. El negocio, que emana su propia personalidad, está llevado por dos talentosos chefs que aúnan sus ilusiones y esfuerzos en pos de una cocina tradicional actualizada. La filosofía de la casa es clara: cocina de calidad a buen precio, ensalzando todo lo posible los productos de temporada. Trabajan mucho con menús, siendo el del mediodía más económico que el que ofrecen en las cenas.

& 🄰🄲 ⇄ – Menú 21€ (almuerzo), 26/32€ – Carta 25/50€

Plano: F1-20 – *Blanqueries 12 (entrada por Padre Huérfanos)* ✉ *46003 –*
𝒞 963 91 22 39 – www.blanquerias.com – Cerrado lunes, cena: martes-miércoles,
cena: domingo

2 ESTACIONES

COCINA MEDITERRÁNEA · BISTRÓ 🏛 El barrio de Ruzafa, conocido como el
Soho valenciano, se ha convertido en una de las zonas más interesantes de la ciudad a nivel gastronómico. Aquí, precisamente, se encuentra 2 Estaciones, un negocio llevado hoy entre Alberto Alonso y Mar Soler, cocineros, pareja y cómplices en
este bonito proyecto. El local, a modo de bistró informal, se presenta con una gran
barra, la cocina vista y unas singulares mesas (vestidas con manteles de tela) que
recuperan los pies de las antiguas máquinas de coser. Ofrecen cocina mediterránea y de temporada, siempre con platos actualizados y la opción de menús.

🏠 & 🄰🄲 – Menú 25/55€ – Carta 40/50€

Plano: C2-5 – *Pintor Salvador Abril 28* ✉ *46005 – 𝒞 963 03 46 70 –*
www.restaurante2estaciones.com – Cerrado lunes, martes, domingo

FORASTERA ⓝ

COCINA DE MERCADO · SENCILLA 🏛 ¿Sabe de dónde le viene el nombre? Es el
guiño jocoso que el chef Txisku Nuévalos quiso hacer a su mujer, Laura (natural
de Bilbao), cuando decidió regresar a su tierra (él nació en Utiel) y tener su propio
negocio. El acogedor local, llevado entre ambos y de estética actual, defiende una
cocina tradicional actualizada basada en tres menús sorpresa que evolucionan
según los productos de mercado, uno super económico (Fórmula Mediodía) para
los almuerzos de lunes a jueves y dos tipo degustación (De Mercado y Forastera)
que varían en función del número de platos, todos muy delicados y sabrosos.

& 🄰🄲 – Menú 35/55€ – Carta 28/41€

Plano: E2-15 – *Pintor Domingo 40* ✉ *46001 – 𝒞 963 55 89 15 –*
www.restauranteforasteravalencia.com – Cerrado cena: lunes, martes, miércoles,
cena: domingo

KAYMUS

TRADICIONAL · MARCO CONTEMPORÁNEO 🏛 Local de línea moderna ubicado
en una zona residencial, por lo que está algo alejado del centro. Presenta una única
sala y un buen privado, donde el chef valenciano Nacho Romero apuesta por una
cocina de tendencia actual y sencillas elaboraciones... eso sí, cuidando siempre mucho
los detalles y dando la opción tanto de arroces (entienden la paella como "ese plato
que reúne a la familia o a los buenos amigos") como de económicos menús, uno de
ellos tipo degustación. ¿Platos destacables? No deje de probar la Ensaladilla Kaymus
con salpicón de marisco, las Croquetas, los Buñuelos de bacalao...

& 🄰🄲 ⇄ – Menú 32/55€ – Carta 35/55€

Plano: B2-4 – *Avenida Maestro Rodrigo 44* ✉ *46015 –* Ⓜ *Beniferri –*
𝒞 963 48 66 66 – www.kaymus.es – Cerrado cena: lunes, cena: domingo

YARZA ⓝ

TRADICIONAL · SENCILLA 🏛 Restaurante de sencillas instalaciones y estilo
actual que engloba su propuesta culinaria, en torno a la cocina tradicional valenciana, en una única premisa: "Cocinamos con el mismo mimo del pasado, pero
con toques de hoy". En la carta, con un apartado de sugerencias en el que destacan los pescados salvajes del día, encontrará también deliciosos arroces (Arròs
del senyoret, Arroz en perol marinero, Paella de costilla ibérica...), estos últimos
siempre por encargo. ¿Una recomendación? De los entrantes, pruebe los Buñuelos de bacalao, pues están buenísimos y los verá en casi todas las mesas.

🏠 & 🄰🄲 – Carta 30/45€

Plano: H3-18 – *Císcar 47* ✉ *46005 – 𝒞 963 95 20 11 – www.restauranteyarza.com –*
Cerrado lunes, cena: martes, cena: domingo

VERTICAL

MODERNA · DE DISEÑO 🏛🏛🏛 En la última planta del hotel Ilunion Aqua 4,
dotado con espectaculares vistas a la Ciutat de les Arts i les Ciències. Sala actual,
Sky Bar y cocina moderna de bases clásicas.

⫷ 🅐🅒 ⊞ – Menú 59 € (almuerzo), 80/95 €

Plano: C2-7 – *Luis García Berlanga 19* ✉ *46023* – ☏ *963 30 38 00* – *www.restaurantevertical.com* – *Cerrado lunes, martes*

KARAK

FUSIÓN · DE DISEÑO 🅇🅇 En pleno corazón de la ciudad. Su mediática chef nos ofrece una cocina de bases mediterráneas, muy viajera y con bastantes platos de fusión. ¡Interesantes menús degustación!

🅐🅒 – Menú 45 € (almuerzo), 65/90 €

Plano: F2-26 – *Músico Peydró 9* ✉ *46001* – Ⓜ *Àngel Guimerà* – ☏ *637 29 16 06* – *www.restaurantekarak.com* – *Cerrado lunes, martes, domingo*

APICIUS

MODERNA · MARCO CONTEMPORÁNEO 🅇🅇 Se presenta con un único salón, amplio y actual, donde apuestan por una moderna cocina de mercado. Buena oferta de menús e interesantes jornadas gastronómicas (trufa, setas...).

🕸 🅐🅒 – Menú 48/68 €

Plano: C2-9 – *Eolo 7* ✉ *46021* – Ⓜ *Aragón* – ☏ *963 93 63 01* – *www.restaurante-apicius.com* – *Cerrado lunes, martes, cena: miércoles-jueves, cena: domingo*

BAOBAB

TRADICIONAL · MARCO CONTEMPORÁNEO 🅇🅇 En el elegante Baobab, con mesas sin mantel de buen montaje, encontrará experiencias, sabores y... ¡muchísima pasión! Carta de base tradicional con acertados toques modernos.

🅐🅒 – Menú 30/40 € – Carta 30/50 €

Plano: H3-27 – *Marqués del Turia 73* ✉ *46004* – Ⓜ *Colón* – ☏ *961 67 66 75* – *www.baobabgastronomia.com* – *Cerrado lunes, domingo*

CASA CARMELA

ARROCES · MARCO REGIONAL 🅇🅇 Un histórico de la Malvarrosa, de ambiente regional pero bien actualizado. Suele estar lleno, pues sus famosas paellas y arroces solo se elaboran con fuego de leña de naranjo.

🏠 🅐🅒 ♿ – Carta 40/60 €

Plano: D2-10 – *Isabel de Villena 155* ✉ *46011* – ☏ *963 71 00 73* – *www.casa-carmela.com* – *Cerrado cena: lunes-domingo*

ENTREVINS

TRADICIONAL · MARCO CONTEMPORÁNEO 🅇🅇 Organización, amabilidad y buena cocina tradicional actualizada. El propietario es un sommelier francés, por eso la cuidadísima bodega... ¡sorprende con más de 120 Champagnes!

🕸 ♿ 🅐🅒 ⊞ ♿ – Menú 22 € (almuerzo)/42 € – Carta 38/50 €

Plano: G2-21 – *De la Paz 7* ✉ *46003* – Ⓜ *Colón* – ☏ *963 33 35 23* – *www.entrevins.es* – *Cerrado cena: lunes, domingo*

GOYA GALLERY

TRADICIONAL · MARCO CONTEMPORÁNEO 🅇🅇 ¡En un local histórico para la ciudad! Ofrece una carta tradicional-mediterránea que destaca por su gran apartado de arroces secos y melosos, con hasta 21 opciones diferentes.

🏠 ♿ 🅐🅒 ♿ – Carta 33/50 €

Plano: G3-22 – *Burriana 3* ✉ *46005* – ☏ *963 04 18 35* – *www.goyagalleryrestaurant.com* – *Cerrado cena: lunes-miércoles, cena: domingo*

GRAN AZUL

TRADICIONAL · MARCO CONTEMPORÁNEO 🅇🅇 Un local amplio y moderno en el que defienden, con notable éxito, su lema "Arroz y brasas". Trabajan mucho a la parrilla, con pescados según mercado y carne de vacuno mayor.

♿ 🅐🅒 ♿ – Carta 40/60 €

Plano: C2-3 – *Avenida Aragón 12* ✉ *46021* – Ⓜ *Aragón* – ☏ *961 47 45 23* – *www.granazulrestaurante.com* – *Cerrado lunes, cena: martes-miércoles, cena: domingo*

HABITUAL

INTERNACIONAL · A LA MODA XX Esta curiosa propuesta del chef Ricard Camarena, en el modernista Mercado de Colón, sorprende por su diseño. Extensa carta de tinte internacional y base mediterránea.

🔠 ✤ – Menú 25 € (almuerzo) – Carta 40/55 €

Plano: H3-28 – *Jorge Juan 19 (Mercado de Colón, planta inferior)* ✉ 46004 –
Ⓜ *Colón* – ℰ 963 44 56 31 – www.habitual.es – *Cerrado lunes,
cena: martes-miércoles, cena: domingo*

LLISA NEGRA

TRADICIONAL · BRASSERIE XX Un local de moda con el sello de Quique Dacosta. Apuesta por la cocina de producto, sin artificios, con salazones, arroces, guisos, un protagonismo especial para la parrilla...

🔠 ✤ – Menú 60 € – Carta 45/80 €

Plano: G2-29 – *Pascual y Genís 10* ✉ 46002 – Ⓜ *Colon* – ℰ 699 18 37 70 –
www.llisanegra.com – *Cerrado lunes, cena: martes, cena: domingo*

NOZOMI SUSHI BAR

JAPONESA · MINIMALISTA XX Un coqueto japonés que llama la atención por su estética Zen. Cocina nipona moderna, con una buena variedad de entrantes. Suelen doblar turnos, así que... ¡aconsejamos reservar!

🔠 – Menú 50 € – Carta 60/75 €

Plano: C2-12 – *Pedro III El Grande 11* ✉ 46005 – Ⓜ *Xàtiva* – ℰ 961 48 77 64 –
www.nozomisushibar.es – *Cerrado lunes, martes, almuerzo: miércoles, domingo*

OGANYO

TRADICIONAL · MARCO CONTEMPORÁNEO XX Un local moderno donde vinculan la tradición y la contemporaneidad. Su chef plantea una cocina actual, fresca y de producto, con sabores sumamente definidos. ¡Déjese llevar!

🔠 ✤ – Menú 17 € (almuerzo), 40/50 € – Carta 38/50 €

Plano: C2-13 – *Bélgica 30* ✉ 46021 – ℰ 961 18 40 90 – www.oganyo.es –
Cerrado lunes, martes, cena: domingo

SAITI

MODERNA · MARCO CONTEMPORÁNEO XX Coqueto y bien llevado por el propio chef, que defiende una cocina moderna de base mediterránea-tradicional. Ofrece varios menús degustación, uno tipo ejecutivo para almorzar.

🔠 – Menú 39 € (almuerzo), 59/85 €

Plano: H3-30 – *Reina Doña Germana 4* ✉ 46005 – ℰ 960 05 41 24 – www.saiti.es –
Cerrado cena: lunes, cena: miércoles, domingo

BIRLIBIRLOQUE

COCINA MEDITERRÁNEA · BAR DE TAPAS X Un gastrobar de ambiente desenfadado y cosmopolita. Su carta se completa con un buen menú ejecutivo al mediodía y un menú de tapas por la noche. ¡Excelente selección de vinos!

🍴 ✤ – Tapa 5 € – Ración 16 € – Menú 14 € (almuerzo), 19/25 €

Plano: G2-31 – *De la Paz 7* ✉ 46003 – Ⓜ *Colón* – ℰ 960 64 44 59 –
www.birlibirloquebar.es – *Cerrado cena: lunes, domingo*

LA CÀBILA ⓞ

TRADICIONAL · POPULAR X El chef, formado en grandes casas, defiende una cocina tradicional valenciana apegada al entorno, con buenos platos de cuchara y especialidades como el Arròs en fesols i naps.

🔠 – Menú 28/58 € – Carta 40/50 €

Plano: F1-33 – *Plaza del Horno de San Nicolás 8* ✉ 46001 – ℰ 657 41 05 40 –
www.lacabilarestaurant.com – *Cerrado cena: martes, miércoles*

CANALLA BISTRO

FUSIÓN · SIMPÁTICA X ¡La propuesta más informal del chef Ricard Camarena! Correcta cocina de fusión que hace guiños a Oriente, a Sudamérica y al Mediterráneo, con muchos platos para compartir.

🏧 – Menú 32 € – Carta 30/45 €

Plano: G3-23 – *Maestro José Serrano 5* ⊠ *46005* – ⓜ *Xàtiva* – 𝒞 *963 74 05 09* – *www.canallabistro.com* – *Cerrado lunes, almuerzo: martes-miércoles*

FRAULA ⓝ

ACTUAL · MINIMALISTA ⅏ Presenta una estética actual-minimalista y está llevado por una pareja de chefs formados en grandes casas. Cocina actual, de base mediterránea, con bastantes platos de fusión.

🅰 🏧 – Menú 25 € (almuerzo), 45/75 € – Carta 35/45 €

Plano: H2-24 – *Cirilo Amorós 84* ⊠ *46004* – ⓜ *Colón* – 𝒞 *961 01 82 88* – *www.fraula.es* – *Cerrado lunes, cena: martes, cena: domingo*

LAVOE

ARROCES · MARCO CONTEMPORÁNEO ⅏ Una casa de arroces bastante céntrica y moderna, bien llevada por un cocinero autodidacta. Busca sin descanso el "arroz perfecto", normalmente combinado con productos del mar.

🅰 🏧 – Carta 50/70 €

Plano: G2-32 – *De la Creu Nova 4* ⊠ *46002* – 𝒞 *663 77 64 25* – *www.lavoearrozymar.com* – *Cerrado cena: lunes-sábado, domingo*

TOSHI

COCINA MEDITERRÁNEA · SENCILLA ⅏ Siguen la filosofía nipona con... ¡solo 10 asientos en barra! Su propuesta, por contra, es mediterránea, con platos sencillos y honestos en base al producto local de temporada.

🏧 – Menú 65 €

Plano: G1-34 – *Salvador 5* ⊠ *46003* – 𝒞 *673 75 33 47* – *www.toshi.es* – *Cerrado lunes, martes, domingo*

VUELVE CAROLINA

MODERNA · DE DISEÑO ⅏ ¡Anexo a El Poblet (2 Estrellas MICHELIN)! Ofrece, en un espacio singular, cocina de fusión, menús y algún plato histórico de Quique Dacosta, como su famoso Cubalibre de foie.

🅰 🏧 – Menú 18 € (almuerzo), 28/36 € – Carta 35/50 €

Plano: G2-35 – *Correos 8* ⊠ *46002* – ⓜ *Colón* – 𝒞 *963 21 86 86* – *www.vuelvecarolina.com* – *Cerrado domingo*

VALENCIA DE DON JUAN

León – Mapa regional **8**–B1 – Mapa de carreteras Michelin n° 575-F13

CASA ALCÓN

TRADICIONAL · FAMILIAR ⅏ Un restaurante familiar sencillo pero acogedor. Apuesta por la cocina tradicional, con guisos caseros y platos tanto leoneses como asturianos. ¡Descubra su Bacalao molinero!

🌳 🏧 – Menú 13 € (almuerzo)/17 € – Carta 30/40 €

Plaza Mayor ⊠ *24200* – 𝒞 *987 75 10 96* – *www.casaalcon.es* – *Cerrado cena: lunes-jueves, cena: domingo*

VALL D'ALBA

Castellón – Mapa regional **11**–B1 – Mapa de carreteras Michelin n° 577-L29

✿ CAL PARADÍS

Chef: Miguel Barrera

CREATIVA · MARCO CONTEMPORÁNEO ⅏⅏⅏ Un maravilloso ejemplo de lo que es un cocinero honesto, comprometido y vocacional, no en vano... ¿cuántos maestros conocen con una Estrella MICHELIN?

Miguel Barrera, criado entre pucheros en el negocio familiar (El Paraíso), cumplió los deseos de sus padres haciendo Magisterio pero no pudo hacer oídos sordos a su instinto, por lo que también hizo Hostelería antes de regresar a casa. Tras un periodo de lógica continuidad tomó las riendas del restaurante, le cambió el nombre, realizó importantes reformas... y conquistó nuestros paladares con una cocina actual repleta de sabor, siempre fiel a las raíces castellonenses, a sus recuerdos y a los mejores productos Km 0. ¿Recomendaciones? No se pierda los Tomates "de penjar", sardina de bota y ajos a la brasa o su delicioso Arrocito de Castelló.

🎨 ✿ – Menú 45€ (almuerzo), 80/110€

Avenida Vilafranca 30 ✉ 12194 – ☎ 964 32 01 31 – www.calparadis.es – Cerrado lunes, martes, cena: miércoles-jueves, cena: domingo

LA VALL DE BIANYA
Girona – Mapa regional **9**–C1 – Mapa de carreteras Michelin nº 574-F37

✸ CA L'ENRIC
Chef: Jordi e Isabel Juncà

CREATIVA · DE DISEÑO 🗙🗙 Los hermanos Juncà (con Jordi e Isabel tras los fogones mientras Joan ejerce como jefe de sala y sumiller) defienden, con sutileza, tanto la historia de la casa como su personalidad, exaltando siempre el carácter de los bosques de la Vall de Bianya.

El hostal que aquí existió, a finales del s. XIX, ha dado paso a un fantástico espacio gastronómico, con una estética contemporánea que replantea contrastes entre el diseño y los materiales que nos conectan con el entorno (piedra, madera, piel...). La carta y los menús (Recuerdos en Evolución y Descubriendo el Valle) nos abren las puertas a una cocina creativa que, tomando como base la cocina tradicional catalana, ensalza los productos autóctonos de temporada. ¿Curiosidades? La bella bodega... ¡se halla en la antigua cisterna de agua de lluvia!

🎐 🕭 🎨 ✿ 🅿 – Menú 98/120€ – Carta 81/100€

Carretera Camprodón N 260 (km 91, Noroeste 2 km) ✉ 17813 – ☎ 972 29 00 15 – www.restaurantcalenric.cat – Cerrado lunes, cena: martes-viernes, cena: domingo

VALLADOLID
Valladolid – Mapa regional **8**–B2 – Mapa de carreteras Michelin nº 575-H15

✸ TRIGO
Chef: Víctor Martín

MODERNA · MARCO CONTEMPORÁNEO 🗙🗙 Toda la vida se ha dicho que el trigo era el oro de Castilla, por lo que la alusión a este mítico cereal puede verse como una metáfora de románticos valores.

El restaurante, a escasos pasos de la Catedral, refleja la pasión del chef Víctor Martín por los fogones. Junto a su mujer Noemí Martínez, sumiller de prestigio y responsable de sala, apuesta por una cocina contemporánea y creativa de firmes raíces tradicionales, construida siempre en base a su relación con los pequeños proveedores y a las fantásticas materias primas de la región (verduras de Tudela de Duero, pichones de Tierra de Campos, castañas de Cacabelos...); todo ello sin olvidarse, por supuesto, ni de los embutidos de su León natal ni de algún pescado de temporada. Déjese llevar y... ¡descubra también su espléndida bodega!

🎐 🎨 – Menú 55€

Tintes 8 ✉ 47002 – ☎ 983 11 55 00 – www.restaurantetrigo.com – Cerrado lunes, cena: domingo

⊛ LLANTÉN
TRADICIONAL · ACOGEDORA 🗙🗙 ¿Busca un restaurante con encanto? Este lo tiene, sin duda, pues se encuentra en una tranquila urbanización a las afueras de la ciudad y sorprende, gratamente, tanto por su entorno ajardinado como por su estética de aires ibicencos. Las salas, dominadas por la conjunción de tonos blancos, maderas vistas y la presencia de cálidas chimeneas, recrean el escenario perfecto para una cena en familia, con amigos o, para los más románticos, a la luz de las velas. En lo culinario apuestan por una simbiosis de la cocina tradicional e internacional, siempre con platos muy bien actualizados.

🎴 🎨 – Menú 49€ – Carta 34/50€

Encina 11 (Pinar de Antequera, Sur 6 km) ✉ 47153 – ☎ 983 24 42 27 – www.restaurantellanten.com – Cerrado lunes, cena: domingo

DÁMASO

MODERNA · AMBIENTE CLÁSICO XX Humildad, naturalidad, técnica... aquí todo gira en torno al chef Dámaso Vergara, el auténtico epicentro de la casa. ¡La sala se asoma al "tee" del hoyo 9 en el campo de golf!

⇐ 🍴 🌿 **P** – Menú 45€ – Carta 50/60€

Corbeta 1 (Club de Campo La Galera, Noroeste 4 km) ✉ 47009 – ☏ 655 09 99 55 – www.restaurantedamaso.es – Cerrado lunes, cena: martes-miércoles, cena: domingo

PACO ESPINOSA

PESCADOS Y MARISCOS · AMBIENTE CLÁSICO XX ¡En el barrio de La Victoria! Su carta contempla ibéricos, revueltos, guisos caseros... pero también magníficos pescados y mariscos, algo poco habitual sin ser puerto de mar.

🛇 🌿 – Menú 75€ – Carta 45/70€

Paseo Obregón 16 ✉ 47009 – ☏ 983 33 09 88 – Cerrado lunes, cena: domingo

ALQUIMIA

FUSIÓN · DE DISEÑO X Céntrico, joven y con dos ofertas muy distintas: el gastrobar, que también da servicio a la terraza, y el espacio llamado Laboratorio, con menús degustación más gastronómicos.

🐝 🍴 🌿 – Menú 28€ (almuerzo), 54/80€

Antigua 6 ✉ 47002 – ☏ 983 07 53 78 – www.alquimiavalladolid.es – Cerrado cena: lunes, martes, cena: domingo

5 GUSTOS

COCINA DE MERCADO · ACOGEDORA X Presenta un gastrobar y un coqueto comedor, donde... ¡se sentirá como en casa! La chef plantea una cocina tradicional actualizada, de mercado, con algún guiño a Sudamérica.

🌿 – Menú 50/60€ – Carta 40/60€

Torrecilla 8 ✉ 47003 – ☏ 983 45 43 04 – www.5gustos.com – Cerrado lunes, cena: domingo

JERO

TRADICIONAL · BAR DE TAPAS X Agradable, familiar y ubicado junto al edificio de Correos. Su barra, llena de pinchos y raciones, es toda una invitación. ¡Pruebe el Angelillo, la Cabra, su Mini Burguer...!

🌿 – Tapa 3€ – Ración 18€

Correos 11 ✉ 47001 – ☏ 983 35 35 08 – Cerrado cena: lunes, martes, cena: miércoles

VILLA PARAMESA

ACTUAL · TENDENCIA X Una casa familiar que, conservando su exitoso apartado de tapas, apuesta por una carta tradicional actualizada donde predominan las carnes y se ven guiños a otras latitudes.

🍴 🛇 🌿 – Menú 31/48€ – Carta 40/50€

Plaza Martí y Monsó 4 ✉ 47001 – ☏ 983 35 79 36 – www.villaparamesa.com – Cerrado domingo

VALLROMANES

Barcelona – Mapa regional **10**–B3 – Mapa de carreteras Michelin nº 574-H36

😊 CAN POAL

TRADICIONAL · FAMILIAR X Le gustará, pues ocupa una masía familiar que remonta sus orígenes al s. XIV. En su acogedor interior, con la cocina semivista y un ambiente rústico-actual, podrá degustar una cocina tradicional catalana donde se mima el producto de temporada, se cuidan las presentaciones y, con buen criterio, procuran respetar los sabores usando carnes ecológicas. Su carta contempla un buen menú, platos del día, deliciosos arroces, guisos... y la especialidad que les ha dado fama en la zona, el apartado de brasa en horno Josper. ¿Un plato de toda la vida? Sus deliciosas Manitas de cerdo rellenas de foie.

🏠 🅰 – Menú 25 € (almuerzo) – Carta 35/45 €

Avenida Vilassar de Dalt 1b ⊠ *08188 –* ☎ *935 72 94 34 – www.canpoal.cat –*
Cerrado cena: lunes-jueves, domingo

SANT MIQUEL

TRADICIONAL · ACOGEDORA 🟥🟥 Un negocio familiar dotado de dos comedores, uno funcional y el otro tipo jardín de invierno. Enriquece su carta tradicional
con menús temáticos de temporada. ¡Buena bodega!

🕸 🅰 ⇆ – Menú 25 € (almuerzo) – Carta 35/60 €

Plaza de l'Església 12 ⊠ *08188 –* ☎ *935 72 90 29 – www.stmiquel.cat – Cerrado lunes,*
cena: martes-jueves, cena: domingo

VALVERDE DEL CAMINO

Huelva – Mapa regional **1**–A2 – Mapa de carreteras Michelin n° 578-T9

😊 CASA DIRECCIÓN

COCINA DE MERCADO · MARCO CONTEMPORÁNEO 🟥🟥 Realmente fácil de
localizar, pues se halla en el acceso norte de la localidad, junto al bello caserón
de estilo inglés que hoy da cobijo al Museo Etnográfico (también llamado Casa
Dirección). Cuenta con un bar de tapas, donde podrá degustar los platos de la
carta en formato mini, y una sala acristalada que se asoma a la magnífica terraza,
con una zona ajardinada para los eventos y... ¡hasta un anfiteatro! Su joven chef
busca más gustar que sorprender, lo que se traduce en una cocina de temporada
puesta al día y elaborada con mimo. ¡Pruebe su Milhojas de foie, queso de cabra y
membrillo!

🏠 ♿ 🅰 – Menú 37/47 € – Carta 29/45 €

Avenida de la Constitución 98 ⊠ *21600 –* ☎ *959 55 13 34 –*
www.restaurantecasadireccion.com – Cerrado lunes, cena: domingo

VECINOS

Salamanca – Mapa regional **8**–A3 – Mapa de carreteras Michelin n° 575-J12

CASA PACHECO

TRADICIONAL · RÚSTICA 🟥🟥 Una longeva casa familiar que está estrechamente
vinculada al mundo taurino, muy presente también en su decoración. Cocina tradicional rica en carnes, bacalaos, chacinas...

🅰 – Carta 30/50 €

José Antonio 12 ⊠ *37452 –* ☎ *923 38 21 69 – www.restaurantecasapacheco.com –*
Cerrado cena: lunes, martes, cena: miércoles-domingo

LA VEGA

Asturias – Mapa regional **3**–C1 – Mapa de carreteras Michelin n° 572-B14

GÜEYU-MAR

PESCADOS Y MARISCOS · RÚSTICA 🟥 Una visita inexcusable si le gustan los
pescados a la brasa, pues aquí son de gran tamaño y excepcional calidad. El
nombre del negocio, en bable, significa "Ojos de mar".

🕸 ⬗ 🏠 ⇆ – Carta 50/90 €

Playa de Vega 84 ⊠ *33560 –* ☎ *985 86 08 63 – www.gueyumar.es – Cerrado lunes,*
martes, cena: miércoles-domingo

VEGA DE TIRADOS

Salamanca – Mapa regional **8**–A2 – Mapa de carreteras Michelin n° 575-I12

RIVAS

TRADICIONAL · MARCO CONTEMPORÁNEO 🟥🟥 Casa familiar con dos ambientes, uno moderno y otro más tradicional, que destaca por sus guisos, sus carnes a
la brasa y su variada bodega. ¡Celebran jornadas gastronómicas!

♿ 🅰 🅿 – Carta 45/60 €

Carretera 33 ⊠ *37170 –* ☎ *923 32 04 71 – www.restauranterivas.com – Cerrado lunes,*
martes, cena: miércoles-jueves, cena: domingo

VEJER DE LA FRONTERA
Cádiz – Mapa regional 1–A3 – Mapa de carreteras Michelin n° 578-X12

EL ALFÉREZ
TRADICIONAL · **MARCO CONTEMPORÁNEO** ⅹ Sabrosos mariscos, pescados de la lonja de Conil, una carta exclusiva dedicada al atún rojo de almadraba... ¡todo frente al mar! Déjese aconsejar por sus honestos propietarios.
🛋 🅰🅲 – Carta 35/60 €

Playa de El Palmar (Vejer Costa, Oeste 11 km) ⊠ 11159 – ☏ 956 23 28 61 – www.restauranteelalferez.com – Cerrado martes

TRAFALGAR
TRADICIONAL · **MARCO CONTEMPORÁNEO** ⅹ Resulta coqueto, con la cocina a la vista y la terraza montada en la turística plaza. Cocina tradicional andaluza actualizada: platos de atún, arroces, pescaíto frito, carnes...
🛋 🅰🅲 – Carta 25/40 €

Plaza de España 31 ⊠ 11150 – ☏ 956 44 76 38 – Cerrado martes

VELATE (PUERTO DE) – Navarra → Ver Belate (Puerto de)

VÉLEZ-MÁLAGA
Málaga – Mapa regional 1–C2 – Mapa de carreteras Michelin n° 578-V17

CHINCHÍN PUERTO ⓝ
PESCADOS Y MARISCOS · **AMBIENTE MEDITERRÁNEO** ⅹ Restaurante familiar que basa su éxito en la calidad del producto (lo adquieren directamente en la lonja) y en su respeto por el sabor. ¡Terraza frente al puerto deportivo!
🛋 🅰🅲 – Menú 35/65 € – Carta 25/75 €

Puerto Deportivo Caleta de Vélez (locales 3A y 4A, Sureste 5 km) ⊠ 29751 – ☏ 952 03 04 43 – Cerrado lunes, cena: martes-jueves, cena: domingo

VERA
Almería – Mapa regional 1–D2 – Mapa de carreteras Michelin n° 578-U24

JUAN MORENO
TRADICIONAL · **MARCO CONTEMPORÁNEO** ⅹⅹ Restaurante de línea actual ubicado en una zona industrial, cerca de la plaza de toros. Su chef propone una cocina de sabor tradicional, con la opción de varios menús y sugerencias diarias. ¡Organizan interesantes jornadas gastronómicas a lo largo del año!
⅍ 🅰🅲 ⇄ – Menú 27/60 € – Carta 35/58 €

Carretera de Ronda 3 ⊠ 04620 – ☏ 950 39 30 51 – www.restaurantejuanmoreno.es – Cerrado cena: martes, domingo

TERRAZA CARMONA
REGIONAL · **AMBIENTE TRADICIONAL** ⅹⅹ Un negocio familiar con renombre en la zona, pues siempre ha ensalzado la cocina regional y local. De sus instalaciones debemos destacar, por su solera, el salón principal.
🕸 ⅍ 🅰🅲 ⇄ 🅿 – Menú 26/47 € – Carta 27/49 €

Del Mar 1 ⊠ 04620 – ☏ 950 39 07 60 – www.terrazacarmona.com – Cerrado lunes

VIC
Barcelona – Mapa regional 9–C2 – Mapa de carreteras Michelin n° 574-G36

BARMUTET
TRADICIONAL · **BAR DE TAPAS** ⅹ A medias entre un pequeño bistró y una taberna. Carta de tapas y raciones muy variada, con platos a la brasa, mariscos, latas, encurtidos... así como numerosos vinos y vermús.
🛋 ⅍ 🅰🅲 – Tapa 7 € – Ración 14 €

De la Ciutat 2 ⊠ 08500 – ☏ 938 13 46 43 – www.barmutet.com – Cerrado lunes

BOCCATTI

PESCADOS Y MARISCOS · ACOGEDORA X Un negocio familiar que no ha dejado de ganar adeptos desde 1978. Ofrece una cocina de tinte marinero que destaca por sus pescados salvajes y sus mariscos. ¡Conviene reservar!

🍴 📅 – Carta 60/80 €

Mossèn Josep Gudiol 21 ✉ *08500 –* ☎ *938 89 56 44 – www.boccatti.es –*
Cerrado cena: lunes-miércoles, jueves, cena: viernes-domingo

VIELHA • VIELLA

Lleida – Mapa regional **9**–B1 – Mapa de carreteras Michelin n° 574-D32

🏵 EL NIU

TRADICIONAL · AMBIENTE CLÁSICO X Dicen los viajeros que comer bien y barato en el Val d'Aran no es fácil, por lo que esta reseña tiene aún más valor. Se encuentra junto a la carretera y esta llevado por una agradable pareja, con ella en la sala y él al frente de los fogones. Posee un comedor de línea clásica con profusión de madera, curiosos objetos de época y algún detalle cinegético. En su carta, rica en carnes y de tinte tradicional, encontrará platos tan sugerentes como las Colmenillas (o múrgulas) rellenas de foie, la famosa Olla aranesa o el contundente Chuletón de vaca rubia gallega. ¡Pruebe los platos fuera de carta!

🍴 – Menú 35/55 € – Carta 35/50 €

Deth Pònt 1 (Escunhau, por la carretera de Salardú, Este 3 km) ✉ *25539 –*
☎ *973 64 14 06*

ERA LUCANA

TRADICIONAL · AMBIENTE CLÁSICO XX Tiene un bar, decorado con fotos y galardones gastronómicos, un comedor principal de buen montaje y dos privados, todo con profusión de madera. Cocina tradicional actualizada.

🍴 📅 ⇄ – Menú 17/25 € – Carta 30/50 €

Avenida Alcalde Calbetó 10 (Edificio Portals d'Arán) ✉ *25530 –* ☎ *973 64 17 98 –*
www.eralucana.com – Cerrado lunes

ERA COQUÈLA

MODERNA · AMBIENTE CLÁSICO X Sencilla casa que toma su nombre de una antigua olla de hierro, típica del valle. Proponen una cocina evolucionada, con platos creativos que utilizan productos tradicionales.

♿ 📅 ⇄ – Menú 20 € (almuerzo), 28/30 € – Carta 36/50 €

Avenida Garona 29 ✉ *25530 –* ☎ *973 64 29 15 – www.eracoquela.com –*
Cerrado lunes

ES ARRAÏTZES

PERUANA · FAMILIAR X Debe su nombre a un término aranés que significa "raíces". Cocina de fusión en la que confluyen sabores peruanos, araneses y catalanes. ¡Menú degustación solo bajo encargo!

Carta 38/55 €

Plaza Major 7 (Garòs, por la carretera de Salardú, Este 5 km) ✉ *25539 –*
☎ *973 44 93 61 – www.esarraitzes.com – Cerrado martes*

ETH BISTRO

COCINA DE MERCADO · BISTRÓ X Íntimo local tipo bistró decorado con lámparas de diseño y unas curiosas cabezas de ciervo hechas de madera. Apuestan por una cocina moderna, accesible a través de dos menús.

📅 ⇄ – Menú 45/95 €

Paseo de la Libertat 18 ✉ *25530 –* ☎ *628 80 37 47 – www.bistrovielha.es –*
Cerrado lunes

VIGO

Pontevedra – Mapa regional **13**–A3 – Mapa de carreteras Michelin n° 571-F3

❀ MARUJA LIMÓN

Chef: Rafael Centeno

CREATIVA · **A LA MODA** XX ¿Puede alguien ajeno al orbe gastronómico hacerse con una Estrella MICHELIN? Por supuesto que sí. El chef Rafael Centeno, que hoy ejerce tras los fogones junto a Inés Abril y Daniel Alonso, es un magnífico ejemplo de ello; no en vano, este diplomado en relaciones laborales nunca había cocinado profesionalmente antes de abrir el restaurante (2001) y ha logrado su estatus con valentía y muchísimo esfuerzo, de una manera totalmente autodidacta.

Maruja Limón, el encantador local con cuyo nombre se quiso hacer un guiño a la suegra del chef, supone una experiencia divertida, libre y sin mantel que busca despertar emociones a pocos metros del paseo marítimo de Vigo, en base a los mejores productos gallegos de proximidad pero sin cerrarse, sorprendentemente, a otros sabores del mundo.

&. ⅯⅭ – Menú 78/98€

Montero Ríos 4 ✉ 36201 – ℰ 986 47 34 06 – www.marujalimon.es – Cerrado lunes, martes, domingo

❀ SILABARIO

Chef: Alberto González

MODERNA · **MARCO CONTEMPORÁNEO** XX Un restaurante que debe conocer tanto por la elaborada propuesta gastronómica como por su singular emplazamiento, bajo la vanguardista cúpula de acero y cristal (154 piezas triangulares) que cubre el señorial edificio donde se encuentra la sede del Real Club Celta de Vigo.

El chef vigués Alberto González, que defendió varios años la Estrella MICHELIN del Silabario que dirigía en Tui (Pontevedra), apuesta por esa "nueva cocina gallega" que respeta la tradición desde un punto de vista moderno y actual, construyendo sus platos en torno a la calidad del producto. Su carta, interesante y variada, se completa con un económico menú semanal al que denominan Berbés y dos más de degustación, uno corto al que llaman Tempo y otro más extenso bajo el apelativo Raíces. ¡Pida la Lamprea en temporada!

&. ⅯⅭ 🖵 ↔ – Menú 25/88€ – Carta 45/70€

Príncipe 44 ✉ 36202 – ℰ 986 07 73 63 – www.silabario.gal – Cerrado lunes, cena: domingo

⊛ ABISAL

COCINA DE MERCADO · **MARCO CONTEMPORÁNEO** XX Cautiva a todo aquél que lo visita, pues al espíritu elegante y contemporáneo del local hay que unir una propuesta fresca, técnica y bastante sorprendente. Aquí apuestan claramente por una cocina de mercado de tintes actuales, bien presentada y abierta en exclusiva a los productos con la mejor relación calidad/precio encontrados cada día, lo que obliga según las propias palabras del joven chef, Adrián Fuentes, a un constante ejercicio de "inspiración e improvisación". La oferta gastronómica se limita a unos menús degustación que varían constantemente, siempre divertidos y llenos de sabor.

&. ⅯⅭ – Menú 29/39€

Avenida de Hispanidade 83 ✉ 36203 – ℰ 986 17 45 47 – Cerrado lunes, cena: martes-miércoles, domingo

⊛ CASA MARCO

TRADICIONAL · **AMBIENTE CLÁSICO** XX Una opción más que interesante si lo que busca es una cocina tradicional elaborada que se alce, como alternativa, ante las consabidas mariscadas existentes por estos lares. En conjunto presenta un montaje de elegante línea clásica-actual, destacando la sala del fondo por tener un ventanal que permite ver las evoluciones del chef. La carta, que presenta un buen apartado de carnes, se enriquece con algunos arroces, pescados de mercado y apetecibles especialidades, como el Lomo de bacalao al horno encebollado con patatas panadera o la riquísima Sopa de chocolate blanco con helado de cítricos.

🆗 – Carta 35/45 €

Avenida García Barbón 123 ⊠ 36201 – ℰ 986 22 51 10 –
www.restaurantecasamarco.es – Cerrado domingo

😊 MORROFINO

MODERNA · SIMPÁTICA ✕ Un restaurante-taberna que sigue ganando adeptos entre los foodies. Resulta sorprendente, pues se presenta con una sencilla estética urbana y la cocina abierta tras la barra, ya que el chef quiere que los fogones sean los grandes protagonistas. ¿Qué proponen? Elaboraciones actuales, técnicas, divertidas... con tintes creativos y detalles de street food que respetan los sabores tradicionales. En la carta, bien apoyada por un menú degustación, encontrará platos para compartir y unas atractivas elaboraciones que, en algunos casos, miran hacia otros países a través de interesantes fusiones.

ᕫ 🆗 – Menú 40 € – Carta 35/42 €

Serafín Avendaño 4-6 ⊠ 36201 – ℰ 886 11 42 04 –
www.morrofinotaberna.com – Cerrado lunes, cena: martes, cena: domingo

ALAMEDA XXI

TRADICIONAL · A LA MODA ✕✕ Elegante y moderno. Su carta, tradicional actualizada, se completa con dos menús degustación y varias jornadas gastronómicas (atún rojo, bacalao noruego, arroces, setas...).

🍴 ᕫ 🆗 🍷 – Menú 20 € (almuerzo), 75/100 € – Carta 50/70 €

Hotel G. H. Nagari, Plaza de Compostela 21 ⊠ 36201 – ℰ 986 21 11 40 –
www.granhotelnagari.com

LA MESA DE CONUS 🔟

ACTUAL · TENDENCIA ✕✕ Atractivo, actual, diferente... y diseñado para comer en la barra, lo que hace recomendable la reserva. Cocina contemporánea de producto, con un único menú degustación sorpresa.

🆗 – Menú 45 €

San Roque 3 ⊠ 36200 – ℰ 698 17 48 73 –
www.lamesadeconus.com –
Cerrado lunes, cena: martes-miércoles, cena: domingo

DETAPAENCEPA

ACTUAL · AMBIENTE TRADICIONAL ✕ Dos negocios en uno: bar de tapeo y restaurante. En ambos espacios ofrecen la misma carta tradicional actualizada, con tapas, raciones y platos elaborados. ¡Excelente bodega!

🆗 – Menú 18/45 € – Carta 30/50 €

Ecuador 18 ⊠ 36203 – ℰ 986 47 37 57 –
www.detapaencepa.com – Cerrado domingo

KERO

PERUANA · SENCILLA ✕ El nombre rememora la cultura inca y la cocina apuesta claramente por la fusión, con platos de alma peruana en base a producto gallego. ¡Pregunte por sus menús degustación!

🍴 ᕫ 🆗 – Menú 38/48 € – Carta 35/45 €

Castelar 6 ⊠ 36201 – ℰ 886 12 40 66 –
www.kerococinaperuana.com – Cerrado lunes, domingo

KITA

JAPONESA · MINIMALISTA ✕ Sencilla línea minimalista, técnicas y cortes nipones, el fabuloso producto gallego... y un nombre japonés tras cuyo significado (Norte) se esconden varios guiños e intenciones.

ᕫ 🆗 – Menú 46 € – Carta 40/60 €

Avenida de Hispanidade 89 ⊠ 36203 – ℰ 986 91 36 75 –
www.new.restaurantekita.com – Cerrado lunes, martes, almuerzo: domingo

VILABLAREIX

Girona – Mapa regional **10**–A1 – Mapa de carreteras Michelin nº 574-G38

MAS MARROCH

ACTUAL · **AMBIENTE MEDITERRÁNEO** ⅩⅩ Antigua masía ubicada en un entorno verde y tranquilo, con un espacio singular bajo una gran cúpula. ¡Todo un viaje culinario por los platos más icónicos de los hermanos Roca!

🖩 ⇔ 🅿 – Carta 50/75€

Pla del Marroc 6 ✉ *17180 –* ☏ *972 39 42 34 – www.masmarroc.com – Cerrado lunes, almuerzo: martes-sábado, domingo*

VILABOA

Pontevedra – Mapa regional **13**–B3 – Mapa de carreteras Michelin nº 571-E4

MAURO

TRADICIONAL · **ACOGEDORA** ⅩⅩ Singular, pues se encuentra en el pantalán y tiene un marcado carácter panorámico. Carta tradicional gallega, con mariscos y varios arroces. ¡Idílicas terrazas sobre la ría!

≤ 🕿 & 🖩 ⇔ – Carta 50/70€

Muelle de San Adrián de Cobres 35 (San Adrián de Cobres, Suroeste 7,5 km) ✉ *36142 –* ☏ *986 67 25 81 – www.maurorestaurante.es – Cerrado lunes, cena: domingo*

VILADECAVALLS

Barcelona – Mapa regional **10**–A3 – Mapa de carreteras Michelin nº 574-H35

RISTOL LA FONDA

CATALANA · **AMBIENTE CLÁSICO** ⅩⅩ Llevado con profesionalidad por la familia Ristol, en el mundo de la restauración desde 1905. Ofertan una cocina tradicional catalana, con algún toque actual, y varios menús.

🕿 & 🖩 ⇔ 🅿 – Menú 21/32€ – Carta 30/55€

Antoni Soler Hospital 1 ✉ *08232 –* ☏ *93 788 29 98 – www.ristol.com – Cerrado cena: lunes, martes, cena: miércoles-domingo*

VILALBA

Lugo – Mapa regional **13**–C1 – Mapa de carreteras Michelin nº 571-C6

MESÓN DO CAMPO

TRADICIONAL · **RÚSTICA** ⅩⅩ Un restaurante de referencia en la región. Aquí le propondrán una cocina de base tradicional con pinceladas actuales e interesantes jornadas gastronómicas a lo largo del año.

🕸 🕿 🖩 – Menú 50/70€ – Carta 40/70€

Plaza San Juan 10 ✉ *27800 –* ☏ *982 51 02 09 – www.mesondocampo.com – Cerrado martes, miércoles*

VILAMARÍ

Girona – Mapa regional **9**–C3 – Mapa de carreteras Michelin nº 574-F38

🕲 CAN BOIX

REGIONAL · **RURAL** Ⅹ ¿Le apetece genuina cocina catalana? En este acogedor restaurante familiar, a pie de carretera y con las paredes en piedra, ofrecen esa autenticidad que tanto busca, pues lo mejor de los negocios rurales es que suelen huir de lo superfluo para crecer desde la honestidad. Aquí los hermanos Boix, Jordi y Albert, apuestan decididamente por los guisos tradicionales de mar y montaña, las carnes a la parrilla de leña natural y, sobre todo, la elaboración de algún arroz realmente exquisito, un plato que nunca falta en sus menús. ¡Trabajan con producto de temporada de los huertos vecinales!

🕿 🖩 ⇔ 🅿 – Menú 16€ (almuerzo)/30€ – Carta 30/70€

Carretera de Banyoles a l'Escala ✉ *17468 –* ☏ *972 56 10 05 – www.boixrestaurantvilamari.com – Cerrado cena: lunes-viernes, domingo*

VILLALBA DE LA SIERRA

Cuenca – Mapa regional **7**–C2 – Mapa de carreteras Michelin nº 576-L23

🌣 MESÓN NELIA

REGIONAL · FAMILIAR ✕✕ Una casa con buen nombre en la zona, pues aquí el oficio de restaurador ha pasado de padres a hijos durante tres generaciones. Disfruta de un bar moderno-funcional, donde también sirven la carta diaria, un comedor con chimenea y un enorme salón para eventos. El chef-propietario propone una actualización de la cocina tradicional conquense, por lo que ofrece platos como la Copita de ajoarriero con albaricoque, el Bacalao con pisto manchego o las Manitas de cerdo rellenas de queso de cabra. El entorno, a orillas del Júcar, resulta sumamente atractivo. ¡También gestionan varias casas rurales!

🌣 🄰🄲 ⇔ 🅿 – Carta 30/45€

Carretera Cuenca-Tragacete (km 21) ✉ *16140 –* 🕻 *969 28 10 21 –*
www.mesonnelia.com – Cerrado cena: lunes-martes, miércoles

VILLALCÁZAR DE SIRGA

Palencia – Mapa regional **8**–B2 – Mapa de carreteras Michelin nº 575-F16

MESÓN DE LOS TEMPLARIOS

REGIONAL · RÚSTICA ✕ Tradición, sentimiento, folclore... ¡descubra uno de los mesones con más tipismo del Camino de Santiago! Aquí la especialidad es el Lechazo castellano, asado en horno de leña.

🄰🄲 – Carta 25/40€

Plaza Mayor ✉ *34449 –* 🕻 *979 88 80 22 –*
www.mesondevillasirga.com – Cerrado cena: lunes-jueves

VILLALLANO

Palencia – Mapa regional **8**–C1 – Mapa de carreteras Michelin nº 575-D17

TICIANO

MODERNA · RÚSTICA ✕✕ Instalado en unas antiguas cuadras, donde ofrecen una carta tradicional actualizada que destaca por sus carnes. ¡Originales jornadas gastronómicas dedicadas a las galletas!

🌣 🄰🄲 – Menú 15€ (almuerzo) – Carta 30/60€

Concepción ✉ *34815 –* 🕻 *979 12 36 10 –*
www.ticiano.es – Cerrado lunes, cena: martes-jueves, cena: domingo

VILLANOVA

Huesca – Mapa regional **2**–D1 – Mapa de carreteras Michelin nº 574-E31

🌣 CASA ARCAS

CREATIVA · ACOGEDORA ✕✕ Se halla en un hotelito rural del valle de Benasque y resulta cautivador. La pareja al frente, Ainhoa Lozano y David Beltrán (conocido como Tauste), demuestra profesionalidad y pasión, la propia de quienes se han formado con el maestro Martín Berasategui (David, de hecho, es jefe de cocina en su restaurante de Lasarte y desde allí marca las pautas sobre lo que aquí se ofrece). La sala, con chimenea y bellas vistas, es el escenario perfecto para degustar una cocina creativa de intenso sabor, basada en un menú sorpresa que exalta los productos aragoneses y cambia a diario en función del mercado.

⇐ 🅿 – Menú 28/35€

Hotel Casa Arcas, Carretera A-139 (km 51) ✉ *22467 –* 🕻 *974 55 33 78 –*
www.hotelcasaarcas.com – Cerrado lunes, martes, cena: miércoles, cena: domingo

VILLANUEVA DE SAN CARLOS

Ciudad Real - Mapa regional **7**-B3 - Mapa de carreteras Michelin nº 576-Q18

LA ENCOMIENDA

REGIONAL · MARCO REGIONAL 🛠 Una casa de carácter manchego que parece anclada en el tiempo, no en vano... ¡ocupa una antigua quesería! Cocina regional de sabor casero, con platos como el Arroz con perdiz.

🗣 🎬 ✿ – Menú 18 € (almuerzo) – Carta 30/40 €

Queipo de Llano 34 ⊠ 13379 – ℰ 926 87 91 69 – www.laencomiendarestaurante.com – Cerrado cena: lunes-jueves, cena: domingo

VILLARROBLEDO

Albacete - Mapa regional **7**-C2 - Mapa de carreteras Michelin nº 576-O22

🏵 AZAFRÁN

REGIONAL · AMBIENTE CLÁSICO 🛠🛠 Estamos seguros de que le enamorará, pues la chef Teresa Gutiérrez, que también ejerce como embajadora de la D.O.P. Azafrán de La Mancha, ha sabido combinar los recios sabores manchegos, las técnicas más actuales y una inequívoca femineidad; no en vano, el equipo está formado íntegramente por mujeres. La carta, de cocina actual y base regional, se completa con dos interesantes menús, el más completo de tipo degustación. Descubra el pan artesano, los quesos manchegos, las posibilidades de la caza en temporada y, cómo no, los platos de su carta dulce, lo que la chef llama... ¡sus "galguerías"!

🛠 🎬 ✿ – Menú 20 € (almuerzo)/64 € – Carta 35/58 €

Avenida Reyes Católicos 71 ⊠ 02600 – ℰ 967 14 52 98 – www.azafranvillarrobledo.com – Cerrado lunes, cena: martes-jueves, cena: domingo

VILLAVERDE DE PONTONES

Cantabria - Mapa regional **6**-B1 - Mapa de carreteras Michelin nº 572-B18

🏵🏵🏵 CENADOR DE AMÓS

Chef: Jesús Sánchez

MODERNA · ACOGEDORA 🛠🛠 Desvele los secretos ocultos en la Casa-Palacio Mazarrasa (1756), un templo culinario que... ¡emociona y deja huella!

La experiencia, con acogida y aperitivos en la terraza, culmina felizmente en unos elegantes comedores de línea rústica-actual. El chef Jesús Sánchez, siempre con su icónica gorra y el inestimable apoyo de Marián Martínez (su mujer y jefa de sala), se muestra fiel a los productos autóctonos (ganado vacuno de raza Tudanca, anchoas del Cantábrico, los maravillosos panes elaborados por ellos mismos y fermentados con masa madre...) para buscar, a través de sus menús (Evoca y Percibe), un sincero homenaje al entorno, a la identidad y a esa vehemente labor de investigación que se esconde tras cada bocado, aglutinándolo todo bajo un definitorio "hashtag": #EsencialidadCompleja.

🏵 *El compromiso del Chef:* "Respetamos la estacionalidad de los productos ecológicos que cultivamos en nuestro huerto y trabajamos con productores locales, pues apoyamos el concepto de economía circular. También hemos creado una comunidad solar, así que compartimos energía con nuestros vecinos."

🛠 🎬 ✿ 🅿 – Menú 197/235 €

Plaza del Sol 15 ⊠ 39793 – ℰ 942 50 82 43 – www.cenadordeamos.com – Cerrado lunes, martes, cena: miércoles-jueves, cena: domingo

VILLAVICIOSA

Asturias - Mapa regional **3**-B1 - Mapa de carreteras Michelin nº 572-B13

LENA

TRADICIONAL · RÚSTICA 🛠 Se definen, con acierto, como una sidrería gastronómica, pues refleja el tipismo de esos locales y una cocina tradicional asturiana de mucho nivel. ¡Extensa carta de sidras!

🛋 🆒 – Carta 30/50€

*Cervantes 2 ✉ 33300 – ℰ 984 83 31 97 – www.sidrerialena.com – Cerrado lunes,
cena: domingo*

VILLAVICIOSA DE ODÓN

Madrid – Mapa regional **15**–A2 – Mapa de carreteras Michelin n° 575-K18

EL QUINTO SABOR

CREATIVA · ACOGEDORA ✕✕ Un auténtico oasis gastronómico, pues está
rodeado de naves industriales. Sorprende tanto por los sabores como por la
puesta en escena de los platos, algunos muy detallistas.

🆒 ✿ – Menú 30/65€

*Avenida de Quitapesares 17 ✉ 28670 – ℰ 910 28 38 78 – www.r5s.es –
Cerrado lunes, cena: martes-jueves, cena: domingo*

VILLENA

Alicante – Mapa regional **11**–A3 – Mapa de carreteras Michelin n° 577-Q27

🏵 LA TEJA AZUL

TRADICIONAL · RÚSTICA ✕ Sorprende para bien, pues está instalado en casa de
muros centenarios con gran presencia de piedra y vigas de madera. La amable
pareja al frente, Antonio desde la cocina y Pepi al frente de la sala, defiende
desde hace más de 20 años una cocina tradicional mediterránea de esas que enamoran, pues acuden a las mejores materias primas del entorno para replicar su
recetario desde el cariño y la honestidad. ¿Qué encontrará? Unos cuidados
entrantes, pescados y mariscos de la lonja de Santa Pola, unas sabrosas carnes a
la brasa... y, sobre todo, unos maravillosos arroces. ¡Buen menú degustación!

🆒 – Menú 36€ (almuerzo), 40/60€ – Carta 30/45€

*Sancho Medina 34 ✉ 03400 – ℰ 965 34 82 34 – www.latejaazul.com –
Cerrado cena: lunes, martes, cena: miércoles-jueves, cena: domingo*

VILLOLDO

Palencia – Mapa regional **8**–B2 – Mapa de carreteras Michelin n° 575-F16

ESTRELLA DEL BAJO CARRIÓN

TRADICIONAL · MARCO CONTEMPORÁNEO ✕✕ Recrea una atmósfera muy
acogedora, con un salón de uso polivalente y un luminoso comedor de estética
actual. Cocina tradicional con toques actuales y buenas presentaciones. Las habitaciones tienen un estilo bastante moderno, con detalles rústicos y de diseño.

🛋 🅰 🆒 🅿 – Carta 45/65€

*Mayor 32 ✉ 34131 – ℰ 979 82 70 05 – www.estrellabajocarrion.com – Cerrado lunes,
cena: domingo*

VITORIA - GASTEIZ

Álava – Mapa regional **18**–A2 – Mapa de carreteras Michelin n° 573-D21

🏵 ZABALA

ACTUAL · MARCO CONTEMPORÁNEO ✕✕ Se encuentra en la turística zona de
Los Arquillos, a pocos pasos de la Plaza Mayor, y tras su atractiva entrada en piedra sorprende con dos espacios bien diferenciados: uno, al nivel de la calle, que
llama la atención por el uso de la madera a modo de ondas, todo con una estética contemporánea muy cuidada, y el otro en la planta superior, con varios
comedores de superior montaje, un privado y una sala que destaca por estar
cubierta por una gran bóveda. Carta de cocina tradicional no exenta de detalles
actuales, siempre en base a unos productos escogidos. ¡Solo hay menú los días
laborables!

🆒 – Menú 22/55€ – Carta 30/48€

Mateo Benigno de Moraza 9 ✉ 01001 – ℰ 945 23 00 09 – www.restaurantezabala.es

ANDERE

TRADICIONAL · AMBIENTE CLÁSICO 🟂🟂 Se halla en pleno centro y es considerado un clásico... eso sí, hoy bien actualizado y con un bello patio cubierto a modo jardín de invierno. Cocina tradicional puesta al día.

🏠 🅰🅺 ↻ – Menú 45/75€ – Carta 55/75€

Gorbea 8 ✉ 01008 – ☎ 945 21 49 30 – www.restauranteandere.com –
Cerrado cena: lunes-martes, cena: domingo

ZALDIARÁN

ACTUAL · ELEGANTE 🟂🟂 Un clásico de la hostelería alavesa... ¡bien actualizado! Presenta una zona de picoteo informal y un elegante comedor, donde ofrecen cocina actual con sutiles notas de autor.

🅰🅺 ↻ – Menú 70/80€ – Carta 60/70€

Avenida Gasteiz 21 ✉ 01008 – ☎ 945 13 48 22 – www.restaurantezaldiaran.com –
Cerrado lunes, martes, miércoles, cena: jueves-viernes, cena: domingo

EL CLARETE

MODERNA · ACOGEDORA 🟂🟂 Está llevado entre hermanos y presenta un aspecto actual, con una bodega acristalada en una sala y la cocina semivista en la otra. Interesantes menús de línea actual-creativa.

🅰🅺 – Menú 56€

Cercas Bajas 18 ✉ 01008 – ☎ 945 26 38 74 – www.elclareterestaurante.com –
Cerrado cena: lunes-jueves, domingo

PERRETXICO

TRADICIONAL · BAR DE TAPAS 🟂 ¡Junto al casco antiguo! En este bar de tapas, moderno con detalles rústicos, encontrará unos pinchos de excelente factura y la posibilidad de tomar tanto raciones como menús.

♿ 🅰🅺 – Tapa 2€ – Ración 8€

San Antonio 3 ✉ 01005 – ☎ 945 13 72 21 – www.perretxico.es

VIVEIRO

Lugo – Mapa regional **13**–C1 – Mapa de carreteras Michelin nº 571-B7

NITO

TRADICIONAL · ELEGANTE 🟂🟂 Se presenta con un bar, una gran sala y una atractiva terraza, esta última concebida como un maravilloso balcón a la ría. Cocina tradicional basada en la calidad del producto.

🕸 ⬉ 🏠 🅰🅺 ↻ 🅿 🍴 – Carta 45/75€

Playa de Area 1 (Hotel Ego, por la carretera C 642, Norte 4 km) ✉ 27850 –
☎ 982 56 09 87 – www.hotelego.es

XÀBIA • JÁVEA

Alicante – Mapa regional **11**–B2 – Mapa de carreteras Michelin nº 577-P30

🏵 🏵 BONAMB

Chef: Alberto Ferruz

CREATIVA · A LA MODA 🟂🟂 Están de enhorabuena, pues... ¡no todo el mundo celebra su 10º aniversario en la cresta de la ola!

El espacio, una casa de campo restaurada con un precioso entorno ajardinado, es tan singular como la propia propuesta del chef Alberto Ferruz (tutela también Casa Pepa, en Ondara, con una Estrella MICHELIN), un hombre que siempre mira al Mediterráneo y a la Marina Alta alicantina para que sus magníficos pescados y mariscos, sus prolíficos huertos, las hierbas del Montgó... sean los indiscutibles protagonistas. ¿Qué encontrará? Dos menús degustación de tinte creativo denominados I (10 pases) y X (12 pases), ambos con una sorprendente oferta de aperitivos, platos de enorme calidad y la opción de maridaje, pues también intenta que descubramos el territorio degustando los vinos de la zona.

⊛ 🏠 🎬 ⇔ 🅿 – Menú 90/160€

Carretera de Benitachell 100 (Suroeste 2,5 km) ✉ 03730 – ☏ 965 08 44 40 – www.bonamb.com – Cerrado lunes, martes

❀ TULA

Chef: Borja Susilla

COCINA MEDITERRÁNEA · BISTRÓ ✗ Cuando todo el mundo habla mil maravillas de un restaurante es, sin duda, porque... ¡están haciendo las cosas muy bien!

En este sencillo local, ubicado frente a la playa del Arenal, la pareja formada por Borja Susilla y Clara Puig ofrece unas apetitosas elaboraciones en las que se nota su paso por grandes casas, no en vano... ¡se conocieron durante su etapa de formación con el chef Quique Dacosta! Encontrará abundantes sugerencias de mercado (con pescados sacrificados mediante "Ike Jime", una técnica japonesa que intensifica el sabor) y muchos platos pensados para que los deguste en formato de medias raciones. No deje de probar su Arroz con leche caramelizado, un postre que ofrecen como homenaje a su paso, también, por el laureado Casa Gerardo de Prendes, en el Principado de Asturias.

🎬 – Carta 40/70€

Avenida de la Llibertat 36 (Playa del Arenal, 3 km) ✉ 03730 – ☏ 966 47 17 45 – www.tularestaurante.com – Cerrado lunes, martes

LA PERLA DE JÁVEA

TRADICIONAL · MARCO CONTEMPORÁNEO ✗✗ ¡En pleno paseo marítimo! Este negocio familiar, reformado y con vistas, ofrece una cocina tradicional especializada en arroces, con hasta 14 variantes, y pescados de lonja.

≼ ♿ 🎬 – Menú 30€ (almuerzo)/50€ – Carta 30/45€

Avenida de la Llibertat 21 (Playa del Arenal, 3 km) ✉ 03730 – ☏ 966 47 07 72 – www.laperladejavea.com – Cerrado lunes

TOSCA

COCINA MEDITERRÁNEA · ACOGEDORA ✗✗ Toma su nombre del tipo de piedra autóctona que viste su interior y sorprende con una agradable terraza, esta última... ¡con vistas al canal! Cocina mediterránea puesta al día.

🏠 ♿ 🎬 – Menú 25/50€ – Carta 35/50€

Avenida del Mediterráneo 238 (Edificio Costa Blanca, Playa del Arenal, 2 km) ✉ 03730 – ☏ 965 79 31 45 – www.toscarestaurante.com – Cerrado lunes, cena: domingo

XERTA

Tarragona – Mapa regional **9**-A3 – Mapa de carreteras Michelin nº 574-J31

❀ VILLA RETIRO

Chef: Fran López

CREATIVA · ACOGEDORA ✗✗✗ Realice un mágico viaje a los sabores del Baix Ebre, en Tarragona, una tierra que siempre sorprende por su ignota belleza.

En este restaurante, ubicado en las antiguas caballerizas del resort indiano Villa Retiro, el chef Fran López conquista nuestro paladar con un mundo culinario que ve en el Delta del Ebro su fuente de inspiración. A través de sus menús propone una cocina tradicional, creativa y de mercado que replantea los sabores habituales en esta tierra (los famosos arroces del Delta, diferentes pescados de lonja, el invasor cangrejo azul...) para enriquecer la cocina con múltiples toques personales, técnicas modernas, detalles contemporáneos... y algún que otro trampantojo que busca jugar con el comensal. ¡El propio padre del chef adquiere el mejor producto en las lonjas locales!

⊛ ≼ 🏠♿ 🎬 ⇔ 🅿 – Menú 60/125€

Hotel Villa Retiro, Dels Molins 2 ✉ 43592 – ☏ 977 47 38 10 – www.hotelvillaretiro.com – Cerrado lunes, cena: domingo

XINORLET • CHINORLET

Alicante – Mapa regional **11**–A3 – Mapa de carreteras Michelin nº 577-Q27

🏶 ELÍAS

REGIONAL · AMBIENTE CLÁSICO XX Una casa de larga trayectoria familiar que ha sabido adaptarse a nuestros días sin perder sus raíces. Se halla en el centro del pueblo, tras una sobria fachada, presentándose con un cuidado interior de línea actual, una vinoteca acristalada y la zona de brasas a la vista. Aquí, lo más admirable es el respeto que muestran hacia los platos regionales de siempre, por eso muchos se cocinan directamente sobre sarmientos. Su especialidad son los arroces (el de conejo y caracoles está impresionante), aunque también ofrecen platos típicos, como las Almendras tostadas o la Gachamiga, que debe probar.

🅶 🆔 ⇔ 🅿 – Menú 45/75€ – Carta 33/46€

*Rosers 7 ⊠ 03649 – ℰ 966 97 95 17 – www.restauranteelias.es –
Cerrado cena: lunes-sábado, domingo*

YECLA

Murcia – Mapa regional **16**–B1 – Mapa de carreteras Michelin nº 577-Q26

BARAHONDA 🕕

MODERNA · ACOGEDORA XX Dentro de la bodega Señorío de Barahonda y... ¡con vistas a las vides! Ofrecen, bajo el formato de menús degustación, una cocina del terreno vista con los ojos de la actualidad.

🆔 ⇔ 🅿 – Menú 35/70€

*Carretera de Pinoso (km 3, Bodega Señorío de Barahonda) ⊠ 30510 –
ℰ 968 75 36 04 – www.barahonda.com – Cerrado lunes, cena: martes-jueves,
cena: domingo*

ZAFRA

Badajoz – Mapa regional **12**–B3 – Mapa de carreteras Michelin nº 576-Q10

🏶 EL ACEBUCHE

TRADICIONAL · A LA MODA X Una gran opción por encontrarse en la zona más turística de Zafra, entre la Plaza España y el monumental Parador (castillo-palacio del s. XV). Viendo la terracita de la entrada y la fachada puede parecernos un moderno gastrobar; sin embargo, nada más acceder al interior veremos que presenta la estética de un restaurante, con un comedor actual-funcional no exento de algún que otro detalle de diseño. ¿Su propuesta? Una cocina tradicional actualizada a precios moderados, con algún plato emblemático como el Rabo de toro estofado. Déjese guiar y... ¡pruebe también los vinos de la zona!

🛋 🅶 🆔 – Menú 30€ – Carta 33/40€

Santa Marina 3 ⊠ 06300 – ℰ 924 55 33 20 – Cerrado lunes, cena: domingo

LA REBOTICA

TRADICIONAL · ACOGEDORA XX En el casco viejo, donde sorprende con la estética de una casa antigua. Cocina tradicional actualizada, trabajando mucho las carnes y el bacalao. ¡Descubra su Arroz meloso!

🆔 – Menú 40/65€ – Carta 35/65€

*Botica 12 ⊠ 06300 – ℰ 924 55 42 89 – www.lareboticazafra.com – Cerrado lunes,
cena: domingo*

ZAHARA DE LOS ATUNES

Cádiz – Mapa regional **1**–B3 – Mapa de carreteras Michelin nº 578-X12

LA TABERNA DE EL CAMPERO

TRADICIONAL · ACOGEDORA X Una preciosa taberna que ensalza el ambiente marinero de la localidad. El atún rojo de almadraba es el gran protagonista, con bastantes platos en versión de tapas y raciones.

🛋 🅶 🆔 – Carta 35/45€

*María Luisa 6 ⊠ 11393 – ℰ 956 43 90 36 – www.latabernadelcampero.com –
Cerrado lunes*

TRASTEO
MODERNA · BAR DE TAPAS X Un gastrobar de ambiente simpático e informal, pues se decora con enseres reciclados. Cocina de corte actual bien elaborada, fresca y ligera, basada en platos y medios platos.

🌱 🅰🅒 – Tapa 7€ – Ración 15€ – Carta 32/47€

María Luisa 24 ⊠ 11393 – ☎ 956 43 94 78 – Cerrado martes

ZAMORA
Zamora – Mapa regional **8**-B2 – Mapa de carreteras Michelin nº 575-H12

😊 TABERNA CUZEO 🆕
TRADICIONAL · TENDENCIA X Esta casa, ubicada en una concurrida calle peatonal del casco antiguo zamorano, supone una gran oportunidad para degustar platos locales, setas en temporada y, sobre todo, elaboraciones en torno a la caza (perdiz, jabalí, ciervo, corzo...); no en vano, el joven chef-propietario trabajó un tiempo en el restaurante Lera (Castroverde de Campos), uno de los templos de la cocina cinegética en España. Encontrará un local de aspecto rústico-moderno, con una barra a la entrada y varios comedores de pequeño tamaño, así como una carta tradicional actualizada que se completa con un buen menú degustación.

🅰🅒 – Menú 45€ – Carta 30/45€

Rúa de los Francos 6 ⊠ 49001 – ☎ 980 50 98 86 – Cerrado cena: lunes, martes

LASAL
TRADICIONAL · BAR DE TAPAS X Un gastrobar, céntrico y popular, que está acostumbrado a trabajar con productos estacionales de proximidad. Aquí las verduras y las presentaciones toman enorme protagonismo.

Ración 18€ – Carta 30/45€

Los Herreros 29 ⊠ 49001 – ☎ 615 63 23 36 – Cerrado lunes,
almuerzo: martes-domingo

ZARAGOZA
Zaragoza – Mapa regional **2**-B2 – Mapa de carreteras Michelin nº 574-H27

✿ CANCOOK
Chef: Ramcés González
CREATIVA · MARCO CONTEMPORÁNEO XX Se halla en el entorno de La Romareda y no deja de ganar adeptos, pues el tándem formado por Ramcés González (tras los fogones) y Diego Millán (jefe de sala y sumiller) sabe conquistar el paladar del comensal.

Tras llamar al timbre, le acompañarán al luminoso comedor del primer piso, donde ofrecen una cocina moderna y divertida que solo ve la luz a través de tres menús degustación (Esencia, Gran Menú y Festival), pues siempre han defendido que una experiencia culinaria exige este formato para apreciarse o disfrutarse en su totalidad. La propuesta, no exenta de algún guiño caribeño que nos recuerda los orígenes cubanos del chef, toma forma en base a las mejores materias primas de Aragón (en muchas ocasiones provienen de su propio huerto en Garrapinillos, a las afueras de Zaragoza).

🅰🅒 🖢 – Menú 65€ (almuerzo), 85/110€

Juan II de Aragón 5 ⊠ 50009 – ☎ 976 23 95 16 – www.cancookrestaurant.com –
Cerrado lunes, martes, cena: domingo

✿ LA PRENSA
Chef: Marisa Barberán
CREATIVA · MARCO CONTEMPORÁNEO XX Lo que despuntando los años 70 empezó siendo un despacho de vinos se convirtió, poco a poco, en un restaurante de referencia para la gastronomía maña. Aquí, el tándem formado por la chef Marisa Barberán y su marido, David Pérez (jefe de sala y sumiller), ha dado alas a una casa que hoy construye su filosofía desde un precepto claro: el amor por el trabajo bien hecho.

En su comedor, minimalista con detalles de diseño, podrá degustar una cocina actual-creativa basada en dos menús degustación. Las raíces de su propuesta beben de la honestidad, de utilizar los mejores productos de temporada que da esta tierra y del pleno dominio de las técnicas actuales, pues estas permiten jugar con los sabores, los colores y las texturas en favor de unos platos mucho más vanguardistas y expresivos.

&& 🖾 – Menú 70/95€

José Nebra 3 ⊠ 50007 - 𝒞 976 38 16 37 – www.restaurantelaprensa.com –
Cerrado lunes, martes, cena: miércoles, domingo

QUEMA

MODERNA · DE DISEÑO XX Se encuentra junto al formidable edificio del IAACC Pablo Serrano (Instituto Aragonés de Arte y Cultura Contemporáneos) y no debemos dejarnos engañar por su aparente funcionalidad, pues con esta solo se busca ofrecer calidad a un precio más moderado. Combina el diseño informal y el carácter polivalente para ofrecer una carta-menú de gusto actual a precios cerrados, con muchos platos para elegir y la posibilidad de ver como se hacen las elaboraciones en la cocina, que está acristalada al otro lado de la barra. ¡La mitad de los vinos que ofrecen son de la región!

&. – Menú 35/50€ – Carta 35/50€

Paseo María Agustín 20 ⊠ 50004 - 𝒞 976 43 92 14 – www.restaurantequema.com –
Cerrado lunes, cena: martes, domingo

EL CHALET

TRADICIONAL · AMBIENTE CLÁSICO XXX Su ubicación en una villa permite la distribución de sus salas y privados en dos plantas, siempre con una ambientación clásica-moderna y detalles de elegancia. Cocina de corte actual con platos tradicionales. ¡No se pierda su Steak tartar!

🏠 🖾 ⇔ – Menú 35/50€ – Carta 35/55€

Santa Teresa de Jesús 25 ⊠ 50006 - 𝒞 976 56 91 04 –
www.elchaletrestaurante.com – Cerrado lunes, cena: domingo

NOVODABO

MODERNA · AMBIENTE CLÁSICO XXX Restaurante gastronómico ubicado en una céntrica casa-palacio. Ofrecen una cocina de gusto actual y elegantes detalles, como los bellos frescos o sus altos techos artesonados.

🏠 🖾 ⇔ – Menú 25€ (almuerzo)/50€

Plaza de Aragón 8 ⊠ 50004 - 𝒞 976 56 78 46 – www.novodabo.com –
Cerrado cena: lunes-jueves, domingo

CASA LAC

TRADICIONAL · HISTÓRICA X ¡Aquí las verduras son las protagonistas! El local, con mucha historia, atesora la licencia más antigua de España como restaurante (1825). Agradable bar de tapas y dos salones, destacando el del piso superior por su ambiente decimonónico.

🏠 🖾 ⇔ – Menú 43€ – Carta 40/50€

Mártires 12 ⊠ 50003 - 𝒞 976 39 61 96 – www.restaurantecasalac.es – Cerrado lunes,
cena: martes, cena: domingo

CASA PEDRO

TRADICIONAL · MARCO CONTEMPORÁNEO X Llevado con brío entre dos hermanos, ambos cocineros, que se están haciendo un nombre en diferentes concursos culinarios. Cocina tradicional actualizada con guiños de autor.

🖾 ⇔ – Menú 45€ – Carta 36/49€

Cadena 6 ⊠ 50001 - 𝒞 976 29 11 68 – www.casapedrogastrobar.com –
Cerrado domingo

CRUDO

FUSIÓN · BAR DE TAPAS X Una taberna de carácter gastronómico que busca su identidad trabajando con productos crudos y marinados. Su carta denota influencias niponas, mediterráneas y latinoamericanas.

🅰️ – Tapa 4 € – Ración 16 € – Carta 25/37 €

Doctor Cerrada 40 ✉ 50005 – 𝒞 876 71 01 47 – www.crudozaragoza.com –
Cerrado lunes, domingo

GAMBERRO 🅝

CREATIVA · **MARCO CONTEMPORÁNEO** 🛇 Llevado por una pareja que, honrando el nombre, procura llevar el local de una manera divertida e irreverente. ¡Juegan con los sabores y las presentaciones para sorprendernos!

♿ 🅰️ – Menú 50 €

Bolonia 26 ✉ 50008 – 𝒞 696 93 27 81 – www.restaurantegamberro.es –
Cerrado lunes, martes, miércoles, cena: domingo

MAITE

TRADICIONAL · **FAMILIAR** 🛇 Íntimo, personal y bien llevado por una pareja que se ha formado en grandes casas. Cocina de base tradicional con platos actualizados, cuidando muchísimo cada presentación.

🌧 🅰️ – Menú 39/45 € – Carta 37/65 €

Plaza San Pedro Nolasco 5 ✉ 50001 – 𝒞 976 39 74 74 – www.maite.restaurant –
Cerrado lunes, cena: martes-miércoles, cena: domingo

ZARZA DE GRANADILLA

Cáceres – Mapa regional **12**–C1 – Mapa de carreteras Michelin n° 576-L11

✿ VERSÁTIL 🅝

Chef: Alejandro Hernández

ACTUAL · **ACOGEDORA** 🛇🛇 ¿Le apetece una escapada rural? Este restaurante, al norte de la provincia de Cáceres, resulta perfecto para realizarla y sin duda sorprende, pues no es habitual encontrar propuestas gastronómicas de altos vuelos en pueblos tan pequeños.

El chef Alejandro Hernández, al frente del proyecto junto a sus hermanos Jesús David y José Luis, que se ocupan de la sala, trabajó a las órdenes del maestro Martín Berasategui, con quién adquirió ese bagaje culinario que ve aquí la luz en un espacio de acogedor ambiente ecléctico. ¿Su oferta? Una carta de cocina tradicional actualizada, con guiños al producto extremeño y la opción de dos menús degustación (Gourmet y Experiencia). ¡En el sótano disponen de un curioso gastrobar, con acceso y horarios independientes, que funciona como una Galería de Arte!

🐝 ♿ 🅰️ – Menú 42/52 € – Carta 34/43 €

Lagar 6 ✉ 10710 – 𝒞 927 48 62 36 – www.versatilrural.com – Cerrado lunes, martes,
miércoles

ZUMARRAGA

Guipúzcoa – Mapa regional **18**–B2 – Mapa de carreteras Michelin n° 573-C23

KABIA

TRADICIONAL · **FAMILIAR** 🛇 Una casa, llevada en familia, donde apuestan por la cocina tradicional actualizada. La carta, algo escueta, siempre se completa con sugerencias diarias e interesantes menús.

♿ 🅰️ ⇔ – Carta 40/70 €

Legazpi 5 ✉ 20700 – 𝒞 943 72 62 74 – www.restaurantekabia.com – Cerrado lunes,
cena: martes-jueves, cena: domingo

ANDORRA

ANDORRA LA VELLA

Andorra la Vella – Mapa regional **9**–B1 – Mapa de carreteras Michelin nº 574-E34

⊛ CELLER D'EN TONI

TRADICIONAL · AMBIENTE TRADICIONAL XX Una casa con más de medio siglo de vida, pues abrió sus puertas en 1964. El joven chef al frente, que nos ha sorprendido por venir profesionalmente del mundo de los rallies y del motor, apuesta por la renovación culinaria, mezclando los sabores tradicionales de la tierra andorrana con la creatividad propia de nuestro tiempo, siempre con buen producto, presentaciones cuidadas y muchísimo sabor. Trabajan sobre todo con carnes de la zona, ofreciendo los pescados frescos como recomendaciones fuera de carta. Pruebe los famosos Canelones de la casa y... ¡deje sitio para sus maravillosos postres!

🗚 ✤ – Carta 23/50€

Verge del Pilar 4 ✉ AD500 – ℰ 862 750 – www.cellerdentoni.com –
Cerrado lunes, cena: domingo

KÖKOSNØT

ACTUAL · ELEGANTE XX No para de ganar adeptos, tanto por el ambiente reinante como por la calidad de los productos y la profesionalidad del equipo. Sabrosa cocina creativa y espléndida bodega.

🗚 🅿 – Menú 90€ – Carta 40/70€

Prat de la Creu 29 ✉ AD500 – ℰ 862 268 – Cerrado lunes, cena: domingo

SOLDEU

Canillo – Mapa regional **9**–B1 – Mapa de carreteras Michelin nº 574-E35

⊛ IBAYA

CREATIVA · ELEGANTE XXX El espacio gastronómico del Sport Hotel Hermitage, que también atesora otras opciones culinarias, está tutelado por el chef Francis Paniego, todo un referente de la cocina española que brilla en su restaurante El Portal de Echaurren (dos Estrellas MICHELIN, Ezcaray).

La propuesta, basada en dos menús degustación (Tierra 7 ideas o Tierra 10 ideas), transporta la cocina riojana más moderna hasta Andorra, respetando siempre los sabores, las tradiciones y, sobre todo, el producto de La Rioja Alta. La experiencia comienza en la recepción con las primeras nociones sobre el chef, continúa con los aperitivos (tanto en la zona de sofás, llamada "Chester", como en la cocina) y termina en el comedor. ¡Cada plato va acompañado por un díptico que explica la elaboración y el origen de los productos!

🕭 🗚 🔄 🅿 – Menú 100/120€

Sport H. Hermitage, Carretera General 2 ✉ AD100 – ℰ 870 670 –
www.sporthotels.ad –
Cerrado lunes, almuerzo: martes-viernes, cena: domingo

KOY HERMITAGE

JAPONESA · AMBIENTE ORIENTAL XX Una cocina japonesa de autor, pues tiene la firma del famoso maestro Hideki Matsuhisa que triunfa en Barcelona. Aquí, se fusionan los productos orientales con los de la zona.

🕭 🗚 🔄 🅿 – Menú 105/135€ – Carta 70/140€

Sport H. Hermitage, Carretera General 2 ✉ AD100 – ℰ 870 670 –
www.sporthotels.ad – Cerrado almuerzo: lunes, martes, almuerzo: miércoles-domingo

SOL I NEU

TRADICIONAL · ACOGEDORA XX De aire montañés y... ¡a pie de pistas! Su grata propuesta culinaria, asesorada por el famoso chef Francis Paniego, busca una cocina tradicional renovada en texturas y técnicas.

❮ 🎪 🕭 🗚 🅿 – Carta 40/73€

Dels Vaquers ✉ AD100 – ℰ 851 325 – www.sporthotels.ad – Cerrado martes

PORTUGAL

O PALMARÉS 2022
EL PALMARÉS

AS NOVAS ESTRELAS
LAS NUEVAS ESTRELLAS

Lagos *(Algarve)*	**Al Sud**
Lisboa *(Estremadura)*	**CURA**
Porto *(Douro)*	**Vila Foz**
Reguengos de Monsaraz *(Alto Alentejo)*	**Esporão**
Tavira *(Algarve)*	**A Ver Tavira**

OS NOVOS
BIB GOURMAND
LOS NUEVOS BIB GOURMAND

Lisboa *(Estremadura)*	**Arkhe**
Setúbal *(Alentejo)*	**Xtoria**

Você também pode encontrar todas as Estrelas e os Bib Gourmand na página 498

Además podrá encontrar todas las Estrellas y todos los Bib Gourmand, en la página 498

408

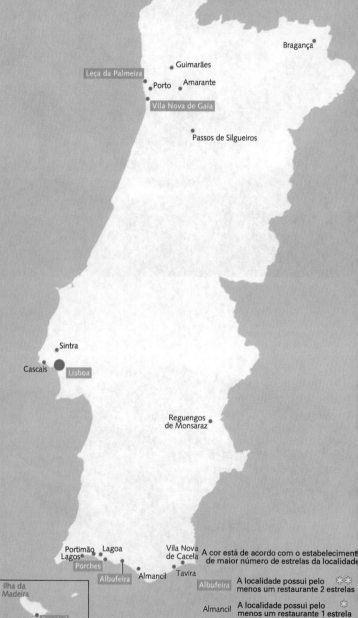

Estabelecimentos com estrelas 2022

Bragança

Guimarães

Leça da Palmeira
Porto   Amarante
Vila Nova de Gaia

Passos de Silgueiros

Sintra

Cascais   Lisboa

Reguengos de Monsaraz

Portimão   Lagoa
Lagos   Porches
Albufeira   Almancil   Tavira
Vila Nova de Cacela

Ilha da Madeira

Funchal

A cor está de acordo com o estabelecimento de maior número de estrelas da localidade

Albufeira A localidade possui pelo menos um restaurante 2 estrelas ❀❀

Almancil A localidade possui pelo menos um restaurante 1 estrela ❀

Os Bib Gourmand 2022

Viana do Castelo

Chaves

Bragança

Pedra Furada

Macedo de Cavaleiros

Guimarães

Maia

Porto

Carvalhos

Salreu

Águeda

Aveiro

Tonda

Covilhã

Cantanhede

Coimbra

Leiria

Abrantes

Santarém

Portalegre

Queluz

Terrugem

Lisboa

Setúbal

Évora

Lagos

Albufeira

Faro

a da Madeira

Câmara de Lobos

Funchal

● Localidade que possui pelo menos um estabelecimento Bib Gourmand

Mapas Regionais

Mapas regionales

Localidade que possui como mínimo...

- ● um restaurante selecionado no guia
- ✾ uma das melhores mesas do ano
- ⊛ um restaurante « Bib Gourmand »

Localidad que posee como mínimo...

- ● un restaurante seleccionado en la guía
- ✾ una de las mejores mesas del año
- ⊛ un restaurante « Bib Gourmand »

Portugal

OCEANO
ATLÂNTICO

ESPAÑA

Viana do Castelo

Minho, Douro,
Trás os Montes **6**

Braga

Bragança

Porto

Vila Real

Aveiro

Viseu

Beiras
3

Figueira da Foz

Guarda

Coimbra

Fátima

Castelo
Branco

Estremadura,
Ribatejo
4

Santarém

Portalegre

LISBOA

Badajoz

Setúbal

Évora

Alentejo
1

Beja

ESPAÑA

2 **Algarve**

Portimão

Sevilla

Faro

Madeira **5**

Funchal

Cádiz

1 Alentejo

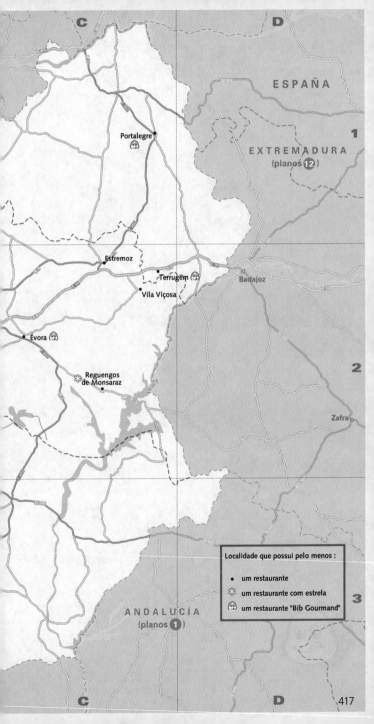

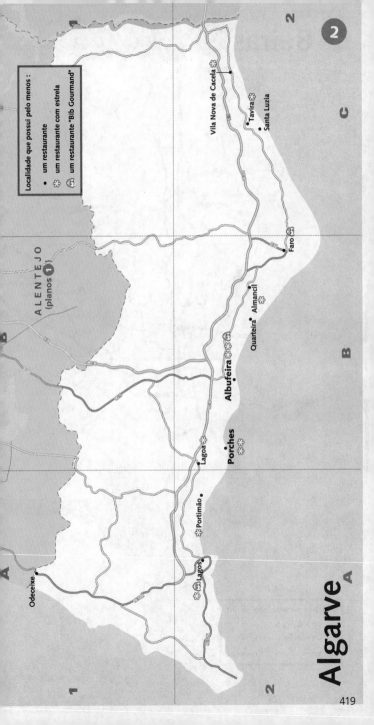

Algarve

419

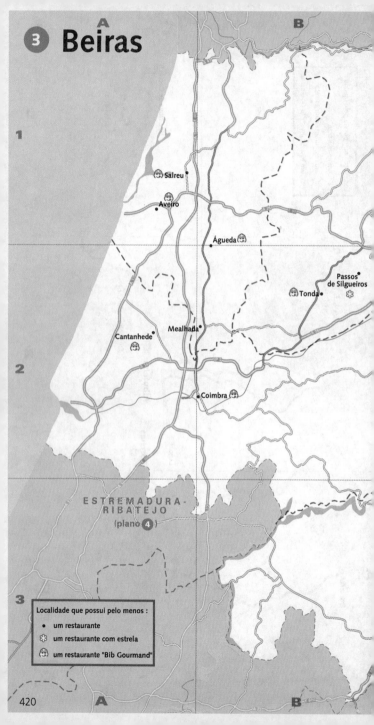

3 Beiras

Salreu

Aveiro

Águeda

Passos de Silgueiros

Tonda

Mealhada

Cantanhede

Coimbra

ESTREMADURA-RIBATEJO
(plano 4)

Localidade que possui pelo menos :
- um restaurante
- ✻ um restaurante com estrela
- 😊 um restaurante "Bib Gourmand"

C

D

MINHO - DOURO -
TRÁS OS MONTES
(planos 6)

CASTILLA Y LEÓN
(planos 8)

1

2

ESPAÑA

EXTREMADURA
(planos 12)

3

Folgosa

Guarda

Covilhã

A
B

BEIRAS
(planos 3)

Luso

1

Coimbra

Figueira da Foz

Leiria

Nazaré

Fátima

2

Caldas da
Rainha

Abrantes

Santarém

ALENTEJO
(planos 1)

Sintra

Cascais

Lisboa

3

Colares

Sintra

Queluz

Cascais

Lisboa

Paço de Arcos

A
B

A B

1

Porto Santo

Madeira

☺ Câmara de Lobos •
Funchal
❋❋☺

2

Localidade que possui pelo menos :
- • um restaurante
- ❋ um restaurante com estrela
- ☺ um restaurante "Bib Gourmand"

3

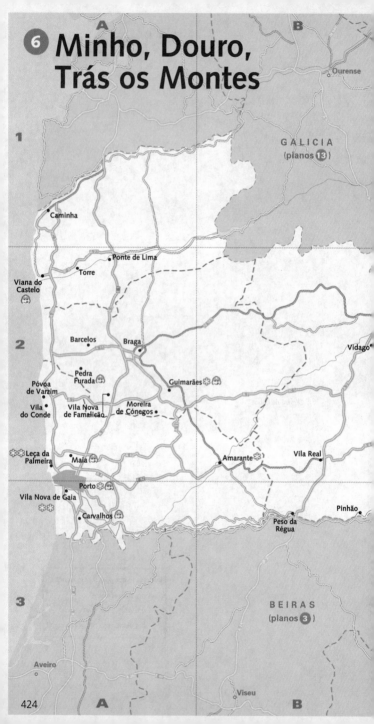

Ourense

GALICIA
(planos 13)

1

Caminha

Ponte de Lima

Viana do
Castelo

Torre

Barcelos

Braga

2

Vidago

Pedra
Furada

Póvoa
de Varzim

Guimarães

Vila
do Conde

Vila Nova
de Famalicão

Moreira
de Cónegos

Leça da
Palmeira

Maia

Amarante

Vila Real

Porto

Vila Nova de Gaia

Carvalhos

Peso da
Régua

Pinhão

3

BEIRAS
(planos 3)

Aveiro

Viseu

A

B

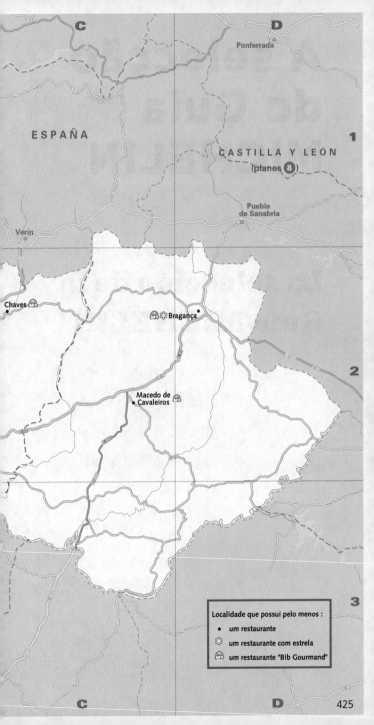

ESPAÑA

Ponferrada

CASTILLA Y LEÓN
(planos 8)

Puebla
de Sanabria

Verín

Chaves

Bragança

Macedo de
Cavaleiros

Localidade que possui pelo menos :
• um restaurante
❊ um restaurante com estrela
😊 um restaurante "Bib Gourmand"

A selecção do Guia MICHELIN

La selección de la Guía MICHELIN

Localidades de A a Z

Localidades de A a Z

ABRANTES

Santarém – Mapa regional: **4**–B2 – Mapa das estradas Michelin n° 592-N5

CASA CHEF VICTOR FELISBERTO

GASTRO-BAR · DECORAÇÃO CLÁSSICA Ⅹ Descubra a particular visão da cozinha regional de Victor Felisberto, um chef português com um grande percurso após se ter formado em Paris e adquirido experiência tanto em restaurantes franceses como em Londres, Barcelona e Andorra. A sua especialidade são as carnes elaboradas em forno de lenha, nomeadamente o porco ibérico e a vitela, com a particularidade de que as trabalha a fogo muito lento para obter texturas melosas e sabores mais intensos. Recupera pratos do receituário tradicional, oferece sobremesas caseiras de bom nível e... até o pão que se come neste lugar segue a sua própria receita!

🍴 🖂 – Menu 10 € (almoço) – Carta 25/40 €

Rua do Cana Verde 8 (Alferrarede, Noroeste 5 km) ✉ 2200-049 –
☎ 931 737 898 –
www.casachefvictorfelisberto.pt –
Fechado jantar: 3ª feira, 4ª feira

ÁGUEDA

Aveiro – Mapa regional: **3**–B2 – Mapa das estradas Michelin n° 591-K4

O TÍPICO

TRADICIONAL · RÚSTICA Ⅹ Se você procura um lugar típico e autenticidade vá a este restaurante, localizado na parte alta da cidade e gerido por um casal encantador. Em conjunto, é um lugar modesto e as mesas são muito apertadas... não é por acaso, a fachada simples dá passagem para uma única sala típica na qual convivem detalhes regionais, objetos antigos e alguns instrumentos de lavoura. Aqui vai encontrar clientes locais e cozinha 100% portuguesa, com pratos generosos, sabores genuínos e deliciosas sobremesas de elaboração caseira. Prove o Polvo à Lagareiro ou o Bacalhau gratinado com batatas á murro!

🖂 – Carta 25/35 €

Rua Doutor Manuel Alegre 42 ✉ 3750-139 –
☎ 234 625 336 –
Fechado sábado, domingo

ALBERNOA

Beja – Mapa regional: **1**–B3 – Mapa das estradas Michelin n° 593-S6

HERDADE DOS GROUS

TRADICIONAL · DECORAÇÃO CLÁSSICA ⅩⅩ Cozinha tradicional com produtos da herdade! Têm agricultura biológica, adega própria e até criação de gado: vaca alentejana, borrego merino, porco ibérico...

🍴 ♿ 🖂 ✿ 🅿 – Menu 35/68 € – Carta 25/60 €

Hotel Herdade dos Grous, Herdade dos Grous (Norte 3 km) ✉ 7800-601 –
☎ 284 960 000 –
www.herdade-dos-grous.com

MALHADINHA NOVA

LOCAL · TENDÊNCIA ⅩⅩ Integrado no edifício da adega! Tem por base os produtos da quinta (450 hectares): horto, gado vacum, porco ibérico, vinho, azeite... e os da zona.

🖂 🅿 – Carta 45/65 €

Hotel Malhadinha Nova, Herdade da Malhadinha Nova (pela estrada IP 2, Sudoeste 7 km) ✉ 7800-601 –
☎ 284 965 432 –
www.malhadinhanova.pt –
Fechado 2ª feira, domingo

ALBUFEIRA

Faro – Mapa regional: **2**–B2 – Mapa das estradas Michelin n° 593-U5

✿✿ VILA JOYA

CRIATIVA · LUXO XxxX Distinção, serviço, ambiente, emoção... Há quem diga que comer aqui é o mais parecido a provar o paraíso, o que faz todo o sentido se olharmos para a idílica localização e essas vistas panorâmicas dignas de um postal.

Surpreende no aspeto gastronómico, pois o chef, de origem austríaca, Dieter Koschina, reinterpreta a cozinha clássica-internacional do centro da Europa, do ponto de vista moderno e atual, tendo por base umas matérias primas de excecional qualidade com maridagens quase perfeitas. As elegantes salas interiores complementam-se com dois espaços que merecem uma menção à parte: a incrível esplanada sob o alpendre, aberta à imensidão do oceano e idónea para um fim de tarde romântico, e o que se conhece como a "Mesa do chef", pensada para quem procura uma experiência mais completa.

🕭 ⇐ 🏠 🛱 ⅙ 🔟 🅿 – Menu 195€ – Carta 110/155€

Estrada da Galé (Praia da Galé, Oeste 6,5 km) ✉ *8200-416 – 𝒞 289 591 795 – www.vilajoya.com*

🕙 O MARINHEIRO

TRADICIONAL · RÚSTICA XX Uma casa agradável, tipo vila, que surpreende, na atualidade, pelo seu ambiente e proposta. Encontra-se perto da praia e, em conjunto, oferece umas instalações confortáveis, com um pequeno espaço na entrada que funciona como loja de produtos típicos e um renovado interior de ambiente náutico-colonial. A sua oferta resulta sumamente interessante, pois combina os pratos da cozinha tradicional portuguesa com elaborações próprias do receituário internacional, em ambos os casos atualizados em técnicas e apresentações. O tratamento dispensado pelo casal de proprietários é excelente e demonstra uma grande seriedade!

🛱 🔟 🅿 – Carta 25/40€

Caminho da Praia da Coelha (Sesmarias, Oeste 4 km) ✉ *8200-385 – 𝒞 289 592 350 – www.ath.pt – Fechado 2ª feira, almoço: 3ª feira-domingo*

AL QUIMIA

MODERNA · QUADRO CONTEMPORÂNEO XX Situa-se num resort de grande capacidade, onde se apresenta com uma cuidadosa decoração contemporânea e detalhes de luxo. Cozinha esmerada e de elaboraçãos muito técnicas.

🏠 🛱 ⅙ 🔟 🗄 🍴 – Menu 90/130€ – Carta 70/80€

Pinhal do Concelho (Hotel Epic Sana Algarve, Praia da Falésia) ✉ *8200-593 – 𝒞 289 104 300 – www.algarve.epic.sanahotels.com – Fechado 2ª feira, almoço: 3ª feira-sábado, domingo*

ALMANCIL

Faro – Mapa regional: **2**–B2 – Mapa das estradas Michelin n° 593-U5

✿ GUSTO

MEDITERRÂNEA · QUADRO CONTEMPORÂNEO XxxX Desfruta de um acesso independente do luxuoso hotel Conrad Algarve e demonstra personalidade, tanto pelo cuidado bar privado da entrada como pela elegante sala de jantar interior. A maravilhosa varanda pode elevar a experiência!

A proposta culinária está a cargo do conceituado chef alemão Heinz Beck (três Estrelas MICHELIN no restaurante La Pergola, Roma), pelo que partilha a mesma filosofia, com raízes mediterrâneas e influências italianas, que valoriza o equilíbrio entre a modernidade e a consecução de uma cozinha saudável, que está em constante auge sob conceitos internacionais como o "healthy cooking". O que vai encontrar? Uma carta com elaborações selecionadas e dois interessantes menus de degustação, que mudam em função do número de pratos.

🕭 🛜 ઠ 📺 🅿 – Menu 120/150 € – Carta 91/125 €

Hotel Conrad Algarve, Estrada de Vale do Lobo a Quinta do Lago (Sul 5,5 km) ✉ 8135-106 – ☏ 289 350 700 –
www.conradalgarve.com –
Fechado 2ª feira, 3ª feira, almoço: 4ª feira-domingo

CASA VELHA

INTERNACIONAL · ACOLHEDORA XxX Elegância e distinção numa preciosa casa, tipo vila, que segue a linha da cozinha clássica francesa... mas, isso sim, cada vez com mais toques portugueses. Surpreenda o seu acompanhante!
🕭 🛜 ઠ 📺 🅿 – Menu 95/115 €

Rua Formosa (Quinta do Lago, Sul 8,5 km) ✉ 8135-024 – ☏ 289 394 983 –
www.quintadolago.com –
Fechado 2ª feira, almoço: 3ª feira-sábado, domingo

PEQUENO MUNDO

INTERNACIONAL · ELEGANTE XxX Ideal para casais, pois ocupa uma preciosa casa algarvia dotada com românticos pátios e cálidos refeitórios. Ementa internacional com claras influências francesas.
🛜 📺 🅿 – Menu 65 € – Carta 45/65 €

Caminho de Pereiras (Oeste 1,5 km) ✉ 8135-907 – ☏ 289 399 866 –
www.restaurantepequenomundo.com –
Fechado almoço: 2ª feira-sábado, domingo

ALAMBIQUE

TRADICIONAL · ACOLHEDORA Xx Um bom expoente da cozinha tradicional portuguesa, com saboroso peixe na brasa e especialidades como a Cataplana de peixe. Esplanadas idílicas rodeadas de vegetação!
🛜 ઠ 📺 🅿 – Carta 45/65 €

Estrada de Vale do Lobo a Quinta do Lago (Sul 4 km) ✉ 8135-160 –
☏ 289 394 579 –
Fechado almoço: 2ª feira-domingo

HENRIQUE LEIS

MODERNA · ÍNTIMA Xx Instalado num chalé elegante que se destaca tanto pelo seu cuidado interior como pelo seu terraço acolhedor. O chef, de origem brasileira, oferece uma cozinha atual com base clássica.
🛜 📺 🅿 – Menu 89 € – Carta 71/115 €

Vale Formoso (Nordeste 1,5 km) ✉ 8100-267 – ☏ 289 393 438 –
www.henriqueleis.com –
Fechado 2ª feira, domingo

2 PASSOS

PEIXES E FRUTOS DO MAR · QUADRO MEDITERRÂNEO X Uma construção moderna e com encanto localizada na praia do Ancão, que é... uma bela zona protegida! Cozinha tradicional portuguesa especializada em peixe e marisco.
≼ 🛜 ઠ 📺 – Carta 50/75 €

Praia do Ancão (Sul 7,5 km) ✉ 8135-905 – ☏ 289 396 435 –
www.restaurante2passos.com –
Fechado jantar: 2ª feira-domingo

AMARANTE

Porto – Mapa regional: **6**–B2 – Mapa das estradas Michelin nº 591-I5

❀ **LARGO DO PAÇO**

MODERNA · DECORAÇÃO CLÁSSICA XxX Se visitar a pitoresca vila de Amarante já é uma experiência, pois está repleta de antigas mansões, ir a um restaurante como este pode ser o final de uma visita que você, sem dúvida, guardará na memória.

O Largo do Paço cativa pela sua localização; não é por acaso que está instalado num palácio do séc. XVI, hoje transformado em hotel (Casa da Calçada), do qual ainda emana a romântica atmosfera de tempos passados. O chef Tiago Bonito propõe uma cozinha moderna que cuida tanto dos sabores como dos pontos de cozedura, sempre com equilíbrio entre tradição e inovação, os melhores produtos da estação e delicadas apresentações. A carta, não muito ampla, é complementada com dois interessantes menus degustação: Lés a Lés (inspirado nas raízes do chef) e Homenagem (mais focado na criatividade e na evolução gastronómica).

🛋 & 🎬 ↔ 🅿 – Menu 125/145€ – Carta 75/85€

Hotel Casa da Calçada, Largo do Paço 6 ✉ 4600-017 – ☎ 255 410 830 –
www.largodopaco.com –
Fechado 2ª feira, almoço: 3ª feira-sábado, domingo

AVEIRO

Aveiro – Mapa regional: **3**–A1 – Mapa das estradas Michelin nº 591-K4

DÓRI

PEIXES E FRUTOS DO MAR · SIMPLES X Encontra-se entre a ria de Aveiro e o oceano Atlântico, no primeiro andar de um edifício envidraçado-atual que possui unas esplêndidas vistas, nomeadamente da varanda. Possui um bar de espera, com um sugestivo expositor de produtos, e duas salas, muito luminosas e de linha funcional-atual. Apesar de também oferecerem saborosas carnes e alguns arrozes, aqui a especialidade são os peixes selvagens, elaborados fundamentalmente na brasa, e os mariscos. Não se vá embora sem provar a Fritada de peixe ou o seu delicioso "Ensopado" de rodovalho!

≤ 🛋 & 🎬 🍽 ↔ – Menu 20/45€ – Carta 30/45€

Rua das Companhas (Costa Nova do Prado, Sudoeste 9,5 km) ✉ 3830-453 –
☎ 234 369 017 –
Fechado jantar: 3ª feira, 4ª feira

SALPOENTE

MODERNA · DESIGN XX Em frente ao canal de São Roque, num edifício que no seu dia foi um armazém de sal. Apresenta um interior não isento de design e uma cozinha atual, com detalhes de autor.

& 🎬 ↔ – Menu 20€ (almoço), 40/59€ – Carta 30/55€

Cais de São Roque 83 ✉ 3800-256 – ☎ 234 382 674 –
www.salpoente.pt

O MOLICEIRO

GRELHADOS · SIMPLES X Casa familiar, especialistas em peixe fresco e grelhado. Conta com uma esplanada na rua, um bar privado e uma sala de jantar simples, com cozinha à vista e uma montra.

🛋 🎬 – Menu 15/30€ – Carta 20/40€

Largo do Rossio 6 ✉ 3800-246 – ☎ 234 420 858 –
Fechado 5ª feira

BARCELOS

Braga – Mapa regional: **6**–A2 – Mapa das estradas Michelin nº 591-H4

TURISMO

TRADICIONAL · QUADRO CONTEMPORÂNEO XX Moderno e orientado para o rio. Disponibiliza várias salas e um espaço encantador chamado "Refúgio", com uma proposta mais gastronómica e... a opção de menus surpresa sob reserva!

& 🎬 ↔ 🅿 – Menu 13€ (almoço), 75/145€ – Carta 51/71€

Rua Duques de Bragança ✉ 4750-272 – ☎ 253 826 411 –
www.restauranteturismo.com –
Fechado 2ª feira, jantar: domingo

BRAGA

DONA JÚLIA

TRADICIONAL · QUADRO CONTEMPORÂNEO XX Chama a atenção pela sua decoração, bastante moderna e orientada para o mundo do vinho. A sua proposta, de tipo tradicional português, ao jantar é completada com uma carta de sushi.

🌣 ⅙ 📖 🅿 – Carta 40/60 €

Falperra (Estrada N 309, Sudeste 5 km) ✉ *4715-151 –* 𝄐 *253 270 826 –*
Fechado 2ª feira, jantar: domingo

CRUZ SOBRAL

TRADICIONAL · FAMILIAR X Um agradável negócio familiar de 4ª geração, que apresenta uma proposta de sabor popular, elaborando os pratos numa cozinha de lenha à vista do cliente. Adega magnífica!

🕸 📖 – Menu 25/45 € – Carta 30/50 €

Campo das Hortas 7-8 ✉ *4700-210 –* 𝄐 *253 616 648 –*
Fechado 2ª feira, jantar: domingo

BRAGANÇA

❀ G POUSADA

Chef: Óscar Gonçalves

REGIONAL · SIMPÁTICA XX Se ainda não conhece a moderna cozinha de Trás-os-Montes, o "reino maravilhoso" exaltado pelo insigne escritor Miguel Torga, não deve perder esta casa, um exemplo de honestidade, paixão e vontade de superação.

O negócio, que destaca a G do seu nome como uma referência ao apelido Gonçalves, dos irmãos que estão à frente do mesmo, Óscar e António, apresenta uma decoração clássica e destaca pelas espetaculares vistas da fortaleza local. Castanhas, cogumelos, ervas aromáticas, variantes da típica alheira, um pequeno carro de queijos... o mostruário de produtos locais vê a luz tanto na carta como nos menus, estes últimos com um carácter temático, pois são dedicados a famosos artistas da Escola Superior de Belas Artes de Porto. Costuma surpreender com uma prova de azeites transmontanos!

🕸 ⟨ 🌣 📖 ⇔ 🅿 – Menu 77/170 € – Carta 61/85 €

Hotel Pousada de Bragança, Estrada de Turismo ✉ *5300-271 –* 𝄐 *273 331 493 –*
www.gpousada.com –
Fechado almoço: 2ª feira-domingo

EL AUTÉNTICO
ATÚN ROJO
THUNNUS THYNNUS

 Si quieres recibir
más información sobre Balfegó
¡Escanea el código QR!

WWW.BALFEGO.COM

ⓖ O JAVALI

REGIONAL · RÚSTICA X Negócio bem dirigido por um casal apaixonado pelo seu trabalho, com ele à frente da sala e ela a comandar a cozinha. O local, fácil de localizar por estar junto à estrada, dispõe de um estacionamento bastante amplo, um bar público e duas salas de ambiente rústico, ambas dotadas de algumas paredes em pedra e detalhes cinegéticos na decoração. A sua carta exalta o receituário regional transmontano e os pratos de caça, sempre contundentes e com base em produtos frescos. Não deixe de provar o Javali estufado com castanhas, o seu Arroz com lebre ou o Cordeiro ao estilo bragançano.

🍽 🅼 🅿 – Menu 35€ – Carta 25/45€

Quinta do Reconco 6 (pela estrada N 103-7, Norte 4,5 km) ✉ *5300-672 –*
📞 *273 333 898 –*
www.ojavali.pt –
Fechado 3ª feira

ⓖ TASCA DO ZÉ TUGA

TRADICIONAL · RÚSTICA X Uma das opções mais sugestivas para uma refeição na sua visita a Bragança, pois encontra-se dentro do recinto amuralhado da cidade velha e a esplanada tem uma excelente vista para o castelo medieval. Apresenta um interior com um apelativo ambiente rústico-actual, com grandes folhas de bacalhau penduradas directamente no tecto e vistosos candeeiros feitos com panelas verdadeiras. Luís Portugal, o mediático chef transmontano, propõe uma carta de gosto regional, com memória e toques modernos, bem como dois apetecíveis menus. Aqui, os produtos de época da região têm sempre destaque!

🍽 🅼 – Menu 40/50€ – Carta 30/38€

Rua da Igreja 66 ✉ *5300-025 –* 📞 *273 381 358 –*
Fechado 3ª feira

CALDAS DA RAINHA

Leiria – Mapa regional: **4**–A2 – Mapa das estradas Michelin nº 592-N2

SABORES D'ITÁLIA

ITALIANA · QUADRO CONTEMPORÂNEO XX Um negócio que cuida tanto os detalhes como a organização, com duas salas de design moderno e um excelente serviço de mesa. A sua carta de sabores italianos é complementada com alguns pratos de raízes portuguesas.

♿ 🅼 – Menu 19€ (almoço) – Carta 24/65€

Praça 5 de Outubro 40 ✉ *2500-111 –* 📞 *262 845 600 –*
www.saboresditalia.com –
Fechado 2ª feira

CÂMARA DE LOBOS – Madeira → Ver Madeira (Arquipélago da)

CAMINHA

Viana do Castelo – Mapa regional: **6**–A1 – Mapa das estradas Michelin nº 591-G3

SOLAR DO PESCADO

TRADICIONAL · FAMILIAR X Uma boa casa para comer peixe, marisco ou... lampreia na época! Apresenta espaços de cálida rusticidade, a sala principal tem belos arcos de pedra e murais de azulejos.

🍽 🅼 – Menu 16/25€ – Carta 30/40€

Rua Visconde Sousa Rego 85 ✉ *4910-156 –* 📞 *258 922 794 –*
www.solardopescado.pt –
Fechado 3ª feira, jantar: domingo

CANTANHEDE

Coimbra – Mapa regional: **3**–A2 – Mapa das estradas Michelin n° 592-K4

MARQUÊS DE MARIALVA

TRADICIONAL · **SIMPÁTICA** XX Com o seu nome rende uma pequena homenagem a este nobre português, que participou de modo decisivo em várias batalhas da guerra da Restauração. O estabelecimento goza de algum prestígio e de uma boa localização, pois ocupa uma casa antiga que foi restaurada. Conta com três salas de carácter intimista, onde se combinam elementos clássicos e rústicos, uma delas com lareira, bem como uma grande sala para banquetes no piso superior. Elaborações à la carte de sabor tradicional e sugestivos menus de degustação. Prove o bacalhau assado estilo Lagareiro ou o seu sabarossimo cabrito!

🔄 **P** 🚗 – Menu 32/35 € – Carta 25/35 €

Largo do Romal 16 ✉ 3060-129 – ℰ 231 420 010 –
www.marquesdemarialva.com –
Fechado 2ª feira, jantar: domingo

CARVALHOS

Porto – Mapa regional: **6**–A3 – Mapa das estradas Michelin n° 591-I4

MÁRIO LUSO

TRADICIONAL · **FAMILIAR** XX Um negócio de sempre, pois Mário Moreira dos Santos, conhecido por todos como Mário Luso, abriu as suas portas por volta de 1942. Este restaurante central, que é gerido em família, dispõe de um amplo hall e duas atrativas salas de ambiente rústico-regional. É uma grande referência na zona, pois oferece cozinha tradicional portuguesa de qualidade, exaltando sempre as virtudes da Carne Mirandesa, proveniente do nordeste transmontano e com Denominação de Origem Protegida. O que provar? Peça a Posta de vitela mirandesa, a Costeleta mirandesa, o Arroz de robalo selvagem...

🅰🅲 – Carta 28/35 €

Largo França Borges 308 ✉ 4415-240 – ℰ 22 784 2111 –
www.marioluso.com –
Fechado 2ª feira, jantar: domingo

CASCAIS

Lisboa – Mapa regional: **4**–B3 – Mapa das estradas Michelin n° 592-P1

🌸 FORTALEZA DO GUINCHO

PORTUGUESA · **ELEGANTE** XxxX Encontramo-nos em pleno Parque Natural de Sintra-Cascais, numa fortificação do séc. XVII, hoje transformada em hotel, que ainda recorda o seu passado militar com dois grandes canhões na entrada. A localização encanta pelas vistas do oceano e do Cabo da Rocha, pois este é... o ponto geográfico mais ocidental da Europa!

No seu elegante restaurante, de carácter panorâmico, o chef Gil Fernandes defende através dos seus menus (Memórias: Degustação e Experiência, com a possibilidade de extrair pratos soltos) a inspiração marinha da casa com a reinterpretação da cozinha de autor, potenciando a estética e recorrendo, ainda mais, aos produtos da zona. Vá com tempo, pois é muito agradável ver anoitecer nas mesas das janelas... e só há lugar nelas para os primeiros a chegar!

🌸 ≼ ᴋ **P** – Menu 99/139 € – Carta 85/103 €

Hotel Fortaleza do Guincho, Praia do Guincho (Noroeste 9 km) ✉ 2750-642 –
ℰ 21 487 0491 –
www.fortalezadoguincho.pt –
Fechado 2ª feira, 3ª feira, almoço: 4ª feira-sábado, domingo

PORTO DE SANTA MARIA

PEIXES E FRUTOS DO MAR · QUADRO CONTEMPORÂNEO XX Um clássico, bem renovado e situado à beira da praia. Voltou às suas origens apostando nos peixes e mariscos selvagens, e não foi em vão... o produto mostrado apaixona!

🕸 ⇜ 🏠 🅰🅲 ⇔ 🅿 – Menu 75/90 € – Carta 60/80 €

Praia do Guincho (Noroeste 9 km) ✉ *2750-642 – ℰ 21 487 9450 –*
www.portosantamaria.com –
Fechado 2ª feira

CANTINHO DO AVILLEZ

MODERNA · SIMPLES X Simples, descontraido e com a assinatura do chefe José Avillez. Cozinha atual, de bases tradicionais, com algum prato de fusão. Peça os Carabineiros do Algarve com molho thai!

🅰🅲 – Menu 15/20 € – Carta 25/55 €

Rua da Palmeira 6A ✉ *2750-133 – ℰ 21 138 9666 –*
www.cantinhodoavillez.pt

MAR DO INFERNO

PEIXES E FRUTOS DO MAR · QUADRO TRADICIONAL X Junto à famosa Boca do Inferno! Você vai encontrar um grande expositor de produto, viveiros de lagostas, uma garrafeira envidraçada... Cozinha tradicional com peixes e mariscos ao peso.

🏠 & 🅰🅲 – Carta 35/60 €

Avenida Rei Humberto II de Itália ✉ *2750-800 – ℰ 21 483 2218 –*
www.mardoinferno.pt –
Fechado 4ª feira

CHAVES

Vila Real – Mapa regional: **6**–C2 – Mapa das estradas Michelin nº 591-G7

🕸 CARVALHO

TRADICIONAL · FAMILIAR XX Numa área fácil para estacionar, em frente ao jardim de Tabolado e próximo ao rio. Por trás da sua cuidada fachada, encontramos um interior bastante confortável e acolhedor, com a sala principal na própria entrada e uma segunda sala, esta com garrafeira, na cave. À frente dos fogões encontra-se a proprietária, que muda a carta diariamente para oferecer uma cozinha tradicional e caseira de qualidade, sempre com peixe fresco e alguma especialidade típica como a alheira, um enchido fumado elaborado com carne de porco e galinha. O pessoal atende os clientes com grande amabilidade!

🅰🅲 – Menu 20/25 € – Carta 20/30 €

Alameda do Tabolado ✉ *5400-523 – ℰ 276 321 727 –*
www.restaurante-carvalho.pt –
Fechado 2ª feira, jantar: domingo

COIMBRA

Coimbra – Mapa regional: **3**–B2 – Mapa das estradas Michelin nº 592-L4

🕸 SOLAR DO BACALHAU

PORTUGUESA · TENDÊNCIA X Bem localizado na Baixa de Coimbra, a zona do centro histórico onde moravam os comerciantes e os artesãos na Idade Média. Caso deseje degustar o famoso bacalhau português, não encontrará um lugar melhor, pois esta casa surpreende pelo seu atrativo design interior em dois andares, com as paredes em pedra, um pátio interior envidraçado e muita luz natural. Serve tanto à la carte como menus, com diversas especialidades regionais, uns maravilhosos pratos de bacalhau (à Solar, no pão, no forno, à braz enformado...) e um bom departamento de carnes. Os expositores existentes na zona de acesso são um verdadeiro convite!

🅰🅲 – Menu 10 € (almoço) – Carta 20/35 €

Rua da Sota 10 ✉ *3000-392 – ℰ 239 098 990*

ARCADAS

REGIONAL · ELEGANTE %%% Possui duas salas que comunicam entre si que ocupam as antigas cavalariças do palácio, ambas com um estilo clássico - atual, a melhor delas voltada para o jardim. O seu chef propõe uma cozinha atual, de base tradicional e internacional, que se vê refletida em interessantes menus.

🏠 AC 🖱 P – Menu 60/80 € – Carta 40/60 €

Hotel Quinta das Lágrimas, Rua António Augusto Gonçalves ✉ 3041-901 –
📞 239 802 380 –
www.quintadaslagrimas.pt –
Fechado almoço: 2ª feira-domingo

CASAS DO BRAGAL

TRADICIONAL · DECORAÇÃO CLÁSSICA %% Um restaurante de ambiente boémio, com livros e quadros por todo lado, para que você se sinta como em casa. Oferece uma cozinha do tipo tradicional, com boas entradas e buffet de sobremesas.

🏠 AC P – Menu 25/41 € – Carta 30/60 €

Rua Damião de Góis (Urbanização de Tamonte) ✉ 3030-088 – 📞 918 103 988 –
Fechado 2ª feira, almoço: 3ª feira-6ª feira, jantar: domingo

SPAGHETTI NOTTE

ITALIANA · SIMPÁTICA % Encontra-se numa zona residencial e constitui uma oferta diferente em Coimbra, com pratos de inspiração italiana que denotam as origens brasileiras da chef. Técnica e sabor!

🕸 🏠 AC ⇔ – Carta 35/50 €

Rua Vitorino Nemésio 387 ✉ 3030-416 – 📞 919 468 371 –
Fechado 2ª feira

COLARES

Lisboa – Mapa regional: 4-B3 – Mapa das estradas Michelin nº 592-P1

NORTADA

PEIXES E FRUTOS DO MAR · DECORAÇÃO CLÁSSICA % Uma casa de família que deve seu nome a um vento local e destaca pela sua vista privilegiada sobre o oceano. Ementa tradicional com peixe e marisco ao peso. Desfrute do seu pôr-do-sol mágico!

≼ 🏠 AC – Carta 40/55 €

Avenida Alfredo Coelho 8 (na Praia Grande, Noroeste 3,5 km) ✉ 2705-329 –
📞 21 929 1516 –
www.restaurantenortada.com –
Fechado 3ª feira

COVILHÃ

Castelo Branco – Mapa regional: 3-C2 – Mapa das estradas Michelin nº 592-L7

🏵 TABERNA A LARANJINHA

REGIONAL · TABERNA % Se estiver à procura de um lugar central, económico e com pratos que reflictam os sabores da zona, não encontrará um lugar melhor, pois esta casa emana autenticidade nos quatro lados. Por trás da sua modesta fachada de pedra vai encontrar um interior simples, próprio de uma taberna rústica, em que convivem ardósia, madeira, diversas barricas de vinho, as típicas toalhas de mesa aos quadrados... e alguns objetos antigos decorando as paredes. Aqui propõem, sempre com muita amabilidade, uma cozinha de tipo regional, baseada em pestiscos, porções e saborosas especialidades locais. Perfeito para petiscar!

🏠 – Carta 26/35 €

Rua 1º de Dezembro 10 ✉ 6200-032 – 📞 275 083 586 –
Fechado almoço: sábado, domingo

ESTREMOZ

Évora – Mapa regional: 1-C2 – Mapa das estradas Michelin nº 593-P7

MERCEARIA GADANHA

MODERNA · QUADRO REGIONAL % Acolhedor e surpreendente, uma vez que se acede por um bar-loja gourmet que parece uma mercearia. Cozinha actual e boa oferta de vinhos, com destaque para os do Alentejo.

🍴 🗚 – Carta 35/55€

Largo dos Dragões de Olivença 84 ✉ 7100-457 – ☎ 268 333 262 –
www.merceariagadanha.pt –
Fechado 2ª feira, 3ª feira

ÉVORA

Évora – Mapa regional: **1**-C2 – Mapa das estradas Michelin nº 593-Q6

😊 DOM JOAQUIM

REGIONAL · DECORAÇÃO CLÁSSICA XX Encontra-se junto da Porta de Serpa
Pinto, uma das que dão acesso ao centro histórico de Évora, e surpreende
com um ambiente clássico-actual bastante cuidado, pois apresenta uma boa
montagem e as paredes em pedra, destacando-se nelas os vistosos candeeiros e esculturas de ferro realizados por um artesão local (Nuno Ramalho). No
menu convivem os pratos tradicionais e regionais com numerosas referências
ao porco, sugestões diárias e uma boa selecção de sobremesas conventuais.
Estamos na capital do Alentejo, portanto deixe-se aconselhar e... descubra os
fantásticos vinhos da zona!

🗚 – Carta 25/40€

Rua dos Penedos 6 ✉ 7000-531 – ☎ 266 731 105 –
www.restaurantedomjoaquim.pt –
Fechado 2ª feira, jantar: domingo

ORIGENS

MODERNA · TENDÊNCIA X Escondido, de certa forma, numa ruela mas muito
interessante, está localizado em pleno centro histórico. Na sua pequena sala, alar-
gada, atual e com cozinha à vista ao fundo da mesma, poderá descobrir os sabores da gastronomia alentejana contemporânea.

🗚 – Menu 30/40€ – Carta 33/50€

Rua de Burgos 10 ✉ 7000-863 – ☎ 266 704 440 –
www.origensrestaurante.com –
Fechado 2ª feira, 3ª feira

FARO

Faro – Mapa regional: **2**-B2 – Mapa das estradas Michelin nº 593-U6

😊 CHECK-IN FARO

CRIATIVA · ACOLHEDORA X Uma grande surpresa culinária localizada a poucos metros da turística "Doca de Faro". O laureado chef Leonel Pereira, que
defendeu durante anos a Estrela MICHELIN no restaurante São Gabriel de
Almancil, aposta aqui num modelo de negócio mais modesto, próximo e informal, sempre com base num produto de qualidade, fiel à sazonalidade e num
espaço agradável que tem na esplanada da entrada um dos seus pontos for-
tes. Encontrará pratos interessantíssimos que narram, ligeiramente, o percurso
vital do chef ao longo da sua carreira bem-sucedida, de forma que... deixe-se
levar!

🍴 🕭 🗚 – Menu 40/70€ – Carta 29/45€

Avenida da República 42 ✉ 8000-072 – ☎ 289 824 178 –
www.checkinfaro.pt –
Fechado almoço: 2ª feira-sábado, domingo

FÁTIMA

Santarém – Mapa regional: **4**-B2 – Mapa das estradas Michelin nº 592-N4

O CONVITE

TRADICIONAL · DECORAÇÃO CLÁSSICA XX Dispõe de uma entrada própria,
um acesso a partir do hall do hotel e uma confortável sala de jantar de linha clássica - atual. Carta tradicional bastante completa, com pratos elaborados.

🕭 🗚 🖃 ♻ 🅿 🚗 – Carta 27/55€

Rua Jacinto Marto 100 (Hotel Dom Gonçalo, Cova da Iria, Noroeste 2
km) ✉ 2495-450 – ☎ 249 539 330 –
www.hoteldg.com

TIA ALICE

PORTUGUESA · ELEGANTE XX Um negócio familiar atualizado com muito gosto. As salas complementam-se com uma atrativa loja de produtos do lar e um belo jardim. Saborosa cozinha tradicional!

&. 🅰 ⇔ – Carta 35/45€

Avenida Irmã Lúcia de Jesus 152 ✉ 2495-557 – ℰ 249 531 737 –
Fechado 2ª feira, jantar: domingo

FOLGOSA

Viseu – Mapa regional: **3**–C1 – Mapa das estradas Michelin nº 591-I6

DOC

MODERNA · ACOLHEDORA XXX Instalado num edifício de traçado actual que se destaca pela sua localização, na margem do rio Douro e com uma esplanada sugestiva sobre o mesmo. O seu chef propõe uma cozinha tradicional com toques criativos e um menu degustação. Vistas magníficas!

⃝ ≤ 🏠 🅰 🅿 – Menu 60/100€ – Carta 60/100€

Estrada Nacional 222 ✉ 5110-204 – ℰ 254 858 123 –
www.ruipaula.com –
Fechado 3ª feira, almoço: 4ª feira

FUNCHAL – Madeira → Ver Madeira (Arquipélago da)

GUARDA

Guarda – Mapa regional: **3**–C2 – Mapa das estradas Michelin nº 591-K8

DON GARFO

TRADICIONAL · TENDÊNCIA XX De organização familiar e instalado numa antiga casa de pedra. A oferta, tradicional portuguesa mas atualizada nas suas apresentações, geralmente complementa - se com algum menu.

🅰 ⇔ – Carta 22/58€

Rua do bairro 25 Abril 10 ✉ 6300-774 – ℰ 271 211 077 –
restaurante-dongarfo.business.site

GUIMARÃES

Braga – Mapa regional: **6**–A2 – Mapa das estradas Michelin nº 591-H5

❀ A COZINHA

Chef: Antonio Loureiro

MODERNA · TENDÊNCIA X A cereja no topo do bolo para finalizar a sua visita a esta bela localidade, cujo centro medieval foi declarado Património da Humanidade.

O restaurante, num discreto edifício do centro histórico, apresenta uma encantadora sala de linha informal e piso de mosaico hidráulico, da qual se vê a cozinha, estando esta parte bem separada por uma parede envidraçada. Antonio Loureiro, o chef na direção, propõe umas preparações repletas de sensibilidade e equilíbrio, modernas nas formas mas com uma sólida base tradicional, umas apresentações extremamente cuidadas e algo que chama a atenção, um grande respeito pelo produto. O que oferecem? Uma pequena carta, com algum prato vegetariano, e vários menus gastronómicos. A parte superior conta com uma sala privada e... um pequeno terraço cheio de plantas aromáticas!

🅰 ⇔ – Menu 80/100€ – Carta 55/90€

Largo do Serralho 4 ✉ 4800-472 – ℰ 253 534 022 –
www.restauranteacozinha.pt –
Fechado 2ª feira, domingo

🍴 LE BABACHRIS

MEDITERRÂNEA · BISTRÔ Ⅹ A primeira coisa que chama a atenção nesta casa, próxima do centro histórico, é o nome do estabelecimento, pois reúne o sonho de Bárbara (portuguesa) e de Christian (chef espanhol) por ter o seu próprio restaurante desde que se conheceram em França. Na sala de jantar principal, tipo bistró, poderá descobrir uma cozinha atual de raízes francesas, que fusiona a essência mediterrânea com o produto português. Oferecem um menú executivo ao meio-dia e, à noite, um menu de degustação (Inspirações) que se pode saborear em 4 ou 6 momentos. A proposta muda de 15 em 15 dias e... aos sábados o arroz é o protagonista!

🅰🅲 – Menu 19/25€ – Carta 20/35€

Rua Dom João I 39 ✉ 4810-122 – ☎ 964 420 548 –
www.lebabachris.com –
Fechado 2ª feira, domingo

HOOL

TRADICIONAL · ACOLHEDORA ⅩⅩ Tem personalidade e um acesso independente do hotel. Na sala, um pouco eclética, descobre - se uma cozinha atualizada que cuida da apresentação. Atrativa esplanada!

🍸 ♿ 🅰🅲 – Menu 24€ (almoço), 30/85€ – Carta 25/75€

Largo da Oliveira (Hotel Da Oliveira) ✉ 4801-910 – ☎ 253 519 390 –
www.hoteldaoliveira.com

LAGOA

Faro – Mapa regional: **2**–B2 – Mapa das estradas Michelin nº 593-U4

⭐ BON BON

MODERNA · ACOLHEDORA ⅩⅩⅩ Ambiente elegante, profissionalismo, bom serviço... e uma autêntica experiência gastronómica ao jantar, pois é quando trabalham com produtos premium dentro de um delicioso menu degustação (dão duas opções de serviços ou momentos), sendo a oferta ao almoço muito mais simples e acessível.

O chef José Lopes defende uma cozinha moderna de gosto regional na qual não faltam referências culinárias ao receituário algarvio, mimando tudo o relativo às apresentações, às texturas e às harmonias de sabor. A elegante sala, de ambiente clássico-atual e com tetos altíssimos, fascina tanto pela sua planta hexagonal como pelo facto de ter uma lareira central de ferro forjado e uma grande garrafeira vista. Agradável esplanada exterior!

🍸 🅿 – Menu 45€ (almoço), 115/140€

Estrada de Sesmarias (Urbanização Cabeço de Pias, Carvoeiro, Sudoeste 3,5 km) ✉ 8400-525 – ☎ 282 341 496 –
www.bonbon.pt –
Fechado 3ª feira, 4ª feira, almoço: 5ª feira-6ª feira

LAGOS

Faro – Mapa regional: **2**–A2 – Mapa das estradas Michelin nº 593-U3

⭐ AL SUD 🆕

CRIATIVA · DESIGN ⅩⅩⅩ Apetece-lhe fugir do stresse e mimar-se? Irá encontrar poucos lugares como este no Club House do resort Palmares Ocean Living & Golf, onde se apresenta com uma elegante decoração de interiores, uma maravilhosa esplanada coberta e... uma espectacular vista para a baía!

O chef Louis Anjos, que já conheceu o sucesso no Bon Bon (uma Estrela MICHELIN, Lagoa), apresenta-nos uma cozinha criativa e delicada que toma como referência os produtos do Algarve, dando sempre um protagonismo especial aos peixes e mariscos que adquirem, diariamente, na reputada lota de Sagres. A proposta? Três menus degustação que, com coerência, nos falam do meio e dos seus produtos (variam apenas pelo número de momentos: 8, 10 ou 12). O chef acaba um ou outro prato na própria mesa!

🍽 ≼ 🛋 ♿ 🅰 🔄 ⇕ 🅿 🚗 – Menu 69/110 €

Resort Clubhouse (Campo de Golf Palmares, Odiáxere, Sur 3 km) ✉ 8500-250 –
📞 926 292 617 –
www.palmaresliving.com –
Fechado 2ª feira, almoço: 3ª feira-sábado, domingo

⑬ AVENIDA

MODERNA · **QUADRO CONTEMPORÂNEO** XX Uma das melhores opções para
uma refeição na Marina de Lagos, um ponto de referência na localidade por ser
onde os barcos de recreio amarram. Possui um acesso independente relativamente ao hotel onde se encontra e conta com um ambiente descontraído, com
uma adega envidraçada e uma sala de linha contemporânea, não isenta de
design, de onde se vê a cozinha. Aqui apostam na gastronomia de produto,
moderna nas maneiras mas com muitos pratos frios de fusão que exaltam os peixes e mariscos da zona. Além de almoços e jantares... têm fantásticos pequenos-
-almoços à la carte!

🍴 🛋 ♿ 🅰 – Menu 69 € – Carta 33/69 €

Hotel Lagos Avenida, Avenida dos Descobrimentos 53 ✉ 8600-645 –
📞 282 780 092 –
www.avenidarestaurante.pt –
Fechado almoço: 2ª feira-domingo

DOS ARTISTAS

INTERNACIONAL · **TENDÊNCIA** XX Usufrua de uma agradável esplanada e de
uma sala de jantar de estilo clássico-colonial. Cozinha de gosto internacional
com várias opções à la carte e em menu (a oferta é mais ampla à noite).

🛋 🅰 – Menu 32/59 € – Carta 35/66 €

Rua Cândido dos Reis 68 ✉ 8600-681 – 📞 282 760 659 –
www.artistasrestaurant.com –
Fechado domingo

DON SEBASTIÃO

TRADICIONAL · **QUADRO REGIONAL** X Agradável e interessante. Apostam
na cozinha portuguesa mais tradicional, devidamente apresentada e de doses
generosas. Costumam apresentar o peixe fresco previamente a mesa antes de
ser cozinhado. A sua adega também surpreende, conta com até 75 variedades
de Portos!

🍴 🛋 🅰 ⇕ – Carta 30/60 €

Rua 25 de Abril 20 ✉ 8600-763 – 📞 282 780 480 –
www.restaurantedonsebastiao.com

LEÇA DA PALMEIRA

Porto – Mapa regional: **6**-A2 – Mapa das estradas Michelin nº 591-I3

❀❀ CASA DE CHÁ DA BOA NOVA

Chef: Rui Paula

PEIXES E FRUTOS DO MAR · **DESIGN** XXX Poucas vezes o conceito de "levar o
mar à mesa" é tão literal, tão autêntico, tão selvagem... até ao ponto de se sentir
o vaivém das ondas na própria sala. Nascido entre as rochas da Praia da Boa
Nova, o singular edifício está declarado Monumento Nacional.

O chef Rui Paula, que apresenta a sua proposta recorrendo a um verso (Por
mares nunca dantes navegados) do poeta lisboeta Luís Vaz de Camões na
sua célebre epopeia Os Lusíadas, propõe uma breve carta e dois menus, um
marinho (o mais procurado) e outro vegetariano, ambos com a possibilidade
de pedir 6, 12 ou 21 pratos. A cozinha joga com as apresentações, as texturas,
os sabores, as elaborações... e toda essa técnica atual que permite que se tire
o máximo proveito dos extraordinários peixes e mariscos do Atlântico.

🍴 ≼ 🛋 🅰 ⇕ 🅿 – Menu 110/195 € – Carta 70/105 €

Avenida da Liberdade (junto ao farol) ✉ 4450-705 – 📞 22 994 0066 –
www.casadechadaboanova.pt –
Fechado 2ª feira, domingo

LEIRIA

Leiria – Mapa regional: **4**–A2 – Mapa das estradas Michelin n° 592-M3

🏠 **CASINHA VELHA**

PORTUGUESA · QUADRO REGIONAL Aqui a sensação é a de ir a uma casa particular, pois deve-se tocar a campaínha para entrar. Encontrará uma agradável zona de espera e uma simpática sala de jantar no piso superior, decorada com uma estética rústica-campestre que toma como leitmotiv tudo o relacionado com a cultura do vinho. O cliente costuma surpreender-se com a variedade das entradas, as especialidades caseiras dedicadas a cada dia da semana e, sbretudo, com a completíssima garrafeira (oferecem mais de 1000 referências). Um restaurante de grande interesse para os enólogos aficionados, pois, de vez em quando, também organizam provas.

🖇 🅰🅒 – Carta 32/50 €

Rua Professores Portelas 23 (Marrazes, Estrada N 109, Norte 1 km) ✉ *2415-534 –*
✆ *244 855 355 –*
www.casinhavelha.com –
Fechado 3ª feira, jantar: domingo

LISBOA

Lisboa é uma cidade voltada para Tejo e o melhor lugar para testemunhar essa forte ligação ao rio é subir ao Cristo Rei, o ponto panorâmico mais privilegiado, com uma impressionante vista sobre a famosa Ponte 25 de Abril, o Chiado e a pitoresca Alfama. Passear pelos bairros de Lisboa permite conhecer a sua cultura, o seu caráter, a sua gente… e para se deslocar entre uns e outros, o ideal é apanhar os seus icónicos elétricos amarelos.

Do ponto de vista gastronómico, descobrirá que o símbolo da cidade é a sardinha, e as lojas estão repletas de souvenirs que fazem deste humilde peixe um ex-líbris. Na realidade, transformou-se num emblema artístico e há belíssimos estabelecimentos (O Mundo Fantástico da Sardinha Portuguesa) com latas de conservas personalizadas.

O produto rei, comum a todo o Portugal, é o bacalhau (bacalhau com natas, bacalhau à Brás, bacalhau à Gomes de Sá, pataniscas de bacalhau…). Quanto à doçaria, reinam os deliciosos pastéis de Belém, ainda fiéis à sua receita original de 1837.

• Mapa regional nº 4-B3
• Mapa de carreteras Michelin nº 733, 592 e 593-P2

AS MESAS QUE NÃO DEVEM FALTAR

AS ESTRELAS: AS MELHORES MESAS

❀❀

Duas Estrelas: Uma cozinha excecional. Vale um desvio!

❀

Uma Estrela: Uma cozinha de grande nivel. Merece a pena parar!

BIB GOURMAND 🙂

A nossa melhor relação qualidade/preço

A NOSSA SELECÇÃO

DE A ATÉ Z

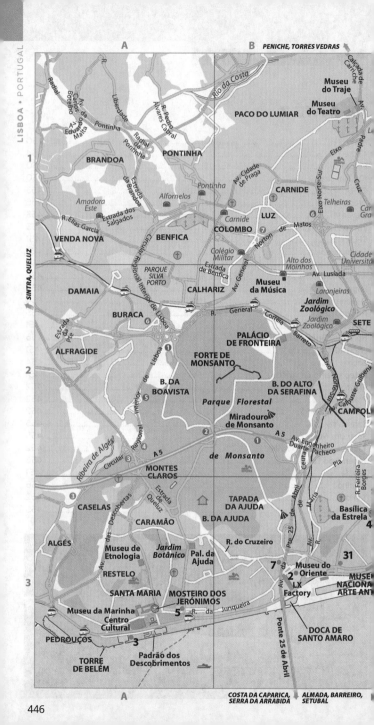

PENICHE, TORRES VEDRAS

Rio da Costa

Museu
do Traje

Museu
do Teatro

PAÇO DO LUMIAR

Calçada de
Carriche

Av. Padre

PONTINHA

Radial

Av. Carlos da
Botelho

Av. Pedro
Alvares Cabral

Liberdade

Pontinha

Radial
da
Pontinha

BRANDOA

Av. da
Eduarda
Malta

Pontinha

Alfornelos

Av. Cidade
de Praga

CARNIDE

Eixo
Norte-Sul

Cruz

Eixo

Amadora
Este

Estrada dos
Salgados

Estrada
da Brandoa

Carnide

LUZ

Telheiras

Car
Gra

R. Elias Garcia

Norton
de

COLOMBO

VENDA NOVA

BENFICA

Colégio
Militar

Matos

Cidade
Universitá

Circular Regional Interior de Lisboa

Estrada
de Benfica

Alto dos
Moinhos

Av. Lusíada

DAMAIA

PARQUE
SILVA
PORTO

CALHARIZ

Av. General

Museu
da Música

Laranjeiras

Jardim
Zoológico

BURACA

R.   General

Correia

Jardim
Zoológico

SETE

Estrada
da Pe

PALÁCIO
DE FRONTEIRA

Barreto

Eixo

ALFRAGIDE

FORTE DE
MONSANTO

Norte-Sul

Calouste Gulbenk

CAMPOL

B. DA
BOAVISTA

Parque   Florestal

B. DO ALTO
DA SERAFINA

Interior

de

Lisboa

Miradouro
de Monsanto

A 5

Av. Engenheiro
Duarte Pacheco

Regional

Ribeira de Algés

Circular

A5

de   Monsanto

Ceuta

Pte

Av.
Maria

Pia

R. Ferreira
Borges

MONTES
CLAROS

Estrada
de
Queluz

TAPADA
DA AJUDA

Basílica
da Estrela

CASELAS

CARAMÃO

B. DA AJUDA

4

ALGÉS

Av. das   Descobertas

Museu de
Etnologia

Jardim
Botânico

Pal. da
Ajuda

R. do Cruzeiro

31

Pte 25 de Abril

Av.

RESTELO

7

Museu do
Oriente

2

MUSE
NACIONA
ARTE AN

SANTA MARIA

MOSTEIRO DOS
JERÓNIMOS

LX
Factory

Museu da Marinha
Centro
Cultural

5

R.   da

Junqueira

PEDROUÇOS

3

DOCA DE
SANTO AMARO

TORRE
DE BELÉM

Padrão dos
Descobrimentos

Ponte 25 de Abril

COSTA DA CAPARICA,
SERRA DA ARRABIDA

ALMADA, BARREIRO,
SETUBAL

SINTRA, QUELUZ

LISBOA

Av. dos Paredes
Castro
Santos

Av. Cidade do Porto
R. dos Eucaliptos

Av. Infante Dom Henrique
Av. de Moscavide

Torre Vasco da Gama   28

ALAMEDA DA ENCARNAÇÃO

Av. Lopes
Encarnação

OLIVAIS NORTE

Oriente

Pavilhão Atlântico

AEROPORTO DE LISBOA-PORTELA

PARQUE VALE DO SILÊNCIO

Oceanário

1

LUMIAR   Aeroporto   ❸
Av. Marechal Craveiro

OLIVAIS SUL

Cabo Ruivo

Museu Rafael Bordalo Pinheiro
Museu da Cidade

PARQUE JOSÉ GOMES FERREIRA

ALVALADE

Av. Marechal
Olivais

Gomes

Av. do Santo Condestável

Chelas

Av. Infante Dom Henrique

P   Costa   P   P

BRAÇO DE PRATA

Alvalade

PARQUE DA BELA VISTA

Av. Marechal António de Spínola

Bela Vista

Roma

Roma

Campo

POÇO DO BISPO

P

Caixa Geral de Depósitos   AREEIRO

Campo Pequeno

Av. Almirante Reis

CHELAS

9

MUSEU GULBENKIAN

10

Estrada de Chelas

MARVILA

11   27

R. Morais Soares

BEATO

Av. Fontes Pereira de Melo

Av. Almirante Reis

Av. General Roçadas

Av. Afonso

R. Guarda Pais

XABREGAS

B.LOPES

Museu Nacional do Azulejo

Madre de Deus

Avenida da Liberdade

Museu da Água da EPAL

2

Castelo de São Jorge

Museu Militar

Rossio

R. da Madalena
R. Áurea

R. do Alecrim

RIO TEJO

Sé Patriarcal

de Julho

3

LISBOA

0   000 m

C   D

447

E

F

R. Braamcamp
R. do Duque de Palmela
Av.
R. Alexandre Herculano
R. Rodrigues Sampaio
R. de Sta Marta
Travessa de Sta Marta
R. Luciano Cordeiro
R. Gomes Freire
Calçada de Santo António
Inten

R. Castilho
R. do Salitre
R. de
R. do
Salitre
Casa-Museu Medeiros e Almeida
R. Rodrigo da Fonseca
R. Nova de São Mamede
Avenida da Liberdade
R. de Sta Marta
R. de Santa Marta
R. de São José
R. de São José
R. das Pretas
R. da Fé
R. do Telhal
16
CAMPO DOS MÁRTIRES DA PÁTRIA
R. do Saco

R. Escola Politécnica
Jardim Botânico
Parque Mayer
Pr. da Alegria
ELEVADOR DA LAVRA
R. das Portas de Sto Antão

Pal. Ribeiro da Cunha
R. da Alegria
Liberdade
ELEVADOR DA GLORIA
Pr. dos Restauradores
Casa do Alentejo

Praça do Príncipe Real
R. da Alegria
R. das Taipas
Palácio Foz
Teatro Nacional Dona Maria II

Jardim do Príncipe Real
R. de Cecílio de Sousa
24
R. da Vinha
R. Nova do Loureiro
R. D. Pedro V
Éden Teatro
Rossio

Praça das Flores
Travessa da Piedade
R. do Jasmim
14
R. do Diário de Notícias
São Roque
M11
Rossio
Pr. Dom Pedro IV
Pr. da Figueira

R. Eduardo Coelho
18
R. da Atalaia
R. da Rosa
20
Elevador de Santa Justa
R. Áurea (Rua do Ouro)
R. dos Correeiros

R. da Academia das Ciências
R. dos Caetanos
R. da Atalaia
M4
Rossio
R. do Carmo
R. dos Sapateiros

Largo de Jesus
Travessa das Merces
23
Largo do Carmo
L. A.
da

R. do Vale
Século
Pr. Luís de Camões
Baixa-Chiado
Augusta

Museu da armácia
R. da Horta Seca
R. das Flores
R. do Alecrim
13
12
Museu do Design e da M

SANTA CATARINA
Alto de Sta Catarina
R. de São Paulo
Teatro São Luis
T2
15
17
Arsenal
Pra
Com

R. das Gaivotas
R. do Poço dos Negros
R. da Boavista
Museu do Chiado
R. Vítor Cordon
R. do Ferragial
P

26
R. do Instituto Industrial
R. do Boqueirão do Duro
Av.
R. Dom Luís I
Av. 24 de Julho
R. Bernardino Costa
Praça Duque de Terceira
Av. da Ribeira das Naus
Cai
Col

Av. de Brasília
Praça Dom Luís I
Av. 24 de Julho
Av. 24 de Julho
Cais do Sodré
Cais do Sodré

Av. de Brasília
Av. de Brasília Gás
Cais do

E

F

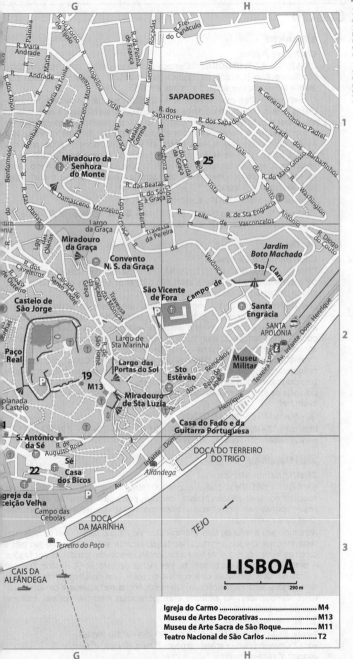

SAPADORES

Miradouro da Senhora do Monte

25

Miradouro da Graça

Convento N. S. da Graça

São Vicente de Fora

Campo de

Jardim Boto Machado

Sta Clara

Santa Engrácia

SANTA APOLONIA

Castelo de São Jorge

Paço Real

Largo de Sta Marinha

Largo das Portas do Sol

Sto Estêvão

Museu Militar

Esplanada do Castelo

19
M13

Miradouro de Sta Luzia

S. António da Sé

Sé

22   Casa dos Bicos

Casa do Fado e da Guitarra Portuguesa

DOCA DO TERREIRO DO TRIGO

Alfândega

Igreja da Conceição Velha

Campo das Cebolas

DOCA DA MARINHA

TEJO

Terreiro do Paço

CAIS DA ALFÂNDEGA

LISBOA

0 ———————— 290 m

G

H

449

Centro

🏵🏵 BELCANTO

Chef: José Avillez

CRIATIVA · ACOLHEDORA 🟫🟫 Destaca-se pela magnífica localização, no turístico Bairro Alto (Chiado), na esquina de um antigo convento danificado pelo grande terremoto que assolou a cidade em 1755.

O chef José Avillez, que defende uma carta de carácter moderno e dois completos menus degustação (Lisboa e Carrousel), apresenta aqui a casa-mãe do seu império culinário como um espaço de descobrimento gastronómico, com a sala dividida em vários recantos e uma "mesa do chef" na cozinha. José Avillez diz sempre que os seus pratos estão influenciados pela luz, pelo mar e pelos bairros de Lisboa, chegando ao ponto de afirmar que "a cozinha é o nosso fado, a nossa forma de expressão". Curiosidade? O guardanapo usado na sobremesa imita a manga de uma camisa... que era o que o chef usava para se limpar em criança!

🏵 ♿ 🅰 ♻ – Menu 175/195€ – Carta 125/140€

Planta: F3-12 – *Rua Serpa Pinto 10* ✉ *1200-410* – Ⓜ *Baixa-Chiado* – 𝒞 *21 342 0607* – *www.belcanto.pt – Fechado 2ª feira, domingo*

🏵🏵 ALMA

Chef: Henrique Sá Pessoa

CRIATIVA · QUADRO CONTEMPORÂNEO 🟫🟫 Se tiver vontade de se divertir e conhecer a cozinha portuguesa atual, não o deve perder, pois propõe uma experiência gastronómica em toda a linha.

Trás da fachada de pedra, vamos encontrar um estabelecimento com personalidade; não é por acaso que ocupa um edifício do XVIII, que serviu como armazém para a famosa livraria Bertrand, inaugurada em 1732 e reconhecida como a mais antiga do mundo. No interior, contemporâneo e de contrastes apelativos, apresentam uma carta da época e dois menus degustação ("Alma", com os grandes clássicos do chef, e "Costa a Costa", que exalta os produtos marinhos), cujos pratos propõem uma viagem culinária com toques tradicionais, mediterrâneos e internacionais, com um domínio técnico que potencia os sabores e as matérias primas locais. Perfeito para ir sem pressa e desfrutar!

🅰 – Menu 145€ – Carta 83/100€

Planta: F3-13 – *Rua Anchieta 15* ✉ *1200-023* – Ⓜ *Baixa-Chiado* – 𝒞 *21 347 0650* – *www.almalisboa.pt – Fechado domingo*

🏵 100 MANEIRAS

Chef: Ljubomir Stanisic

CRIATIVA · DESIGN 🟫🟫 Que é que o 100 Maneiras esconde? Por detrás desse apelativo oculta-se a mais absoluta liberdade, pois neste restaurante não querem seguir normas nem implementações preconcebidas que restrinjam a personalidade ou a criatividade.

Aqui tudo gira a volta do chef Ljubomir Stanisic, natural de Sarajevo (Bósnia-Herzegovina), que chegou a Portugal ainda adolescente após a guerra no seu país e curou as feridas da sua alma com a dedicação ao trabalho por detrás dos fogões. A proposta, que vê a luz através de três menus degustação (A História, O Conto e Ecos do 100), apresenta uma cozinha de autor com constantes referências às suas origens, embora também se notem influências portuguesas e de outras latitudes. Curiosidades? As entradas e as sobremesas mais tradicionais... costuma elaborá-los juntamente com a sua mãe!

🍽 🅰 – Menu 95/125€

Planta: E2-14 – *Rua do Teixeira 39* ✉ *1200-459* – 𝒞 *910 918 181* – *www.100maneiras.com – Fechado almoço: 2ª feira, 3ª feira, 4ª feira, almoço: 5ª feira-domingo*

❀ **EPUR**

Chef: Vincent Farges

CRIATIVA · TENDÊNCIA XX Enclave culinário a ter em conta na parte alta de Lisboa, no histórico Chiado. Por trás da robusta fachada do velho edifício em que está instalado, apresenta um interior informal bem atualizado com a cozinha à vista e luminosas salas de espírito atual-minimalista que surpreendem tanto pelas vistas sobre o Tejo como pelo seu lambril de azulejo, uma testemunha muda do passado, que hoje aporta carácter e personalidade.

O que vai encontrar? Uma cozinha criativa incrivelmente visual, mas também elegante, pura e próxima do mundo vegetal, com bases tradicionais e internacionais. O chef francês Vincent Farges aposta pelo essencial para elevar a experiência e oferece um único menu degustação surpresa, cujo preço muda em função do número de pratos (4, 6 ou 8) que vamos tomar.

🅰🅲 – Menu 70/125€

Planta: F3-15 – *Largo da Academia Nacional de Belas Artes 14* ✉ *1200-005 –* Ⓜ *Baixa-Chiado –* ☎ *21 346 0519 – www.epur.pt – Fechado 2ª feira, almoço: 3ª feira-sábado, domingo*

JNcQUOI

INTERNACIONAL · RECARREGADO XXX Surpreende pela sua elegância cosmopolita e por apresentar um nome muito singular, derivado da expressão gaulesa "je ne sais quoi". Cozinha internacional de base clássica francesa.

🅰🅲 – Carta 70/90€

Planta: E1-16 – *Avenida da Liberdade 182* ✉ *1250-146 –* Ⓜ *Avenida –* ☎ *21 936 9900 – www.jncquoi.com*

TÁGIDE

MODERNA · DECORAÇÃO CLÁSSICA XXX Possui um animado bar de tapas//petiscos na entrada e, subindo as escadas, a elegante sala principal, com belas vistas sobre Lisboa. Cozinha tradicional atualizada.

≤ 🅰🅲 – Menu 22€ (almoço)/59€ – Carta 40/65€

Planta: F3-17 – *Largo da Academia Nacional de Belas Artes 18-20* ✉ *1200-005 –* Ⓜ *Baixa-Chiado –* ☎ *21 340 4010 – www.restaurantetagide.com – Fechado sábado, domingo*

ESSENCIAL Ⓝ

MODERNA · SIMPLES X Íntimo, informal e com a cozinha aberta para a sala. A sua proposta? Dois menus de carácter actual (Bistrot e Essencial), ambos com toques gauleses mas baseados no produto local.

🅰🅲 – Menu 40/75€

Planta: E2-18 – *Rua da Rosa 176* ✉ *1200-390 –* ☎ *21 157 3713 – www.essencialrestaurante.pt – Fechado 2ª feira, almoço: 3ª feira-sábado, domingo*

GRENACHE

SULISTA · SIMPLES X Encantador, na zona monumental e com a cozinha semi--exposta. O chef, de origem gaulesa, defende uma cozinha francesa actual bastante atenta ao pormenor e elaborada com produto português.

🍴 🅰🅲 ⇄ – Menu 38€ (almoço), 46/94€ – Carta 38/94€

Planta: G2-19 – *Pátio de Dom Fradique 12* ✉ *1100-624 –* ☎ *21 887 1616 – www.grenache.pt – Fechado almoço: 2ª feira, 3ª feira, 4ª feira, almoço: 5ª feira-6ª feira*

PÁTEO - BAIRRO DO AVILLEZ

PEIXES E FRUTOS DO MAR · QUADRO MEDITERRÂNEO X Instalado no pátio central de um atrativo complexo gastronómico. A qualidade é o fio condutor da variedade de propostas, protagonizada por peixes e mariscos saborosos.

🍽 🅰🅲 – Menu 25/30€ – Carta 35/75€

Planta: F2-20 – *Rua Nova da Trindade 18* ✉ *1200-466 –* Ⓜ *Baixa-Chiado –* ☎ *21 583 0290 – www.bairrodoavillez.pt*

PLANO ⓝ

GASTRO-BAR · NA MODA ᵡ Surpreende com uma cozinha de toques modernos, alma portuguesa e bom produto transmontano, de onde o chef provém. Irá encontrar dois menus degustação, de 5 ou 9 pratos!

⇗ – Menu 50/75€

Planta: H1-25 – *Rua da Bela Vista à Graça 126* ✉ *1170-059* – ☏ *933 404 461* – *www.planorestaurante.com* –
Fechado almoço: 2ª feira-5ª feira, almoço: sábado-domingo

PRADO

DO MERCADO · RELAXADO ᵡ Local de linha atual e ambiente casual onde se defende o conceito "do campo à mesa", com cozinha de mercado baseada em produtos locais sazonais. Convém reservar!

🅰🅲 – Carta 30/45€

Planta: G2-21 – *Travessa Das Pedras Negras 2* ✉ *1100-404* – Ⓜ *Terreiro do Paço* – ☏ *21 053 4649* – *www.pradorestaurante.com* –
Fechado 2ª feira, 3ª feira, almoço: 4ª feira

SÁLA DE JOÃO SÁ

MODERNA · TENDÊNCIA ᵡ Numa concorrida rua da Baixa! O chef, que defende uma cozinha actual e toma como base o produto biológico português, baseia a sua proposta em sugestivos menus.

🅰🅲 – Menu 19€ (almoço), 41/59€

Planta: G3-22 – *Rua dos Bacalhoeiros 103* ✉ *1100-068* – Ⓜ *Terreiro do Paço* – ☏ *21 887 3045* – *www.restaurantesala.pt* –
Fechado 2ª feira, domingo

TABERNA - BAIRRO DO AVILLEZ

TRADICIONAL · TABERNA ᵡ Tem o formato de uma taberna - charcutaria e faz parte do complexo gastronómico sobejamente conhecido Bairro do Avillez. Cozinha tradicional apresentada em formato de petiscos e porções.

🅰🅲 – Menu 18€ (almoço) – Carta 25/38€

Planta: F2-23 – *Rua Nova da Trindade 18* ✉ *1200-466* – Ⓜ *Baixa-Chiado* – ☏ *21 099 8320* – *www.bairrodoavillez.pt*

TAPISCO

INTERNACIONAL · TENDÊNCIA ᵡ Tem um nome que diz quase tudo, porque combina as palavras "tapas" e "petiscos". Dirigido pelo famoso chef Henrique Sá Pessoa... ofrece muitos pratos para partilhar!

🕉🍴🅰🅲 – Carta 25/40€

Planta: E2-24 – *Rua Dom Pedro V 81* ✉ *1250-026* – ☏ *213 420 681* – *www.tapisco.pt*

Este

ⵣ FIFTY SECONDS

CRIATIVA · ELEGANTE ᵡᵡᵡ Já almoçou ou jantou alguma vez a 120 metros de altura? Viva a experiência no magnífico restaurante situado na Torre Vasco da Gama, uma construção emblemática que domina o skyline lisboeta com impressionantes vistas sobre a cidade, o Tejo e... até à mágica península de Troia!

Aqui vai descobrir uma cozinha moderna e mediterrânea, de autor, com identidade própria, sob a tutela do laureado chef espanhol Martín Berasategui. A proposta, com pratos à la carte e dois menus, constrói-se com a melhor matéria prima da zona, tratada com delicadeza e técnicas atuais. Acede-se ao singular espaço, muito elegante, circular e completamente envidraçado, mediante um elevador panorâmico que sobe até ao restaurante, exatamente em 50 segundos, tal como o nome sugere.

&& ⟨ 🅰 ⊞ – Menu 160/190€ – Carta 130/160€

Planta: D1-28 – *Cais das Naus (Lote 2.21.01, Parque das Nações)* ✉ *1990-173* –
🅜 *Oriente* – ℰ *21 152 5380* – *www.fiftysecondsexperience.com* –
Fechado 2ª feira, almoço: 3ª feira-5ª feira, domingo

Oeste

✿ ELEVEN

Chef: Joachim Koerper

CRIATIVA • ELEGANTE XxxX Sabe o que significa Eleven? Faz referência aos
11 amigos, um deles cozinheiro, que resolveram tornar-se sócios e abrir o seu próprio negócio. O restaurante ocupa um edifício de linhas minimalistas localizado
na parte mais alta do jardim Amália Rodrigues e oferece fantásticas vistas ao
Parque Eduardo VII.

O chef alemão Joachim Koerper, com uma sólida trajetória profissional, propõe
uma cozinha de inspiração mediterrânea e notas criativas baseada em produtos
da estação e proximidade. Aqui irá encontrar uma proposta clássica-actual com
vários menus, um económico ao almoço (tipo executivo), o denominado "Lisboa"
em homenagem às várias culturas enraizadas na cidade, e o que chamam "Eleven", focado nos pratos mais emblemáticos do chef.

&& ⟨ 🅖 🅰 ✿ 🅿 – Menu 38€ (almoço), 109/119€ – Carta 75/100€

Planta: C2-1 – *Rua Marquês de Fronteira* ✉ *1070-051* – 🅜 *São Sebastião* –
ℰ *21 386 2211* – *www.restauranteleven.com* – *Fechado domingo*

✿ ENEKO LISBOA

VASCA • INDUSTRIAL XxX Soberbo, tanto pela requintada proposta gastronómica do chef espanhol Eneko Atxa como pelo seu local, pois ocupa o antigo pavilhão industrial que, durante anos, deu cabimento ao mítico Alcântara Café.

A singularidade do local, espaçoso e com apelativas vigas de ferro repletas de
rebites, permite a criação de dois espaços bem diferenciados: o chamado "Basque", informal e orientado para uma cozinha de simples raízes biscainhas, assim
como o "Eneko Lisboa", o emblema da casa, que procura trazer à capital portuguesa os portentosos sabores que o chef conseguiu em Larrabetzu. A sua oferta?
Dois menus degustação (Erroak e Adarrak) baseados, integralmente, nos pratos
do laureado restaurante Azurmendi (três Estrelas MICHELIN), reproduzindo os
seus aromas e texturas com um nível excelente.

🅰 – Menu 110/125€

Planta: B3-2 – *Rua Maria Luisa Holstein 13* ✉ *1300-388* – ℰ *912 411 863* –
www.enekoatxalisboa.com – *Fechado 2ª feira, 3ª feira, almoço: 4ª feira-sábado,
domingo*

✿ CURA 🅜

MODERNA • QUADRO CONTEMPORÂNEO XxX Um restaurante actual, elegante, com cozinha aberta... O espaço gourmet do renovado Four Seasons Hotel
Ritz Lisbon é perfeito para viver uma experiência que irá certamente conservar
com carinho na memória.

O local, que usufrui de acesso independente relativamente ao hotel e toma o
nome da expressão "curadoria", tem à frente dos fogões o chef Pedro Pena, que
tenta contribuir para a alta cozinha actual com as suas pessoais doses de alegria
e personalidade, sempre sob uma aparente simplicidade ao usar poucos ingredientes que exaltam os produtos locais da estação. A proposta chega ao comensal sob a alçada de três interessantíssimos menus degustação: Meia Cura, Origens
e Raízes (este último é vegetariano).

&& ⟨ 🅰 🅿 – Menu 85/130€ – Carta 61/99€

Planta: C2-29 – *Hotel Four Seasons H. Ritz Lisbon, Rua Rodrigo da Fonseca 88*
✉ *1099-039* – 🅜 *Marquês de Pombal* – ℰ *21 381 1401* – *www.fourseasons.com* –
Fechado 2ª feira, almoço: 3ª feira-sábado, domingo

✿ FEITORIA

MODERNA · ELEGANTE XXX Para muitos, esta é uma paragem obrigatória quando visitam a capital lusa, pois combina a sua intrínseca elegância com um tratamento requintado e uma proposta em evolução constante.

Tem um atrativo espaço de recepção e um refeitório de ambiente clássico-atual onde o chef, João Rodrigues, aposta numa cozinha atual-criativa de acentuada base tradicional, mais atenta ao sabor e a pontos de cozedura perfeitos do que à complicação da experiência com um excesso de artifícios. O produto é realmente maravilhosos, por isso não têm problemas em mostrar as suas matérias-primas e explicar em detalhe a sua proveniência. A oferta? Um menu degustação denominado Caminho, que aposta mais na proteína vegetal e pode ser descoberto em 7 ou 9 momentos (tem uma versão vegetariana).

🕸 🛋 ⚐ Ⓜ 🅿 🚗 – Menu 95/140€

Planta: A3-3 – *Hotel Altis Belém, Doca do Bom Sucesso* ✉ *1400-038 –* ☏ *21 040 0208 – www.restaurantefeitoria.com – Fechado 2ª feira, almoço: 3ª feira-sábado, domingo*

✿ LOCO

Chef: Alexandre Silva

MODERNA · TENDÊNCIA XX Encontra-se a poucos passos da Basílica da Estrela e surpreende assim que se entra, pois apresenta uma árvore suspensa do tecto no hall e a seguir a sala de jantar, com destaque para o seu design que apresenta apenas seis mesas despidas e a cozinha aberta, o que permite integrar a experiência culinária com os próprios cozinheiros a servirem muitos dos pratos. A proposta do chef Alexandre Silva, reflectida num único menu degustação (16 momentos), exalta a seleccionada origem da sua matéria-prima da época, proveniente de produtores próximos e, se possível, biológicos; por outro lado, também dão primazia ao uso de vinhos biológicos bem como grande protagonismo ao pão.

Curiosidades? O chef é tremendamente popular, pois em 2012 foi o vencedor da 1ª edição do concurso Top Chef em Portugal.

Ⓜ – Menu 125€

Planta: B3-4 – *Rua dos Navegantes 53 B* ✉ *1200-731 –* Ⓜ *Rato –* ☏ *21 395 1861 – www.loco.pt – Fechado 2ª feira, almoço: 3ª feira-sábado, domingo*

✿ ARKHE ⓝ

VEGETARIANA · RELAXADO XX Toma o nome do grego antigo (princípio ou origem) e é uma autêntica surpresa. O local, com uma estética moderna-minimalista, é gerido pelo chef luso-brasileiro João Ricardo Alves, que depois de percorrer os fogões de meio mundo (Suíça, França, Inglaterra, Itália...) decidiu voltar à terra em busca das suas raízes. O que irá encontrar? Uma proposta de inspiração vegetariana/vegana, pois usa produtos "humildes" de pequenos produtores nas proximidades e está sempre muito atento à sazonalidade, tudo para nos proporcionar texturas e sabores maravilhosamente combinados.

Ⓜ – Menu 18€ (almoço), 35/70€ – Carta 20/40€

Planta: E3-26 – *Boqueirão Duro 46* ✉ *1200-163 –* ☏ *21 139 5258 – www.arkhe.pt – Fechado 2ª feira, sábado, domingo*

✿ O FRADE

REGIONAL · TABERNA X Pequeno local que faz esquina e assume o seu nome do sobrenome familiar. Esteticamente evoca as tradicionais tascas do Alentejo e relembra, com simples detalhes decorativos, o processo de elaboração do famoso "vinho da talha", um vinho com pegada histórica que, seguindo a tradição romana, é elaborado em grandes ânforas de barro e já é um grande clássico do Alentejo. Encontrará um tratamento bastante próximo, um bom balcão em que se pode comer e uma variada proposta baseada em petiscos, arrozes e saborosos pratos de raízes alentejanas com detalhes atuais. Adega completa!

⚐ Ⓜ – Carta 35/60€

Planta: A3-5 – *Calçada da Ajuda 14* ✉ *1300-598 –* ☏ *939 482 939 – Fechado 2ª feira, domingo*

SARAIVA'S

INTERNACIONAL · BISTRÔ ✗ Um local original, com carácter próprio e a poucos metros do parque Eduardo VII. Apresenta uma estética informal e divertida, tipo bistrô, com um balcão na entrada, as mesas despidas e um pequeno privado, tudo com um apelativo jogo de contrastes entre a quente madeira e os painéis cerâmicos, em tons verdes, que lhe conferem a sua personalidade. O chef que o lidera, André Larsson, surpreende com um reduzido menu onde brilham os pratos de fusão, ao combinar a cozinha portuguesa e a internacional com numerosas referências culinárias à sua Suécia natal. Também propõe um bom brunch ao sábado!

AK ✧ – Menu 14€ (almoço) – Carta 25/35€

Planta: C2-6 – *Rua Engenheiro Canto Resende 3* ✉ *1050-104* – ⓜ *São Sebastião* – ☏ *21 340 4010* – *www.restaurantetagide.com* – *Fechado jantar: 2ª feira-4ª feira, domingo*

SOLAR DOS NUNES

TRADICIONAL · RÚSTICA ✗ Esta é uma casa familiar onde é um prazer ir; não é em vão, pois desde que abriu as portas em 1988, sempre com simpatia e profissionalismo, não deixou de conquistar o nosso paladar com os melhores sabores alentejanos (Perdiz d'escabeche à alentejana, Caldo de cação à moda de casa d'avó...). O local, muito típico com uma pequena esplanada à entrada, é bem gerido pelo proprietário, que propõe um menu completo de carácter tradicional onde não faltam as sugestões diárias nem, surpreendentemente, uma boa selecção de enchidos espanhóis (como o Presunto ibérico Joselito Gran Reserva).

🍴 AK ♨ – Carta 33/42€

Planta: B3-7 – *Rua dos Lusíadas 68-72* ✉ *1300-372* – ☏ *21 364 7359* – *Fechado domingo*

VARANDA

INTERNACIONAL · ELEGANTE ✗✗✗ Surpreende pela elegância clássica e pela esplanada, debruçada sobre o parque Eduardo VII. A carta, de carácter actual, é completada com um menu executivo. Brunch ao fim-de-semana!

🕭 ⟨ 🍴 AK 🔲 🅿 🚗 – Carta 90/120€

Planta: C2-8 – *Hotel Four Seasons H. Ritz Lisbon, Rua Rodrigo da Fonseca 88* ✉ *1099-039* – ⓜ *Marquês de Pombal* – ☏ *21 381 1400* – *www.fourseasons.com*

DROGARIA ⓝ

TRADICIONAL · BISTRÔ ✗ Neste pequeno bistrô, que se encontra no bairro da Lapa e apresenta um ambiente algo retro, irá encontrar uma reduzida carta de cozinha tradicional actualizada.

🍴 AK – Carta 30/40€

Planta: B3-31 – *Rua Joaquim Casimiro 8* ✉ *1200-696* – ☏ *21 014 5528* – *www.drogaria-restaurante.pt* – *Fechado 2ª feira, almoço: 3ª feira-sábado, domingo*

FOGO

GRELHADOS · NA MODA ✗ Tem o selo do chef Alexandre Silva, uma estética singular e um nome que... diz tudo! Carta de produtos, com pratos de sabor acentuado elaborados no fogo ou no forno.

AK – Carta 45/80€

Planta: C2-9 – *Avenida Elias Garcia 57* ✉ *1049-017* – ⓜ *Campo pequeno* – ☏ *21 797 0052* – *www.fogorestaurante.pt* – *Fechado 2ª feira, domingo*

GO JUU

JAPONESA · DESIGN ✗ Descubra a autêntica cozinha nipónica num espaço singular, praticamente minimalista, com profusão de madeiras e um sushi bar na sala. Existe uma zona exclusiva para sócios!

AK – Menu 25€ (almoço)/35€ – Carta 40/60€

Planta: C2-10 – *Rua Marquês Sá da Bandeira 46A* ✉ *1050-149* – ⓜ *S. Sebastião* – ☏ *21 828 0704* – *www.gojuu.pt* – *Fechado 2ª feira, jantar: domingo*

HORTA DOS BRUNOS ⓦ

CASEIRA • FAMILIAR ✕ Um restaurante íntimo e singular, pois atendem com familiaridade e orientam sobre os pratos a pedir. Cozinha caseira e grande variedade de bebidas, tanto em vinhos como em licores.

⅋ ✿ ᴬᶜ – Carta 40/50€

Planta: C2-27 – Rua da Ilha do Pico 27 ✉ 1000-169 – ⓦ Arroios – ℰ 21 315 3421 – www.hortadosbrunos.pt – Fechado domingo

TABERNA DO LOPES ⓦ

INGLESA • QUADRO CONTEMPORÂNEO ✕ Gosta de carnes maturadas? Esta steakhouse, que ocupa um prédio de dois pisos, surpreende com carnes autóctones de magnífica qualidade e pratos de carácter regional.

✿ ᴬᶜ – Carta 45/70€

Planta: C2-30 – Rua De São Filipe Néri 23 (First Floor) ✉ 1250-225 – ⓦ Rato – ℰ 910 847 374 – www.tabernadolopes.com – Fechado 2ª feira, jantar: domingo

O TALHO

CARNES • TENDÊNCIA ✕ Local descontraído que encerra a sua essência no seu próprio nome, pois... é acessível através de um moderníssimo talho! Aqui tudo gira em torno do mundo da carne e respetivos acompanhamentos.

ᴬᶜ – Menu 67€ – Carta 31/48€

Planta: C2-11 – Rua Carlos Testa 1 ✉ 1050-046 – ⓦ S. Sebastião – ℰ 21 315 4105 – www.otalho.pt

Macedo de Cavaleiros

⊙ **BRASA**

SULISTA • QUADRO CONTEMPORÂNEO ✕ Surpreende tanto pelo serviço e a amabilidade como pelo seu nível culinário... não é em vão que o proprietário e a mulher se formaram profissionalmente em Paris ao longo de muitos anos. Na moderna sala, dominada pelos tons branco/preto e um grande mural humorístico sobre o trabalho numa cozinha, propor-lhe-ão uma carta tradicional portuguesa que convive com numerosos pratos franceses. Especialidades? Prove algum dos seus Carpaccios, o Filet au poivre ou, mais que tudo, alguma das suas famosas e contundentes Francesinhas, uma espécie de sanduíche, de que oferecem até 10 variedades.

ᴬᶜ – Carta 25/40€

Rua São Pedro 4 ✉ 5340-259 – ℰ 278 421 722 – Fechado 2ª feira

Madeira
Mapa regional 5-A2
Mapa das estradas Michelin
nº 573-C20

MADEIRA

CÂMARA DE LOBOS

Madeira – Mapa regional: **5**–A2 – Mapa das estradas Michelin nº 733-B3

🏵 VILA DO PEIXE

PEIXES E FRUTOS DO MAR · **QUADRO TRADICIONAL** 💥 Uma opção ideal para almoçar ou jantar, visto que se encontra na parte alta do centro antigo (em frente do Mercado Municipal) e possui umas enormes janelas de vidro que permitem desfrutar de uma maravilhosa vista, tanto da baia como do oceano. Se o que você procura é uma autêntica cozinha de mar e o peixe fresco do dia, não vai encontrar um restaurante melhor, pois aqui o cliente escolhe as peças que deseja como se estivesse no mercado e estas, depois de serem pesadas à sua frente, são imediatamente preparadas na brasa. Pratos típicos? Não hesite em experimentar, se disponíveis, as populares Lapas e Caramujos.

🍴 🈲 🖽 👐 🅿 – Menu 25/60 € – Carta 28/40 €

Rua Doutor João Abel de Freitas 30-A ⊠ 9300-048 – ℰ 291 099 909 – www.viladopeixe.com

FUNCHAL

Madeira – Mapa regional: **5**–A2 – Mapa das estradas Michelin nº 733-B3

❀❀ IL GALLO D'ORO

Chef: Benoît Sinthon

MODERNA · **ELEGANTE** 💥💥 Os viajantes dizem frequentemente do Madeira que é um paraíso terrestre, a mágica "pérola do Atlântico"; a verdade é que não há nada como comer nesta casa para salientar, com critérios reais, que... já sabemos onde fica o Éden.

O chef promove uma cozinha fresca usando produtos que confirmem o seu compromisso com a sustentabilidade (muitos provenientes da Horta PortoBay, de produção biológica). Oferecem vários menus, que mudam consoante o número de pratos, sempre requintados, dos quais se podem extrair diversas elaborações tal como se fosse uma carta. Conselhos? Se pretender que a experiência seja ainda mais especial, reserve a exclusiva "Mesa do Chef" ou coma na esplanada que lhe proporcionará uma vista verdadeiramente de sonho.

🌿 *O compromisso do Chef: "Defendemos a utilização de produtos locais da nossa ilha a partir de uma versão criativa, sempre respeitando os sabores tradicionais. Trabalhamos com base em produtos orgânicos sazonais, valorizando aqueles que vêm tanto da nossa horta como do nosso mar."*

🕸 🍴 🈲 🖽 👐 🅿 – Menu 130/200 €

Hotel The Cliff Bay, Estrada Monumental 147 ⊠ 9004-532 – ℰ 291 707 700 – www.ilgallodoro.com – Fechado 2ª feira, domingo

✿ WILLIAM

CLÁSSICA · ROMÂNTICA XxX Comer aqui representa muito mais do que uma homenagem gastronómica, pois... trata-se de um autêntico encontro com a história! Não é por acaso que este hotel foi um dos destinos prediletos da aristocracia europeia.

Na sua elegante sala de jantar, distribuída por dois andares, poderá degustar uma cozinha de base clássica com umas maridagens muito bem-sucedidas, uma lógica exaltação do produto local e uma atenção exaustiva a todos os detalhes. Menção à parte merecem as idílicas vistas, pois constituem uma das melhores panorâmicas do litoral do Funchal e representam a cereja no topo do bolo de um almoço ou um jantar perfeitos. Sabe de onde é que vem o nome? É uma merecida homenagem à lendária figura do sonhador escocês William Reid que iniciou a construção do hotel há mais de um século.

≤ ⇔ & 𝐀𝐂 🅿 – Menu 120/170 € – Carta 95/122 €

Hotel Belmond Reid's Palace, Estrada Monumental 139 ⊠ 9000-098 –
☎ 291 717 171 – www.belmond.com –
Fechado 2ª feira, almoço: 3ª feira-sábado, domingo

✿ AVISTA

MEDITERRÂNEA · TENDÊNCIA XX Encontra-se no fabuloso hotel The Cliff Bay, é tutelado pelo prestigioso chef Benoît Sinthon (Il Gallo d'Oro, duas Estrelas MICHELIN) e, tal como o seu "irmão" maior, desfruta de vistas realmente espetaculares, com o litoral costeiro, o incomensurável Atlântico e as ilhas próximas como cortina de fundo. Aqui a proposta culinária, mediterrânica no rés-do-chão e de inspiração asiática no piso superior, apresenta-se com uma filosofia informal em que prima a ideia de partilhar pratos para que se provem mais elaborações, sempre com base em produtos frescos de alta qualidade.

≤ 🛋 & 𝐀𝐂 🅿 – Carta 30/50 €

Estrada Monumental 143 ⊠ 9004-532 – ☎ 291 707 770 –
www.avistarestaurant.pt

✿ CASAL DA PENHA

PORTUGUESA · DECORAÇÃO CLÁSSICA X Um negócio familiar que defende o encanto das coisas simples, mas autênticas, deixando o produto falar sempre por si mesmo. Encontra-se no centro da localidade, rodeado de grandes hotéis, e completa a sua modesta, mas pulcra, sala de jantar com um maravilhoso terraço no andar de cima. O pai, à frente dos fogões, propõe uma cozinha de gosto tradicional com muitas especialidades regionais, deliciosos peixes do dia, uma ampla variedade de carnes, bons arrozes e até "paellas". Se lhe propuserem as Amêijoas "à Bulhão Pato" não as perca, pois são muito boas!

🛋 & – Carta 30/55 €

Rua Penha de França (beco Ataíde 1) ⊠ 9000-014 – ☎ 291 227 674 –
www.casaldapenha.com – Fechado almoço: domingo

THE DINING ROOM

INTERNACIONAL · ELEGANTE XX Assente numa casa histórica e rodeado por um esplêndido jardim. Na sua elegante sala, que possui um "ar inglês", oferecem uma cozinha clássica, com toques atuais e pratos internacionais.

⇔ 🛋 ✿ 🅿 – Menu 60/85 € – Carta 40/70 €

Hotel Quinta da Casa Branca, Rua da Casa Branca 7 ⊠ 9000-088 –
☎ 291 700 770 – www.quintacasabranca.pt – Fechado almoço: 2ª feira-domingo

VILLA CIPRIANI

ITALIANA · DECORAÇÃO CLÁSSICA XX Situado numa villa do Belmond Reid's Palace. Elegância, cozinha italiana e magnífica vista sobre as falésias, destacando-se desde o terraço. Brigada de profissionais da velha guarda!

≤ ⇔ 🛋 𝐀𝐂 🅿 – Menu 77/86 € – Carta 40/84 €

Hotel Belmond Reid's Palace, Estrada Monumental 139 ⊠ 9000-098 –
☎ 291 717 171 – www.belmond.com – Fechado almoço: 2ª feira, 3ª feira, 4ª feira,
almoço: 5ª feira-domingo

ARMAZÉM DO SAL

TRADICIONAL · RÚSTICA X Uma casa de ambiente rústico, autêntico e acolhedor. Predomina o granito e a madeira com pormenores de moderno desing. Interpretação moderna da cozinha tradicional!

🍴 🗚 ⇔ – Menu 35/52€ – Carta 38/60€

Rua da Alfândega 135 ⊠ 9000-059 – ℰ 291 241 285 – www.armazemdosal.com – Fechado almoço: sábado, domingo

---

MAIA

Porto – Mapa regional: **6**–A2 – Mapa das estradas Michelin n° 591-I4

🏮 MACHADO

TRADICIONAL · RÚSTICA X Tanto a quantidade como a qualidade estão garantidas neste restaurante, instalado numa casa antiga, numa pequeña povoação perto da Maia. Conta com várias salas independentes, mas de aparência similar, todas com um ar rústico, com um serviço de mesa simples e inúmeros detalhes típicos pendurados das paredes. Aqui é absolutamente impossível ir-se embora com fome, pois oferecem um menu de tipo tradicional e sabor caseiro, com porções muito abundantes. Não hesite em provar a Vitela assada estilo Lafões, a grande especialidade da casa!

🗚 ⇔ 🅿 – Menu 15€ (almoço)/25€

Rua Doutor António José de Almeida 467 (Nogueira, Este 3,5 km) ⊠ 4475-456 – ℰ 22 941 0839 – www.restaurantemachado.com – Fechado 2ª feira, 3ª feira

---

MEALHADA

Aveiro – Mapa regional: **3**–B2 – Mapa das estradas Michelin n° 591-K4

REI DOS LEITÕES

TRADICIONAL · SIMPÁTICA XX Nesta casa, com uma longa trajetória familiar, a proposta é uma cozinha tradicional muito bem elaborada, com o "Leitão assado" como prato estrela. Dispõem de uma adega fantástica!

🎴 ⅁ 🗚 ⇔ 🅿 – Carta 30/70€

Avenida da Restauração 17 ⊠ 3050 -382 – ℰ 231 202 093 – Fechado jantar: 3ª feira, 4ª feira

---

MONTEMOR - O - NOVO

Évora – Mapa regional: **1**–B2 – Mapa das estradas Michelin n° 593-Q5

L'AND VINEYARDS

MODERNA · MINIMALISTA XXX Encontra-se isolado no meio do campo e surpreende pela sua estética moderna, com inúmeras lâmpadas cromadas penduradas do teto e grandes janelas que dão para o lago do hotel. A sua proposta culinária? Uma cozinha atual, de bases regionais, que cuida muito as apresentações. Excelente serviço e atenção com o cliente!

⅁ 🗚 🅿 – Menu 80/140€

Hotel L'And Vineyards, Herdade das Valadas (pela estrada N 4, Oeste 4 km e desvio a esquerda 0,5 km) ⊠ 7050-031 – ℰ 266 242 400 – www.l-and.com – Fechado almoço: 2ª feira-5ª feira

---

MOREIRA DE CÓNEGOS

Braga – Mapa regional: **6**–A2 – Mapa das estradas Michelin n° 591-H4/H5

S. GIÃO

TRADICIONAL · DECORAÇÃO CLÁSSICA XX Goza de grande prestígio em todo Portugal! Na sua sala, de estilo clássico regional, com grandes janelas com vista para as montanhas, poderá degustar uma cozinha tradicional portuguesa bastante muito bem apresentada.

⅁ 🗚 ⇔ 🅿 – Carta 30/51€

Rua Comendador Joaquim Almeida Freitas 56 ⊠ 4815-270 – ℰ 253 561 853 – Fechado 2ª feira, jantar: domingo

NAZARÉ

Leiria – Mapa regional: **4**–A2 – Mapa das estradas Michelin nº 592-N2

TABERNA D'ADÉLIA

PEIXES E FRUTOS DO MAR · **FAMILIAR** X Agradável, acessível, de ambiente popular e... a apenas uns passos da praia! Aqui a proposta, de gosto tradicional, destaca-se pela qualidade dos peixes e mariscos.

🕸 📶 – Carta 30/40€

Rua das Traineras 12 ✉ 2450-196 – 𝒞 262 552 134 – Fechado 4ª feira

ODECEIXE

Faro – Mapa regional: **2**–A1 – Mapa das estradas Michelin nº 593-T3

NÄPERÕN 🔟

MODERNA · **CASA DE CAMPO** XX Surpreendente espaço de linha moderna situado numa vila de marcado tipismo e rusticidade. Proposta tradicional actualizada com base em dois menus surpresa (curto e longo).

≤ 🏠 – Menu 38/60€

Rua 25 Abril 113 ✉ 8670-320 – 𝒞 916 177 333 – Fechado 2ª feira, almoço: 3ª feira-domingo

PAÇO DE ARCOS

Lisboa – Mapa regional: **4**–B3 – Mapa das estradas Michelin nº 592-P2

CASA DA DÍZIMA

GASTRO-BAR · **RÚSTICA** XX Deve o seu nome à história do edifício, que em tempos serviu para cobrar os impostos. Conta com varias salas, as principais de ar rústico - moderno; oferece uma cozinha moderna de cariz tradicional portuguesa e internacional.

🕸 🏠 📶 – Carta 30/45€

Rua Costa Pinto 17 ✉ 2770-046 – 𝒞 21 446 2965 – www.casadadizima.com – Fechado 2ª feira, jantar: domingo

PASSOS DE SILGUEIROS

Viseu – Mapa regional: **3**–B2 – Mapa das estradas Michelin nº 591-K5

🌻 MESA DE LEMOS

CRIATIVA · **DESIGN** XXX Eis aqui um restaurante surpreendente em todos os sentidos, pois é um oásis arquitetónico e gastronómico que ilumina, como um farol à noite, a tranquila região vitivinícola do Dão.

O chef Diogo propõe, através de dois menus degustação (alguns pratos estão disponíveis em formato carta), uma cozinha criativa de bases tradicionais que toma os produtos desta terra como pedra angular da sua proposta, respeitando os sabores ao jogar com as técnicas e usando, na medida do possível, os produtos da propriedade. O soberbo edifício, bastante amplo, de design moderno e completamente envidraçado, apaixona pelo modo como se integra nos campos de vinhas adjacentes, assim sendo... aproveite para desfrutar umas vistas fantásticas. Como é lógico, o vinho é da própria adega.

≤ 🏠 📶 🅿 – Menu 90/115€ – Carta 75/95€

Quinta de Lemos (Oeste 2 km) ✉ 3500-541 – 𝒞 961 158 503 – www.mesadelemos.com – Fechado 2ª feira, 3ª feira, almoço: 4ª feira-5ª feira, jantar: domingo

PEDRA FURADA

Braga – Mapa regional: **6**–A2 – Mapa das estradas Michelin nº 591-H4

(☺) **PEDRA FURADA**

REGIONAL · **ACOLHEDORA** X Pedra Furada é uma tranquila povoação incluída no Caminho de Santiago português, pelo que é frequente ver corajosos peregrinos, sobretudo no bar, que param para provar o prato do dia. Acede-se através de uma simpática esplanada, surpreendendo pelo seu cuidado interior de ambiente rústico, com uma grande lareira, o tecto de madeira e as rijas paredes decoradas com diversos prémios gastronómicos. Elaboram uma cozinha regional--caseira simples e ao mesmo tempo honesta, utilizando alguns produtos cultivados na sua própria horta e com especialidades de prestigio, como o seu Galo recheado assado à moda de Barcelos.

🈴 🏧 🅿 – Menu 10€ (almoço) – Carta 25/40€

Estrada N 306 ⊠ 4755-392 – ☎ 252 951 144 – www.pedrafurada.com –
Fechado jantar: 2ª feira, jantar: domingo

PESO DA RÉGUA
Vila Real – Mapa regional: **6**–B3 – Mapa das estradas Michelin nº 591-I6

CASTAS E PRATOS

MODERNA · **DESIGN** XX Bonito restaurante instalado num antigo armazém da estação de comboios, com uma esplanada orientada para as vias férreas, um wine bar e uma sala de jantar com tetos altos. Excelente garrafeira!

🏵 🈴 🏧 – Carta 40/70€

Rua José Vasques Osório ⊠ 5050-280 – ☎ 254 323 290 – www.castasepratos.com

PINHÃO
Vila Real – Mapa regional: **6**–B3 – Mapa das estradas Michelin nº 591-I7

RABELO

MODERNA · **DECORAÇÃO CLÁSSICA** XXX Localizado num hotel boutique, com uma idílica esplanada em frente ao Douro e uma sala de jantar elegante. Cozinha moderna e boa garrafeira, destacando esta pela... parte dedicada ao Porto Vintage!

≼ 🈴 � 🏧 🕃 🅿 – Carta 28/53€

Hotel Vintage House, Rua António Manuel Saraiva ⊠ 5085-034 – ☎ 254 730 230 –
www.vintagehousehotel.com

PONTE DE LIMA
Viana do Castelo – Mapa regional: **6**–A2 – Mapa das estradas Michelin nº 591-G4

A CARVALHEIRA

TRADICIONAL · **RÚSTICA** XX Na Quinta do Eido Velho, local que apaixona pela sua bela rusticidade e pelos seus jardins. Cozinha tradicional portuguesa com dois pratos de destaque: Bacalhau com broa e Cabrito assado.

🈴 ⅆ 🏧 🅿 – Carta 28/40€

Rua do Eido Velho 73 (Fornelos, Sur 4 km) ⊠ 4990-620 – ☎ 258 742 316 –
www.acarvalheira.com – Fechado 2ª feira, jantar: domingo

AÇUDE

REGIONAL · **QUADRO TRADICIONAL** X Apresenta um interior rústico e destaca - se pela sua localização, junto ao Clube Náutico do Rio Lima. Carta tradicional - regional com especialidades sazonais, como a lampreia.

≼ 🏧 🅿 – Menu 18/20€ – Carta 25/40€

Rua Arcos de Límia 664 (Arcozelo, Centro Naútico) ⊠ 4990-150 – ☎ 258 944 158 –
www.restauranteacude.com – Fechado 2ª feira, jantar: domingo

PETISCAS

TRADICIONAL · **ACOLHEDORA** X Íntimo, charmoso e muito bem localizado, ao lado da Ponte Velha. Correta carta tradicional - regional portuguesa. Prove o Bacalhau com broa!

🈴 🏧 – Carta 25/35€

Largo da Alegria (Arcozelo) ⊠ 4990-240 – ☎ 258 931 347 –
www.restaurante-petiscas.business.site – Fechado 2ª feira

PORCHES

Faro – Mapa regional: **2**–B2 – Mapa das estradas Michelin nº 593-U4

❀❀ OCEAN

CRIATIVA · DESIGN XxxX Um restaurante distinto e especial que conta com todos os detalhes para que a experiência fique bem guardada na sua memória. O acesso, flanqueado por vistosos vidros de Murano, chama muito a atenção pois produz um efeito teatral antes de entrar na sala de jantar, decorada com um elegante jogo de tons dourados, brancos e azuis, mas onde prima, acima de tudo, a impressionante janela envidraçada que abre este espaço ao inabarcável oceano.

O chef Hans Neuner, de origem austríaca, encontra um fio condutor resgatando a tradição culinária lusa através das suas próprias viagens por Portugal. A proposta actual chama-se Rota das Ilhas e reinterpreta, de um ponto de vista moderno, a tradição culinária dos Açores e Madeira, usando os seus produtos e bases gastronómicas com técnicas actuais. Seleta garrafeira!

🕏 ⪡ 🖙 🕭 🎧 🚆 🅿 🚗 – Menu 210 €

Hotel Vila Vita Parc, Rua Anneliese Pohl (Alporchinhos, Oeste 2 km) ✉ 8400-450 – 𝒞 282 310 100 – www.restauranteocean.com – Fechado 2ª feira, 3ª feira, almoço: 4ª feira-domingo

ALADIN GRILL 🔘

INTERNACIONAL · QUADRO EXÓTICO XX No hotel Vila Vita, onde surpreende com uma estética própria das Mil e uma noites. Sabores indianos, carnes galegas maturadas, peixes portugueses... muitos grelhados.

🕏 🕭 🅿 🚗 – Carta 70/110 €

Rua Anneliese Pohl (Alporchinhos, Oeste 2 km) ✉ 8400-450 – 𝒞 282 310 100 – www.vilavitapark.com – Fechado 2ª feira, almoço: 3ª feira-sábado, domingo

O LEÃO DE PORCHES 🔘

INTERNACIONAL · RÚSTICA XX Romântico, rural e com carisma! Irá encontrar um menu degustação e uma carta de carácter internacional, com referências à cozinha portuguesa, francesa, italiana, indiana...

🕱 🕭 ✿ – Menu 60 € – Carta 42/65 €

Rua Padre António Gregório A Cabrita 8 ✉ 8400-473 – 𝒞 967 100 047 – www.oleaodeporches.pt – Fechado almoço: 2ª feira-3ª feira, 4ª feira, almoço: 5ª feira-domingo

PORTALEGRE

Portalegre – Mapa regional: **1**–C1 – Mapa das estradas Michelin nº 592-O7

🕲 SOLAR DO FORCADO

TRADICIONAL · RÚSTICA X Encontrá-lo-á numa rua estreita e empedrada do centro histórico, relativamente próximo do Castelo. A sua modesta fachada dá passagem a um espaço não muito amplo, mas acolhedor, de ambiente rústico e com uma decoração em torno do mundo taurino. Aqui a aproposta é uma cozinha tradicional, especializada em carnes, quase sempre com algum prato dedicado ao touro bravo, como homenagem aos Forcados, uma modalidade das touradas lusitanas praticada tanto pelo proprietário como pelo seu pai. Prove a excelente Espetada de touro bravo e... não perca o Cozido à portuguesa servido à quinta-feira!

🕭 – Carta 25/35 €

Rua Candido dos Reis 14 ✉ 7300-129 – 𝒞 245 330 866 – Fechado almoço: sábado, domingo

TOMBA LOBOS

ALENTEJANA · QUADRO TRADICIONAL XX Vai gostar, pois o bar da entrada dá passagem a uma bela sala de jantar com o tetos em abóbada. Cozinha alentejana baseada em produtos de mercado, com caça e cogumelos sazonais.

🕱 – Carta 25/40 €

Rua 19 de Junho 2 (no bairro da Pedras Basta, Sudeste 3 km) ✉ 7300-126 – 𝒞 245 906 111 – www.tombalobos.pt – Fechado 2ª feira, 3ª feira, jantar: domingo

PORTIMÃO

Faro – Mapa regional: **2**–A2 – Mapa das estradas Michelin n° 593-U4

🌸 **VISTA**

MODERNA · LUXO 𝗫𝗫𝗫 Quando falamos de estabelecimentos únicos, referimo-nos a restaurantes como este, capazes de nos transportar ao mundo dos sonhos. Encontramo-nos num maravilhoso palacete, do começo do séc. XX, localizado sobre um promontório em plena Praia da Rocha, o que permite aceder de maneira privilegiada a umas vistas dignas de um postal, que se perdem na imensidão do Atlântico. É daí que vem o seu nome!

Numa sala elegante, com grandes janelas para ver o oceano, você vai descobrir uma roposta moderna focada em dois menus, um vegetariano, que jogam sempre com a melhor matéria-prima da zona. O chef João Oliveira defende uma cozinha que dê destaque ao produto local e exalte os seus complementos, como o azeite que eles mesmos produzem no Alentejo.

🐌 ⪕ 🏠 & 🎵 🅿 – Menu 165€

Hotel Bela Vista, Avenida Tomás Cabreira (Praia da Rocha, Sul 2 km) ✉ 8500-802 – 𝒞 282 460 280 – www.vistarestaurante.com – Fechado 2ª feira, 3ª feira, almoço: 4ª feira-domingo

Porto
Mapa regional: **6**–A3
Mapa das estradas Michelin
nº 591-I3

PORTO

Dizem que o Porto é a cidade boémia de Portugal e ...têm toda razão! Esta cidade, a mais importante do país depois de Lisboa, guarda um encanto e um misticismo verdadeiramente único, que fizeram com que o seu centro histórico fosse declarado Património da Humanidade. A sua localização na foz do Douro determina claramente o seu carácter, com algumas belas pontes (Ponte da Arrábida, Ponte Luís, Ponte do Infante ...), as famosas adegas de Vila Nova de Gaia numa das suas margens e os típicos Rabelos, aqueles barquinhos que outrora transportavam os barris de vinho pelo rio, hoje se convertem em um dos emblemas mais conhecidos da sua proposta turística. Do ponto de vista gastronómico? Não deixe de visitar o autêntico Mercado do Bolhão e provar um prato típico, como as famosas Tripas à moda do Porto ou as populares Francesinhas.

🕸 **VILA FOZ** ⓝ

GASTRO-BAR · HISTÓRICA 𝕏𝕏𝕏 Irá surpreendê-lo, pois ocupa aquele que foi o antigo e luxuoso salão de eventos do Vila Foz H. & Spa, um sugestivo palacete do séc. XIX que se eleva diante da Praia do Homem do Leme. Aqui, entre elegantes molduras, dourados da época e grandes espelhos de inspiração palaciana, poderá descobrir a proposta gourmet do chef Arnaldo Azevedo, que através dos seus menus (Novo Mundo, Rebentação e Maresia) defende uma cozinha contemporânea que realça o sabor dos fantásticos peixes e mariscos portugueses. Curiosidades? Naquele que foi o bar conta com um balcão, virado para a cozinha, onde propõe uma opção muito mais pessoa, próxima e intensa denominada "Kitchen Seat", reservada exclusivamente para apenas dois comensais e na qual... a experiência é sublimada interagindo com o chef!

🅰🅲 🅿 – Menu 75/120€ – Carta 70/85€

Fora do plano – *Vila Foz H. & Spa, Avenida De Montevideu 236* ✉ *4150-516 –* ☎ *22 244 9700 – www.vilafozhotel.pt – Fechado 2ª feira, almoço: 3ª feira-sábado, domingo*

🕸 **ANTIQVVM**

CRIATIVA · ELEGANTE 𝕏𝕏 Há lugares no mundo que, só pela sua localização, exercem um particular poder de atração; é esse o caso de Antiqvvm, localizado num frondoso e central parque, junto do Museu Romântico da cidade, com um cuidado jardim do qual terá... uma das vistas mais idílicas sobre a ribeira do Douro!

Nas suas salas elegantes, que fundem con induvitável bom gosto detalhes clássicos e contemporâneos, o chef Vítor Matos aposta numa cozinha sazonal que destaca o produto, completando os pratos com diferentes ingredientes que têm o único objetivo de valorizar ou potenciar esse produto principal. O chef persegue sempre, nas suas próprias palavras "promover os valores de uma cozinha cultural, natural, evolutiva, social e artística".

🍴 🅰️ 🅿️ – Menu 90/160 € – Carta 80/93 €

Planta: C2-7 – *Rua de Entre Quintas 220* ✉ *4050-240* – ☎ *22 600 0445 –*
www.antiqvvm.pt –
Fechado 2ª feira, domingo

⭐ **PEDRO LEMOS**

MODERNA · **QUADRO CONTEMPORÂNEO** ✕✕ Interessante tanto pela gastronomia como pela zona onde se encontra, conhecida como "Foz do Douro", onde confluem as águas do rio com as do Atlântico.

O atractivo edifício, património arquitetónico da cidade, tem dois andares, com uma encantadora sala no piso inferior, onde se encontra à vista a garrafeira, e a sala de refeições principal no andar superior, com uma estética mais cosmopolita. Pedro Lemos centraliza a sua proposta em menus de degustação que mudam em função do número de pratos, sempre com vistosas elaborações que valorizam a frescura tanto dos produtos locais como, em geral, dos do resto das regiões do país. Conselhos? Recomendamos ir de taxi, pois este é um bairro histórico com ruas estreitas, em que não é fácil estacionar.

🍴 🅰️ – Menu 120/140 €

Planta: A2-1 – *Rua do Padre Luis Cabral 974 (Foz do Douro)* ✉ *4150-459 –*
☎ *22 011 5986 – www.pedrolemos.net –*
Fechado almoço: 2ª feira-6ª feira, domingo

☺ **IN DIFERENTE**

INTERNACIONAL · **QUADRO CONTEMPORÂNEO** ✕✕ Não está no centro da cidade nem nas principais rotas turísticas... porém, vale a pena ir a este restaurante, sossegado, acolhedor e de linha atual. Angélica Salvador, a jovem chefe de origem brasileira, oferece a sua pessoal visão da cozinha tradicional portuguesa e internacional, com pratos mais elaborados e muito bem apresentados. Procura oferecer uma proposta diferente e pessoal, com detalhes de autor, tirando o máximo partido tanto dos maravilhosos peixes chegados das lotas próximas de Matosinhos ou Aveiro como das fantásticas carnes da região.

Menu 13 € (almoço)/45 € – Carta 30/45 €

Planta: A2-2 – *Rua do Doutor Sousa Rosa 23 (Foz do Douro)* ✉ *4150-719 –*
☎ *911 033 315 –*
Fechado 2ª feira, jantar: domingo

LE MONUMENT

SULISTA · **DECORAÇÃO CLÁSSICA** ✕✕✕ Apetece-lhe viajar com o paladar? O chef Julien Montbabut convida a uma viagem com o seu menu (opção de 10 ou 14 paragens), que serve de cenário para um grande percurso através da geografia lusitana.

🍷 🅰️ ⇆ 🚗 – Menu 85/105 €

Planta: F1-9 – *Hotel Le Monumental Palace, Avenida dos Aliados 151*
✉ *4000-067 –* Ⓜ *Aliados –* ☎ *22 766 2411 –*
www.maison-albar-hotels-porto-monumental.com –
Fechado 2ª feira, almoço: 3ª feira-sábado, domingo

O PAPARICO

GASTRO-BAR · **RÚSTICA** ✕✕✕ Na parte alta da cidade, apresenta varios espaços de ambiente rústico muito elegante. A sua proposta explora, com cuidado, a cozinha tradicional portuguesa.

🍷 🅰️ ⇆ – Menu 90/120 € – Carta 72/92 €

Planta: D1-3 – *Rua de Costa Cabral 2343* ✉ *4200-232 –* ☎ *937 959 714 –*
www.opaparico.com –
Fechado 2ª feira, almoço: 3ª feira-sábado, domingo

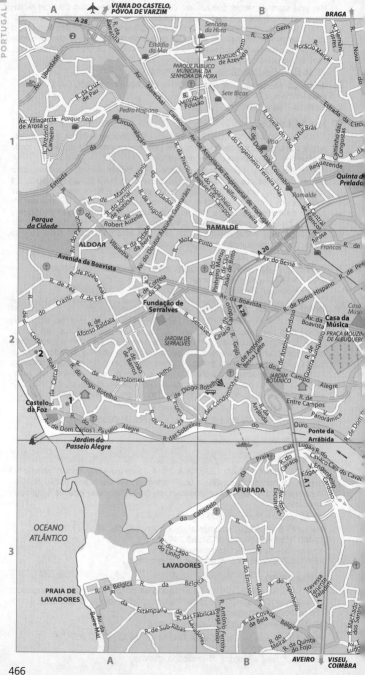

A

B

VIANA DO CASTELO,
PÓVOA DE VARZIM

BRAGA

Senhora
da Hora

R. São Gens

R. Hernâni Torres

Nova

A 28

R. da Barosinha

Estádio
do Mar

Horácio-Maçal

Av. Manuel Pinto
de Azevedo

Estrada da Circu

PARQUE PÚBLICO
MUNICIPAL DA
SENHORA DA HORA

Caminho das
Congostas

Av. Liberdade

Av. da Cruz
de Pau

Pedro Hispano

R. Direita do Viso

R. Azur Brás

Henrique
Pousão

Sete Bicas

R. de Dom João Coutinho

Viso

Av. Villagarcia
de Arosa

Parque Real

Circunvalação

Av. da Associação Empresarial de Portugal

Av. de Marechal Camona

Requezende

Quinta de
Prelado

Av. António
Carneiro

R. de

R. de Martim Moniz

R. do Jornal
de Notícias

R. de Angola

Robert Auzelle

R. da Precisa

R. do Engenheiro Ferreira Dias

R. do Engenheiro
Delfim Ferreira

Esequiel de Campos

Ramalde

R. Central

R. Franco

R. da

Parque
da Cidade

R. da Cidade
da Beira

Vilarinha

RAMALDE

R. Mota Pinto

A 20

Francos

R. de Per

ALDOAR

Avenida da Boavista

R. de Pinho Leal

P

R. de Correia
de Sá

R. do Pinheiro Manso

R. de São João de Brito

Av. do Bessa

R. de Pedro Hispano

Casa
Música

R. de Fez

R. de Fez

Fundação de
Serralves

Av. da Boavista

A 28

Av. de
Boavista

Casa da
Música

PRAÇA MOUZIN
DE ALBUQUERC

R. do
Crasto

R. de Afonso Baldaia

R. de João
de Barros

JARDIM DE
SERRALVES

R. de serralves

R. de Ciríaco Cardoso

R. de Grijó

R. de António
Bessa Leite

R. de António Cardoso

R. de Guerra Junqueiro

Campo
Alegre

R. da Corte Real da Cerca

R. de Diogo Botelho

Bartolomeu Velho

R. de Diogo Botelho

R. das Condominhas

JARDIM
BOTÂNICO

R. de
Entre Campos

Castelo
da Foz

R. do

R. de Paulo da Gama

R. das Sobreiras

R. do

da Arrábida

Ouro

V.
Panorâmica

Av. de Dom Carlos I

Passeio Alegre

Ponte da
Arrábida

Jardim do
Passeio Alegre

Praia

Cais

Lugar R. do Cais do Cavac

R. do Cavaco

V. Engenheiro
Edgar Cardoso

A 1

AFURADA

Av. dos Escultores

R. do Cabedelo

R.

de

OCEANO
ATLÂNTICO

R. do Lago
do Linho

LAVADORES

R. do Emissor

R. do Bustelo

R. do Espinheiro

Travessa
Tenente
Valadim

A 1

PRAIA DE
LAVADORES

R. da Bélgica

R. da

Bélgica

R. da Covada
da Bela

R. do Meiral

Av. da
Beira-Mar

R. da
Estampa

de

R. das Fábricas

R. António Ferreira
Braga Júnior

R. de Sub-Ribas

R. da Quinta
do Fojo

Av. E.
Ludo

AVEIRO

VISEU,
COIMBRA

PORTO

0 — 400 m

GUIMARÃES, SANTO TIRSO
BRAGA

VILA REAL, AMARANTE

GONDOMAR

ENTRE-OS-RIOS, VALE DOS RIOS

CASTELO DE PAIVA, AROUCA

R. Padre Costa
R. Aurélia Sousa
R. de Oliveira de Giao
R. de Silva Brinco
R. de Forte
Tronco
R. do Norte
V. Norte
Estrada da Circunvalação
IPO
Hospital São João
R. da Arroteia
Fernando Nampra
A 3 / E 1
Estrada da Circunvalação
R. das Arroteia
Estrada da Circunvalação
Diu
Porto
de Sta Luzia
V. Norte
R. dos Miradis
R. da Telheira do Amal
R. das Berlengas
PARANHOS
R. do Doutor Placido da Costa
R. do Doutor Roberto Frias
R. de Alfredo Allen
3
R. do Professor Antonio Cruz
Av. de Fernão de Magalhães
R. da Cruz
R. Nau Vitória
R. de Belém
Pólo Universitário
IP 1 / E 1
R. de Delfim Maia
A 20
PRAÇA NOVE DE ABRIL
Monsanto
R. de Silva Porto
R. do Vale Formoso
Salgueiros
R. de Augusto Lessa
R. do Relógio
R. de Pereira Relsja
A 20 / E 1
R. de Contumil
1
Contumil
barros
R. de Sousa Pinto
R. de São Dinis
R. de Ribeiro de Sousa
QUINTA DO COVELO
R. do Cunha
Combatentes
R. de Agostinho de Campos
Alameda das Antas
Praça Lisboa
R. da Constituição
R. de Egas Moniz
R. de Monte Cativo
R. Damião De Góis
R. de Antero de Quental
R. da Constituição
Marquês
R. de João Ramalho
PRAÇA DE VELÁSQUEZ
Estádio do Dragão
Contumil
2
R. de Oliveira Monteiro
Carolina Michaelis
R. de Cervantes
R. de São Brás
R. de Faria Guimarães
R. de Camões
R. de Latino Coelho
R. de Alírio de Magalhães
Travessa das Antas
PARQUE DE SÃO ROQUE
PRAÇA DA CORUJEIRA
R. da Boavista
R. da Boavista
R. de Cedofeita
R. do Bonjardim
R. de Sta Catarina
Pr. da República
Pousada
R. de Ornelas
Av. 25 de Abril
CAMPANHA
da
R. Torrinha
edade
Dinis
R. do Breiner
R. do Rosário
R. de Fernandes Tomás
R. da Alegria
R. de Dom João IV
Santos
R. do Bonfim
Av. de Camilo
Av. Barros Lima
R. de Pinto Bessa
Campanhã
R. de Bonjóia
Jardim do ócio de Cristal
Mouzinho Da Silveira
Sé
Rua Formosa
15
JARDINS DE SÃO LÁZARO
R. das Fontainhas
Praça da Alegria
JARDINS DE NOVA SINTRA
Heroísmo
R.
Freixo
Couceiro
São Francisco
Cais de Gaia
Av. de Gustavo Eiffel
Ponte D. Luís I
Rio Douro
Nossa Senhora da Serra do Pilar
Av. de Paiva
Ponte do Freixo
3
R. de Rei Ramiro
Avenida Diogo Leite
P
P
dim mes eire
SANTA MARINHA
R. Luís de Camões
General Torres
Av. Dom João II
OLIVEIRA DO DOURO
V. Engenheiro Erigar Cardoso
Resa Mota
Chupolo
R. Candido dos Reis
General Torres
República
Azevedo Magalhães
R. do Bolhão
Corvo
R. Conselheiro Veloso da Cruz
R. Visconde das Devesas
Pinto Mourão
Câmara Gaia
João de Deus
Av. Dom João II
R. da Oliveira
R. da Tranqueira
467

PORTO

CAFEÍNA

TRADICIONAL · ÍNTIMA XX A particular fachada de azulejos conduz - nos a um espaço dividido em duas salas de sofisticado ambiente contemporâneo, uma representando uma biblioteca. Há sofisticação na cozinha tradicional portuguesa e internacional.

🍴 – Menu 18€ (almoço) – Carta 37/45€

Fora do plano – *Rua do Padrão 100 (Foz do Douro)* ✉ 4150-557 – ✆ 22 610 8059 – www.cafeina.pt

DOP

TRADICIONAL · DESIGN XX Inserido num edifício histórico! Nas suas salas de refeições, atuais e desniveladas entre si, pode contar com uma cozinha tradicional de qualidade. Excelente adega com vinhos portugueses e internacionais.

🌐 ᗣ 🍴 – Menu 27€ (almoço)/90€ – Carta 50/80€

Planta: E2-10 – *Largo de São Domingos 18 (Palácio das Artes)* ✉ 4050-545 – Ⓜ *São Bento* – ✆ 22 201 4313 – www.doprestaurante.pt – *Fechado almoço: 2ª feira, domingo*

468

OFICINA

TRADICIONAL · **QUADRO CONTEMPORÂNEO** XX Um estabelecimento que combina o ambiente industrial com o mundo das vanguardas, pois estamos numa zona repleta de galerias de arte. A proposta? Cozinha tradicional atualizada.

🛋 🅰🅲 – Menu 18€ (almoço), 80/100€ – Carta 40/60€

Planta: E1-11 – *Rua de Miguel Bombarda 282* ✉ 4050-377 – ☏ 936 712 384 – www.oficinaporto.com – *Fechado almoço: 2ª feira, domingo*

TERRA

COM INFLUÊNCIAS ASIÁTICAS · **DESIGN** XX Fachada surpreendente, à entrada um sushi-bar e uma sala neo-rústica, com design, no piso superior. Menu extenso, com referência à cozinha asiática.

🅰🅲 – Menu 18€ (almoço)/22€ – Carta 35/55€

Fora do plano – *Rua do Padrão 103 (Foz do Douro)* ✉ 4150-559 – ☏ 22 617 7339 – www.restauranteterra.com – *Fechado 2ª feira, almoço: 3ª feira*

ALMEJA 🅝

GASTRO-BAR · **BISTRÔ** X Central, tipo bistrô e bem gerido por um casal. Propõe uma oferta diferente na cidade, com uma carta actual e um completo menu degustação. Relaxante esplanada-jardim!

🛋 🅰🅲 – Menu 15€ (almoço)/60€ – Carta 30/40€

Planta: F1-8 – *Rua Fernandes Tomás 819* ✉ 4000-314 – Ⓜ *Aliados* – ☏ 22 203 8120 – www.almejaporto.com – *Fechado 2ª feira, domingo*

CANTINHO DO AVILLEZ

TRADICIONAL · **BISTRÔ** X A primeira proposta do mediático chef José Avillez fora de Lisboa. Presenta uma estética de bistrô urbano que enche diariamente, com uma ementa atual de preços moderados.

🅰🅲 – Menu 13€ (almoço)/18€ – Carta 25/55€

Planta: E2-13 – *Rua Mouzinho da Silveira 166* ✉ 4050-416 – Ⓜ *São Bento* – ☏ 22 322 7879 – www.cantinhodoavillez.pt

ELEMENTO

PORTUGUESA · **QUADRO CONTEMPORÂNEO** X O seu chef aposta sem complexos por um regresso às origens, por isso apenas utiliza lenha para cozinhar (com grelha e forno). Cozinha tradicional portuguesa com toques atuais.

🅰🅲 – Menu 70€ – Carta 45/68€

Planta: F1-14 – *Rua do Almada 51* ✉ 4050-036 – Ⓜ *Aliados* – ☏ 22 492 8193 – www.elementoporto.com – *Fechado almoço: 2ª feira-6ª feira, domingo*

EUSKALDUNA STUDIO

MODERNA · **TENDÊNCIA** X Toque à campainha para entrar! Na sua sala, íntima e com um balcão de mármore de estilo japonês, propor-lhe-ão um menu de degustação, com pratos atualizados de base tradicional.

🅰🅲 – Menu 105€

Planta: D2-15 – *Rua Santo Ildefonso 404* ✉ 4000-466 – Ⓜ *Campo 24 Agosto* – ☏ 935 335 301 – www.euskaldunastudio.pt – *Fechado 2ª feira, almoço: 3ª feira-sábado, domingo*

PÓVOA DE VARZIM

Porto – Mapa regional: **6**–A2 – Mapa das estradas Michelin nº 591-H3

O MARINHEIRO

PEIXES E FRUTOS DO MAR · **QUADRO MEDITERRÂNEO** XX Um barco encalhado em terra firme alberga este original restaurante disposto em dois andares e com um atractivo ambiente marinheiro. A sua especialidade são os produtos do mar.

🅰🅲 🅿 – Carta 35/55€

Rua Gomes de Amorim 1842 (pela estrada N 13, Norte 2 km) ✉ 4490-091 – ☏ 252 682 151 – www.grupojgomes.com

QUARTEIRA

Faro – Mapa regional: **2**–B2 – Mapa das estradas Michelin nº 593-U5

WILLIE'S

INTERNACIONAL · **DECORAÇÃO CLÁSSICA** XX Numa zona de férias, totalmente voltada para o golfe! Ser-lhe-á proposta uma cozinha clássica para a sua sala acolhedora, orientada para o cliente internacional, que mima as apresentações.

🏡 🅰️🅲 – Carta 62/76 €

Rua do Brasil 2 (Área do Pinhal Golf Course, Vilamoura, Noroeste 6 km)
✉ *8125-479* – ☎ *289 380 849* –
www.willies-restaurante.com –
Fechado almoço: 2ª feira-3ª feira, 4ª feira, almoço: 5ª feira-domingo

QUELUZ

Lisboa – Mapa regional: **4**–B3 – Mapa das estradas Michelin nº 592-P2

🕸️ O PARREIRINHA

PORTUGUESA · **QUADRO REGIONAL** X O ponto forte desta casa está, sem dúvida, na sua cozinha, pois trata-se de um restaurante modesto, um pouco pequeno e de organização familiar simples, mas eficaz. Apresenta um interior de ambiente regional sem grandes excessos decorativos, destacando o salão do fundo por estar bem mobilado e contar com lareira. Propõem uma ementa de gosto tradicional, sempre com porções abundantes e preços razoáveis para o produto que oferecem. Entre as suas especialidades cabe destacar o Arroz de "línguas" de bacalhau, o Peixe galo frito com sopa de ovas e o maravilhoso Tournedó às três pimentas.

🅰️🅲 – Carta 20/35 €

Avenida Santo António 41 (Tercena, Oeste 4 km) ✉ *2730-046* – ☎ *21 437 9311* –
Fechado almoço: sábado, domingo

REGUENGOS DE MONSARAZ

Évora – Mapa regional: **1**–C2 – Mapa das estradas Michelin nº 593-Q7

✿✿ ESPORÃO ⓝ

Chef: Carlos Teixeira

MODERNA · **QUADRO CONTEMPORÂNEO** XX Produtos autóctones de qualidade, texturas bem definidas, sabores harmonizados... É tudo tão bom que só vai querer experimentar mais pratos! O restaurante, situado numa vasta herdade-adega rodeada de vinhas, olivais e até uma barragem, apresenta uma estética actual com pormenores de design nórdico e mostra-se como um espaço auto-suficiente, pois aqui contam com a sua própria criação de gado (borregos, porcos...) e uma horta que lhes proporciona a maior parte das hortaliças que usam, muitas biológicas. O chef, Carlos Teixeira, defende uma cozinha actual de produto (da própria herdade e do Alentejo) que vê a luz através de um menu degustação (Carta Branca) no qual poderá escolher entre 5 ou 7 momentos, ambos com a possibilidade de harmonização de vinhos. Opções de enoturismo com vista para a adega!

✿✿ *O compromisso do Chef:* "Cozinhamos o terroir e trabalhamos à base de produtos sazonais, na sua maioria alentejanos, da nossa horta ou produzidos na própria quinta (borregos, porcos, uvas, azeitonas...). Um objectivo? Auto-suficiência energética através das energias e fontes renováveis."

🏡 ♿ 🅰️🅲 ♻️ 🅿️ – Menu 50 € (almoço)/65 € – Carta 35/45 €

Restaurante (Sudeste 6 km) ✉ *7200-999* – ☎ *266 509 280* –
www.esporao.com –
Fechado 2ª feira, 3ª feira, jantar: 4ª feira-domingo

SALREU

Aveiro – Mapa regional: **3**–A1 – Mapa das estradas Michelin nº 591-J4

CASA MATTOS

REGIONAL · ÍNTIMA É gerido por um casal simpático, ele a cargo da sala e ela à frente dos fogões. Por trás da cuidada fachada, vai encontrar um bar público, onde oferecem os seus saborosos "petiscos", seguido da sala de jantar com dois níveis, com uma elegante decoração que combina a estética clássica dominante com diversos elementos de carácter rústico. Apresenta uma carta bastante variada, mas singular, com numerosas entradas, em porções, e diversos pratos principais por encomenda, pois diariamente só preparam um prato de carne e outro de peixe. Prove as lulas recheadas com picadinho de caça!

AC P – Carta 25/45€

Rua Padre Antonio Almeida 7-A ✉ 3865-282 – ☎ 963 111 367 – Fechado domingo

SANTA LUZIA

Faro – Mapa regional: **2**–C2 – Mapa das estradas Michelin nº 593-U7

CASA DO POLVO TASQUINHA

REGIONAL · SIMPLES Esta aldeia marinheira é conhecida em todo o país como "A Capital do Polvo", um dado fundamental para entender o amor gastronómico que aqui, em frente à Ria Formosa, sentem pelo popular polvo. Cozinha e ambiente marinheiro.

AC – Carta 27/60€

Avenida Engenheiro Duarte Pacheco 8 ✉ 8800-545 – ☎ 281 328 527 – www.casadopolvo.pt – Fechado jantar: 2ª feira, 3ª feira

SANTARÉM

Santarém – Mapa regional: **4**–A2 – Mapa das estradas Michelin nº 592-O3

Ó BALCÃO

MODERNA · SIMPÁTICA Um estabelecimento pequeno e informal, tipo taberna, que, porém, resulta acolhedor, pois soube recriar um espaço no qual a quotidianeidade (peças de cerâmica, pratos decorativos, uma grande lousa...) e a modernidade se equilibram harmoniosamente. A proposta do chef Rodrigo Castelo, autodidata, sincero e obcecado por conhecer o produto desde a origem para assim melhor o entender, centra-se numa ampla carta de base regional com pratos elaborados que anseiam sempre divertir o comensal, provocando-lhe sensações e dando-lhe a conhecer sabores. Detalhes de autor com carácter local!

AC – Menu 75€ – Carta 35/45€

Rua Pedro de Santarém 73 ✉ 2000-223 – ☎ 243 055 883 – www.tabernaobalcao.com – Fechado domingo

SETÚBAL

Setúbal – Mapa regional: **1**–B2 – Mapa das estradas Michelin nº 593-Q3

XTORIA ①

GASTRO-BAR · SIMPLES Encontra-se a poucos metros do Porto de Pesca de Setúbal e é um restaurante que surpreende muito na zona, pois aqui apostam no produto regional e nas receitas tradicionais trabalhadas de outra maneira, com texturas diferentes do estabelecido pelo costume local e com apresentações bastante cuidadas. O jovem chef, de origem brasileira e com experiência em diferentes cidades europeias, defende uma cozinha criativa de raízes portuguesas que vê a luz tanto nos pratos da carta como no menu do dia. Também propõem um sugestivo brunch ao fim-de-semana!

& AC – Menu 16€ (almoço) – Carta 20/33€

Rua Guilherme Gomes Fernandes 17 ✉ 2900-395 – ☎ 961 284 144 – www.xtoria.pt – Fechado almoço: 2ª feira, domingo

CARVÃO RYŌRI ①

FUSÃO · SIMPÁTICA Surpreende tanto pela decoração como pela oferta culinária, propondo uma fusão entre a cozinha japonesa clássica e a portuguesa mais actual. Bom menu degustação!

🍴 & 🅰 – Menu 15€ (almoço)/45€ – Carta 30/45€
Praça do Marquês do Pombal 2 ✉ 2900 – ℰ 933 242 833 –
www.carvaoryori.eatbu.com – Fechado 2ª feira, domingo

SINTRA
Lisboa – Mapa regional: **4**–B3 – Mapa das estradas Michelin nº 592-P1

✿ LAB BY SERGI AROLA
CRIATIVA · TENDÊNCIA ✗✗✗ O Penha Longa H. é um resort realmente exclusivo, tanto por se situar no Parque Natural de Sintra-Cascais como pelo facto das suas luxuosas dependências... darem a um campo de golfe!

Lab by Sergi Arola conta com um bar de cocktails e uma impressionante adega envidraçada, ser-lhe-ão oferecidos vários aperitivos ou tapas tanto na cozinha como numa sala, encorajando assim a um pequeno desvio antes de descer para a uma sala de jantar de estética moderna, que surpreende pelas incríveis vistas dos "greens". O mediático chef espanhol Sergi Arola, sempre identificado com a liberdade e o espírito do rock & roll, aposta por pratos de autor sumamente saborosos, em geral de marcada inspiração mediterrânea, mas com subtis referências aos esplêndidos produtos autóctones.

🍴 & 🅰 🅿 🍷 – Menu 115/145€

Hotel Penha Longa H., Estrada da Lagoa Azul (Malveira, Sudoeste 7 km) ✉ 2714-511 – ℰ 21 924 9011 – www.labbysergiarola.com – Fechado 2ª feira, 3ª feira, almoço: 4ª feira-sábado, domingo

✿ MIDORI
JAPONESA · NA MODA ✗✗ O melhor japonês de Portugal! O seu nexo com a cultura nipónica é evidente, pois Midori significa "verde", numa clara referência ao fantástico ambiente vegetal do hotel Penha Longa.

Será atendido à chegada, no estacionamento, do qual o acompanharão até à mesa. Cozinha aberta, paredes cobertas por vinis, um bonito mural desenhado por uma artista portuguesa... e grandes janelas, para que esses tons verdes que envolvem o restaurante formem parte da experiência. O chef, Pedro Almeida, propõe uma gastronomia portuguesa com alma nipónica, pois reivindica as técnicas do país oriental para as aplicar ao melhor produto local. Propor-lhe-á uma pequena carta e dois menus degustação, com pratos tão atrevidos como o Miso shiro de caldo-verde, que simboliza a fusão entre os dois mundos.

& 🅰 🍴 🛎 🅿 🍷 – Menu 115/145€

Hotel Penha Longa H., Estrada da Lagoa Azul (Malveira, Sudoeste 7 km) ✉ 2714-511 – ℰ 21 924 9011 – www.penhalonga.com – Fechado 2ª feira, almoço: 3ª feira-sábado, domingo

TAVIRA
Faro – Mapa regional: **2**–C2 – Mapa das estradas Michelin nº 593-U7

✿ A VER TAVIRA
Chef: Luís Brito

MODERNA · DECORAÇÃO CLÁSSICA ✗✗ Encontra-se nas imediações do antigo castelo mourisco e foi sem dúvida projectado com o coração, como uma autêntica homenagem à cidade das 37 igrejas e à sua história; contudo, com a passagem dos anos também ficou provado que aqui... há cozinha, produto e sabor!

O atencioso casal que o lidera, com Cláudia Abrantes como chefe de sala e sommelier enquanto o marido, Luís Brito, se encarrega dos fogões, está extremamente envolvido de maneira a tornar a experiência perfeita. Propõem duas cartas de carácter tradicional actualizado, uma para o almoço e outra mais gastronómica para o jantar, ambas com a possibilidade de pedir diversos pratos vegetarianos e a alternativa de sugestivos menus degustação (todos com opção de harmonização de vinhos). Atraente varanda-esplanada com vista para Tavira!

🍴 🅰 – Menu 45/125€ – Carta 35/70€

Calçada da Galeria 13 (Largo Abu-Otmane) ✉ 8800-306 – ℰ 281 381 363 – www.avertavira.com – Fechado 2ª feira, almoço: domingo

TERRUGEM

Portalegre – Mapa regional: **1**-C2 – Mapa das estradas Michelin nº 592-P7

A BOLOTA

ALENTEJANA · ACOLHEDORA XX Eis aqui, junto à estrada principal e à auto-
-estrada, o que pode ser uma paragem gastronómica perfeita na rota de Madrid
a Lisboa. A sua cuidada fachada dá passagem a duas salas de ambiente clásico-
-regional, uma delas com um bar privado e lareira. Dos seus fogões surge uma
cozinha tradicional portuguesa que cuida muito os detalhes, além do mais enriquecida com alguns pratos alentejanos e incursões na cozinha internacional.
Embora se possa falar de vários pratos, aqui é obrigatório recomendar o menu
degustação, pois apresenta uma relação qualidade-preço insuperável.

AC P – Menu 25/30€ – Carta 25/35€

*Rua Madre Teresa (Quinta das Janelas Verdes) ⊠ 7350-491 – ℰ 268 656 118 –
Fechado 2ª feira, 3ª feira, jantar: 4ª feira-domingo*

TONDA

Viseu – Mapa regional: **3**-B2 – Mapa das estradas Michelin nº 591-K5

3 PIPOS

REGIONAL · RÚSTICA XX O emblema deste restaurante, que passa um pouco
despercebido na discreta casa de uma aldeia, são os três pipos, daí o nome e a
presença física dos mesmos no vestíbulo de acesso, onde há também um expositor com garrafas de vinho. Neste negócio familiar irá encontrar cinco salas, algumas com as paredes em pedra e todas com pormenores decorativos que enalte-
cem o mundo do vinho. Propõem uma cozinha de carácter tradicional e regional,
com boas recomendações diárias, pratos típicos da Beira Alta e inclusivamente
algumas opções vegetarianas. A garrafeira é muito completa na sua categoria!

⅏ 🏠 & AC ⇄ P – Carta 25/35€

*Rua de Santo Amaro 966 ⊠ 3460-479 – ℰ 232 816 851 – www.3pipos.pt –
Fechado 2ª feira, jantar: domingo*

TORRE

Viana do Castelo – Mapa regional **6**-A2 – Mapa de carreteras Michelin nº 591-G3

LOURO

GASTRO-BAR · SIMPLES X Uma lufada de ar fresco na gastronomia local! É dirigido por três jovens chefs que apostaram na culinária atual, tendo como base a
cozinha tradicional portuguesa.

AC – Menu 40€ – Carta 29/35€

*Rua do Esteiro 5 ⊠ 4925-610 – ℰ 258 115 180 – www.lourorestaurante.pt –
Fechado 2ª feira, jantar: domingo*

VIANA DO CASTELO

Viana do Castelo – Mapa regional: **6**-A2 – Mapa das estradas Michelin nº 591-G3

TASQUINHA DA LINDA

PEIXES E FRUTOS DO MAR · QUADRO CONTEMPORÂNEO XX Uma enorme
opção para almoçar nesta atrativa localidade da Costa Verde. O restaurante, localizado junto ao Castelo de Santiago da Barra, ocupa um antigo armazém do cais,
destacando-se por contar com grandes viveiros. Apresenta um ambiente contemporâneo e caracteriza-se pelo facto de que os seus proprietários são grossistas
de peixe, de tal maneira que não oferecem pratos de carne; aqui o que fizeram
foi dar mais um passo no processo comercial que lhes permite vender peixes e
mariscos de qualidade, normalmente ao peso e a preços muito competitivos.
Não perca as sobremesas, feitas pela filha dos proprietários!

AC ⇄ – Menu 25/40€ – Carta 33/48€

*Rua dos Mareantes A-10 ⊠ 4900-370 – ℰ 258 847 900 –
www.tasquinhadalinda.com – Fechado domingo*

⊛ CAMELO

REGIONAL · SIMPLES ✗ Um estabelecimento familiar, que quase sempre está cheio, pese a que se encontra num lugar de passagem. Acede-se por um bar de espera e conta com várias salas de jantar, todas bem decoradas. Conta também com um pavilhão para banquetes e com um enorme pátio ajardinado onde se montam as esplanadas. Aqui elabora-se uma cozinha minhota de qualidade comprovada, pois contam com o próprio viveiro de peixes, um aquário para as lampreias, uma boa secção de carnes e até um menu vegetariano na sua carta. Uma dica? Por favor, não deixe de provar as lampreias na estação!

🛝 🆔 ✿ 🅿 – Carta 28/35 €

Rua de Santa Marta 119 (Estrada N 202, Santa Marta de Portuzelo, Norte 5,5 km) ⊠ *4925-104 –* ✆ *258 839 090 – www.camelorestaurantes.com – Fechado 2ª feira*

VIDAGO

Vila Real – Mapa regional: **6**–B2 – Mapa das estradas Michelin n° 591-H7

SALÃO NOBRE

GASTRO-BAR · ELEGANTE ✗✗✗ Um restaurante elegante e espaçoso, não é por acaso... ocupa o grande salão de baile de um palácio! Cozinha atual de corte moderno, com alguns pratos vegetarianos e menus de degustação.

🖐 🆔 🎿 🅿 – Menu 80/95 € – Carta 60/75 €

Hotel Vidago Palace, Parque de Vidago ⊠ *5425-307 –* ✆ *276 990 920 – www.vidagopalace.com – Fechado almoço: 2ª feira-6ª feira*

VILA DO CONDE

Porto – Mapa regional: **6**–A2 – Mapa das estradas Michelin n° 591-H3

ROMANDO

TRADICIONAL · QUADRO CONTEMPORÂNEO ✗✗ Fica situado num bairro nos arredores da Areia e apresenta - se com uma grande sala de estilo moderno. Cozinha tradicional portuguesa, com boa selecção de arrozes e alguns mariscos.

🆒 🆔 ✿ 🅿 – Carta 35/55 €

Rua da Fonte 221 (Areia, Sudeste 4 km, pela estrada N 13) ⊠ *4480-068 –* ✆ *252 641 075 – www.romando.pt*

VILA NOVA DE CACELA

Faro – Mapa regional: **2**–C2 – Mapa das estradas Michelin n° 593-U7

⊛ VISTAS RUI SILVESTRE

MODERNA · DECORAÇÃO CLÁSSICA ✗✗✗ Um restaurante especial, pois apresenta um ambiente clássico-elegante pouco habitual e encontra-se junto ao que é considerado... o melhor campo de golfe de Portugal!

O chef lusitano Rui Silvestre, famoso por conquistar com apenas 29 anos a sua primeira estrela MICHELIN, tomou as rédeas desta casa para ampliar a sua proposta, sempre excelente, delicada e espantosamente equilibrada. Irá encontrar dois menus degustação (podem reduzir o preço caso decida não provar algum dos pratos) nos quais, já nos aperitivos, se aprecia que estamos perante uma cozinha de grande nível técnico, com uma acertada culinária de base clássica onde não faltam os detalhes de modernidade. Alguma recomendação? Se fizer bom tempo, reserve na agradável esplanada, na qual contará com um ambiente relaxante e arborizado.

🐷 ⟨ 🛝 🎿 🆔 ✿ 🅿 – Menu 115/155 €

Sitio de Pocinho (Sesmarias, Monte Rei Golf & Country Club, Norte 6,5 km) ⊠ *8900-907 –* ✆ *281 950 950 – www.vistasruisilvestre.com – Fechado 2ª feira, almoço: 3ª feira-sábado, domingo*

VILA NOVA DE FAMALICÃO

Braga – Mapa regional: **6**–A2 – Mapa das estradas Michelin n° 591-H4

FERRUGEM

MODERNA · **NA MODA** XX Muito atrativo, pois esconde - se num... antigo estábulo! Na sua sala, com altíssimos tetos e ambiente rústico - moderno, poderá descobrir uma cozinha atual de tendência criativa.

AC – Menu 40/60€ – Carta 40/55€

Rua das Pedrinhas 32 (Portela, Nordeste 8,5 km) ✉ *4770-379 –* ☎ *252 911 700 – www.ferrugem.pt – Fechado 2ª feira, jantar: domingo*

VILA NOVA DE GAIA

Porto – Mapa regional: **6**–A3 – Mapa das estradas Michelin nº 591-I4

✿✿ THE YEATMAN

CRIATIVA · **ELEGANTE** XxxX Toda a gente sabe que a cidade do Porto possui um encanto intemporal, quase mágico; o que já nem todos sabem é que um dos lugares para a contemplar se encontra na ribeira de Vila Nova de Gaia, do outro lado do Douro.

O chef Ricardo Costa apresenta uma proposta criativa que, dentro de um único menu degustação, tem início tomando aperitivos tanto no bar como na cozinha e assenta em dois pilares: a gastronomia tradicional portuguesa (com um piscar de olho a Aveiro, local de origem do chef) e os produtos premium da época, sempre tratados com grande delicadeza. Conta com espaços de carácter panorâmico? Sim, a sala de jantar, com grandes janelas, mas, sobretudo, a espetacular esplanada, que dá à parte mais bela da cidade. A garrafeira é uma das melhores de Portugal!

❀ ≤ 🕿 & 🅰 🍲 🚗 – Menu 180€

Hotel The Yeatman, Rua do Choupelo (Santa Marinha) ✉ *4400-088 –* ☎ *22 013 3100 – www.the-yeatman-hotel.com – Fechado 2ª feira, almoço: 3ª feira-sábado, domingo*

VILA REAL

Vila Real – Mapa regional: **6**–B2 – Mapa das estradas Michelin nº 591-I6

CAIS DA VILLA

GASTRO-BAR · **QUADRO CONTEMPORÂNEO** XX Introduz novos ares na gastronomia local. Tem como base a cozinha tradicional e os clássicos, como a Cataplana de garoupa, lulas e camarão. Boas carnes transmontanas!

🕿 AC 🅿 – Menu 13€ (almoço) – Carta 35/70€

Rua Monsenhor Jerónimo do Amaral ✉ *5000-570 –* ☎ *259 351 209 – www.caisdavilla.com – Fechado jantar: domingo*

VILA VIÇOSA

Évora – Mapa regional: **1**–C2 – Mapa das estradas Michelin nº 593-P7

NARCISSUS FERNANDESII

CRIATIVA · **ELEGANTE** XxX Cativa tanto pelo nome, de origem botânica, como pelo montagem, sempre com bons detalhes. Cozinha moderna e criativa baseada em três menus, um deles vegetariano.

❀ 🕿 & AC ✿ 🚗 – Menu 70/110€ – Carta 60/80€

Largo Gago Coutinho 11 (Hotel Alentejo Marmòris) ✉ *7160-214 –* ☎ *268 887 010 – www.alentejomarmoris.com – Fechado 2ª feira, almoço: 3ª feira-sábado, domingo*

Índice temático

Índice temático

España
Principado de Andorra

Índice temático
Índice temático

LAS ESTRELLAS DE BUENA MESA

RESTAURANTES COM ESTRELAS

❁

N **Nuevo establecimiento con distinción**
N *Novo estabelecimento com distinção*

❁❁❁

Barcelona	ABaC
Barcelona	Lasarte
Dénia	Quique Dacosta
Donostia / San Sebastián	Akelaře
Donostia / San Sebastián	Arzak
Girona	El Celler de Can Roca ❁
Larrabetzu	Azurmendi ❁
Lasarte	Martín Berasategui
Madrid	DiverXO
El Puerto de Santa María	Aponiente ❁
Villaverde de Pontones	Cenador de Amós ❁

❁❁

Almansa	Maralba
Arriondas	Casa Marcial
Barcelona	Angle
Barcelona	Cinc Sentits
Barcelona	Cocina Hermanos Torres ❁
Barcelona	Disfrutar
Barcelona	Enoteca Paco Pérez
Barcelona	Moments
Cáceres	Atrio
Cocentaina	L'Escaleta
Corçà	Bo.TiC
Córdoba	Noor
Donostia / San Sebastián	Amelia by Paulo Airaudo **N**
Errenteria	Mugaritz
Ezcaray	El Portal de Echaurren
O Grove/ Reboredo	Culler de Pau ❁

480

Llançà	Miramar
Madrid	Coque
Madrid	DSTAgE
Madrid	Paco Roncero
Madrid	Ramón Freixa Madrid
Madrid	Smoked Room **N**
Mallorca/ Canyamel	Voro **N**
Marbella	Skina
Murcia/ El Palmar	Cabaña Buenavista
Olot	Les Cols
Ronda	Bardal
Tenerife/ Guía de Isora	M.B
Toledo	Iván Cerdeño **N**
Urdaitz	El Molino de Urdániz
València	El Poblet
València	Ricard Camarena
Xàbia	BonAmb

ANDALUCÍA

Chiclana de la Frontera/ Novo Sancti Petri	Alevante
Córdoba	Choco
El Ejido	La Costa
Fuengirola	Sollo
Jaén	Bagá
Jaén	Dama Juana
Jerez de la Frontera	LÚ Cocina y Alma
Jerez de la Frontera	Mantúa
Málaga	José Carlos García
Marbella	El Lago
Marbella	Messina
Marbella	Nintai **N**
Sevilla	Abantal
Sevilla	Cañabota **N**

ARAGÓN

Ainsa	Callizo
Esquedas	Espacio N
Huesca	Lillas Pastia

481

Huesca	Tatau
Tramacastilla	Hospedería El Batán
Zaragoza	Cancook
Zaragoza	La Prensa

ASTURIAS

Arriondas	El Corral del Indianu
Gijón	Auga
Llanes/ Pancar	El Retiro
Prendes	Casa Gerardo
Ribadesella	Arbidel
Ribadesella	Ayalga **N**
Salinas	Real Balneario

BALEARES (ISLAS)

Ibiza/ Eivissa	La Gaia **N**
Ibiza/ San Antonio de Portmany	Es Tragón
Mallorca/ Capdepera	Andreu Genestra 🌼
Mallorca/ Palma	Adrián Quetglas
Mallorca/ Palma	DINS Santi Taura
Mallorca/ Palma	Marc Fosh
Mallorca/ Palma	Zaranda **N**
Mallorca/ Palmanova	Es Fum
Mallorca/ Port d'Alcudia	Maca de Castro 🌼
Mallorca/ Sóller	Béns d'Avall

CANARIAS (ISLAS)

Gran Canaria/ Arguineguín	La Aquarela
Gran Canaria/ Las Palmas de Gran Canaria	Poemas by Hermanos Padrón **N**
Gran Canaria/ Mogán	Los Guayres
Tenerife/ Adeje	Nub **N**
Tenerife/ Adeje	El Rincón de Juan Carlos **N**
Tenerife/ Guía de Isora	Abama Kabuki

CANTABRIA

Ampuero/ La Bien Aparecida	Solana
Hoznayo	La Bicicleta 🌼

Puente Arce	El Nuevo Molino
Santander	Casona del Judío **N**
Santander	El Serbal **N**

CASTILLA Y LEÓN

Benavente	El Ermitaño
Castroverde de Campos	Lera ❀**N**
León	Cocinandos
León	Pablo
Matapozuelos	La Botica ❀
Miranda de Ebro	Alejandro Serrano **N**
Navaleno	La Lobita
Peñafiel	Ambivium
Ponferrada	Mu•na
Quintanilla de Onésimo	Taller
Salamanca	Ment by Óscar Calleja **N**
Salamanca	En la Parra
Salamanca	Víctor Gutiérrez
Sardón de Duero	Refectorio ❀
Soria	Baluarte
Valladolid	Trigo

CASTILLA-LA MANCHA

Cuenca	Trivio
Illescas	El Bohío
Sigüenza	El Doncel
Sigüenza/ Alcuneza	El Molino de Alcuneza
Talavera de la Reina	Raíces-Carlos Maldonado
Torre de Juan Abad	Coto de Quevedo **N**
Torrenueva	Retama

CATALUÑA

Anglès	L'Aliança 1919 d'Anglès
Arbúcies	Les Magnòlies
Barcelona	Alkimia
Barcelona	Atempo **N**
Barcelona	Aürt
Barcelona	Caelis
Barcelona	Dos Palillos
Barcelona	Hisop

Barcelona	Hofmann
Barcelona	Koy Shunka
Barcelona	Oria
Barcelona	Via Veneto
Barcelona	Xerta
Bellvís	La Boscana
Calldetenes	Can Jubany
Cambrils	Can Bosch
Cambrils	Rincón de Diego
Castelló d'Empúries	Emporium
Cercs	Estany Clar
Cornudella de Montsant	Quatre Molins
Gimenells	Malena
Girona	Massana
Gombrèn	La Fonda Xesc
Llagostera	Els Tinars
El Masnou	Tresmacarrons
Olost	Sala
Peralada	Castell Peralada
Sagàs	Els Casals 🌸
Salou	Deliranto
Sant Fruitós de Bages	L'Ó
Santa Coloma de Gramenet	Lluerna 🌸
Sort	Fogony
Tossa de Mar	La Cuina de Can Simón
Ulldecona	L'Antic Molí 🌸
Ulldecona	Les Moles
La Vall de Bianya	Ca l'Enric
Xerta	Villa Retiro

EXTREMADURA

Zarza de Granadilla	Versátil N

GALICIA

Cambados	Yayo Daporta
A Coruña	Árbore da Veira
Malpica de Bergantiños/ Barizo	As Garzas
Ourense	Nova
Pereiro de Aguiar	Miguel González
Pontevedra	Eirado
Pontevedra/ San Salvador de Poio	Solla
Raxó/ Serpe	Pepe Vieira 🌸

Santa Comba	Retiro da Costiña
Santiago de Compostela	Auga e Sal **N**
Santiago de Compostela	Casa Marcelo
Santiago de Compostela	A Tafona
Vigo	Maruja Limón
Vigo	Silabario

LA RIOJA

Daroca de Rioja	Venta Moncalvillo
Haro	Nublo **N**
Logroño	Ikaro
Logroño	Kiro Sushi

MADRID (COMUNIDAD)

Madrid	A'Barra
Madrid	Cebo
Madrid	Clos Madrid
Madrid	Corral de la Morería Gastronómico
Madrid	Deessa **N**
Madrid	Gaytán
Madrid	Gofio
Madrid	El Invernadero ✿
Madrid	Kabuki
Madrid	Kabuki Wellington
Madrid	Lúa
Madrid	Quimbaya **N**
Madrid	Saddle
Madrid	La Tasquería
Madrid	Yugo
Valdemoro	Chirón

MURCIA (REGIÓN)

| Cartagena | Magoga |
| Murcia | Odiseo Gastronómico |

NAVARRA

Iruña/ Pamplona	La Biblioteca
Iruña/ Pamplona	Europa
Iruña/ Pamplona	Rodero

PAÍS VASCO

Amorebieta/ Boroa	Boroa
Axpe	Etxebarri
Bilbao	Etxanobe Atelier
Bilbao	Mina
Bilbao	Nerua Guggenheim Bilbao
Bilbao	Ola Martín Berasategui
Bilbao	Zarate
Bilbao	Zortziko
Dima	Garena **N**
Donostia / San Sebastián	eMe Be Garrote
Donostia / San Sebastián	Kokotxa
Donostia / San Sebastián	Mirador de Ulía
Elciego	Marqués de Riscal
Galdakao	Andra Mari
Getaria	Elkano
Hondarribia	Alameda
Larrabetzu	Eneko ✿
Oiartzun	Zuberoa

VALENCIANA (COMUNIDAD)

Alacant	Baeza & Rufete
Alcossebre	Atalaya **N**
Benicarló	Raúl Resino
Calp	Audrey's
Calp	Beat
Dénia	Peix & Brases **N**
Elx	La Finca
La Nucía	El Xato
Ondara	Casa Pepa
Sagunt	Arrels **N**
València	Fierro **N**
València	Kaido Sushi Bar **N**
València	Lienzo **N**
València	Riff
València	La Salita
Vall d'Alba	Cal Paradís
Xàbia	Tula

BIB GOURMAND

BIB GOURMAND

N Nuevo establecimiento con distinción
N *Novo estabelecimento com distinção*

ANDALUCÍA

Agua Amarga	Asador La Chumbera
Alcalá del Valle	Mesón Sabor Andaluz
Aljaraque	Finca Alfoliz ⊛ **N**
Almuñécar	El Chaleco
Cádiz	Almanaque **N**
Cádiz	Contraseña
Los Caños de Meca/ Zahora	Arohaz
Cartaya	Consolación
Castilleja de la Cuesta	12 Tapas **N**
Cazalla de la Sierra	Agustina
Córdoba	La Cuchara de San Lorenzo
Córdoba	El Envero
Córdoba	La Taberna de Almodóvar
Córdoba	Terra Olea **N**
Gaucín	Platero & Co
Granada	Atelier Casa de Comidas **N**
Jerez de la Frontera	Avanico **N**
Linares	Los Sentidos
Linares de la Sierra	Arrieros
Medina-Sidonia	El Duque
Monachil	La Cantina de Diego
Montellano	Deli
Puente-Genil	Alma Ezequiel Montilla **N**
Puente-Genil	Casa Pedro
El Rocío	Aires de Doñana
Sanlúcar de Barrameda	Casa Bigote
Sanlúcar de Barrameda	El Espejo
Sevilla	Az-Zait
Sevilla	El Gallinero de Sandra
Sevilla	Lalola de Javi Abascal **N**
Sevilla	Sobretablas
Úbeda	Cantina La Estación
Valverde del Camino	Casa Dirección

ARAGÓN

Alcañiz	Meseguer
Barbastro	Trasiego
Biescas	El Montañés
Binéfar	Carmen
Cariñena	La Rebotica
Chía	Casa Chongastán
Hecho	Canteré
Huesca	El Origen
Mora de Rubielos	El Rinconcico
Plan	La Capilleta
Ráfales	La Alquería
Sos del Rey Católico	La Cocina del Principal
Villanova	Casa Arcas
Zaragoza	Quema

ASTURIAS

Gijón	Farragua
Gijón	El Recetario
Oviedo	El Foralín
Oviedo	Salazogue
Peruyes	El Molín de Mingo N
Pola de Lena	Casa Farpón
Puerto de Vega	Mesón el Centro
San Román de Candamo	El Llar de Viri ❀

BALEARES (ISLAS)

Eivissa/ Santa Eulalia del Río	Es Terral
Mallorca/ Selva	Miceli
Mallorca/ Sóller	Ca'n Boqueta N
Menorca/ Ciutadella de Menorca	Smoix

CANARIAS (ISLAS)

Gran Canaria/ Arucas	Casa Brito
Gran Canaria/ Las Palmas de Gran Canaria	El Equilibrista 33
Gran Canaria/ Las Palmas de Gran Canaria	Pícaro

Gran Canaria/ Las Palmas de Gran Canaria	Qué Leche
Gran Canaria/ Las Palmas de Gran Canaria	El Santo
Lanzarote/ Arrecife	Lilium
Lanzarote/ Famara	El Risco
Lanzarote/ Mácher	Mácher 60 N
La Palma/ Las Caletas	El Jardín de la Sal
Tenerife/ Chimiche	El Secreto de Chimiche
Tenerife/ Icod de los Vinos	Furancho La Zapatería N
Tenerife/ La Matanza de Acentejo	La Bola de Jorge Bosch
Tenerife/ Santa Cruz de Tenerife	Noi N

CANTABRIA

Borleña	Mesón de Borleña
Cartes	La Cartería
Cosgaya	Del Oso
Puente San Miguel	Hostería Calvo
Santander	Agua Salada
Santander	Cadelo
Santander	Daría
Santander	Querida Margarita
Santander	Umma
Suesa	Pan de Cuco

CASTILLA Y LEÓN

Astorga	Las Termas
Burgos	La Fábrica
Castrillo de los Polvazares	Coscolo
Covarrubias	De Galo
Espinosa de los Monteros	Posada Torre Berrueza
León	Becook
Lerma	Casa Brigante
Miranda de Ebro	La Vasca
Morales de Rey	Brigecio
Navaleno	El Maño
Palencia	Terra
San Ildefonso o La Granja	La Fundición N
San Miguel de Valero	Sierra Quil'ama
Val de San Lorenzo	La Lechería
Valladolid/ Pinar de Antequera	Llantén
Zamora	Taberna Cuzeo N

CASTILLA-LA MANCHA

Albacete	Don Gil
Campo de Criptana	Las Musas
Ciudad Real	Mesón Octavio **N**
Cuenca	Olea Comedor
Ocaña	Palio
Quintanar de la Orden	Granero
Tarancón	La Martina **N**
Villalba de la Sierra	Mesón Nelia
Villarrobledo	Azafrán

CATALUÑA

Amposta	L'Algadir del Delta
Artesa de Lleida	Antoni Rubies
Aubèrt	Roc´n´Cris
Bàga	Ca L'Amagat
Balaguer	Cal Xirricló
Banyoles	Quatre Estacions
Barcelona	Avenir **N**
Barcelona	Berbena
Barcelona	Cruix
Barcelona	La Mundana
Barcelona	Saó
Barcelona	Vivanda
Caldes de Montbui	Mirko Carturan Cuiner
Canet de Mar	La Font
Castellar del Vallès	Garbí
L'Escala	La Gruta **N**
L'Escala/Cinc Claus	Mas Concas
La Garriga	Vinòmic
Hostalric	Quatre Vents 3.0
Igualada	Somiatruites 🏵
Linyola	Amoca
Lladurs	Casa Albets 🏵
Lleida	Aimia
Maçanet de Cabrenys	Els Caçadors
Mataró	Dos Cuiners
Palamós	La Salinera
Palau-sator	Mas Pou
Pals	Vicus

Poboleda	Brots
Ponts	Lo Ponts
Sant Climent de Llobregat	El Racó
Sant Pau d'Ordal	Cal Xim
Sant Quirze del Vallès	Can Ferrán
Sant Sadurní d'Anoia	La Cava d'en Sergi
Santa Coloma de Gramenet	Verat
Santa Coloma de Queralt	Hostal Colomí
Solivella	Cal Travé
Terrassa	El Cel de les Oques
Terrassa	Vapor Gastronòmic
Torà	Hostal Jaumet
Vallromanes	Can Poal
Vielha/Escunhau	El Niu
Vilamarí	Can Boix

EXTREMADURA

Badajoz	Drómo
Hervás	El Almirez
Hervás	Nardi
Jaraíz de la Vera	La Finca - Villa Xarahiz
Madrigal de la Vera	El Molino **N**
Trujillo	Alberca **N**
Zafra	El Acebuche

GALICIA

Boqueixón/ Codeso	O Balado 🏵
Cambados	A Taberna do Trasno
A Coruña	El de Alberto
A Coruña	Artabria
A Coruña	Terreo
Esteiro	Muiño
Fisterra	Ó Fragón
A Guarda	Trasmallo
Negreira	Casa Barqueiro
Ourense	Ceibe **N**
Ourense	Pacífico
Ponte Ulla	Villa Verde
Santiago de Compostela	Abastos 2.0 - Mesas
Santiago de Compostela	Anaco **N**

Santiago de Compostela	Asador Gonzaba
Santiago de Compostela	Café de Altamira
Santiago de Compostela	A Horta d'Obradoiro
Santiago de Compostela	Mamá Peixe
Santiago de Compostela	Mar de Esteiro
Santiago de Compostela	Pampín Bar
Santiago de Compostela	A Viaxe N
Vigo	Abisal
Vigo	Casa Marco
Vigo	Morrofino

LA RIOJA

Alfaro	Morro Tango N
Logroño	La Cocina de Ramón
Logroño	Txebiko Cachetero
San Vicente de la Sonsierra	Casa Toni

MADRID (COMUNIDAD)

Colmenar Viejo	Lamadrid
Madrid	Bacira
Madrid	Bolívar
Madrid	Casa Mortero N
Madrid	Gala
Madrid	Garelos N
Madrid	La MaMá
Madrid	La Maruca
Madrid	La Montería
Madrid	Noi N
Madrid	Quinqué
Madrid	Sagrario Tradición N
Madrid	Taberna Recreo N
Madrid	Taberna Úbeda N
Madrid	Tepic
Madrid	Las Tortillas de Gabino
Madrid	Treze N
Madrid	Vinoteca Moratín N
Tres Cantos	La Sartén

MURCIA (REGIÓN)

La Manga del Mar Menor/ Urbanización Playa Honda	Malvasía
Murcia	Alborada
Murcia	Perro Limón
San Pedro del Pinatar	Juan Mari

NAVARRA

Donamaria	Donamaria'ko Benta
Iruña/ Pamplona	El Mercáo
Legasa	Arotxa
Puerto de Velate	Venta de Ulzama

PAÍS VASCO

Bilbao	La Escuela
Bilbao	Los Fueros
Bilbao	Kimtxu
Donostia / San Sebastián	Agorregi
Donostia / San Sebastián	Topa
Hondarribia	Zeria
Pasai Donibane	Txulotxo
Vitoria-Gasteiz	Zabala

VALENCIANA (COMUNIDAD)

Alacant	Steki
Alacant	Tabula Rasa
Alfafara	Casa el Tio David
Almoradí	El Buey
Alzira	Cami·Vell
Benicarló	Pau
Benifaió	Juan Veintitrés
Calp	Komfort
El Campello	Brel
Castelló de la Plana	Le Bistrot Gastronómico
Cheste	Huerto Martínez
Cocentaina	Natxo Sellés
Dénia	El Baret de Miquel

493

Principado de Andorra

Portugal

Índice temático
Índice temático

RESTAURANTES COM ESTRELAS

LAS ESTRELLAS DE BUENA MESA

❁

N Novo estabelecimento com distinção
N Nuevo establecimiento con distinción

Albufeira	Vila Joya
Leça da Palmeira	Casa de Chá da Boa Nova
Lisboa	Alma
Lisboa	Belcanto
Madeira/ Funchal	Il Gallo d'Oro ❁
Porches	Ocean
Vila Nova de Gaia	The Yeatman

BRAGA

Guimarães	A Cozinha

BRAGANÇA

Bragança	G Pousada

FARO

Almancil	Gusto
Lagoa/ Carvoeiro	Bon Bon
Lagos	Al Sud **N**
Portimão/ Praia da Rocha	Vista
Tavira	A Ver Tavira **N**
Vila Nova de Cacela	Vistas Rui Silvestre

ILHA DA MADEIRA

Madeira/ Funchal — William

LISBOA

Cascais/ Praia do Guincho	Fortaleza do Guincho
Lisboa	100 Maneiras
Lisboa	CURA N
Lisboa	Eleven
Lisboa	Eneko Lisboa
Lisboa	EPUR
Lisboa	Feitoria
Lisboa	Fifty Seconds
Lisboa	Loco
Sintra	Lab by Sergi Arola
Sintra	Midori

PORTO

Amarante	Largo do Paço
Porto	Antiqvvm
Porto	Vila Foz N
Porto/ Foz do Douro	Pedro Lemos

VISEU

Passos de Silgueiros — Mesa de Lemos

ÉVORA

Reguengos de Monsaraz — Esporão ✿N

499

BIB GOURMAND

BIB GOURMAND 😋

N Novo estabelecimento com distinção
N Nuevo establecimiento con distinción

AVEIRO

Águeda	O Típico
Aveiro/ Costa Nova do Prado	Dóri
Salreu	Casa Mattos

BRAGA

Guimarães	Le Babachris
Pedra Furada	Pedra Furada

BRAGANÇA

Bragança	O Javali
Bragança	Tasca do Zé Tuga
Macedo de Cavaleiros	Brasa

CASTELO BRANCO

Covilhã	Taberna A Laranjinha

COIMBRA

Cantanhede	Marquês de Marialva
Coimbra	Solar do Bacalhau

FARO

Albufeira/ Sesmarias	O Marinheiro
Faro	CHECK-In Faro
Lagos	Avenida

ILHA DA MADEIRA

Madeira/ Câmara de Lobos	Vila do Peixe
Madeira/ Funchal	Avista
Madeira/ Funchal	Casal da Penha

LEIRIA

Leiria/ Marrazes	Casinha Velha

LISBOA

Lisboa	Arkhe **N**
Lisboa	O Frade
Lisboa	Saraiva's
Lisboa	Solar dos Nunes
Queluz/ Tercena	O Parreirinha

PORTALEGRE

Portalegre	Solar do Forcado
Terrugem	A Bolota

PORTO

Carvalhos	Mário Luso
Maia/ Nogueira	Machado
Porto/ Foz do Douro	In Diferente

SANTARÉM

Abrantes	Casa Chef Victor Felisberto
Santarém	Ó Balcão

SETÚBAL

Setúbal Xtoria **N**

VIANA DO CASTELO

Viana do Castelo Tasquinha da Linda
Viana do Castelo/ Santa Marta de Portuzelo Camelo

VILA REAL

Chaves Carvalho

VISEU

Tonda 3 Pipos

ÉVORA

Évora Dom Joaquim

MICHELIN Éditions

Société par actions simplifiée au capital de 487 500 €
57 rue Gaston Tessier - 75019 Paris (France)
R.C.S. Paris 882 639 354

© 2021 **Michelin Éditions** – Tous droits réservés
Dépôt légal : Novembre 2021
Imprimé en Italie : Novembre 2021 sur du papier issu de forêts bien gérées

Compograveur : JOUVE, Mayenne (France)
Imprimeur-relieur : LEGO, Lavis (Italie)